Die Erde zu Beginn der Neuzeit

Die Erdkarte von Henricus Martellus Germanicus
(1489)

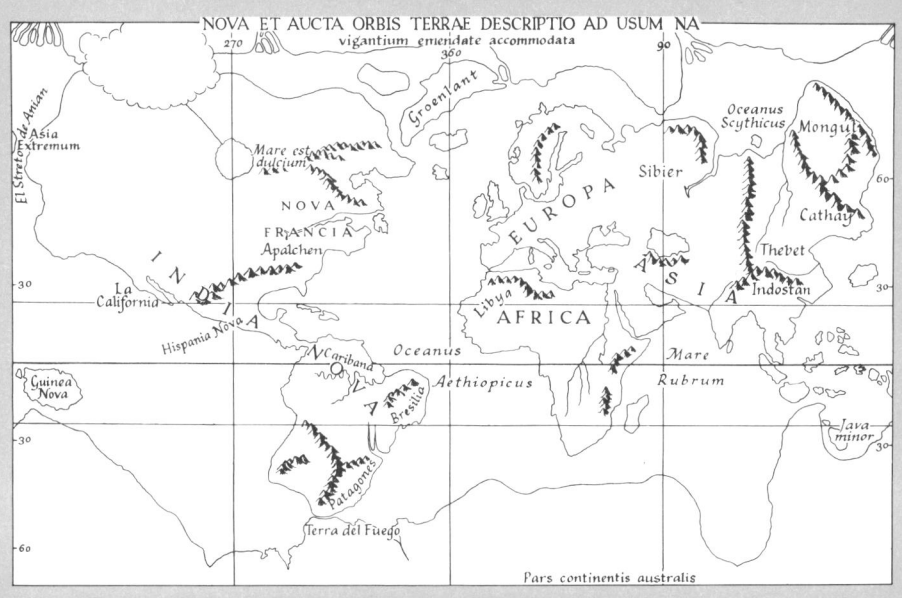

Die Erdkarte von Mercator
(1569)

PUTZGER

HISTORISCHER WELTATLAS

Cornelsen

Herausgegeben von Dr. Walter Leisering

Redaktionelle Leitung: Götz Schwarzrock
Kartenbearbeitung: M. Dloczik, C. Scheibner, M. Scheibner
Registerbearbeitung: C. Joest, I. Weilandt

Verzeichnis der Mitarbeiter

Bei der konzeptionellen Entwicklung der überarbeiteten Ausgabe ist die Redaktion wissenschaftlich und fachdidaktisch beraten worden von:

Prof. Dr. W. Conze, Heidelberg
Prof. Dr. H. Kellenbenz, Nürnberg
Prof. Dr. S. Lauffer, München
Prof. Dr. H. Lemberg, Köln
Prof. Dr. G. Moltmann, Hamburg

Prof. Dr. K. J. Narr, Münster
Prof. Dr. R. Rürup, Berlin
Dr. H. Weymar, Berlin
Dr. A. Wolf, Frankfurt/Main

Als Kartenautoren und wissenschaftliche Berater einzelner Kartenthemen haben mitgearbeitet:

Prof. Dr. H. Ammann, Saarbrücken
Dr. K. Blaschke, Dresden
Prof. Dr. K. Bosl, München
Dr. S. Fauck, Ludwigshafen
Prof. Dr. G. Fochler-Hauke, München
Prof. Dr. G. Franz, Stuttgart
Prof. Dr. F. L. Ganshof, Gent
Prof. Dr. A. v. Gerkan, Köln
Prof. Dr. R. Hachmann, Saarbrücken
K. Hauke, Marburg
Prof. Dr. O. Hauser, Kiel
W. Hilgemann, Bielefeld
Dr. K. Jäkel, Diepholz
Prof. Dr. H. Jankuhn, Göttingen
Dr. W. Kaemmerer, Aachen
Prof. Dr. G. Kahle, Köln
Prof. Dr. A. Karger, Tübingen
Prof. Dr. H. Kellenbenz, Nürnberg
Prof. Dr. E. Keyser, Marburg
H. Kinder, Bielefeld
Prof. Dr. W. Krallert, Wien
Dr. J. Küchler, Berlin
Prof. Dr. A. Kühn, Hannover
Prof. Dr. W. Kuhn, Hamburg
Prof. Dr. S. Lauffer, München
Dr. W. Leisering, Viersen

Prof. Dr. E. Lendl, Salzburg
Prof. Dr. G. v. Mende, Düsseldorf
Prof. Dr. K. J. Narr, Münster
Dr. J. Niessen, Bonn
Dr. U. Oberem, Bonn
Prof. Dr. R. Oehme, Karlsruhe
Prof. Dr. F. Petri, Münster
Prof. Dr. G. Pfeifer, Heidelberg
R. Reith, Heidelberg
Dr. K. Schib, Schaffhausen
Prof. Dr. M. Schmidt, Mainz
Dr. R. D. Schmidt, Bonn
Dr. H. Schönberger, Bad Homburg
Dr. K. Schroeder, Berlin
Dr. H. Schulze, Stuttgart
G. Schwarzrock, Berlin
Prof. Dr. K. Stade, Münster
Dr. M. Stahl, Darmstadt
Prof. Dr. H. J. Stoebe, Basel
Prof. Dr. H. Stoob, Münster
Prof. Dr. K. Tackenberg, Münster
Prof. Dr. F. Taeschner, Münster
Dr. W. Thauer, Bielefeld
Prof. Dr. W. Wagner, Wien
Dr. H. Weczerka, Marburg
Prof. Dr. W. Wolf, Münster

102. Auflage – 2. Druck 1993
Alle Drucke dieser Auflage können, weil untereinander unverändert,
im Unterricht nebeneinander verwendet werden.

Druck: Cornelsen Druck, Berlin
Einband: Fritzsche-Ludwig, Berlin
ISBN: 3-464-00176-8 mit Register
        3-464-00177-6 ohne Register

Bestellnummer: 1768 mit Register
                1776 ohne Register

Vorwort zur 101. Auflage 1990

Im Jahre 1877 erschien die 1. Auflage von F. W. Putzgers „Historischem Schulatlas". Wie wohl kein anderes historisches Lehr- und Nachschlagewerk hat der PUTZGER den Geschichtsunterricht vieler Schülergenerationen in Deutschland begleitet und ist darüberhinaus zu einem international anerkannten Standardwerk geworden. Dieser Erfolg ist nicht zuletzt darauf zurückzuführen, daß Verlag und Herausgeber seit dem ersten Erscheinen 1877 ständig bemüht waren, den jeweils aktuellen Forschungsstand der Geschichtswissenschaft aufzugreifen und in ein Kartenangebot für den Schulunterricht umzusetzen, das helfen sollte, Verständnis für geschichtliche Vorgänge und Zusammenhänge zu wecken. Im Laufe seiner Entwicklung ist der PUTZGER deshalb immer ein modernes Kartenwerk zur Erarbeitung historischer Prozesse geblieben. Dieser Verpflichtung folgend wurde 1978 anläßlich des hundertjährigen Bestehens eine umfassende Überarbeitung herausgegeben und jetzt – darauf aufbauend – eine aktualisierte Auflage vorgelegt.

In Gesamtkonzeption, Themenauswahl und kartographischer Ausführung verbindet die vorliegende Ausgabe die bisherige Putzgertradition mit den gewandelten Anforderungen der Geschichtswissenschaft und Geschichtsdidaktik an ein Arbeitsmittel, das den modernen historischen Unterricht fördert.

1. Das bewährte Kartenangebot zur Geschichte des Altertums und des Mittelalters ist durch **neue historisch-politische Karten zur Geschichte der Neuzeit und Zeitgeschichte** ergänzt worden. Die moderne Geschichte der außereuropäischen Räume wurde hierbei besonders berücksichtigt. Der Benutzer bekommt dadurch eine Fülle von Kartenmaterial angeboten, das nicht nur einen universalgeschichtlichen Überblick von den Anfängen der Menschheit bis zur Gegenwart ermöglicht, sondern dem geforderten Lernziel der Herausbildung eines Gegenwartsverständnisses Rechnung trägt.

2. Das reichhaltige Angebot von Themenkarten zur Geschichte der Staaten und Kulturen und zu historisch-politischen Entwicklungen, das die bisherigen Ausgaben des Putzger kennzeichnete, ist durch völlig **neu entwickelte Karten zur Wirtschafts- und Sozialgeschichte** erweitert worden. Die thematische Erweiterung entspricht dem Bedeutungszuwachs, den ökonomische und soziale Prozesse als Gegenstand der Geschichtswissenschaft und des historischen Unterrichts in den letzten Jahren erfahren haben.

3. Die chronologische Abhandlung der europäischen Geschichte bildete bisher das tragende Gerüst des Putzger. Ohne dieses Kartenangebot zu reduzieren, da es auch künftig im Geschichtsunterricht unentbehrlich sein wird, führt diese Ausgabe die schon vorhandenen Ansätze einer **weltgeschichtlichen Orientierung** konsequent weiter: Der Anteil weltweiter Themenkarten wurde insgesamt erhöht; Weltthemen, die für das universale Verständnis der Gegenwart von Bedeutung sind, wurden in einer gesonderten Kartenfolge zusammengefaßt. Darüberhinaus ist die Abhandlung der modernen Geschichte der außereuropäischen Räume aus dem Kontext der europäischen Geschichte herausgenommen worden. Jeder Raum wird in einer eigenen Sektion mit Themenkarten aus den Bereichen Politik, Wirtschaft, Kultur und Gesellschaft behandelt. So ist es möglich, die außereuropäischen Räume nicht mehr nur aus der Perspektive der europäischen Geschichte, sondern unter dem Aspekt ihrer eigenständigen Entwicklung zu betrachten.

Herausgeber und Verlag

Vorwort zur 102. Auflage 1993

Mit dem Wandel in Osteuropa, der Einigung Deutschlands sowie dem Zerfall der Sowjetunion ist die Nachkriegsepoche, die durch den Ost-West-Gegensatz gekennzeichnet war, zu Ende gegangen. Da sich der PUTZGER immer als ein *aktueller* historischer Atlas verstanden hat, hielten Herausgeber und Verlag es für notwendig, diese schon heute als historische Zäsur zu interpretierende Entwicklung in einer Neuauflage Rechnung zu tragen. Um jedoch nicht einem falsch verstandenen Verständnis von Aktualität Vorschub zu leisten, haben wir uns dabei auf zwei, einem historischen Atlas angemessene Punkte konzentriert: Zum einen wurden die Karten zur Geschichte von 1945 bis 1990/91 so bearbeitet, daß sie diesen Zeitraum als abgeschlossene Epoche der Nachkriegszeit darstellen. Zum anderen wurde ein aktueller Anhang ergänzt, der die wesentlichen Themen des Wandels der letzten Jahre in Europa und der Welt behandelt. Gleichzeitig wurden das Staatenverzeichnis und das Register neu bearbeitet.

Herausgeber und Verlag

IV

Inhalt

VIII

Die unabhängigen Staaten der Erde 1993

Die folgende Staatenübersicht enthält Angaben zu allen am 1.5.1993 unabhängigen Staaten sowie den Überseegebieten und abhängigen Gebieten ehemaliger Kolonialmächte. Zur verfassungsmäßigen **Hauptstadt (H)** ist in einigen Fällen der Regierungssitz ergänzt worden. Das Jahr der **Unabhängigkeit (U)** ist nur bei den seit 1776 unabhängig gewordenen Staaten genannt; bei älteren Staaten, die ihre Unabhängigkeit längere Zeit verloren hatten, ist jedoch die erneute Erlangung der Unabhängigkeit vermerkt. Bei der Eintragung zur **Staats- und Regierungsform (R)** ist eine möglichst genaue Definition der verfassungsmäßigen Staatsform in Verbindung mit dem zur Zeit bestehenden politischen Regierungssystem angestrebt worden. Unter der **Mitgliedschaft (M)** werden die wichtigsten politischen, militärischen und wirtschaftlichen Organisationen aufgeführt, soweit sie auch im Kartenteil enthalten sind. Die historische Entwicklung der Staaten ist im lexikalischen **Register** unter dem jeweiligen Staatsnamen nachzulesen.

Afghanistan
H: Kabul – R: nach Beendigung der sowjet. Intervention und Sturz der kommunist. Führung islamische Rep. im Bürgerkrieg – M: UNO

Ägypten
H: Kairo – U: 1922 – R: präsidiale Rep. – M: UNO, Arab. Liga (1979–89 v. Mitarbeit ausgeschlossen), OAU

Albanien
H: Tirana – U: 1912 – R: Rep. im Übergang von kommunist. System zu demokrat. Formen mit Mehrparteiensystem – M: UNO

Algerien
H: Algier – U: 1962 – R: 1989 Umwandlung der sozialist. Volksrep. mit Einparteiensystem in demokrat. Rep., seit 1992 faktisch unter Kontrolle des Militärs – M: UNO, OAU, Arab. Liga, OPEC, Maghreb-Union

Andorra
H: Andorra la Vella – R: Ko-Fürstentum unter Souveränität des Bischofs v. Urgel (Spanien) u. des Präsidenten der Frz. Rep.

Angola
H: Luanda – U: 1975 – R: Rep. im Übergang von sozialist. Volksrep. zum Mehrparteiensystem, nach UN-Vermittlung u. Wahlen 1993 erneut Ausbruch des seit 1975 andauernden Bürgerkriegs – M: UNO, OAU, mit EG assoziiert

Antigua und Barbuda
H: St. John's – U: 1981 – R: parlamentar. Monarchie im Commonwealth, OAS, mit EG assoziiert

Äquatorial-Guinea
H: Malabo – U: 1968 – R: Rep. mit starker Stellung des Präsidenten – M: UNO, OAU, mit EG assoziiert

Argentinien
H: Buenos Aires – U: 1810/16 – R: präsidiale Bundesrep. – M: UNO, OAS, ALADI

Armenien
H: Eriwan – U: erneut 1991 – R: Rep. im Übergang von kommunist. System zu demokrat. Formen – M: UNO, GUS, KSZE

Aserbaidschan
H: Baku – U: erneut 1991 – R: Rep. im Übergang von kommunist. System zu demokrat. Formen – M: UNO, KSZE

Äthiopien
H: Addis Abeda – R: nach Bürgerkrieg Übergangsregierung ohne Verfassung – M: UNO, OAU, mit EG assoziiert

Australien
H: Canberra – U: 1910/31 – R: bundesstaatl. parlamentar. Monarchie im Commonwealth – M: UNO, Commonwealth, OECD, ANZUS

Bahamas
H: Nassau – U: 1973 – R: parlamentar. Monarchie im Commonwealth – M: UNO, Commonwealth, OAS, mit EG assoziiert

Bahrain
H: Manama – U: 1971 – R: absolute Monarchie (Scheichtum) – M: UNO, Arab. Liga

Bangladesh
H: Dakka – U: 1971 – R: 1991 Übergang von Militärregime zu parlamentar. Rep. mit starkem Einfluß des Militärs – M: UNO, Commonwealth

Barbados
H: Bridgetown – U: 1966 – R: parlamentar. Monarchie im Commonwealth – M: UNO, Commonwealth, OAS, mit EG assoziiert

Belgien
H: Brüssel – U: 1831 – R: bundesstaatl. parlamentar. Monarchie (Königreich) – M: UNO, EG, Europarat, Benelux, EWR, KSZE, NATO, WEU, OECD

Belize
H: Belmopan – U: 1981 – R: parlamentar. Monarchie im Commonwealth – M: UNO, Commonwealth, OAS, mit EG assoziiert

Benin
H: Porto Novo, Regierungssitz Cotonou – U: 1960 – R: Übergang von marx.-leninist. Volksrep. zu präsidiale Rep. mit starkem Einfluß des Militärs – M: UNO, OAU, mit EG assoziiert

Birma → Myanmar

Bhutan
H: Thimphu – R: konstitutionelle Monarchie (Königreich), außenpol. Vertretung durch Ind. Union – M: UNO

Bolivien
H: Sucre (verfassungsmäßig, faktisch La Paz) – U: 1825 – R: präsidiale Rep. – M: UNO, OAS, ALADI

Bosnien-Herzegowina
H: Sarajevo – U: 1992 – R: Lage durch Nationalitätenkrieg seit 1992 ungeklärt – M: UNO, KSZE

Botswana
H: Gaborone – U: 1966 – R: präsidiale Rep. – M: UNO, Commonwealth, OAU, mit EG assoziiert

Brasilien
H: Brasilia – U: 1822 – R: präsidiale Bundesrep. – M: UNO, OAS, ALADI

Brunei
H: Bandar Seri Begawan – U: 1984 – R: absolute Monarchie (Sultanat) – M: UNO, Commonwealth, ASEAN

Bulgarien
H: Sofia – U: erneut 1908 – R: nach Sturz des kommunist. Systems 1989 Übergang zu sozialer und demokrat Rep. – M: UNO, KSZE

Burkina Faso (bis 1984 Obervolta)
H: Wagadugu – U: 1960 – R: präsidiale Rep. unter Führung des Militärs – M: UNO, OAU, mit EG assoziiert

Burundi
H: Bujumbura – U: 1962 – R: präsidiale Einparteienrep. mit Militärregime – M: UNO, OAU, mit EG assoziiert

Chile
H: Santiago de Chile – U: 1810/18 – R: präsidiale Rep. (1973–89 Militärregime) – M: UNO, OAS, ALADI

China
H: Beijing (Peking) – R: kommunist. Volksrep. – M: UNO

China, Nationalrepublik → **Taiwan**

Costa Rica
H: San José – U: 1821/38 – R: präsidiale Rep. – M: UNO, OAS

Côte d'Ivoire → **Elfenbeinküste**

Dänemark
H: Kopenhagen – R: parlamentar. Monarchie (Königreich) – M: UNO, EG, Europarat, EWR, KSZE, NATO, Nord. Rat, OECD

Deutschland, Bundesrepublik
(3. 10. 1990 Vereinigung von Bundesrepublik Deutschland und Deutscher Demokratischer Republik)
H: Berlin, Regierungssitz noch Bonn – R: parlamentar. Rep. – M: UNO, EG, Europarat, EWR, KSZE, NATO, WEU, OECD

Dominica
H: Roseau – U: 1978 – R: parlamentar. Rep. – M: UNO, Commonwealth, OAS, mit EG assoziiert

Dominikanische Republik
H: Santo Domingo – U: 1821/44 – R: präsidiale Rep. – M: UNO, OAS, mit EG assoziiert

Dschibuti
H: Dschibuti – U: 1977 – R: präsidiale Einparteienrep. – M: UNO, OAU, mit EG assoziiert

Ecuador
H: Quito – U: 1822/30 – R: präsidiale Rep. – M: UNO, OAS, ALADI, OPEC (Austritt angekündigt)

Elfenbeinküste (offiz. Name Côte d'Ivoire)
H: Yamoussoukro (bis 1984 Abidjan) – U: 1960 – R: präsidiale Rep. im Übergang von Einparteien- zu Mehrparteiensystem – M: UNO, OAU, mit EG assoziiert

El Salvador
H: San Salvador – U: 1821/38 – R: präsidiale Rep. – M: UNO, OAS

Estland
H: Tallinn – U: erneut 1991 – R: parlamentar. Rep. – M: UNO, KSZE, Baltischer Rat

Fidschi
H: Suva – U: 1970 – R: parlamentar. Rep., nach Militärputsch 1987 Verfassung suspendiert – M: UNO, mit EG assoziiert

Finnland
H: Helsinki – U: 1917 – R: parlamentar. Rep. – M: UNO, Nord. Rat, Europarat, EFTA, EWR, EG-Mitgliedschaft beantragt, KSZE, OECD

Frankreich
H: Paris – R: demokrat. Rep. mit einer Mischform aus Präsidial- und parlamentar. System mit starker Stellung des Staatspräsidenten – M: UNO, EG, Europarat, EWR, KSZE, NATO (ohne militär. Integration), WEU, OECD

Gabun
H: Libreville – U: 1960 – R: präsidiale Rep. mit starker Stellung des Präsidenten – M: UNO, OAU, OPEC, mit EG assoziiert

Gambia
H: Banjul – U: 1965 – R: präsidiale Rep. – M: UNO, Commonwealth, OAU, mit EG assoziiert

Georgien
H: Tiflis – U: erneut 1991 – R: Rep. im Übergang vom kommunist. System zu demokrat. Formen, durch Nationalitätenkämpfe ungeklärte Entwicklung – M: UNO, KSZE

Ghana
H: Accra – U: 1957 – R: präsidiale Rep., seit 1981 Militärregime – M: UNO, Commonwealth, OAU, mit EG assoziiert

Grenada
H: St. George's – U: 1974 – R: parlamentar. Monarchie im Commonwealth, bis 1984 (Intervention von US-Truppen) sozialist. Einparteienregime – M: UNO, Commonwealth, OAS, mit EG assoziiert

Griechenland
H: Athen – U: 1821/30 – R: parlamentar. Rep. – M: UNO, EG, Europarat, EWR, KSZE, NATO, OECD

Großbritannien
H: London – R: parlamentar. Monarchie (Königreich) – M: UNO, Commonwealth, EG, Europarat, EWR, KSZE, NATO, WEU, OECD

Guatemala
H: Ciudad de Guatemala – U: 1821/38 – R: präsidiale Rep. mit Militärregime – M: UNO, OAS

Guinea
H: Conakry – U: 1958 – R: präsidiale Rep. – M: UNO, OAU, mit EG assoziiert

Guinea-Bissau
H: Bissau – U: 1974 – R: präsidiale Rep. – M: UNO, Commonwealth, OAS, mit EG assoziiert

Haiti
H: Port-au-Prince – U: 1801/04 – R: präsidiale Rep., nach Putsch 1991 Militärregime – M: UNO, OAS, mit EG assoziiert

Honduras
H: Tegucigalpa – U: 1821/38 – R: seit 1981 präsidiale Rep. – M: UNO, OAS

Indien
H: Neu-Delhi – U: 1947 – R: parlamentar. bundesstaatl. Rep. – M: UNO, Commonwealth

Indonesien
H: Jakarta – U: 1945/49 – R: zentralist. Präsidialrep. unter Führung des Militärs – M: UNO, ASEAN, OPEC

Irak
H: Bagdad – U: 1930/32 – R: sozialist. Präsidialrep., faktisch Einparteiendiktatur – M: UNO, Arab. Liga, OPEC

Iran
H: Teheran – R: theokrat. islam. Rep. – M: UNO, OPEC

Irland
H: Dublin – U: 1921/37 – R: parlamentar. Rep. – M: UNO, EG, Europarat, EWR, KSZE, OECD

Island
H: Reykjavik – U: erneut 1918/44 – R: parlamentar. Rep. – M: UNO, Nord. Rat, Europarat, EWR, KSZE, NATO (ohne Streitkräfte), EFTA

Israel
Jerusalem – U: 1948 – R: parlamentar. Rep. – M: UNO

Italien
H: Rom – R: parlament. Rep. – M: UNO, EG, Europarat, EWR, KSZE, NATO, WEU, OECD

Jamaika
H: Kingston – U: 1962 – R: parlamentar. Monarchie im Commonwealth – M: UNO, OAS, mit EG assoziiert

Japan
H: Tokio – R: parlamentar. Monarchie (Kaiserreich) – M: UNO, OECD

Jemen
(22. 5. 1990 Vereinigung von „Arabischer Republik" und „Dem. Volksrep. Jemen")
H: Sana – U: erneut 1918 bzw. 1967 – R: parlament. Rep., neue Verfassung in Vorbereitung – M: UNO, Arab. Liga

Jordanien
H: Amman – U: 1946 – R: konstitutionelle Monarchie, faktisch Königsherrschaft ohne Parteien – M: UNO, Arab. Liga

Jugoslawien (Serbien und Montenegro)
H: Belgrad – U: Serbien u. Montenegro erneut 1878 – R: nach Zerfall des jugoslaw. Bundesstaates erklärten sich Serbien u. Montenegro 1992 zum Nachfolgestaat, internat. nicht anerkannt, Lage ungeklärt – M: UNO, KSZE

Kambodscha
H: Phnom Penh – U: 1949/54 – R: präsidiale Mehrparteienrep., noch im Bürgerkrieg – M: UNO

Kamerun
H: Yaounde – U: 1960 – R: präsidiale Rep. mit Einparteiensystem – M: UNO, OAU, mit EG assoziiert

Kanada
H: Ottawa U867/1931 – R: bundesstaatl. parlamentar. Monarchie im Commonwealth – M: UNO, Commonwealth, NATO, OECD, KSZE

Kap Verde
H: Praia – U: 1975 – R: präsidiale Rep. – M: UNO, OAU, mit EG assoziiert

Kasachstan
H: Alma Ata – U: 1991 – R: Rep. im Übergang vom kommunist. System zu demokrat. Formen – M: UNO, GUS, KSZE

Katar
H: Doha – U: 1971 – R: absolute Monarchie (Scheichtum) – M: UNO, Arab. Liga, OPEC

Kenia
H: Nairobi – U: 1963 – R: präsidiale Rep. – M: UNO, Commonwealth, OAU, mit EG assoziiert

Kirgisien (Kirgistan)
H: Bischkek (bis 1991 Frunse) – U: 1991 – R: Rep. im Übergang vom kommunist. System zu demokrat. Formen – M: UNO, GUS, KSZE

Kiribati
H: Bairiki – U: 1979 – R: präsidiale Rep. – M: Commonwealth, mit EG assoziiert

Kolumbien
H: Bogotâ – U: 1810/19 – R: präsidiale Rep. – M: UNO, OAS, ALADI

Komoren
H: Maroni – U: 1975 – R: islamische präsidiale Bundesrep. – M: UNO, OAU, mit EG assoziiert

Kongo
H: Brazzaville – U: 1960 – R: s. 1991 Übergang von kommunist. Volksrep. unter Führung des Militärs zu präsidialer Rep. – M: UNO, OAU, mit EG assoziiert

Korea, Demokratische Volksrepublik
H: Pjönjang – U: erneut 1945 – R: kommunist. Volksrep. – M: UNO

Korea, Republik
H: Seoul – U: erneut 1945 – R: präsidiale Rep. – M: UNO

Kroatien
H: Zagreb – U: erneut 1991 – R: nach Zerfall des jugoslaw. Bundesstaates Übergang zu parlamentar. Rep. – M: UNO, KSZE

Kuba
H: Havanna – U: 1898/1934 – R: sozialist. Rep. mit kommunist. Einparteiensystem – M: UNO, OAS (faktisch ausgeschlossen)

Kuwait
H: Kuwait City – U: 1961, Aug. 1990 – März 1991 von Irak besetzt – R: absolute Monarchie (Scheichtum) – M: UNO, Arab. Liga, OPEC

Laos
H: Vientiane – U: 1949/54 – R: demokrat. Volksrep. – M: UNO, ASEAN (seit 1992)

Lesotho
H: Maseru – U: 1966 – R: konstituionelle Monarchie (Königreich), faktisch seit 1986 Militärregime – M: UNO, Commonwealth, OAU, mit EG assoziiert

Lettland
H: Riga – U: erneut 1991 – R: parlamentar. Rep. – M: UNO, KSZE, Baltischer Rat

Libanon
H: Beirut – U: 1941/43 – R: parlamentar. Rep. mit Religionsproporz, Lage auch nach Ende des Bürgerkriegs 1991 ungeklärt – M: UNO, Arab. Liga

Liberia
H: Monrovia – U: 1822/47 – R: präsidiale Rep. im Bürgerkrieg – M: UNO, OAU, mit EG assoziiert

Libyen
H: Tripolis – U: 1951 – R: islamische Volksrep. – M: UNO, OAU, Arab. Liga, OPEC, Maghreb-Union

Liechtenstein
H: Vaduz – R: parlamentar. Monarchie (Fürstentum) – M: UNO, Europarat, EFTA, EWR, KSZE

Litauen
H: Vilnius (Wilna) – U: erneut 1991 – R: parlamentar. Rep. – M: UNO, KSZE, Baltischer Rat

Luxemburg
H: Luxemburg – U: 1866/90 – R: parlamentar. Monarchie (Großherzogtum) – M: UNO, EG, Europarat, Benelux, EWR, KSZE, NATO, WEU, OECD

Madagaskar
H: Tananarivo – U: 1960 – R: Übergang von sozialist. Rep. zu Mehrparteiendemokratie unter Schutz des Militärs – M: UNO, OAU, mit EG assoziiert

Makedonien
H: Skopje – U: 1991 – R: nach Zerfall des jugoslaw. Bundesstaates Übergang zu parlament. Rep. – M: UNO, KSZE

Malawi
H: Lilongwe – U: 1964 – R: präsidiale Einparteienrep. – M: UNO, Commonwealth, OAU, mit EG assoziiert

Malaysia
H: Kuala Lumpur – U: 1957/63 R: bundesstaatl. parlamentar. Wahlmonarchie unter einem auf 5 Jahre zum König gewählten Fürsten – M: UNO, Commonwealth, ASEAN

Malediven
H: Malé – U: 1965 – R: präsidiale Rep. – M: UNO, Commonwealth

Mali
H: Bamako – U: 1960 – R: präsidiale Rep. mit Militärregime – M: UNO, OAU, mit EG assoziiert

Malta
H: Valletta – U: 1964 – R: parlamentar. Rep. – M: UNO, Commonwealth, Europarat, KSZE, mit EG assoziiert

Marokko
H: Rabat – U: erneut 1956 – R: konstitutionelle Monarchie (Königreich) – M: UNO, Arab. Liga, OAU, Maghreb-Union

Marshall-Inseln
H: Jaluit – U: 1990 – R: präsidiale Rep. – M: UNO

Mauretanien
H: Nouakchott – U: 1960 – R: Rep. im Übergang zu islamischer Demokratie – M: UNO, Arab. Liga, OAU, Maghreb-Union, mit EG assoziiert

Mauritius
H: Port Louis – U: 1968 – R: parlamentar. Rep. im Commonwealth – M: UNO, Commonwealth, mit EG assoziiert

Mexiko
H: Mexiko-Stadt – U: 1810/21 – R: bundesstaatl. präsidiale Rep. – M: UNO, OAS, ALADI

Mikronesien
H: Kolonia – U: 1990 – R: bundesstaatl. präsidiale Rep. – M: UNO

Moldawien
H: Chisinan (Kischinew) – U: 1991 – R: Rep. im Übergang vom kommunist. System zu demokrat. Formen – M: UNO, GUS, KSZE

Monaco
H: Monaco Ville – R: konstitutionelle Monarchie (Fürstentum)

Mongolei
H: Ulan-Bator – U: 1921 – R: Rep. im Übergang vom kommunist. System zu demokrat. Formen, Verfassung 1992 verabschiedet – M: UNO

Mosambik
H: Maputo – U: 1975 – R: sozialist. Volksrep. – M: UNO, OAU, mit EG assoziiert

Myanmar (bis 1988 Birma)
H: Rangun, 1989 in Yangon umbenannt – U: erneut 1948 – R: Rep. mit sozialist. Militärregime

Namibia
H: Windhuk – U: 1990 – R: parlamentar. Rep. – M: UNO, OAU, Commonwealth, mit EG assoziiert

Nauru
H: Yaren – U: 1968 – R: parlamentar. Rep. – M: Commonwealth

Nepal
H: Katmandu – R: konstitutionelle Monarchie (Königreich) – M: UNO

Neuseeland
H: Wellington – U: 1907/31 – R: parlament. Monarchie im Commonwealth – M: UNO, Commonwealth, OECD, ANZUS

Nicaragua
H: Managua – U: 1821/38 – R: präsidiale Rep. nach Ablösung der Junta durch Wahlen 1990 – M: UNO, OAS

Niederlande
H: Amsterdam, Regierungssitz Den Haag – R: parlamentar. Monarchie (Königreich) – M: UNO, EG, Europarat, Benelux, EWR, KSZE, NATO, WEU, OECD

Niger
H: Niamey – U: 1960 – R: präsidiale Rep. – M: UNO, OAU, mit EG assoziiert

Nigeria
H: Abuja (offiziell, faktisch Lagos) – U: 1960 – R: bundesstaatl. präsidiale Rep. mit Zweiparteiensystem – M: UNO, Commonwealth, OAU, OPEC, mit EG assoziiert

Norwegen
H: Oslo – U: erneut 1905 – R: parlamentar. Monarchie (Königreich) – M: UNO, Nord. Rat, Europarat, NATO, OECD, EFTA, EWR, KSZE, EG-Mitgliedschaft beantragt

Oman
H: Maskat – U: erneut voll unabh. 1951 – R: absolute Monarchie (Sultanat) – M: UNO, Arab. Liga

Österreich
H: Wien – R: parlamentar. Bundesrep. – M: UNO, Europarat, OECD, EFTA, EWR, KSZE, EG-Mitgliedschaft beantragt

Pakistan
H: Islamabad – U: 1947 – R: islamische-föderative Rep. – M: UNO

Panama
H: Panama – U: 1903/36 – R: präsidiale Rep. – M: UNO, OAS

Papua-Neuguinea
H: Port Moresby – U: 1975 – R: parlament. Monarchie im Commonwealth – M: UNO, Commonwealth, mit EG assoziiert

Paraguay
H: Asuncion – U: 1811 – R: präsidiale Rep. mit Militärregime – M: UNO, OAS, ALADI

Peru
H: Lima – U: 1821 – R: präsidiale Rep., seit 1992 unter Kontrolle des Militärs – M: UNO, OAS, ALADI

Philippinen
H: Manila – U: 1946 – R: präsidiale Rep. – M: UNO, ASEAN

Polen
H: Warschau – U: erneut 1918 – R: parlamentar. Rep. mit starker Stellung des Präsidenten – M: UNO, Europarat, KSZE, Kooperationsvertrag mit EG

Portugal
H: Lissabon – R: parlamentar. Rep. – M: UNO, EG, Europarat, EWR, KSZE, NATO, WEU (seit 1988), OECD

Ruanda
H: Kigali – U: 1962 – R: nach Bürgerkrieg Rep. im Übergang zu Demokratie – M: UNO, OAU, mit EG assoziiert

Rumänien
H: Bukarest – U: 1877/78 – R: Rep. im Übergang vom kommunist. System zu demokrat. Formen – M: UNO, KSZE

Rußland (Russische Föderation)
H: Moskau – R: föderative Rep. im Übergang vom kommunist. System zu demokrat. Formen, starke Stellung des Präsidenten – M: UNO, GUS, KSZE

Sahara
H: El Alaiun – U: 1976 proklamiert, Recht auf Unabhängigkeit des von Marokko annektierten Territoriums von UNO anerkannt – R: Rep., von Marokko als Provinz verwaltet – M: OAU

Saint Kitts und Nevis
(offizieller Name: St. Christopher und Nevis)
H: Basseterre – U: 1983 – R: parlamentar. Monarchie im Commonwealth, OAS, mit EG assoziiert

Saint Lucia
H: Castries – U: 1978 – R: parlamentar. Monarchie im Commonwealth – M: UNO, Commonwealth, OAS, mit EG assoziiert

Saint Vincent und die Grenadinen
H: Kingstown – U: 1979 – R: parlamentar. Monarchie im Commonwealth – M: UNO, Commonwealth, OAS, mit EG assoziiert

Salomonen
H: Honiara – U: 1978 – R: parlamentar. Monarchie im Commonwealth – M: UNO, Commonwealth, mit EG assoziiert

Sambia
H: Lusaka – U: 1964 – R: präsidiale Rep. – M: UNO, Commonwealth, OAU, mit EG assoziiert

Samoa
H: Apia – U: 1962 – R: parlamentar. verfaßte Häuptlingsaristokratie mit auf Lebenszeit gewähltem Oberhaupt – M: UNO, Commonwealth, mit EG assoziiert

San Marino
H: San Marino – R: parlamentar. Rep. – M: UNO, Europarat, KSZE, Zollunion mit Italien

São Tomé und Principe
H: São Tomé, – U: 1975 – R: Einparteienrep. – M: UNO, OAU, mit EG assoziiert

Saudi Arabien
H: Er Riad – U: 1901 – R: islamische absolute Monarchie (Königreich) – M: UNO, Arab. Liga, OPEC

Schweden
H: Stockholm – R: parlamentar. Monarchie (Königreich) – M: UNO, Nord. Rat, Europarat, EWR, KSZE, OECD, EFTA, EG-Mitgliedschaft beantragt

Schweiz
H: Bern – R: parlamentar.-direktdemokrat. Bundesrep. – M: Europarat, OECD, EFTA, KSZE

Senegal
H: Dakar – U: 1960 – R: präsidiale Rep. – M: UNO, OAU, mit EG assoziiert

Seschellen
H: Victoria – U: 1976 – R: präsidiale sozialist. Einparteienrep. – M: UNO, Commonwealth, OAU, mit EG assoziiert

Sierra Leone
H: Freetown – U: 1961 – R: präsidiale Rep. mit Militärregime, Übergang zu Mehrparteiensystem angekündigt – M: UNO, Commonwealth, OAU, mit EG assoziiert

Simbabwe
H: Harare (früher Salisbury) – U: 1980 – R: parlamentar. Rep. auf dem Weg zum Einparteiensystem – M: UNO, Commonwealth, OAU, mit EG assoziiert

Singapur
H: Singapur – U: 1965 – R: parlamentar. Rep. – M: UNO, Commonwealth, ASEAN

Slowenien
H: Ljubljana – U: 1991 – R: nach Zerfall des jugoslaw. Bundesstaates Übergang zu parlament. Rep. – M: UNO, KSZE

Somalia
H: Mogadischu – U: 1960 – R: nach Sturz der Einparteienrep. 1991 Rep. im Bürgerkrieg – M: UNO, Arab. Liga, OAU, mit EG assoziiert

Spanien
H: Madrid – R: parlamentarische Monarchie (Königreich) – M: UNO, EG, Europarat, EWR, KSZE, NATO (ohne militär. Integration), WEU, OECD

Sri Lanka
H: Colombo – U: 1948 – R: präsidiale Rep. – M: UNO, Commonwealth

Südafrika
H: Pretoria (Regierungssitz) u. Kapstadt (Parlamentssitz) – U: 1910/31 – R: parlamentar. Bundesrep. mit Regierung der weißen Minderheit im Übergang zur polit. Gleichberechtigung aller Einwohner – M: UNO

Sudan
H: Khartum – U: 1956 – R: präsidiale Einparteienrep., seit Militärputsch 1989 Verfassung suspendiert – M: UNO, Arab. Liga, OAU, mit EG assoziiert

Suriname
H: Paramaribo – U: 1975 – R: präsidiale Rep. unter Mitbestimmung des Militärs – M: UNO, OAS, mit EG assoziiert

Swasiland
H: Mbabane – U: 1968 – R: autoritäre Monarchie (Königreich) in Zusammenarbeit mit Stammesräten – M: UNO, Commonwealth, OAU, mit EG assoziiert

Syrien
H: Damaskus – U: 1941/44 – R: präsidiale volksdemokrat.-sozialist. Rep. – M: UNO, Arab. Liga

Tadschikistan
H: Duschanbe – U: 1991 – R: Rep. im Übergang vom kommunist. System zu demokrat. Formen – M: UNO, GUS, KSZE

Taiwan
H: Taipeh – U: 1945/50 – R: präsidiale Republik

Tansania
H: Dodoma – U: Tanganijka 1961, Sansibar 1963, Föderation 1964 – R: föderative präsidiale Rep. – M: UNO, Commonwealth, OAU, mit EG assoziiert

Thailand
H: Bangkok – R: konstitutionelle Monarchie (Königreich) unter starkem Einfluß des Militärs – M: UNO, ASEAN

Togo
H: Lomé – U: 1960 – R: präsidiale Rep. im Übergang zur Demokratie – M: UNO, OAU, mit EG assoziiert

Tonga
H: Nukualofa – U: 1970 – R: konstitutionelle Monarchie eigenen Typs (Königreich) mit starker Stellung des Monarchen – M: Commonwealth, mit EG assoziiert

Trinidad und Tobago
H: Port of Spain – U: 1962 – R: parlamentar. Rep. – M: UNO, Commonwealth, OAS, mit EG assoziiert

Tschad
H: N'Djaména – U: 1960 – R: präsidiale Rep., seit 1975 Militärregime – M: UNO, OAU, mit EG assoziiert

Tschechoslowakei
H: Prag – U: 1918 – R: seit 1990 bundesstaatl. parlamentar. Rep., Auflösung des Bundesstaates in Tschechische Rep. und Slowakische Rep. für 1.1.1993 vorgesehen – M: UNO, Warschauer Pakt, Europarat (seit 1991), KSZE, Kooporationsvertrag mit EG

Tunesien
H: Tunis – U: 1956 – R: präsidiale Rep. – M: UNO, Arab. Liga, OAU, Maghreb-Union

Türkei
H: Ankara – R: parlamentar. Rep. – M: UNO, Europarat, KSZE, NATO, OECD, mit EG assoziiert

Turkmenistan
H: Aschchabad – U: 1991 – R: Rep. im Übergang vom kommunist. System zu demokrat. Formen – M: UNO, GUS, KSZE

Tuvalu
H: Veiaku – U: 1978 – R: parlamentar. Monarchie im Commonwealth – M: Commonwealth, mit EG assoziiert

Uganda
H: Kampala – U: 1962 – R: präsidiale Rep. unter starkem Einfluß des Militärs – M: UNO, Commonwealth, OAU, mit EG assoziiert

Ukraine
H: Kiew – U: erneut 1991 – R: Rep. im Übergang vom kommunist. System zu demokrat. Formen – M: UNO, GUS, KSZE

Ungarn
H: Budapest – R: parlamentar. Rep. – M: UNO, Europarat (seit 1990), KSZE, Kooperationsvertrag mit EG

Uruguay
H: Montevideo – U: 1811/28 – R: präsidiale Rep. – M: UNO, OAS, ALADI

Usbekistan
H: Taschkent – U: 1991 – R: Rep. im Übergang vom kommunist. System zu demokrat. Formen – M: UNO, GUS, KSZE

Vanuatu
H: Port Vilá – U: 1980 – R: parlamentar. Rep. – M: UNO, Commonwealth, mit EG assoziiert

Vatikanstadt
U: erneut 1928 – R: theokrat. absolute Wahlmonarchie – M: KSZE

Venezuela
H: Caracas – U: 1811/30 – R: präsidiale Bundesrep. – M: UNO, OAS, ALADI, OPEC

Vereinigte Arabische Emirate
H: Abu Dhabi – U: 1971 – R: Föderation von 7 absoluten Monarchien unter einem Wahlmonarchen auf Zeit – M: UNO, Arab. Liga, OPEC

Vereinigte Staaten von Amerika
H: Washington – U: 1776 – R: bundesstaatl. präsidiale Rep. – M: UNO, OAS, NATO, OECD, ANZUS, KSZE

Vietnam
H: Hanoi – U: erneut 1945/54 – R: sozialist. Einparteienrep. – M: UNO, ASEAN (seit 1992)

Weißrußland (Belarus)
H: Minsk – U: 1991 – R: Rep. im Übergang vom kommunist. System zu demokrat. Formen – M: UNO, GUS, KSZE

Zaire
H: Kinshasa – U: 1960 – R: präsidiale Einparteienrep. mit Militärregime – M: UNO, OAU, mit EG assoziiert

Zentralafrikanische Republik
H: Bangui – U: 1960 – R: präsidiale Rep. mit Militärregime – M: UNO, OAU, mit EG assoziiert

Zypern
H: Nikosia – U: 1960 – R: präsidiale Rep., faktisch seit 1974 in griech.-zypriot. und türk.-zypriot. Staat geteilt – M: UNO, Commonwealth, Europarat, mit EG assoziiert

Überseeische und autonome Teilgebiete sowie abhängige Gebiete ehemaliger Kolonialmächte

1. Dänemark

Autonome Teile des Königreichs Dänemark mit eigenem Landesparlament und eigener Landesregierung:

Färöer Inseln
H: Thorshavn – R: 1948 autonom

Grönland
H: Nuuk – R: 1948 autonom

2. Frankreich

Übersee-Departements, seit 1946 voll integrierte Teile des Mutterlandes mit Vertretung im französischen Parlament:

Französisch Guayana
H: Cayenne

Guadeloupe
H: Basse-Terre

Martinique
H: Fort-de-France

Reunion
H: St.-Denis

Gebietskörperschaften mit Interimsstatus zwischen Departement und Territorium:

Mahoré
H: Dzaoudzi

Saint-Pierre und Miquelon
H: St. Pierre

Übersee-Territorien mit beschränkter Selbstverwaltung:

Französisch-Polynesien
H: Papéete – R: beschränkte Selbstverwaltung durch gewählte Territorialversammlung

Neukaledonien
H: Nouméa – R: 1988 beschränkte Selbstverwaltung unter frz. Gouverneur, Einigung mit Unabhängigkeitsbewegung der Kanaken auf Referendum für 1998

Wallis und Futuna
H: Mata Utu – R: beschränkte Selbstverwaltung durch Territorialrat

3. Großbritannien

Mit der britischen Krone unmittelbar verbundene Gebiete:

Kanal-Inseln
R: Staatsgewalt bei der Ständeparlamenten

Man
R: Legislative bei Gesetzgebendem Rat

Abhängige Gebiete mit unterschiedlichem Grad von Selbstverwaltung;

Anguilla
H: Regierungssitz in „The Valley" – R: Dependent Territory mit beschränkter Selbstverwaltung

Bermuda-Inseln
H: Hamilton – R: Kronkolonie mit innerer Autonomie seit 1968

Cayman-Inseln
H: Georgetown – R: Kronkolonie mit beschränkter Selbstverwaltung

Falkland-Inseln (Malwinen)
H: Port Stanley – R: Kronkolonie mit beschränkter Selbstverwaltung, von Argentinien beansprucht

Gibraltar
R: brit. Dominion

Hongkong
H: Victoria – R: Kronkolonie mit beschränkter Selbstverwaltung, Rückgabe an China für 1997 bei Sicherung der inneren Autonomie vertraglich vereinbart

Jungferninseln
H: Plymouth – R: Kronkolonie mit beschränkter Selbstverwaltung

Sankt Helena
H: Jamestown – R: Kronkolonie mit beschränkter Selbstverwaltung

Turks- und Calcos-Inseln
H: Cockburn – R: Kronkolonie mit beschränkter Selbstverwaltung

4. Niederlande

**Autonome Teile des Königreichs der Niederlande mit
eigenem Parlament und eigener Regierung:**

Union der Niederländischen Antillen
H: Willemstadt (auf Curacao) – R: seit 1954 autonom

Aruba
H: Oranjestad – R: Sonderstatut seit 1986

5. Vereinigte Staaten von Amerika

**Außengebiete bzw. unter Treuhandverwaltung der USA
stehende Gebiete:**

Belau
H: Koror – U: 1981 proklamiert – R: präsidiale Rep. unter
Treuhandverwaltung der USA

Guam
H: Apra – R: dem US-Innenmin. unterstelltes Gebiet mit
innerer Autonomie seit 1982

Jungferninseln
H: Charlotte Amalie – R: dem US-Innenmin. unterstelltes
Gebiet mit gewähltem Gouverneur

Marianen
H: Susupe – R: seit 1975 vertragl. festgelegtes Außengebiet
der USA mit eigener parlamentar. Vertretung

Panamakanal-Zone
H: Christóbal – R: unter Hoheitsrechten und Verteidigungs-
gewalt der USA, Übergabe der Hoheitsrechte an Panama
vertragl. für 2000 vereinbart

Puerto Rico
H: San Juan – R: mit USA assoziierter Inselstaat mit gewähltem Gouverneur

Samoa-Inseln
H: Pago Pago – R: dem US-Innenmin. unterstelltes Gebiet
mit innerer Autonomie

Wichtige politische Zusammenschlüsse 1992

(G = Gründungsjahr, M = Mitgliedstaaten, Z = Ziele)

ASEAN
Verband Südostasiatischer Nationen
(Association of South East Asian Nations)
G: 1967 in Bangkok – **M:** Brunei (1984), Indonesien, Laos
(1992), Malaysia, Philippinen, Singapur, Thailand, Vietnam
(1992) – **Z:** Förderung der wirtschaftl., sozialen u. polit. Zusammenarbeit in Südostasien

EFTA
Europäische Freihandelsassoziation
(European Free Trade Association)
G: 1960 in Stockholm – **M:** Finnland (1985), Island (1970),
Lichtenstein (1991), Norwegen, Österreich, Schweden,
Schweiz – **Z:** Beseitigung von Handelsschranken u. Herstel-
lung der Zollfreiheit, enge Kooperation mit der EG zur Schaf-
fung eines gemeinsamen Europäischen Wirtschaftsraumes
(EWR)

EG
Europäische Gemeinschaft
G: 1967 als Zusammenschluß der 1951 in Paris gegr. Europ.
Gemeinschaft f. Kohle u. Stahl (EGKS) sowie der 1957 in
Rom gegr. Europ. Wirtschaftsgemeinschaft (EWG) und Europ. Atomgemeinschaft (Euratom) – **M:** Belgien, Dänemark
(1973), Bundesrep. Deutschland, Griechenland (1981), Spanien (1986), Frankreich, Großbritannien (1973), Irland
(1973), Italien, Luxemburg, Niederlande, Portugal (1986) –
Z: Einheitliche Europäische Wirtschafts- u. Währungsunion
sowie Europäische Politische Union

GUS
Gemeinschaft Unabhängiger Staaten
(Commonwealth of Independent States)
G: 1991 in Alma Ata – **M:** Armenien, Aserbaidschan, Ka-
sachstan, Kirgisien, Moldawien, Russ. Föderation, Tadschi-
kistan, Turkmenistan, Ukraine, Usbekistan, Weißrußland –
Z: Wirtschaftl. u. polit. Kooperation in einem Staatenbund
nach Zerfall der UdSSR

KSZE
Konferenz für Sicherheit und Zusammenarbeit in Europa
G: 1975 durch KSZE-Schlußakte von Helsinki – **M:** 52 Staa-

ten (alle unabh. Staaten Europas sowie Kanada und USA) –
Z: bis 1990 blockübergreifendes Gesprächsforum, s. 1992
Regionalabkommen innerhalb der UNO für zwischenstaatli-
che Integration, Durchsetzung d. Menschenrechte u. Kon-
fliktverhütung und -begrenzung

NATO
Nordatlantische Allianz
(North Atlantic Treaty Organization)
G: 1949 in Washington – **M:** Belgien, Dänemark, Bundesrep.
Deutschland (1955), Frankreich (ohne militär. Integration),
Griechenland (1952), Großbritannien, Island (ohne eigene
Streitkräfte), Italien, Kanada, Luxemburg, Niederlande, Nor-
wegen, Portugal, Spanien (1982), Türkei (1952), USA –
Z: polit.-militär. Bündnis zur gemeinsamen Verteidigung
Europas und Sicherung von Frieden und Freiheit

OAS
Organisation Amerikanischer Staaten
(Organization of American States)
G: 1948 in Bogotá – **M:** 34 Staaten (alle unabh. Staaten
Lateinamerikas – mit Ausnahme von Kuba – und USA) –
Z: Gemeinsame militärische Sicherung nach außen u. fried-
liche Konfliktregelung unter den Mitgliedern

OAU
Organisation für Afrikanische Einheit
*(Organisation de l'Unité Africaine = OUA bzw. Ogranization
of African Unity = OAU)*
G: 1963 in Addis Abeda – **M:** 51 Staaten (alle unabh. Staa-
ten Afrikas mit Ausnahme von Südafrika und Marokko) –
Z: Förderung der Kooperation, Einheit u. Solidarität der afri-
kan. Staaten

UNO
Organisation der Vereinten Nationen
(United Nations Organisation)
G: 1945 in San Francisco von 51 Gründungsstaaten – **M:**
179 unabh. Staaten – **Z:** Sicherung des Weltfriedens auf der
Grundlage der Gleichberechtigung, der Selbstbestimmung
und der friedlichen Zusammenarbeit aller Völker

Verzeichnis der Abkürzungen

Dieses Verzeichnis umfaßt alle Abkürzungen, soweit sie nicht auf den Karten selbst erklärt werden. Nicht aufgenommen sind Abkürzungen, die allgemein bekannt sind oder sich leicht erschließen lassen sowie Adjektive und Adverbien mit der abgekürzten Endsilbe -lich und -isch (Beispiele: südl., venezian.).

abh.	abhängig	
ASSR	Autonome Sozialistische Sowjetrepublik	
Aug.	August	
außerh.	außerhalb	
auton.	autonom	
bedeut.	bedeutend	
Benedikt.-Abtei	Benediktinerabtei	
bes.	besetzt	
bg.	-berg, -burg	
Bm.	Bistum	
CDU	Christlich-Demokratische Union	
ČSSR	Československá Socialistická Republika (Tschechoslowakei)	
d.	der, die, das	
DDR	Deutsche Demokratische Republik	
Dep.	Departement	
Dez.	Dezember	
Dom.	Dominion	
dt.	deutsch	
Ebm., Erzbm.	Erzbistum	
ehem.	ehemalig	
Eidgen.	Eidgenossenschaft	
endg.	endgültig	
Erzhzm.	Erzherzogtum	
europ.	europäisch	
Febr.	Februar	
Föd.	Föderation	
Frankenr.	Frankenreich	
Frankr.	Frankreich	
franz., frz.	französisch	
Freigft.	Freigrafschaft	
Fsm.	Fürstentum	
Ft.	Fort	
geg.	gegen	
gegr.	gegründet	
Gen. Gouv.	Generalgouvernement	
Gft.	Grafschaft	
Gouv.	Gouvernement	
Gr.	Große	
Grfsm.	Großfürstentum	
Grhzm.	Großherzogtum	
H.	Herrschaft	
Handelspl.	Handelsplatz	
heut.	heutig	
H.-I.	Halbinsel	
hist.	historisch	
hl., Hl.	heilig	
Hptst.	Hauptstadt	
Hzm.	Herzogtum	
I.	Insel	
Iae.	Insulae	
In.	Inseln	
innerh.	innerhalb	
Inselgr.	Inselgruppe	
internat.	international	
Int. Sphäre	Interessensphäre	
ital.	italienisch	
Jan.	Januar	
jap.	japanisch	
Jh.	Jahrhundert	
Jtd.	Jahrtausend	
K.	Kap	
Kaiserr.	Kaiserreich	
Kgl.	königlich	
Kgr.	Königreich	
kl.	klein	
Kol.	Kolonie	
Kurfsm.	Kurfürstentum	
KZ	Konzentrationslager	
L.	Lacus (See)	
Landsch.	Landschaft	
Leg.-Lager	Legionslager	
Lgft.	Landgrafschaft	
Lüb. Stadtrecht	Lübecker Stadtrecht	
lux.	luxemburgisch	
M.	Mons (Berg)	
m.	mit	
ma.	mittelalterlich	
MA	Mittelalter	
Magdebg. Stadtrecht	Magdeburger Stadtrecht	
mehrf.	mehrfach	
Mgft.	Markgrafschaft	
Mil. Gouv.	Militärgouvernement	
Mio.	Millionen	
Mitgl.	Mitglied	
mold.	moldauisch	
Mt.	Mont, Mount	
Mte.	Monte	
N, NO, NW	Norden, Nordosten, Nordwesten	
nat.-soz.	nationalsozialistisch	
n. Chr.	nach Christus	
ndl., niederl.	niederländisch	
neutr.	neutral	
norw.	norwegisch	
Nov.	November	
NRW	Nordrhein-Westfalen	
NSDAP	Nationalsozialistische Deutsche Arbeiterpartei	
O	Osten	
okkup.	okkupiert	
Okt.	Oktober	
österr., Österr.	österreichisch, Österreich	
P.	Paß	
Pers.-Union	Personalunion	
port.	portugiesisch	
Pr.	Promuntorium (Vorgebirge, Kap)	
pr.	preußisch	
Prot.	Protektorat	
Prov.	Provinz	
Pt.	Port	
reform.	reformiert	
Rep.	Republik	
RSFSR	Russische Sozialistische Föderative Sowjetrepublik	
rum.	rumänisch	
s.	seit	
S.	San, São	
S, SO, SW	Süden, Südosten, Südwesten	
selbst.	selbständig	
Sept.	September	
SFSR	Sozialistische Föderative Sowjetrepublik	
souv.	souverän	
sowj.	sowjetisch	
SPD	Sozialdemokratische Partei Deutschlands	
SS	Schutzstaffel	
SSR	Sozialistische Sowjetrepublik	
St.	Sankt, Saint	
Stützpkt.	Stützpunkt	
T.	Templum	
teilw.	teilweise	
u.	und	
UdSSR	Union der Sozialistischen Sowjetrepubliken	
unabh., Unabh.	unabhängig, Unabhängigkeit	
Univ.	Universität	
US	United States (Vereinigte Staaten)	
USA	United States of America (Vereinigte Staaten von Amerika)	
v.	von	
VAR	Vereinigte Arabische Republik	
Vas.	Vasall	
v. Chr.	vor Christus	
verein.	vereinigt	
Verw.	Verwaltung	
VR	Volksrepublik	
W.	Westen	
WK.	Weltkrieg	
z.	zum, zur	
zeitw.	zeitweise	
Zisterz.-Abtei	Zisterzienserabtei	
z. T.	zum Teil	
zus.	zusammen	
zw.	zwischen	
z. Zt.	zur Zeit	

Geschichte der Menschheit bis etwa 1500 v. Chr.

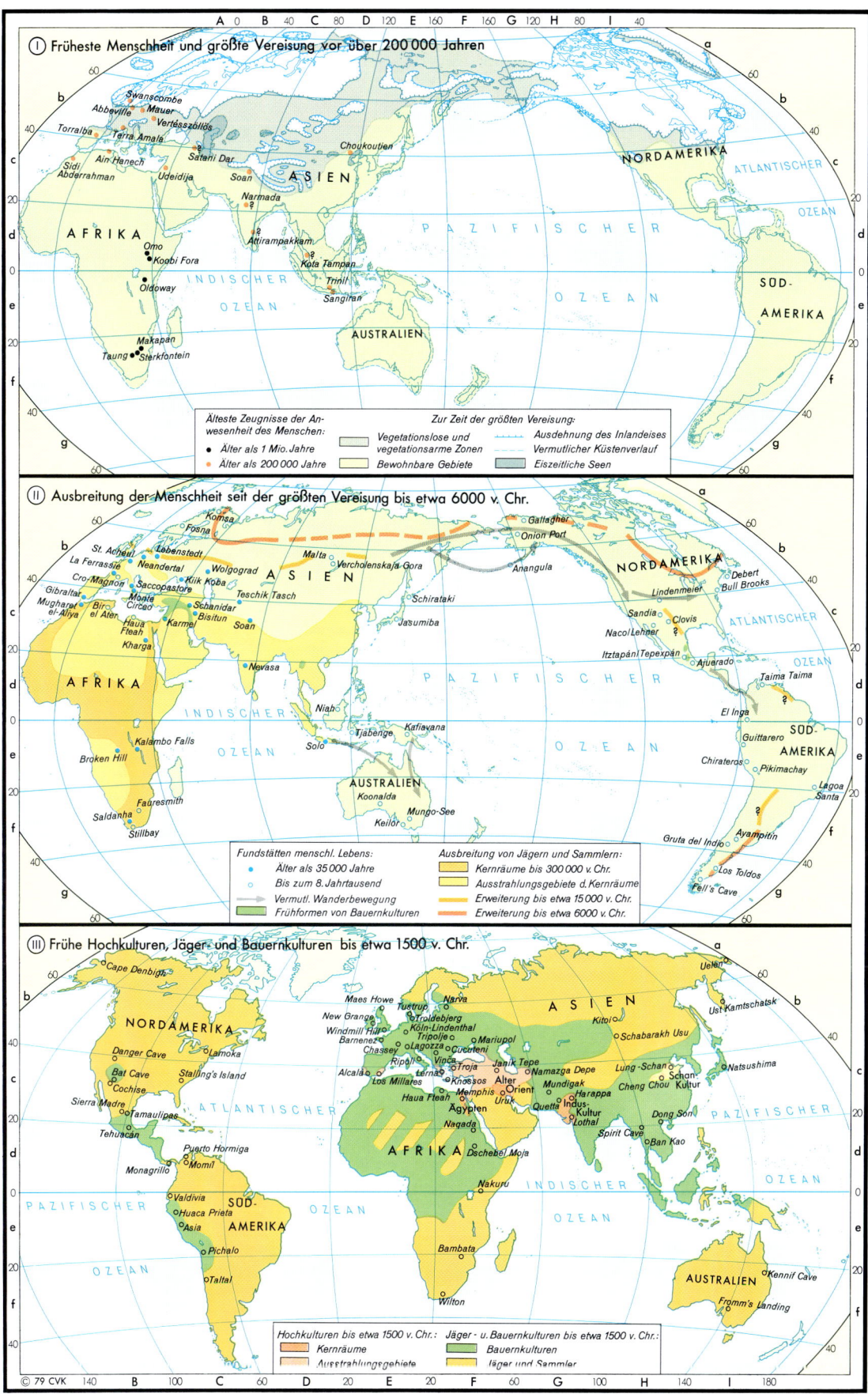

① Früheste Menschheit und größte Vereisung vor über 200 000 Jahren

Legende:

Älteste Zeugnisse der Anwesenheit des Menschen:
- Älter als 1 Mio. Jahre
- Älter als 200 000 Jahre

Zur Zeit der größten Vereisung:
- Vegetationslose und vegetationsarme Zonen
- Bewohnbare Gebiete
- Ausdehnung des Inlandeises
- Vermutlicher Küstenverlauf
- Eiszeitliche Seen

② Ausbreitung der Menschheit seit der größten Vereisung bis etwa 6000 v. Chr.

Legende:

Fundstätten menschl. Lebens:
- Älter als 35 000 Jahre
- Bis zum 8. Jahrtausend
- Vermutl. Wanderbewegung
- Frühformen von Bauernkulturen

Ausbreitung von Jägern und Sammlern:
- Kernräume bis 300 000 v. Chr.
- Ausstrahlungsgebiete d. Kernräume
- Erweiterung bis etwa 15 000 v. Chr.
- Erweiterung bis etwa 6000 v. Chr.

③ Frühe Hochkulturen, Jäger- und Bauernkulturen bis etwa 1500 v. Chr.

Legende:

Hochkulturen bis etwa 1500 v. Chr.:
- Kernräume
- Ausstrahlungsgebiete

Jäger- u. Bauernkulturen bis etwa 1500 v. Chr.:
- Bauernkulturen
- Jäger und Sammler

© 79 CVK

▶ 2 u. 3 Europa bis 2700 v. Chr.

Karten I und II: Maßstab 1 : 225 000 000
Karte III: Maßstab 1 : 210 000 000

K. J. Narr

Frühe, mittlere und jüngere Altsteinzeit

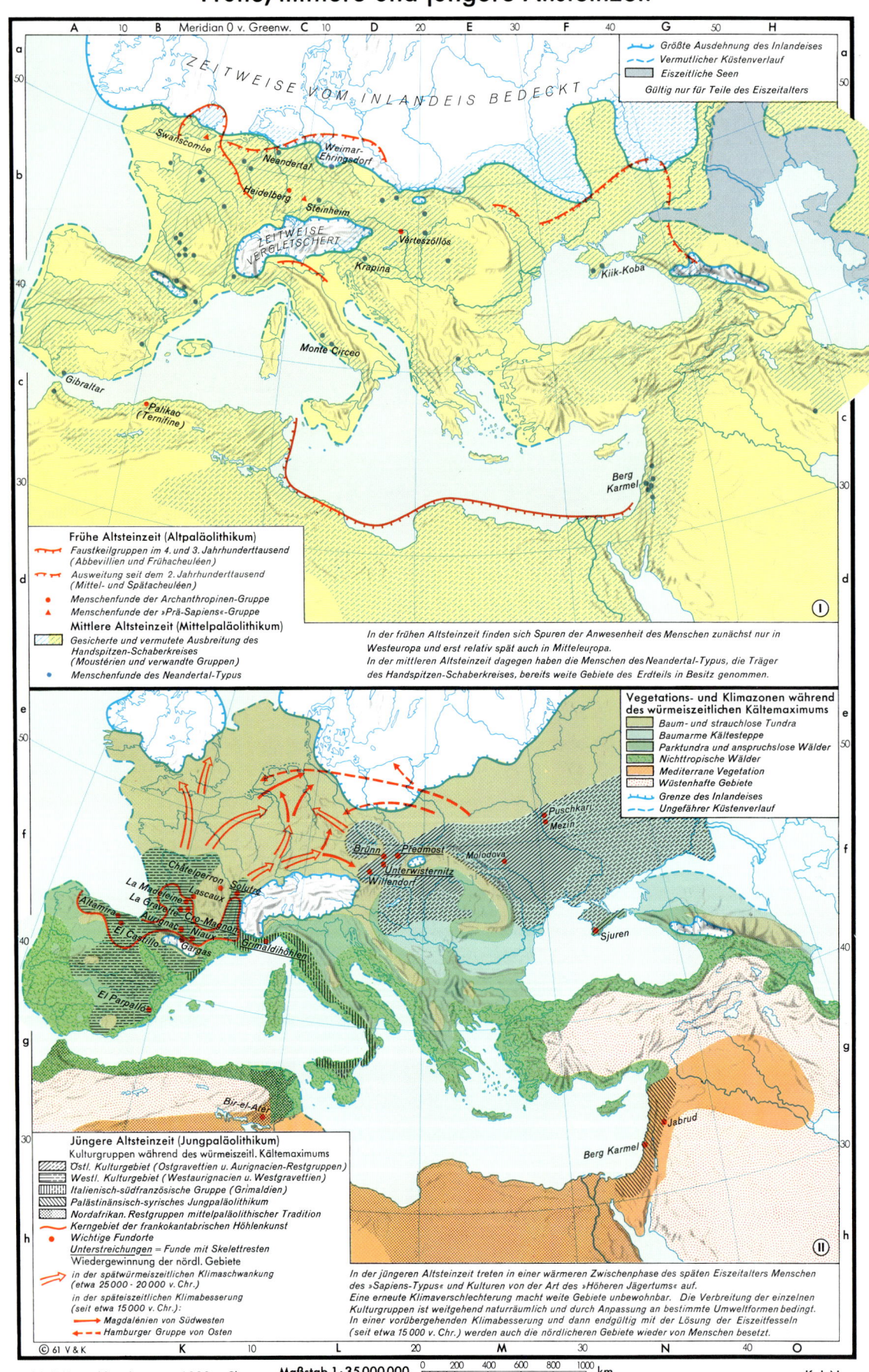

Karte I:

ZEITWEISE VOM INLANDEIS BEDECKT

Größte Ausdehnung des Inlandeises
Vermutlicher Küstenverlauf
Eiszeitliche Seen
Gültig nur für Teile des Eiszeitalters

Swanscombe
Neandertal
Weimar-Ehringsdorf
Heidelberg
Steinheim
ZEITWEISE VERGLETSCHERT
Vérteszöllös
Krapina
Kiik-Koba
Monte Circeo
Gibraltar
Palikao (Ternifine)
Berg Karmel

Frühe Altsteinzeit (Altpaläolithikum)

Faustkeilgruppen im 4. und 3. Jahrhunderttausend (Abbevillien und Frühacheuléen)
Ausweitung seit dem 2. Jahrhunderttausend (Mittel- und Spätacheuléen)
Menschenfunde der Archanthropinen-Gruppe
Menschenfunde der »Prä-Sapiens«-Gruppe

Mittlere Altsteinzeit (Mittelpaläolithikum)

Gesicherte und vermutete Ausbreitung des Handspitzen-Schaberkreises (Moustérien und verwandte Gruppen)
Menschenfunde des Neandertal-Typus

In der frühen Altsteinzeit finden sich Spuren der Anwesenheit des Menschen zunächst nur in Westeuropa und erst relativ spät auch in Mitteleuropa.
In der mittleren Altsteinzeit dagegen haben die Menschen des Neandertal-Typus, die Träger des Handspitzen-Schaberkreises, bereits weite Gebiete des Erdteils in Besitz genommen.

(I)

Karte II:

Vegetations- und Klimazonen während des würmeiszeitlichen Kältemaximums

Baum- und strauchlose Tundra
Baumarme Kältesteppe
Parktundra und anspruchslose Wälder
Nichttropische Wälder
Mediterrane Vegetation
Wüstenhafte Gebiete
Grenze des Inlandeises
Ungefährer Küstenverlauf

Puschkari
Mezin
Châtelperron
Solutré
Brünn
Predmost
Molodova
La Madeleine
Lascaux
Unterwisternitz
Willendorf
La Gravette
Cro-Magnon
Altamira
Aurignac
Niaux
El Castillo
Gargas
Grimaldihöhlen
Sjuren
El Parpalló
Bir-el-Ater
Jabrud
Berg Karmel

Jüngere Altsteinzeit (Jungpaläolithikum)

Kulturgruppen während des würmeiszeitl. Kältemaximums
Östl. Kulturgebiet (Ostgravettien u. Aurignacien-Restgruppen)
Westl. Kulturgebiet (Westaurignacien u. Westgravettien)
Italienisch-südfranzösische Gruppe (Grimaldien)
Palästinänsisch-syrisches Jungpaläolithikum
Nordafrikan. Restgruppen mittelpaläolithischer Tradition
Kerngebiet der frankokantabrischen Höhlenkunst
Wichtige Fundorte
Unterstreichungen = Funde mit Skelettresten
Wiedergewinnung der nördl. Gebiete
in der spätwürmeiszeitlichen Klimaschwankung (etwa 25 000 - 20 000 v. Chr.)
in der späteiszeitlichen Klimabesserung (seit etwa 15 000 v. Chr.):
Magdalénien von Südwesten
Hamburger Gruppe von Osten

In der jüngeren Altsteinzeit treten in einer wärmeren Zwischenphase des späten Eiszeitalters Menschen des »Sapiens-Typus« und Kulturen von der Art des »Höheren Jägertums« auf.
Eine erneute Klimaverschlechterung macht weite Gebiete unbewohnbar. Die Verbreitung der einzelnen Kulturgruppen ist weitgehend naturräumlich und durch Anpassung an bestimmte Umweltformen bedingt.
In einer vorübergehenden Klimabesserung und dann endgültig mit der Lösung der Eiszeitfesseln (seit etwa 15 000 v. Chr.) werden auch die nördlicheren Gebiete wieder von Menschen besetzt.

(II)

© 61 V & K

◄ 1 I, II Menschheit bis etwa 6000 v. Chr.

Maßstab 1:35 000 000

0 200 400 600 800 1000 km

K. J. Narr

Jäger- und Bauernkulturen und frühe Hochkulturen
in Europa und im Orient (etwa 6000 bis 2700 v. Chr.)

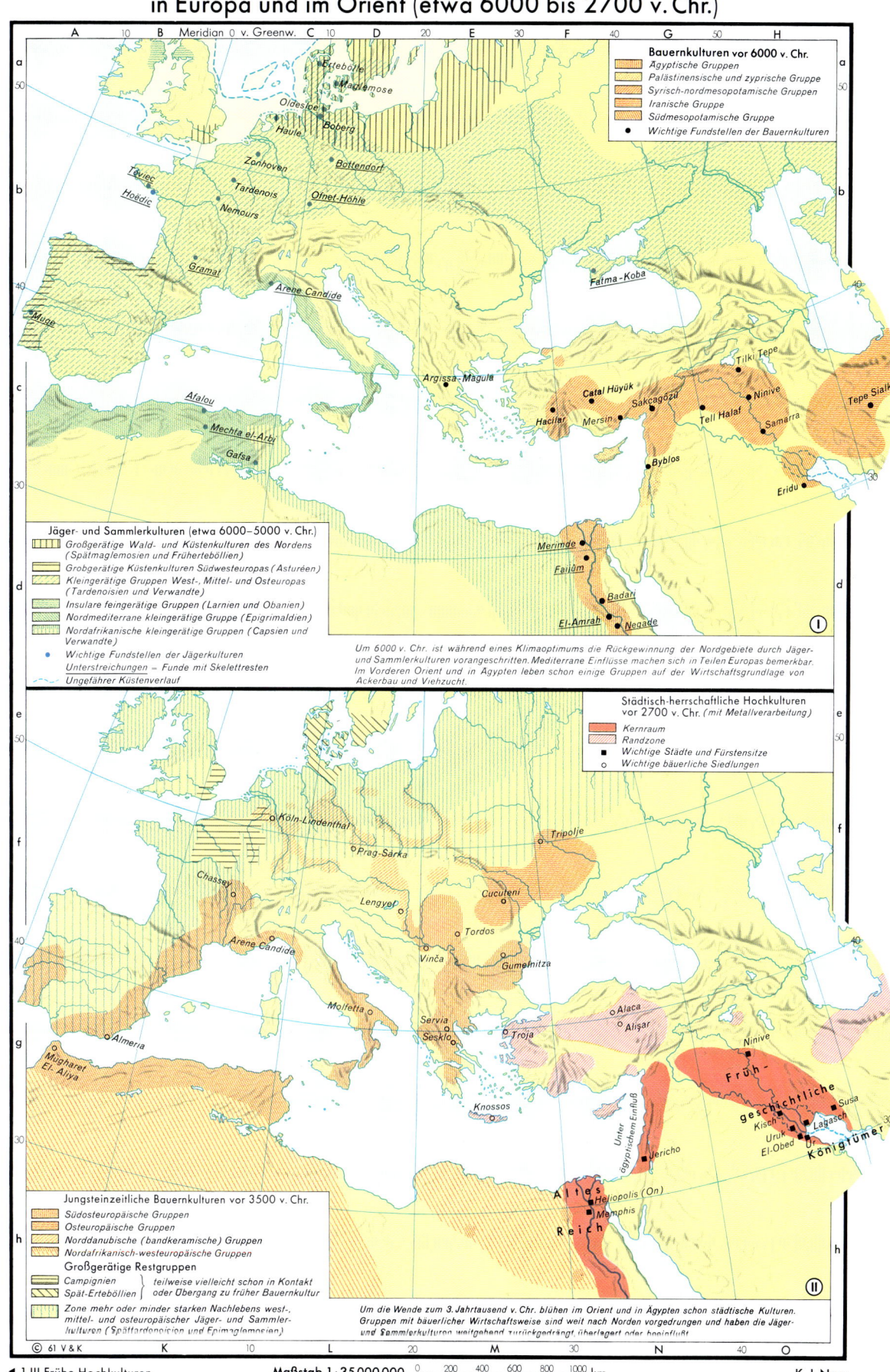

Bauernkulturen vor 6000 v. Chr.
- Ägyptische Gruppen
- Palästinensische und zyprische Gruppe
- Syrisch-nordmesopotamische Gruppen
- Iranische Gruppe
- Südmesopotamische Gruppe
- • Wichtige Fundstellen der Bauernkulturen

Jäger- und Sammlerkulturen (etwa 6000–5000 v. Chr.)
- Großgerätige Wald- und Küstenkulturen des Nordens (Spätmaglemosien und Frühertebøllien)
- Grobgerätige Küstenkulturen Südwesteuropas (Asturéen)
- Kleingerätige Gruppen West-, Mittel- und Osteuropas (Tardenoisien und Verwandte)
- Insulare feingerätige Gruppen (Larnien und Obanien)
- Nordmediterrane kleingerätige Gruppe (Epigrimaldien)
- Nordafrikanische kleingerätige Gruppen (Capsien und Verwandte)
- • Wichtige Fundstellen der Jägerkulturen
- Unterstreichungen = Funde mit Skelettresten
- --- Ungefährer Küstenverlauf

Um 6000 v. Chr. ist während eines Klimaoptimums die Rückgewinnung der Nordgebiete durch Jäger- und Sammlerkulturen vorangeschritten. Mediterrane Einflüsse machen sich in Teilen Europas bemerkbar. Im Vorderen Orient und in Ägypten leben schon einige Gruppen auf der Wirtschaftsgrundlage von Ackerbau und Viehzucht.

Ⓘ

Städtisch-herrschaftliche Hochkulturen vor 2700 v. Chr. (mit Metallverarbeitung)
- Kernraum
- Randzone
- ■ Wichtige Städte und Fürstensitze
- ○ Wichtige bäuerliche Siedlungen

Jungsteinzeitliche Bauernkulturen vor 3500 v. Chr.
- Südosteuropäische Gruppen
- Osteuropäische Gruppen
- Norddanubische (bandkeramische) Gruppen
- Nordafrikanisch-westeuropäische Gruppen

Großgerätige Restgruppen
- Campignien — teilweise vielleicht schon in Kontakt oder Übergang zu früher Bauernkultur
- Spät-Ertebøllien
- Zone mehr oder minder starken Nachlebens west-, mittel- und osteuropäischer Jäger- und Sammlerkulturen (Spättardenoisien und Epimaglemosien)

Um die Wende zum 3. Jahrtausend v. Chr. blühen im Orient und in Ägypten schon städtische Kulturen. Gruppen mit bäuerlicher Wirtschaftsweise sind weit nach Norden vorgedrungen und haben die Jäger- und Sammlerkulturen weitgehend zurückgedrängt, überlagert oder beeinflußt.

Ⅱ

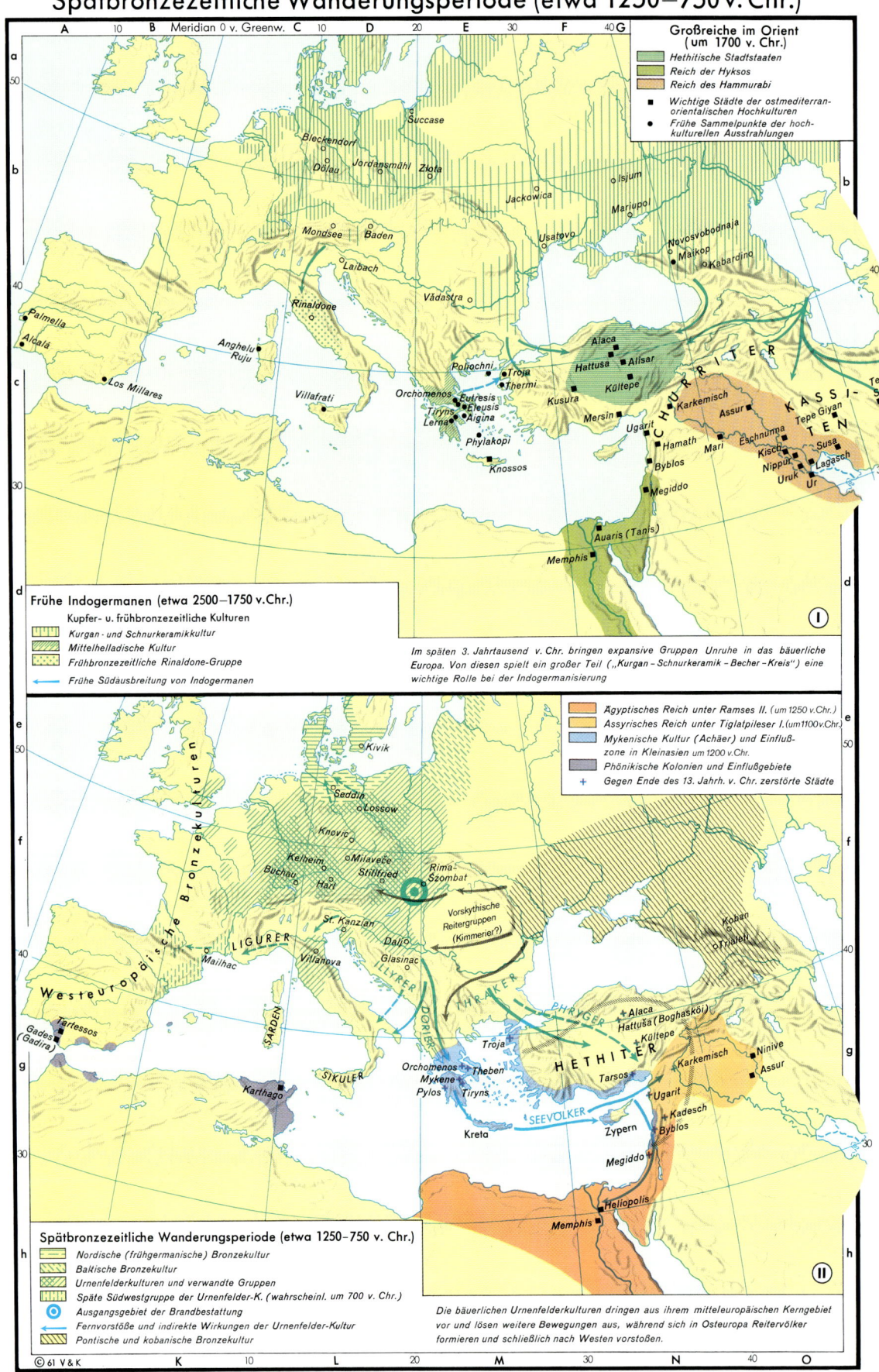

4

Frühe Indogermanen (etwa 2500–1750 v. Chr.)
Spätbronzezeitliche Wanderungsperiode (etwa 1250–750 v. Chr.)

Großreiche im Orient (um 1700 v. Chr.)

Hethitische Stadtstaaten
Reich der Hyksos
Reich des Hammurabi
■ Wichtige Städte der ostmediterran-orientalischen Hochkulturen
● Frühe Sammelpunkte der hochkulturellen Ausstrahlungen

I

Frühe Indogermanen (etwa 2500–1750 v.Chr.)
Kupfer- u. frühbronzezeitliche Kulturen

Kurgan- und Schnurkeramikkultur
Mittelhelladische Kultur
Frühbronzezeitliche Rinaldone-Gruppe
→ Frühe Südausbreitung von Indogermanen

Im späten 3. Jahrtausend v. Chr. bringen expansive Gruppen Unruhe in das bäuerliche Europa. Von diesen spielt ein großer Teil („Kurgan – Schnurkeramik – Becher – Kreis") eine wichtige Rolle bei der Indogermanisierung

Ägyptisches Reich unter Ramses II. (um 1250 v.Chr.)
Assyrisches Reich unter Tiglatpileser I. (um 1100 v.Chr.)
Mykenische Kultur (Achäer) und Einflußzone in Kleinasien um 1200 v.Chr.
Phönikische Kolonien und Einflußgebiete
+ Gegen Ende des 13. Jahrh. v. Chr. zerstörte Städte

II

Spätbronzezeitliche Wanderungsperiode (etwa 1250–750 v. Chr.)

Nordische (frühgermanische) Bronzekultur
Baltische Bronzekultur
Urnenfelderkulturen und verwandte Gruppen
Späte Südwestgruppe der Urnenfelder-K. (wahrscheinl. um 700 v. Chr.)
⊙ Ausgangsgebiet der Brandbestattung
→ Fernvorstöße und indirekte Wirkungen der Urnenfelder-Kultur
Pontische und kobanische Bronzekultur

Die bäuerlichen Urnenfelderkulturen dringen aus ihrem mitteleuropäischen Kerngebiet vor und lösen weitere Bewegungen aus, während sich in Osteuropa Reitervölker formieren und schließlich nach Westen vorstoßen.

© 61 V & K

◄ 3 II Europa und Orient
► 61 Griechenland bis 800 v. Chr.

Maßstab 1 : 35 000 000

K. J. Narr

Altägypten (etwa 2850 bis 332 v. Chr.)

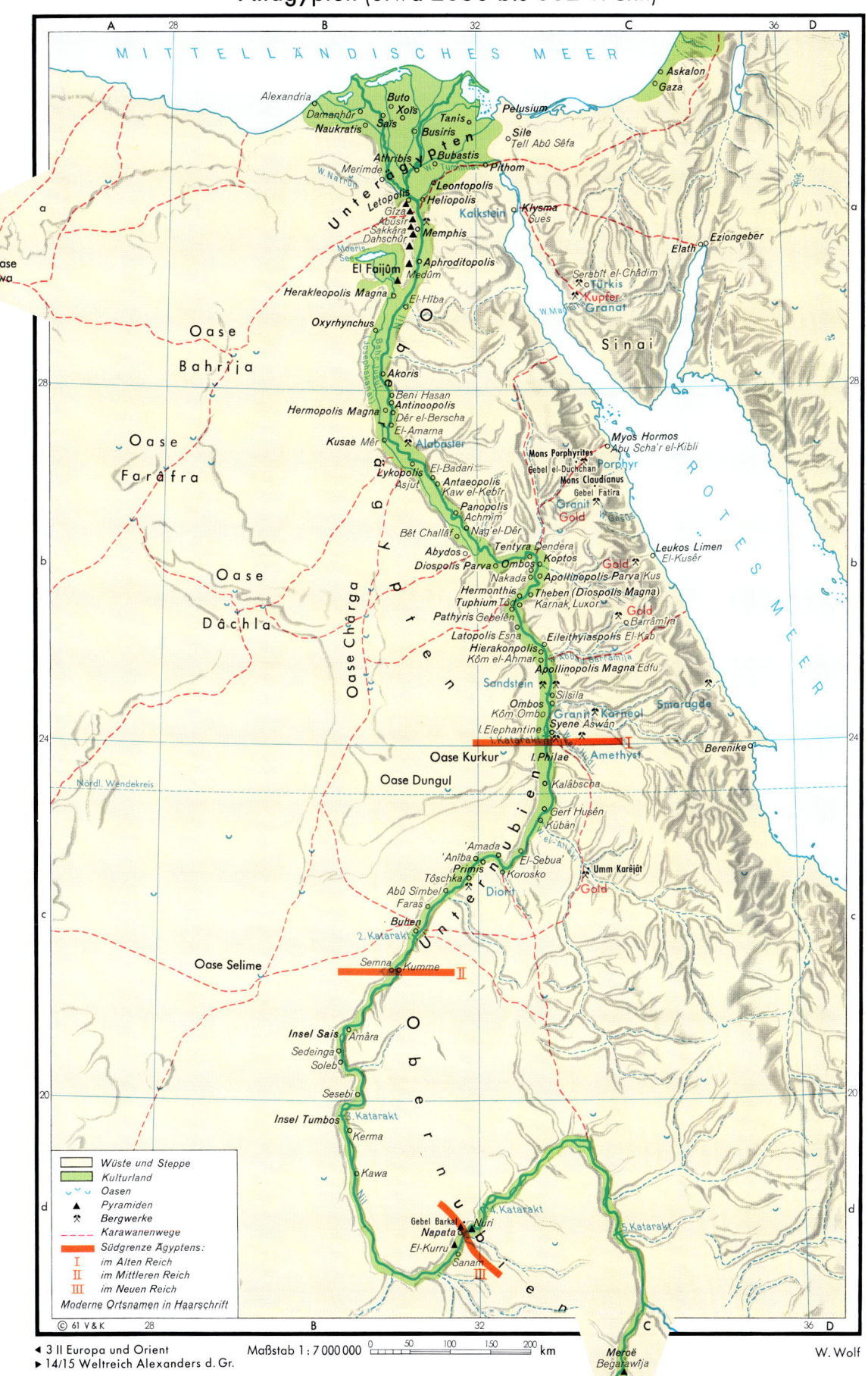

MITTELLÄNDISCHES MEER

Askalon
Gaza

Alexandria
Damanhûr
Naukratis
Sais
Buto
Xois
Tanis
Busiris
Pelusium
Sile
Tell Abû Sêfa

Athribis
Merimde
W. Natrûn
Bubastis
Pithom

Unterägypten

Letopolis
Heliopolis
Leontopolis
Kalkstein
Klysma
Sues

Gîza
Abûsîr
Sakkâra
Dahschûr
Memphis
Elath
Eziongeber

Moeris See
Medûm
Aphroditopolis
El Faijûm

Serâbît el-Châdim
Türkis
Kupfer
Granat

Herakleopolis Magna
El-Hîba

Oxyrhynchus
Sinai

Oase
Bahrija
Akoris

Beni Hasan
Antinoopolis
Dêr el-Berscha
El-Amarna
Hermopolis Magna
Kusae Mêr
Alabaster

Oase
Farâfra
El-Badari
Lykopolis
Asjût
Antaeopolis
Kaw el-Kebîr
Panopolis
Achmim
Nag'el-Dêr
Myos Hormos
Abu Scha'r el-Kibli

Oase
Dâchla
Bêt Challâf
Abydos
Diospolis Parva
Nakada
Ombos
Apollinopolis Parva Kus
Tentyra Dendera
Koptos
Mons Porphyrites
Gebel el-Duchchan
Mons Claudianus
Gebel Fatîra
Porphyr
Granit
Gold
Gold

Oase Chârga
Ägypten
Hermonthis
Tuphium Tôd
Pathyris Gebelên
Theben (Diospolis Magna)
Karnak, Luxor
Gold
Barrâmîja

Latopolis Esna
Hierakonpolis
Kôm el-Ahmar
Apollinopolis Magna Edfu
Eileithyiaspolis El-Kab
Sandstein

Ombos
Kôm 'Ombo
Silsila
Granit Karneol
Smaragde
Amethyst

I. Elephantine
I. Katarakt
Syene Aswân
I
Oase Kurkur
I. Philae
Berenike

Nördl. Wendekreis
Oase Dungul
Kalâbscha

Unternubien
Gerf Husên
Kûbân

'Amada
'Aníba
Primis
El-Sebua'
Korosko
Gold
Umm Karêjât
Tôschka
Abû Simbel
Diorit
Faras
Buten
2. Katarakt

Oase Selime
Semna
Kumme
II

Insel Sais
Amâra
Sedeinga
Soleb
Obernubien
Sesebi

Insel Tumbos
3. Katarakt
Kerma

Kawa

Nil
4. Katarakt
Gebel Barkal
Napata
Nuri
El-Kurru
Sanam
III
5. Katarakt

Meroë
Begarawîja

Legende

- Wüste und Steppe
- Kulturland
- Oasen
- ▲ Pyramiden
- ⚒ Bergwerke
- - - - Karawanenwege
- ▬ Südgrenze Ägyptens:
- I im Alten Reich
- II im Mittleren Reich
- III im Neuen Reich
- Moderne Ortsnamen in Haarschrift

© 61 V & K

Maßstab 1 : 7 000 000
0 50 100 150 200 km

W. Wolf

6 Landnahme und Stammesbildung in Griechenland bis etwa 800 v. Chr. Das erste Perserreich um 500 v. Chr.

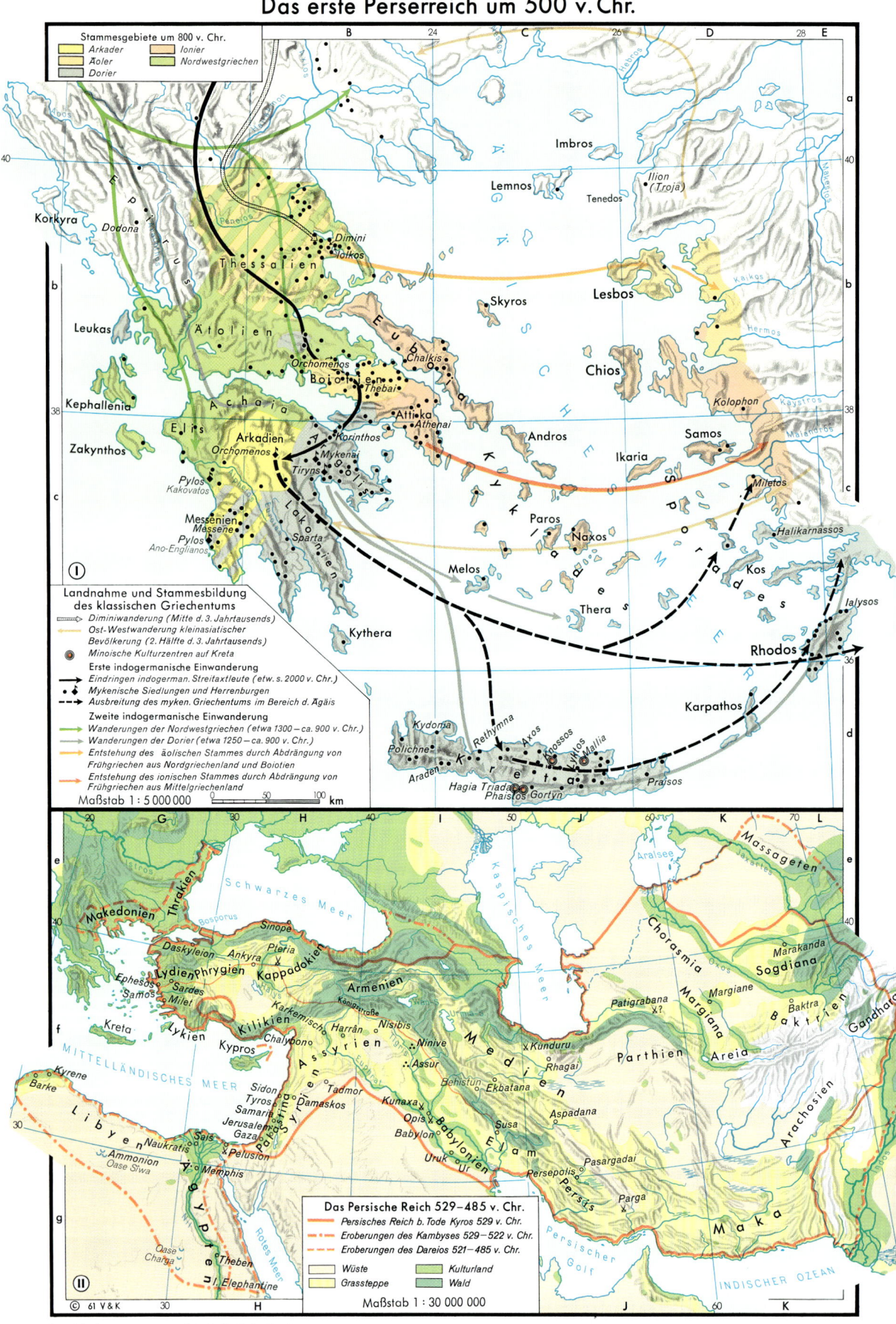

Stammesgebiete um 800 v. Chr.
- Arkader
- Äoler
- Dorier
- Ionier
- Nordwestgriechen

Landnahme und Stammesbildung des klassischen Griechentums
- Diminiwanderung (Mitte d. 3. Jahrtausends)
- Ost-Westwanderung kleinasiatischer Bevölkerung (2. Hälfte d. 3. Jahrtausends)
- Minoische Kulturzentren auf Kreta

Erste indogermanische Einwanderung
- Eindringen indogerman. Streitaxtleute (etw. s. 2000 v. Chr.)
- Mykenische Siedlungen und Herrenburgen
- Ausbreitung des myken. Griechentums im Bereich d. Ägäis

Zweite indogermanische Einwanderung
- Wanderungen der Nordwestgriechen (etwa 1300 – ca. 900 v. Chr.)
- Wanderungen der Dorier (etwa 1250 – ca. 900 v. Chr.)
- Entstehung des äolischen Stammes durch Abdrängung von Frühgriechen aus Nordgriechenland und Boiotien
- Entstehung des ionischen Stammes durch Abdrängung von Frühgriechen aus Mittelgriechenland

Maßstab 1 : 5 000 000

0 — 50 — 100 km

I

Korkyra, Epirus, Dodona, Leukas, Kephallenia, Zakynthos, Thessalien, Ätolien, Dimini, Iolkos, Orchomenos, Boiotien, Thebai, Chalkis, Attika, Athenai, Achaia, Elis, Arkadien, Orchomenos, Mykenai, Tiryns, Argolis, Korinthos, Pylos Kakovatos, Messenien, Massene, Pylos Ano-Englianos, Lakonien, Sparta, Kythera

Imbros, Lemnos, Tenedos, Ilion (Troja), Skyros, Lesbos, Chios, Kolophon, Andros, Samos, Ikaria, Miletos, Paros, Naxos, Melos, Thera, Halikarnassos, Sporaden, Kyklades, Kos, Ialysos, Rhodos, Karpathos

Kreta: Kydonia, Polichne, Araden, Rethymna, Axos, Knossos, Lyktos, Mallia, Hagia Triada, Phaistos, Gortyn, Praisos

Das Persische Reich 529–485 v. Chr.
- Persisches Reich b. Tode Kyros 529 v. Chr.
- Eroberungen des Kambyses 529–522 v. Chr.
- Eroberungen des Dareios 521–485 v. Chr.
- Wüste
- Grassteppe
- Kulturland
- Wald

Maßstab 1 : 30 000 000

II

Makedonien, Thrakien, Schwarzes Meer, Bosporus, Sinope, Pteria, Daskyleion, Ankyra, Kappadokien, Armenien, Marakanda, Sogdiana, Chorasmia, Massageten, Aralsee, Kaspisches Meer, Ephesos, Sardes, Lydien, Phrygien, Samos, Milet, Kreta, Lykien, Kilikien, Karkemisch, Harrân, Nisibis, Chalybon, Kypros, Assyrien, Ninive, Assur, Medien, Königstraße, Behistun, Ekbatana, Rhagai, Kunduru, Patigrabana, Margiane, Margiana, Baktra, Baktrien, Areia, Parthien, Gandhara, Mittelländisches Meer, Kyrene, Barke, Libyen, Sidon, Tyros, Damaskos, Tadmor, Samaria, Jerusalem, Gaza, Palästina, Naukratis, Sais, Pelusion, Ammonion Oase Siwa, Memphis, Ägypten, Rotes Meer, Oase Charga, Theben, Inl. Elephantine, Kunaxa, Opis, Babylonien, Babylon, Uruk, Ur, Susa, Elam, Aspadana, Persepolis, Pasargadai, Persis, Parga, Maka, Arachosien, Persischer Golf, Indischer Ozean

© 61 V & K

I: ◀ 4 Indogermanen ▶ 7 Griech. Kolonisation
II: ▶ 12 I Perserkriege

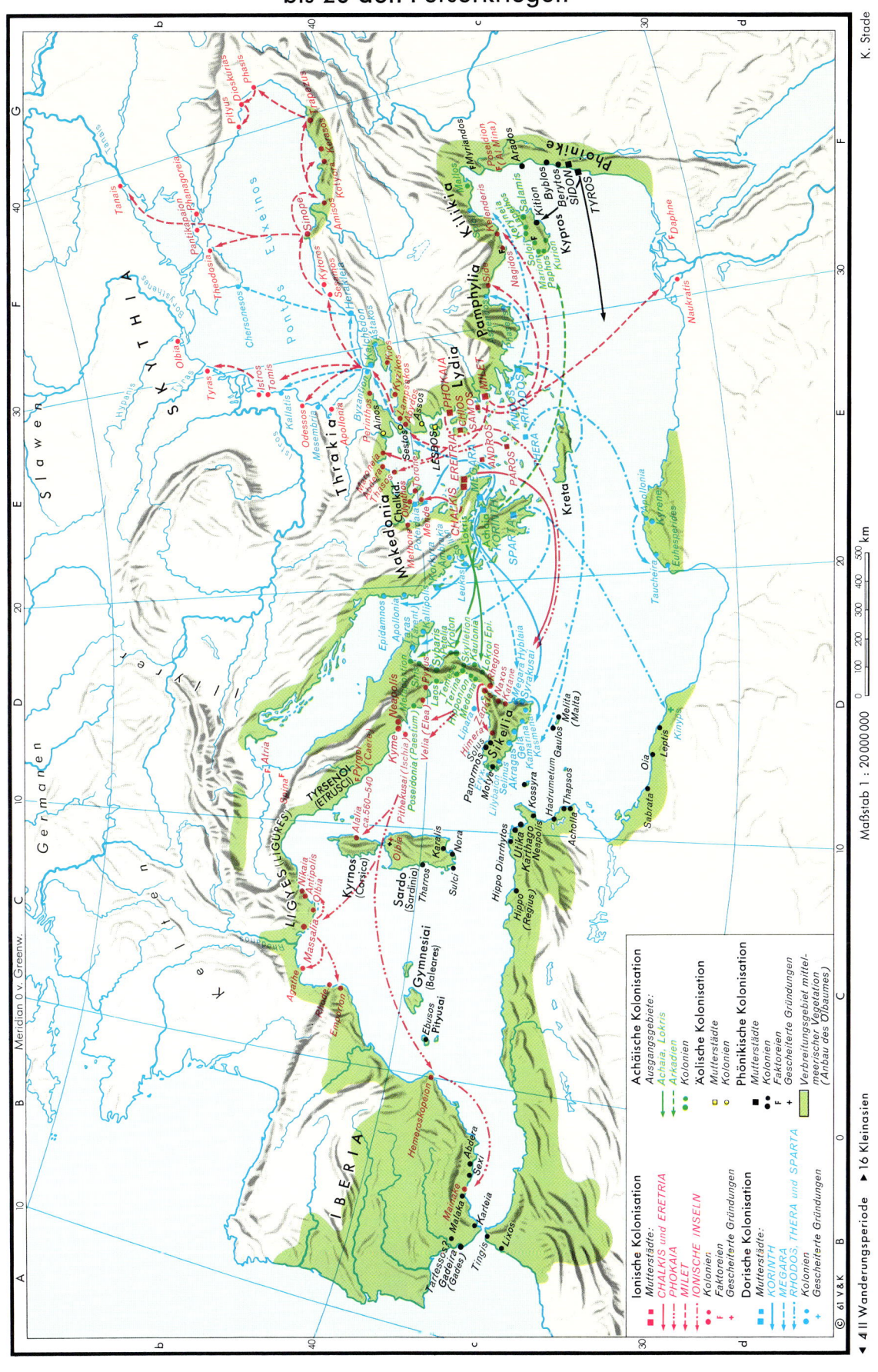

K. Stade

Maßstab 1 : 20000000

© 61 V&K

◀ 4 II Wanderungsperiode ▶ 16 Kleinasien

MARE THRACIUM

MARE AEGAEUM

Sin. Strymonicus

THASUS
Coenyra
Aenyra?

LEMNUS
Myrina

Halonnesus

Scyrus
Dolopes

Odomanti
Orbelus M.
Dysoron M.
Drabescus
Serrhae
Siris
Crenides
(Philippi)
Datum
Topirus
Abdera

Edones
Bisaltia
Berge
Euporia
Myrcinus fl.
Pangaeus M.
Neapolis
Pistyrus

Crestonia
Berticus M.
Amphipolis
Pieria
Oesyme
Apollonia
Galepsus

ELLA
Amphaxitis
Ichnae
Chalastra
Sindus
Lete
Coronea
Eion
Cerdylium
Anagres
Argilus
(Bisaltia)
Bromiscus
Arethusa
Caprus

Posidium Pr.
Stratonicea
Sin. Acanthius
Sane
Olophyxus
Charadrus
Acanthais
Dium
Thyssus
Cleonae
Athos M.
Acrothooi
Nymphaeum Pr.

THERMA
(THESSALONICE)
Aeneum Pr.
Aenea
Anthemus
Cissus M.
Cissus
Apollonia
Mygdonia
Anthemus
Mygdonia
Stagirus
(Stagira)

Calaurus M.
Apollonia
Chalcidice
Asseritis
Assera
(Assa)

Scapsa
Crusis
(Crossaea)
Scolus
CHALCIDICE
Sithonia
Sin. Singiticus
Antigonia
Gigonus
Mecyberna
Sermyle
Singus
Sarte
Olynthus
Spartolus
Bottice
Aphytis
Galepsus
Potidaea
(Cassandrea)
Sane
Pallene
(Phlegra)
Neapolis
Torone
Sin. Toronaicus

Heracleum
Phila
Peneus
Homolium
Eurymenae
Rhizus
Ossa M.
Sycurium
Dotius Campus
Amyrus
Laceria
Meliboea
Casthanaea

Posidium Pr.
Mende
Aege
Scione
Therambus
Derrhis Pr.
Canastraeum Pr.
Ampelus Pr.

Boebe
Boebeis L.
Glaphyrae
Pelion M.
Iolcus
Ipni Pr.

Gerontia?
Polyaegus?
Irrhesia?

Pherae
Thebae
Pagasae
Demetrias
Methone
Pyrrha Pr.
Phthiae
Phylace
Pyrasus
Crocius Camp.
Curalius
Cicynethus I.
Sin. Pagasaeus
Spalauthra
Corope
Sepias Pr.
Sciathus
Icus
Icus

Halus
Aphetae
Sciathus
Panormus
Peparethus
Otizon
Tisaeus M.
Peparethus
Scandira

Pteleum
Posidium Pr.
Artemisium Pr.
Phalassia Pr.
Oreus
(Histiaea)
Phrys M.
Larisa Cremaste
Antron
Echinus
Alope
Aedepsus
Histiaeotis
Telethrius M.
Budorus
Athenae Diades
Cerinthus
Orobiae
Aegae
Cyme
Chersonesus Pr.

Maliacus
Scarphea
Thronium
Cnemides
Alope
Dium
Macistus M.
Dirphys M.
Diacria
EUBOEA
Thermopylae
LOC. EPICNEMIDIA
Daphnus
Cnemis M.
Atalante
Opus
Cynus
LOCRIS OPUNTIA
Sinus Euboicus
Styra

Elatea
Tithorea
Daulis
Hyampolis
Parapotamii
Abae
Asplednon
Negra
Orchomenus
Copae
Larymna
Chalcis
Anthedon
Salganeus
Mycalessus
Eretria
Tamynae
Dystus

PHOCIS
Anemoria
Panopeus
Chaeronea
Copais Lacus
Acraephia
Ptoon
Hyle
Hypatus M.
Aulis
Delium
Portmus

Ambrysus
Lebadea
Coronea
Haliartus
Glisas
Teumessus
Oropus
Psaphis

Phygonium
Helicon M.
Ceressus
Ascra
BOEOTIA
Thebae
Onchestus
Tanagra
Oenophyta
Rhamnus

Bulis
Thisbae
Thespiae
Leuctra
Creusis
Plataeae
Cithaeron M.
Scolus
Oenoe
Diacria
Aphidnae

Siphae
Panactum
Eleutherae
Aegosthena
Decelea
Styra
Caphereus Pr.

Erläuterung siehe:
Griechenland im Altertum
Südlicher Teil. S. 10/11

km
15 30 45 60 75

◄ 6 | Griechenland bis 800 v. Chr.

► 17 | Athen in der Antike

Maßstab 1:1 500

Südlicher Teil

MARE AEGAEUM

MARE MYRTOUM

MARE CRETICUM

BOEOTIA

EUBOEA

ATTICA

CYCLADES

Andros

Tenus

Parus

Naxus

Melus

CYTHERA

THEBAE

CHALCIS

ATHENAE

AEGINA

Creta
Maßstab 1:3 000 000
0   20   40   60 km

Arkadier
Thessaler und Böotier (Äolier)
Nordwestgriechen
Dorier
Ionier
Thraker

nach 371 gegründete oder umgenannte Städte
Blockschrift z. B. Messene

0   15   30   45   60   75 km

Die Perserkriege 500 bis 478 v. Chr.
Der Attische Seebund 478 bis 431 v. Chr.

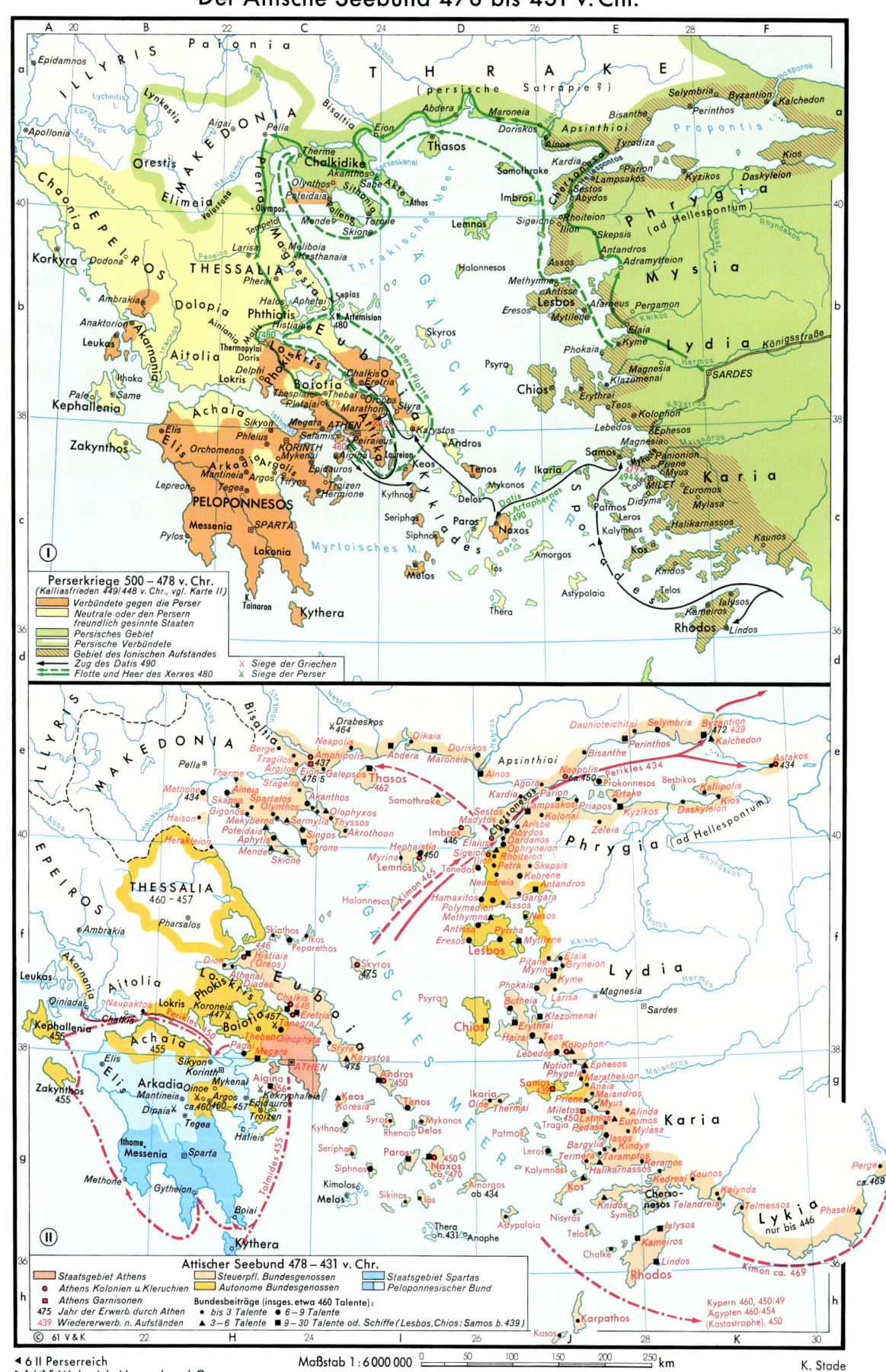

Perserkriege 500 – 478 v. Chr.
(Kalliasfrieden 449/448 v. Chr., vgl. Karte II)

- Verbündete gegen die Perser
- Neutrale oder den Persern freundlich gesinnte Staaten
- Persisches Gebiet
- Persische Verbündete
- Gebiet des Ionischen Aufstandes
- ⟶ Zug des Datis 490
- ⇢ Flotte und Heer des Xerxes 480
- ✕ Siege der Griechen
- ✕ Siege der Perser

Attischer Seebund 478 – 431 v. Chr.

- Staatsgebiet Athens
- Athens Kolonien u. Kleruchien
- Athens Garnisonen
- 475 Jahr der Erwerb. durch Athen
- 439 Wiedererwerb. n. Aufständen
- Steuerpfl. Bundesgenossen
- Autonome Bundesgenossen
- Staatsgebiet Spartas
- Peloponnesischer Bund
- Bundesbeiträge (insges. etwa 460 Talente):
  - • bis 3 Talente
  - ▲ 3–6 Talente
  - ■ 6–9 Talente
  - ■ 9–30 Talente od. Schiffe (Lesbos, Chios, Samos b. 439)

Kypern 460, 450/49
Ägypten 460/454
(Kastastrophe). 450

◀ 6 II Perserreich
▶ 14/15 Weltreich Alexanders d. Gr.

Maßstab 1 : 6 000 000   0 50 100 150 200 250 km

ⓒ 61 V & K

K. Stade

Der Peloponnesische Krieg 431 bis 404 v. Chr.

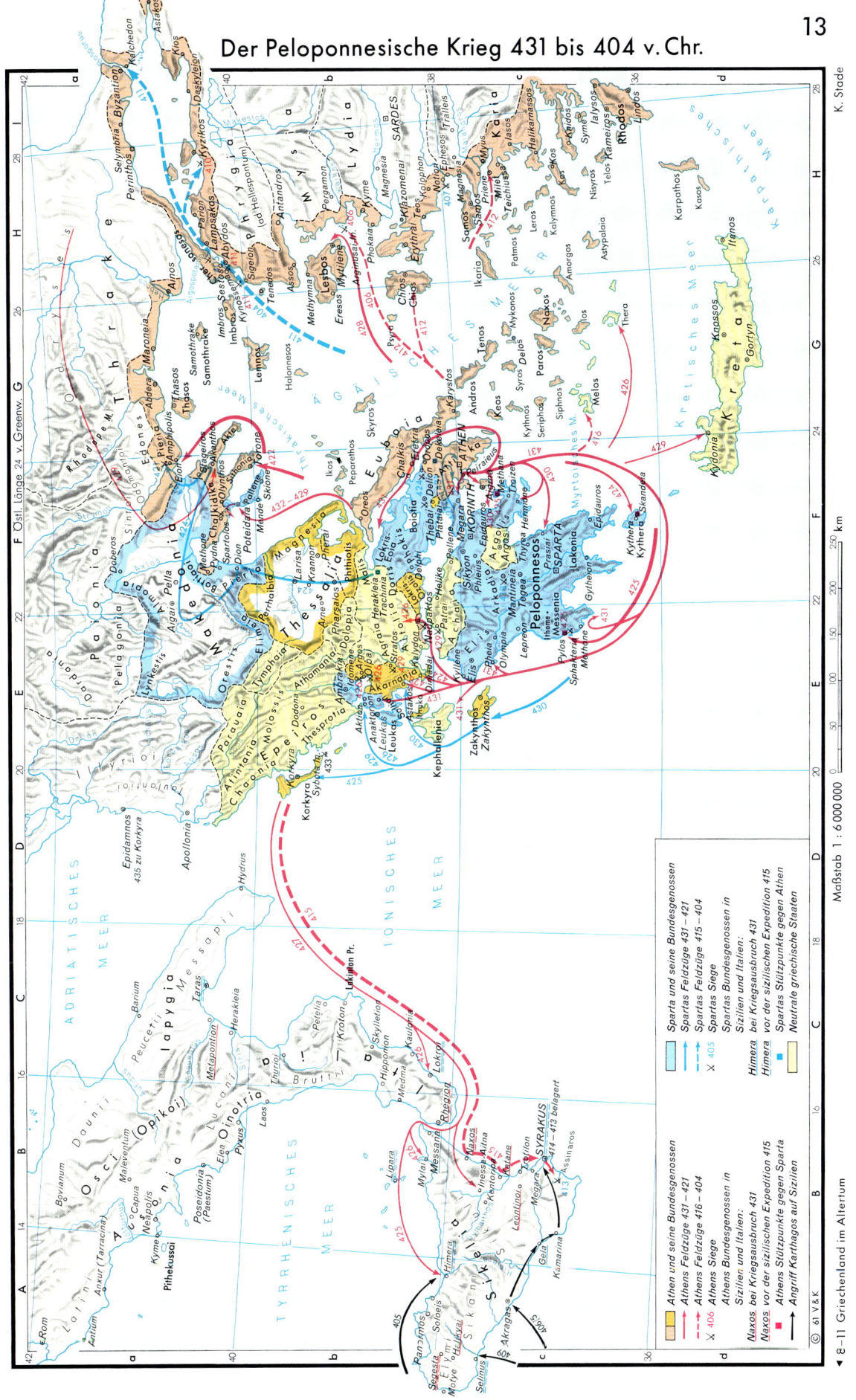

Maßstab 1 : 6 000 000

Sparta und seine Bundesgenossen
Spartas Feldzüge 431–421
Spartas Feldzüge 415–404
Spartas Siege
Spartas Bundesgenossen in
Sizilien und Italien:
Himera bei Kriegsausbruch 431
Himera vor der sizilischen Expedition 415
Spartas Stützpunkte gegen Athen
Neutrale griechische Staaten

Athen und seine Bundesgenossen
Athens Feldzüge 431–421
Athens Feldzüge 416–404
Athens Siege
Athens Bundesgenossen in
Sizilien und Italien:
Naxos bei Kriegsausbruch 431
Naxos vor der sizilischen Expedition 415
Athens Stützpunkte gegen Sparta
Angriff Karthagos auf Sizilien

K. Stade

© 61 V&K

▼ 8–11 Griechenland im Altertum

Reich Alexanders des Großen bis 323 v. Chr.

Makedonien vor Philipp II.
Eroberungen Philipps II. (359–36 v. Chr.)
Eroberungen Alexanders d. Gr. (336–23)
Von Alexander abhängige Staaten
Züge Alexanders und seiner Feldherren
Stadtgründungen (Garnisonen) Alexanders und seiner Feldherren
Persische Königsstraße
Wüste und Wüstensteppe
Moderne Namen in Klammern

Diadochenreiche 301 v. C nach der Schlacht bei Ipsos

Reich des Lysimachos
Reich des Kassander
Reich des Ptolemaios
Reich des Seleukos
Grenzen der Satrapien um 323 v. Chr.
Einflußgebiete in helleren Farbstufen

© 61 V & K

r. – Diadochenreiche um 301 und 200 v. Chr.

Diadochenreiche um 200 v. Chr.
bei Beginn der Kämpfe mit den Römern
Gräko-baktrisches (Indo-griech.) Reich
2.–1. Jahrh. v. Chr.

Maßstab 1:35 000 000

K. Stade

Hellenisierung, Romanisierung u. Anfänge des Christentums in Kleinasien

Legende:

Knidos	Nikaia	Ilion	Olbasa	Bostra	

Griechische Kolonien vor Alexander d. Gr.
Gründungen Alexanders und seiner Nachfolger
Hellenisierte Städte vor der Römerherrschaft
Römische Kolonien und Munizipien
Römisches Lager
Christliche Gemeinden des 1. Jahrhunderts
Gebiet des ionischen Aufstandes um 500 v. Chr.
Reich Alexanders d. Gr. († 323 v. Chr.)
Ostgrenze des Römischen Reiches (im 1. Jh. n. Chr.)

Phil. = Philadelphia
Pl.-Herakleia = Pleistarcheia-Herakleia
Sel. = Seleukeia

Ant.-Trip. = Antiocheia
Ap.-Trip. = Apollonia Tripolis
Dionys. = Dionysopolis

Maßstab 1 : 9 000 000

0	50	100	200	300 km

K. Stade

© 61 v & k

▼ 7 Griech. Kolonisation
▲ 33 Christentum

Gewässer / Regionen:
Schwarzes Meer · Pontos Meer · Mittelländisches Meer · Mesopotamien · Babylonien · Chaldäa · Susiana · Armenien · Kappadokien · Kommagene · Syrien · Phrygien · Galatien · Paphlagonien · Bithynien · Mysien · Lydien · Karien · Lykien · Pisidien · Pamphylien · Kilikien · Thrakien · Ägypten · Kypros · Kreta

Athen und Rom in der Antike

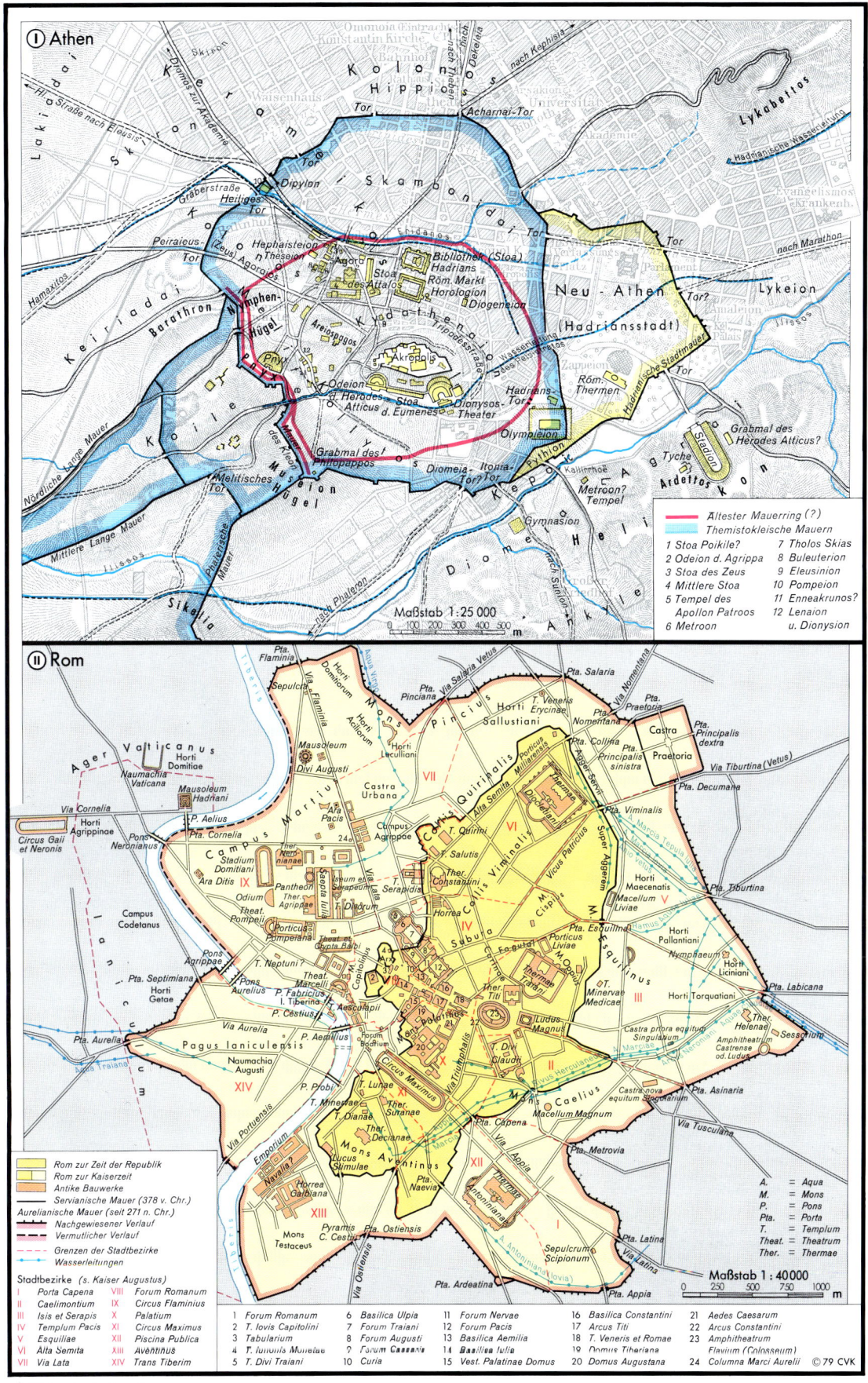

I Athen

Maßstab 1:25 000
0 100 200 300 400 500 m

Älteste Mauerring (?)
Themistokleische Mauern

1 Stoa Poikile?
2 Odeion d. Agrippa
3 Stoa des Zeus
4 Mittlere Stoa
5 Tempel des Apollon Patroos
6 Metroon
7 Tholos Skias
8 Buleuterion
9 Eleusinion
10 Pompeion
11 Enneakrunos?
12 Lenaion u. Dionysion

II Rom

Maßstab 1:40 000
0 250 500 750 1000 m

Rom zur Zeit der Republik
Rom zur Kaiserzeit
Antike Bauwerke
Servianische Mauer (378 v. Chr.)
Aurelianische Mauer (seit 271 n. Chr.)
Nachgewiesener Verlauf
Vermutlicher Verlauf
Grenzen der Stadtbezirke
Wasserleitungen

A. = Aqua
M. = Mons
P. = Pons
Pta. = Porta
T. = Templum
Theat. = Theatrum
Ther. = Thermae

Stadtbezirke (s. Kaiser Augustus)

I Porta Capena
II Caelimontium
III Isis et Serapis
IV Templum Pacis
V Esquiliae
VI Alta Semita
VII Via Lata
VIII Forum Romanum
IX Circus Flaminius
X Palatium
XI Circus Maximus
XII Piscina Publica
XIII Aventinus
XIV Trans Tiberim

1 Forum Romanum
2 T. Iovis Capitolini
3 Tabularium
4 T. Iunonis Monetae
5 T. Divi Traiani
6 Basilica Ulpia
7 Forum Traiani
8 Forum Augusti
9 Forum Caesaris
10 Curia
11 Forum Nervae
12 Forum Pacis
13 Basilica Aemilia
14 Basilica Iulia
15 Vest. Palatinae Domus
16 Basilica Constantini
17 Arcus Titi
18 T. Veneris et Romae
19 Domus Tiberiana
20 Domus Augustana
21 Aedes Caesarum
22 Arcus Constantini
23 Amphitheatrum Flavium (Colosseum)
24 Columna Marci Aurelii

©79 CVK

◄ 8-11 Griechenland im Altertum
► 20-23 Italien im Altertum

Die Ausbreitung des Keltentums bis zum 1. Jahrhundert v. Chr.
Der Aufstieg Roms in Italien bis 300 v. Chr.

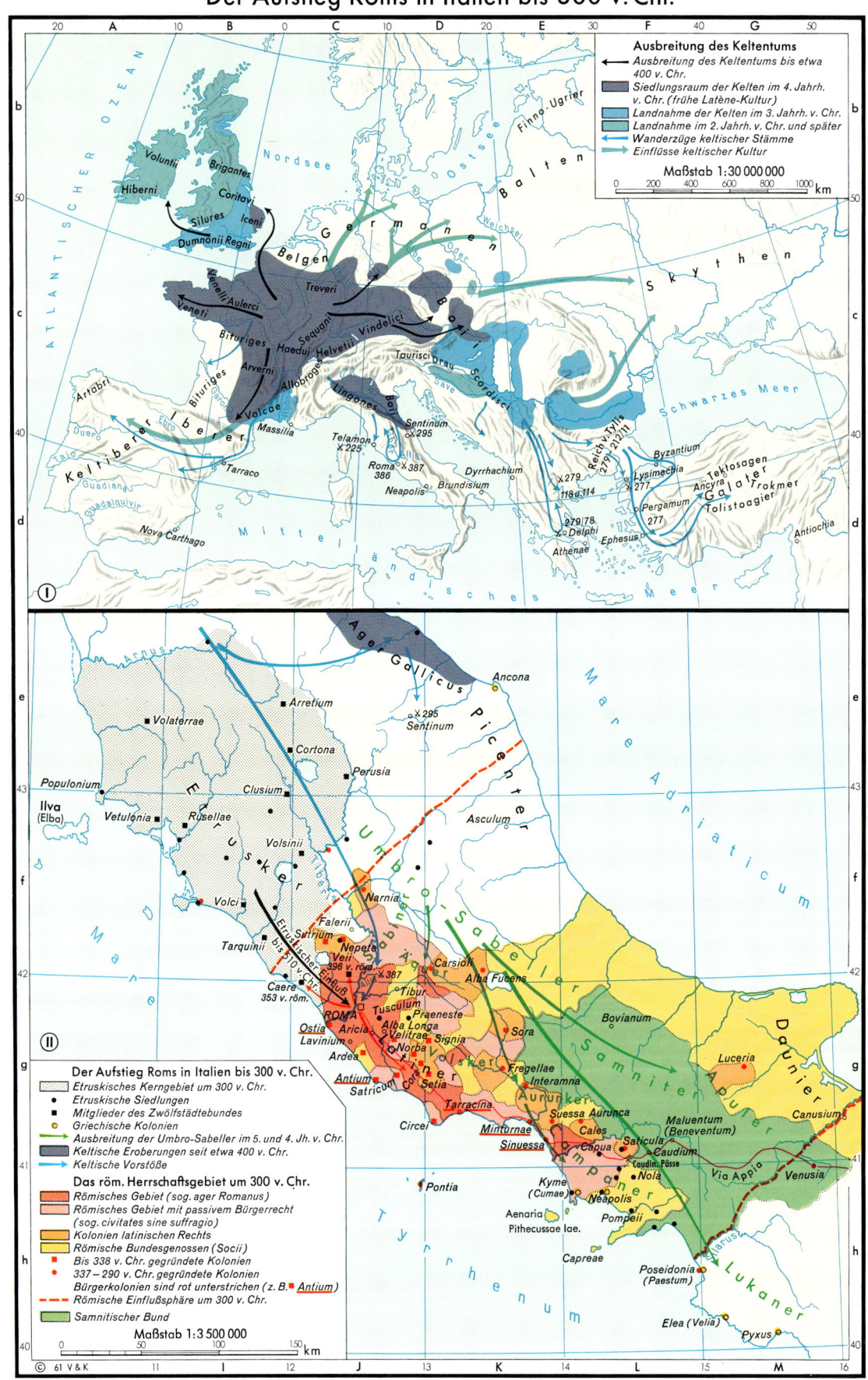

Ausbreitung des Keltentums

→ Ausbreitung des Keltentums bis etwa 400 v. Chr.

Siedlungsraum der Kelten im 4. Jahrh. v. Chr. (frühe Latène-Kultur)

Landnahme der Kelten im 3. Jahrh. v. Chr.

Landnahme im 2. Jahrh. v. Chr. und später

→ Wanderzüge keltischer Stämme

→ Einflüsse keltischer Kultur

Maßstab 1:30 000 000

0 200 400 600 800 1000 km

Der Aufstieg Roms in Italien bis 300 v. Chr.

Etruskisches Kerngebiet um 300 v. Chr.

• Etruskische Siedlungen

■ Mitglieder des Zwölfstädtebundes

○ Griechische Kolonien

→ Ausbreitung der Umbro-Sabeller im 5. und 4. Jh. v. Chr.

Keltische Eroberungen seit etwa 400 v. Chr.

→ Keltische Vorstöße

Das röm. Herrschaftsgebiet um 300 v. Chr.

Römisches Gebiet (sog. ager Romanus)

Römisches Gebiet mit passivem Bürgerrecht (sog. civitates sine suffragio)

Kolonien latinischen Rechts

Römische Bundesgenossen (Socii)

■ Bis 338 v. Chr. gegründete Kolonien

• 337–290 v. Chr. gegründete Kolonien

Bürgerkolonien sind rot unterstrichen (z. B. _Antium_)

‑ ‑ ‑ Römische Einflußsphäre um 300 v. Chr.

Samnitischer Bund

Maßstab 1:3 500 000

0 50 100 150 km

I: ▶ 29 II Germanen

II: ◀ 17 Rom   ▶ 19 Punische Kriege

I: R. Hachmann

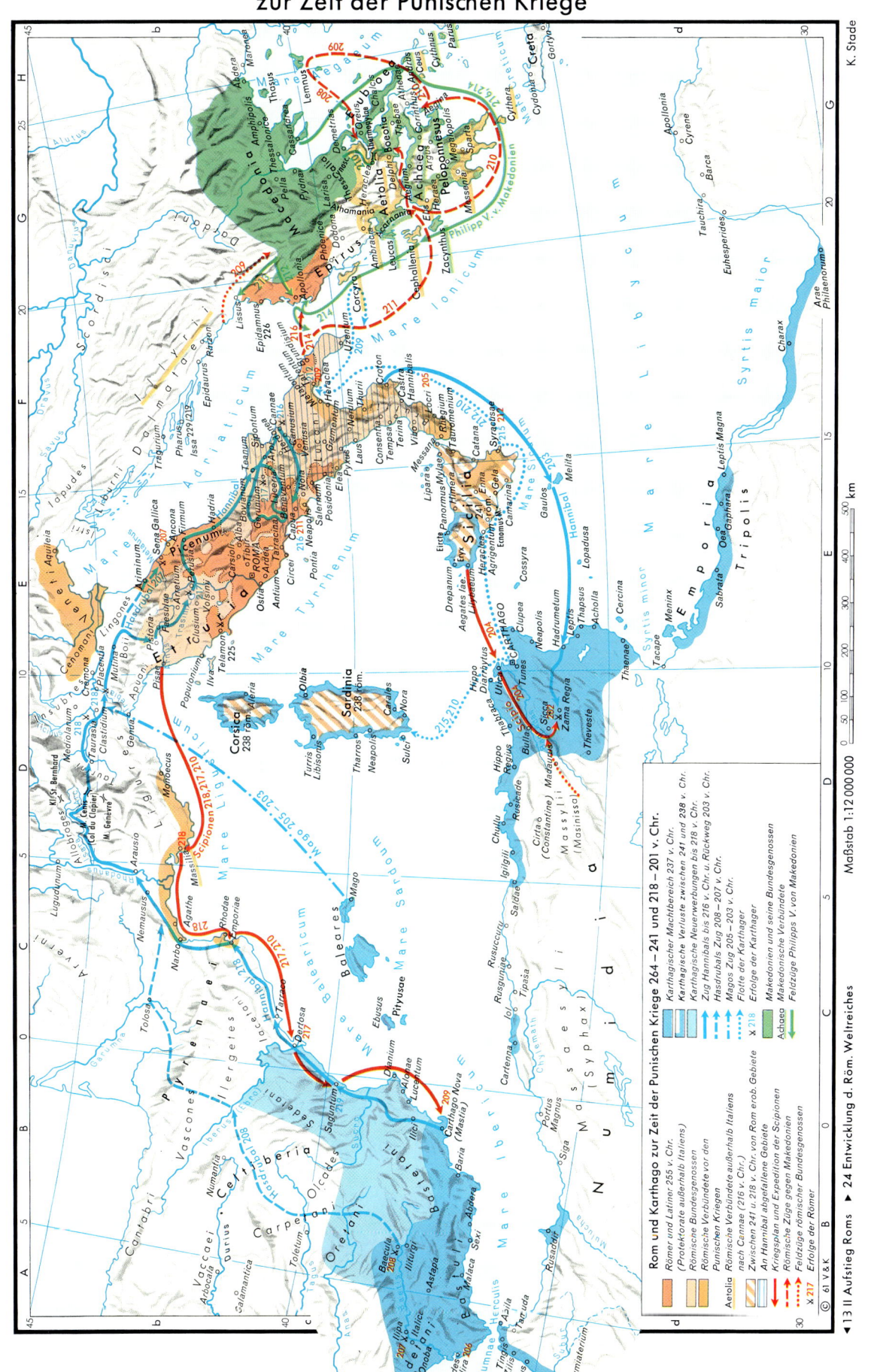

K. Stade

Maßstab 1:12 000 000

Rom und Karthago zur Zeit der Punischen Kriege 264–241 und 218–201 v. Chr.

Karthagischer Machtbereich 237 v. Chr.
Karthagische Verluste zwischen 241 und 238 v. Chr.
Karthagische Neuerwerbungen bis 218 v. Chr.
Zug Hannibals bis 216 v. Chr. u. Rückweg 203 v. Chr.
Hasdrubals Zug 208–207 v. Chr.
Magos Zug 205–203 v. Chr.
Erfolge der Karthager
Flotte der Karthager
Makedonien und seine Bundesgenossen
Makedonische Verbündete
Feldzüge Philipps V. von Makedonien

Römer und Latiner 255 v. Chr.
(Protektorate außerhalb Italiens)
Römische Bundesgenossen
Römische Verbündete vor den
Punischen Kriegen

Aetolia   Römische Verbündete außerhalb Italiens
nach Cannae (216 v. Chr.)
Zwischen 241 u. 218 v. Chr. von Rom erob. Gebiete
An Hannibal abgefallene Gebiete
Kriegsplan und Expedition der Scipionen
Römische Züge gegen Makedonien
Feldzüge römischer Bundesgenossen
x 217   Erfolge der Römer

© 61 V & K   ◄ 13 II Aufstieg Roms   ► 24 Entwicklung d. Röm. Weltreiches

① MARE TYRRHENUM (TUSCUM) S. INFERUM

Campi Phlegraei

Neapolis
Maßstab 1:300 000
Moderne Namen in Haarschrift
0 1 2 3 4 5 km
③

Kyme / Cumae · Gaurus M. · Astroni · **Neapolis** · **Palaeopolis** · Megaris · Grab Vergils? · Mte Posilipo · Avernus L. · Mts Nuovo · Lucrinus L. · Acherusia L. · Baiae · Forum Vulcani (Solfatara) · Bauli · Nesis · Dicaearchia, Puteoli · Pausilypum · Portus Misenus · **Misenum** · Prom. Misenum

S I C I L I A

Liparaeae (Aeoliae s. Vulcaniae) Iae

Südlicher Teil

Das Römische Weltreich von 200 v. Chr. bis 117 n. Chr.

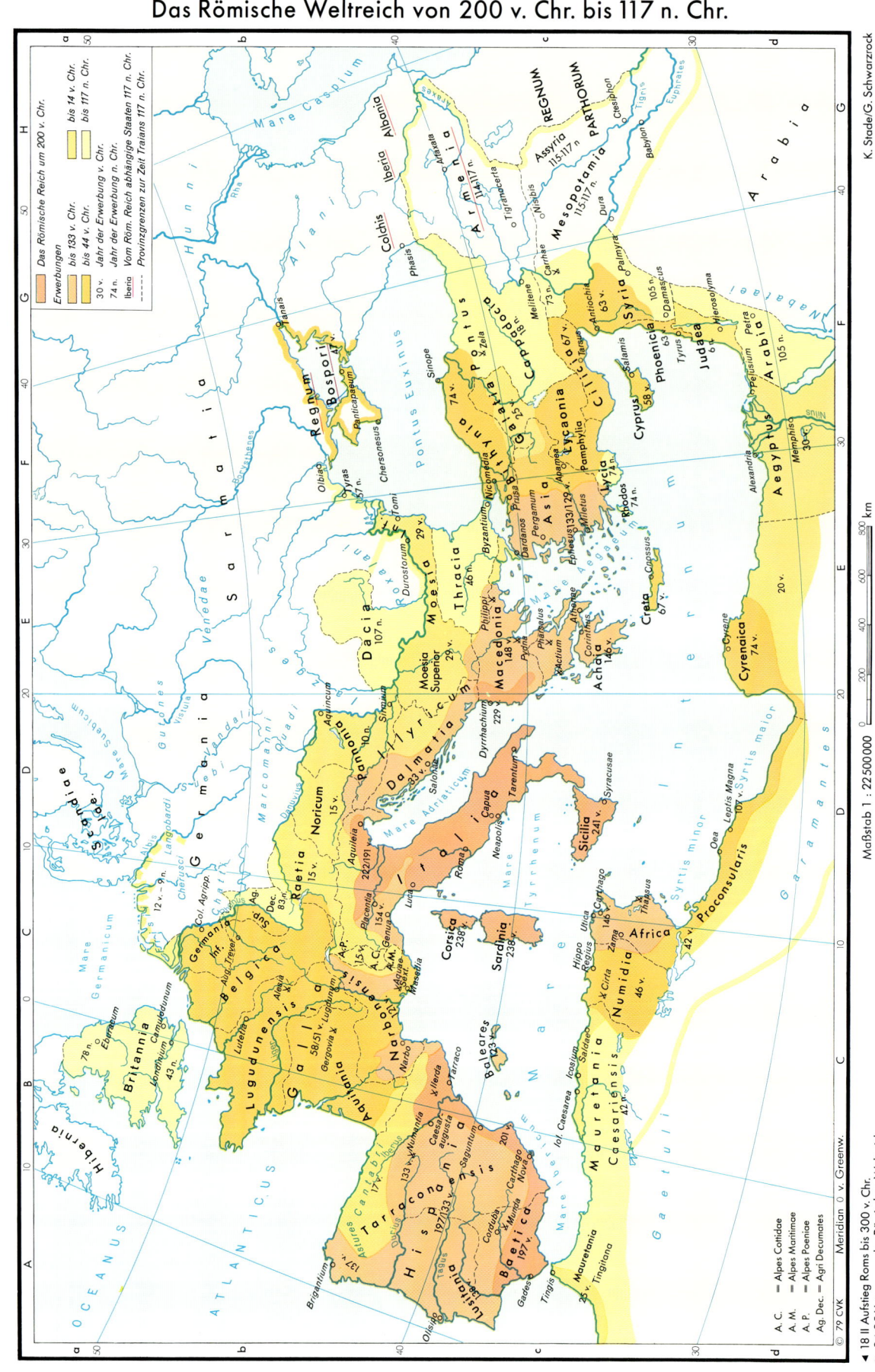

Maßstab 1 : 22 500 000

0   200   400   600   800 km

K. Stade/G. Schwarzrock

© 79 CVK

Meridian 0 v. Greenw.

A. C. = Alpes Cottidae
A. M. = Alpes Maritimae
A. P. = Alpes Poeninae
Ag. Dec. = Agri Decumates

18 II Aufstieg Roms bis 300 v. Chr.
34/35 Untergang des Römischen Weltreiches

Erwerbungen
Das Römische Reich um 200 v. Chr.
bis 133 v. Chr.
bis 44 v. Chr.
bis 14 v. Chr.
bis 117 n. Chr.
30 v.   Jahr der Erwerbung v. Chr.
74 n.   Jahr der Erwerbung n. Chr.
Iberia   Vom Röm. Reich abhängige Staaten 117 n. Chr.
Provinzgrenzen zur Zeit Trajans 117 n. Chr.

Die Wirtschaft des Römischen Weltreiches

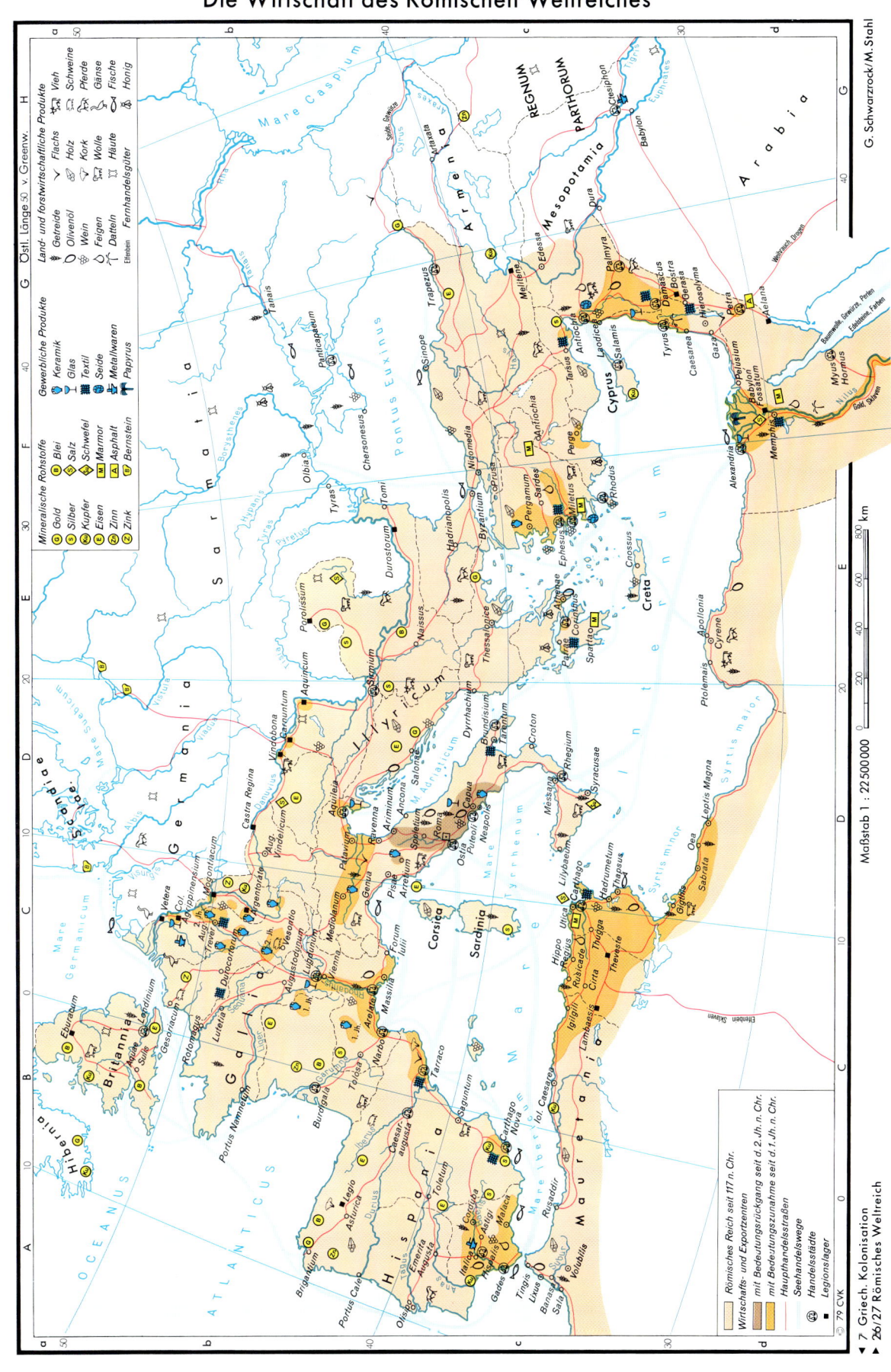

G. Schwarzrock/M. Stahl

Maßstab 1 : 22500000

0 200 400 600 800 km

▼ 7 Griech. Kolonisation
▲ 26/27 Römisches Weltreich

© 79 CVK

Das Römische Reich seit Caesar und Augustus

Senatorische Provinzen z.Z. des Augustus
Kaiserliche Provinzen z.Z. des Augustus
Versuch der Eroberung Germaniens unter Augustus
Thracia Klientelstaaten des Röm. Reiches z.Z. des Augustus

Erwerbungen nach Kaiser Augustus

Erwerbungen bis 96 n. Chr. (Tod Domitians)
Erwerbungen bis 117 n. Chr. (durch Traian)
Erwerbungen nach Traian
Vorübergehende Erwerbungen
Kaiserliche Provinzen nach Augustus
Roxolani Staaten oder Stämme, die nach Augustus zeitweise oder ständig im Klientelverhältnis zum Römischen Reich gestanden haben

Anfänge röm. Kolonisation außerh. Italiens

Vorcaesarische Kolonien
Caesarische Kolonien und Municipien
Augusteische Kolonien und Municipien

Limes als zusammenhängende Grenzbefestigung
Limes in der Form von Einzelkastellen
Bedeutende Handels- u. Heerstraßen bzw. Limesstraßen
Legionslager
Nicht ständig bestehende Legionslager
Kastelle
Bedeutende römische Flottenstationen
Haupt- und Residenzstädte
Mittelstädte
Kleinstädte und sonstige größere Siedlungen
Moderne Ortsnamen in Haarschrift

Ca. = Carpi
Ma. = Maxula
Th. = Thuburbo Maius
Thub. = Thuburbo Minus
Tu. = Tunes
Uth. = Uthina

Kastelle sind nur in Auswahl benannt.

G Östl. Länge 15 v. Greenw.

I: ◄ 24 Entwicklung d. Röm. Weltreiches ►29 I Weltreiche
II: ◄ 18 I Keltentum ►37 I Frankreich d. Merowinger

Maßstab 1 : 15 000 000

Die Eroberung Galliens 58 bis 51 v. Chr.

Das spätrömische Reich um 395 n. Chr.

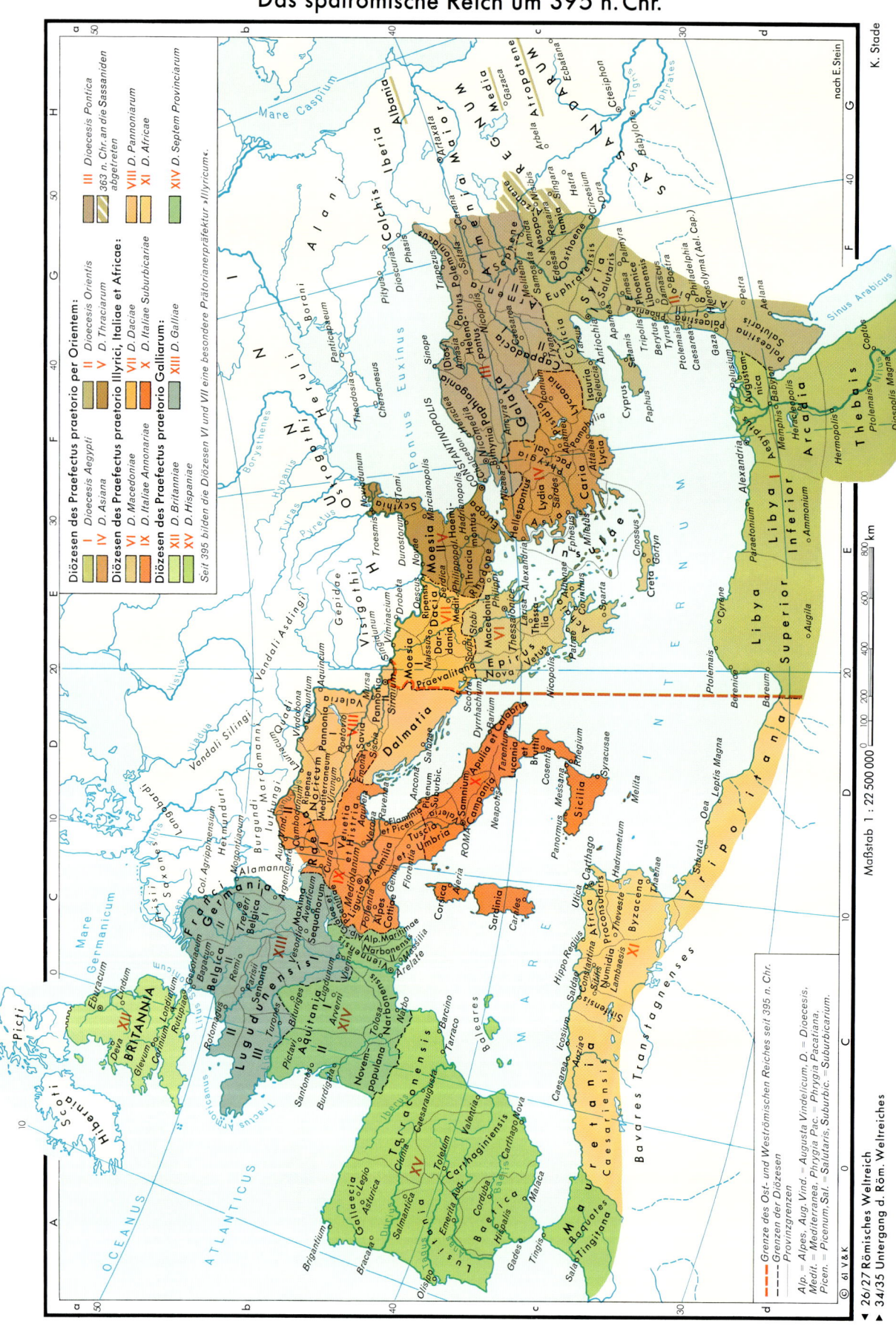

Diözesen des Praefectus praetorio per Orientem:
I Dioecesis Aegypti
II Dioecesis Orientis
III 363 n. Chr. an die Sassaniden abgetreten
IV D. Asiana
V D. Thraciarum

Diözesen des Praefectus praetorio Illyrici, Italiae et Africae:
VI D. Macedoniae
VII D. Daciae
VIII D. Pannoniarum
IX D. Italiae Annonariae
X D. Italiae Suburbicariae
XI D. Africae

Diözesen des Praefectus praetorio Galliarum:
XII D. Britanniae
XIII D. Galliae
XIV D. Septem Provinciarum
XV D. Hispaniae

Seit 395 bilden die Diözesen VI und VII eine besondere Prätorianerpräfektur »Illyricum«.

Grenze des Ost- und Weströmischen Reiches seit 395 n. Chr.
Grenzen der Diözesen
Provinzgrenzen

Alp. = Alpes, Aug. Vind. = Augusta Vindelicum, D. = Dioecesis,
Medit. = Mediterranea, Phrygia Pac. = Phrygia Pacatiana,
Picen. = Picenum, Sal. = Salutaris, Suburbic. = Suburbicarium.

Maßstab 1 : 22 500 000

0 100 200 400 600 800 km

© 61 v&k

nach E. Stein

K. Stade

▼ 26/27 Römisches Weltreich
▲ 34/35 Untergang d. Röm. Weltreiches

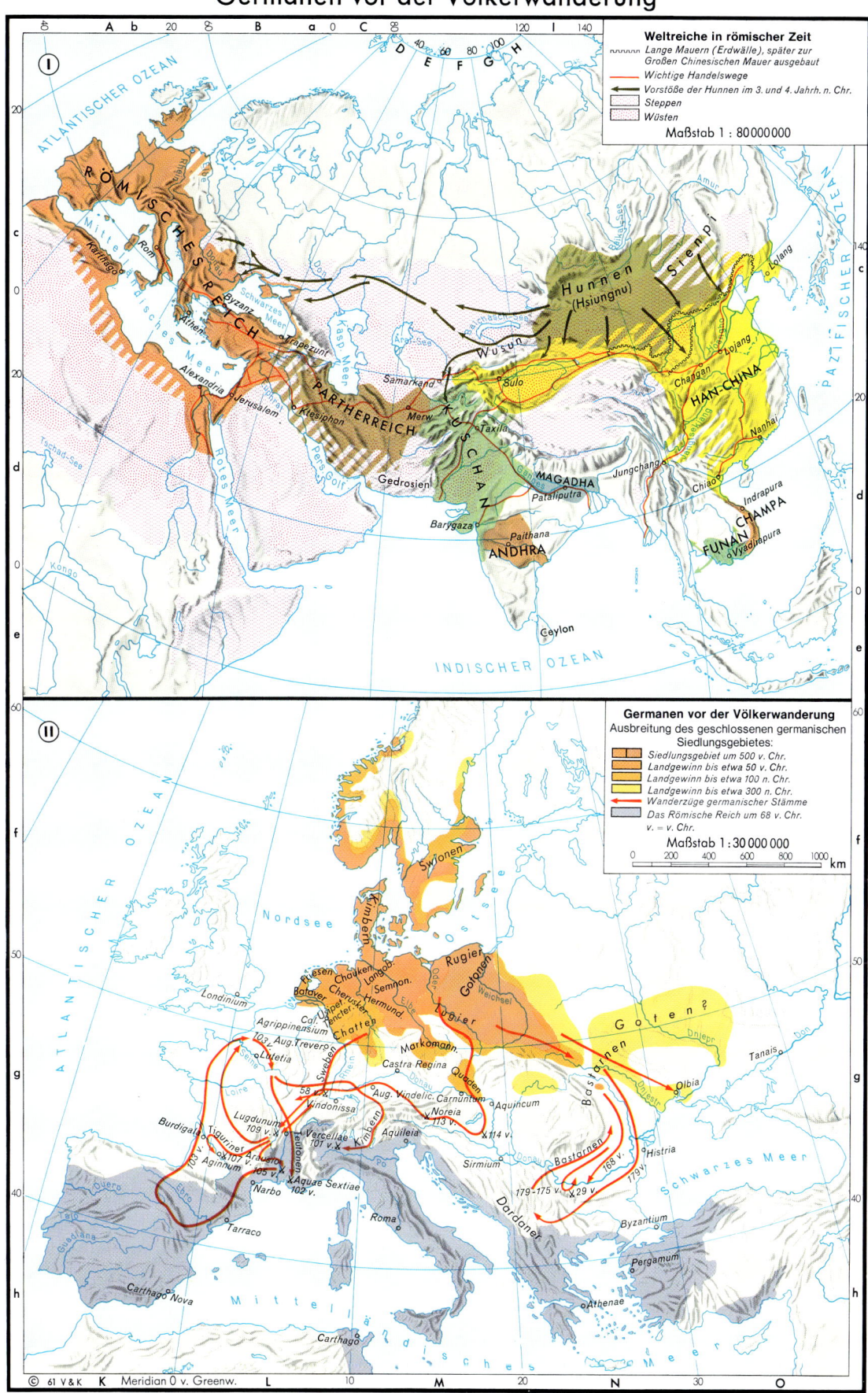

Weltreiche in römischer Zeit

∿∿∿∿ *Lange Mauern (Erdwälle), später zur Großen Chinesischen Mauer ausgebaut*

— *Wichtige Handelswege*

◄— *Vorstöße der Hunnen im 3. und 4. Jahrh. n. Chr.*

Steppen

Wüsten

Maßstab 1 : 80 000 000

Germanen vor der Völkerwanderung
Ausbreitung des geschlossenen germanischen Siedlungsgebietes:

Siedlungsgebiet um 500 v. Chr.
Landgewinn bis etwa 50 v. Chr.
Landgewinn bis etwa 100 n. Chr.
Landgewinn bis etwa 300 n. Chr.
◄— *Wanderzüge germanischer Stämme*
Das Römische Reich um 68 v. Chr.
v. = v. Chr.

Maßstab 1 : 30 000 000

0   200   400   600   800   1000 km

© 61 V & K   Meridian 0 v. Greenw.

II: R. Hachmann

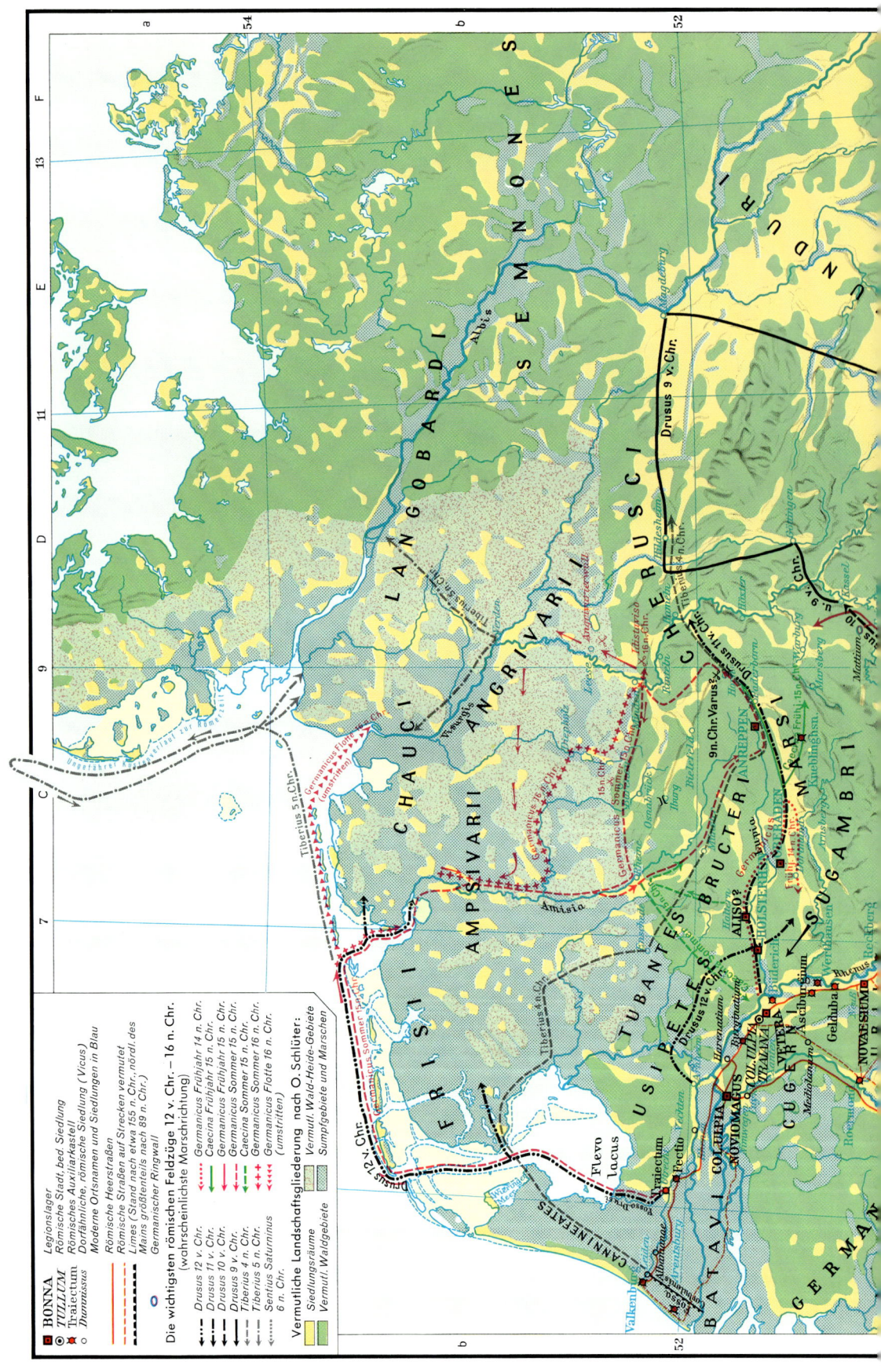

BONNA Legionslager
TULLIUM Römische Stadt, bed. Siedlung
Traiectum Römisches Auxiliarkastell
Dammásus Dorfähnliche, römische Siedlung (*Vicus*)
Moderne Ortsnamen und Siedlungen in Blau

Römische Heerstraßen
Römische Straßen auf Strecken vermutet
Limes (Stand nach etwa 155 n.Chr., nördl. des Mains größtenteils nach 89 n.Chr.)
Germanischer Ringwall

Die wichtigsten römischen Feldzüge 12 v.Chr. —16 n.Chr.
(wahrscheinlichste Marschrichtung)

Drusus 12 v.Chr.
Drusus 11 v.Chr.
Drusus 10 v.Chr.
Drusus 9 v.Chr.
Tiberius 4 n.Chr.
Tiberius 5 n.Chr.
Sentius Saturninus
6 n.Chr.

Germanicus Frühjahr 14 n.Chr.
Caecina Frühjahr 15 n.Chr.
Germanicus Frühjahr 15 n.Chr.
Germanicus Sommer 15 n.Chr.
Caecina Sommer 15 n.Chr.
Germanicus Sommer 16 n.Chr.
Germanicus Flotte 16 n.Chr.
(umstritten)

Vermutliche Landschaftsgliederung nach O.Schlüter:
Siedlungsräume   Vermut. Wald-Heide-Gebiete
Vermutl. Waldgebiete   Sumpfgebiete und Marschen

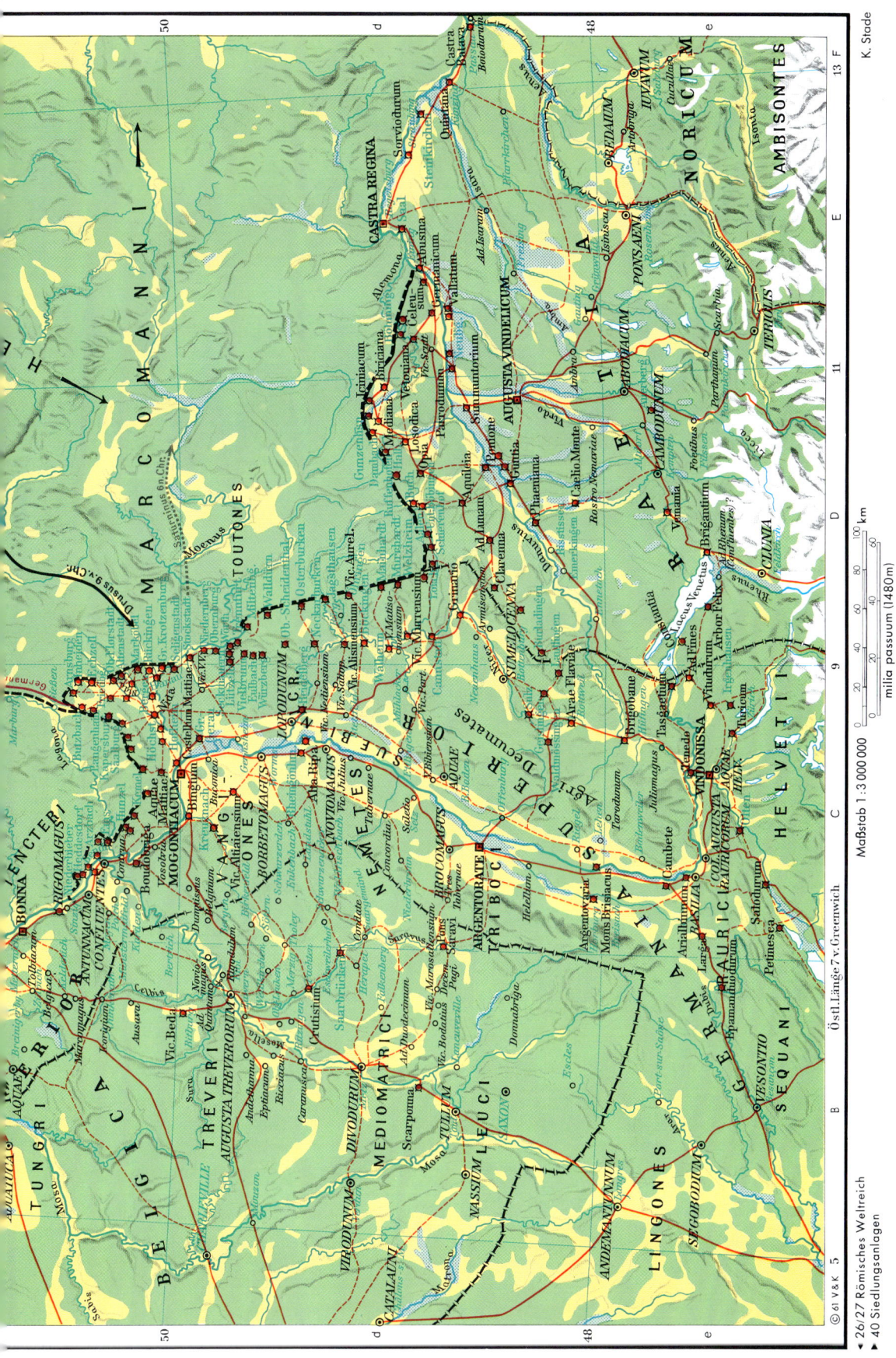

© 61 V&K 5

26/27 Römisches Weltreich
40 Siedlungsanlagen

Maßstab 1:3 000 000

Östl. Länge 7 v. Greenwich

K. Stade

Das Palästina der Bibel

Römische Provinzen Judäa und Syrien
Reich Herodes des Großen 37–4 v. Chr.
Gebiet des Tetrarchen Archelaus 4 v. Chr.– 6 n. Chr., seit 6 n. Chr. römische Statthalterschaft
Gebiet des Tetrarchen Herodes Antipas 4 v.Chr.–39 n.Chr.
Gebiet des Tetrarchen Philippus 4 v. Chr.– 34 n. Chr.
Gebiet des Tetrarchen Lysanias
Dekapolis und Askalon
Pella Städte der Dekapolis
Phönizische Städte
Besitz der Livia bzw. des Tiberius
Dan Wohnsitze der Stämme Israels
MOAB Alttestamentliche Gebietsbezeichnungen, Staaten
JUDAEA Gebietsbezeichnungen in hellenistisch-römischer Zeit
● Besonders im Neuen Testament vorkommende Orte
◆ Königsburgen in römischer Zeit

Maßstab 1 : 1 250 000

0   10   20   30   40   50 km

© 61 V & K   Östl. Länge 35° v. Greenw.

H. J. Stoebe

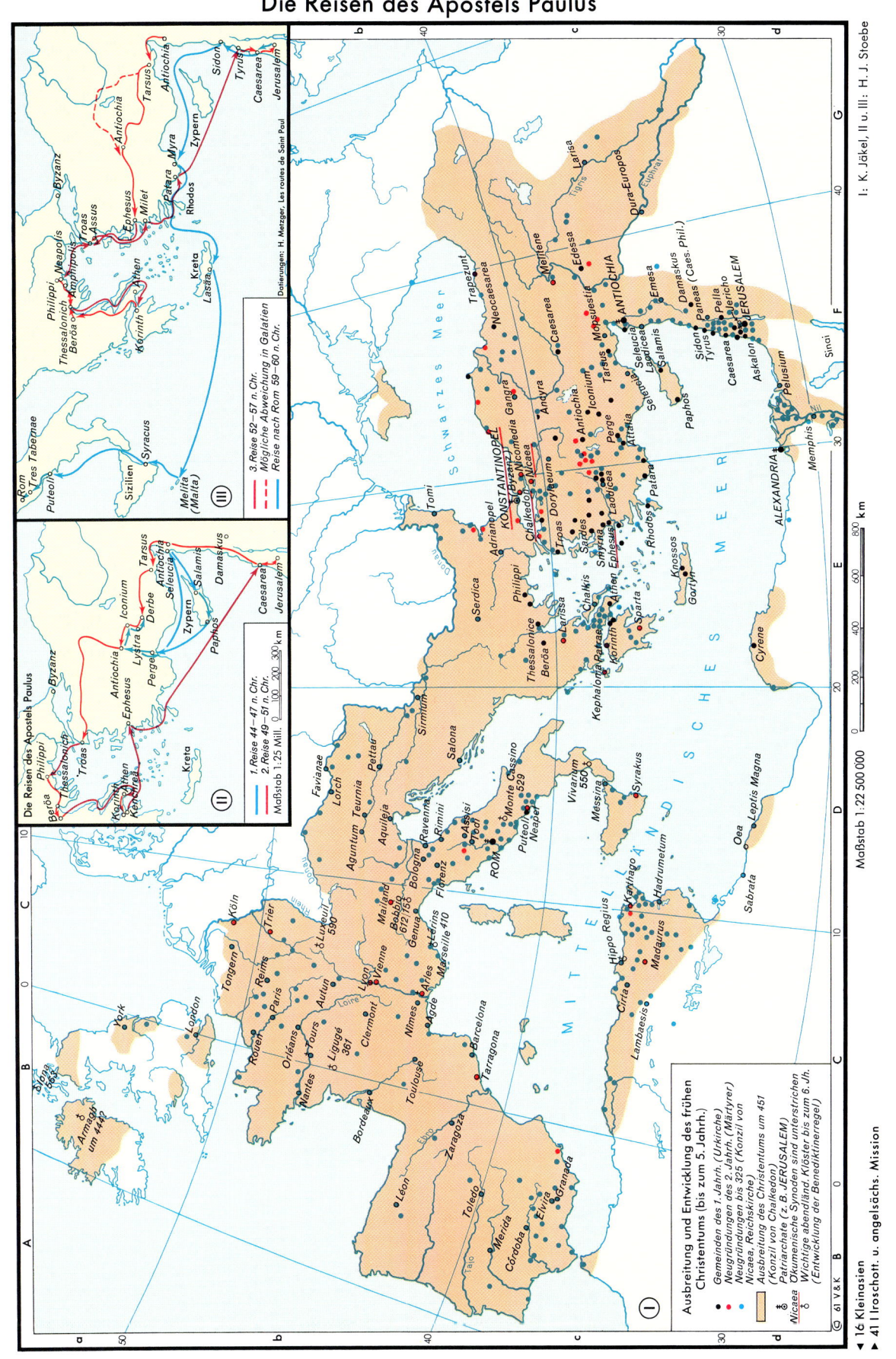

I: R. Hachmann, II, III u. IV: K. Tackenberg

Die Ausbreitung des Islam von 622 bis 750

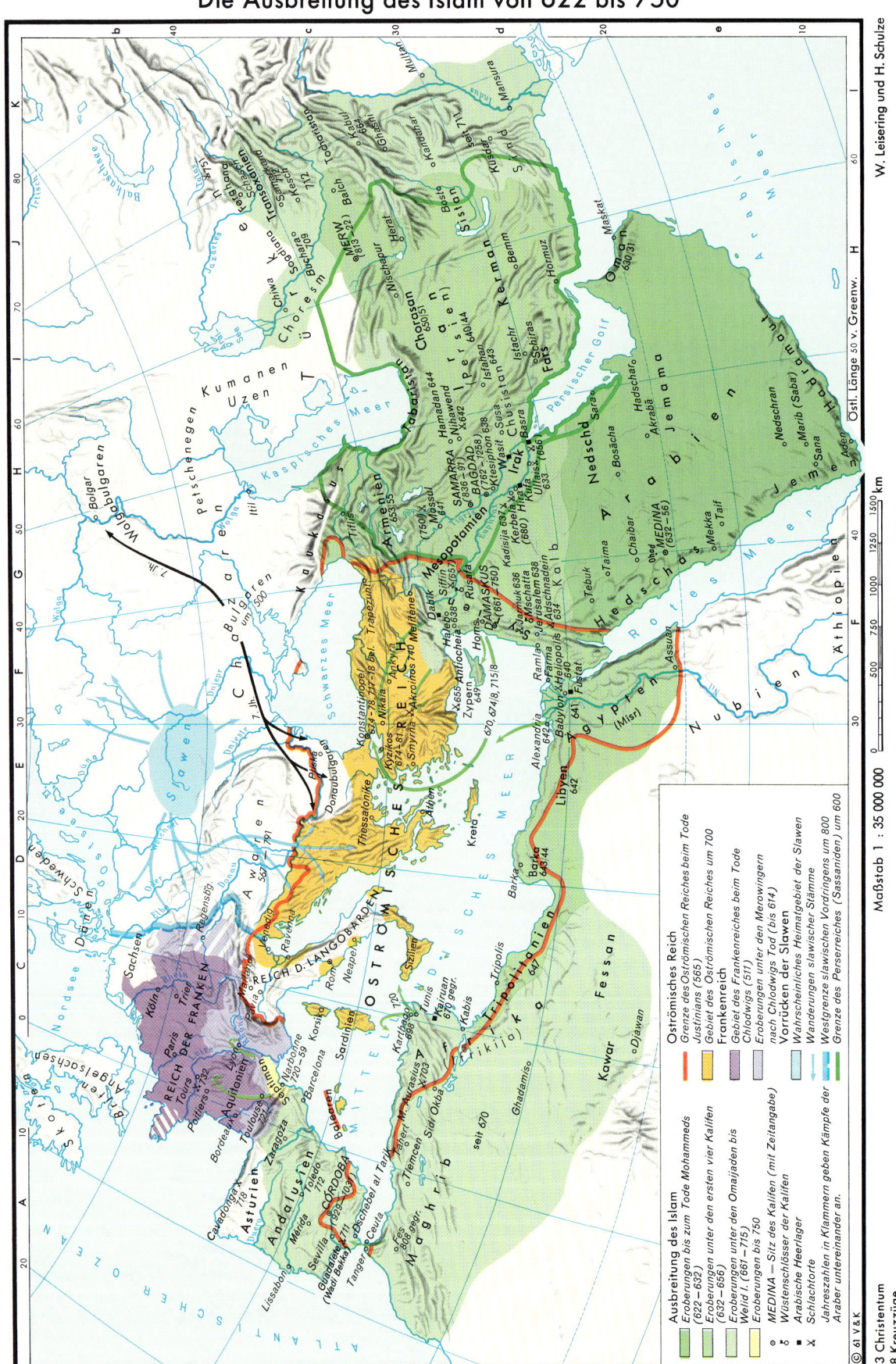

W. Leisering und H. Schulze

Maßstab 1 : 35 000 000

▼ 33 Christentum
▶ 48 Kreuzzüge

© 61 V & K

Ausbreitung des Islam
Eroberungen bis zum Tode Mohammeds (622–632)
Eroberungen unter den ersten vier Kalifen (632–656)
Eroberungen unter den Omaijaden bis Welid I. (661–715)
Eroberungen bis 750

MEDINA = Sitz des Kalifen (mit Zeitangabe)
Wüstenschlösser der Kalifen
Arabische Heerlager
Schlachtorte

Jahreszahlen in Klammern geben Kämpfe der Araber untereinander an.

Oströmisches Reich
Grenze des Oströmischen Reiches beim Tode Justinians (565)
Gebiet des Oströmischen Reiches um 700

Frankenreich
Gebiet des Frankenreiches beim Tode Chlodwigs (511)
Eroberungen unter den Merowingern nach Chlodwigs Tod (bis 614)

Vorrücken der Slawen
Wahrscheinliches Heimatgebiet der Slawen
Wanderungen slawischer Stämme
Westgrenze slawischen Vordringens um 800
Grenze des Perserreiches (Sassaniden) um 600

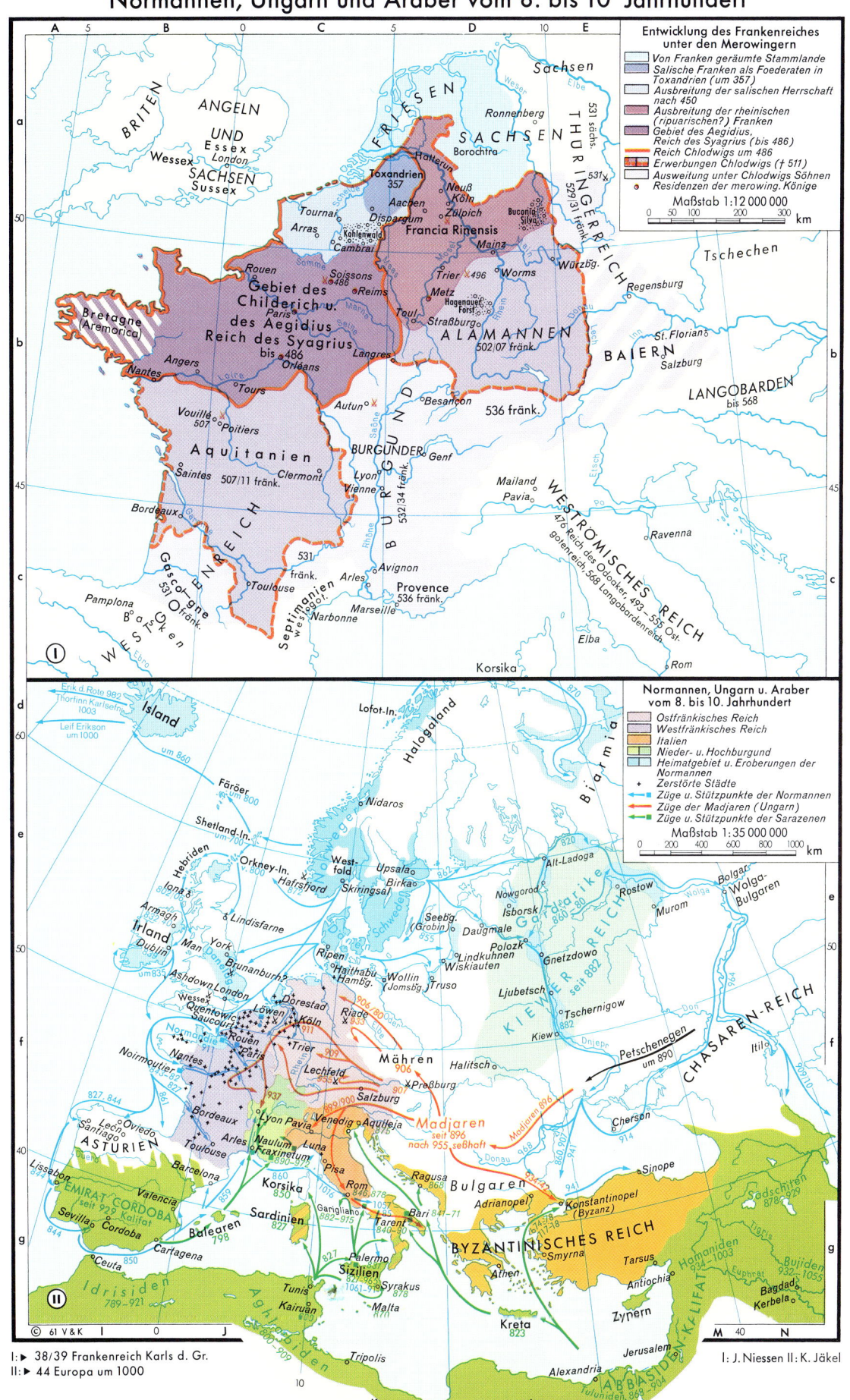

Entwicklung des Frankenreiches unter den Merowingern

- Von Franken geräumte Stammlande
- Salische Franken als Foederaten in Toxandrien (um 357)
- Ausbreitung der salischen Herrschaft nach 450
- Ausbreitung der rheinischen (ripuarischen?) Franken
- Gebiet des Aegidius, Reich des Syagrius (bis 486)
- Reich Chlodwigs um 486
- Erwerbungen Chlodwigs († 511)
- Ausweitung unter Chlodwigs Söhnen
- Residenzen der merowing. Könige

Maßstab 1:12 000 000
0 50 100 200 300 km

Normannen, Ungarn u. Araber vom 8. bis 10. Jahrhundert

- Ostfränkisches Reich
- Westfränkisches Reich
- Italien
- Nieder- u. Hochburgund
- Heimatgebiet u. Eroberungen der Normannen
- Zerstörte Städte
- Züge u. Stützpunkte der Normannen
- Züge der Madjaren (Ungarn)
- Züge u. Stützpunkte der Sarazenen

Maßstab 1:35 000 000
0 200 400 600 800 km

I: ▶ 38/39 Frankenreich Karls d. Gr.
II: ▶ 44 Europa um 1000

I: J. Niessen II: K. Jäkel
© 61 V&K

Das Frankenreich zur Zeit Karls des Groß

Maßstab 1:9 000 000   0 50 100   200   300 km

© 61 V & K

Römische und mittelalterliche Siedlungsanlagen

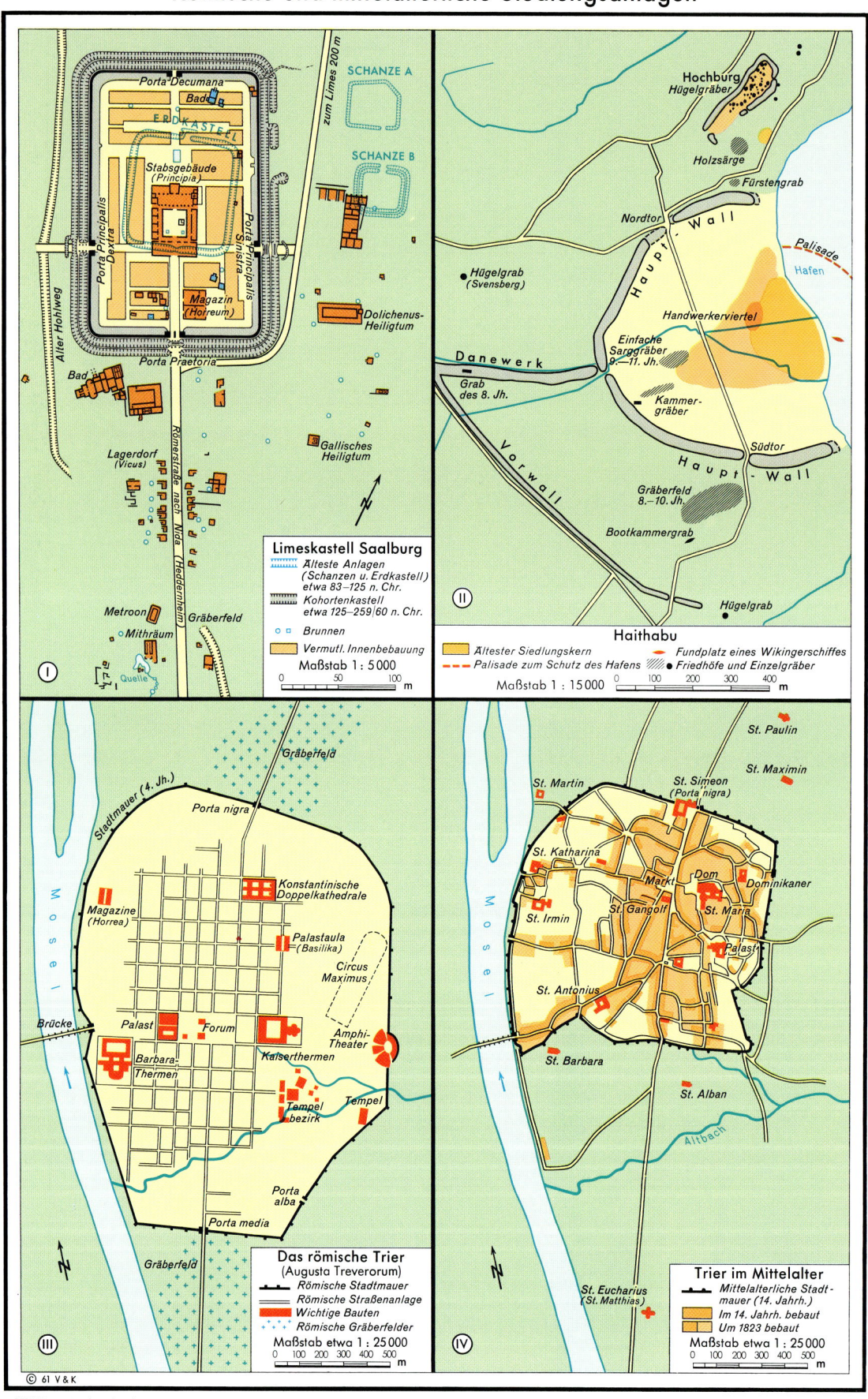

Limeskastell Saalburg
Älteste Anlagen (Schanzen u. Erdkastell) etwa 83–125 n. Chr.
Kohortenkastell etwa 125–259/60 n. Chr.
○ Brunnen
Vermutl. Innenbebauung
Maßstab 1 : 5000
0 50 100 m

Haithabu
Ältester Siedlungskern
Palisade zum Schutz des Hafens
Fundplatz eines Wikingerschiffes
Friedhöfe und Einzelgräber
Maßstab 1 : 15000
0 100 200 300 400 m

Das römische Trier (Augusta Treverorum)
Römische Stadtmauer
Römische Straßenanlage
Wichtige Bauten
Römische Gräberfelder
Maßstab etwa 1 : 25000
0 100 200 300 400 500 m

Trier im Mittelalter
Mittelalterliche Stadtmauer (14. Jahrh.)
Im 14. Jahrh. bebaut
Um 1823 bebaut
Maßstab etwa 1 : 25000
0 100 200 300 400 500 m

◄ 17 II Rom in der Antike
► 53 Handelsstädte im Mittelalter

I: H. Schönberger, II: H. Jankuhn, III und IV: J. Niessen

© 61 V & K

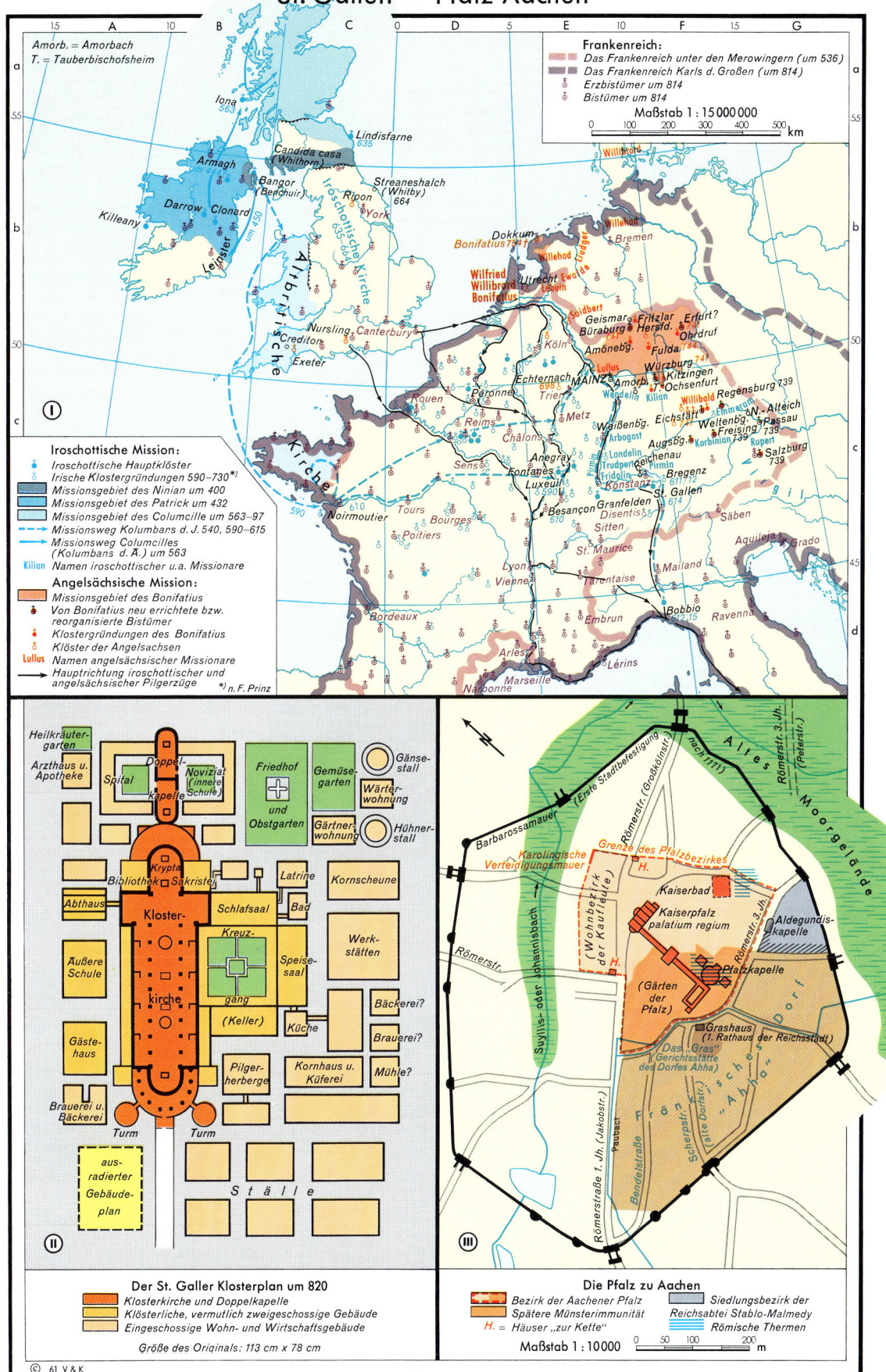

Iroschottische und angelsächsische Mission / St. Gallen – Pfalz Aachen

Amorb. = Amorbach
T. = Tauberbischofsheim

Frankenreich:
- Das Frankenreich unter den Merowingern (um 536)
- Das Frankenreich Karls d. Großen (um 814)
- Erzbistümer um 814
- Bistümer um 814

Maßstab 1 : 15 000 000

0 100 200 300 400 500 km

Iroschottische Mission:
- Iroschottische Hauptklöster
- Irische Klostergründungen 590–730*)
- Missionsgebiet des Ninian um 400
- Missionsgebiet des Patrick um 432
- Missionsgebiet des Columcille um 563–97
- Missionsweg Kolumbans d. J. 540, 590–615
- Missionsweg Columcilles (Kolumbans d. Ä.) um 563
- Kilian Namen iroschottischer u.a. Missionare

Angelsächsische Mission:
- Missionsgebiet des Bonifatius
- Von Bonifatius neu errichtete bzw. reorganisierte Bistümer
- Klostergründungen des Bonifatius
- Klöster der Angelsachsen
- Lullus Namen angelsächsischer Missionare
- Hauptrichtung iroschottischer und angelsächsischer Pilgerzüge

*) n. F. Prinz

Iona 563 · Armagh · Bangor (Benchuir) · Darrow · Clonard · Killeany · Leinster · Candida casa (Whithorn) · Lindisfarne 635 · Streaneshalch (Whitby) 664 · Ripon · York · Altbritische Kirche · Missionsweg 450 · Dokkum Bonifatius 754† · Willibrord Willibrord Bonifatius · Utrecht Ewo de · Lebuin · Willehad · Bremen · Wilhad · Nursling · Crediton · Canterbury · Exeter · Köln · Geismar Fritzlar Erfurt? · Büraburg Hersfd. · Ohrdruf · Amöneb. · Fulda 744 · Würzburg 741 · Amorb. Kitzingen · Ochsenfurt · Echternach 698 · Trier · MAINZ · Wendelin Kilian · Willibald Regensburg 739 · Péronne · Reims · Metz · Weißenbg. Eichstätt · N. Alteich · Rouen · Weltenbg. Passau · Châlons · Arbogast · Augsbg. Freising 739 · Rupert · Sens · Anegray 590 · Landelin Reichenau Korbinian 739 · Salzburg 739 · Fontaines Luxeuil · Trudpert Firmin · Fridolin · Säben · Noirmoutier 610 · Tours · Besançon · Bregenz 611/12 · Konstanz · Poitiers · Granfelden · St. Gallen 614 · Disentis · Bourges · Sitten · Lyon · Vienne · St. Maurice · Aquileja · Grado · Tarentaise · Mailand · Bordeaux · Embrun · Bobbio 615 · Ravenna · Arles · Lérins · Marseille · Narbonne

Der St. Galler Klosterplan um 820

Heilkräutergarten · Arzthaus u. Apotheke · Spital · Doppel-kapelle · Noviziat (innere Schule) · Friedhof · Gemüsegarten · Gänsestall · Wärterwohnung · Hühnerstall · Gärtnerwohnung · Krypta · Bibliothek · Sakristei · Latrine · Kornscheune · Abthaus · Schlafsaal · Bad · Kloster-kirche · Kreuz-gang · Werkstätten · Äußere Schule · Speisesaal · (Keller) · Küche · Bäckerei? · Gästehaus · Pilgerherberge · Kornhaus u. Küferei · Brauerei? · Mühle? · Brauerei u. Bäckerei · Turm · Turm · Ställe · ausradierter Gebäude-plan

Der St. Galler Klosterplan um 820
- Klosterkirche und Doppelkapelle
- Klösterliche, vermutlich zweigeschossige Gebäude
- Eingeschossige Wohn- und Wirtschaftsgebäude

Größe des Originals: 113 cm x 78 cm

Die Pfalz zu Aachen

Altes (um 1171) · Römerstr. 3. Jh. (Peterstr.) · Römerstr. (Großkölnstr.) · Erste Stadtbefestigung · Moorgelände · Barbarossamauer · Karolingische Verteidigungsmauer · Grenze des Pfalzbezirkes · Kaiserbad · (Wohnbezirk der Kaufleute) · Kaiserpfalz palatium regium · Aldegundis-kapelle · Römerstr. 3. Jh. · Suyllis- oder Johannisbach · Pfalzkapelle · (Gärten der Pfalz) · Römerstr. · "Ahha" · Grashaus (1. Rathaus der Reichsstadt) · Das "Gras" Gerichtsstätte des Dorfes Ahha · Fränkisches Dorf · Scherpstr. (alte Dürst) · Bendelstraße · Römerstraße 1. Jh. (Jakobstr.) · Pontstr.

Die Pfalz zu Aachen
- Bezirk der Aachener Pfalz
- Spätere Münsterimmunität
- H. = Häuser "zur Kette"
- Siedlungsbezirk der Reichsabtei Stablo-Malmedy
- Römische Thermen

Maßstab 1 : 10000

0 50 100 m

© 61 V & K

I, II: ◄ 33 Christentum ► 45 Mönchtum
III: ► 38/39 I Frankenreich Karls d. Gr.

I: K. Jäkel, II: K. Schib, III: W. Kaemmerer

◄ 38/39 Frankenreich u. Reichsteilungen

► 46/47 Italien im 10. u. 11. Jh. – Mittel- u. Westeuropa vom 11.–13. Jh.

Maßstab 1:5 000

Europa im Hochmittelalter (um 1000)

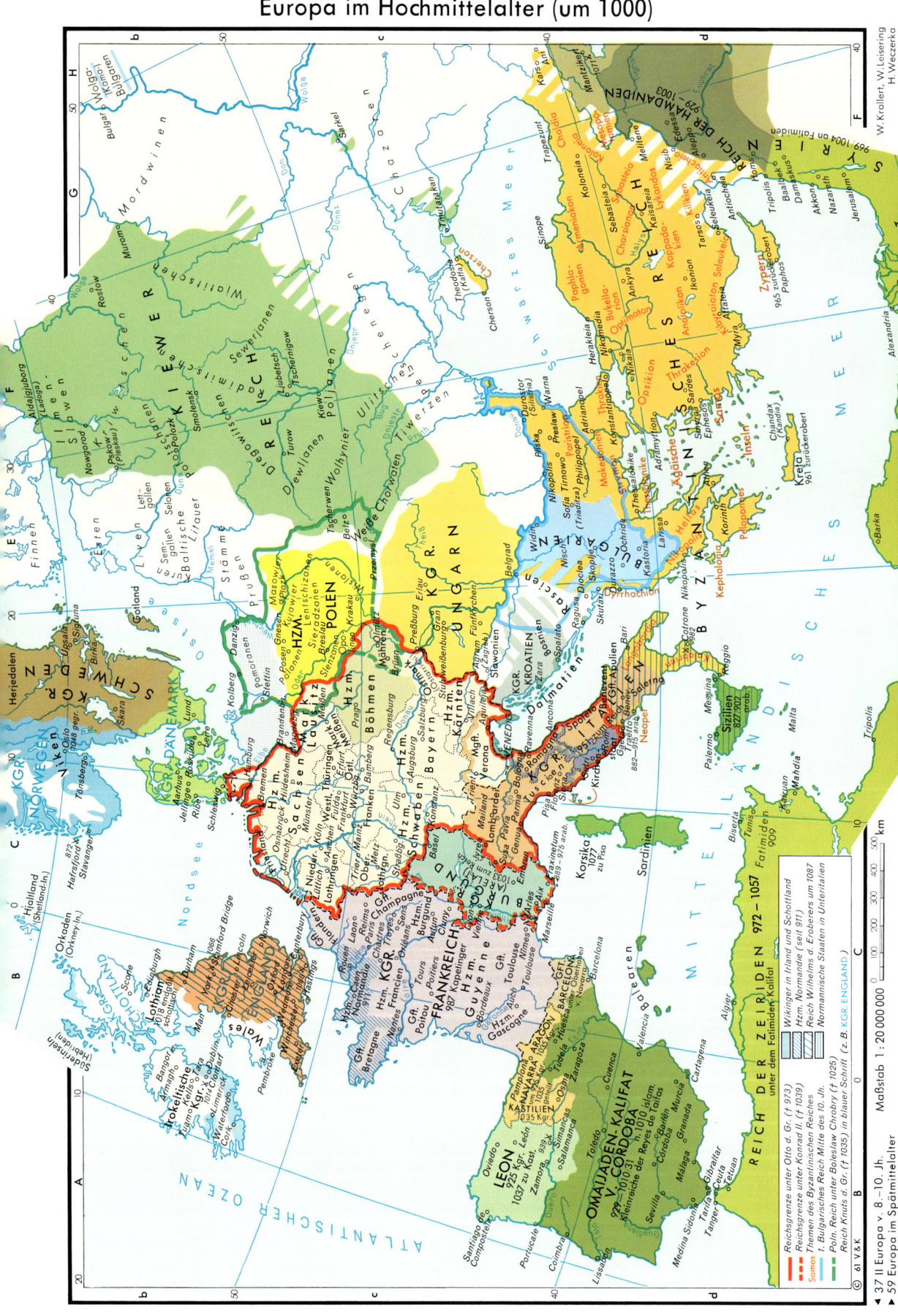

W. Krallert, W. Leisering
H. Weczerka

Reichsgrenze unter Otto d. Gr. († 973)
Reichsgrenze unter Konrad II. († 1039)
Themen des Byzantinischen Reiches
1. Bulgarisches Reich Mitte des 10. Jh.
Poln. Reich unter Boleslaw Chrobry († 1025)
Reich Knuts d. Gr. (†1035) in blauer Schrift (z.B. KGR. ENGLAND)

Wikinger in Irland und Schottland
Hzm. Normandie (seit 911)
Reich Wilhelms d. Eroberers um 1087
Normannische Staaten in Unteritalien

Samos

REICH DER ZEIRIDEN 972–1057

Maßstab 1 : 20 000 000

0 100 200 300 400 500 km

© 61 V&K

▼ 37 II Europa v. 8.–10. Jh.
▶ 59 Europa im Spätmittelalter

Die Reformbewegungen des Mönchtums im Mittelalter

I

Reformbewegung des Mönchtums im Hochmittelalter

- **CLUNY** (Burgund. Reform)
- Von der cluniazensischen Reformbewegung erfaßte Gebiete
- **FLEURY**
- **GORZE** (Lothring. Reform)
- **HIRSAU**
- Klosterreform nach Dunstan von Glastonbury (Regularis Concordia)
- Jahreszahlen = Einführung der Reform

Maßstab 1 : 12 000 000

100   200   300 km

II

Ausbreitung d. Zisterzienserordens

- Molesmes
- Cîteaux m. späteren Tochterklöstern
  Die vier ältesten Tochterklöster von Cîteaux:
- La Ferté mit Tochterklöstern
- Pontigny mit Tochterklöstern
- Clairvaux mit Tochterklöstern
- Morimond mit Tochterklöstern
- Ritterorden mit Zisterzienserregel

Maßstab 1 : 20 000 000

200   400   600 km

© 61 V & K

◄ 41 I Iroschott. u. angelsächs. Mission

M. Schmidt

Italien im 10. und 11. Jahrhundert

Italien im 10. und 11. Jahrh.

- Reichsgrenze
- Päpstliches Herrschaftsgebiet
- Nur theoretischer Kirchenbesitz
- Mathildische Güter um 1100

Apulien Von Normannen erworbene oder eroberte Gebiete

Capua Ehemalige langobardische Fürstentümer
1061 Zeit der Erwerbung oder Eroberung

—— Normann. Kgr. Sizilien (seit 1130) beim Tode Rogers II. 1154

- Byzantinisches Reich u. Seestädte unter byzantinischer Oberhoheit
- Rep. Venedig (unter byzantin. Oberhoheit)
- Von Sarazenen beherrschte Gebiete

Garigl. = Garigliano, 882-915 sarazen. Stützpunkt

Im Maßstab der Hauptkarte

Reich der Staufer

- Heiliges Römisches Reich
- Reichsgrenze
- Reichsgut und staufisches Hausgut

Hauptzentren staufischer Reichslandpolitik:
- Pfalzen
- Reichsburgen bzw. Stauferburgen
- Veroneser Städtebund von 1164
- Lombardischer Städtebund von 1167
- Kgr. Sizilien

Kgr. Frankreich

- Grenze des Kgr. Frankreich
- Kronland um 1180
- Hausgut und Lehen des Grafen von Toulouse 1208

Angevinisches Reich

- Angevinisches Reich um 1154
- Franz. Lehen im Besitz der Könige von England um 1154 (Heinrich II.)
- Franz. Lehen im Besitz der Könige von England nach 1259

Die Reconquista der spanischen und portugiesischen Städte ist durch Jahreszahlen angegeben.

© 61,68 V & K

◄ 42/43 Mitteleuropa im 10. u. 11. Jh.
► 54/55 III Mitteleuropa 1378

Mittel- und Westeuropa vom 11. bis 13. Jahrhundert

stab 1 : 9 000 000

K. Bosl, W. Leisering

Christentum und Islam zur Zeit der Kreuzzüge 1096 bis 1270

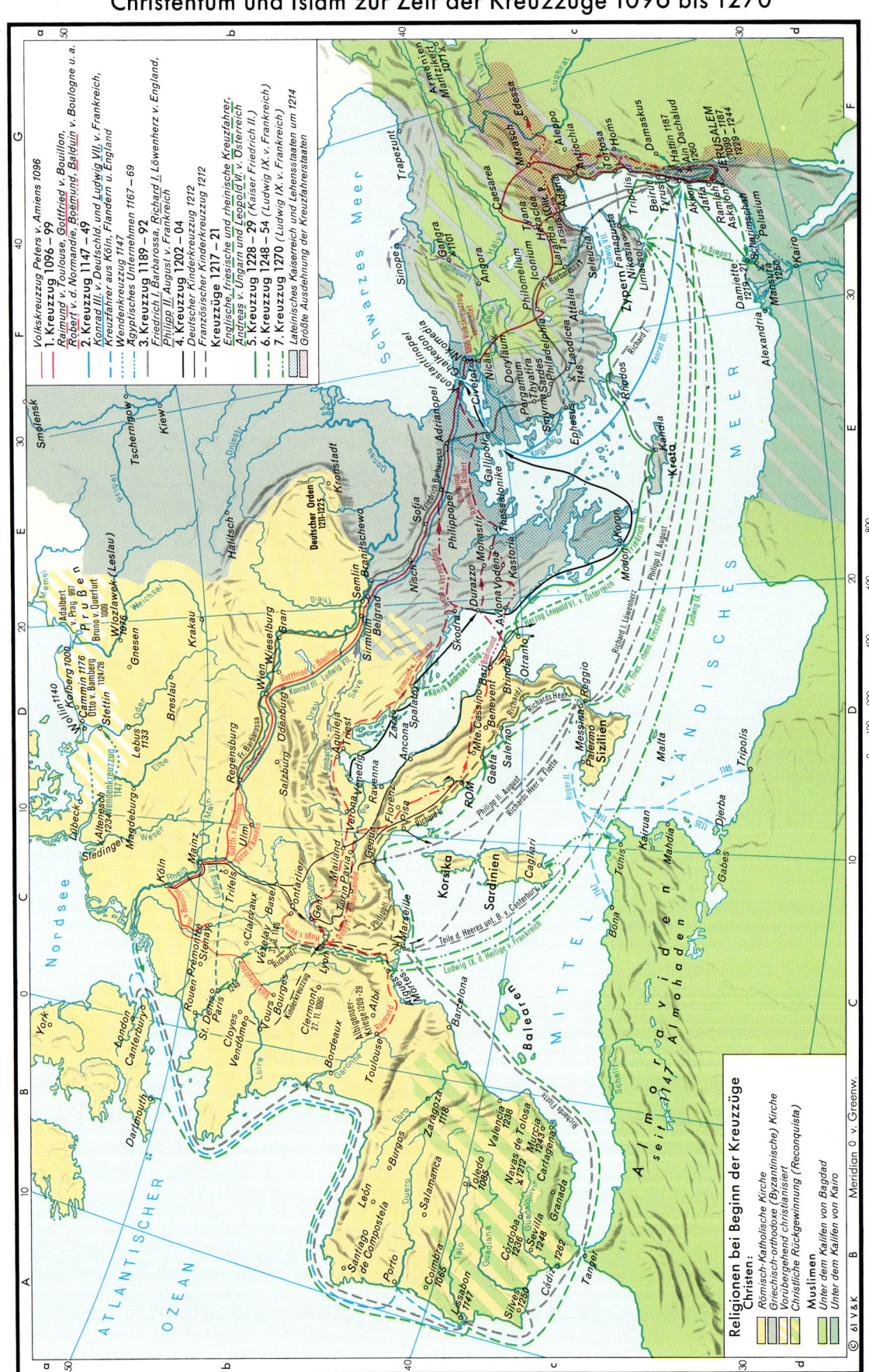

K. Jäkel

Volkskreuzzug Peters v. Amiens 1096

1. Kreuzzug 1096–99
Raimund v. Toulouse, Gottfried v. Bouillon,
Robert v. d. Normandie, Boemund, Balduin v. Boulogne u. a.

2. Kreuzzug 1147–49
Konrad III. v. Deutschld. und Ludwig VII. v. Frankreich.
Kreuzfahrer aus Köln, Flandern u. England
Wendenkreuzzug 1147
Ägyptisches Unternehmen 1167–69

3. Kreuzzug 1189–92
Friedrich I. Barbarossa, Richard I. Löwenherz v. England,
Philipp II. August v. Frankreich

4. Kreuzzug 1202–04
Deutscher Kinderkreuzzug 1212
Französischer Kinderkreuzzug 1212

Kreuzzüge 1217–21
Englische, friesische und rheinische Kreuzfahrer,
Andreas v. Ungarn und Leopold VI. v. Österreich

5. Kreuzzug 1228–29 (Kaiser Friedrich II.)
6. Kreuzzug 1248–54 (Ludwig IX. v. Frankreich)
7. Kreuzzug 1270 (Ludwig IX. v. Frankreich)
Lateinisches Kaiserreich und Lehensstaaten um 1214
Größte Ausdehnung der Kreuzfahrerstaaten

Maßstab 1:20 000 000

km
0   100 200 300 400   600   800

Meridian 0 v. Greenw.

Religionen bei Beginn der Kreuzzüge
Christen:
Römisch-Katholische Kirche
Griechisch-orthodoxe (Byzantinische) Kirche
Vorübergehend christianisiert
Christliche Rückgewinnung (Reconquista)

Muslimen
Unter dem Kalifen von Bagdad
Unter dem Kalifen von Kairo

© 61 V&K

▼ 36 Ausbreitung des Islam
▲ 49 II Kreuzfahrerstaaten

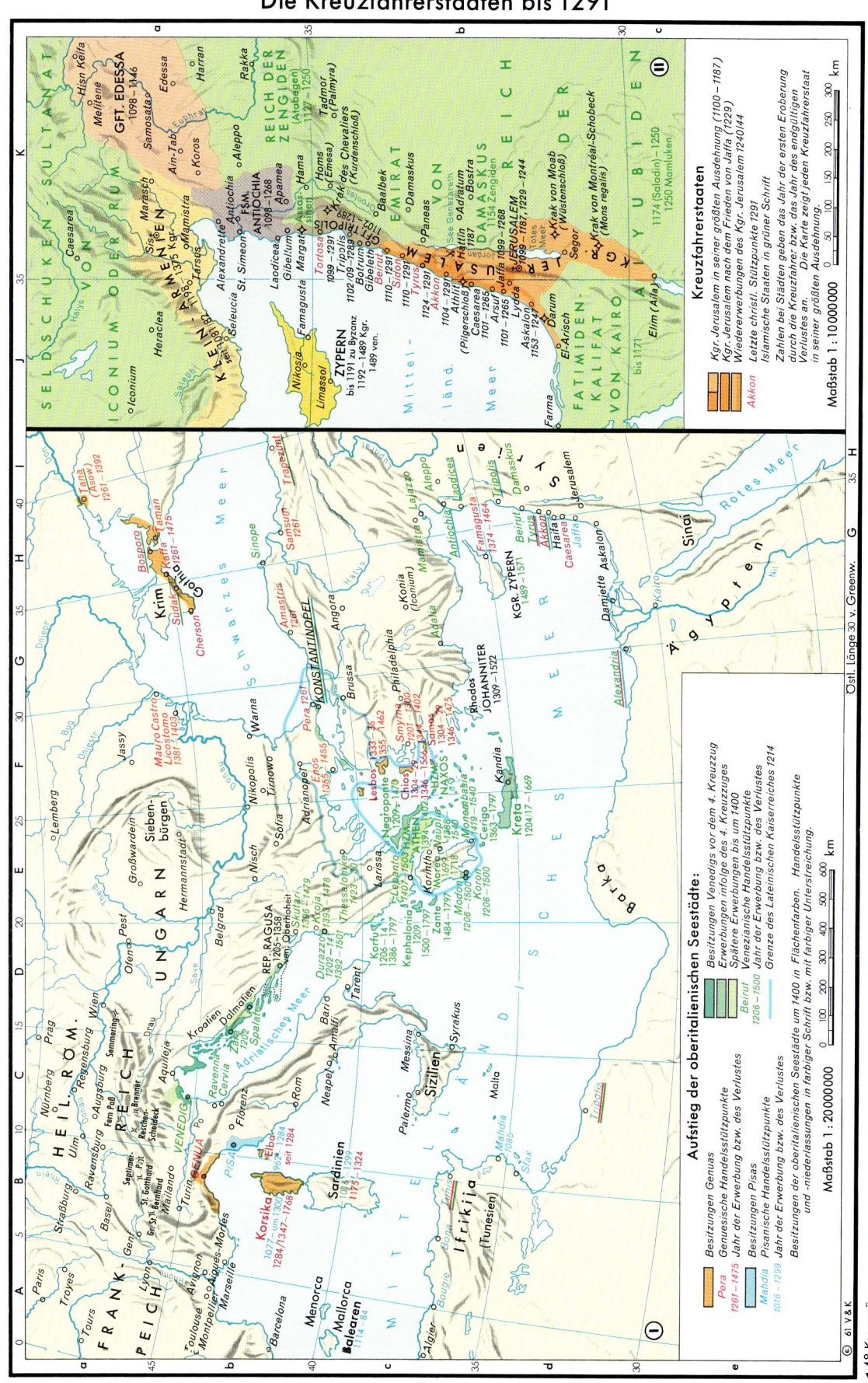

W. Leisering

Kreuzfahrerstaaten

Kgr. Jerusalem in seiner größten Ausdehnung (1100 – 1187)
Kgr. Jerusalem nach dem Frieden von Jaffa (1229)
Wiedererwerbungen des Kgr. Jerusalem 1240/44

Akkon Letzte christl. Stützpunkte 1291

Islamische Staaten in grüner Schrift

Zahlen bei Städten geben das Jahr der ersten Eroberung durch die Kreuzfahrer bzw. das Jahr des endgültigen Verlustes an. Die Karte zeigt jeden Kreuzfahrerstaat in seiner größten Ausdehnung.

Maßstab 1 : 10 000 000

0 50 100 150 200 250 300 km

Aufstieg der oberitalienischen Seestädte:

Besitzungen Genuas
Pera Genuesische Handelsstützpunkte
1261 – 1475 Jahr der Erwerbung bzw. des Verlustes

Besitzungen Pisas
Mahdia Pisanische Handelsstützpunkte
1016 – 1299 Jahr der Erwerbung bzw. des Verlustes

Besitzungen Venedigs vor dem 4. Kreuzzug
Erwerbungen infolge des 4. Kreuzzuges
Spätere Erwerbungen bis um 1400
Venezianische Handelsstützpunkte
Berrut Venezianische Handelsstützpunkte
1206 – 1500 Jahr der Erwerbung bzw. des Verlustes

Grenze des Lateinischen Kaiserreiches 1214

Besitzungen der oberitalienischen Seestädte um 1400 in Flächenfarben. Handelsstützpunkte und -niederlassungen in farbiger Schrift bzw. mit farbiger Unterstreichung.

Maßstab 1 : 20 000 000

0 100 200 300 400 500 600 km

© 61 V&K

▼ 48 Kreuzzüge
▶ 68, 69 Frühkapitalismus

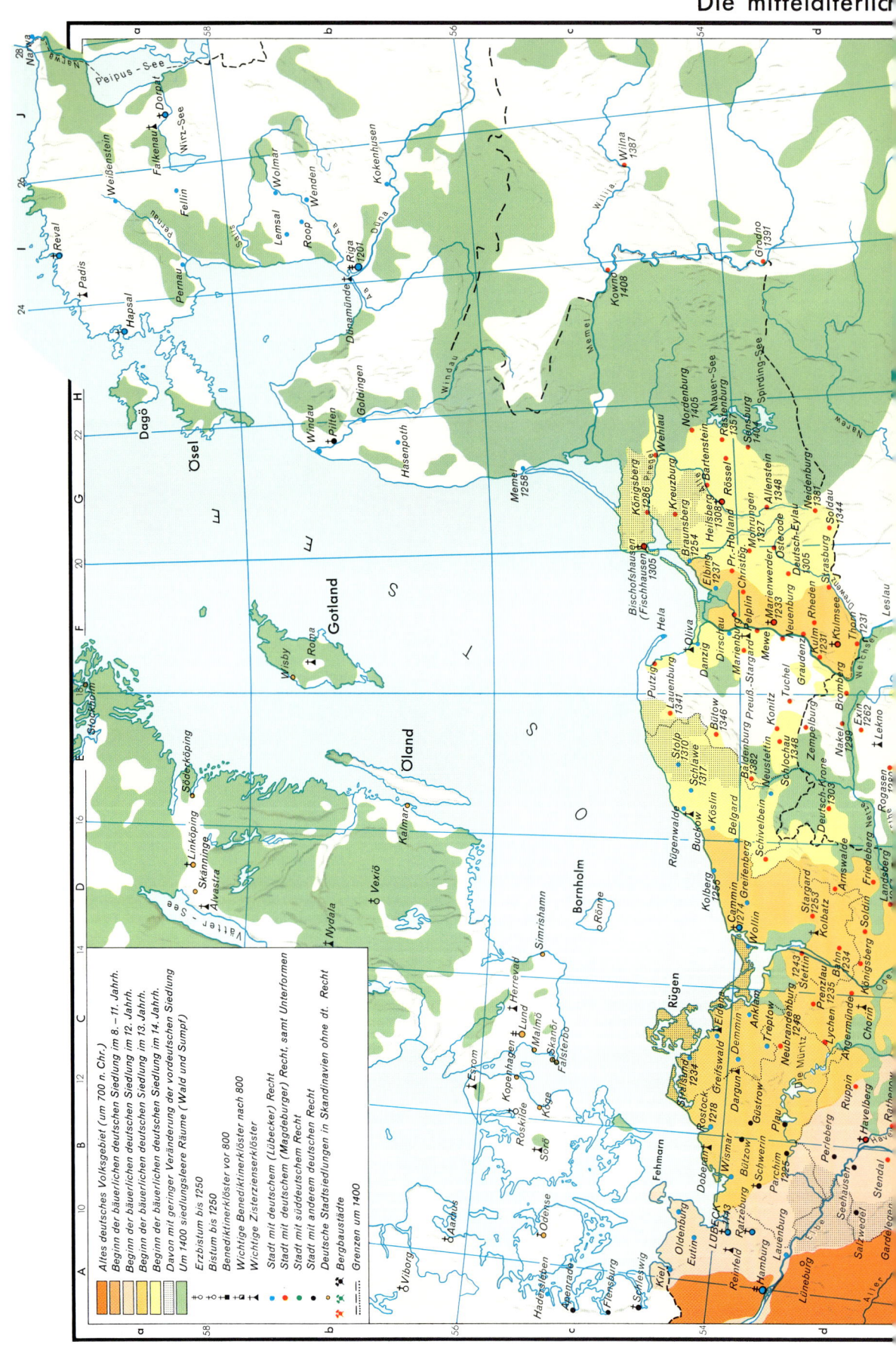

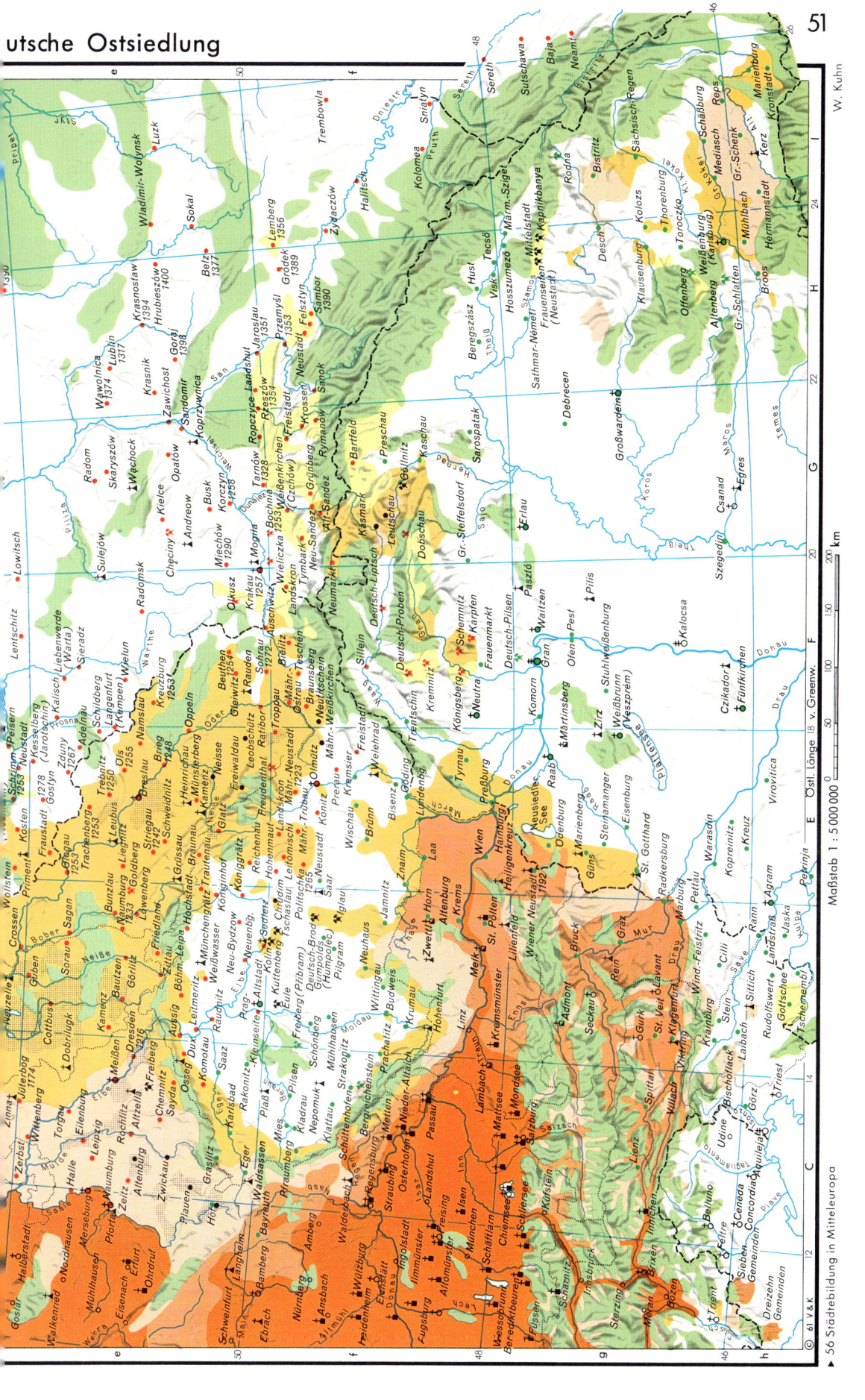

W. Kuhn

© 61 v&K ▲ 56 Städtebildung in Mitteleuropa

Maßstab 1 : 5 000 000

Östl. Länge 18 v. Greenw.

km

I (Schloß und Stadt Marienburg um 1450):

Blumenturm · Fährtor · Marientor · Rathaus · Louben · St. Johann · Töpfertor · Schuhtor · Brücktor · Brückenkopf · Hochschloß · Mittelschloß · H. · Schnitzltor · Sandtor · Karwan · Plauen-Bollwerk · Pulverturm · Ortturm · St. Lorenz Kapelle · Vorburg · Niederschloß · Kornhaus · Buttermilchturm · Meisters Karpfenteich · N. Elbing · Nogat

Schloß und Stadt Marienburg um 1450 · Maßstab 1 : 10 000 · 0 50 100 200 300 m · H.= Hochmeisterpalast

II (Die Wartburg):

Schanze · Vorhaus · Torhaus · Zugbrücke · Ritterhaus · Vogtei · Wehrgang · Vorburg · Dirnitz (Wohngebäude) · Torhalle · Neue Kemenate · Treppenhaus · Berchfrit · Gadem (gezimmertes Haus) · Hauptburg · Garten · Zisterne · Palas · Südturm

Die Wartburg nach den Umbauten von 1952–54 · nach S. Asche u. F. Steudner · Maßstab 1 : 1500 · 0 10 20 30 m

III (main map — Der Deutsche Ritterorden um 1410):

GR.-NOWGOROD · Wiborg · Narwa · Peipussee · Pleskau · Isborsk · Lüdsen · Wierland · Dorpat 1224 D. · Marienbg. 1207 · Erzbm. Riga · 1224 · Dünabg. 1278 · Harrien · Jerwen · Reval · Fellin 1241 · Wolmar · Wenden · Kokenhusen · Treiden · Weißenstein · Pernau · Lemsal · Wesenberg · Tavastehus · Borgå · Åbo · Finnland · nach 1249 schwed. · 1284 schwed. Hzm. · Hapsal · Leal · Dagö · Arensbg. · Oesel · D. · R. Livland · Schwertbrüderorden · Wenden · Dünaburg · Saule · Bauske · Semgallen · L. · Kurland · Mitau 1224 · Dobleno 1265 · Goldingen · Windau · Pilten 1202 · Durben · Libau 1237 · Memel 1252 · Samaiten · Rossieny · Taurogen · Welun · Bayerbg. 1337 · GR.FSM. LITAUEN · Kiernow · Wilna · Troki · Krewo · Kauen · Ragnit · Tilsit 1288 · Insterbg. · Georgenbg. · Darkehmen · Angerbg. · Lyck 1398 · Lötzen · Johannisbg. · Rastenbg. · Sensbg. · Ortelsbg. 1265 · Soldau · Neidenbg. · Allenstein 1348 · Tannenberg (1410) · Gilgenbg. · Osterode · Dt. Eylau · Löbau · Strasbg. · Culm 1233 · Kulmsee · Graudenz · Marienwerder · Rehden · Schwetz · Mewe · Dirschau · Danzig · Elbing · Braunsbg. · Frauenbg. · Heilsbg. · Königsbg. · Labiau · Fischhausen · Pr. Holland · Christburg · Riesenbg. · Marienburg · Pommerellen 1309 · 1308 · Stolp · Neustettin · Schlochau · Konitz · Tuchel · Nakel · Wongrowitz · Posen · Gnesen · Kruschwitz · Lekno · Warschau · Płock · Dobrin (1405) · Kujawien · Masowien · KGR. POLEN · 1386 Personalunion (Jagiellonen) · POMMERN · Neumark · Pommern

Sea/region labels: Finnischer Meerbusen · Gotland · Wisby · Öland · KGR. SCHWEDEN · Stockholm · Upsala · Enköping · Nyköping · Dalarö · Åland-Ins. · KGR. DÄNEMARK · Kalmar · Kalmarer Union 1397–1523

Legend (Der Deutsche Ritterorden um 1410):

Gebiet des Deutschen Ordens bis 1309
Gebiet der Bischöfe 1309 u. spät. Erw.
Stadtrecht von Riga (bis 1330 zu Ebm. Riga, 1330 zum Deutschen Orden)
Spätere Erwerbungen des Dt. Ordens
Grenze des Ordensstaates 1398
Grenze des Ordensstaates 1422
Marienburg (1309–1457 Hochmeister)

Stehende Jahreszahlen bezeichnen Besitzverhältnisse, liegende bei Orten die Gründung.

D.= Bm. Dorpat · O.= Bm. Ösel-Wiek
E.= Bm. Ermland · P.= Bm. Pomesanien
K.= Bm. Kurland · R.= Erzbm. Riga
Km.= Bm. Kulm · S.= Bm. Samland

Maßstab 1 : 7 000 000 · 0 50 100 150 200 km · Östl. Länge 20 v. Greenw.

© 61 V & K

I: ▶ 50/51 Deutsche Ostsiedlung, ▶ 70/71 Mitteleuropa 1547
II. III: ▶ 40 Siedlungsanlagen ▶ 80 Stadtanlagen
I: W. Leisering II: K. Hauke III: K. Blaschke

Handelsstädte im Mittelalter

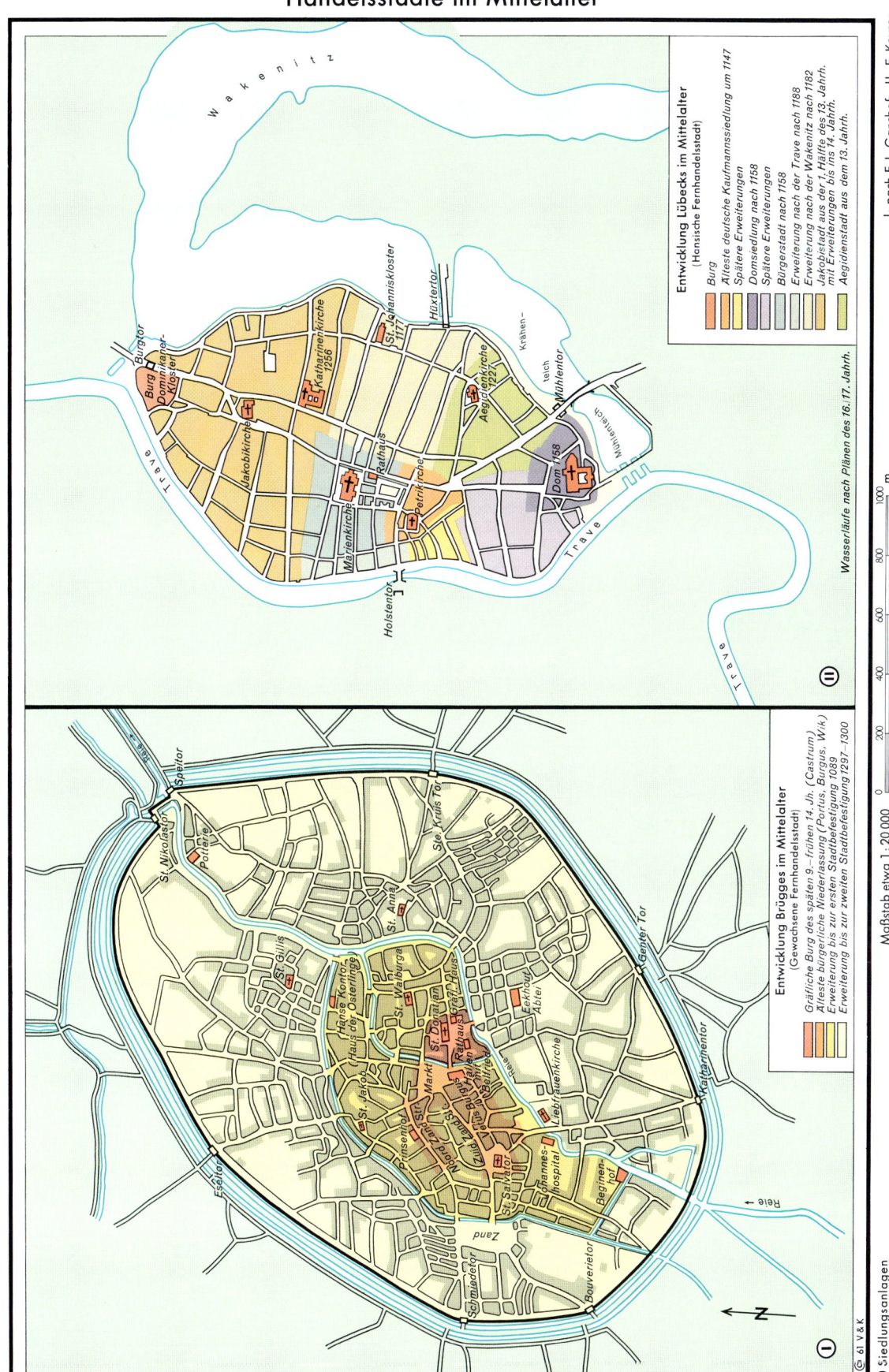

Entwicklung Lübecks im Mittelalter
(Hansische Fernhandelsstadt)

Burg
Älteste deutsche Kaufmannssiedlung um 1147
Spätere Erweiterungen
Domsiedlung nach 1158
Spätere Erweiterungen
Bürgerstadt nach 1158
Erweiterung nach der Trave nach 1188
Erweiterung nach der Wakenitz nach 1182
Jakobistadt aus der 1. Hälfte des 13. Jahrh.
mit Erweiterungen bis ins 14. Jahrh.
Aegidienstadt aus dem 13. Jahrh.

Wasserläufe nach Plänen des 16./17. Jahrh.

I: nach F. L. Ganshof   II: E. Keyser

0 200 400 600 800 1000 m

Entwicklung Brügges im Mittelalter
(Gewachsene Fernhandelsstadt)

Gräfliche Burg des späten 9.—frühen 14. Jh. (Castrum)
Älteste bürgerliche Niederlassung (Portus, Burgus, Wik)
Erweiterung bis zur ersten Stadtbefestigung 1089
Erweiterung bis zur zweiten Stadtbefestigung 1297—1300

Maßstab etwa 1:20 000

▼ 40 Siedlungsanlagen
▲ 80 Stadtanlagen

© 61 V & K

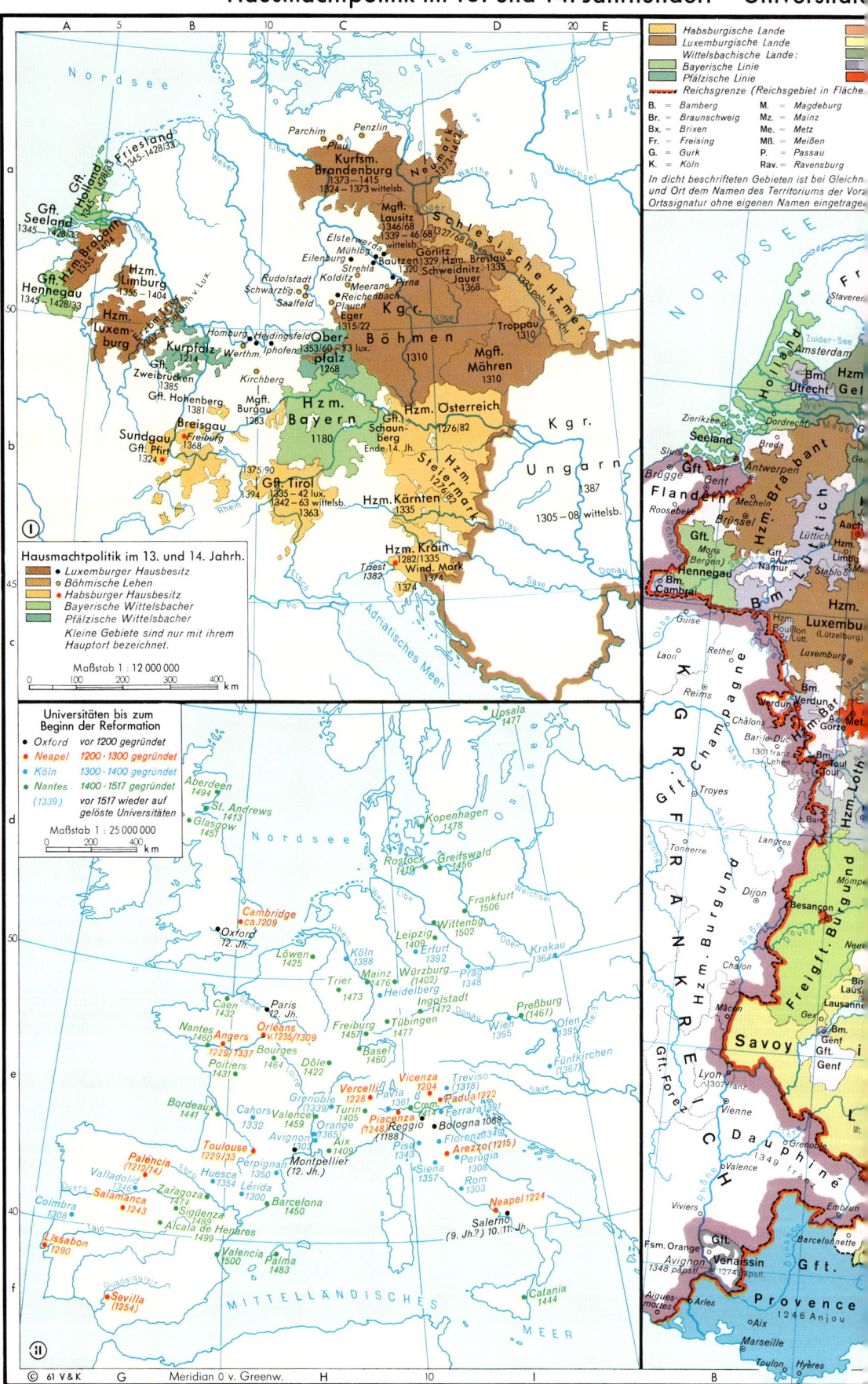

Legend (top right)

Habsburgische Lande
Luxemburgische Lande
Wittelsbachische Lande:
Bayerische Linie
Pfälzische Linie
Reichsgrenze (Reichsgebiet in Fläche)

B. = Bamberg   M. = Magdeburg
Br. = Braunschweig   Mz. = Mainz
Bx. = Brixen   Me. = Metz
Fr. = Freising   MB. = Meißen
G. = Gurk   P. = Passau
K. = Köln   Rav. = Ravensburg

In dicht beschrifteten Gebieten ist bei Gleichn...
und Ort dem Namen des Territoriums der Vor...
Ortssignatur ohne eigenen Namen eingetrage...

Map I legend

Hausmachtpolitik im 13. und 14. Jahrh.

● Luxemburger Hausbesitz
● Böhmische Lehen
● Habsburger Hausbesitz
Bayerische Wittelsbacher
Pfälzische Wittelsbacher

Kleine Gebiete sind nur mit ihrem
Hauptort bezeichnet.

Maßstab 1 : 12 000 000
0 100 200 300 400 km

Map II legend

Universitäten bis zum Beginn der Reformation

● Oxford   vor 1200 gegründet
● Neapel   1200 – 1300 gegründet
● Köln   1300 – 1400 gegründet
● Nantes   1400 – 1517 gegründet
(1339)   vor 1517 wieder auf
            gelöste Universitäten

Maßstab 1 : 25 000 000
0 200 400 km

© 61 V & K   Meridian 0 v. Greenw.

◀ 46/47 Mittel- u. Westeuropa vom 11.–13. Jh.

▶ 70/71 Mitteleuropa 1547

Maßstab 1 : 6 000 00

Mittelalter – Mitteleuropa beim Tode Karls IV. 1378

I: W. Leisering, II: W. Krallert, III: W. Leisering, E. Lendl u.a.

Die Städtebildung in Mitteleuropa bis 1250

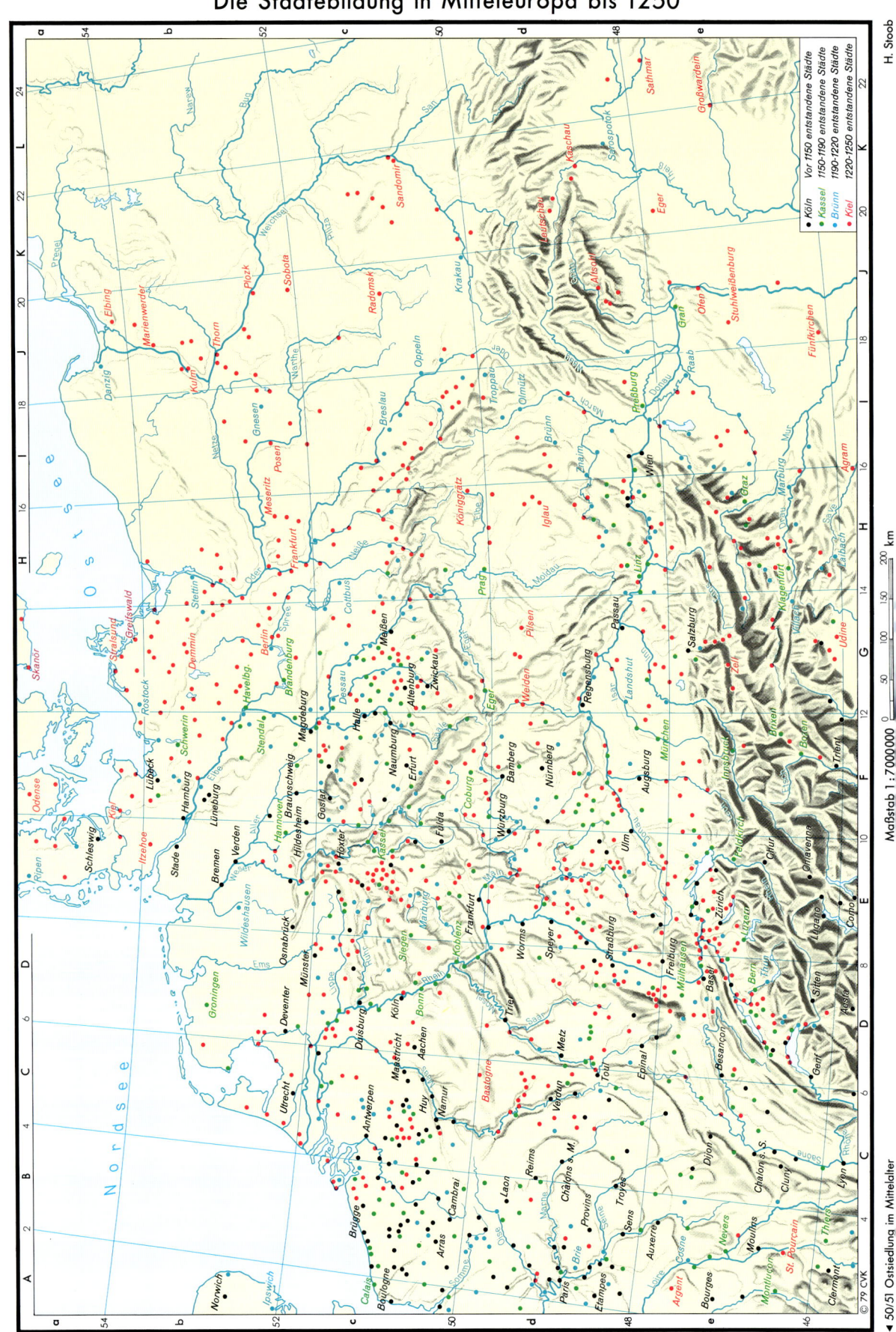

H. Stoob

	Vor 1150 entstandene Städte
● Köln	1150–1190 entstandene Städte
● Kassel	1190–1220 entstandene Städte
● Brünn	1220–1250 entstandene Städte
● Kiel	

Maßstab 1 : 7 000 000

0 50 100 150 200 km

© '79 CVK

◀ 50/51 Ostsiedlung im Mittelalter

Hansestädte und Handelswege um 1400

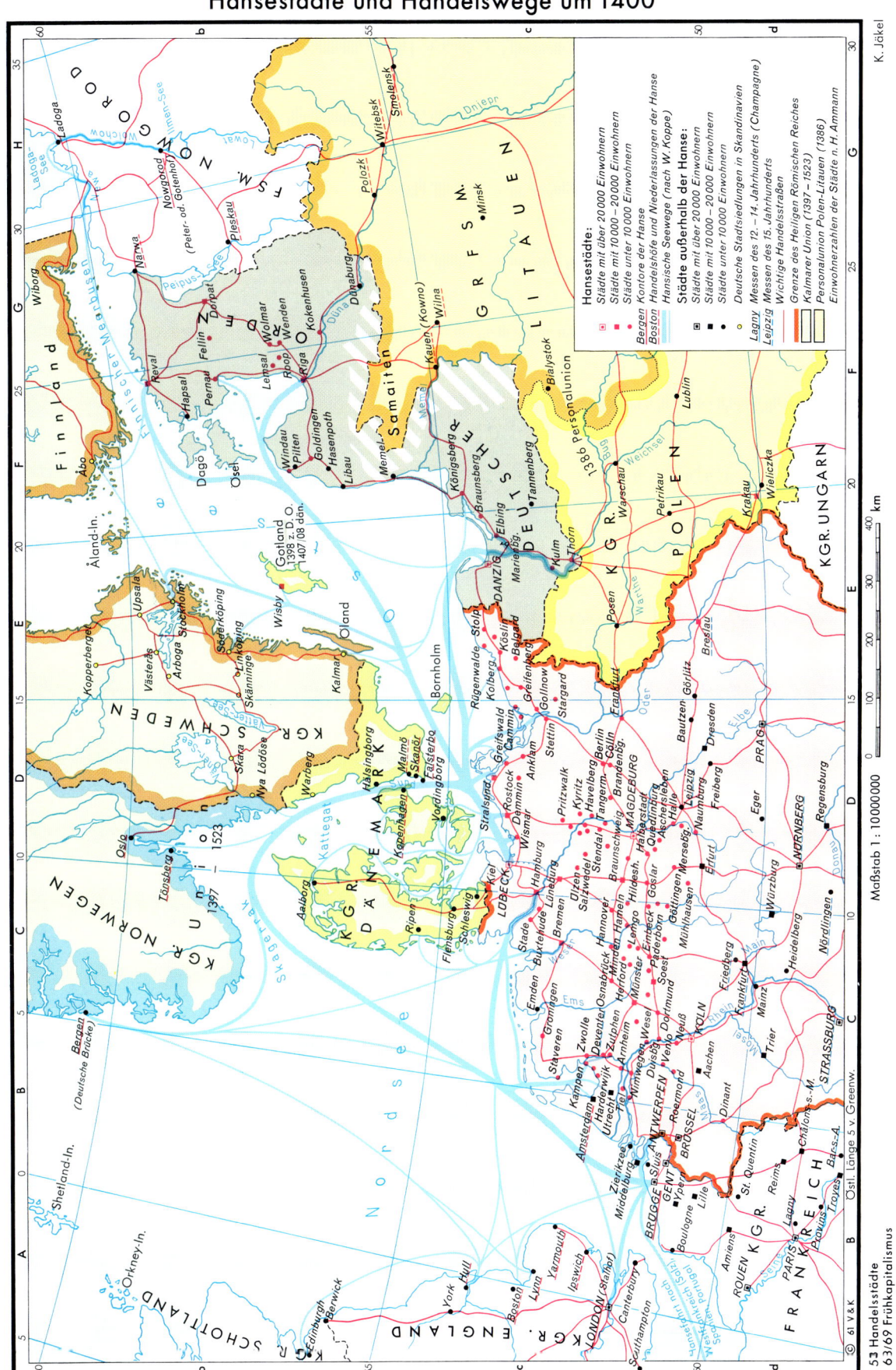

Maßstab 1 : 10000000

K. Jäkel

Hansestädte:
- Städte mit über 20000 Einwohnern
- Städte mit 10000 – 20000 Einwohnern
- Städte unter 10000 Einwohnern
- *Bergen* Kontore der Hanse
- *Boston* Handelshöfe und Niederlassungen der Hanse
- Hansische Seewege (nach W. Koppe)

Städte außerhalb der Hanse:
- Städte mit über 20000 Einwohnern
- Städte mit 10000 – 20000 Einwohnern
- Städte unter 10000 Einwohnern
- Deutsche Stadtsiedlungen in Skandinavien
- *Lagny* Messen des 12. – 14. Jahrhunderts (Champagne)
- *Leipzig* Messen des 15. Jahrhunderts
- Wichtige Handelsstraßen
- Grenze des Heiligen Römischen Reiches
- Kalmarer Union (1397 – 1523)
- Personalunion Polen-Litauen (1386)
- Einwohnerzahlen der Städte n. H. Ammann

▼ 53 Handelsstädte
▲ 63/69 Frühkapitalismus

© 61 v & k

Östl. Länge 5 v. Greenw.

Asien im 13. Jahrhundert

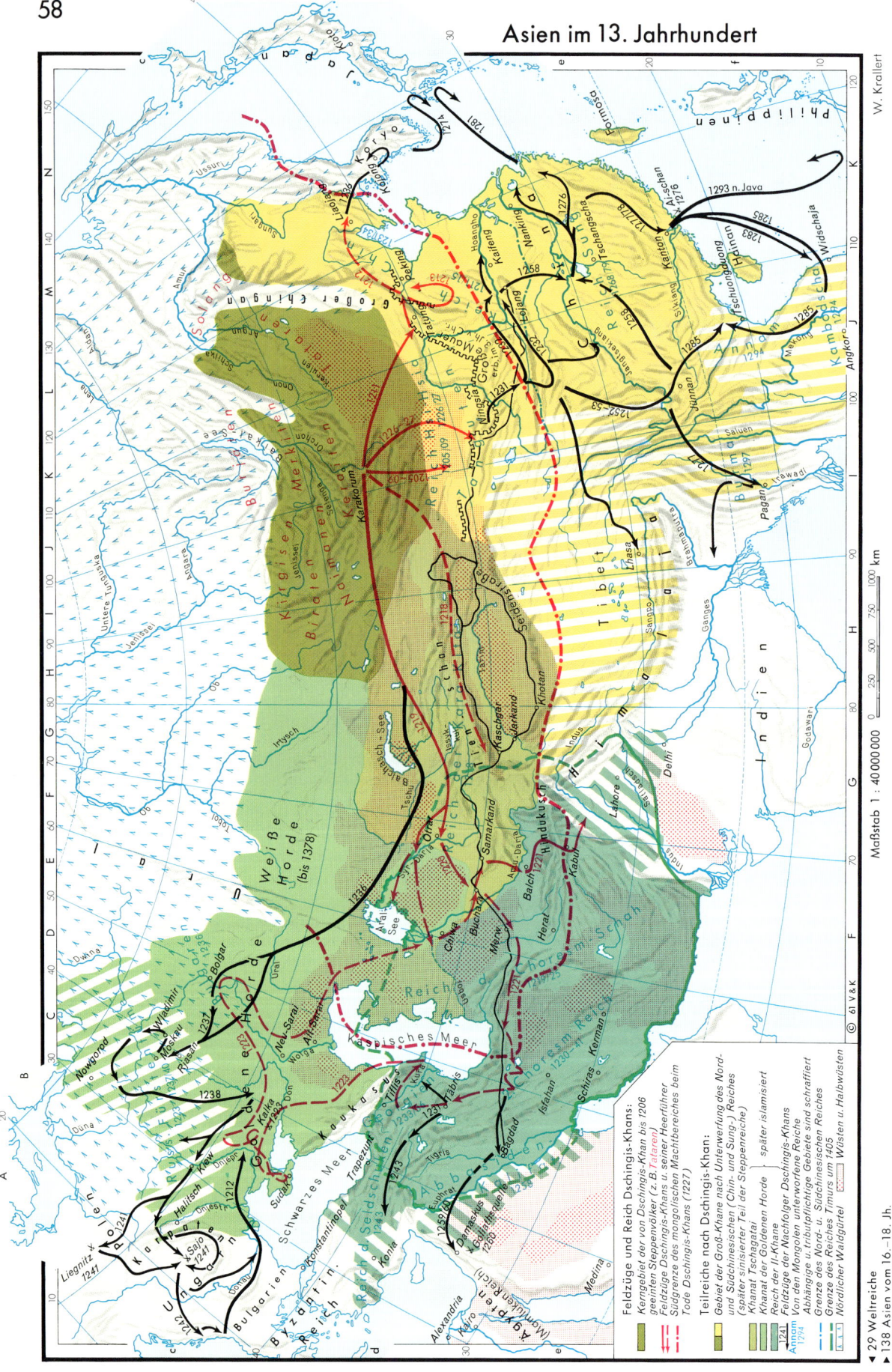

Maßstab 1 : 40 000 000

© 61 v&K

▶ 29 Weltreiche
▶ 138 Asien vom 16.–18. Jh.

Feldzüge und Reich Dschingis-Khans:
Kerngebiet der von Dschingis-Khan bis 1206
geeinten Steppenvölker (z. B. Tataren)
Feldzüge Dschingis-Khans u. seiner Heerführer
Südgrenze des mongolischen Machtbereiches beim
Tode Dschingis-Khans (1227)

Teilreiche nach Dschingis-Khan:
Gebiet der Groß-Khane nach Unterwerfung des Nord-
und Südchinesischen (Chin- und Sung-) Reiches
(später sinisierter Teil der Steppenreiche)
Khanat Tschagatai   später islamisiert
Khanat der Goldenen Horde
Reich der Il-Khane
Feldzüge der Nachfolger Dschingis-Khans
Von den Mongolen unterworfene Reiche
Abhängige u. tributpflichtige Gebiete sind schraffiert
Grenze des Nord- u. Südchinesischen Reiches
Grenze des Reiches Timurs um 1405
Nördlicher Waldgürtel   Wüsten u. Halbwüsten

Europa im Spätmittelalter um 1400

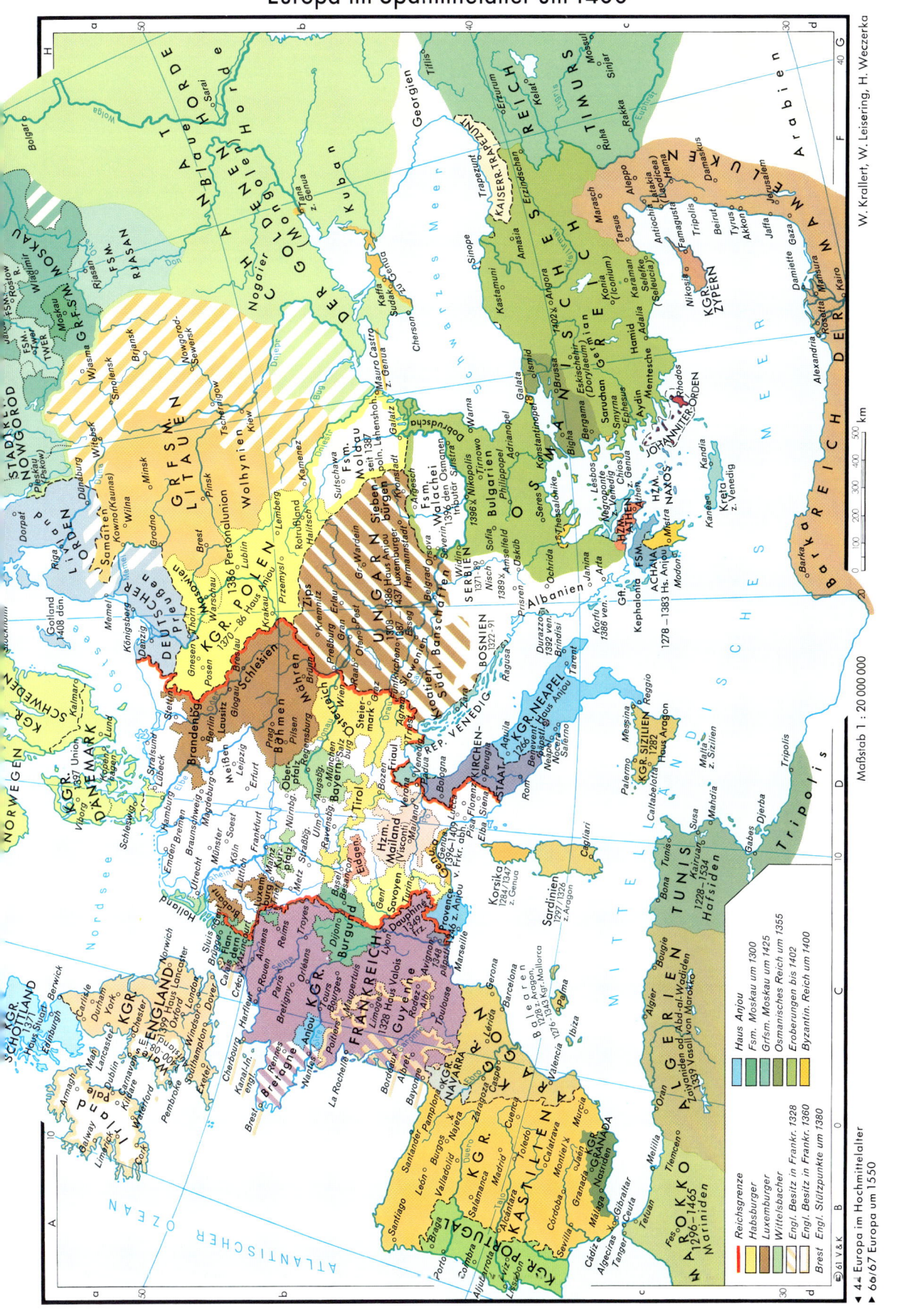

England, Frankreich und Burgund im 15. Jahrhundert

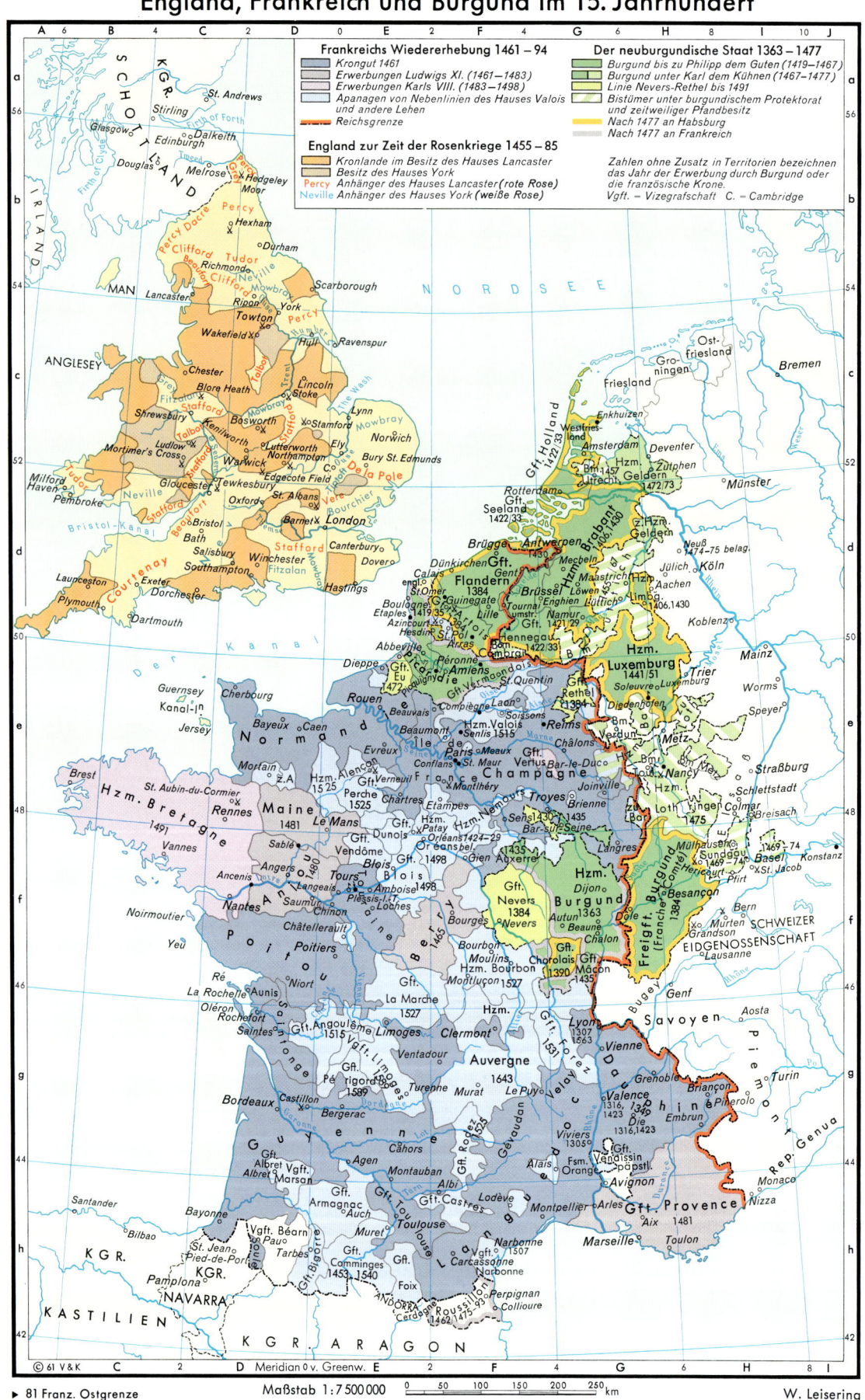

Frankreichs Wiedererhebung 1461–94
- Krongut 1461
- Erwerbungen Ludwigs XI. (1461–1483)
- Erwerbungen Karls VIII. (1483–1498)
- Apanagen von Nebenlinien des Hauses Valois und andere Lehen
- Reichsgrenze

England zur Zeit der Rosenkriege 1455–85
- Kronlande im Besitz des Hauses Lancaster
- Besitz des Hauses York
- Percy Anhänger des Hauses Lancaster (rote Rose)
- Neville Anhänger des Hauses York (weiße Rose)

Der neuburgundische Staat 1363–1477
- Burgund bis zu Philipp dem Guten (1419–1467)
- Burgund unter Karl dem Kühnen (1467–1477)
- Linie Nevers-Rethel bis 1491
- Bistümer unter burgundischem Protektorat und zeitweiliger Pfandbesitz
- Nach 1477 an Habsburg
- Nach 1477 an Frankreich

Zahlen ohne Zusatz in Territorien bezeichnen das Jahr der Erwerbung durch Burgund oder die französische Krone.
Vgft. = Vizegrafschaft C. = Cambridge

© 61 V&K   Meridian 0 v. Greenw.   Maßstab 1:7 500 000   0 50 100 150 200 250 km

▶ 81 Franz. Ostgrenze

W. Leisering

Italien im 15. Jahrhundert

Legende:

Hzm. Mailand um 1300	Rep. Florenz um 1300
Hzm. Mailand um 1400	Rep. Florenz um 1400
Hzm. Mailand um 1450	Rep. Florenz um 1450

Kirchenstaat:
Unter unmittelbarer päpstl. Herrschaft
Feudale u. bürgerliche Signorien

© 61 V & K

◄ 46/47 II Italien im 10. u. 11. Jh.
► 100 Italien 1815–1920

Maßstab 1:6000000

0 50 100 150 200 km

W. Leisering

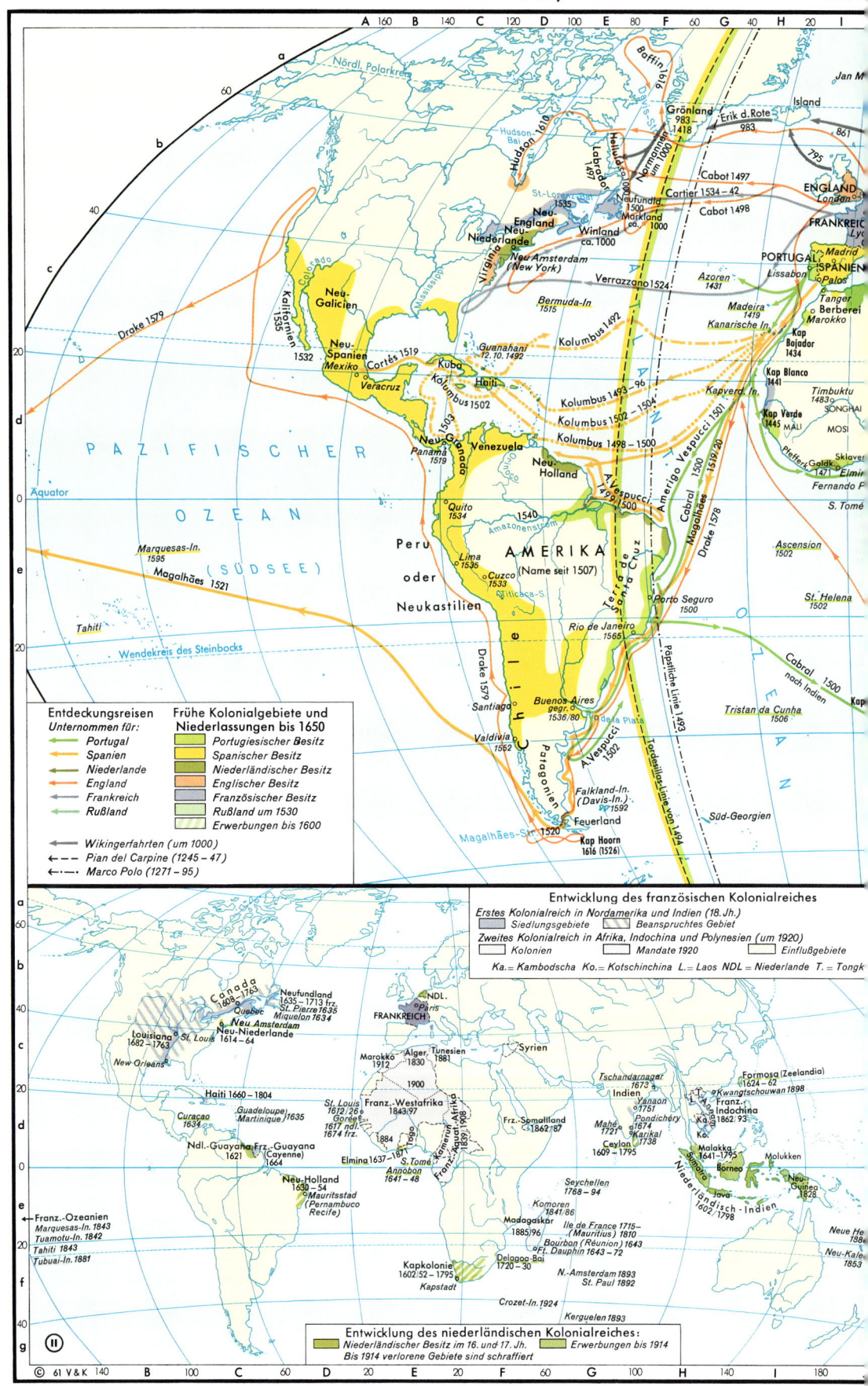

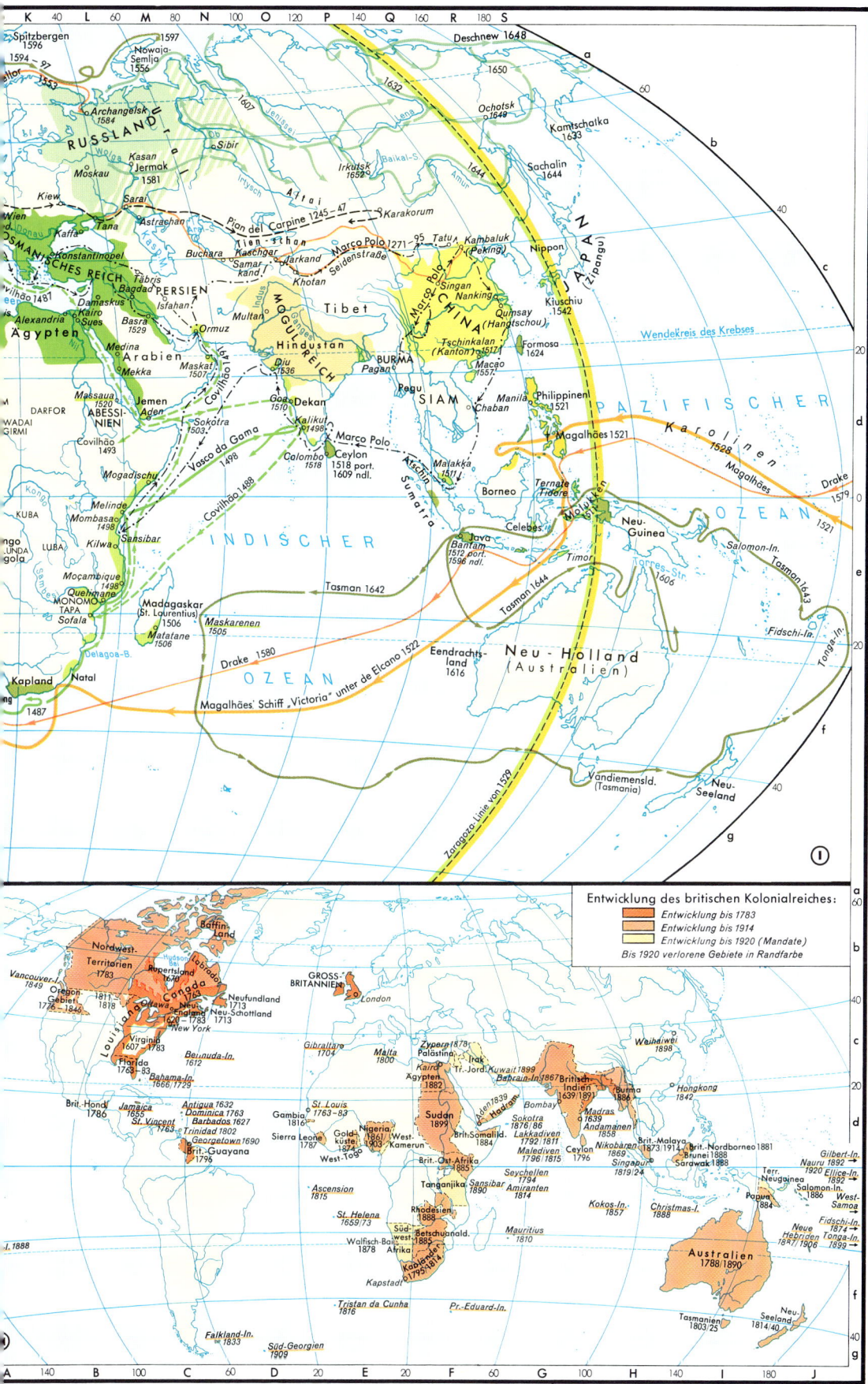

Entwicklung des britischen Kolonialreiches:

Entwicklung bis 1783
Entwicklung bis 1914
Entwicklung bis 1920 (Mandate)
Bis 1920 verlorene Gebiete in Randfarbe

10 000 000

W. Krallert

Die Entwicklung der europäischen Kolonialreiche bis 1763

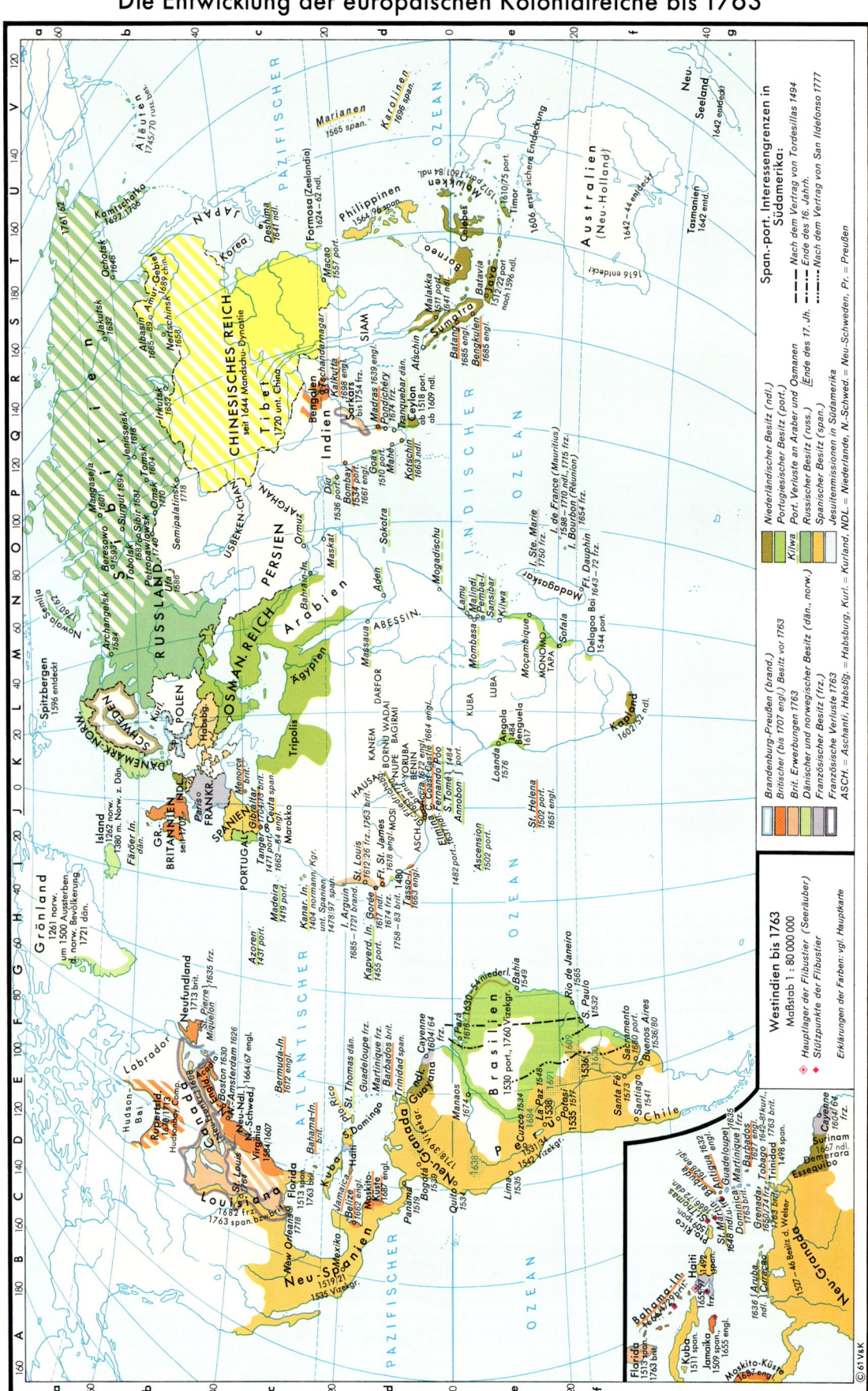

Das Osmanische Reich 1326 bis 1683

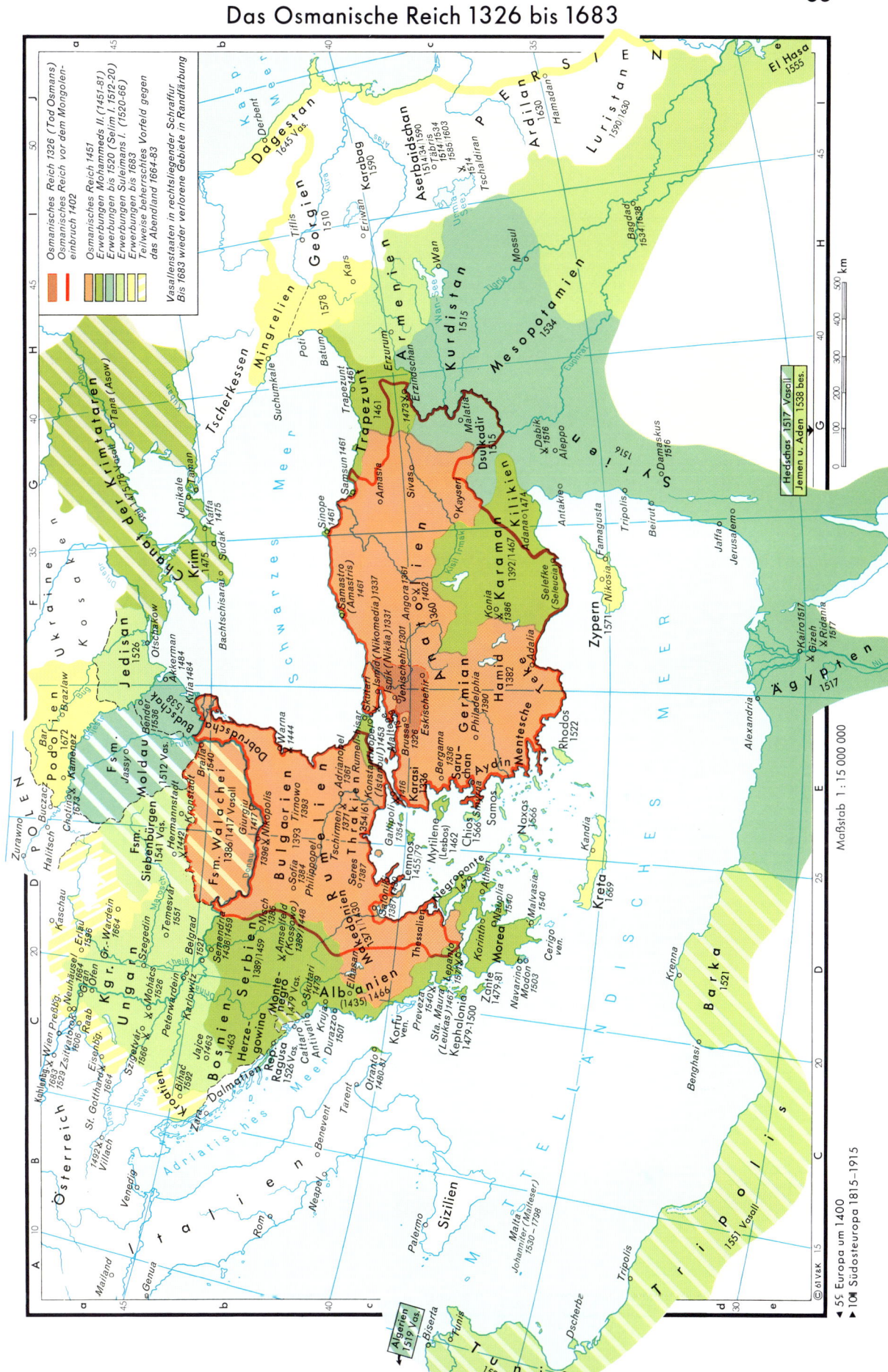

Legend:

Deutsche Linie des Hauses Habsburg
Spanische Linie des Hauses Habsburg
Stammlande Heinrichs IV.
Bis 1527 bourbonische Gebiete
Grenze des Heiligen Römischen Reiches
Fahrt der Großen Armada 1588
Fahrt der spanischen und venezianischen
Galeerenflotte 1571

Lucig. = Lucignano   O. = Ober- (Navarra)
N. = Nieder- (Navarra)   Perug. = Perugia

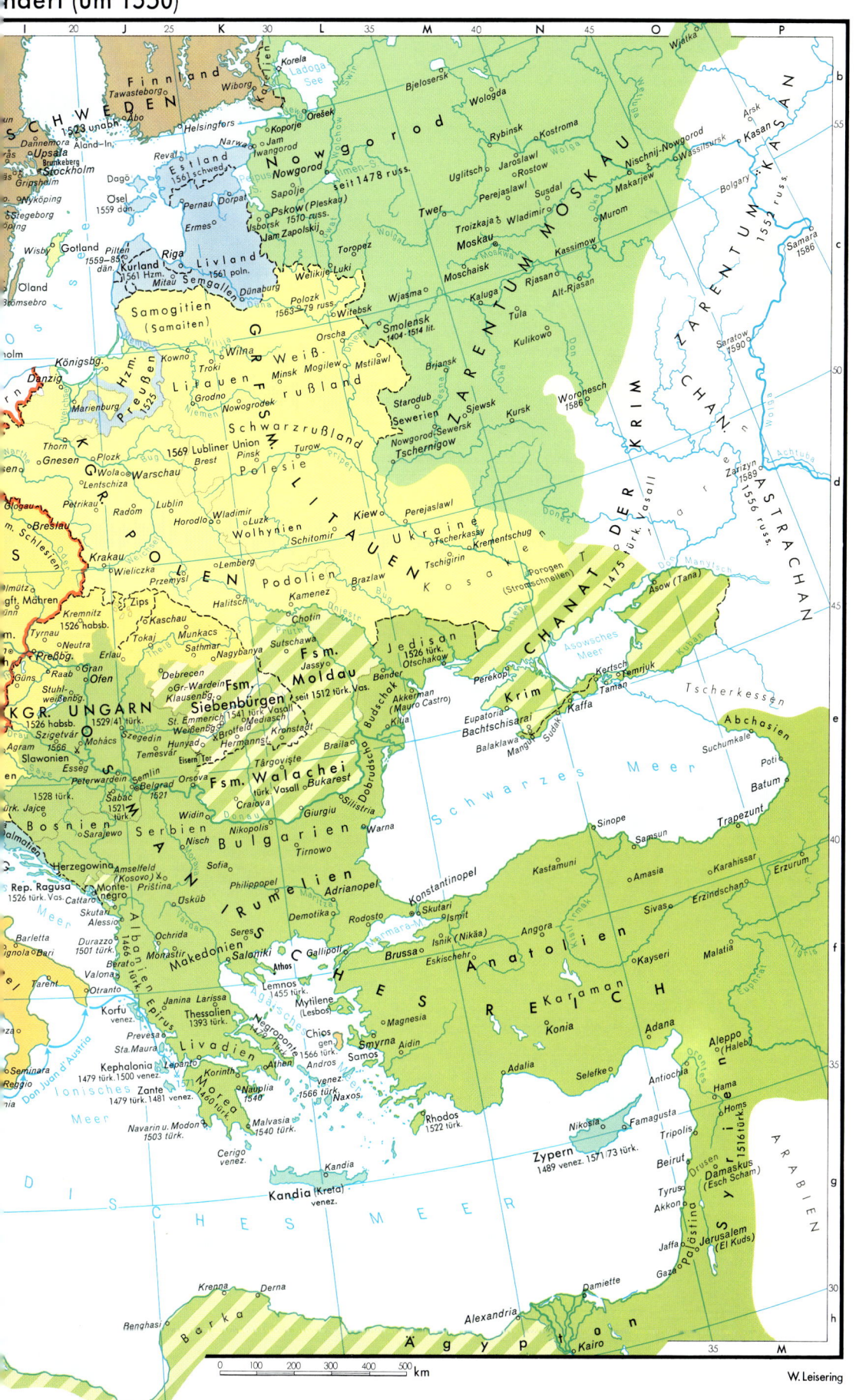

W. Leisering

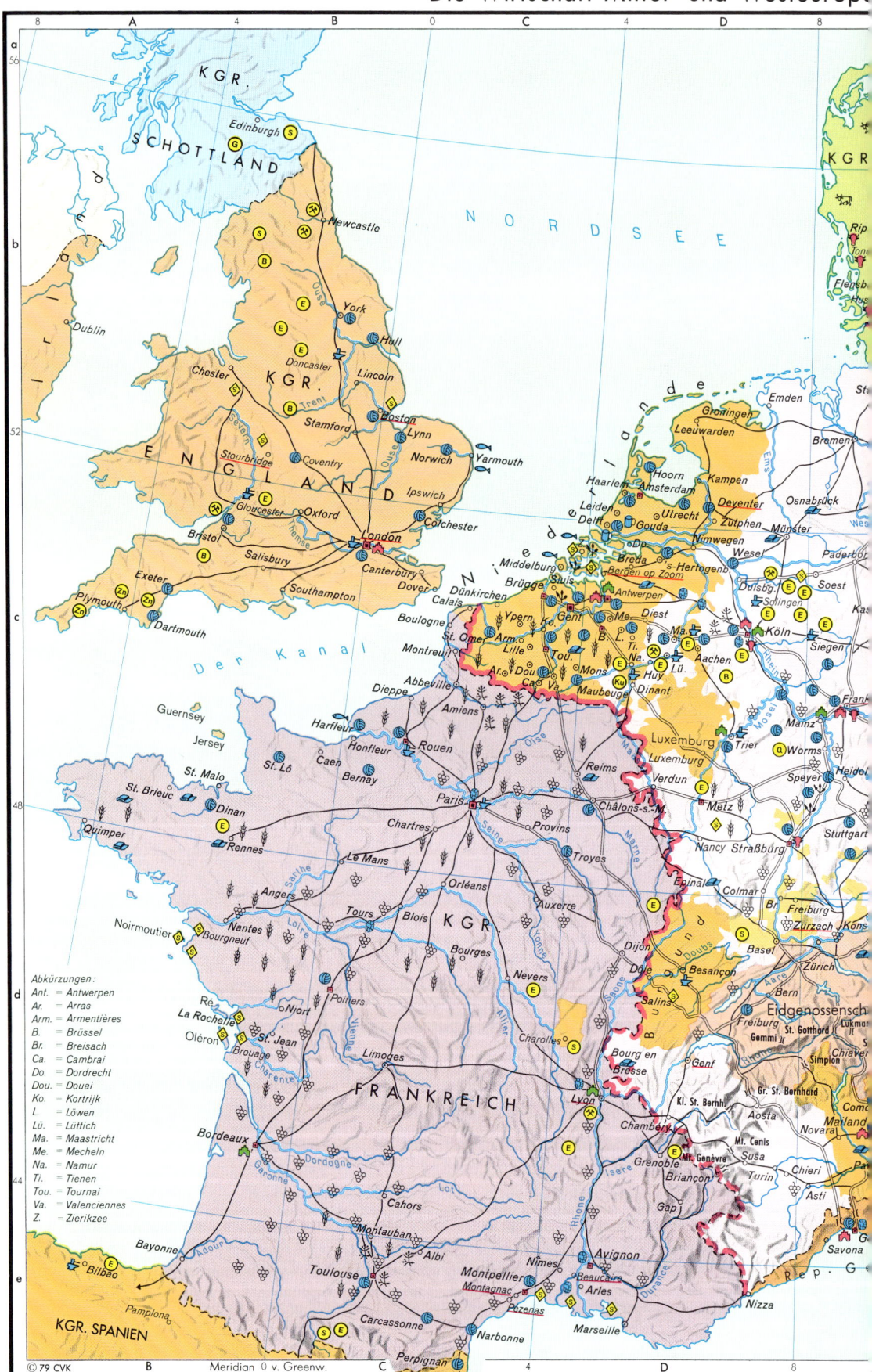

◄ 57 Hansestädte und Handelswege

► 97 Industrialisierung in Mitteleuropa

Maßstab 1 : 7 000 000

Zeitalter des Frühkapitalismus (um 1550)

KGR. SCHWEDEN

Kalmar · Öland

DÄNEMARK

Kopenhagen
Falsterbo · Skanör

Bornholm

Rügen

DEUTSCHER ORDEN

Memel
Kowno · Wilna

Königsberg

Braunsberg · Grodno

Stolp · Danzig · Elbing

Kgl. Preußen · Hzm. Preußen

Thorn

Brest-Litowsk

LITAUEN

Netze · Weichsel · Warschau

Warthe · Posen

KGR. POLEN

Petrikau · Radom · Lublin

Tschenstochau

Krakau · Lemberg

Krosno

Kaschau

Türkisch-Ungarn

Szegedin · Marosch

Drau

VENEDIG

KIRCHENSTAAT

Legend

- ■ Städte mit über 100 000 Einw.
- ■ Städte mit 50 000 – 100 000 Einw.
- ■ Städte mit 20 000 – 50 000 Einw.
- ○ Städte mit 10 000 – 20 000 Einw.
- ○ Städte unter 10 000 Einw.
- Fugger-Faktoreien
- Welser-Faktoreien
- Viehmärkte
- *Leipzig* Messestädte
- Handelsstraßen von übergeordneter Bedeutung
- Handelsstraßen
- Schiffbare Flüsse
- Grenze des Heiligen Römischen Reiches
- Stand der Grenzen und politischen Färbung: *Mitte 16. Jahrhundert*

- Bier
- Eisenverarbeitung
- Heringe
- Leinen
- Seide
- Wolltuch
- Holz
- Krapp
- Waid
- Wein
- Getreide
- Vieh

- B Blei
- E Eisen
- G Gold
- Ku Kupfer
- Q Quecksilber
- S Silber
- Zn Zinn
- Steinkohle
- Salz

0 50 100 150 200 250 300 km

OSTSEE

Bornholm

Rügen

Memel

Pillau · Königsberg
Tilsit

Stralsund Greifswald Wolgast
Rostock

Hzm.

Samland

Frauenburg
Oliva Danzig
Heilsbg. 1525 Weltl. Hzt.
Haus Hohenzollern

Bm. Ernland

Lauenburg
o1460–1657 pomm.
Hela

Güstrow

Wolgast

Cammin Bm. Cammin

Hzm. Pommern Stettin

Kolberg
Bütow
Stolp

Elbing
Marienburg

Hzm. Preußen

Lyck

-nburg

Stargard

1532–1625 geteilt

Stettin

Deutsch-Krone

Kgl. Preußen
1569 mit Polen
vereint

Neidenburg

Marienwerder
Schwetz
Graudenz
Löbau

Hzm. Masowien
1526 mit Polen vereint

Bialystok

-gnitz

Ukermark

Neumark

Kulm

GRFSM. LITAUEN

i. Brandenburg
Mittelmark

Berlin

Bromberg
Thorn
Wloclawek

Plozk

Gft. Ruppin
Ruppin
Grimnitz

Bm. Küstrin
Lebus Lebus

Posen

Gnesen

KÖNIGREICH

Warschau

Brandenburg
Cölln
Storkow brand.
1571/75

Baskow
Schwiebus
Frankfurt

1569 Realunion mit

Rawa

Kursachsen

Jüterbog
Lübben M.
Mgft.

Dessau

Crossen

Lissa

Kalisch

Litauen und Kgl. Preußen

POLEN

Radom
Lublin

Torgau
Wurzen

Nieder Lausitz
1526

Guben
Sorau
1549 österr.

Hzm.
Sagan
Glogau
Fsm. Glogau

Sieradz

Petrikau

Klein-Polen

Sachsen
Meißen
Dresden Meißen
Rochlitz Freiberg

Mgft. Oberlausitz
Bautzen
Görlitz

Liegnitz

Fsm.

Fsm. Wohlau
Wohlau

Fsm. Öls Öls

Fsm.
Breslau

Wielun

Tschenstochau

Kielce
Sandomir

Mühlberg.
MB.

Zittau

Fsm. Jauer Jauer

Fsm. Brieg
Brieg

Chemnitz

Schweidnitz
1526
Schweidnitz

Hzm.
Oppeln
Oppeln

Tarnowitz

Siewierz

Krakau

Tarnow

Zwickau
Annaberg
Kaaden Joachimsthal
Klostergrab

Leitmeritz

Gft.
Glatz Glatz

Fsm.
Münsterbg.
Münsterbg.
Fsm. Neiße
Breslau

Fsm.
Ratibor Ratibor

H.
Pleß
Beuthen

Auschwitz
Zator
Wieliczka

Bochnia

Neu-Sandez

Eger

Jung-Bunzlau

Prag

Jägerndorf

Troppau Fsm.

Hzm.
Oderberg

Hzm.
Teschen
Teschen

Kuttenberg

Karlstein

KGR. BÖHMEN

1526

Rozmital
(Rosental)

Pilsen

Olmütz

Mgft. Mähren
1526 österr.

Neumarkt

Leutschau

-lz

Budweis

Iglau

Brünn

Znaim

Neuhaus

Rosenberg

OBER-UNGARN

Neusohl
Altsohl

Kaschau

Bm.
Regensburg
-sburg

Straubing

Bm.
Passau

Erzhzm. Österreich
ob d. Enns
unter der Enns

Linz
Melk

Steyr

Waidhofen
Fr.

Wiener Neustadt

Tyrnau

Preßburg

Schemnitz

Miskolc

-ayern

Landshut

Braunau

Altötting

Wien
1526 österr.

Neuhäusel

Neograd
1544 türk.

Erlau
1596 türk.

Keresztes

Salzburg
Hallein
Kufstein
1504/06

Pr.
Berchtes-
gaden

Gmünden

Bruck

Semmering

Eisenstadt
1445–1647 österr.

Raab

Zeltva-
mündung

Gran
1543 türk.

Ofen
1526, 1541
türk.

Pest

Waitzen
1544 türk.

Debrecen

Erzbm.
Salzburg

Pinzgau

Schladming

Seckau
Judenburg

Hzm. Steiermark

Graz

Güns
1445–1647 österr.

Veszprém
1552–66, 1593–98 türk.

Stuhlweißenburg
1543 türk.

Großwardein

Gastein

Lienz
1500

Bm.
Gurk
Gurk
D.-Landsberg

Friesach
Leibnitz

TÜRKISCH-

Gr.-Kanizsa
1600 türk.

Szegedin
1541 türk.

Arad

-eck

Villach

Hzm. Kärnten

Klagenfurt
Bleiburg

Marburg

Plattensee

Fünfkirchen
1543 türk.

UNGARN

Temesvár

Plöcken-P
Pontebba

Veldes
Br.

Bischoflack
Fr.

Pettau

Warasdin

Szigetvár
1566 türk.

Mohács
1526

BELLUNO Friaul

Udine

Görz
Gft.
Görz

Idria

Laibach

Rann

Agram

Sissek

Esseg
1526 türk.

-viso

Meolo

Hzm. Krain

Adelsbg.

Peterwardein
1526 türk.

VENEDIG

z. Venedig

Triest

Fiume

Karlstadt

Semlin
Belgrad

Venedig

Adriat. Meer

ÖSTERREICHISCH-UNGARN

Donau

Die Eidgenossenschaft 1536–1798 — Der Bauernkrieg 1525

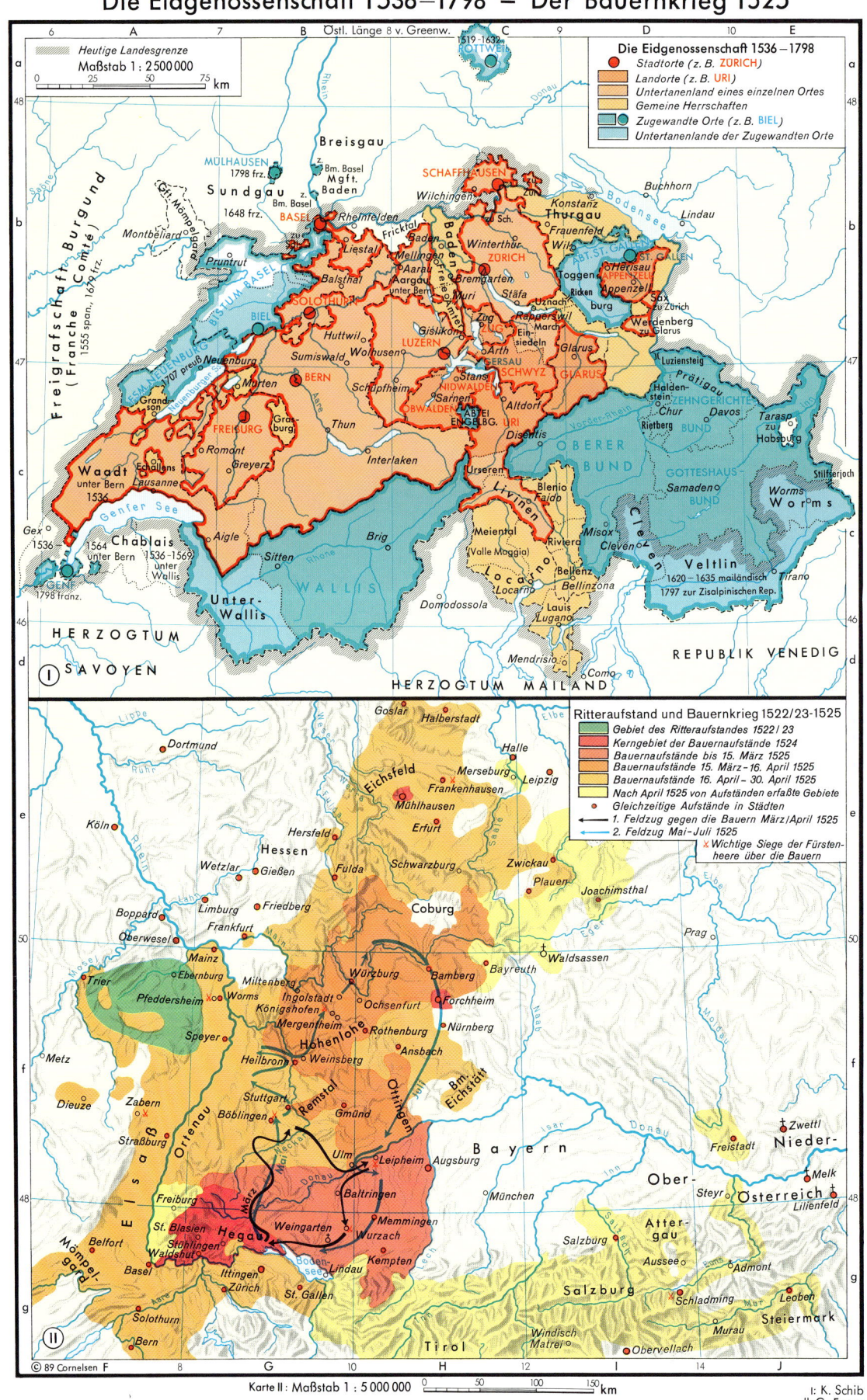

Östl. Länge 8 v. Greenw.

Die Eidgenossenschaft 1536–1798
- ● *Stadtorte (z. B. ZÜRICH)*
- *Landorte (z. B. URI)*
- *Untertanenland eines einzelnen Ortes*
- *Gemeine Herrschaften*
- *Zugewandte Orte (z. B. BIEL)*
- *Untertanenlande der Zugewandten Orte*

Heutige Landesgrenze
Maßstab 1 : 2 500 000
0 25 50 75 km

Ritteraufstand und Bauernkrieg 1522/23–1525
- *Gebiet des Ritteraufstandes 1522/23*
- *Kerngebiet der Bauernaufstände 1524*
- *Bauernaufstände bis 15. März 1525*
- *Bauernaufstände 15. März–16. April 1525*
- *Bauernaufstände 16. April–30. April 1525*
- *Nach April 1525 von Aufständen erfaßte Gebiete*
- ○ *Gleichzeitige Aufstände in Städten*
- → *1. Feldzug gegen die Bauern März/April 1525*
- → *2. Feldzug Mai–Juli 1525*
- ✗ *Wichtige Siege der Fürstenheere über die Bauern*

Karte II : Maßstab 1 : 5 000 000
0 50 100 150 km

© 89 Cornelsen

I: K. Schib
II: G. Franz

Reformation und katholische Erneuerung in Mitteleuropa

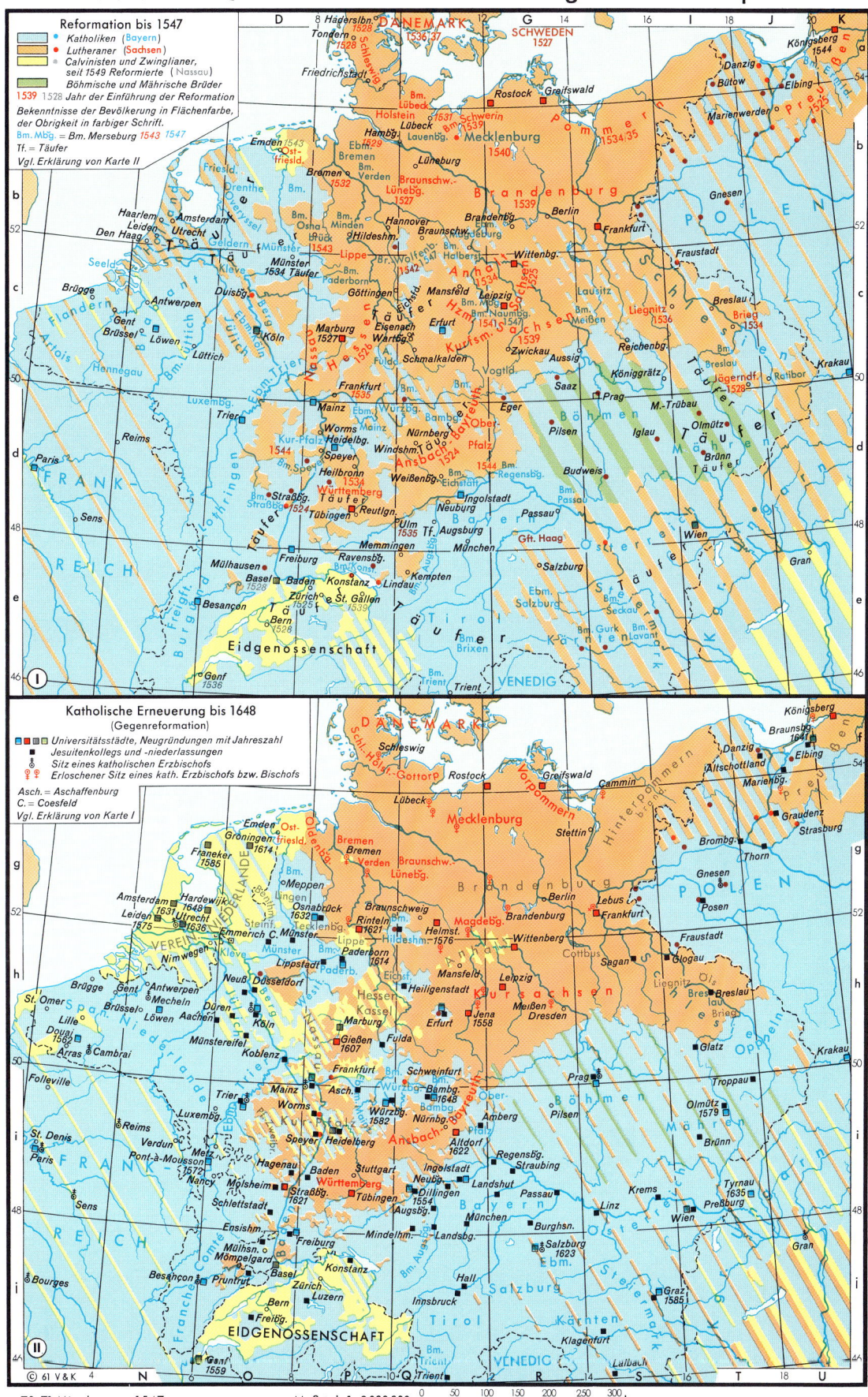

G. Franz

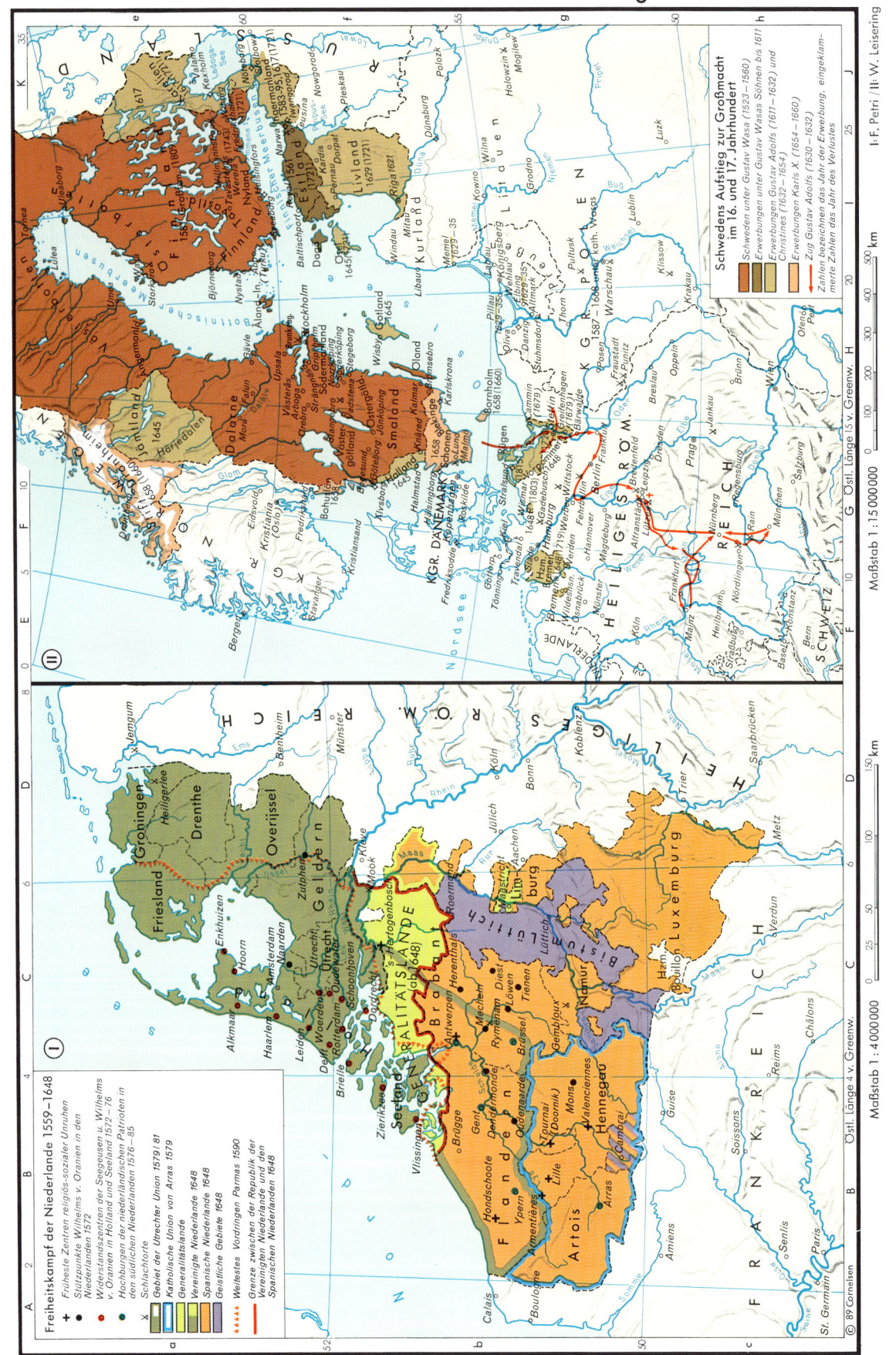

I: F. Petri / II: W. Leisering

Schwedens Aufstieg zur Großmacht im 16. und 17. Jahrhundert

Schweden unter Gustav Wasa (1523–1560)
Erwerbungen unter Gustav Wasas Söhnen bis 1611
Erwerbungen unter Gustav Adolfs (1611–1632) und Christines (1632–1654)
Erwerbungen Karls X. (1654–1660)
Zug Gustav Adolfs (1630–1632)

Zahlen bezeichnen das Jahr der Erwerbung, eingeklammerte Zahlen das Jahr des Verlustes.

Maßstab 1 : 15000000

Freiheitskampf der Niederlande 1559–1648

Früheste Zentren religiös-sozialer Unruhen
Stützpunkte Wilhelms v. Oranien in den Niederlanden 1572
Widerstandszentren der Seegeusen u. Wilhelms v. Oranien in Holland und Seeland 1572–76
Hochburgen der niederländischen Patrioten in den südlichen Niederlanden 1576–85
Schlachtorte

Gebiet der Utrechter Union 1579/81
Katholische Union von Arras 1579
Generalitätslande
Vereinigte Niederlande 1648
Spanische Niederlande 1648
Geistliche Gebiete 1648

Weiteste Vordringen Parmas 1590
Grenze zwischen der Republik der Vereinigten Niederlande und den Spanischen Niederlanden 1648

Maßstab 1 : 4000000

© 89 Cornelsen

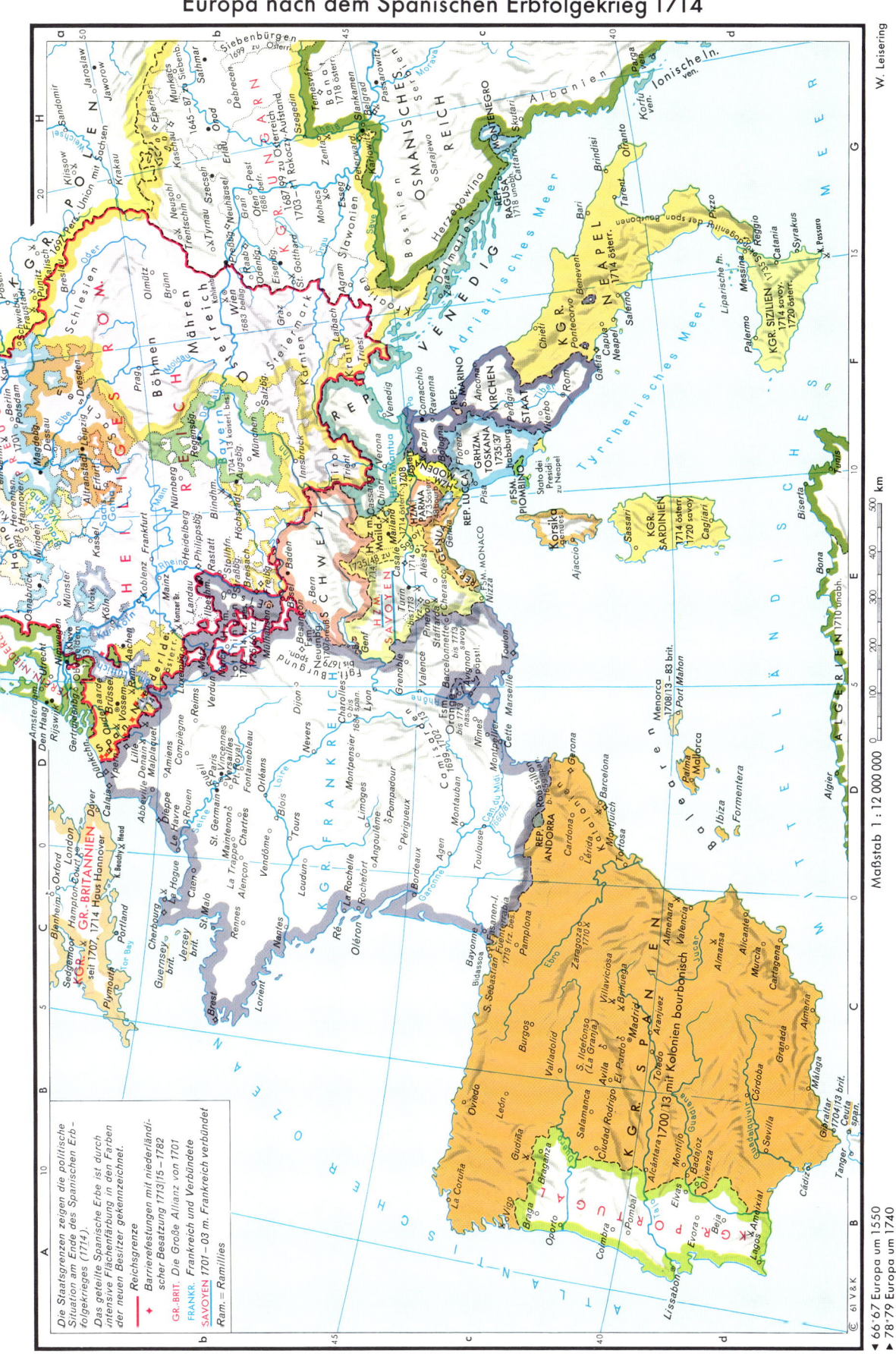

W. Leisering

Maßstab 1 : 12 000 000

km

0   100   200   300   400   500

© 61 V & K

▼ 66'67 Europa um 1550
▲ 78'79 Europa um 1740

Die Staatsgrenzen zeigen die politische
Situation am Ende des Spanischen Erb-
folgekrieges (1714).

Das geteilte Spanische Erbe ist durch
intensive Flächenfärbung in den Farben
der neuen Besitzer gekennzeichnet.

▬▬ Reichsgrenze

✦ Barrierefestungen mit niederländischer Besatzung 1713/15 – 1782

GR.-BRIT. Die Große Allianz von 1701

FRANKR. Frankreich und Verbündete

SAVOYEN 1701–03 m. Frankreich verbündet

Ram. = Ramillies

Europa im Zeitalter des

Legend:

Österreichische Habsburger bis 1699
Österreichische Habsburger um 1740
Toskana (1737 Habsbg.-Lothringen, 1765 Sekundogenitur)
SIZILIEN Bourbonische Staaten
PAR. Hzm. Parma u. Piacenza (1731–35, 1748 bourbonisch)
Sekundogenituren der span. Bourbonen

Grenze des Heiligen Römischen Reiches
Russisches Reich 1689
Russisches Reich um 1740
Osmanisches Reich
Osmanische Vasallenstaaten

© 61 V & K

◄ 66/67 Europa um 1550
► 88/89 Europa z. Zt. Napoleons I.

Maßstab 1 : 15 000 000

Absolutismus (um 1740)

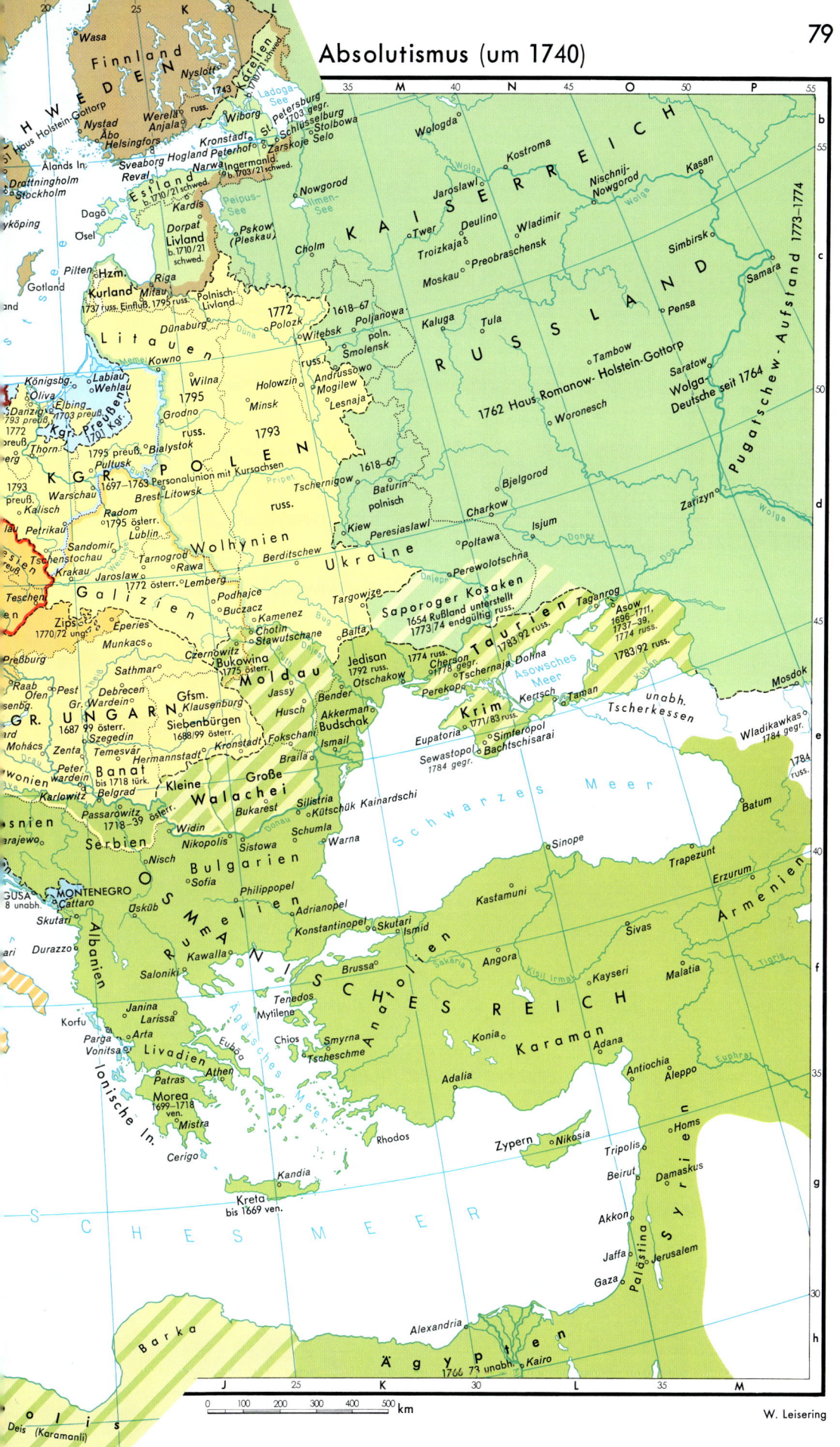

Stadt- und Schloßanlagen im Absolutismus

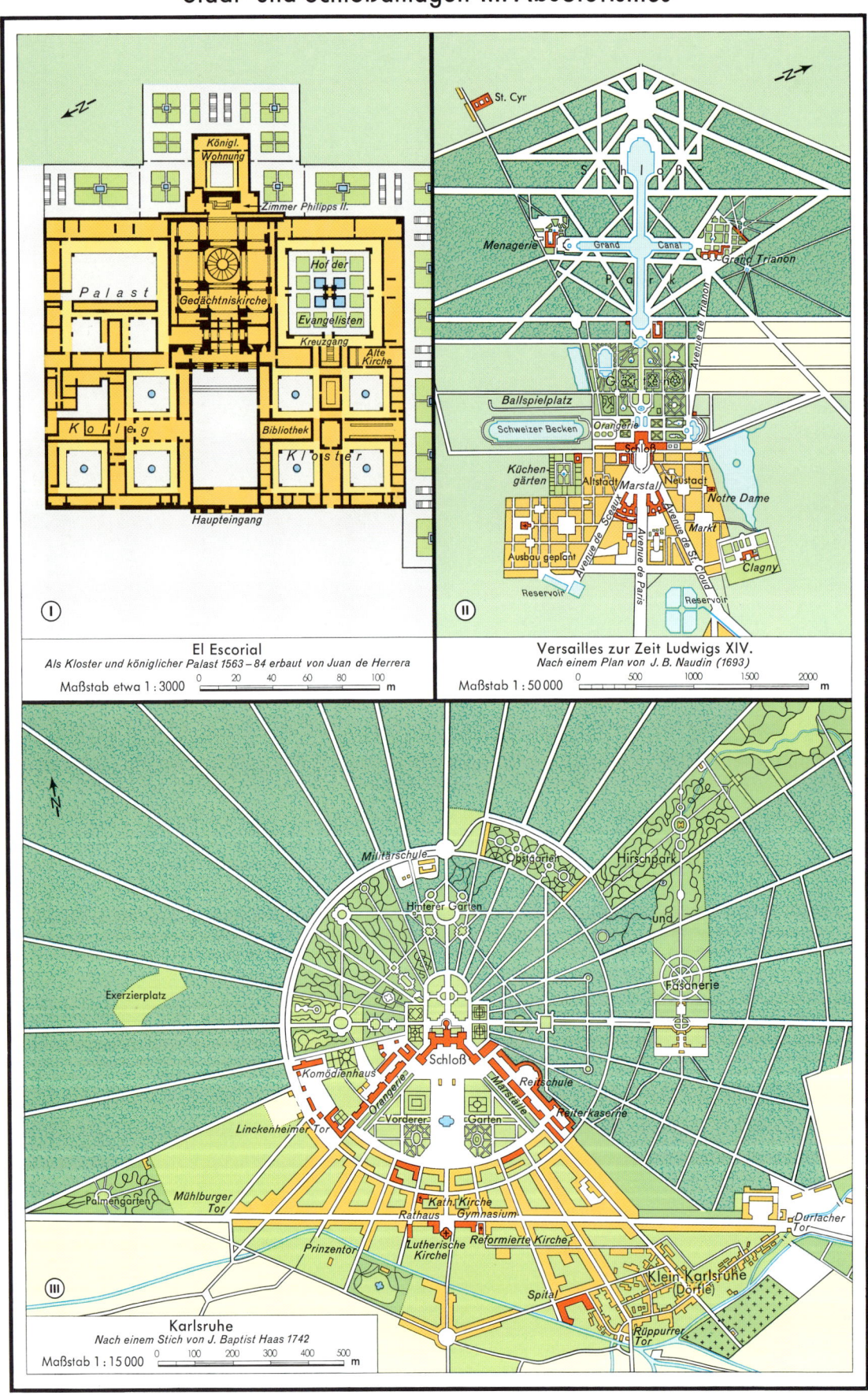

El Escorial

Als Kloster und königlicher Palast 1563–84 erbaut von Juan de Herrera

Maßstab etwa 1 : 3000

Versailles zur Zeit Ludwigs XIV.

Nach einem Plan von J. B. Naudin (1693)

Maßstab 1 : 50 000

Karlsruhe

Nach einem Stich von J. Baptist Haas 1742

Maßstab 1 : 15 000

Entwicklung der franz. Ostgrenze 1493 bis 1801

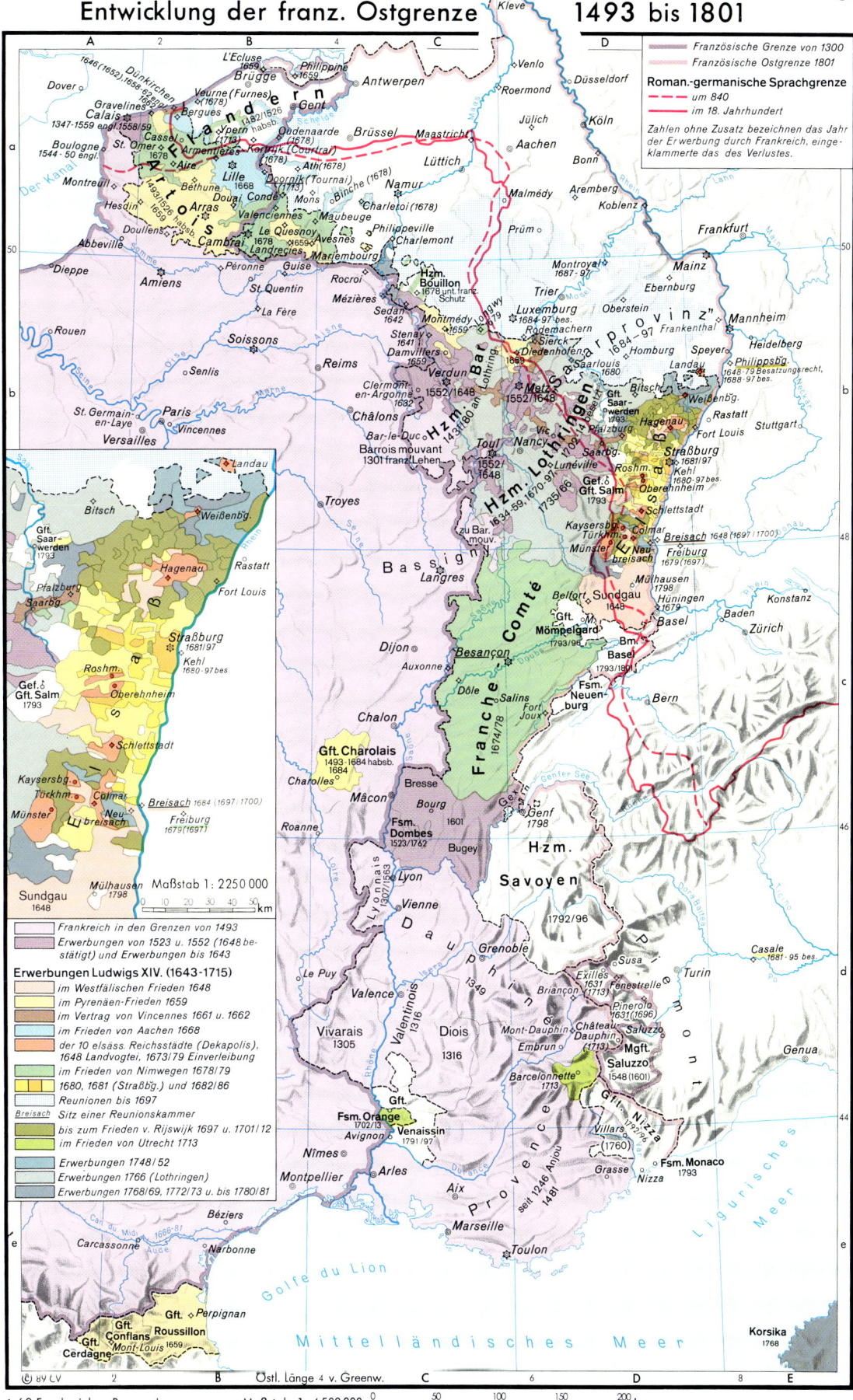

Französische Grenze von 1300
Französische Ostgrenze 1801
Roman.-germanische Sprachgrenze
um 840
im 18. Jahrhundert
Zahlen ohne Zusatz bezeichnen das Jahr der Erwerbung durch Frankreich, eingeklammerte das des Verlustes.

Maßstab 1 : 2250 000
0 10 20 30 40 50 km

Frankreich in den Grenzen von 1493
Erwerbungen von 1523 u. 1552 (1648 bestätigt) und Erwerbungen bis 1643
Erwerbungen Ludwigs XIV. (1643–1715)
im Westfälischen Frieden 1648
im Pyrenäen-Frieden 1659
im Vertrag von Vincennes 1661 u. 1662
im Frieden von Aachen 1668
der 10 elsäss. Reichsstädte (Dekapolis), 1648 Landvogtei, 1673/79 Einverleibung
im Frieden von Nimwegen 1678/79
1680, 1681 (Straßbg.) und 1682/86
Reunionen bis 1697
Breisach Sitz einer Reunionskammer
bis zum Frieden v. Rijswijk 1697 u. 1701/12
im Frieden von Utrecht 1713
Erwerbungen 1748/52
Erwerbungen 1766 (Lothringen)
Erwerbungen 1768/69, 1772/73 u. bis 1780/81

Maßstab 1 : 4500 000
0 50 100 150 200 km

◀ 60 Frankreich u. Burgund
▶ 86 I Frankreich 1789–1801

W. Leisering

G 14 H 16 I 18 J 20 K L

O S T S E E

Bornholm

Rügen

Memel

Tauroggen
1691-1793
preuß.

Serrey
1691-1793
preuß.

Königsberg

Gr. Jägersdf.

a

54

Rügenwalde

Stralsund
Greifswald
ostock

Vorpommern
schwed.

Wolgast
Swinemünde
Usedom
Wollin
Cammin
Kolberg
Köslin
Bütow

Lauenburg

Danzig!
1793 preuß.

Braunsbg.
Elbing
1703 preuß.bes.
Marienburg

Ermland
1772 preuß.

Ostpreußen

KGR. PREUSSEN

Neu-Ostpreußen
1795 preuß.

Hzm.
Meckl.
Neustrelitz
Strelitz
seit 1701

rg.

1720 preuß.

Stettin
Stargard

Schwedt
Schwedt
Rheinsbg.

Hinterpommern

Draheim

Westpreußen

Konitz
Marienwerder

1772

Graudenz

b

Netzedistrikt
1772

Kulm
Bromberg
Thorn

Ostrolenka

Pultusk

n. Brandenburg

Spandau Berlin
Potsdam
Sanssouci
Charlottenbg.
Königswusterhsn.

Zorndf.
Küstrin

Driesen
Landsbg.

Inowrozlaw
Brest

Dobrzyń
Plozk

Warschau
Sochatschew

Kobylka
Praga

KÖNIGREICH

52

Wittenberg
Dessau

Guben

Crossen
Frankfurt
Kunersdf.

Kay
Züllichau
Schwiebus
1742 preuß.

Posen

Gnesen
Konin
Lentschiza

Rawa

Wola

Grojec

Maziejowice

Torgau
Zeithain
Leipzig
sm. Sachsen
Meißen
Dresden
Hochkch.
Görlitz

Niederlausitz

Cottbus

Schlesien

Fraustadt

Lissa
Punitz

Kalisch
Ostrowo

Südpreußen
1793 preuß.

Petrikau

Radom

POLEN

Westgalizien
1795 österr.

Bautzen
Stolpen
Moys.
litz

Oberlausitz

Glogau
Steinau
Wohlau

Kielce

Klissow
Sandomir

Herrnhut
enbg.
Freiberg
Kesselsdf.
Maxen
Königstein
Pirna
Zwickau
Lobositz
Leitmeritz

Reichenbg.

Landeshut
Reichenbach preuß.
Braunau
Glatz

Kath.-
Hennersdf.
Liegnitz
Lauban
Hohenfriedebg.
Schweidnitz
Bunzel-
witz

Leuthen
Breslau
Mollwitz
Brieg

Oppeln

1742

Burkersdf.
Strehlen

Neiße Kl.-Schnel-
lendf.

Tschenstochau

Neu-
Schlesien
1795 preuß.

Beuthen

Razlawice

Rawka

Krakau

Bochnia

Tarnow

Eger
Waldsassen

Saaz

Prag

Kolin
Chotusitz
Tschaslau

Neustadt
Domstadtl

Soor
Trautenau

Königgrätz

Cosel
Ratibor

Österr. Schlesien

Pleß

Troppau
Teschen

Wieliczka

Jablunka-Paß

KGR. GALIZIEN
1772 österr.

50

Neumarkt
Neu-Sandez

KGR. BÖHMEN

Pilsen

Klattau

Tabor

Iglau

Kolin

Budweis

Krumau

Mgft. Mähren

Brünn

Kremsier

Znaim

Nikolsbg.

Trentschin

Kremnitz

Schemnitz

Zips
1772 ungar.

Leutschau
Neudorf

d

Bm.
gensburg
gsbg.

Bm.

Passau

Bayern
it 1777 Pfalz-Bayern

Simbach
Braunau
Ried

Innviertel
1779 zu Österr.

Erzhzm.Österreich

ob der Enns

Linz
Enns

unter der Enns

Melk
Krems
Schönbrunn

Klosterneuburg

Wien
Fr.

Preßburg

Tyrnau
Neutra

Neuhäusel

Neumarkt

Waitzen

Tokay

48

St. Pölten
Steyr
Waidhofen

Wiener Neustadt

Laxenburg

Ödenburg

Raab

Gran
Ofen Pest

Erlau

Keresztes

Salzburg

Pr.
Berchtesgaden

stein
Erzbm.

alzburg

Pinzgau

Lienz

s.

Br.

Hzm. Kärnten

Tarvis
Villach
Klagenfurt

Hzm. Steiermark

Leoben
Judenbg.
Bruck
Neumarkt
Friesach
D.-Landsbg.

Graz

Radkersburg

Marburg

Güns

Steinamanger

Stuhlweißenbg.

KGR. UNGARN

Szegedin

e

46

DIG

Friaul

no

fone

Udine

Campoformio
Görz
Fr.
Bischoflack

Cilli

Hzm. Krain

Save

Laibach

Karlstadt

Agram

Fünfkirchen

Zenta

Peterwardein

Triest

Aquileja

z. Venedig

iso

Adriat.
Meer

Fiume

Kroatien

Esseg

Donau

Karlowitz

Belgrad

Slankamen

Semlin

f

G 14 H 16 I 18 J K

50 100 150 200 km

G. Franz

Österreich und Preußen bis 1795

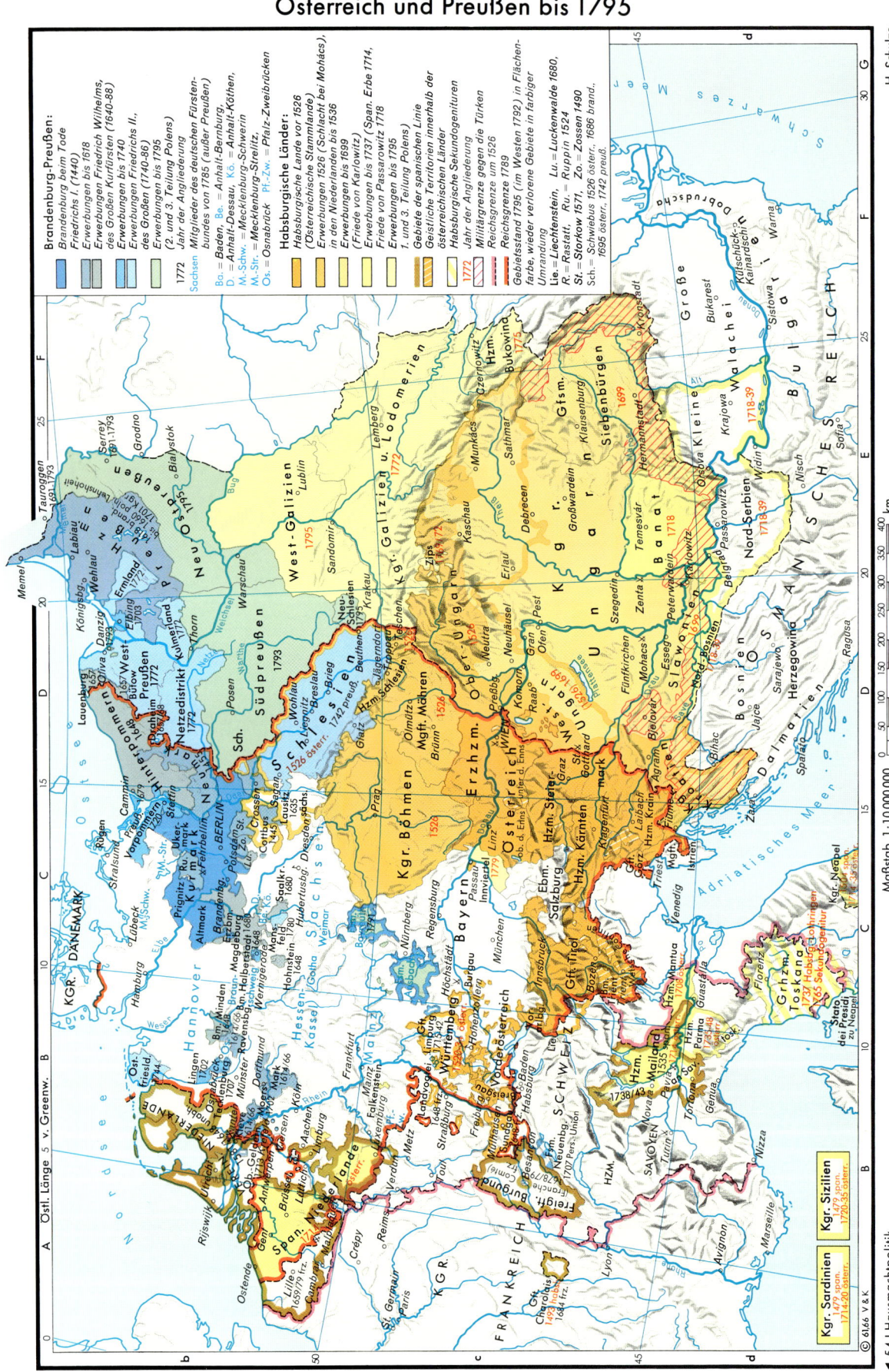

H. Schulze

Brandenburg-Preußen:
Brandenburg beim Tode
Friedrichs I. (1440)
Erwerbungen bis 1618
Erwerbungen Friedrich Wilhelms,
des Großen Kurfürsten (1640–88)
Erwerbungen bis 1740
Erwerbungen Friedrichs II.,
des Großen (1740–86)
Erwerbungen bis 1795
(2. und 3. Teilung Polens)
1772 Jahr der Angliederung
Sachsen Mitglieder des deutschen Fürsten-
bundes von 1785 (außer Preußen)
Ba. = Baden, Be. = Anhalt-Bernburg,
D. = Anhalt-Dessau, Kö. = Anhalt-Köthen,
M.Schw. = Mecklenburg-Schwerin,
M.Str. = Mecklenburg-Strelitz,
Os. = Osnabrück Pf.-Zw. = Pfalz-Zweibrücken

Habsburgische Länder:
Habsburgische Lande vor 1526
(Österreichische Stammlande)
Erwerbungen 1526 (Schlacht bei Mohács),
in den Niederlanden bis 1536
Erwerbungen bis 1699
(Friede von Karlowitz)
Erwerbungen bis 1737 (Span. Erbe 1714,
Friede von Passarowitz 1718
Erwerbungen bis 1795
1. und 3. Teilung Polens
Gebiete der spanischen Linie
Geistliche Territorien innerhalb der
österreichischen Länder
Habsburgische Sekundogenituren
1772 Jahr der Angliederung
Militärgrenze gegen die Türken
Reichsgrenze um 1526
Reichsgrenze 1789
Gebietsstand 1795 (im Westen 1792) in Flächen-
farbe, wieder verlorene Gebiete in farbiger
Umrandung
Lie. = Liechtenstein, Lu. = Luckenwalde 1680,
R. = Rastatt, Ru. = Ruppin 1524
St. = Storkow 1571, Zo. = Zossen 1490
Sch. = Schwiebus 1526 österr., 1686 brand.,
1695 österr., 1742 preuß.

© 6166 V & K

Kgr. Sardinien
1479 span.
1714–20 österr.

Kgr. Sizilien
1479 span.
1720–35 österr.

Maßstab 1:10000000

0 50 100 150 200 250 300 350 400 km

▼ 54 I Hausmachtpolitik
▲ 92 Mitteleuropa 1815–1866

Polen vom 18. bis 20. Jahrhundert

85

Frankreich und Paris zur Zeit der Französischen Revolution

I: ◄ 81 Franz. Ostgrenze ▶ 88/89 Europa z. Zt. Napoleons I.
II: ◄ 80 Stadt- u. Schloßanlagen ▶ 98 II Dortmund

W. Leisering

Staatliche Neuordnung Deutschlands 1803 und 1806

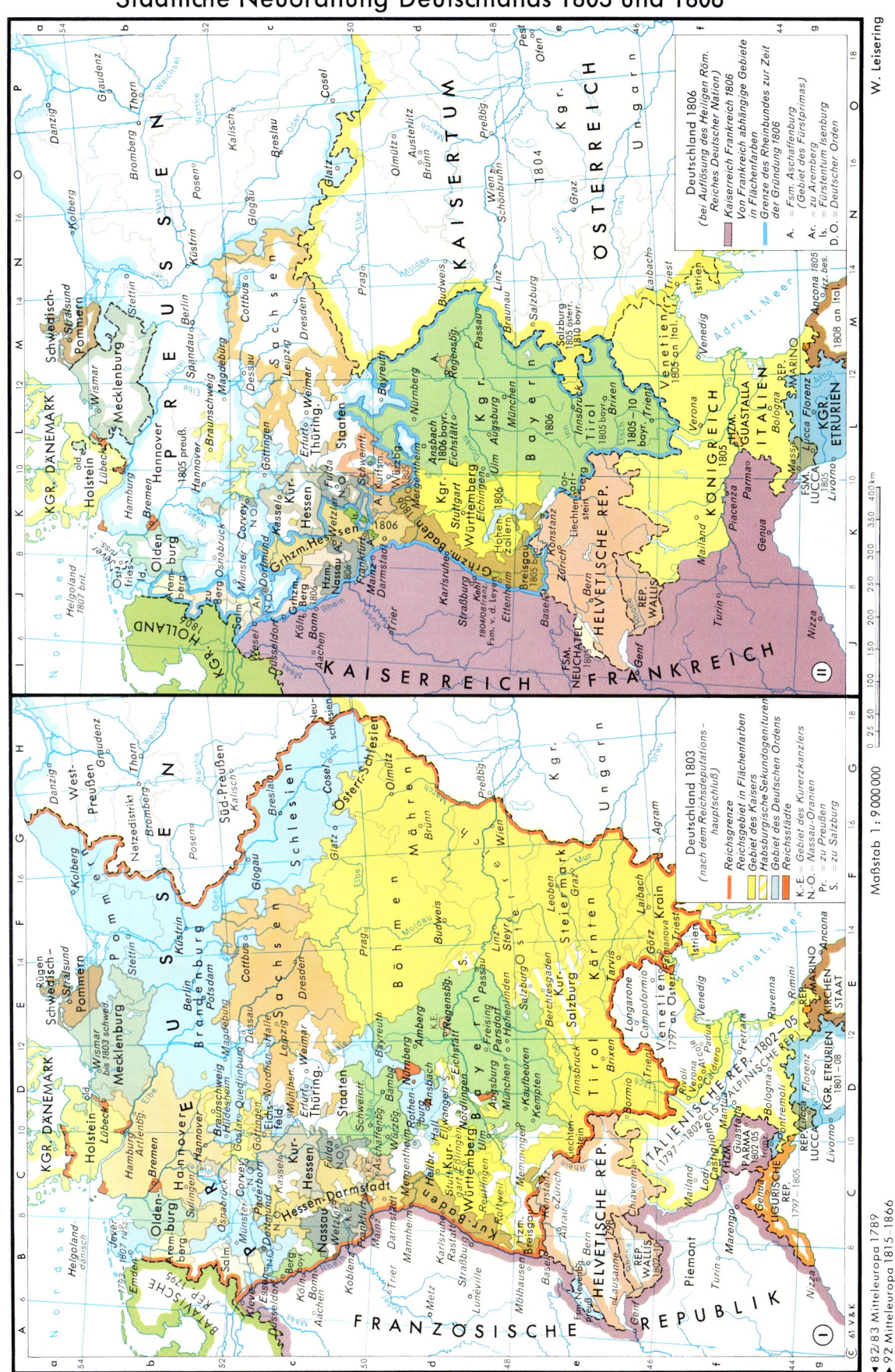

W. Leisering

Deutschland 1806
(bei Auflösung des Heiligen Röm. Reiches Deutscher Nation)

Kaiserreich Frankreich 1806
Von Frankreich abhängige Gebiete in Flächenfarben
Grenze des Rheinbundes zur Zeit der Gründung 1806

A. = Fsm. Aschaffenburg (Gebiet des Fürstprimas)
Ar. = zu Arenberg
Is. = Fürstentum Isenburg
D.O. = Deutscher Orden

Maßstab 1 : 9 000 000

Deutschland 1803
(nach dem Reichsdeputations- hauptschluß)

Reichsgrenze
Reichsgebiet in Flächenfarben
Gebiet des Kaisers
Habsburgische Sekundogenituren
Gebiet des Deutschen Ordens
Reichsstädte

K.-E. = Gebiet des Kurerzkanzlers
N.-O. = Nassau-Oranien
Pr. = zu Preußen
S. = zu Salzburg

KGR. NORWEGEN
Kristiania bis 1814 zu Dänemark
Stavanger

KGR. SCHWED
Väner-See
Göteborg Jönkö
Kal

Schottland
Glasgow Edinburgh
Newcastle

KGR. GROSSBRITANNIEN UND IRLAND
Irland
Dublin
1801 Union
Manchester
Liverpool
York
Leeds
Sheffield
Vinegar Hill
Wexford
Cork

England
Birmingham
Bristol Bath
Portsmouth London
Plymouth Dover

Nordsee

KGR. DÄNEMARK
Kopenhagen 1801, 1807
Kiel

Helgoland 1807 brit. bes.
Hamburg
Altenburg 1804
Lübeck
Bremen 1810
Neuhaus 1810

Schwed.-Pommern 1811 franz. bes.
Stet
×1806
Prenzlau
Berlin
Gr.-Beeren ×1813

KGR. Magdeburg
Westfalen seit 1807
Kassel
Fsm. Auerstädt
Jena Erfurt ×1806 ×1813×
Leipzig ×1813 Bautzen
Dresden ×1813
Teplitz ×1813
Prag
Kulm 18
Nollend
×1813

Böhme

Amsterdam
Rotterdam
Walcheren
Münster 1810
Gent Antwerpen
Brüssel
Waterloo ×1815
Ligny ×1815
Köln Aachen
Ghzm. Berg 1806
Kaub Frankfurt Hanau 1813 ×1813×
Würzbg.
Mainz

Calais
Boulogne
Amiens
Rouen
Paris ×1814
Arcis-s.-A.
St. Cloud ×1814
Fontainebleau Rothière ×1814
Bar-s.-A. Châtillon
Laon ×1814
Lunéville
Chaumont

Straßbg.
Kehl ×1804×1805×
Neuchâtel

Regensburg 1809×
Stuttgart
Ulm
München
Ried
Schönbrunn
Innsbruck ×1809
Salzburg
Wa

Guernsey brit.
Jersey brit.
Brest
St. Malo
Rennes

KAISERREICH FRANKREICH seit 1804

Tours
Valençay
Limoges seit 1804
Nantes
Rochefort
Bordeaux
Lyon
Genf
St. Bernhard
Grenoble

Fsm.
Basel
Bern Schweiz
1810

Rheinbund

Illyrische Provi

KGR. Italien seit 1805
Mailand 1810
Turin
Sacile 1809×
Venedig
Mantua
Laibach franz.

La Coruña
K. Finisterre 1805×
Oviedo
Bilbao
Vitoria ×1813
Bayonne
Pamplona
Burgos
Zaragoza ×1808/09

Porto
Torres Vedras 1810/11
Cintra 1808
Lissabon

PORTUGAL
Salamanca
Arapiles 1812×
Ciudad Rodrigo
Fuentes de Oñoro 1811
Talavera 1809×
Aranjuez
Madrid
KGR.
Rep. Andorra
Katalonien 1812
Barcelona
Tortosa

Rep.
Avignon Cannes
Fréjus
Marseille
Toulon

Savona 1805×
1805
Genua
Bologna
Florenz Rep. S. Marino
Fsm. Lucca seit 1805
Etrurien 1807/08
1808 ital.
Piombino
Elba
Ancona
Tolentino 1815
Kirchen staat
Rom 1809
Fsm. Pontecorvo
Fsm. Bene
Neapel

Korsika
Ajaccio

SPANIEN seit 1808 Volkskrieg
Badajoz 1811
Olivenza 1801 span.
Sevilla
Granada
Murcia
Valencia 1812×
Sagunto
Almería 1808

Baleà ren
Menorca 1798–1802 brit. bes.
Mallorca
Ibiza

KGR. SARDINIEN
Cagliari

MITTEL

Cádiz 1812
K. Trafalgar 1805×
Málaga
Gibraltar 1808
Tanger
Ceuta 1810–14 span.
Peñón de Vélez span.
Melilla span.
Kön. S. Vincent

1807

Algier
Oran
Bona
Tunis

ALGERIEN
Fes
Tlemcen

MAROKKO

KGR. SIZILIEN
Palermo Messina
Re

Malta 1789 franz. 1798 bri
Tunesien osman. Vasall
Kairuan
Gabes

Tripolis

Tripolitanien osman. Vasall

Frankreich 1804
Erwerbungen bis 1812
Kgr. Italien u. von Napoleoniden regierte Staaten
Sonstige von Napoleon abhängige Staaten
Grenze des Rheinbundes
Frankreich und seine Verbündeten vor dem Rußlandfeldzug 1812
Rußland 1801
Erwerbungen bis 1812
Rußlandfeldzug Napoleons 1812
Kontinentalsperre seit 1806/07
Durchbrechung durch brit. Handel u. Schmuggel

©89 Cornelsen

Östl. Länge 5 v. Greenw.

◀ 78/79 Europa um 1740
▶ 90/91 Europa 1815

Maßstab 1 : 15 000

Gfsm.
Finnland
Aland-In. 1809 russ.
Abo
Borga Fredrikshamn
Helsingfors Schlüsselburg
St. Petersburg
Narwa
Nowgorod
Reval
Estland
Dorpat
Jaroslawl
Livland
Pleskau
Wladimir
Kurland
Riga
Moskau 1812
Borodino Moschaisk
1812
Memel Witebsk Wjasma Malojaroslawez
Tauroggen Kamen 1812 Smolensk 1812
Königsberg Kowno Kaluga
Tilsit Studianka
Eylau Friedland 1807 Wilna Orscha Tula
1807 1807 1812 Borissow
Molodetschno Orel
PREUSSEN Grodno Mogilew
Lit auen
Thorn Minsk
Pultusk Bialystok Saratow
x1806 Slonim
Warschau Brest- Pinsk KAISERREICH
Raszyn Litowsk Zarizyn
1809 Kiew
seit 1807 Pripet RUSSLAND Samara
1807-13 Personalunion mit Sachsen
Warschau Wolhynien Kursk
Krakau Brody
Lemberg Tarnopol Ukraine
Galizien Podolien Charkow
ERTUM Bar Kamenez Targowize
Kasan
Nischnij-
Nowgorod

Rostow
Asow
Bukowina Bessarabien
1812 russ.
TERREICH Moldau Bender Odessa Cherson
Siebenbürgen Akkerman
Hermannstadt Kronstadt Fokschani Kinburn
Temesvár Ismail Krim
Karlowitz Belgrad 1806-12 russ. 1811 Sewastopol
Walachei Slobodsia
Bukarest Silistria
Serbien Rustschuk x1811
1804-13 Aufstand Nikopol Schumla x1810
Nisch
Sofia
MONTENEGRO O Bulgarien
Cattaro
1807
Makedonien Adrianopel
Saloniki
Athos Konstantinopel
Janina Lemnos OSMANISCHE
Thessalien Tenedos
Korfu Lesbos Smyrna
1799-1807
russ. Prot. Chios
1807-1814 franz. Athen
Korinth
Morea
Ionische Inseln
1798
Rhodos
Kreta

SCHES MEER

Derna
Benghasi
Cyrenaika Ägypten
1806

Ladoga-See

Jekaterinodar
Gr. Kabardei
nominell v. Rußld. abh.
unabh.
Tscherkessen
Abchasien 1810
Ossetien
1806
Geor gien
1810
Mingrelien
1803
Poti
türk.
Batum
Alexandropol
Karss
Trapezunt
Sinope
Erzurum
Brussa
Angora
Kutahia
Sivas
Konia
Adalia
Alexandrette
Aleppo
Zypern
Beirut
Damaskus
Akkon
Jaffa Jerusalem
REICH
Anatolien
Abukir 1798
Alexandria Tell-el-Kebir
Heliopolis
Kairo
Wahabiten
1808-12 aus Arabien vorgedrungen

Schwarzes Meer

0 100 200 300 400 500 km

W. Leisering

PARMA Nach dem Wiener Kongreß restaurierte und neugeschaffene
Staaten in roter Schrift
Neu- oder wiedererworbene Gebiete in intensiver Farbstufe
Grenze des Deutschen Bundes 1815
Nebenlinien des Hauses Habsburg in Italien
Gebiet der Militärgrenze gegen die Türken (bis 1867)
Reich Mehemed Alis von Ägypten um 1840

© 61 V & K   5   F   Östl. Länge 5 v. Greenw.   G   10

◄ 88/89 Europa z. Zt. Napoleons I.
► 102/103 Europa 1914

Maßstab 1:15 000 000

ener Kongreß 1815

Grfsm. Finnland
1809 russ.
Helsingfors
Åland-In.
Wiborg
Schlüsselburg
St.Petersburg
Stockholm
Dagö
Reval
Narwa
Nowgorod
Jaroslawl
Nischnij-
Nowgorod
Kasan
Estland
Ösel
Dorpat
Peipus-
See
Pleskau
Ilmen-See
Gotland
Livland
Moskau
Samara
Kurland
Riga
Dünaburg
Witebsk
Kaluga
Tula
Litauen
Kowno
Wilna
Smolensk
Orel
Rjasan
Saratow
Königsberg
Minsk
KAISERREICH
Woronesch
anzig
Grodno
Kursk
Thorn
Bialystok
Niemen
SEN
Brest-Litowsk
Pripet
Tschernigow
Charkow
Don
Zarizyn
Warschau
Grochow
Kgr. Polen
("Kongreß-Polen")
1815 russ.,
b.1831 autonom
Lublin
Kiew
RUSSLAND
Wolga
ischl
Lodsch
Tschenstochau
Wolhynien
Schitomir
Jekaterinoslaw
Rostow
GEB.-KRAKAU
1846 österr.
Kgr. Galizien
Lemberg
Tarnopol
Podolien
Dnjestr
Bug
Taganrog
Kremsier
Kaschau
Bessarabien
1812 russ.
Kischinew
Cherson
Asowsches
Meer
Jekaterinodar
unabh.
Tscherkessen
1864 russ.
RTUM
Preßburg
Komorn
Pest
Debrecen
Buko-
wina
Jassy
Odessa
Akkerman
Eupatoria
Krim
Swanetien
1858 russ.
Ofen
Kgr. Ungarn
Maria-
Theresiopel
Siebenbürgen
Moldau
Galatz
Braila
Sewastopol
Inkerman
Livadia
Schwarzes
Meer
Poti
1829 russ.
1829
russ.
Batum
Komorn
ÖSTERREICH
Vilagos
Kronstadt
Kars
lawonien
Temesvar
Banat
Walachei
Bukarest
Silistria
Warna
Sinope
Trapezunt
Belgrad
Donau
OSMAN
Bulgarien
Kulewtscha
Kastamuni
Amasia
Erzurum
Serbien
1817 tributpflicht.
Fsm.
Nisch
Sofia
Adrianopel
Balta Liman
Hunkiar Skelessi
Angora
Sivas
Kisil Irmak
os
Sarajewo
MONTENEGRO
Herzegowina
Rumelien
Konstantinopel
Ismid
Brussa
Kaisarie
Cattaro
Durazzo
Albanien
Bitolia
Saloniki
Kutahia
Anatolien
Konia
Adana
Nisib
Alexandrette
Aleppo
en
Durazzo
Janina
Larissa
Thessalien
Euböa
Chios
Smyrna
Adalia
Euphrat
IONISCHE
1815-64 Rep. unter brit. Schutz
INSELN
Livadien
Missolunghi
Patras
Nauplia
Athen
Morea
Navarino
Rhodos
Zypern
Tripolis
Beirut
Damaskus
Kreta
Akkon
Syrien
Wahabiten
SCHES MEER
Jaffa
Jerusalem
Derna
Benghasi
Abukir
Alexandria
Tell-el-Kebir
Akaba
Große Syrte
Ägypten
tribut Vizekgr.
Kairo
itanien
1835 osman. Provinz

J
25
K
30
L
35
M

0 100 200 300 400 500 km

W. Leisering

Mitteleuropa 1815 bis 1866

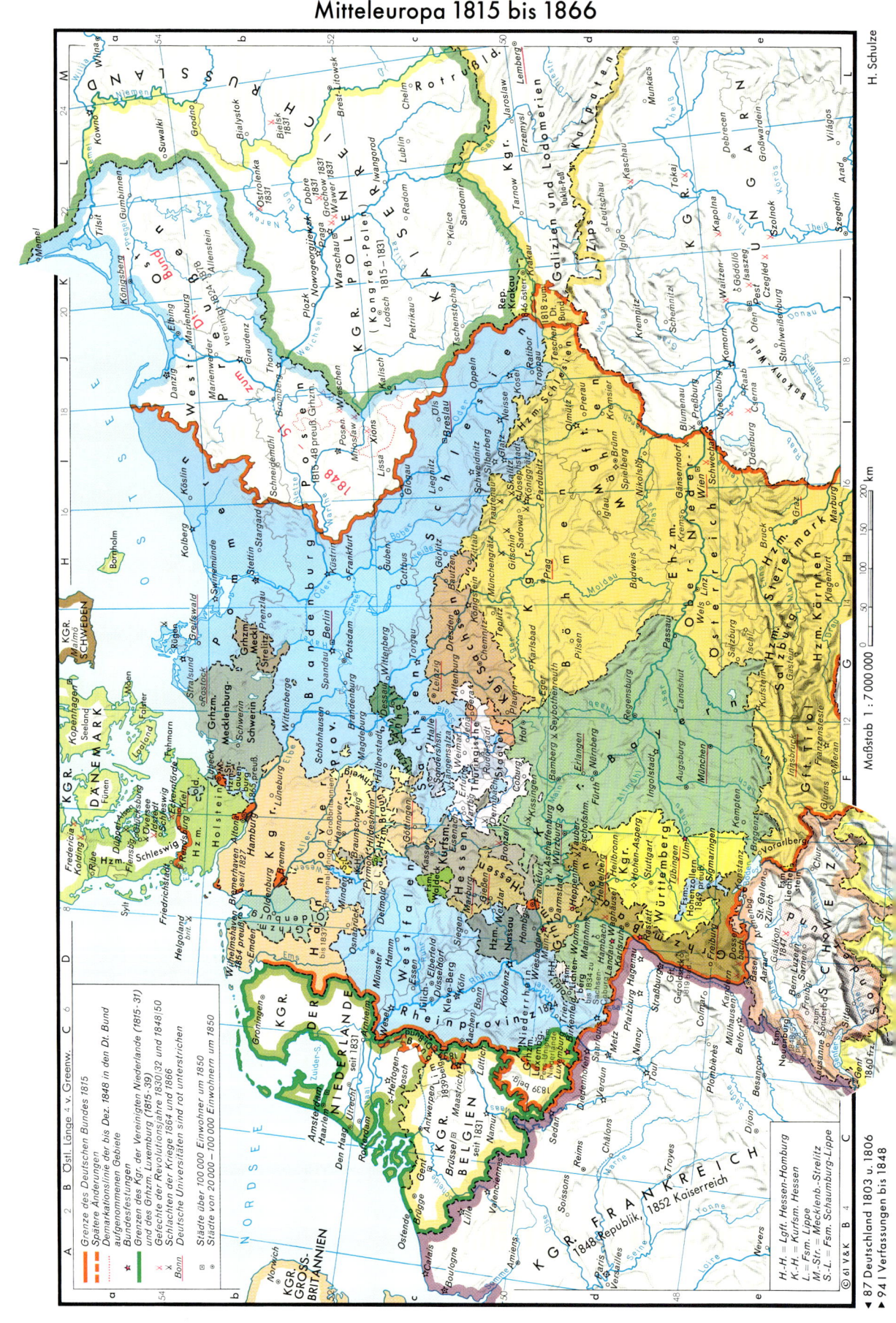

H. Schulze

Maßstab 1 : 7 000 000

H.-H. = Lgft. Hessen-Homburg
K.-H. = Kurfsm. Hessen
L = Fsm. Lippe
M.-Str. = Mecklenb.-Strelitz
S.-L. = Fsm. Schaumburg-Lippe

Grenze des Deutschen Bundes 1815
Spätere Änderungen
Demarkationslinie der bis Dez. 1848 in den Dt. Bund
aufgenommenen Gebiete
Bundesfestungen
Grenzen des Kgr. der Vereinigten Niederlande (1815-31)
und des Grhzm. Luxemburg (1815-39)
Gefechte der Revolutionsjahre 1830/32 und 1848/50
Schlachten der Kriege 1864 und 1866
Deutsche Universitäten sind rot unterstrichen

Städte über 100 000 Einwohner um 1850
Städte von 20 000 – 100 000 Einwohner um 1850

© 61 v&K

▼ 87 Deutschland 1803 u. 1806
▼ 94 I Verfassungen bis 1848

Mitteleuropa 1866 bis 1914

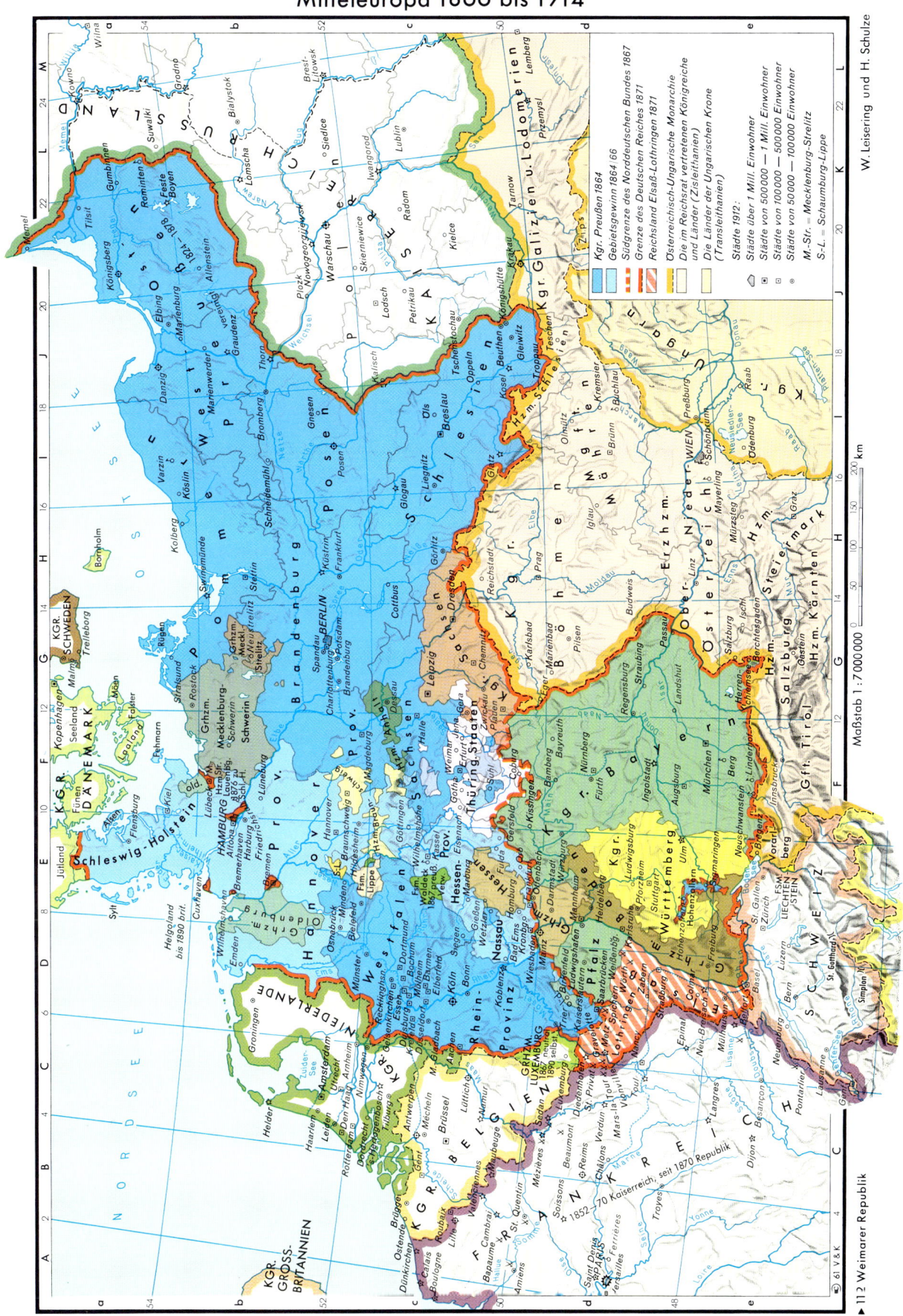

W. Leisering und H. Schulze

Kgr. Preußen 1864
Gebietsgewinn 1864/66
Südgrenze des Norddeutschen Bundes 1867
Grenze des Deutschen Reiches 1871
Reichsland Elsaß-Lothringen 1871
Österreichisch-Ungarische Monarchie
Die im Reichsrat vertretenen Königreiche
und Länder (Zisleithanien)
Die Länder der Ungarischen Krone
(Transleithanien)

Städte 1912:
☆ Städte über 1 Mill. Einwohner
⊙ Städte von 500 000 — 1 Mill. Einwohner
⊡ Städte von 100 000 — 500 000 Einwohner
◻ Städte von 50 000 — 100 000 Einwohner
M.-Str. = Mecklenburg-Strelitz
S.-L. = Schaumburg-Lippe

Maßstab 1 : 7 000 000

▲ 112 Weimarer Republik

Karte I – Verfassungen im Deutschen Bund

L. = Lippe
S.-L. = Schaumburg-Lippe

Legende: Verfassungen im Deutschen Bund

Verfassungen um 1847:
- Absolute Monarchien
- Absolute Monarchien mit landständischen Verfassungen
- Konstitutionelle Monarchien (Verfassung vor 1830)
- Konstitutionelle Monarchien (Verfassung nach 1830)
- Republikanische Verfassungen

Jahr der Einführung:
1817 landständischer Verfassungen
1814 konstitutioneller Verfassungen

Grenze des Deutschen Bundes

Karte II – Wahlrecht der Bundesstaaten im Deutschen Reich 1914

R. = Ratzeburg zu Meckl.-Strelitz
S.-L. = Schaumburg-Lippe

Thüringer Staaten
1. Schwarzburg-Sondershausen
2. Sachsen-Coburg-Gotha
3. Sachsen-Weimar-Eisenach
4. Sachsen-Meiningen
5. Sachsen-Altenburg
6. Schwarzburg-Rudolstadt
7. Reuß jüng. Linie
8. Reuß ält. Linie

Legende: Wahlrecht der Bundesstaaten im Deutschen Reich 1914

Allgemeines gleiches Wahlrecht
- ohne Einschränkungen
- mit Zweitstimme für Ältere
- nur für Zahler direkter Steuern
- mit indirekter Wahl

Allgemeines ungleiches Wahlrecht
- mit direkter geheimer Wahl
- mit indirekter geheimer Wahl
- mit öffentlicher indirekter Wahl
- Ohne allgemeines Wahlrecht

Zentrum der Bewegungen für ein allgemeines gleiches Wahlrecht

Deutsches Reich mit allgemeinem und gleichem Wahlrecht zum Reichstag

Wahlrecht außerhalb des Deutschen Reiches
SCHWEIZ allgemein und gleich
BELGIEN beschränkt

Bis 1918 kein Frauenwahlrecht

© 79 CVK

◄ 92 u. 93 Mitteleuropa 1815–1914
► 97 Arbeiterbewegung im 19. Jh.

Maßstab 1:9 000 000   0 50 100   200   300 km

I: H. Kinder
II: W. Leisering

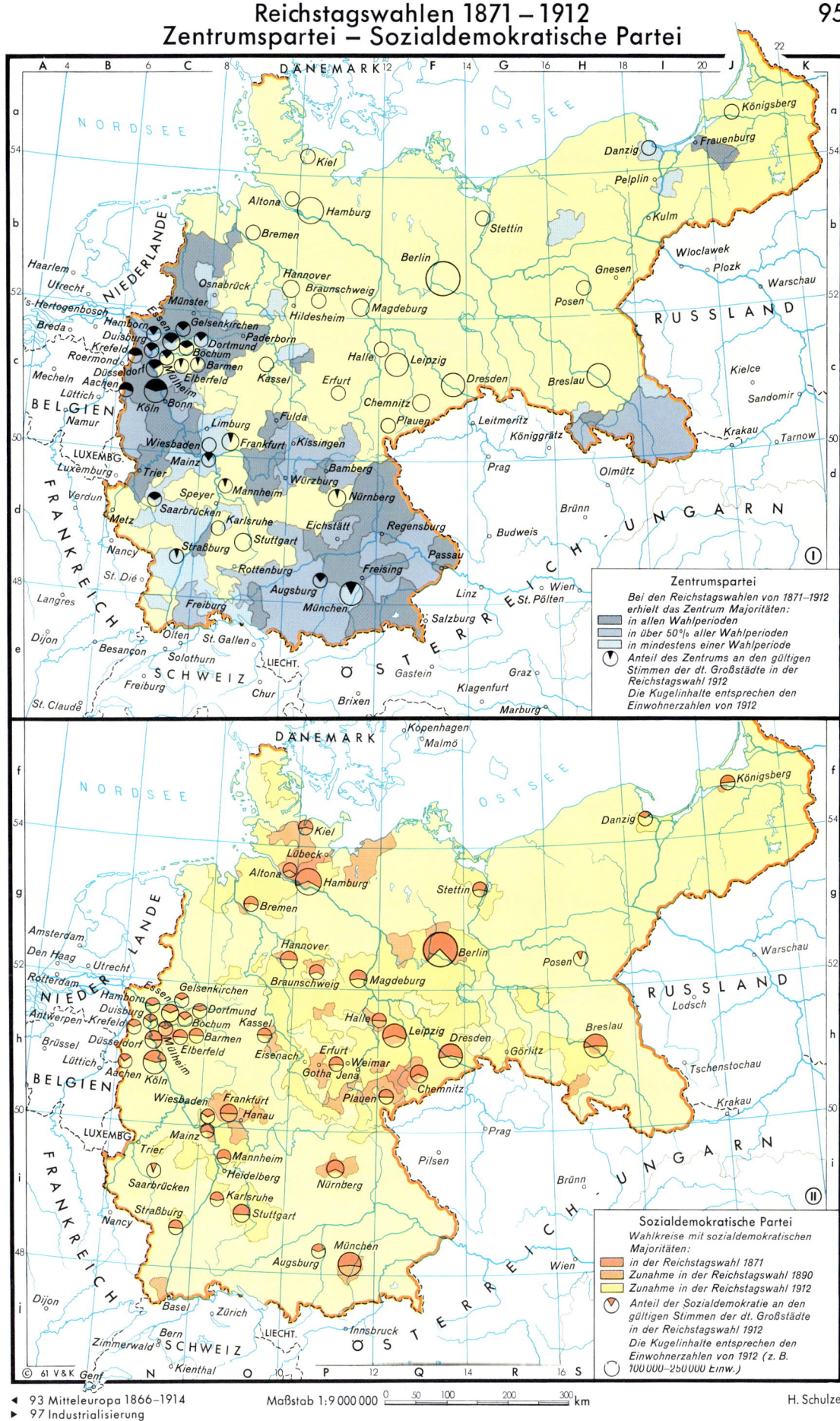

Zentrumspartei

Bei den Reichstagswahlen von 1871–1912
erhielt das Zentrum Majoritäten:
in allen Wahlperioden
in über 50% aller Wahlperioden
in mindestens einer Wahlperiode
Anteil des Zentrums an den gültigen
Stimmen der dt. Großstädte in der
Reichstagswahl 1912
Die Kugelinhalte entsprechen den
Einwohnerzahlen von 1912

Ⓘ

Sozialdemokratische Partei

Wahlkreise mit sozialdemokratischen
Majoritäten:
in der Reichstagswahl 1871
Zunahme in der Reichstagswahl 1890
Zunahme in der Reichstagswahl 1912
Anteil der Sozialdemokratie an den
gültigen Stimmen der dt. Großstädte
in der Reichstagswahl 1912
Die Kugelinhalte entsprechen den
Einwohnerzahlen von 1912 (z. B.
100 000–250 000 Einw.)

ⒾⒾ

© 61 V & K Genf

◄ 93 Mitteleuropa 1866–1914
► 97 Industrialisierung

Maßstab 1:9 000 000   0 50 100   200   300 km

H. Schulze

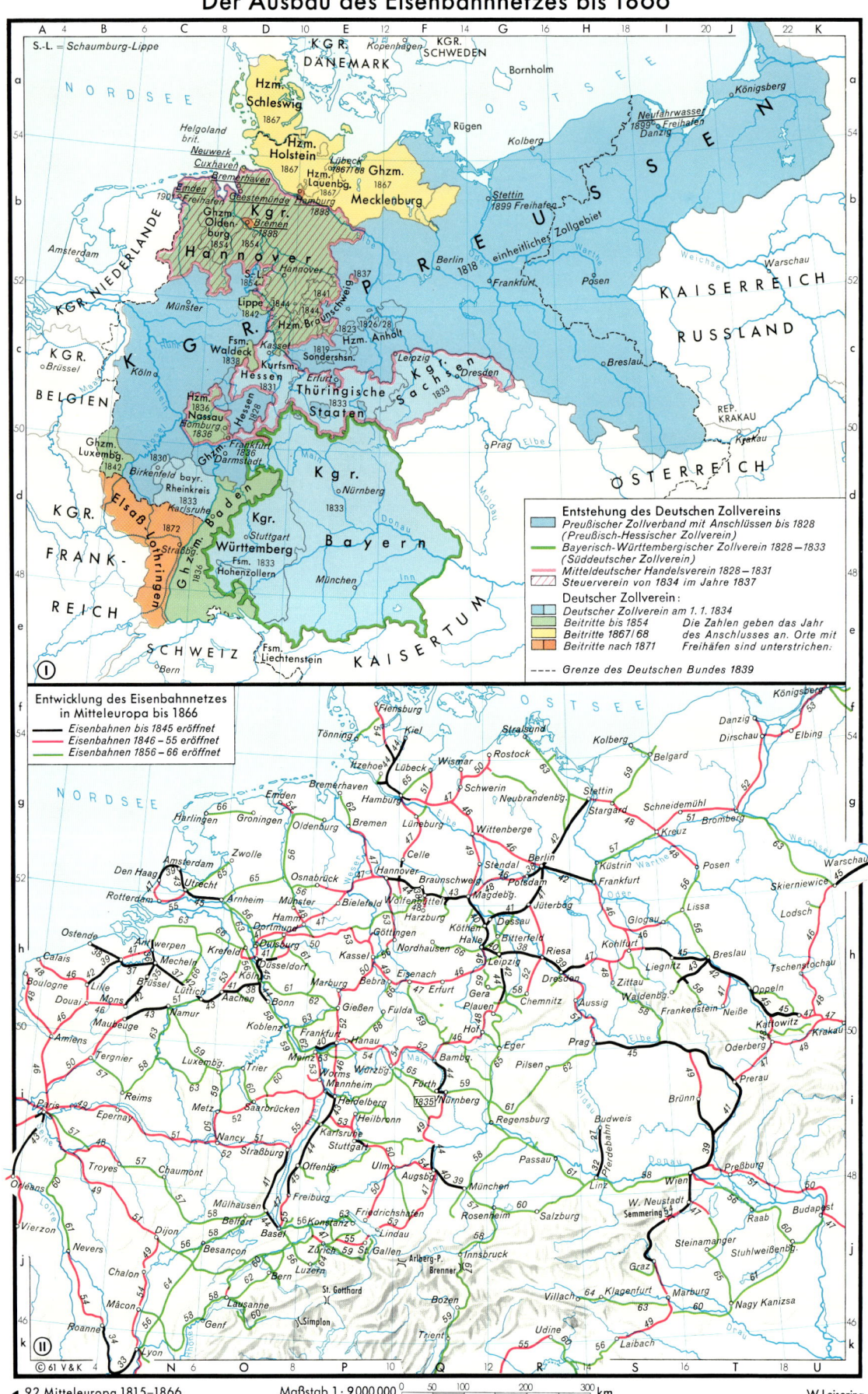

Maßstab 1 : 9 000 000

W. Leisering

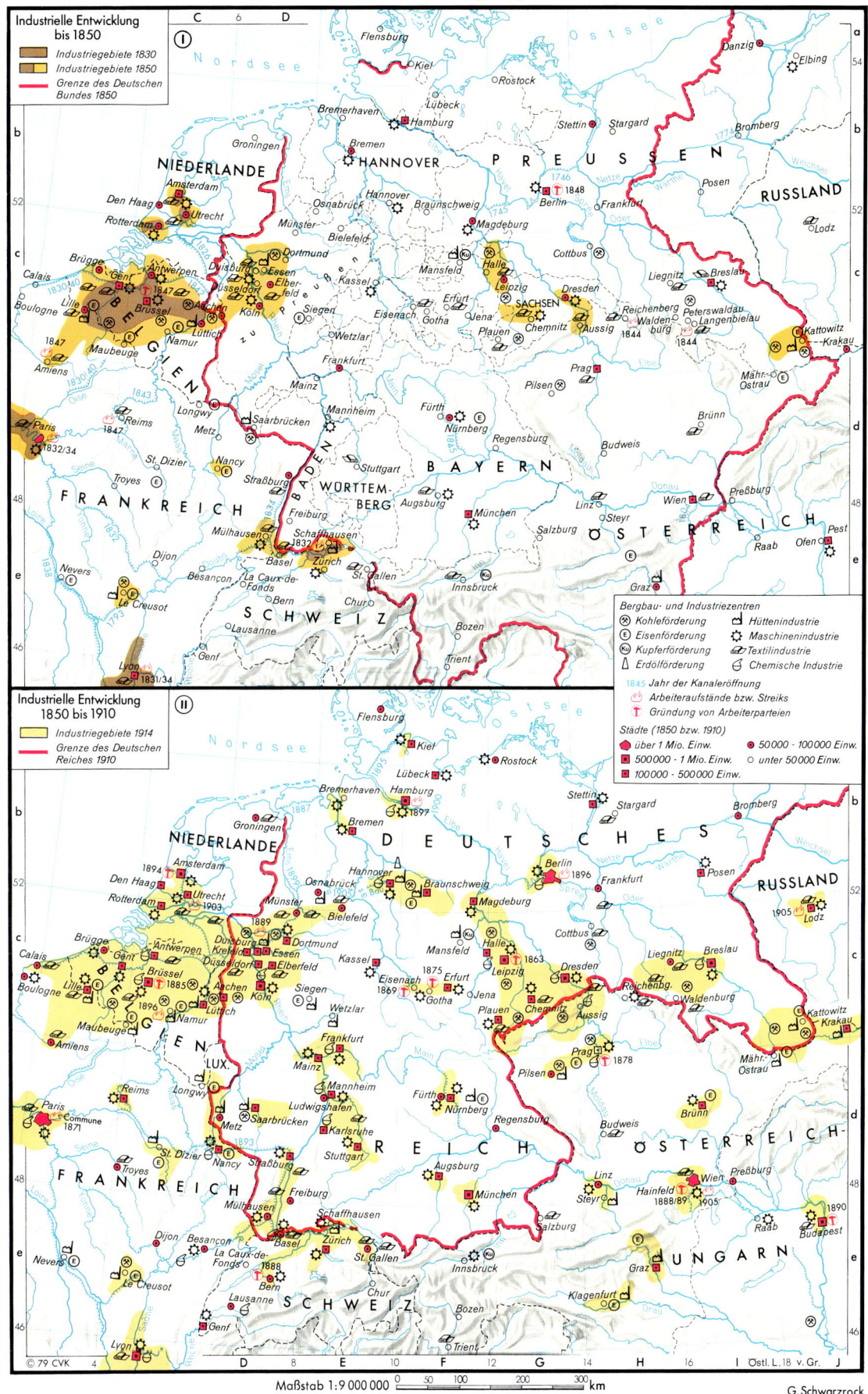

Industrialisierung und Arbeiterbewegung in Mitteleuropa bis 1910

97

Bevölkerungs- und Stadtentwicklung im 19. Jahrhundert

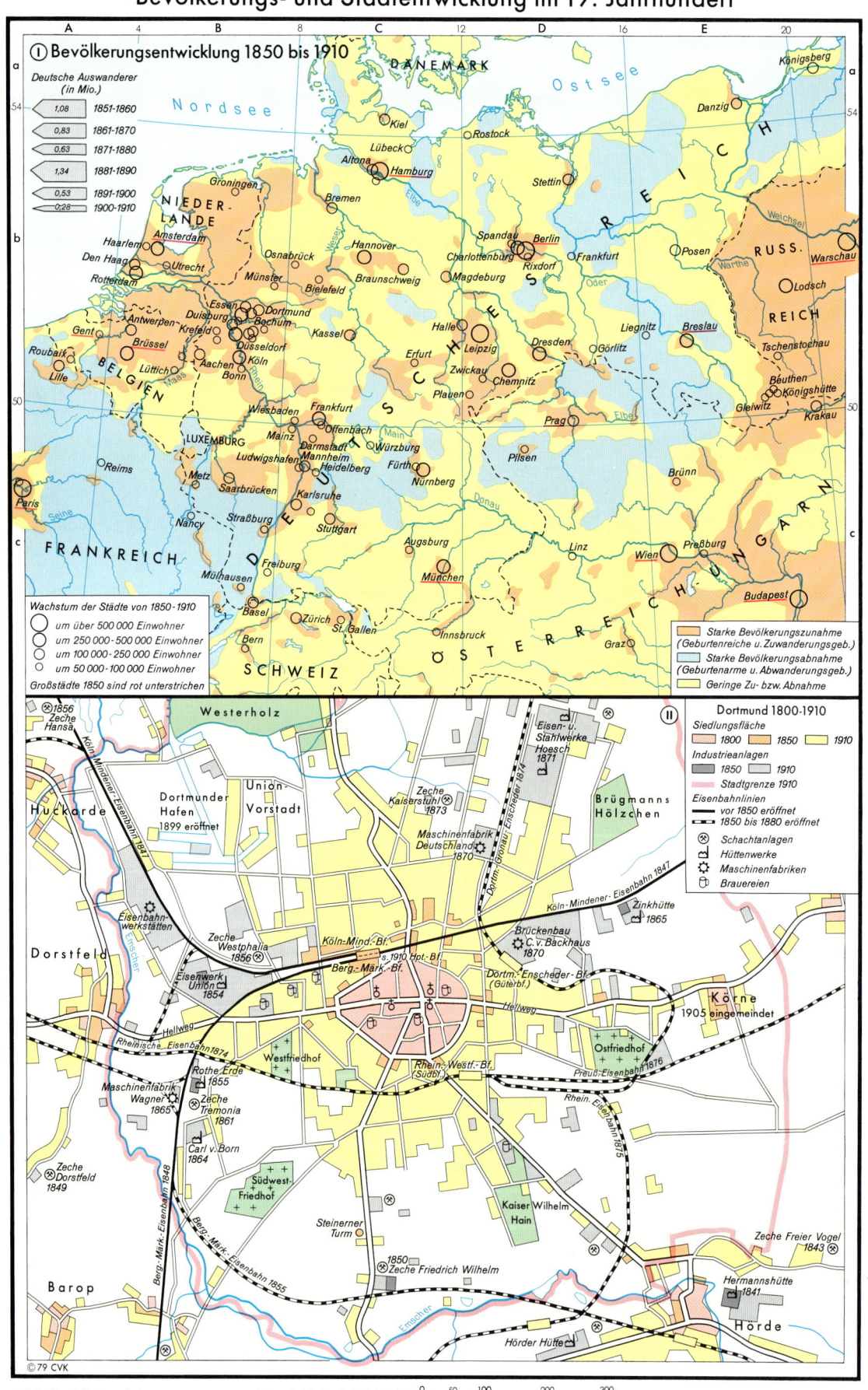

① Bevölkerungsentwicklung 1850 bis 1910

Deutsche Auswanderer
(in Mio.)

1,08	1851-1860
0,83	1861-1870
0,63	1871-1880
1,34	1881-1890
0,53	1891-1900
0,28	1900-1910

Wachstum der Städte von 1850-1910

◯ um über 500 000 Einwohner
◯ um 250 000-500 000 Einwohner
◯ um 100 000-250 000 Einwohner
◦ um 50 000-100 000 Einwohner

Großstädte 1850 sind rot unterstrichen

Starke Bevölkerungszunahme
(Geburtenreiche u. Zuwanderungsgeb.)

Starke Bevölkerungsabnahme
(Geburtenarme u. Abwanderungsgeb.)

Geringe Zu- bzw. Abnahme

② Dortmund 1800-1910

Siedlungsfläche
1800 1850 1910

Industrieanlagen
1850 1910

Stadtgrenze 1910

Eisenbahnlinien
vor 1850 eröffnet
1850 bis 1880 eröffnet

⊗ Schachtanlagen
◇ Hüttenwerke
✿ Maschinenfabriken
🍺 Brauereien

© 79 CVK

◀ 97 Industrielle Revolution

Karte I: Maßstab 1:9 000 000
Karte II: Maßstab 1:50 000

W. Leisering / G. Schwarzrock

Die Verteilung der Sprachen in Mittel-, Ost- und Südeuropa um 1910

Germanische Sprachen
	Deutsch
I	Niederdeutsch
II	Mitteldeutsch
III	Oberdeutsch
	Niederländ. u. Flämisch
	Friesisch
	Dänisch
	Norwegisch
	Schwedisch

Slawische Sprachen

Westslw.
	Polnisch
	Tschechisch
	Slowakisch

Ostslw.
	Russisch
	Ukrainisch
	Weißruthenisch

Südslw.
	Slowenisch
	Kroatisch und Serbisch
	Bulgarisch und Makedonisch

| Kaschubisch |
| Wendisch |

Roman.Spr.
	Französisch
	Italienisch
	Rätoromanisch
	Rumänisch und Aromunisch

	Lettisch und Litauisch
	Albanisch
	Griechisch
	Finnisch, Lappisch und Estnisch
	Madjarisch
	Türkisch und Tatarisch
■	Städte mit mehr als 50 000 Juden
●	Städte mit mehr als 10 000 Juden
	Grenze 1914
	Grenze 1918/23

© 92 Cornelsen

◀ 90/91 Europa 1815
▶ 102/103 Europa 1914

Maßstab 1 : 15 000 000

0 50 100   200   300   400 km

Italien 1815 bis 1920

Map labels (selection):

Plombières, Freiburg, München, Linz, Donau, Wien, Bodensee, Zürich, Salzburg, Bern, Innsbruck, Graz, Plattensee, Rhein, Brenner, Klagenfurt, Lausanne, Genter See, Bozen, Drau, Laibach, Agram, Genf, Savoyen 1860 frz., Südtirol 1919/20, Trient, Vittorio Veneto, Udine, Gradisca, Görz, Save, Banjaluka, Aosta, Lago Maggiore, Stresa, Comer See, Venetien 1866, Küstenland 1919/20, Mt. Cenis, Novara, Lombardei 1859, Brescia, Peschiera, Custozza, Verona, Vicenza, Padua, Triest, Istrien 1919/20, Fiume 1919/24 1920–22 Freie Stadt, Mt. Genèvre, TURIN, Monza, Mailand, Solferino, Villafranca, Legnano, Mantua, Venedig, Pola, Chersö 1919/20, SARDINIEN, Montebello, Magenta, Curtatone, Piacenza, Hzm. Parma 1860, Ferrara, Quarnero, Alessandria, Marengo, Racconigi 1815, Genua, Pontremoli, Guastalla bis 1847 zu Parma, Modena, Romagna, Bologna 1860, Rimini, REP. SAN MARINO seit 1862 unt. ital. Schutz, Ancona, Castelfidardo, Zara 1919/20, Nizza 1860 frz., San Remo, MONACO 1815–60 sardin. Schutzherrschaft, Spezia, Hzm. Massa bis 1847 toskan., Pontremoli bis 1847 toskan., Fivizzano bis 1847 toskan., Pisa, Arno, Lucca 1815–47 bourbon. Hzm. 1829 zu Modena, FLORENZ 1864–70 Hauptstadt, Livorno, Grhzm. Toscana 1860, Perugia, Tolentino, Lissa, Lagosta 1919/20, Elba, Umbrien, Gran Sasso, Rieti, Spalato, Korsika, Civitavecchia, Patrimonium Petri 1870, Mentana, Palestrina, Vatikanstadt 1929 souv. Staat, ROM, Castel Gandolfo, Velletri, Pontecorvo, Terracina, Gaeta, Capua, Caserta, Nola, Benevent, Bari, Ponza, Neapel, Ischia, Capri, Tarent, Sardinien, Cagliari, Tyrrhenisches Meer, Königreich beider Sizilien, Cosenza, Liparische In., Pizzo, Ägadische In., Palermo, Messina, Milazzo, Aspromonte, Reggio, Calatafimi, Marsala, 1860, Sizilien, Catania, Syrakus, Pantelleria, Bizerte, Adriatisches Meer

Legende
- Königreich Sardinien 1815
- **Rot** Habsburgische Gebiete
- **Blau** Bourbonische Staaten bis 1860
- Kgr. Italien 1861–66
- Erwerbungen bis 1914
- Erwerbungen nach dem Ersten Weltkrieg

© 61 V&K

Maßstab 1:6 000 000

0 50 100 150 200 km

W. Leisering

Südosteuropa 1815 bis 1915

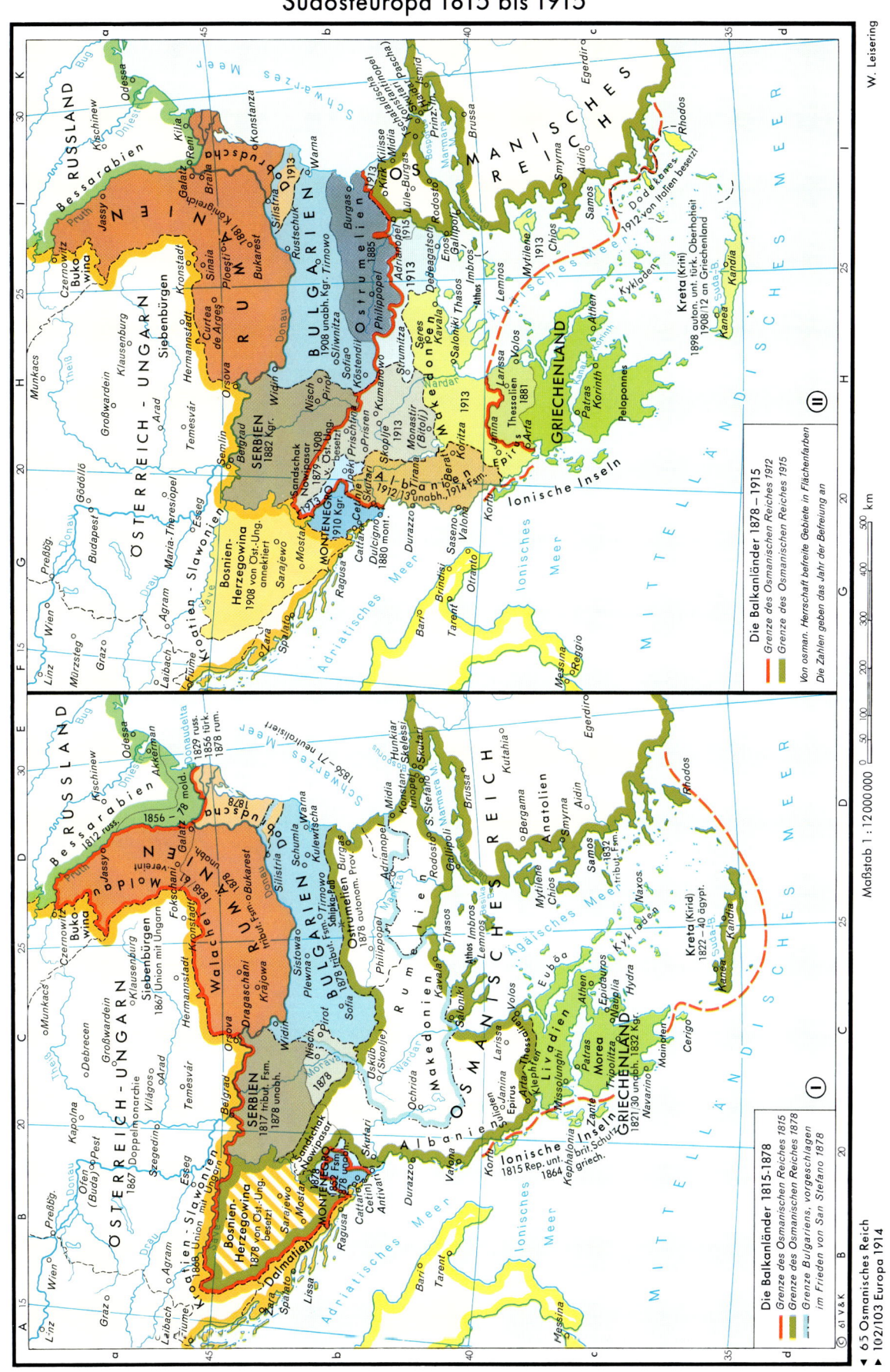

W. Leisering

Die Balkanländer 1878–1915
Grenze des Osmanischen Reiches 1912
Grenze des Osmanischen Reiches 1915
Von osman. Herrschaft befreite Gebiete in Flächenfarben
Die Zahlen geben das Jahr der Befreiung an

②

Die Balkanländer 1815–1878
Grenze des Osmanischen Reiches 1815
Grenze des Osmanischen Reiches 1878
Grenze Bulgariens, vorgeschlagen
im Frieden von San Stefano 1878

①

Maßstab 1:12000000

0 50 100 200 300 400 500 km

▼ 65 Osmanisches Reich
▲ 102/103 Europa 1914

© 61 v & K

Städte um 1912:
- Städte über 1 Mill. Einwohner
- Städte von 500 000 – 1 Mill. Einwohner
- Städte von 100 000 – 500 000 Einwohner
- Städte unter 100 000 Einwohner

Hauptstädte sind unterstrichen

Die Habsburger Monarchie
bis 1919:
- Im Reichsrat vertretene Königreiche und Länder (Zisleithanien)
- Länder der Ungarischen Krone (Transleithanien)
- Bosnien und Herzegowina (Kondominium beider Reichsteile)

© 61 V & K

Meridian 0 v. Greenw.

◄ 90/91 Europa 1815
► 110/111 Europa 1919–1939

Maßstab 1:15 000 000

I: W. Leisering

Die Entwicklung der europäischen Kolonialreiche bis 1830

W. Leisering

Die Welt 1763–1830

Maßstab etwa 1:120 000 000

Legend:

- Spanischer Besitz (span.)
- Portugiesischer Besitz (port.)
- Französischer Besitz (frz.)
- Britischer Besitz (brit.)
- Niederländischer Besitz (ndl.)
- Dänischer Besitz (dän.)
- Russischer Besitz (russ.)
- Reich Mehemed Alis von Ägypten
- Grenze des Deutschen Bundes
- Farben für Kolonialmächte

(Jahreszahlen ohne Zusatz = Jahr der Unabhängigkeit)

Großmächte und Staaten mit Kolonien in Flächenfarben
Unabhängige Staaten in Nord-, Mittel- und Südamerika
Unerschlossene und in lockerer Abhängigkeit befindliche Gebiete in helleren Farben der Kolonialmächte

- Staaten der USA
- Territorien der USA
- MEXIKO Unabhängige Staaten in Nord-, Mittel- und Südamerika

ASCH. = Aschanti; D. = Dänemark, DAH. = Dahome, F. Póo = Fernando Póo, G. = Griechenland, NDL. = Niederlande, Tschand. = Tschandarnagar

64 Kolonialreiche bis 1763
106 I Kolonialmächte 1914

Map labels include: PAZIFISCHER OZEAN, ATLANTISCHER OZEAN, INDISCHER OZEAN, RUSSISCHES REICH, CHINESISCHES REICH, OSMANISCHES REICH, PERSIEN, AFGHAN., Niederländ.-Indien, Australien, GROSS-BRITANNIEN, FRANKREICH, SPANIEN, PORTUGAL, ÖSTERR., VEREINIGTE STAATEN, MEXIKO, BRASILIEN, ARGENTINIEN, BOLIVIEN, PERU, CHILE, PARAGUAY, URUGUAY, KOLUMBIEN, VENEZUELA, Hudson Bay Company, Grönland, Island, Alaska, Kurilen, Sachalin, Mandschurei, Mongolei, Tibet, Indien, Ceylon, Sumatra, Java, Borneo, Celebes, Philippen, Formosa, Korea, Japan, Neu-Guinea, Tasmanien, Neuseeland, Madagaskar, ABESSINIEN, Ägypten, Sudan, Wahabiten, Oman, Aden

©61vaK

Die Aufteilung der Welt im Zeitalter des Imperialismus bis 1914

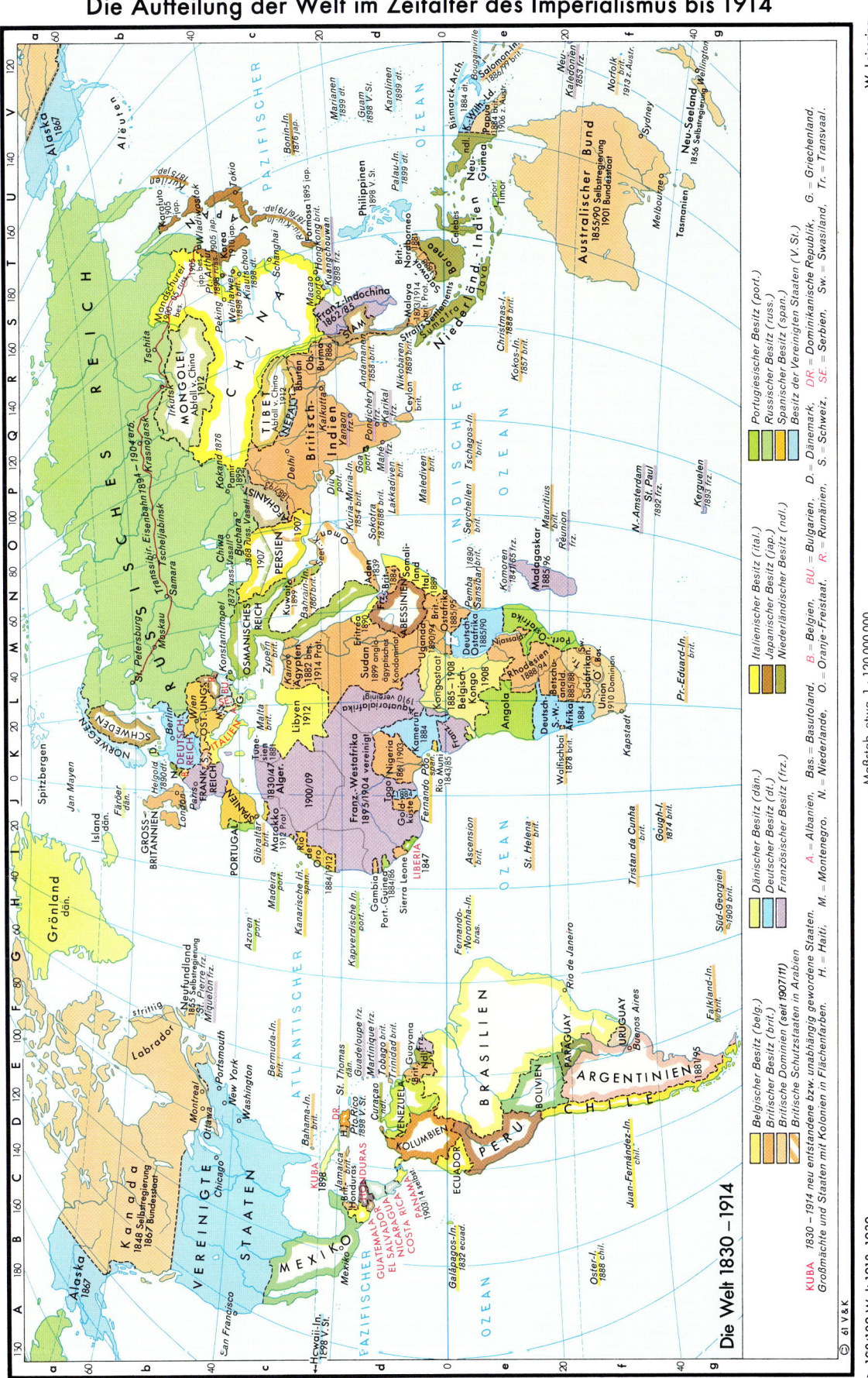

W. Leisering

Maßstab etwa 1 : 120 000 000

Portugiesischer Besitz (port.)
Russischer Besitz (russ.)
Spanischer Besitz (span.)
Besitz der Vereinigten Staaten (V. St.)

Italienischer Besitz (ital.)
Japanischer Besitz (jap.)
Niederländischer Besitz (ndl.)

Dänischer Besitz (dän.)
Deutscher Besitz (dt.)
Französischer Besitz (frz.)

Belgischer Besitz (belg.)
Britischer Besitz (brit.)
Britische Dominien (seit 1907/11)
Britische Schutzstaaten in Arabien

A. = Albanien, Bas. = Basutoland, B. = Belgien, BU. = Bulgarien, D. = Dänemark, DR = Dominikanische Republik, G. = Griechenland.
N. = Niederlande, O. = Oranje-Freistaat, R. = Rumänien, S. = Schweiz, Sw. = Swasiland, SE. = Serbien, Tr. = Transvaal.

KUBA 1830–1914 neu entstandene bzw. unabhängig gewordene Staaten. H. = Haiti, M. = Montenegro, N. = Niederlande.
Großmächte und Staaten mit Kolonien in Flächenfarben.

Die Welt 1830–1914

© 61 V & K

▶ 1C8/109 Welt 1918–1939

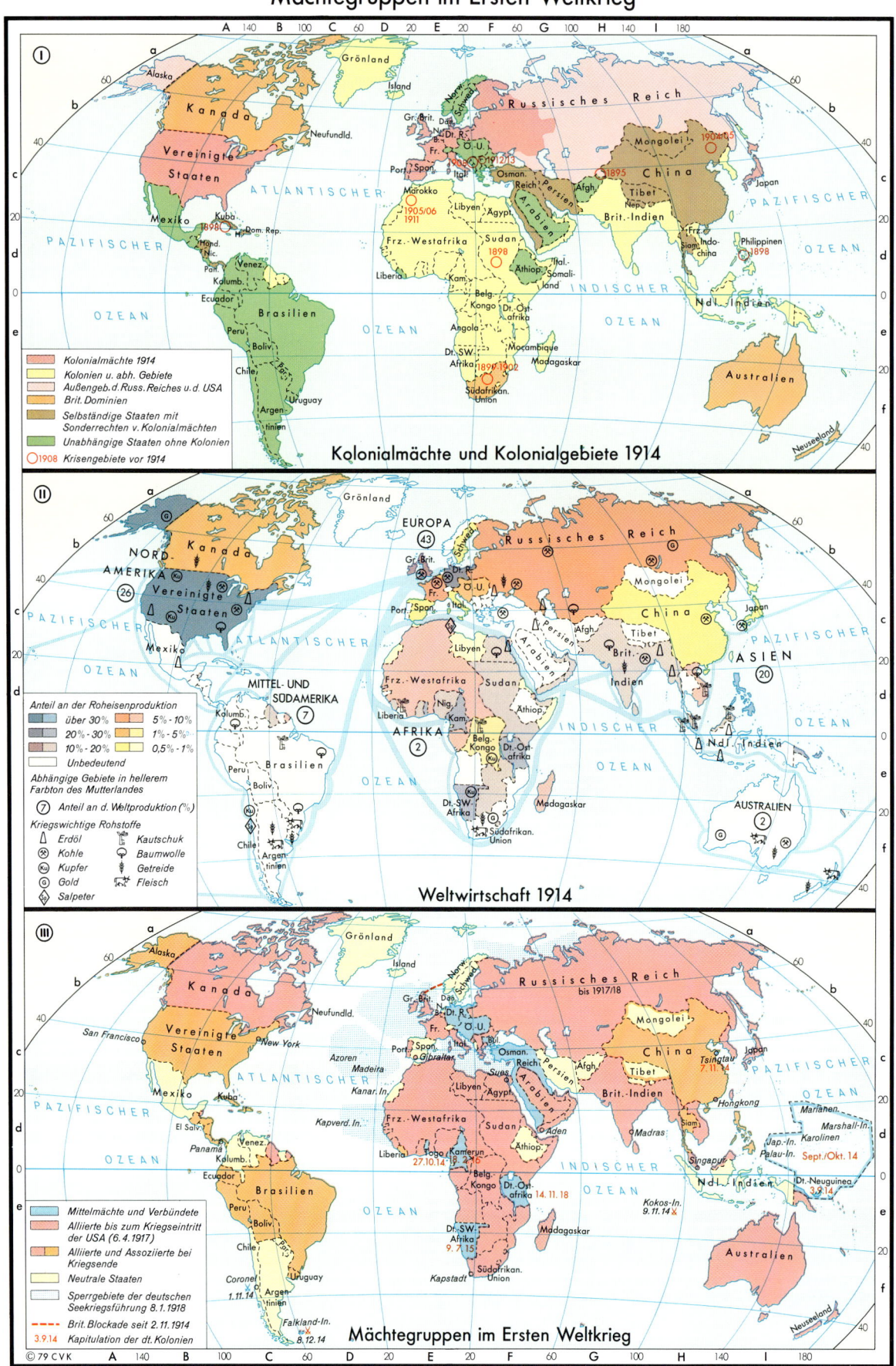

I. Kolonialmächte und Kolonialgebiete 1914

Legende:
- Kolonialmächte 1914
- Kolonien u. abh. Gebiete
- Außengeb. d. Russ. Reiches u. d. USA
- Brit. Dominien
- Selbständige Staaten mit Sonderrechten v. Kolonialmächten
- Unabhängige Staaten ohne Kolonien
- ○1908 Krisengebiete vor 1914

II. Weltwirtschaft 1914

Anteil an der Roheisenproduktion
- über 30%
- 20% - 30%
- 10% - 20%
- Unbedeutend
- 5% - 10%
- 1% - 5%
- 0,5% - 1%

Abhängige Gebiete in hellerem Farbton des Mutterlandes
- ⑦ Anteil an d. Weltproduktion (%)

Kriegswichtige Rohstoffe
- Erdöl
- Kohle
- Kupfer
- Gold
- Salpeter
- Kautschuk
- Baumwolle
- Getreide
- Fleisch

III. Mächtegruppen im Ersten Weltkrieg

Legende:
- Mittelmächte und Verbündete
- Alliierte bis zum Kriegseintritt der USA (6.4.1917)
- Alliierte und Assoziierte bei Kriegsende
- Neutrale Staaten
- Sperrgebiete der deutschen Seekriegsführung 8.1.1918
- Brit. Blockade seit 2.11.1914
- 3.9.14 Kapitulation der dt. Kolonien

© 79 CVK

Der Erste Weltkrieg 1914–1918

Die Kriegsjahre 1914–1916

- Mittelmächte bei Kriegsbeginn
- Kriegseintritt der Türkei 2.11.1914
- Kriegseintritt Bulgariens 14.10.1915
- Ententemächte und Verbündete Ende August 1914
- Kriegseintritt Italiens 23.5.1915
- Kriegseintritt 1916
- 1.8.14 Tag des Kriegseintrittes
- Weitestes Vordringen der Deutschen 1914
- Weitestes Vordringen der Russen 1914
- Fronten zwischen Anf.1915 und Ende 1916
- Fronten Ende 1916

Die Kriegsjahre 1917–1918

- Mittelmächte 1918
- Alliierte und assoziierte Staaten Sept. 1918
- Vor Sept. 1918 ausgeschiedene Alliierte
- Fronten Ende 1917
- Vordringen der Deutschen, Türken und Finnen März–Juni 1918
- Westfront bei Waffenstillstand
- Militärische Operationen im Vorderen Orient 1916 und 1917
- Militärische Operationen 1918
- Türkische Stellungen bei Waffenstillstand

Karte I   Maßstab 1 : 20 000 000
Karte II   Maßstab 1 : 30 000 000

© 79 CVK

W. Leisering

Die Welt nach dem Ersten Weltkrieg – Wirtschaftlic

lgen des Ersten Weltkrieges – Der Völkerbund

K 40 L 60 M 80 N 100 O 120 P 140 Q 160 R 180 S

A.	= Albanien	DT.R.	= Deutsches Reich
B.	= Belgien	H.	= Haiti
BH.	= Bhutan	Ku.	= Kuwait
BUL.	= Bulgarien	L.	= Luxemburg
DÄN.	= Dänemark	N.	= Niederlande
		P.	= Palästina
		RUM.	= Rumänien
		S.	= Schweiz
		T.	= Togo
		Tr.	= Transjordanien
		UNG.	= Ungarn

Spitzbergen 1920/25 norw.
Nowaja-Semlja
Archangelsk
Nördl. Polarkreis
Kommandeur-In.
Aleüten USA

UNION DER SOZIALISTISCHEN
SOWJET-REPUBLIKEN 1922 gegr.

Leningrad
Moskau
Ankara
TÜRKEI
GRIECH. LD.
Kreta
Zypern brit.
Syrien frz.
IRAK 1920–32 brit. Mand.
PERSIEN
AFGHAN.
Neudelhi
TANNU-TUWA 1921/28 unabh.
ÄUSSERE MONGOLEI 1921 unabh., 1924 VR
Sinkiang russ. Einfluß gebiet
CHINA
TIBET
NEPAL
BH.
Burma bis 1937 zu Indien

Fernöstl. Rep. 1920
Mandschurei 1932 jap. Prot. 1934 Kaiserr.
MANDSCHUKO
Peking
Pt. Arthur jap.
Kiautschou 1922 chin.
Nanking
Wuhan
Tschungking
Kanton
Macao port.
Hongkong brit.
Hainan

1920–25 jap. bes.
Chabarowsk
Wladiwostok
Korea jap.
Tokio Yokohama
Sachalin
Petro- pawlowsk USA

PAZIFISCHER
Midway-In. USA
Nördl. Wendekreis
Bonin-In. jap.
Vulkan-In. jap.
Wake USA

Marianen
Guam USA
Jap.-In.
Palau-In.
Japanisches
Karolinen
Truk-In.
Mandat
Marshall-In.

Gilbert-In. brit.

ÄGYPTEN 1914–22 brit. Prot.
SAUDI-ARABIEN
Hedschas Asir
Bahrain-In. brit.
Oman
Kuria-Muria-In. brit.
Aden Brit.
Somali- land
Ital.
Sokotra brit.
Lakkadiven Mahé brit. frz.
Andamanen brit.
Nikobaren brit.
Maledeven brit.
Ceylon

Diu port.
Bombay
Goa port.
Kalkutta
Britisch-Indien
Yanaon frz.
Pondichéry frz.
Karikal frz.

SIAM
Bangkok
Franz. Indochina
Philippinen USA

Brit. Nordborneo
Brit.-Malaya
Singapur
Borneo
Niederländisch Batavia Java
Timor port.

Indien
Neu-Guinea
Bismarck-Arch. austral.
Solomon-In. brit.
Nauru brit.-austr.- neuseeld.
Ellice-In. brit.
Sta. Cruz-In. brit.

Anglo- Ägyptischer Sudan
Eritrea Frz. it.
Hadramaut
ABESSINIEN (ÄTHIOPIEN) 1936–41 ital.

Belgisch-Kongo
Uganda Brit. Ost- afrika
Ruanda–Urundi
Tanganjika
Sansibar brit.
Seychellen brit. Amiranten
Tschagos-In. brit.
Kokos-In. brit.
Christmas-I. brit.
Darwin

INDISCHER
OZEAN

Komoren frz.
Mauritius brit.
Réunion frz.

Madagaskar

Nord- Rhodesien
Süd- 1923 Selbst.
Mocam- bique port.
Betschu- ana- land
Swasiland
SÜDAFRIKAN. UNION
Kapstadt
Basutoland

Südl. Wendekreis

AUSTRALIEN

Neue Hebriden brit.-frz.
Fidschi-In. brit.
Neu- Kaledonien frz.

OZEAN

Norfolk austr.
Kermadec-In. neuseeld.
Tonga-In. brit.

Neu-Amsterdam St. Paul frz.
Crozet-In. 1924 frz.
Kerguelen frz.
Heard-In. brit.
Pr.-Eduard-In. brit.

Sydney
Canberra
Melbourne
Tasmanien
NEU- SEELAND
Auckland-In. neuseeld.
Campbell-I. neuseeld.

D.	= Danzig
E.	= Estland
JE.	= Jemen
JUG.	= Jugoslawien
LIT.	= Litauen

Der Völkerbund 1920-1939

Kanada
Vereinigte Staaten
Island
Norwegen
Finnland
Sowjetunion 1934 1939 ausgeschlossen
Irland 1923
Gr. Brit.
Dän.
Port. Span. 1939
Frankr.
DT.R.
Polen
Türkei 1932
Mongolei 1932 jap.
Mandsch. 1932 jap.
Japan 1933
China
Tibet
Nep.
Iran
Afgh. 1934
Indien
Siam
Marianen
Karolinen
Marshall-In.
Neuguinea Nauru

Mexika 1931
Kuba
Dom. Rep. 1924
Hond.
Guatemala
El Salvador 1924 1937
Nic. 1936
Costa Rica 1920 1925
Pan.
Venez.
Kolumbien
Ecuador 1936
Brasilien 1926
Peru 1939
Boliv.
Par.
Chile 1938
Argentinien 1920–33 inaktiv

Liberia
Togo
Kamerun
Ägypt. 1937
Äthiop. 1923 1936 ital.
Südwest- afrika
Südafrikan. Union
R-U. Tanganjika

ATLANTISCHER OZEAN
PAZIFISCHER OZEAN
INDISCHER OZEAN
OZEAN
Australien
Neuseeland

	Legende	
	Alliierte Gründerstaaten 1920	1926 Jahr des Eintritts
	Beitritt neutraler Staaten 1920	1933 Jahr der Austrittserklärung
	Seit 1920 aufgenommene Staaten	A. = Albanien 1920
	Mandatsgebiete 1920	L. = Luxemburg 1920
	Abhängige Gebiete der Mitglieder	O. = Österreich 1920
	Nicht beigetretene Staaten	U. = Ungarn 1922 1939

A 140 B 100 C 60 D 20 E 0 F 60 G 100 H 140 I 180 J

10 000 000

I, III: W. Leisering
II: G. Schwarzrock

W. Leisering und H. Schulze

Die Weimarer Republik 1918 bis 1933

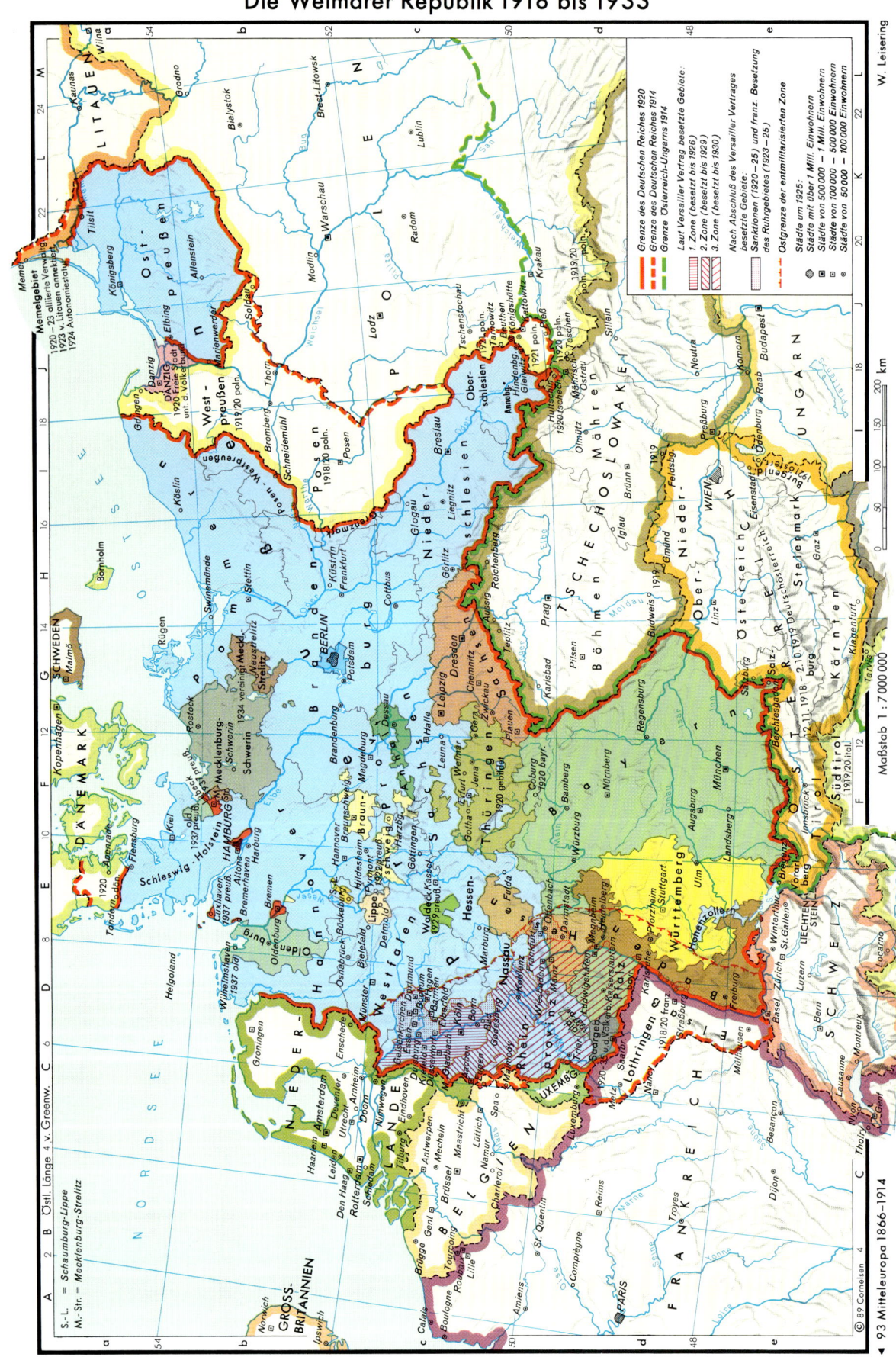

Der Nationalsozialismus und das „Dritte Reich" 1933 bis 1945

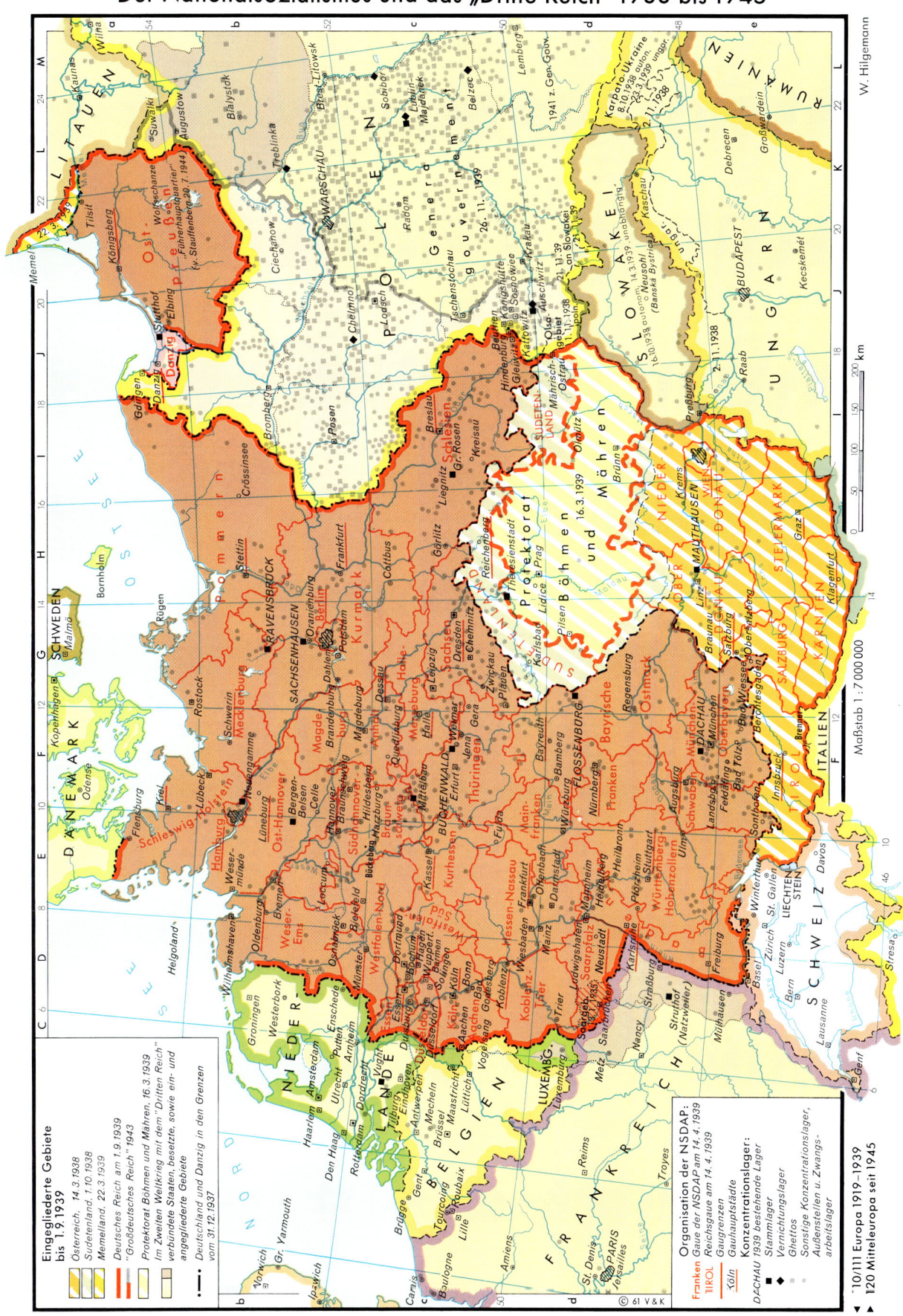

W. Hilgemann

Maßstab 1 : 7 000 000

Eingegliederte Gebiete
bis 1. 9. 1939

Österreich. 14. 3. 1938
Sudetenland. 1. 10. 1938
Memelland. 22. 3. 1939

Deutsches Reich am 1. 9. 1939
„Großdeutsches Reich"

Protektorat Böhmen und Mähren, 16. 3. 1939
Im Zweiten Weltkrieg mit dem „Dritten Reich"
verbündete Staaten, besetzte, sowie ein- und
angegliederte Gebiete

Deutschland und Danzig in den Grenzen
vom 31. 12. 1937

Organisation der NSDAP:
Gaue der NSDAP am 14. 4. 1939
Reichsgaue am 14. 4. 1939
Gaugrenzen
Gauhauptstädte
Franken
Tirol
Köln

Konzentrationslager:
DACHAU 1939 bestehende Lager
Stammlager
Vernichtungslager
Ghettos
Sonstige Konzentrationslager,
Außenstellen u. Zwangs-
arbeitslager

▼ '10/111 Europa 1919–1939
▲ 120 Mitteleuropa seit 1945

© 61 V & K

Der Zweite Weltkrieg in Europa (1939 - 1942)

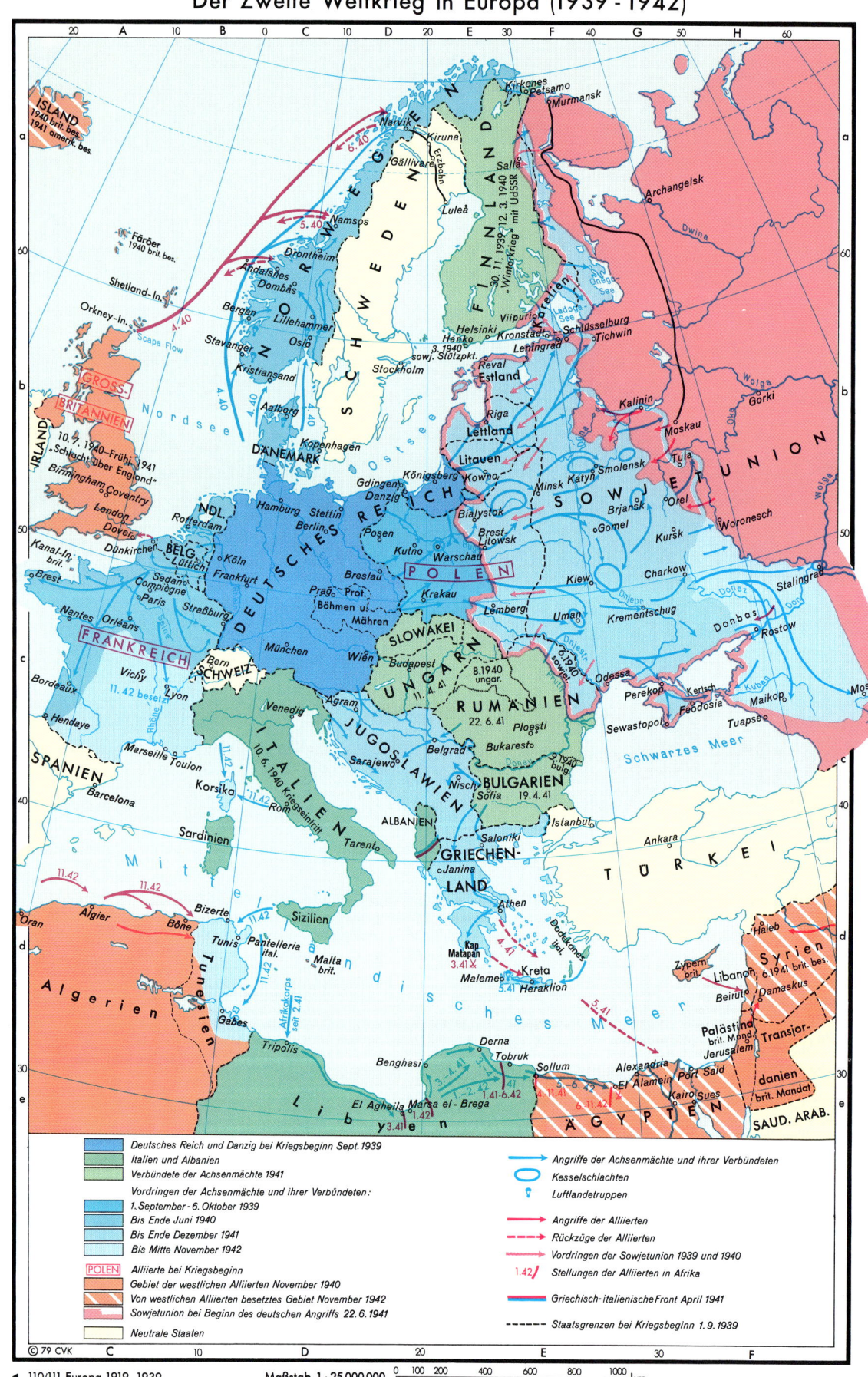

	Deutsches Reich und Danzig bei Kriegsbeginn Sept. 1939
	Italien und Albanien
	Verbündete der Achsenmächte 1941
	Vordringen der Achsenmächte und ihrer Verbündeten:
	1. September - 6. Oktober 1939
	Bis Ende Juni 1940
	Bis Ende Dezember 1941
	Bis Mitte November 1942
POLEN	Alliierte bei Kriegsbeginn
	Gebiet der westlichen Alliierten November 1940
	Von westlichen Alliierten besetztes Gebiet November 1942
	Sowjetunion bei Beginn des deutschen Angriffs 22.6.1941
	Neutrale Staaten

Angriffe der Achsenmächte und ihrer Verbündeten

Kesselschlachten

Luftlandetruppen

Angriffe der Alliierten

Rückzüge der Alliierten

Vordringen der Sowjetunion 1939 und 1940

1.42 Stellungen der Alliierten in Afrika

Griechisch-italienische Front April 1941

Staatsgrenzen bei Kriegsbeginn 1.9.1939

© 79 CVK

◄ 110/111 Europa 1919 - 1939

Maßstab 1 : 25 000 000

0 100 200 400 600 800 1000 km

Der Zweite Weltkrieg in Europa (1942 - 1945)

Avr. = Avranches
Fal. = Falaise

© 79 CVK

Legende:

Alliiertes Gebiet Ende 1942

Vordringen der Alliierten:
- Bis Anfang Oktober 1943
- Bis Mitte Dezember 1944
- Bis zum Kriegsende Mai 1945

Bei Kriegsende von deutschen Truppen gehaltene Gebiete

Bis Anfang 1945 neutrale Staaten

Bis zum Kriegsende neutrale Staaten

Staatsgrenzen November 1942

Angriffe der Alliierten

5. 45   Daten der Einnahme durch alliierte Truppen

Kesselschlachten

Weitestes Vordringen der Achsenmächte November 1942

Angriffe der Achsenmächte

Rückzüge der Achsenmächte

1. 3. 45   Daten der Kriegserklärungen an Deutschland

▶ 118/119 Europa seit 1945

Maßstab 1 : 25 000 000

0 100 200   400   600   800   1000 km

Der Zweite Weltkrieg in Ostasien und im Pazifischen Ozean (1941–1945)

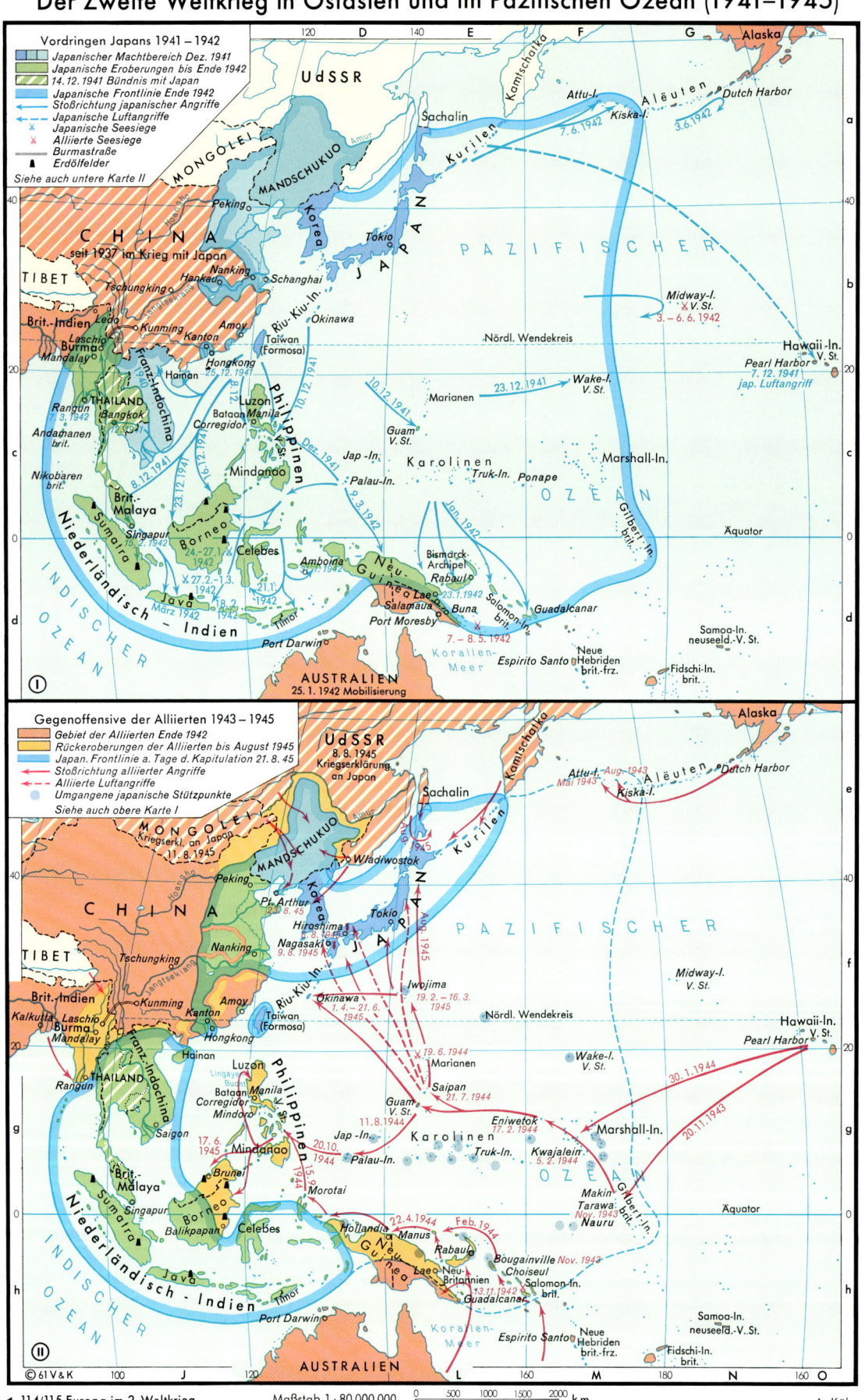

Vordringen Japans 1941 – 1942

- Japanischer Machtbereich Dez. 1941
- Japanische Eroberungen bis Ende 1942
- 14.12. 1941 Bündnis mit Japan
- Japanische Frontlinie Ende 1942
- Stoßrichtung japanischer Angriffe
- Japanische Luftangriffe
- × Japanische Seesiege
- × Alliierte Seesiege
- Burmastraße
- Erdölfelder

Siehe auch untere Karte II

Gegenoffensive der Alliierten 1943 – 1945

- Gebiet der Alliierten Ende 1942
- Rückeroberungen der Alliierten bis August 1945
- Japan. Frontlinie a. Tage d. Kapitulation 21. 8. 45
- Stoßrichtung alliierter Angriffe
- Alliierte Luftangriffe
- Umgangene japanische Stützpunkte

Siehe auch obere Karte I

◄ 114/115 Europa im 2. Weltkrieg
► 139 II Asien seit 1945

Maßstab 1 : 80 000 000

A. Kühn

© 61 V & K

Die Welt im Zweiten Weltkrieg

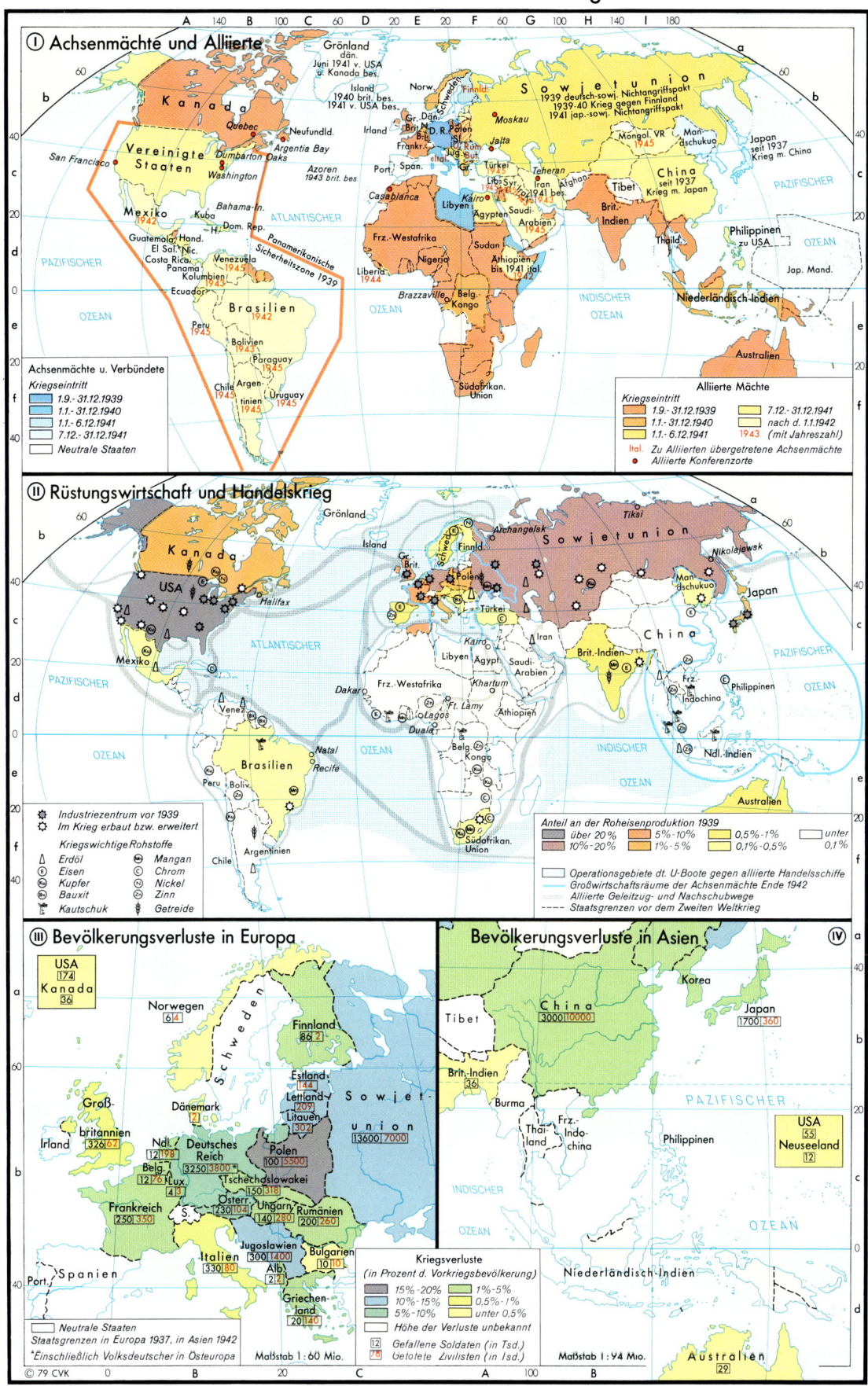

◄ 110/111 Europa 1919–1939
▶ 123 Militär. u. wirtschaftl. Zusammenschlüsse

Maßstab 1 : 15 000 000

15

J 25 K 30

FINNLAND
1989
Tampere
Åland-In. 1951 autonom
Turku
Helsinki
Hanko (Hangö) 1940–41/44 sowj. Stützpkt.
Porkkala 1944–56 sowj. Stützpkt.
Dago
Osel

Karelien 1940–41/44 Karelische ASSR 1940–56 Karelo-Finn. SSR
Petrosawodsk
Onega-See

Wyborg
Kronstadt
Leningrad

40 N 45 O 50 P

Wologda
Rybinsker Stausee
Gorkier Stausee
ASSR der Mari
Kasan
ASSR der Tschu-waschen
Tatarische ASSR
Kuibyschewer Stausee

Estnische SSR 1940–41 u. seit 1944
Tallinn (Reval)
Peipus-See
Ilmen-See
Rshew
Jaroslawl
Iwanowo
Gorki
Kalinin
Dubna
Wladimir
Mordwinische ASSR
Pensa
Uljanowsk
Kurbyschew

Pskow
Riga
Lettische SSR 1940–41 u. seit 1944
Windau (Ventspils)
Libau (Liepaja)
Memel (Klaipeda)
Königsberg (Kaliningrad) zur RSFSR

Litauische SSR 1940–41 u. seit 1944
Kaunas (Kowno)
Wilna (Vilnius) bis 1939 poln.
Minsk
Mogilew
Roslawl
Brjansk
Orel

R S F S R

Moskau
Gagarin (Gshatsk)
Podolsk
Kaluga
Tula
Rjasan
Nowomoskowsk (Stalinogorsk)

Witebsk
Smolensk

Saratow
Engels

Grodno
Bialystok
Weißrussische SSR 1939
Pinsk
Brest

POLEN
Bromberg (Bydgoszcz)
Posen (Poznań)
Warschau (Warszawa)
Lodz (Łódź)
Lublin
47/52–89 Volksrepublik
Breslau (Wrocław)
Beuthen (Bytom)
Kattowitz (Katowice)
Krakau (Kraków)
Przemysl

polnisch bis 1939

Kursk
Gomel
Tschernobyl
Charkow
Woronesch
Wolgograd (Stalingrad)

Kasach. SSR

SOWJETUNION

Kiew
Poltawa
Krementschuger Stausee
Kramatorsk
Lugansk (Woroschilowgrad)
Zimljanskier Stausee

Geb. 45 wieder tschech.
Rep. 1968/69 Föd. Rep.
SLOWAKEI
Kaschau (Košice)
Karp.-Ukr. 1939–44 ung.

Ukrainische SSR

Winniza
Kirowograd
Dnjepropetrowsk
Saporoschje
Gorlowka
Donezk (Stalino)
Shdanow
Rostow
Taganrog

Preßburg Bratislava
Miskolc
Debrecen
Czernowitz
bis Moldau ASSR 1940 u. 1941–44
Kischinew
Nikolajew
Budapest
Klausenburg (Cluj)
Jassy (Iași)
Odessa
Cherson
Stawropol

UNGARN
1946 Rep. 1949–89 VR
Szeged
Subotica
Temesvár (Timișoara)
Siebenbürgen
RUMÄNIEN 1947 VR 1965–89 Sozialist.Rep.
Krim bis 1954 zur RSFSR
Simferopol
Kertsch
Krasnodar
Armawir
1944–57 grusin.
Kabard. ASSR
Abchas. ASSR
Grusinische SSR

JUGOSLAWIEN
Föderative VR 1963 Soz. bis ital.
Belgrad
Niš
Crajova
Ploesti
Bukarest
bis 1940 rum.
Varna
Sewastopol
Jalta
Noworossijsk
Suchumi
Adshar. ASSR
Batum

Sarajewo

BULGARIEN 1946 VR
Sofia
Plovdiv

Schwarzes Meer

Asowsches Meer

Sinop
Trabzon
Kars
Erzurum

Dubrovnik (Ragusa)
ALBANIEN 1946 VR
Tirana
Makedonien
Skopje
Saloniki

Edirne
Istanbul
Bursa

Eregli
Ankara

TÜRKEI 1949

Sivas
Kayseri

Adana
Mersina
Iskenderun

Haleb

S Y R I E N 1941/44 unabh. 1958–61 nördl. Region der Verein. Arab. Rep.

GRIECHENLAND 1949–64, 1974
1945–49 Bürgerkrieg 1967–74 Militärregime 1973 Rep.
Korfu
Lesbos
Chios
Izmir
Konya
Antalya

Samos

Dodekanes bis 1945/47 ital.
Rhodos
Megiste (Kastelorison)

Latakia
Banias
Homs

ZYPERN 1961
1960 unabh. Rep. 1961 Mitgl. d. Commonw. 1963 Krise 1974 Konflikt, türk. Invasion
Attila-Linie 1974
Nikosia

Tripoli
Beirut
LIBANON 1941/43 unabh.
Damaskus

IRAK 1958 Rep.

Kreta

Haifa

Tel Aviv - Jaffa
ISRAEL 1948 gegr.
Gaza 1948–67 ägypt.
Jerusalem
Amman
JORDANIEN 1946 unabh.

S A U D I - A R A B I E N

MITTELLÄNDISCHES MEER

El Beida
Derna
Tobruk bis 1970 brit. Basis
Benghasi
Alexandria
Mansura
Mahalla
Port Said
El Audscha
Sues
Sinai
Elath
Akaba
Grenze b. 1965

ARAB. REP. ÄGYPTEN bis 1971 Verein. Arab. Rep.
Kairo

LIBYEN
unginges Kgr., 1969 ARAB. REP. LIBYEN

0 100 200 300 400 500 km

W. Leisering

Mitteleuropa in der Nachkriegsepoche (1949 – 1989)

Maßstab 1:9 000 000

©'92 Cornelsen

W. Leisering / G. Schwarzrock

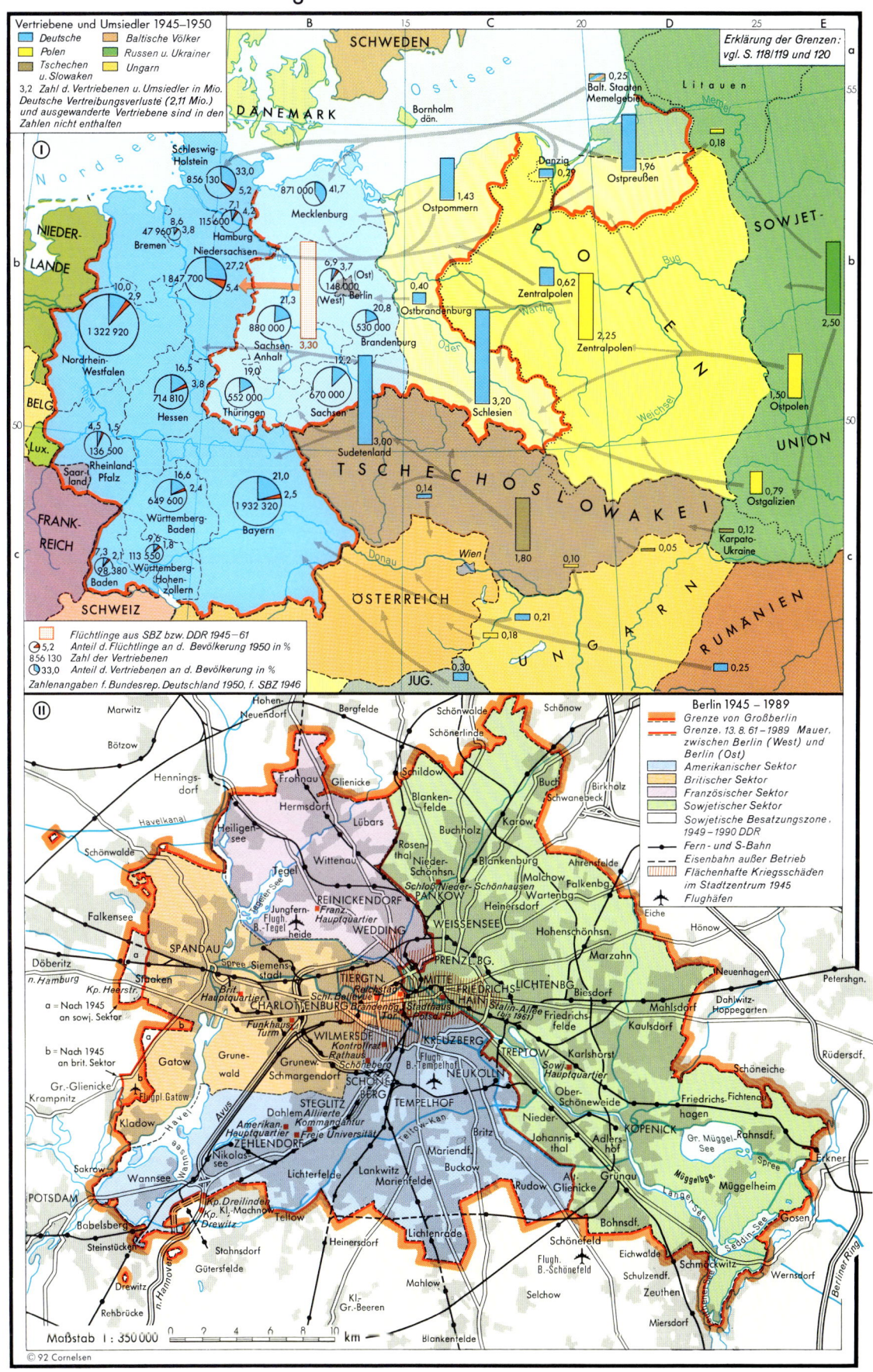

I

Vertriebene und Umsiedler 1945–1950

- Deutsche
- Polen
- Tschechen u. Slowaken
- Baltische Völker
- Russen u. Ukrainer
- Ungarn

3,2 Zahl d. Vertriebenen u. Umsiedler in Mio.
Deutsche Vertreibungsverluste (2,11 Mio.) und ausgewanderte Vertriebene sind in den Zahlen nicht enthalten

Flüchtlinge aus SBZ bzw. DDR 1945–61
5,2 Anteil d. Flüchtlinge an d. Bevölkerung 1950 in %
856 130 Zahl der Vertriebenen
33,0 Anteil der Vertriebenen an d. Bevölkerung in %
Zahlenangaben f. Bundesrep. Deutschland 1950, f. SBZ 1946

II

Berlin 1945–1989

- Grenze von Großberlin
- Grenze, 13.8.61–1989 Mauer, zwischen Berlin (West) und Berlin (Ost)
- Amerikanischer Sektor
- Britischer Sektor
- Französischer Sektor
- Sowjetischer Sektor
- Sowjetische Besatzungszone, 1949–1990 DDR
- Fern- und S-Bahn
- Eisenbahn außer Betrieb
- Flächenhafte Kriegsschäden im Stadtzentrum 1945
- Flughäfen

Maßstab 1 : 350 000

© 92 Cornelsen

Die Bundesrepublik Deutschland und die Deutsche Demokratische Republik 1949 – 1989

Legende:

— — Grenze zwischen der Bundesrepublik Deutschland und der Deutschen Demokratischen Republik bis 3. 10. 1990
═══ Grenze von Berlin nach dem Viermächtestatut von 1945
— · — Grenze zwischen Berlin (West) und Berlin (Ost)
— — — Ländergrenzen in der Bundesrepublik Deutschland
– – – Bezirksgrenzen in der DDR (1952 – 1990)
Gebiet des grenznahen Verkehrs (1973 – 1989)
Westgrenze Polens nach Verträgen mit DDR (1950) u. Bundesrepublik Deutschland (1970)

Industriezentren, überwiegend Metallindustrie
Seehäfen
Hüttenindustrie
Chemische Industrie
Textilindustrie
Kernforschungszentren
Kernkraftwerke

Verkehrsverbindungen nach Berlin (West) bis zum 9. 11. 1989
Luftkorridore unter alliierter Kontrolle
Transitautobahnen und -fernstraßen
Eisenbahnlinien für Personen- und Güterverkehr

Grenzübergänge in die DDR und nach Berlin (West) 1949 – 1989
Grenzübergänge in die DDR 1973 – 1989

Städte 1989
⊡ über 1 Mio. Einwohner   ⊙ 100 000 – 500 000 Einwohner
⊡ 500 000 – 1 Mio. Einwohner ○ unter 100 000 Einwohner
■ Universitäten und Techn. Hochschulen vor 1945
■ Gründung von Universitäten, Techn. Hochschulen und Gesamthochschulen nach 1945

Grenzübergänge zwischen der Bundesrepublik Deutschland und der DDR bis 1989
Straßenverkehr
1 Lübeck-Selmsdorf
2 Gudow-Zarrentin
3 Lauenburg-Horst
4 Bergen-Salzwedel
5 Helmstedt-Marienborn
6 Duderstadt-Worbis
7 Herleshausen-Wartha
8 Eußenhausen-Meiningen
9 Rottenbach-Eisfeld
10 Rudolphstein-Hirschberg
1 Wolfsburg-Oebisfelde
2 Helmstedt-Marienborn
3 Walkenried-Ellrich
4 Helmstedt-Marienborn
5 Bebra-Gerstungen
6 Bebra-Gerstungen
7 Ludwigsstadt-Probstzella
8 Hof-Gutenfürst
Eisenbahnverkehr
1 Lübeck-Herrnburg
2 Büchen-Schwanheide

◄ 120 Mitteleuropa 1945 – 1989
► 157 Die deutschen Länder im 20. Jh.

Maßstab 1 : 5 000 000   0   50   100   150   200 km

W. Leisering / G. Schwarzrock

Militärische und wirtschaftliche Zusammenschlüsse in Europa in der Nachkriegsepoche (1945–1990)

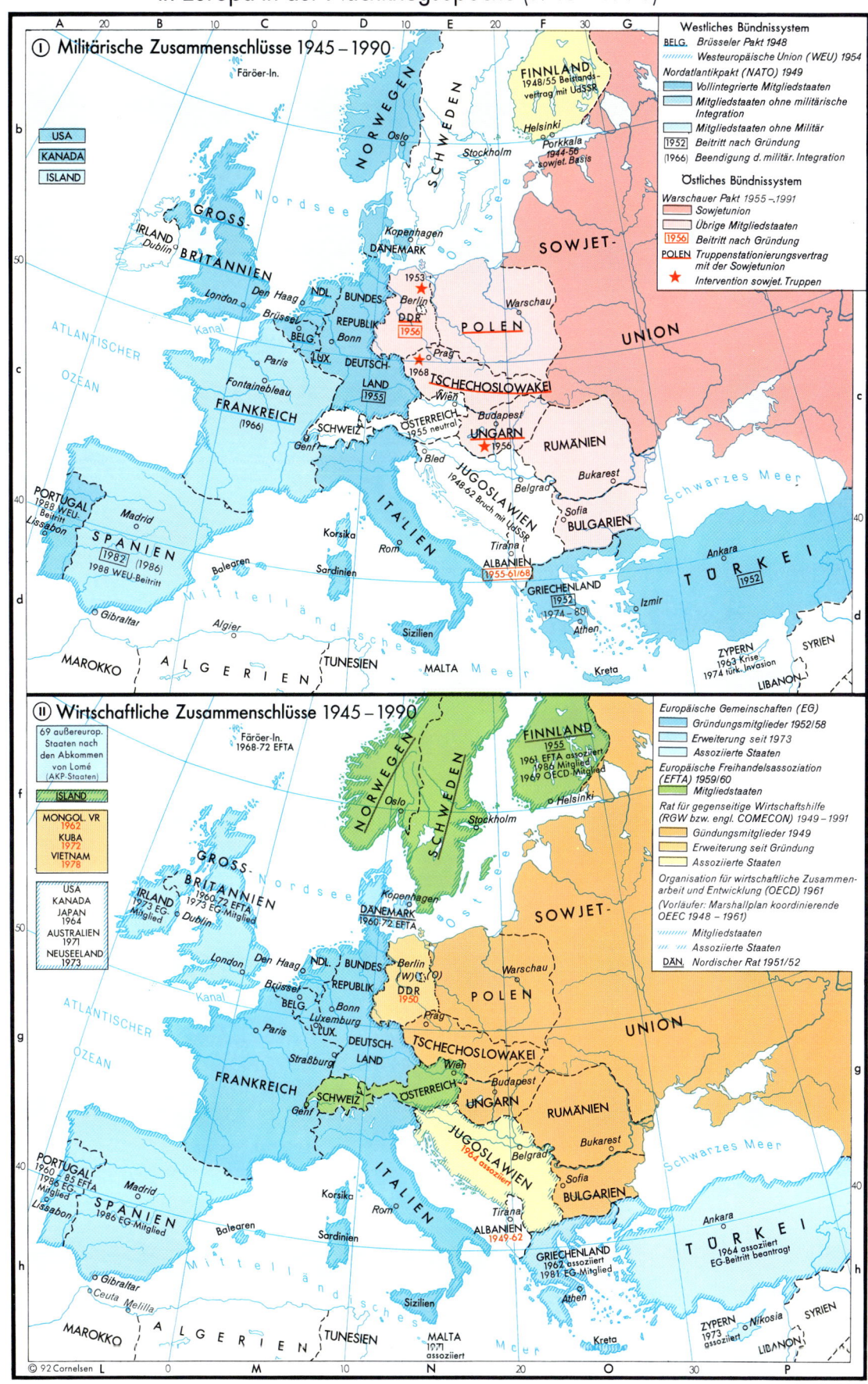

I Militärische Zusammenschlüsse 1945–1990

Westliches Bündnissystem
BELG. Brüsseler Pakt 1948
Westeuropäische Union (WEU) 1954
Nordatlantikpakt (NATO) 1949
- Vollintegrierte Mitgliedstaaten
- Mitgliedstaaten ohne militärische Integration
- Mitgliedstaaten ohne Militär
- 1952 Beitritt nach Gründung
- (1966) Beendigung d. militär. Integration

Östliches Bündnissystem
Warschauer Pakt 1955–,1991
- Sowjetunion
- Übrige Mitgliedstaaten
- 1956 Beitritt nach Gründung
POLEN Truppenstationierungsvertrag mit der Sowjetunion
★ Intervention sowjet. Truppen

USA
KANADA
ISLAND

FINNLAND
1948/55 Beistandsvertrag mit UdSSR
Helsinki
Porkkala 1944-56 sowjet. Basis

NORWEGEN
Oslo
SCHWEDEN
Stockholm
Kopenhagen
DÄNEMARK

IRLAND
Dublin
GROSS-BRITANNIEN
London
NDL.
Den Haag
Brüssel
BELG.
LUX.
BUNDES-REPUBLIK
Bonn
DEUTSCH-LAND 1955
Berlin 1953
DDR 1956
POLEN 1956
Warschau

SOWJET-UNION

Fontainebleau
Paris
FRANKREICH (1966)
SCHWEIZ
Genf
Prag 1968
TSCHECHOSLOWAKEI 1955
Wien
ÖSTERREICH 1955 neutral
Budapest
UNGARN 1956
RUMÄNIEN
Bukarest
Bled
JUGOSLAWIEN 1948-62 Bruch mit UdSSR
Belgrad

PORTUGAL 1988 WEU-Beitritt
Lissabon
Madrid
SPANIEN 1982 (1986) 1988 WEU-Beitritt
ITALIEN
Korsika
Rom
Sardinien
Balearen
Sofia
BULGARIEN
Tirana
ALBANIEN 1955-61/68

Ankara
TÜRKEI 1952
Izmir

Gibraltar
Algier
Sizilien
MALTA
Kreta
GRIECHENLAND 1952 1974-80
Athen

MAROKKO
ALGERIEN
TUNESIEN
Schwarzes Meer
ZYPERN 1963 Krise 1974 türk. Invasion
SYRIEN
LIBANON

ATLANTISCHER OZEAN
Nordsee
Kanal
Mittelländisches Meer
Färöer-In.

II Wirtschaftliche Zusammenschlüsse 1945–1990

Europäische Gemeinschaften (EG)
- Gründungsmitglieder 1952/58
- Erweiterung seit 1973
- Assoziierte Staaten

Europäische Freihandelsassoziation (EFTA) 1959/60
- Mitgliedstaaten

Rat für gegenseitige Wirtschaftshilfe (RGW bzw. engl. COMECON) 1949–1991
- Gründungsmitglieder 1949
- Erweiterung seit Gründung
- Assoziierte Staaten

Organisation für wirtschaftliche Zusammenarbeit und Entwicklung (OECD) 1961
(Vorläufer: Marshallplan koordinierende OEEC 1948–1961)
- Mitgliedstaaten
- Assoziierte Staaten
DÄN. Nordischer Rat 1951/52

69 außereurop. Staaten nach den Abkommen von Lomé (AKP-Staaten)
ISLAND
MONGOL. VR 1962
KUBA 1972
VIETNAM 1978
USA
KANADA
JAPAN 1964
AUSTRALIEN 1971
NEUSEELAND 1973

Färöer-In. 1968-72 EFTA
FINNLAND 1955 1961 EFTA assoziiert 1986 Mitglied 1969 OECD-Mitglied
Helsinki

NORWEGEN
Oslo
SCHWEDEN
Stockholm
Kopenhagen
DÄNEMARK 1960-72 EFTA

IRLAND 1973 EG-Mitglied
Dublin
GROSS-BRITANNIEN 1960-72 EFTA 1973 EG-Mitglied
London
NDL.
Den Haag
Brüssel
BELG.
Luxemburg
LUX.
BUNDES-REPUBLIK
Bonn
Berlin (W) Berlin (O)
DDR 1950
POLEN
Warschau
Prag

SOWJET-UNION

Paris
FRANKREICH
Straßburg
DEUTSCH-LAND
SCHWEIZ
Genf
Wien
ÖSTERREICH
TSCHECHOSLOWAKEI
Budapest
UNGARN
RUMÄNIEN
Bukarest
JUGOSLAWIEN 1964 assoziiert
Belgrad

PORTUGAL 1960-85 EFTA 1986 EG-Mitglied
Lissabon
Madrid
SPANIEN 1986 EG-Mitglied
ITALIEN
Korsika
Rom
Balearen
Sardinien
Sofia
BULGARIEN
Tirana
ALBANIEN 1949-62

Ankara
TÜRKEI 1964 assoziiert EG-Beitritt beantragt

Gibraltar
Ceuta
Melilla
Sizilien
MALTA 1971 assoziiert
Kreta
GRIECHENLAND 1962 assoziiert 1981 EG-Mitglied
Athen
Nikosia
ZYPERN 1973 assoziiert

MAROKKO
ALGERIEN
TUNESIEN
Schwarzes Meer
SYRIEN
LIBANON

ATLANTISCHER OZEAN
Nordsee
Kanal
Mittelländisches Meer

© 92 Cornelsen

▶ 150/151 Polit. u. militär. Mächtegruppen
▶ 156 | Europa seit 1989

Maßstab 1 : 30 000 000
0 200 400 600 800 km

W. Leisering

① Die Welt 1945–1991

Grönland
zu Dänemark
bis 1953 Kolonie
1979 autonom
Jan Mayen
norw.

ISLAND

Reykjavik

Färöer-In.
zu Dän.
1948 auton.

GROSS-
BRITANI

IRLAND   London

FRANKR

SPANIEN

PORT.   Gibraltar
brit.

Rabat   Algie

MAROKKO

ALGER

Alaska

KANADA

Montreal
Ottawa

Neufundland
1949 zu Kanada
St. Pierre frz.
Miquelon frz.

VEREINIGTE

San Francisco

Fulton   Camp David   Washington   New York

STAATEN

Los Angeles

ATLANTISCHER

Azoren
port.

Bermuda-In.
brit.

Madeira
port.

Kanarische In.
span.

SAHARA
b 1976 span.
1976/79 marokk.
bes.

MEXIKO

Habana

Nördl. Wendekreis

KAP VERDE

MAURE-
TANIEN

PAZIFISCHER

Honolulu   Hawaii-In.

Mexiko

KUBA

BAHAMAS

DOM.
H.REP.

ANTIGUA

Guadeloupe frz.
Martinique frz.

SENEGAL
GAMBIA
GUI.-BIS.   GUINEA   ELFEN   GHANA
SIERRA   BEIN   KÖSTE
LEONE

MALI

BURKI
FASO

JAMAIKA
ST. KITTS
DOMINICA
ST. VINCENT   ST. LUCIA
GRENADA   BARBADOS

BELIZE

GUATEMALA   HONDURAS
EL SALVADOR   NICARAGUA

COSTA RICA
PANAMA

TRINIDAD U. TOBAGO

VENEZUELA

GUYANA

SURINAM
Fr.-Guayana

LIBERIA

SÃO TOMÉ/PR

KIRIBATI

Clipperton
frz.

Äquator

Galápagos-In.
ecuad.

Bogotá
KOLUMBIEN

ECUADOR

Fernando
de Noronha
brasil.

Ascension
brit.

Marquesas-In.
frz.

BRASILIEN

Brasilia

O Z E A N

St. Helena
brit.

SAMOA

Franz.-Polynesien

Lima
PERU

La Paz
BOLIVIEN

S. Paulo

Rio de Janeiro

Südl. Wendekreis

Mururoa-Atoll
frz.

Pitcairn-I.
brit.

Sala-y-Gomez
chilen.

Oster-I.
chilen.

PARAGUAY

CHILE

URUGUAY
Montevideo

Tristan da Cunha
brit.

Gough-I.
brit.

Juan-Fernández-In.
chilen.

Santiago

Buenos
Aires

Falkland-In.
brit.

Süd-Georgien
brit.

Bo

ARGENTINIEN

Süd-Sandwich-In.
brit.

NIGER *Nach 1945 neu entstandene bzw. unabhängig gewordene Staaten*
—— *Unabhängige Mitgliedstaaten des Commonwealth of Nations*

Ä.-GUI. = Äquatorial-Guinea	GUI.-BIS. = Guinea-Bissau	M. = Moldova
AR. = Armenien	I. = Israel	RU. = Ruanda
AS. = Aserbaidschan	J. = Jordanien	SIMB. = Simbabwe
BA. = Bahrain	K. = Katar	T. = Togo
B.D. = Bangla Desh	KAM. = Kambodscha	TA. = Tadschikistan
BE. = Benin	KI. = Kirgistan	TUR. = Turkmenistan
BU. = Burundi	KU. = Kuwait	USB. = Usbekistan
E. = Estland	LET. = Lettland	V. A. E. = Vereinigte Arab. Emirate
GE. = Georgien	LIT. = Litauen	WEISSR. = Weißrußland

⓶ Entkolonialisierung 1945–1990

Island

Norw.   Schwed.   Finnld.

Kanada

Gr.
Brit.

Sowjetunion

Vereinigte
Staaten

Irland

Frankr.

D   Rum.
Jug.   Bul.

Mongolei

Korea   Japan

Port.   Span.   Italien
Gr.

Türkei

VR China

PAZIFISCHER

Marokko

Zy.
Israel   Syr.

Irak   Iran

Afghan.

Pakistan

Nep.

Nat.-China

Mexiko   Kuba   Jam.   H.

ATLANTISCHER

Sahara

Algerien   Libyen   Ägypt.

Saudi-
Arabien   Oman

B.D.
Myanmar

Mauretanien   Mali
Guatemala   Hond.
El Salvador   Nic.
Costa Rica   Pan.
Kolumbien

Niger
Tschad

Jemen

Thaild.   Vietnam

Philippinen

Gui.-Bis.   B. F.
S.L.
Liberia   Ghana   Nigeria
K.   Togo

Sudan

Z. Afr.
Rep.

Äthiopien

Sri Lanka

Malaysia

Venez.   Guyana

Gabun
Kongo

Kamerun

Zaire

Ug.   Kenia
Somalia

Indonesien

Papua-
Neuguinea

Ecuador

Tansania

INDISCHER

Peru

Brasilien

Angola

Mal.

OZEAN

Bolivien

Namibia   Bot.

Samb.

Madagaskar

Australien

Paraguay

Swa.
Le.

Südafrika

Chile   Uruguay

Argentinien

OZEAN

Neu-
Seeland

Legende	
🟪	*Unabhängige Staaten mit Kolonien 1945*
	Seit 1945 unabhängig gewordene Staaten
🟫	*1945–1949*
🟧	*1950–1959*
🟨	*1960 („Afrik. Jahr")*
🟡	*1961–1969*
🟩	*1970–1990*
🟢	*noch bestehende abhängige Gebiete*

© 92 Cornelsen 140

◀ 108/109 Die Welt 1918–1939
▶ 150/151 Mächtegruppen der Gegenwart

Maßstab der

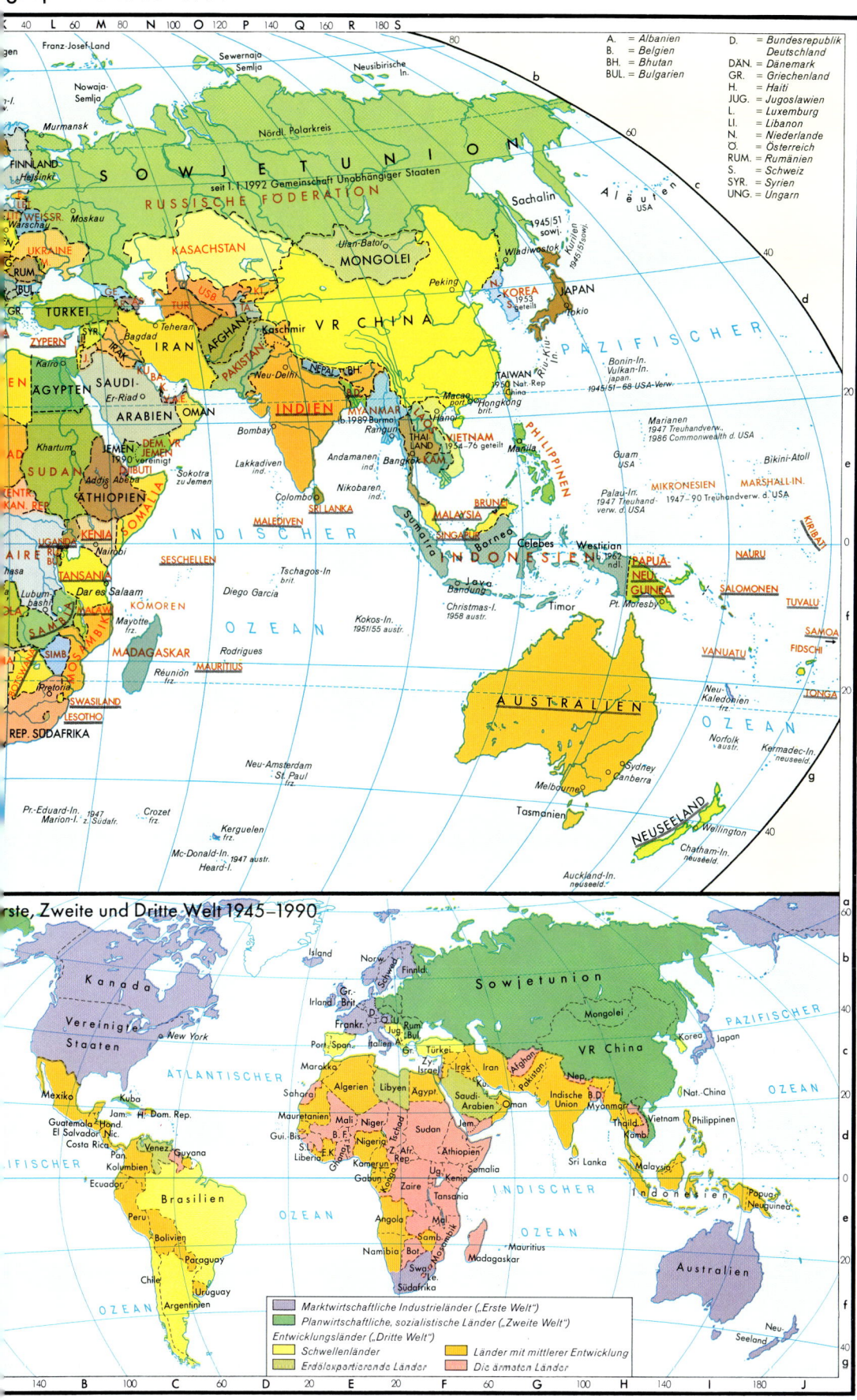

A. = Albanien
B. = Belgien
BH. = Bhutan
BUL. = Bulgarien
D. = Bundesrepublik Deutschland
DÄN. = Dänemark
GR. = Griechenland
H. = Haiti
JUG. = Jugoslawien
L. = Luxemburg
LI. = Libanon
N. = Niederlande
Ö. = Österreich
RUM. = Rumänien
S. = Schweiz
SYR. = Syrien
UNG. = Ungarn

Erste, Zweite und Dritte Welt 1945–1990

Marktwirtschaftliche Industrieländer („Erste Welt")
Planwirtschaftliche, sozialistische Länder („Zweite Welt")
Entwicklungsländer („Dritte Welt")
Schwellenländer
Erdölexportierende Länder
Länder mit mittlerer Entwicklung
Die ärmsten Länder

1 : 110 000 000

W. Leisering / G. Schwarzrock

Nordamerika seit 1783

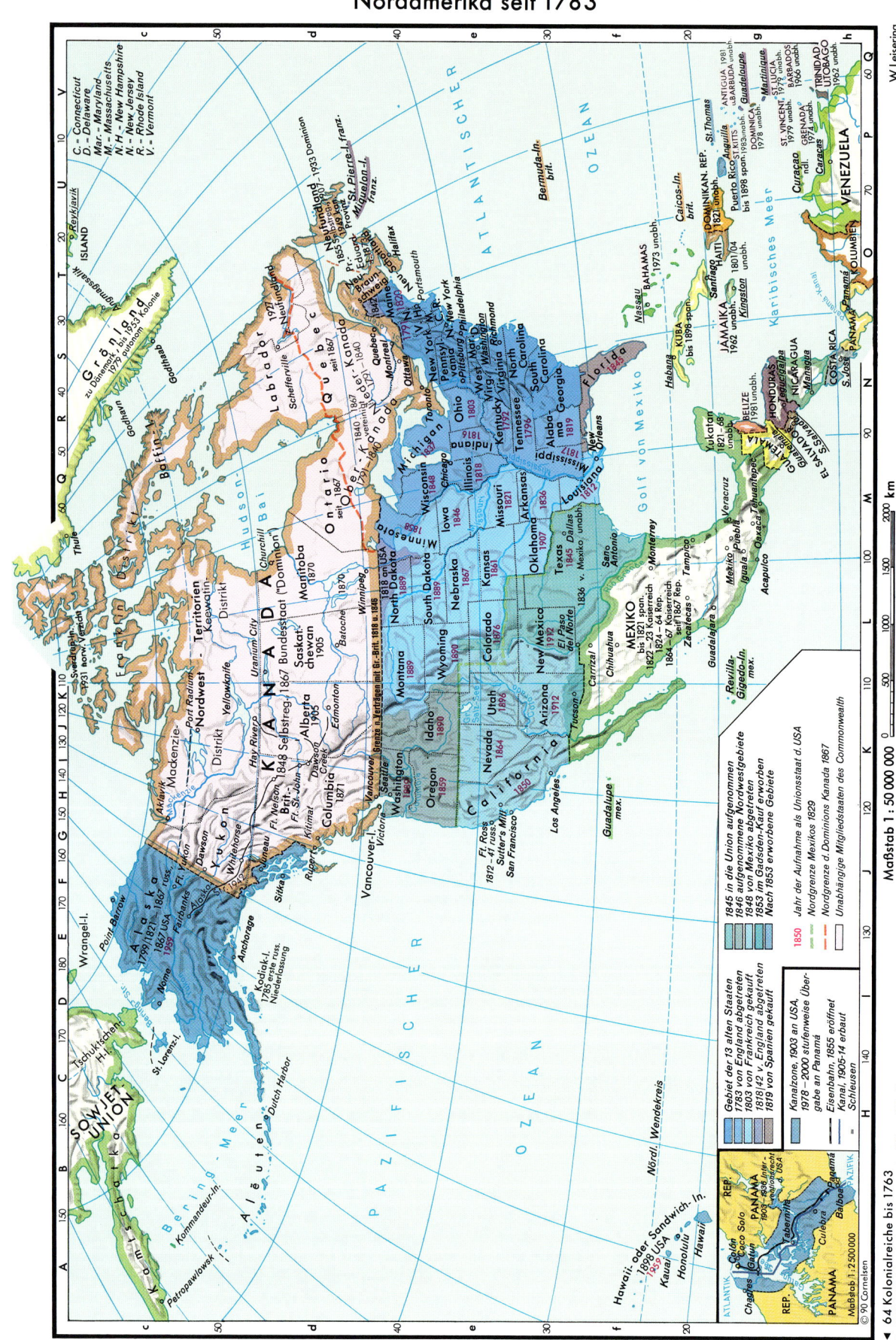

Gründerstaaten
1 New Hampshire
2 Massachusetts
3 Connecticut
4 Rhode Island
5 New York
6 Pennsylvania
7 New Jersey
8 Maryland
9 Delaware
10 Virginia
11 North Carolina
12 South Carolina
13 Georgia

Der Unabhängigkeitskrieg 1775-1783
Gebiet der amerikan. Gründerstaaten 1776
Gebiet der Vereinigten Staaten 1783
Britischer Kolonialbesitz 1783
Spanischer Kolonialbesitz 1783
Strittige Gebiete 1783
Grenze der Vereinigten Staaten 1795
Französischer Besitz bis 1763
Siedlungsgrenze d. Kgl. Proklamation v. 1763
Creek Nordamerikanische Indianerstämme
Vorstöße amerikanischer Truppen
Vorstöße britischer Truppen
Vorstöße französischer Truppen
Wichtige Schlachten (in d. Farbe d. Siegers)

Conn. = Connecticut
Del. = Delaware
Mass. = Massachusetts
Md. = Maryland
N.H. = New Hampshire
N.J. = New Jersey
R.I. = Rhode Island
W.Virg. = West Virginia
(bis 1861 zu Virginia,
1863 Unionsstaat)

Der Sezessionskrieg 1861-1865
Union (Nordstaaten):
Sklavenfreie Staaten
Sklavenhaltende Staaten
Konföderation (Sklavenhalt. Südstaaten):
Sezession vor Kriegsbeginn
Sezession nach Kriegsbeginn
Vorstöße und Siege der Union
Vorstöße und Siege der Konföderation
Blockade der Konföderation durch die Union
Cotton Belt 1860
Kriegswichtige Eisenbahnlinien
Städte über 500 000 Einw.
Städte von 100 000 - 500 000 Einw.
Städte von 50 000 - 100 000 Einw.
Städte unter 50 000 Einw.
Kohleförderung
Eisenförderung
Eisen- und Stahlindustrie
Maschinenindustrie

© 79 CVK

I: ◄64 Kolonialbesitz 1763   Maßstab 1 : 24 000 000   0 100 200 400 600 800 1000 km

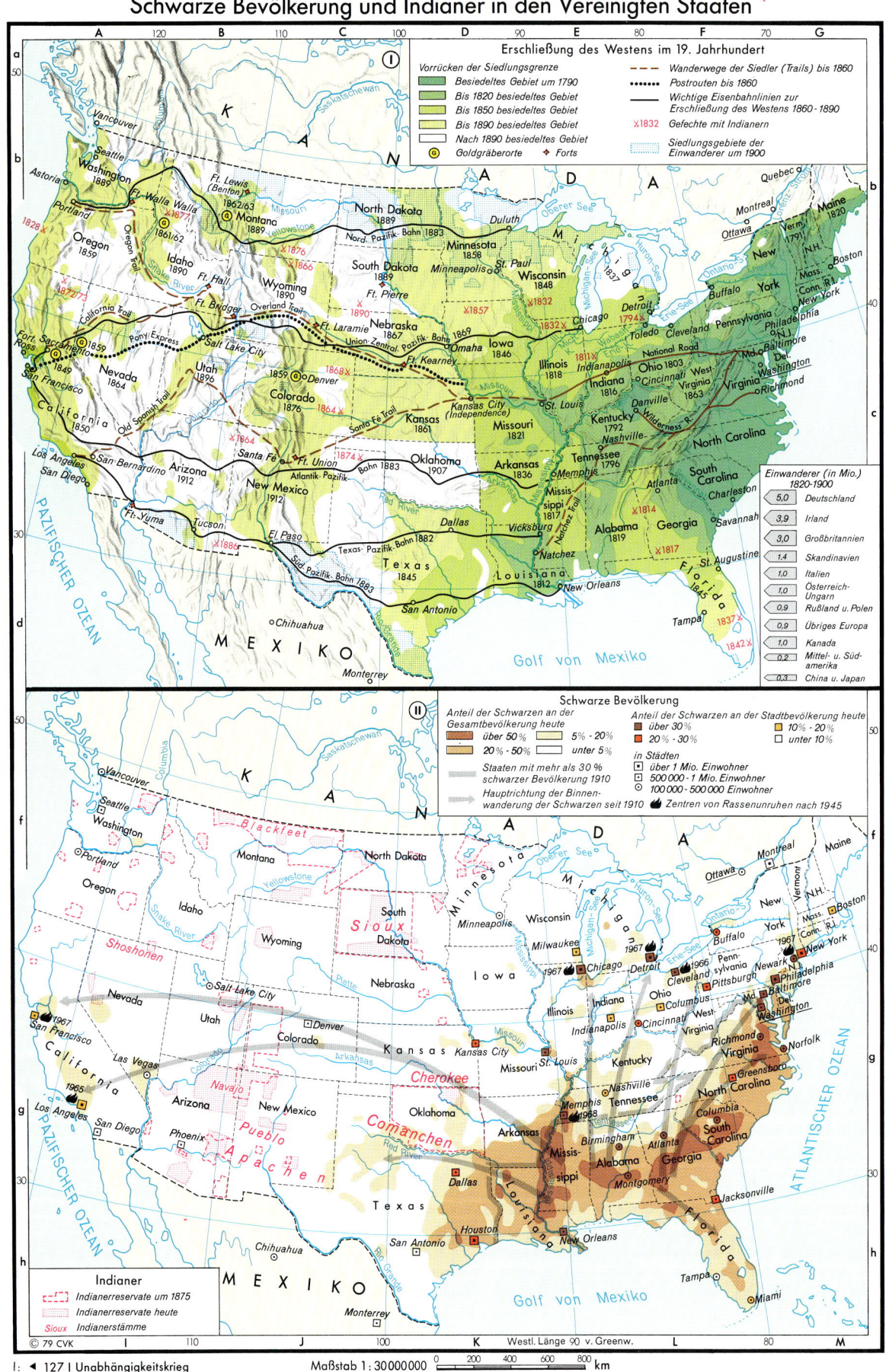

I Erschließung des Westens im 19. Jahrhundert

Vorrücken der Siedlungsgrenze
- Besiedeltes Gebiet um 1790
- Bis 1820 besiedeltes Gebiet
- Bis 1850 besiedeltes Gebiet
- Bis 1890 besiedeltes Gebiet
- Nach 1890 besiedeltes Gebiet
- ⓖ Goldgräberorte   ◆ Forts

- – – – Wanderwege der Siedler (Trails) bis 1860
- ••••••• Postrouten bis 1860
- ——— Wichtige Eisenbahnlinien zur Erschließung des Westens 1860-1890
- ×1832 Gefechte mit Indianern
- Siedlungsgebiete der Einwanderer um 1900

Einwanderer (in Mio.) 1820-1900

5,0	Deutschland
3,9	Irland
3,0	Großbritannien
1,4	Skandinavien
1,0	Italien
1,0	Österreich-Ungarn
0,9	Rußland u. Polen
0,9	Übriges Europa
1,0	Kanada
0,2	Mittel- u. Südamerika
0,3	China u. Japan

II Schwarze Bevölkerung

Anteil der Schwarzen an der Gesamtbevölkerung heute
- über 50 %
- 20 % - 50 %
- 5 % - 20 %
- unter 5 %
- Staaten mit mehr als 30 % schwarzer Bevölkerung 1910
- Hauptrichtung der Binnenwanderung der Schwarzen seit 1910

Anteil der Schwarzen an der Stadtbevölkerung heute
- über 30 %
- 20 % - 30 %
- 10 % - 20 %
- unter 10 %

in Städten
- ■ über 1 Mio. Einwohner
- ◎ 500 000 - 1 Mio. Einwohner
- ○ 100 000 - 500 000 Einwohner
- 🔥 Zentren von Rassenunruhen nach 1945

Indianer
- Indianerreservate um 1875
- Indianerreservate heute
- Sioux Indianerstämme

Maßstab 1 : 30 000 000
0 200 400 600 800 km
Westl. Länge 90 v. Greenw.
© 79 CVK

I: ◄ 127 I Unabhängigkeitskrieg
II: ◄ 127 II Sezessionskrieg

Wirtschafts- und Bevölkerungsentwicklung in Nordamerika

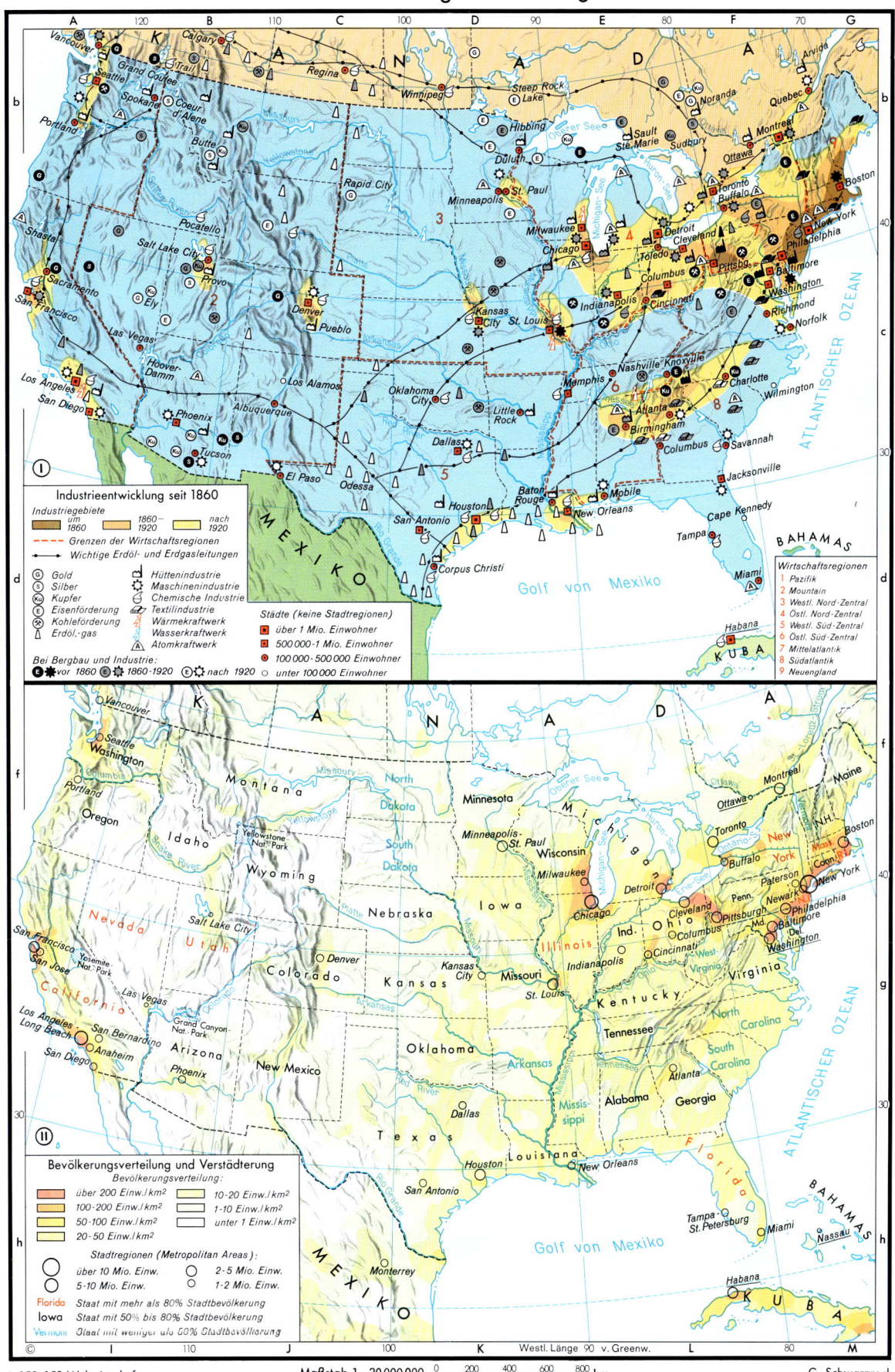

I

Industrieentwicklung seit 1860

Industriegebiete

um 1860	1860–1920
	nach 1920

- – – – Grenzen der Wirtschaftsregionen
- ← → Wichtige Erdöl- und Erdgasleitungen

G Gold   Hüttenindustrie
S Silber   Maschinenindustrie
Ku Kupfer   Chemische Industrie
E Eisenförderung   Textilindustrie
Kohleförderung   Wärmekraftwerk
Erdöl,-gas   Wasserkraftwerk
   Atomkraftwerk

Bei Bergbau und Industrie:
vor 1860   1860–1920   nach 1920

Städte (keine Stadtregionen)
über 1 Mio. Einwohner
500 000–1 Mio. Einwohner
100 000–500 000 Einwohner
unter 100 000 Einwohner

Wirtschaftsregionen
1 Pazifik
2 Mountain
3 Westl. Nord-Zentral
4 Östl. Nord-Zentral
5 Westl. Süd-Zentral
6 Östl. Süd-Zentral
7 Mittelatlantik
8 Südatlantik
9 Neuengland

II

Bevölkerungsverteilung und Verstädterung

Bevölkerungsverteilung:

über 200 Einw./km²	10–20 Einw./km²
100–200 Einw./km²	1–10 Einw./km²
50–100 Einw./km²	unter 1 Einw./km²
20–50 Einw./km²	

Stadtregionen (Metropolitan Areas):
über 10 Mio. Einw.
5–10 Mio. Einw.
2–5 Mio. Einw.
1–2 Mio. Einw.

Florida   Staat mit mehr als 80% Stadtbevölkerung
Iowa   Staat mit 50% bis 80% Stadtbevölkerung
Vermont   Staat mit weniger als 50% Stadtbevölkerung

Maßstab 1 : 30 000 000

G. Schwarzrock

Altamerikanische Staaten und Kulturen
bis zur Eroberung durch die Spanier

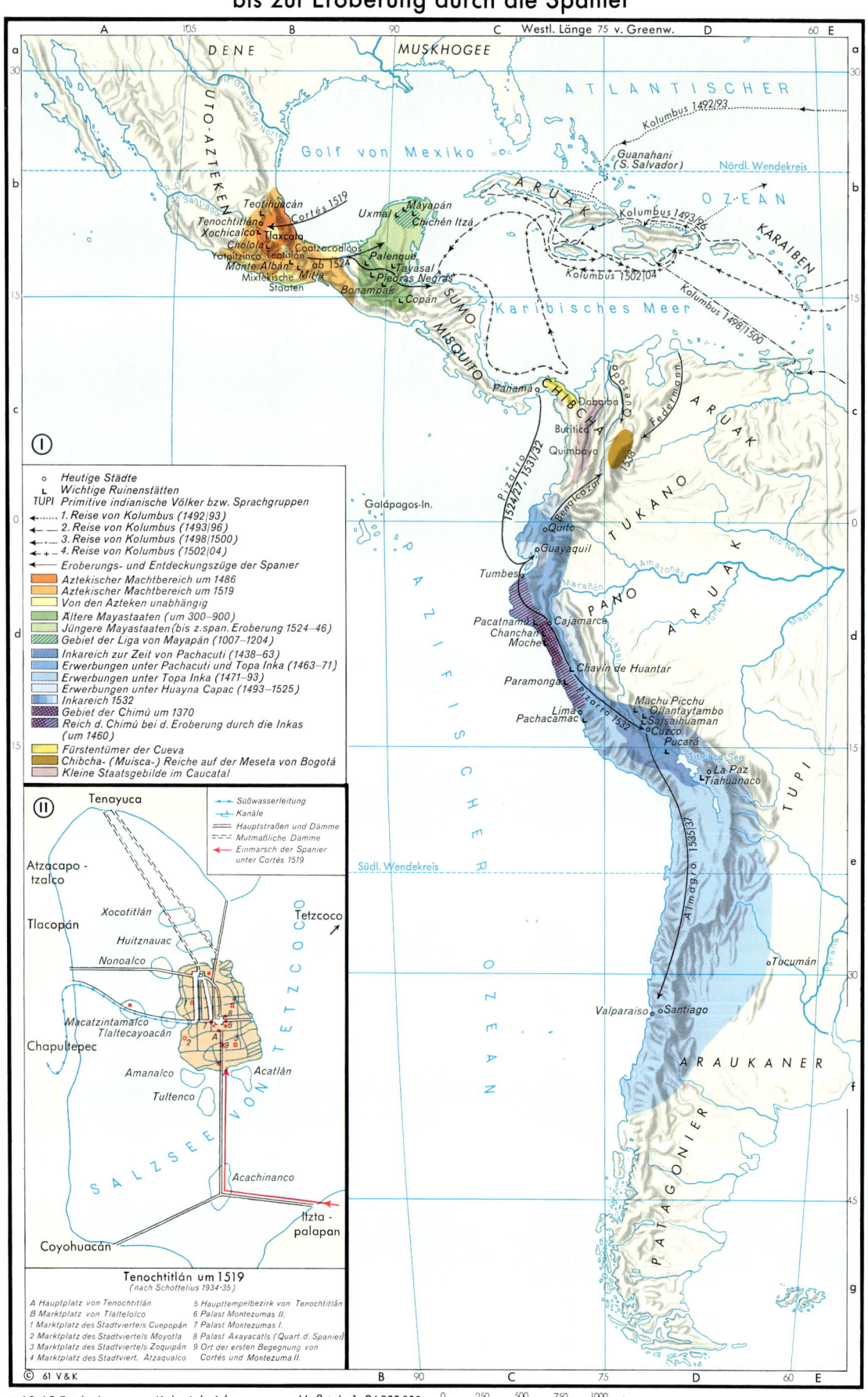

Legend (I):

- ○ Heutige Städte
- L Wichtige Ruinenstätten
- TUPI Primitive indianische Völker bzw. Sprachgruppen
- 1. Reise von Kolumbus (1492/93)
- 2. Reise von Kolumbus (1493/96)
- 3. Reise von Kolumbus (1498/1500)
- 4. Reise von Kolumbus (1502/04)
- Eroberungs- und Entdeckungszüge der Spanier
- Aztekischer Machtbereich um 1486
- Aztekischer Machtbereich um 1519
- Von den Azteken unabhängig
- Ältere Mayastaaten (um 300–900)
- Jüngere Mayastaaten (bis z. span. Eroberung 1524–46)
- Gebiet der Liga von Mayapán (1007–1204)
- Inkareich zur Zeit von Pachacuti (1438–63)
- Erwerbungen unter Pachacuti und Topa Inka (1463–71)
- Erwerbungen unter Topa Inka (1471–93)
- Erwerbungen unter Huayna Capac (1493–1525)
- Inkareich 1532
- Gebiet der Chimú um 1370
- Reich d. Chimú bei d. Eroberung durch die Inkas (um 1460)
- Fürstentümer der Cueva
- Chibcha- (Muisca-) Reiche auf der Meseta von Bogotá
- Kleine Staatsgebilde im Caucatal

Legend (II):

- Süßwasserleitung
- Kanäle
- Hauptstraßen und Dämme
- Mutmaßliche Dämme
- Einmarsch der Spanier unter Cortés 1519

Tenochtitlán um 1519
(nach Schottelius 1934–35)

- A Hauptplatz von Tenochtitlán
- B Marktplatz von Tlatelolco
- 1 Marktplatz des Stadtviertels Cuepopán
- 2 Marktplatz des Stadtviertels Moyotla
- 3 Marktplatz des Stadtviertels Zoquipán
- 4 Marktplatz des Stadtviert. Atzaqualco
- 5 Haupttempelbezirk von Tenochtitlán
- 6 Palast Montezumas II.
- 7 Palast Montezumas I.
- 8 Palast Axayacatls (Quart. d. Spanier)
- 9 Ort der ersten Begegnung von Cortés und Montezuma II.

◄ 62/63 Entdeckungen u. Kolonialreiche
▶ 132 II Südamerika 1800–1830

Maßstab 1 : 36 000 000

U. Oberem

© 61 V & K

Mittelamerika im 19. und 20. Jahrhundert

Politik im 19. und 20. Jahrhundert

Nordgrenze Mexikos 1824

Grenze der Vereinigten Staaten von Zentralamerika 1823-38 (bis 1821 span., 1822-23 zu Mexiko)

JAMAIKA Unabhäng. Mitgliedstaaten d. Commonwealth

KUBA 1901-34 Staaten mit Interventionsrecht der USA

HONDURAS In anderer Weise zeitw. von USA abhängig

1914 Militär. Interventionen der USA

∧∧∧∧∧∧ USA-Blockade gegen Kuba 1962

▲ Stützpunkte der USA

✗ 1846 Schlachten im texanischen und mexikanischen Krieg 1836, 1846-47

Namen abhängiger Gebiete sind farbig unterstrichen

DOM. REP. = Dominikanische Republik (1821 unabh., 1822-44 zu Haiti, 1861-65 span.)

H. = Haiti (1801/04 unabh.)

Exportgüter aus der Landwirtschaft

Kaffee | Baumwolle
Kakao | Getreide
Bananen | Sisal
Zucker | Rindfleisch

Exportgüter aus dem Bergbau

(G) Gold | (N) Nickel
(S) Silber | (E) Eisen
(Ku) Kupfer | (K) Kohle
(Bx) Bauxit | (A) Erdöl
| (Bl/Z) Blei/Zink

Industrie

Hüttenindustrie
Maschinenindustrie
Textilindustrie
Chemische Industrie

Bei Bergbau und Industrie

(E) vor 1910 (E) 1910-50 (E) nach 1950

Wirtschaft seit 1910

Zentralamerik. Gemeinsamer Markt

Rat für gegenseitige Wirtschaftshilfe (COMECON) 1972-1991

JAMAIKA Mit EG assoziierte Staaten und Gebiete

BELIZE Karibischer Gemeinsamer Markt

Panamerican Highways

Erdöl- und Erdgasleitungen

Seehandelswege

Städte vgl. Erklärung auf S. 129

© 92 Cornelsen 100

◄ 124/125 Die Welt 1945 – 1991
► 152/153 Weltwirtschaft

Maßstab 1 : 35 000 000   0 200 400 600 800 1000 km

W. Leisering / G. Schwarzrock

Südamerika im 19. und 20. Jahrhundert

Südamerika seit 1830 (I)

- Konföderation Bolivien · Peru 1836-39
- *1903* Staatsgrenzen mit Jahr ihrer Festlegung
- Grenzen der Bundesstaaten in Brasilien
- Unabhängige Mitgliedstaaten des Commonwealth
- *1933* Panamerikanische Konferenzen bis zur Gründung der OAS 1948
- Mit Farbband ist der ehem. Besitz umrissen

Südamerika 1800-1830

Kolonialbesitz um 1800:
- Spanisch
- Portugiesisch
- Britisch
- Französisch
- Niederländisch

- Grenze von Großkolumbien 1819-1830
- 1822 Jahr der Unabhängigkeit
- ×1814 Schlachtorte in den Unabhängigkeitskriegen
- △ Span. Stützpunkte bis 1826

1815-22 mit Portugal vereinigtes Königreich (II)

Maßstab 1 : 90 Mill.

◄ 64 Kolonialbesitz 1763

Maßstab 1 : 35 000 000

0 200 400 600 800 1000 km

© 89 Cornelsen

W. Leisering

Wirtschaftsentwicklung in Südamerika im 20. Jahrhundert

Bevölkerungsverteilung

100 - 200 Einw./km²	1 - 10 Einw./km²
50 - 100 Einw./km²	unter 1 Einw./km²
10 - 50 Einw./km²	

PERU Mitgliedstaaten der Lateinamerikan. Freihandelszone (LAFTA) 1960-80 bzw. der Lateinamerikan. Integrationsvereinigung (ALADI) seit 1981

GUYANA Mit EG assoziierte Staaten und Gebiete

ECUADOR Mitgliedstaaten der OPEC

* Regierungen mit bedeutenden wirtschaftl. und sozialen Reformen

Indianerschutzgebiete in Brasilien

Zur wirtschaftlichen Entwicklung bzw. Neubesiedlung vorgesehene Gebiete

Erdölleitungen

Wichtige Fernstraßen

Exportgüter aus der Landwirtschaft

Kaffee		Kautschuk	
Kakao		Getreide	
Bananen		Schafswolle	
Baumwolle		Rindfleisch	

Exportgüter aus dem Bergbau

Gold		Mangan	
Silber		Eisen	
Kupfer		Steinkohle	
Bauxit		Salpeter	
Zinn		Erdöl	
Blei / Zink			

Industrie

Hüttenindustrie
Maschinenindustrie
Textilindustrie
Chemische Industrie
Fleischindustrie
Fischverarbeitung
Wasser- bzw. Kernkraftwerk

Bei Bergbau und Industrie

vor 1914 · 1914 50 · nach 1950

Städte

über 1 Mio. Einw.
500 000 - 1 Mio. Einw.
100 000 - 500 000 Einw.
unter 100 000 Einw.

Maßstab 1 : 35 000 000   0 200 400 600 800 1000 km

© 89 Cornelsen

G. Schwarzrock

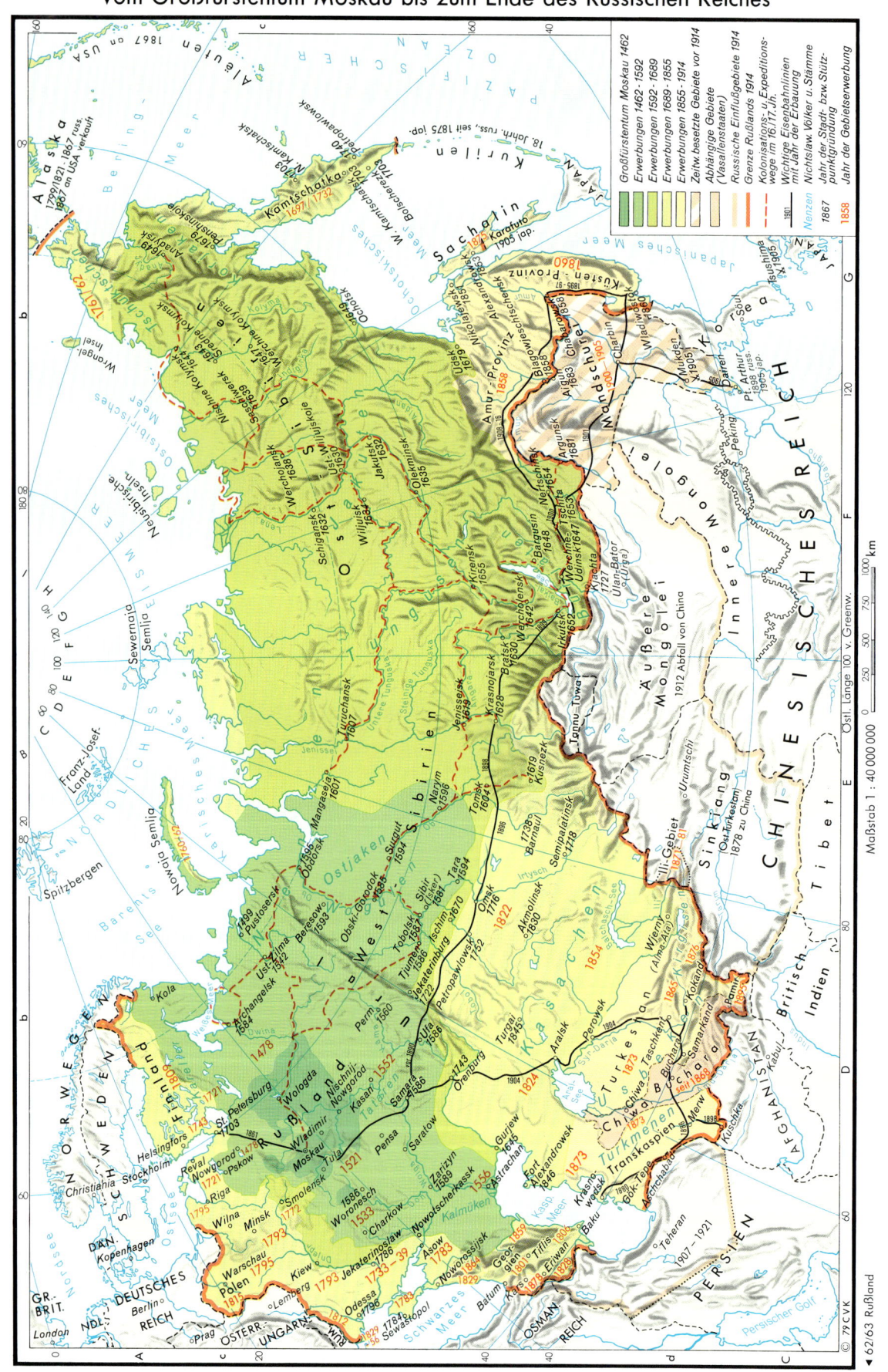

Maßstab 1 : 40 000 000

© '79 CVK

▼ 62/63 Rußland

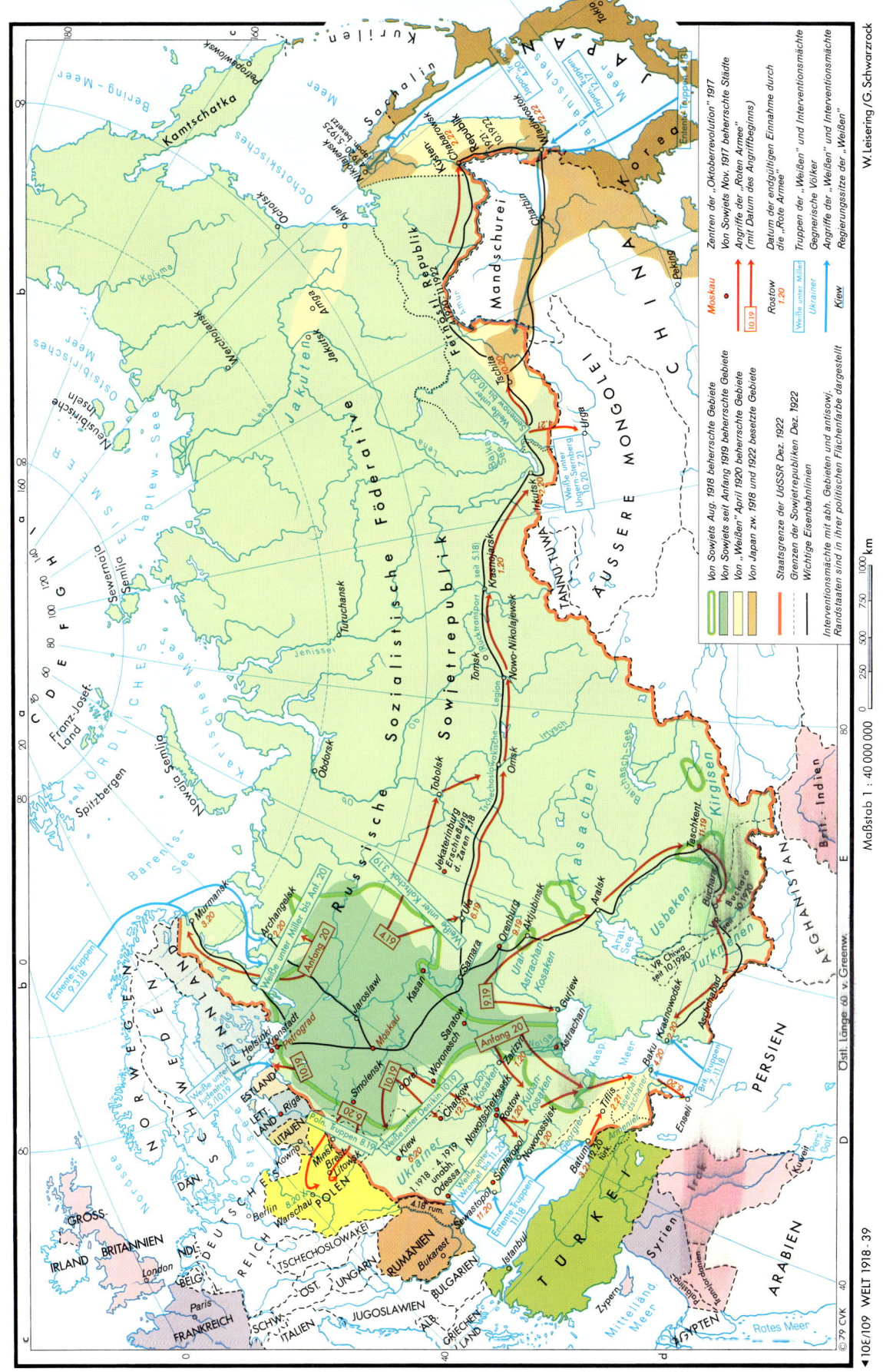

Die Sowjetunion 1939–1989 – Die Völker der Sowjetunion

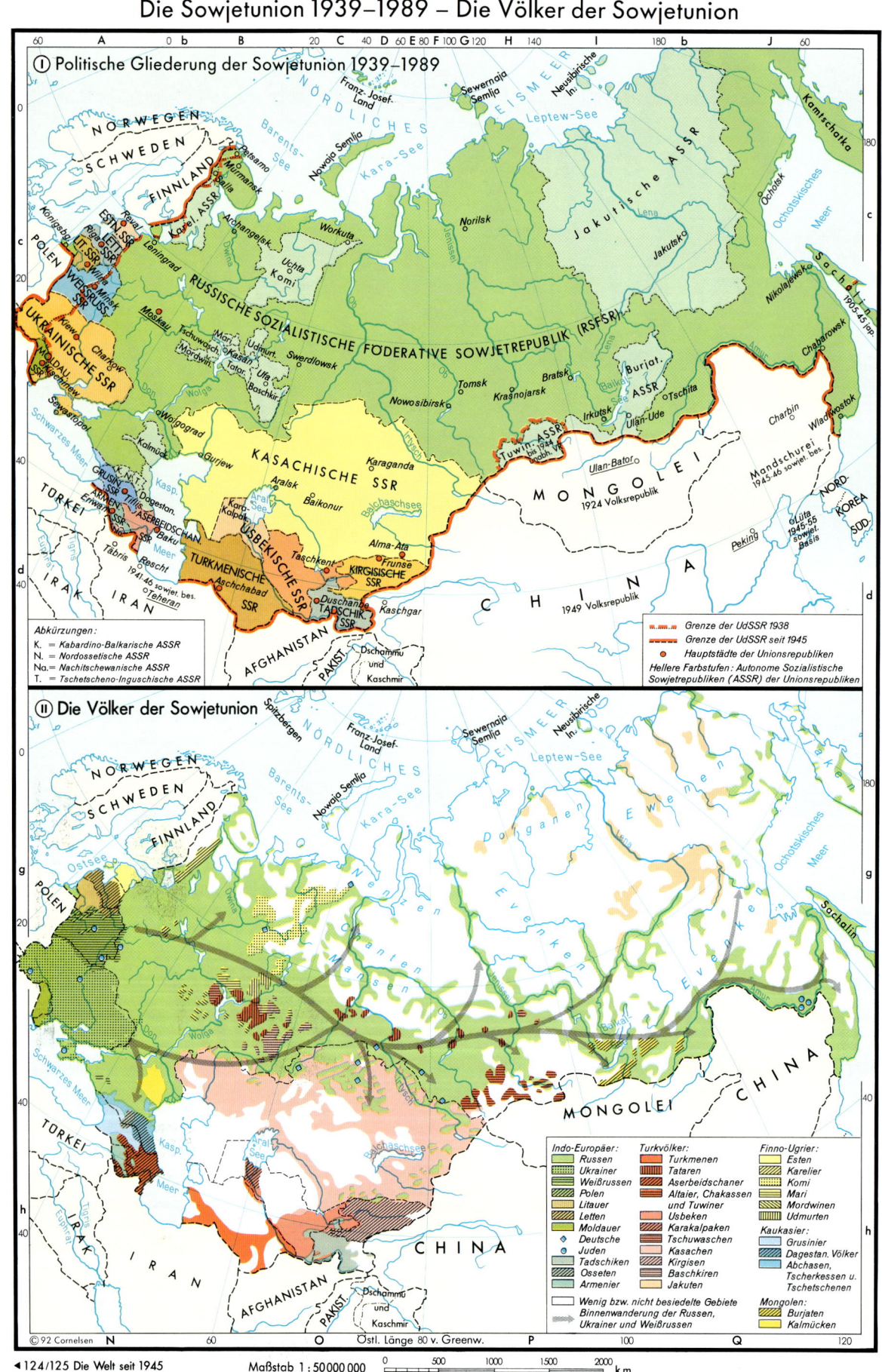

I Politische Gliederung der Sowjetunion 1939–1989

Abkürzungen:
K. = Kabardino-Balkarische ASSR
N. = Nordossetische ASSR
Na.= Nachitschewanische ASSR
T. = Tschetscheno-Inguschische ASSR

Grenze der UdSSR 1938
Grenze der UdSSR seit 1945
Hauptstädte der Unionsrepubliken
Hellere Farbstufen: Autonome Sozialistische Sowjetrepubliken (ASSR) der Unionsrepubliken

II Die Völker der Sowjetunion

Indo-Europäer:
Russen
Ukrainer
Weißrussen
Polen
Litauer
Letten
Moldauer
Deutsche
Juden
Tadschiken
Osseten
Armenier

Turkvölker:
Turkmenen
Tataren
Aserbeidschaner
Altaier, Chakassen und Tuwiner
Usbeken
Karakalpaken
Tschuwaschen
Kasachen
Kirgisen
Baschkiren
Jakuten

Finno-Ugrier:
Esten
Karelier
Komi
Mari
Mordwinen
Udmurten

Kaukasier:
Grusinier
Dagestan. Völker
Abchasen, Tscherkessen u. Tschetschenen

Mongolen:
Burjaten
Kalmücken

Wenig bzw. nicht besiedelte Gebiete
Binnenwanderung der Russen, Ukrainer und Weißrussen

© 92 Cornelsen

Östl. Länge 80 v. Greenw.

Maßstab 1 : 50 000 000

0 500 1000 1500 2000 km

◄ 124/125 Die Welt seit 1945
► 155 Zerfall der Sowjetunion

Wirtschafts- und Bevölkerungsentwicklung in der Sowjetunion 1917–1990

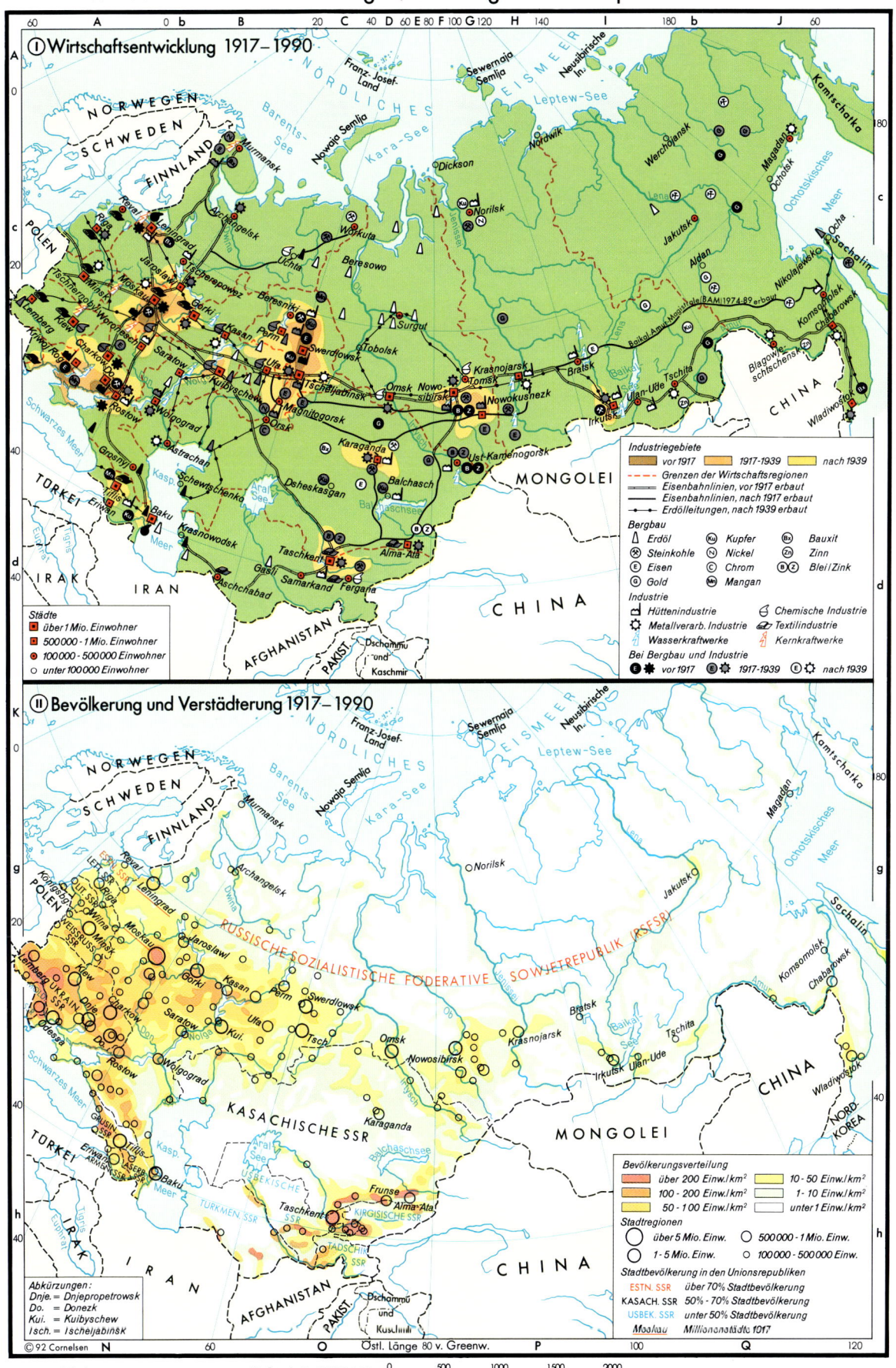

① Wirtschaftsentwicklung 1917–1990

Industriegebiete

■ vor 1917	■ 1917–1939	■ nach 1939

--- Grenzen der Wirtschaftsregionen
Eisenbahnlinien, vor 1917 erbaut
Eisenbahnlinien, nach 1917 erbaut
Erdölleitungen, nach 1939 erbaut

Bergbau

⌂ Erdöl	Ku Kupfer	Bx Bauxit
⊛ Steinkohle	N Nickel	Zn Zinn
E Eisen	C Chrom	B Z Blei / Zink
G Gold	Mn Mangan	

Industrie

⚒ Hüttenindustrie	⚗ Chemische Industrie
⚙ Metallverarb. Industrie	⚒ Textilindustrie
🏭 Wasserkraftwerke	⚡ Kernkraftwerke

Bei Bergbau und Industrie
E vor 1917   E 1917–1939   E nach 1939

Städte

■ über 1 Mio. Einwohner	
▪ 500 000 – 1 Mio. Einwohner	
● 100 000 – 500 000 Einwohner	
○ unter 100 000 Einwohner	

② Bevölkerung und Verstädterung 1917–1990

Bevölkerungsverteilung

■ über 200 Einw./km²	■ 10 – 50 Einw./km²
■ 100 – 200 Einw./km²	■ 1 – 10 Einw./km²
■ 50 – 100 Einw./km²	□ unter 1 Einw./km²

Stadtregionen

◯ über 5 Mio. Einw.	◯ 500 000 – 1 Mio. Einw.
◯ 1 – 5 Mio. Einw.	○ 100 000 – 500 000 Einw.

Stadtbevölkerung in den Unionsrepubliken

ESTN. SSR   über 70% Stadtbevölkerung
KASACH. SSR   50% – 70% Stadtbevölkerung
USBEK. SSR   unter 50% Stadtbevölkerung
Moskau   Millionenstädte 1917

Abkürzungen:
Dnje. = Dnjepropetrowsk
Do. = Donezk
Kui. = Kuibyschew
Isch. = Ischeljabinsk

© 92 Cornelsen

Östl. Länge 80 v. Greenw.

Maßstab 1 : 50 000 000

0 500 1000 1500 2000 km

▶ 159 Zerfall der Sowjetunion

G. Schwarzrock

Asien vom 16. bis 18. Jahrhundert

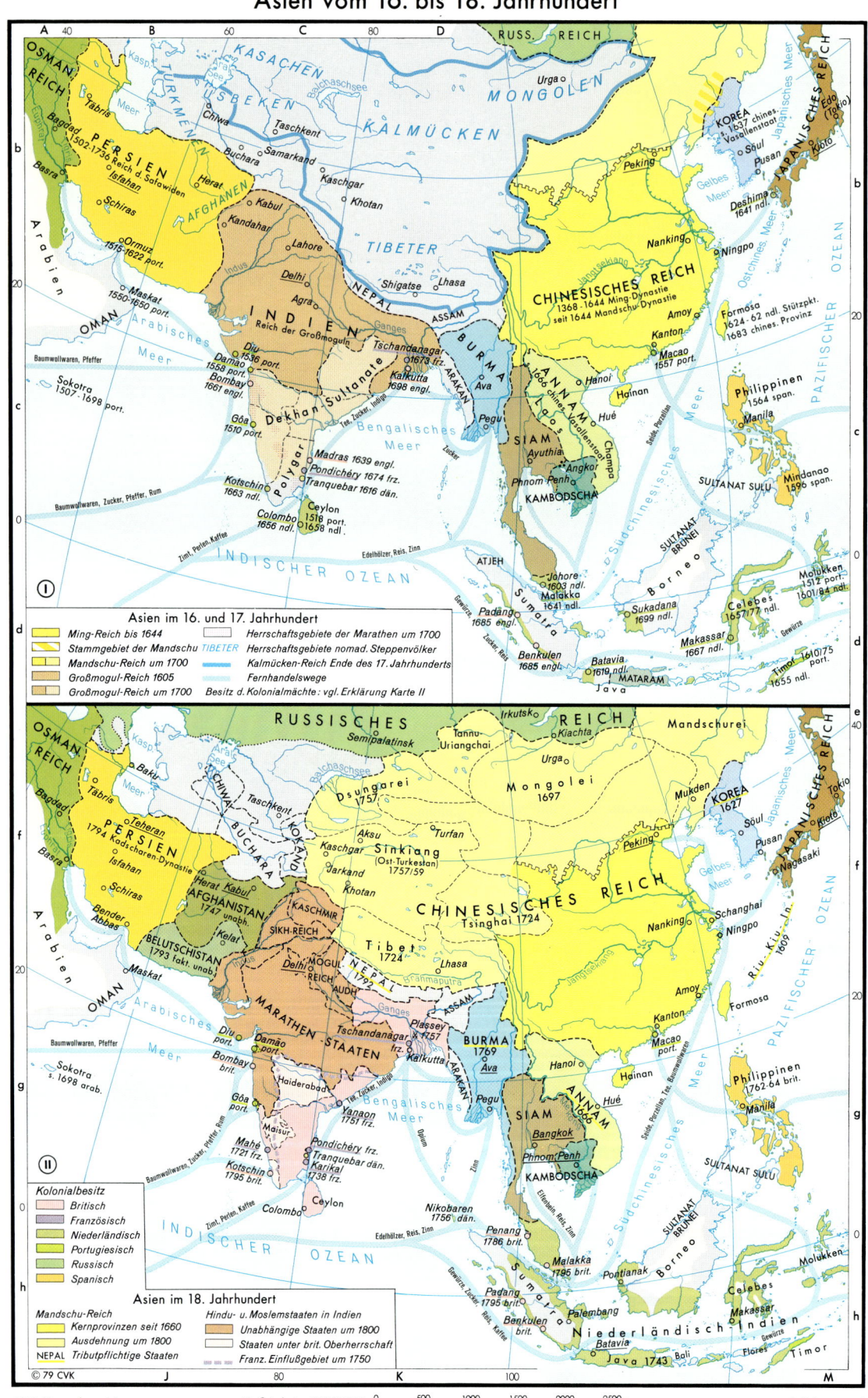

Asien im 16. und 17. Jahrhundert

- Ming-Reich bis 1644
- Stammgebiet der Mandschu
- Mandschu-Reich um 1700
- Großmogul-Reich 1605
- Großmogul-Reich um 1700
- Herrschaftsgebiete der Marathen um 1700
- Herrschaftsgebiete nomad. Steppenvölker
- Kalmücken-Reich Ende des 17. Jahrhunderts
- Fernhandelswege
- Besitz d. Kolonialmächte: vgl. Erklärung Karte II

Asien im 18. Jahrhundert

Kolonialbesitz
- Britisch
- Französisch
- Niederländisch
- Portugiesisch
- Russisch
- Spanisch

Mandschu-Reich
- Kernprovinzen seit 1660
- Ausdehnung um 1800
- NEPAL Tributpflichtige Staaten

Hindu- u. Moslemstaaten in Indien
- Unabhängige Staaten um 1800
- Staaten unter brit. Oberherrschaft
- Franz. Einflußgebiet um 1750

© 79 CVK

◄ 58 Mongolenreiche
◄ 104 Kolonialreiche bis 1830

Maßstab 1 : 60000000   0 500 1000 1500 2000 2500 km

G. Schwarzrock

Asien im 19. und 20. Jahrhundert

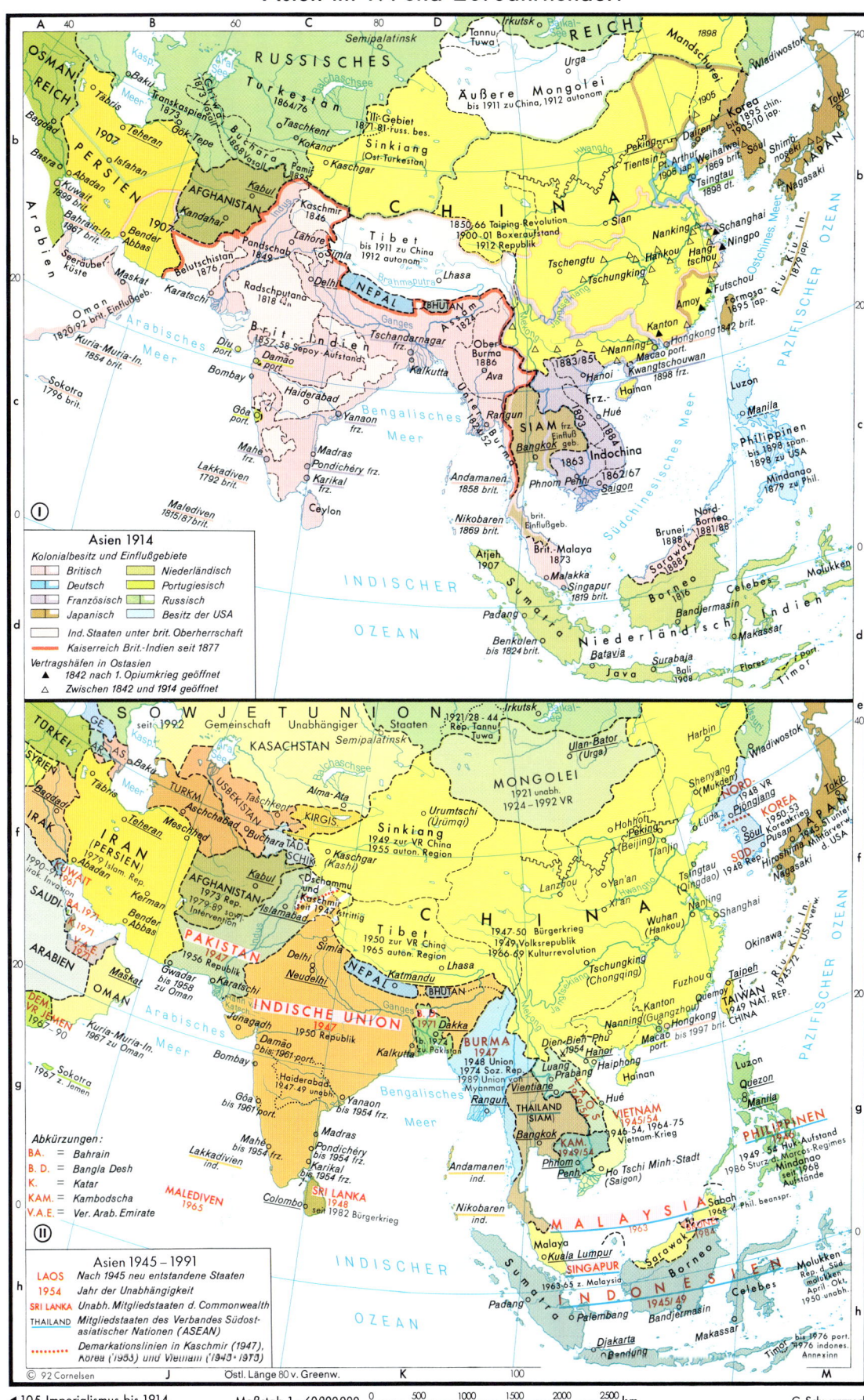

Asien 1914

Kolonialbesitz und Einflußgebiete
- Britisch
- Deutsch
- Französisch
- Japanisch
- Niederländisch
- Portugiesisch
- Russisch
- Besitz der USA
- Ind. Staaten unter brit. Oberherrschaft
- Kaiserreich Brit.-Indien seit 1877

Vertragshäfen in Ostasien
- ▲ 1842 nach 1. Opiumkrieg geöffnet
- △ Zwischen 1842 und 1914 geöffnet

Asien 1945–1991

- LAOS   Nach 1945 neu entstandene Staaten
- 1954   Jahr der Unabhängigkeit
- SRI LANKA   Unabh. Mitgliedstaaten d. Commonwealth
- THAILAND   Mitgliedstaaten des Verbandes Südostasiatischer Nationen (ASEAN)
- ········   Demarkationslinien in Kaschmir (1947), Korea (1953) und Vietnam (1940/1975)

Abkürzungen:
- BA. = Bahrain
- B. D. = Bangla Desh
- K. = Katar
- KAM. = Kambodscha
- V.A.E. = Ver. Arab. Emirate

© 92 Cornelsen   Östl. Länge 80 v. Greenw.   Maßstab 1 : 60000000

500 1000 1500 2000 2500 km

◄ 105 Imperialismus bis 1914
► 150/151 Mächtegruppen

G. Schwarzrock

Ostasien im 20. Jahrhundert

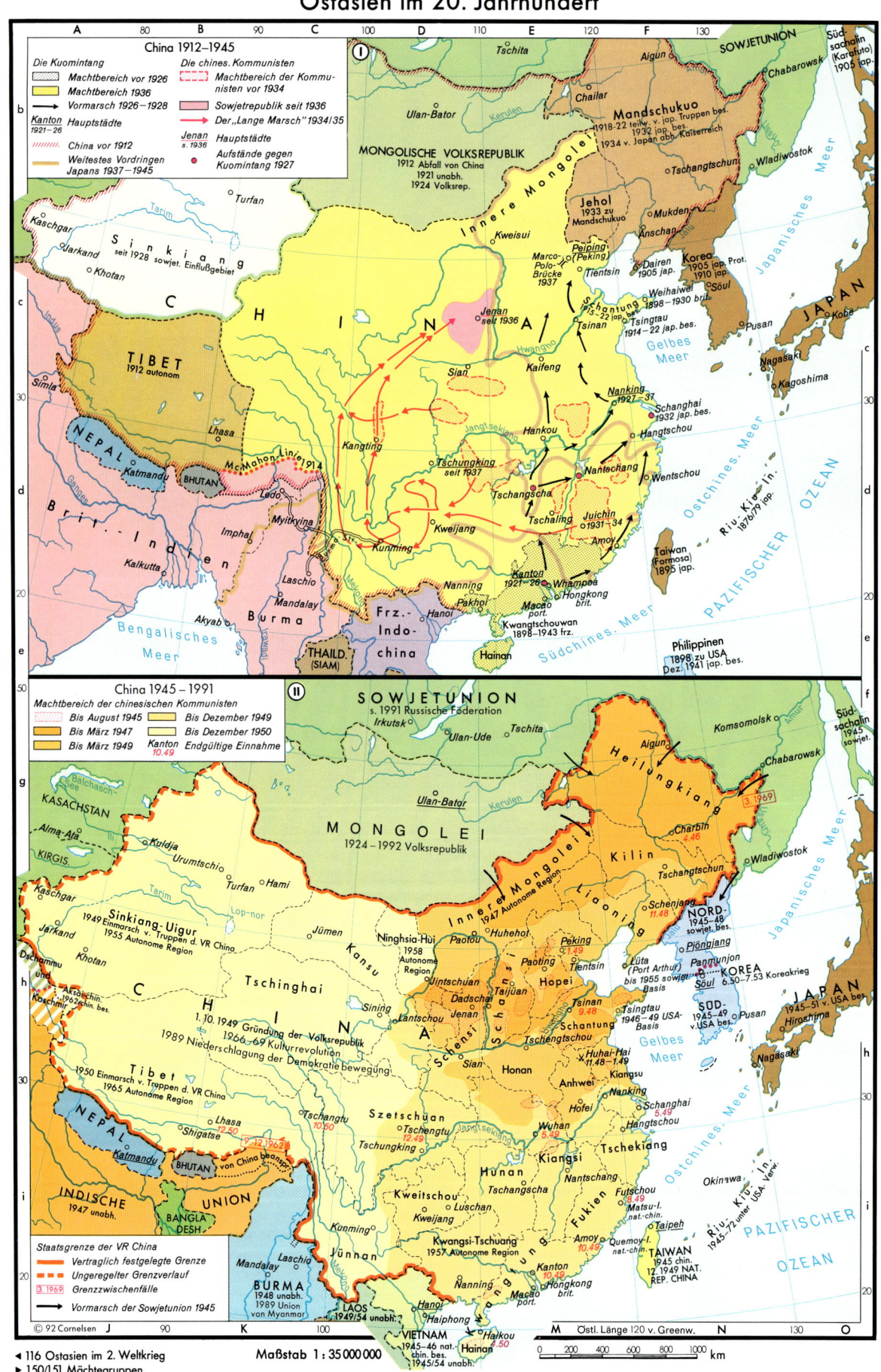

China 1912–1945

China 1945–1991

Maßstab 1 : 35 000 000

◄ 116 Ostasien im 2. Weltkrieg
► 150/151 Mächtegruppen

© 92 Cornelsen

Wirtschaft und Bevölkerung in Ostasien im 20. Jahrhundert

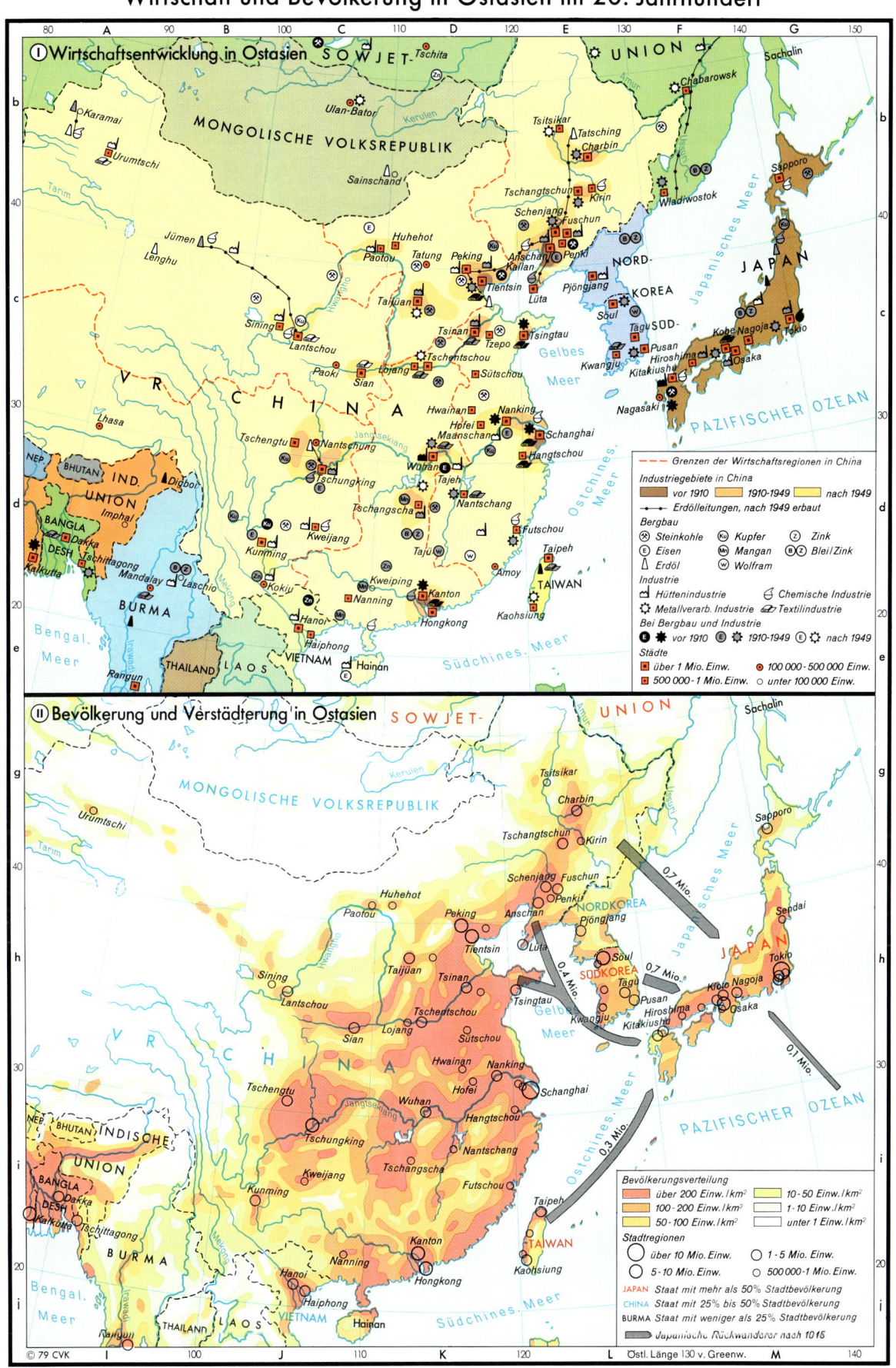

I Wirtschaftsentwicklung in Ostasien

Grenzen der Wirtschaftsregionen in China

Industriegebiete in China

vor 1910	1910-1949	nach 1949

Erdölleitungen, nach 1949 erbaut

Bergbau

⊗ Steinkohle	Ku Kupfer	Z Zink
E Eisen	Mn Mangan	B/Z Blei/Zink
Erdöl	W Wolfram	

Industrie

Hüttenindustrie	Chemische Industrie
Metallverarb. Industrie	Textilindustrie

Bei Bergbau und Industrie

✹ vor 1910	✹ 1910-1949	✹ nach 1949

Städte

über 1 Mio. Einw.	100 000-500 000 Einw.
500 000-1 Mio. Einw.	unter 100 000 Einw.

II Bevölkerung und Verstädterung in Ostasien

Bevölkerungsverteilung

über 200 Einw./km²	10-50 Einw./km²
100-200 Einw./km²	1-10 Einw./km²
50-100 Einw./km²	unter 1 Einw./km²

Stadtregionen

über 10 Mio. Einw.	1-5 Mio. Einw.
5-10 Mio. Einw.	500 000-1 Mio. Einw.

JAPAN *Staat mit mehr als 50% Stadtbevölkerung*
CHINA *Staat mit 25% bis 50% Stadtbevölkerung*
BURMA *Staat mit weniger als 25% Stadtbevölkerung*

Japanische Rückwanderer nach 1945

▶ 152/153 Weltwirtschaft

Maßstab 1 : 35 000 000   0 200 400 600 800 1000 km

© 79 CVK

Östl. Länge 130 v. Greenw.

G. Schwarzrock

Süd- und Südostasien 1945–1991

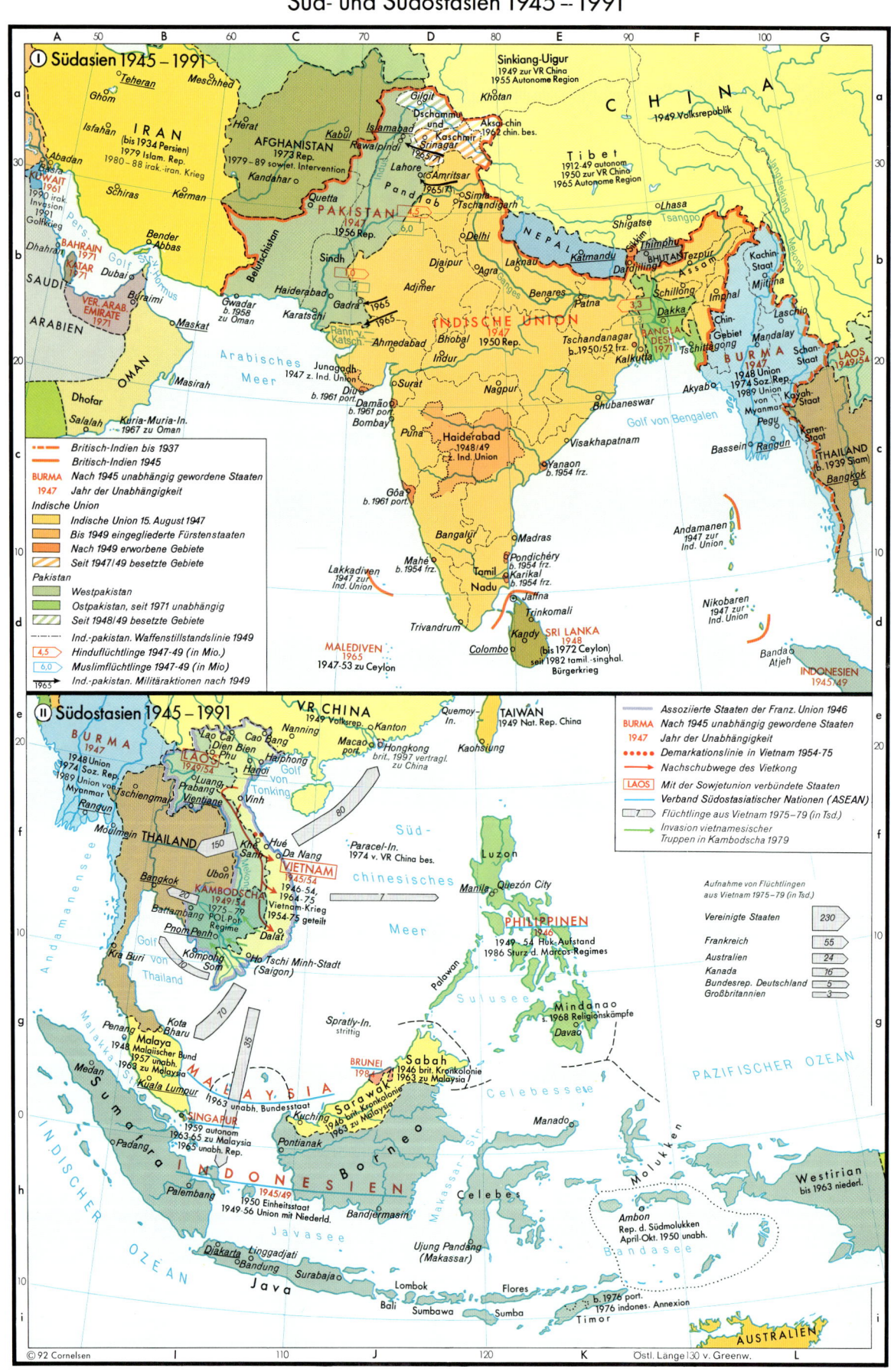

I Südasien 1945–1991

Sinkiang-Uigur
1949 zur VR China
1955 Autonome Region

C H I N A
1949 Volksrep.

Teheran
Ghom
Meschhed
Khotan

IRAN
(bis 1934 Persien)
1979 Islam. Rep.
1980–88 irak.-iran. Krieg

Isfahan
Herat
AFGHANISTAN
1973 Rep.
1979–89 sowjet. Intervention
Kabul
Islamabad
Rawalpindi
Gilgit
Dschammu und Kaschmir
1965/71
Srinagar
Aksai-chin
1962 chin. bes.

T i b e t
1912–49 autonom
1950 zur VR China
1965 Autonome Region

Lhasa
Schigatse

Abadan
KUWAIT
1961
1990 irak. Invasion
1991 Golfkrieg

Schiras
Kerman
Kandahar
Quetta
Lahore
Amritsar
Simla
Tschandigarh
Delhi

PAKISTAN
1947
1956 Rep.

Sindh
Panabad
4,5
6,0

NEPAL
Katmandu
Laknau
Agra
Benares
Patna

Shigatse
Sikkim
Thimphu
BHUTAN
Darjiling
Tezpur
A s s a m
Schillong
Dakka
BANGLA DESH
1971

Kachin-Staat
Mjitkina
Chin-Gebiet
Laschio
Mandalay

BAHRAIN
1971
KATAR
1971
Dhahran
Dubai
Buraimi
VER. ARAB. EMIRATE
1971

SAUDI ARABIEN

Bender Abbas

Gwadar
b. 1958 zu Oman
Karatschi
Haiderabad
Gadra
1965
1965
Rann v. Katsch

Ahmedabad
Bhopal
Indur
Djaipur
Adjmir

INDISCHE UNION
1947
1950 Rep.

Tschandernagar
b. 1950/51/52 frz.
Kalkutta
Tschittagong

BURMA
1947
1948 Union
1974 Soz. Rep.
1989 von Myanmar

Schan-Staat
Koyah-Staat

OMAN

Maskat

Masirah

Arabisches Meer

Junagadh
1947 z. Ind. Union
Diu
b. 1961 port.
Damão
b. 1961 port.
Bombay

Surat
Puna

Bhubaneswar

Nagpur

Haiderabad
1948/49
z. Ind. Union

Visakhapatnam

Akyab
Golf von Bengalen

Pegu

Bassein
Rangun

Karen-Staat

THAILAND
(b. 1939 Siam)

Dhofar
Salalah
Kuria-Muria-In.
1967 zu Oman

Góa
b. 1961 port.
Madras
Mahé
b. 1954 frz.
Bangalur
Pondichéry
b. 1954 frz.
Karikal
b. 1954 frz.
Tamil Nadu
Yanaon
b. 1954 frz.

Andamanen
1947 zur
Ind. Union

Bangkok

MALEDIVEN
1965
1947–53 zu Ceylon

Trivandrum
Lakkadiven
1947 zur
Ind. Union
Mahé
Jaffna
Trinkomali
Kandy
Colombo
SRI LANKA
1948
(bis 1972 Ceylon)
seit 1982 tamil.-singhal. Bürgerkrieg

Nikobaren
1947 zur
Ind. Union

Banda Atjeh
INDONESIEN
1945/49

II Südostasien 1945–1991

VR CHINA
1949 Volksrep.
Quemoy-In.
TAIWAN
1949 Nat. Rep. China

BURMA
1947
1948 Union
1974 Soz. Rep.
1989 von Myanmar

Lao Cai
Cao Bang
Dien Bien Phu
Nanning
Kanton
Macao
port.
Hongkong
brit., 1997 vertragl. zu China
Kaohsiung

LAOS
1949/54
Luang Prabang
Haiphong
Golf von Tonking
Hanoi
Vinh

Tschiengmai
Vientiane
Moulmein
THAILAND
Rangun

Khé Sanh
Hué
Da Nang
VIETNAM
1945/54
1946–54,
1964–75
Vietnam-Krieg
1954–75 geteilt

Süd-chinesisches Meer

Paracel-In.
1974 v. VR China bes.

Luzon

Manila
Quezón City

PHILIPPINEN
1946
1949–54 Huk-Aufstand
1986 Sturz d. Marcos-Regimes

Ubon
KAMBODSCHA
1949/54
1975–79
POL-Pot-Regime
Battambang
Bangkok
Phnom Penh
Dalat
Kompong Som
Ho Tschi Minh-Stadt
(Saigon)

Kra Buri
Golf von Thailand

Kota Bharu
Penang
Malaya
1948 Malaiischer Bund
1957 unabh.
1963 zu Malaysia

Spratly-In.
strittig

Sabah
1946 brit. Kronkolonie
1963 zu Malaysia

Mindanao
s. 1968 Religionskämpfe
Davao

Andamanensee

Medan
Kuala Lumpur
MALAYSIA
1963 unabh. Bundesstaat

SINGAPUR
1959 autonom
1963–65 zu Malaysia
1965 unabh. Rep.

BRUNEI
198.

Sarawak
1946 brit. Kronkolonie
1963 zu Malaysia
Kuching
Pontianak

Manado

Celebessee

PAZIFISCHER OZEAN

Sumatra
INDISCHER OZEAN
Padang
Palembang
INDONESIEN
1945/49
1950 Einheitsstaat
1949–56 Union mit Niederl.

Borneo

Makassar-Str.

Molukken

Westirian
bis 1963 niederl.

Diakarta
Linggadjati
Bandung
Bandjermasin
Celebes
Javasee
Ambon
Rep. d. Südmolukken
April–Okt. 1950 unabh.

Java
Surabaja
Ujung Pandang
(Makassar)

Bandasee

Lombok
Bali
Sumbawa
Flores
Sumba
Timor
b. 1976 port.
1976 indones. Annexion

AUSTRALIEN

Maßstab 1 : 35 000 000   0 200 400 600 800 1000 km

Ostl. Länge 130 v. Greenw.

© 92 Cornelsen

G. Schwarzrock

Der Pazifische Raum im 19. und 20. Jahrhundert

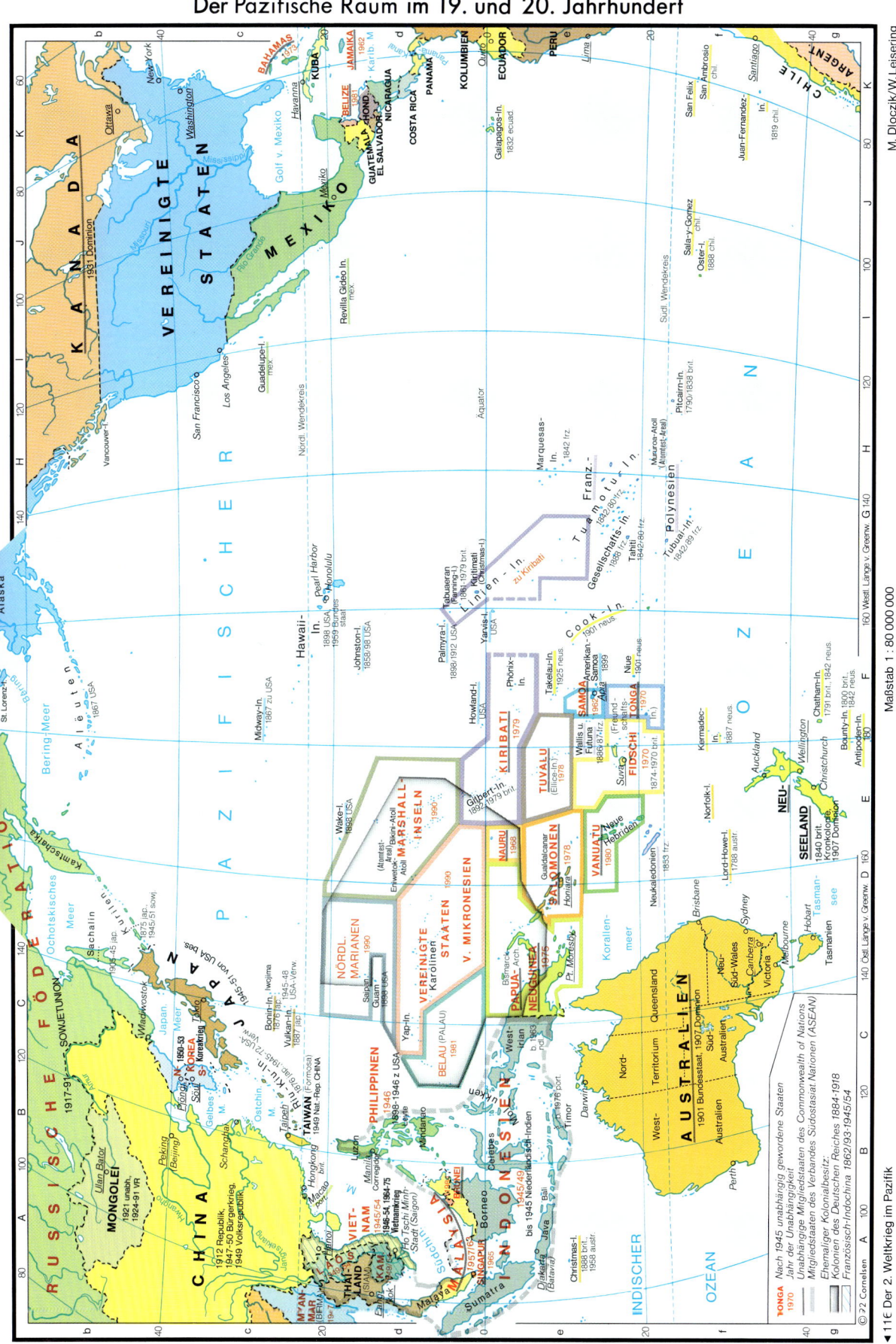

M. Dioczik/W. Leisering

Maßstab 1 : 80 000 000

© 22 Cornelsen

▼TONGA Nach 1945 unabhängig gewordene Staaten
1970   Jahr der Unabhängigkeit

Unabhängige Mitgliedstaaten des Commonwealth of Nations

Mitgliedstaaten des Verbandes Südostasiat. Nationen (ASEAN)

Ehemaliger Kolonialbesitz:
Kolonien des Deutschen Reiches 1884-1918
Französisch-Indochina 1862/93-1945/54

▼11€ Der 2. Weltkrieg im Pazifik
▲ 150/151 Politische u. militärische Mächtegruppen

Afrika – Koloniale Aufteilung bis 1914

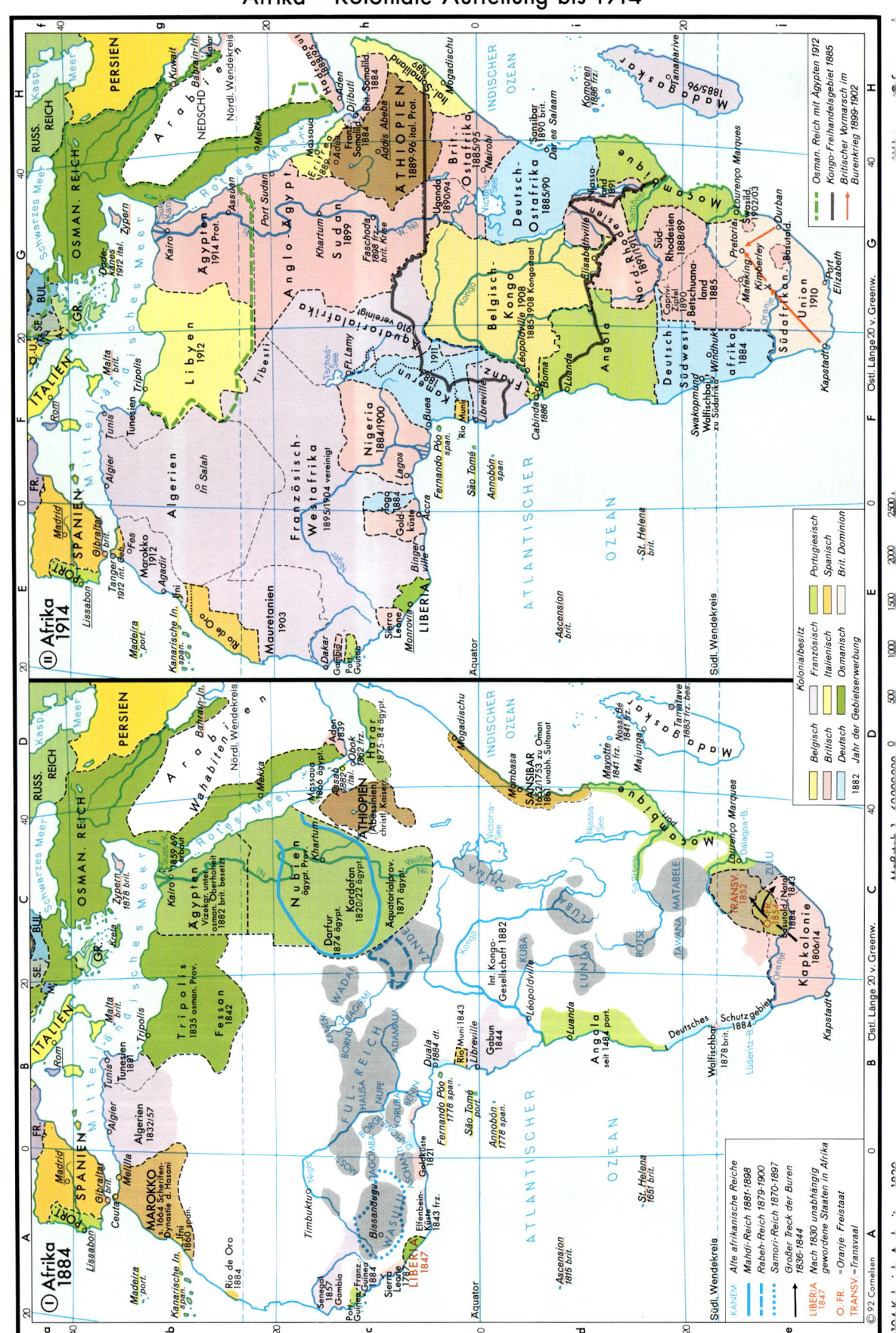

© '92 Cornelsen

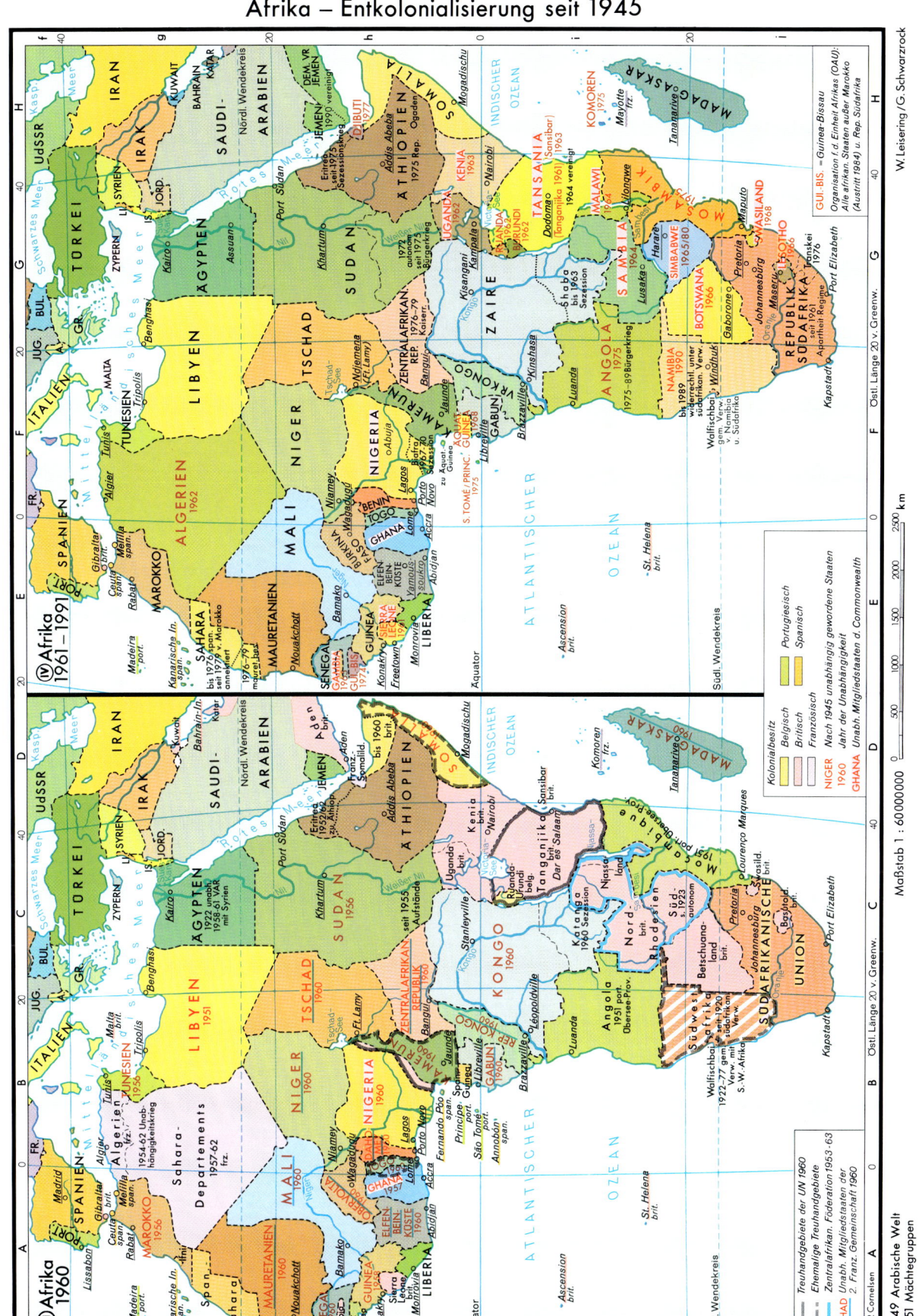

Afrika – Entkolonialisierung seit 1945

Wirtschaftsentwicklung und wirtschaftliche Zusammenschlüsse in Afrika

I Wirtschaftsentwicklung in Afrika

Wirtschaftliche Zusammenschlüsse in Afrika
- Wirtschaftsgemeinschaft Westafrikan. Staaten 1976
- Zentralafrikan. Wirtschaftsgemeinschaft 1983
- Südafrikan. Entwicklungs-Koordinations-Konferenz 1980
- Union des Arabischen Maghreb 1989
- Ost- u. Südafrikan. Präferenzhandelszone 1983
- NIGER Mit EG assoziierte Staaten n.d. Abkommen v. Lomè 1989

BU. = Burundi
RU. = Ruanda
T. = Togo
BA. = Bahrain
ISR. = Israel
KU. = Kuwait
V.A.E. = Vereinigte Arab. Emirate
SIMB. = Simbabwe

Exportgüter aus der Landwirtschaft
- Getreide
- Kakao
- Erdnüsse
- Baumwolle
- Tee
- Edelhölzer
- Sisal
- Tabak
- Wolle u. Felle
- Kautschuk
- Bananen
- Rindfleisch
- Kaffee
- Datteln

Exportgüter aus dem Bergbau
- Steinkohle
- Mangan
- Gold
- Erdöl
- Chrom
- Diamanten
- Eisen
- Zinn
- Phosphat
- Kupfer
- Uran
- Bauxit
- Blei/Zink

Abbaubeginn
- vor 1914
- 1914 - 1950
- nach 1950

Wasserkraftwerke
- vor 1950 erbaut
- nach 1950 erbaut

— Eisenbahnlinien, vor 1950 erbaut
— Erdölleitungen, nach 1950 erbaut

Industriestädte
- über 1 Mio. Einw.
- 500 000 - 1 Mio. Einw.
- 100 000 - 500 000 Einw.
- unter 100 000 Einw.

© 90 Cornelsen

II Wirtschaftsentwicklung der Maghrebstaaten im 20. Jahrhundert

Regionen landwirt. Nutzung
- Getreide-, Obst- u. Weinanbau
- Halbnomadische Viehzucht
- Oasenwirtschaft
- Halbwüste und Wüste
- Ehemalige koloniale Farmwirtschaft

Industrie (nach 1950)
- Chemische Industrie
- Erdölraffinerien
- Hüttenindustrie
- Metallverarb. Industrie
- Textilindustrie
- Wasserkraftwerke

Bergbau
- Erdöl
- Phosphat
- Erdgas
- Mangan
- Kohle
- Kupfer
- Eisen
- Blei/Zink

— Eisenbahnlinien
— Erdölleitungen
— Erdgasleitungen
1956 Jahr d. Förderungsbeginns bzw. Eröffnung

▶ 152/153 Weltwirtschaft

Karte I: Maßstab 1 : 50 000 000
Karte II: Maßstab 1 : 15 000 000

Östl. Länge 5 v. Greenw.

G. Schwarzrock

Bevölkerung in Afrika im 20. Jahrhundert

I

Bevölkerungsverteilung, Verstädterung und Wanderarbeiter in Afrika

Bevölkerungsverteilung (Einw./km²)
- über 200
- 100 – 200
- 50 – 100
- 10 – 50
- 1 – 10
- unter 1

Einwohner in Stadtregionen
- über 2 Mio.
- 1 – 2 Mio.
- 500 000 – 1 Mio.
- 100 000 – 500 000

Stadtbevölkerung
- ÄGYPTEN mehr als 50 %
- KONGO 25 % bis 50 %
- SUDAN weniger als 25 %

- Wanderarbeiter
- Sahel-Dürregebiet
- Wüste und Halbwüste

II

Vielvölkerstaaten in Westafrika
- Araber
- Bantu
- Bantuide
- Berber
- Fulbe
- Kwa-Völker
- Gur-Völker
- Haussa
- Kanuri
- Mande-Völker
- Songhai
- Z.-Afr.-Sudanvölker
- Heutige Staatsgrenzen
- Nicht besiedelte Gebiete

© 92 Cornelsen

III

Rassentrennung in Südafrika bis 1991
Siedlungsgebiet der Weißen
- um 1750
- um 1800
- seit 1910

Siedlungsgebiet der Schwarzen in Südafrika
- Vor Eindringen der Weißen
- Homelands 1991

Anteil der Bevölkerungsgruppen in den Städten 1985:
- Bantus
- Mischlinge
- Weiße
- Asiaten

Karte I: Maßstab 1 : 50 000 000
Karten II und III: Maßstab 1 : 25 000 000

0   500   1000   1500 km
0   250   500   750 km

G. Schwarzrock

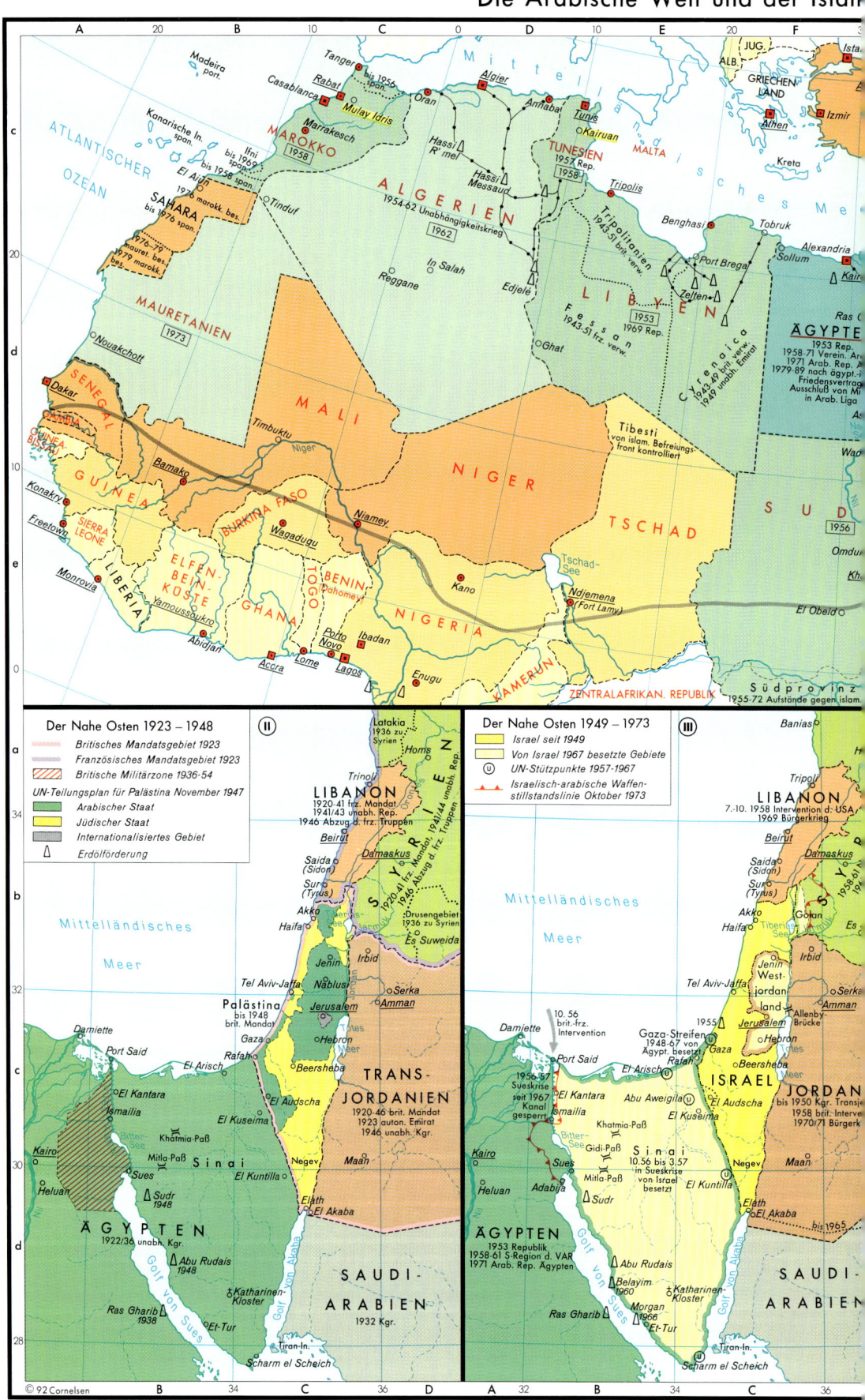

Der Nahe Osten 1923 – 1948 (II)

Britisches Mandatsgebiet 1923
Französisches Mandatsgebiet 1923
Britische Militärzone 1936-54
UN-Teilungsplan für Palästina November 1947
Arabischer Staat
Jüdischer Staat
Internationalisiertes Gebiet
△ Erdölförderung

Der Nahe Osten 1949 – 1973 (III)

Israel seit 1949
Von Israel 1967 besetzte Gebiete
⊕ UN-Stützpunkte 1957-1967
Israelisch-arabische Waffen-
stillstandslinie Oktober 1973

© 92 Cornelsen

◀ 110/111 Naher Osten 1919 – 1939
▶ 150/151 Polit. u. militär. Mächtegruppen
▶ 160 Naher und Mittlerer Osten seit 1985

Karte I: Maßstab 1 : 35 00
Karten II-IV : Maßstab 1 : 7 50

r Nahe Osten im 20. Jahrhundert

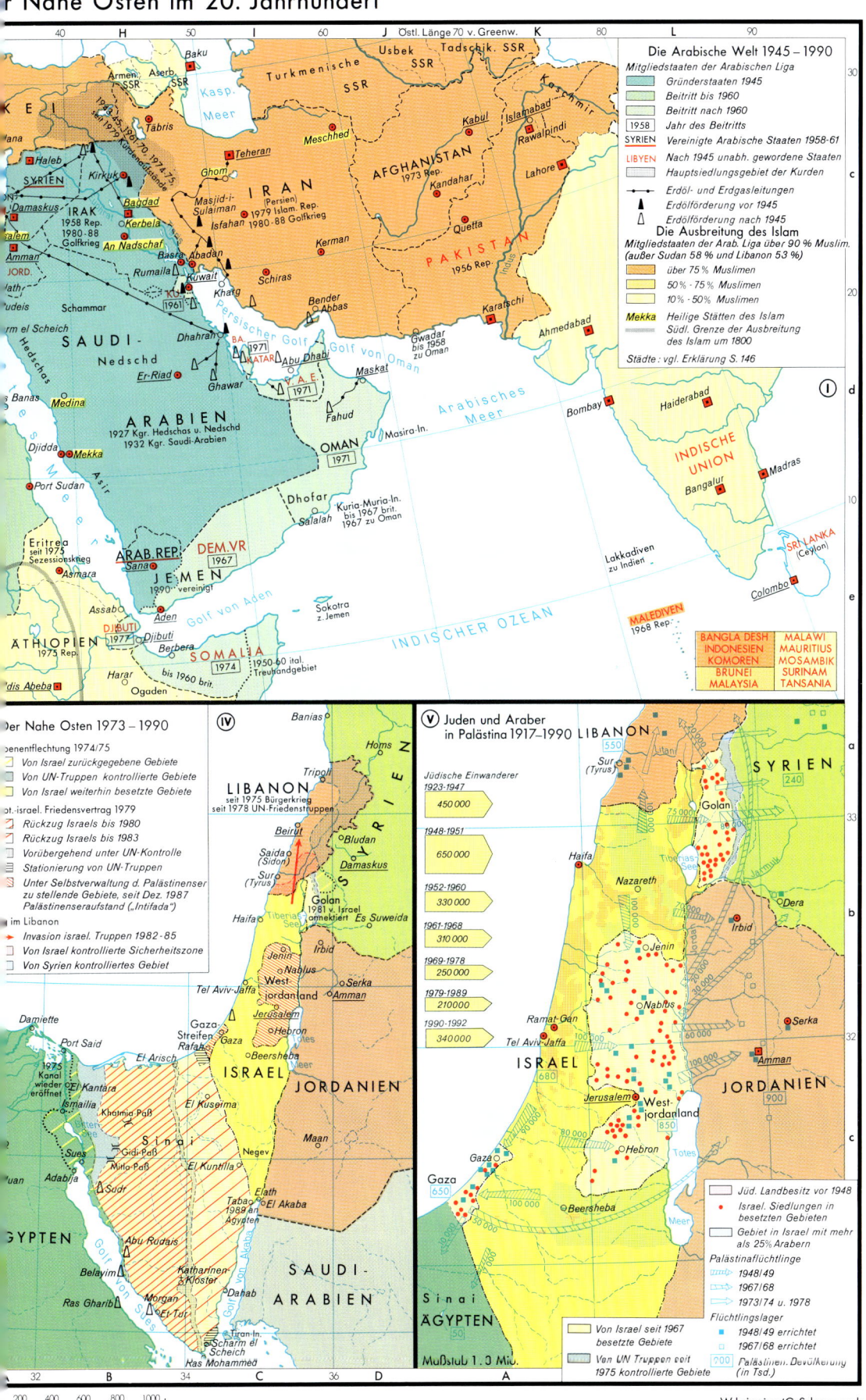

Politische und militärische Mächtegruppen

① Politisch-militärische Zusammenschlüsse 1945 – 1990

Legend:
- Vereinigte Staaten von Amerika
- Nordatlantikpakt-Organisation (NATO)
- Pazifikpakt (ANZUS)
- Verteidigungsabkommen mit USA außerhalb von NATO und ANZUS
- Zentrale Paktorganisation (CENTO) bis 1979
- ZYPERN — Stützpunkte unter brit. Souveränität
- MALAYSIA — Verteidigungsabkommen mit Gr.-Brit. außerhalb von NATO und CENTO
- GABUN — Beistandsabkommen mit Frankreich
- Organisation Amerikan. Staaten (OAS)
- Sowjetunion
- Warschauer Pakt 1955 – 1991
- Volksrepublik China
- KUBA — Kommunist. geführte Volksrepubliken außerhalb des Warschauer Paktes
- Organisation für d. Afrik. Einheit (OAU/OUA)
- Arabische Liga
- Verband Südostasiatischer Nationen (ASEAN)

Map labels include: Grönland, Thule, ISLAND, Keflavik, Point Barrow, Nome, Aklavik, Alaska, KANADA, VEREINIGTE STAATEN, Ottawa, New York, Washington, San Francisco, Los Alamos, Kap Kennedy, Bermuda-In. brit., ATLANTISCHER OZEAN, GROSS BRITAN, IRLAND, London, FRANKR, SPANIEN, PORT, Gibraltar brit., Azoren port., Madeira port., Kanarische In. span., MAROKKO b. 1984 OAU, ALGER, SAHARA seit 1982, MAURETANIEN, MALI, SENEGAL, GAMBIA, GUI.-BIS, GUINEA, SIERRA LEONE, LIBERIA, ELFENBEINKÜSTE, KAP VERDE, SÃO TOMÉ/PR, MEXIKO, Tlaltelolco, Mexiko, Habana, KUBA, BAHAMAS, JAMAIKA, BELIZE, GUATEMALA, EL SALVADOR, HONDURAS, NICARAGUA, COSTA RICA, PANAMA, Panamá, H. DOM. REP., ST. KITTS, ANTIGUA, DOMINICA, ST. LUCIA, ST. VINCENT, GRENADA, BARBADOS, TRINIDAD U. TOBAGO, VENEZUELA, GUYANA, SURINAM, Frz. Guayana, KOLUMBIEN, Bogotá, ECUADOR, Galápagos-In. ecuad., PERU, BRASILIEN, Brasília, BOLIVIEN, Petropolis, PARAGUAY, Rio de Janeiro, CHILE, Viña del Mar, Santiago, URUGUAY, Montevideo, Punta del Este, Buenos Aires, ARGENTINIEN, Falkland-In. brit., Süd-Georgien brit., Tristan da Cunha brit., St. Helena brit., Ascension brit., PAZIFISCHER OZEAN, KIRIBATI, Pearl Harbor, Hawaii-In., Nördl. Wendekreis, Südl. Wendekreis, OZEAN

---

② Die Weltmächte im Kalten Krieg 1946 – 1962

Legend:
- Vereinigte Staaten (USA)
  Integration in Bündnissystem d. USA
- vor August 1949
- nach August 1949
- Abh. Gebiete d. Bündnispartner
- Dän. — Stützpunktabkommen mit USA
- Sowjetunion (UdSSR)
- Warschauer Pakt 1955
- Beitritt 1956
- Kommunist. Staaten in
- Finnld — Militär. Beistandsabko.
- ○ Weltkrisen

Map labels include: Hawaii, PAZIFISCHER OZEAN, Kurilen, Japan, Vereinigte Staaten, Mexiko, Nordpol, Spitzbergen norw., Grönland dän., Washington, N. Korea 1950-53, S. Korea, Guam USA, Taiwan, Philippinen, Neu Guin, Sowjetunion, Mongol. VR, VR China, 1950-54 N. Vietnam, S., Finnld, Norwegen, Schwed, Moskau, Burma, Thail., Indonesien, Timor, 1948/49 CSSR, Ung., Rum., Jug., Bul., Alb., Türkei 1963, Irak, Iran, Afghan., Pakistan, Indien, Ceylon, Colombo, 1948/49, 1946-49, 1956 Ägypt., Saudi Arabien, Span., Algerien, Libyen, Athiop., INDISCHER OZEAN, ATLANTISCHER OZEAN, Azoren port., Nördl. Wendekreis (Südgrenze d. NATO-Bereiches), Marokko, Span. Sahara, Äquator, Frankr, Span, Port, Dän, 1962, Austr, Bandung, © 92 Cornelsen

Maßstab der Haupt

...eitalter des Ost-West-Konfliktes (1945–1990)

Die Verbreitung der atomaren Bedrohung 1945–1990

10 000 000

W. Leisering / G. Schwarzrock

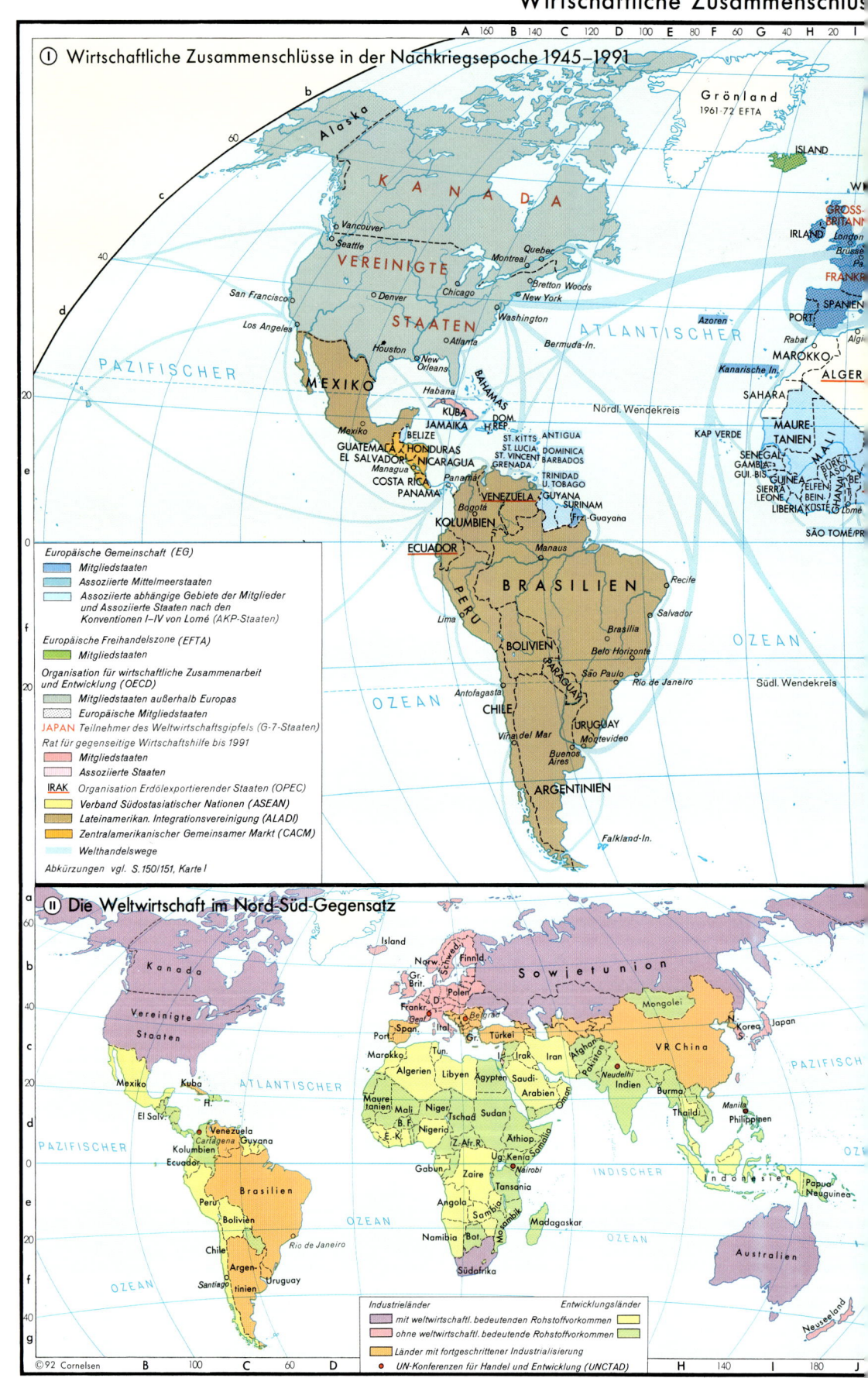

① Wirtschaftliche Zusammenschlüsse in der Nachkriegsepoche 1945–1991

Grönland
1961·72 EFTA

Alaska

KANADA

Vancouver
Seattle
Montreal Quebec
VEREINIGTE
San Francisco
Denver Chicago New York
Bretton Woods
Los Angeles Washington
STAATEN Atlanta
Houston
New Orleans
PAZIFISCHER
MEXIKO Habana BAHAMAS
Mexiko KUBA DOM.
BELIZE JAMAIKA H·REP.
GUATEMALA HONDURAS ST.KITTS ANTIGUA
EL SALVADOR NICARAGUA ST.LUCIA DOMINICA
Managua ST.VINCENT BARBADOS
COSTA RICA GRENADA
PANAMA Panama TRINIDAD
U.TOBAGO
VENEZUELA GUYANA
Bogotá SURINAM
KOLUMBIEN Frz.Guayana
ECUADOR Manaus

ISLAND

W
GROSS-
BRITANN
IRLAND London
Brüsse
Pa.
FRANKR
SPANIEN
PORT.
Azoren
Rabat Algi
MAROKKO
Kanarische In. ALGER
SAHARA
KAP VERDE MAURE-
TANIEN MALI
SENEGAL GAMBIA GUINEA BURK
GUI·BIS FASO BE
SIERRA ELFEN·BEIN·
LEONE KÜSTE
LIBERIA SÃO TOMÉ
Lomé

PERU
Lima
BRASILIEN Recife
Brasília Salvador
BOLIVIEN
Belo Horizonte
São Paulo
Antofagasta Rio de Janeiro
CHILE Viña del Mar Montevideo
URUGUAY
Buenos
Aires
ARGENTINIEN
Falkland-In.

ATLANTISCHER
Bermuda-In.
Nördl. Wendekreis

OZEAN
Südl. Wendekreis

Europäische Gemeinschaft (EG)
Mitgliedstaaten
Assoziierte Mittelmeerstaaten
Assoziierte abhängige Gebiete der Mitglieder
und Assoziierte Staaten nach den
Konventionen I–IV von Lomé (AKP-Staaten)

Europäische Freihandelszone (EFTA)
Mitgliedstaaten

**Organisation für wirtschaftliche Zusammenarbeit
und Entwicklung (OECD)**
Mitgliedstaaten außerhalb Europas
Europäische Mitgliedstaaten
JAPAN Teilnehmer des Weltwirtschaftsgipfels (G·7-Staaten)
Rat für gegenseitige Wirtschaftshilfe bis 1991
Mitgliedstaaten
Assoziierte Staaten
IRAK Organisation Erdölexportierender Staaten (OPEC)
Verband Südostasiatischer Nationen (ASEAN)
Lateinamerikan. Integrationsvereinigung (ALADI)
Zentralamerikanischer Gemeinsamer Markt (CACM)
Welthandelswege
Abkürzungen vgl. S.150/151, Karte I

② Die Weltwirtschaft im Nord-Süd-Gegensatz

Island
Kanada
Norw. Schwed. Finnld.
Gr.
Brit.
Vereinigte Polen
Staaten Frankr. D. Sowjetunion
Port. Genf Ital. Belgrad Mongolei
Span. Gr. Türkei N.
Korea Japan
Mexiko Kuba Marokko Tun. S.
H. Algerien Libyen Irak Iran Afghan. VR China
El Salv. Agypten Saudi- Pakistan
Maure- Arabien Oman Neudelhi
Venezuela tanien Mali Niger Tschad Sudan Indien Burma
Cartagena Guyana B.F. Nigeria Thaild. Manila
Kolumbien E.K. Z.Afr.R. Athiop. Philippinen
Ecuador Gabun Ug. Kenia Somalia
Nairobi Indonesien Papua
Peru Zaire Tansania Neuguinea
Brasilien
Bolivien Angola Sambia Mosambik Madagaskar
Namibia Bot. Australien
Chile Rio de Janeiro
Argen- Uruguay Südafrika
Santiago tinien Neuseeland

PAZIFISCHER ATLANTISCHER OZEAN INDISCHER OZEAN PAZIFISCH

Industrieländer **Entwicklungsländer**
mit weltwirtschaftl. bedeutenden Rohstoffvorkommen
ohne weltwirtschaftl. bedeutende Rohstoffvorkommen
Länder mit fortgeschrittener Industrialisierung
● UN-Konferenzen für Handel und Entwicklung (UNCTAD)

Maßstab

d Welthandel in der Gegenwart

K 40 **L** 60 **M** 80 **N** 100 **O** 120 **P** 140 **Q** 160 **R** 180 **S**

Franz-Josef-Land

Sewernaja
Semlja

Nowaja
Semlja

bergen

Murmansk
Nördl. Polarkreis

FINNLAND

lsinki

St. Petersburg
(Leningrad)   Swerdlowsk   Nowosibirsk   Bratsk   Irkutsk   Wladiwostok

kholm   S O W J E T U N I O N

Warschau   Moskau   Kuibyschew   Karaganda

Kiew   Charkow   MONGOLEI   NORD-   JAPAN
ING
RUM   KOREA
BUL   SÜD-   Tokio
GR   TÜRKEI   Baku   Peking
LTA   Teheran   VR CHINA   Schanghai
ZYPERN   SYR   IRAK   IRAN   AFGHAN.
EN   Kairo   Abadan   PAKISTAN   Delhi   NEPAL BH.   TAIWAN
        Sues   SAUDI-   KU BA. K.   Kalkutta   BD.   Hongkong
ÄGYPTEN   Y.AE.   OMAN   INDIEN
        ARABIEN   Bombay   MYANMAR   VIETNAM
HAD   JEMEN   DJIBUTI   Madras   (Burma)   PHILIPPINEN
SUDAN   Addis   SOMALIA   THAI-   KAM.
ZENTR-   Abeba   Colombo   LAND   Bangkok   Manila
FRIKAN.R.   ÄTHIOPIEN   SRI LANKA   Kuala Lumpur   MIKRONESIEN   MARSHALL-IN.
ZAIRE   UG. KENIA   Nairobi   MALEDIVEN   MALAYSIA   BRUNEI
RU.BU.   Arusha   SEYCHELLEN   SINGAPUR   OZEAN
GOLA   TANSANIA   I N D O N E S I E N   NAURU   KIRIBATI
SAM   MALAWI   KOMOREN   Djakarta   PAPUA-   SALOMONEN
BIA   SIMB.   INDISCHER   NEUGUINEA   TUVALU
IBIA   BOTSWANA   MADAGASKAR   Réunion   MAURITIUS   WESTSAMOA
SWASILAND   OZEAN   VANUATU   FIDSCHI
REP. SÜDAFRIKA   LESOTHO   A U S T R A L I E N   Neu-   TONGA
stadt   Perth   Kaledonien

PAZIFISCHER OZEAN

Adelaide   Sydney
Melbourne

NEUSEELAND

Ungleichgewicht im Welthandel heute

8 % 102
OSTEUROPA U. GUS

15 % 205
NORDAMERIKA

25 % 328
EUROPA
(EG U. EFTA)

17 % 225
JAPAN

6 % 77
NAHER OSTEN

4 % 47
AFRIKA

15 % 204
SÜD- UND OSTASIEN

7 % 86
LATEINAMERIKA

3 % 36
SÜDAFRIKA U. OZEANIEN

ATLANTISCHER   INDISCHER   OZEAN

OZEAN

Flächen-farben	Welthandelszonen nach dem Allgemeinen Zoll- und Handelsabkommen (GATT)
47	Exportvolumen der Handelszone in Mrd. US-Dollar
4%	Anteil am Welthandel (Export von Waren und Dienstleistungen) in Prozent

A 140 **B** 100 **C** 60   100 **H** 140 **I** 180 **J**

Beginn des Wandels in Ost- und Südosteuropa bis Ende 1990

NORW. Oslo **SCHWEDEN** Stockholm **FINNLAND** Helsinki Leningrad

Nordsee **Ostsee**

10.88 Gründung nationaler Volksfronten
5.89 Gründung des »Baltischen Rates«

Tallinn (Reval) **Estnische SSR** 3.90 Peipus-See
3.90 staatl. Souveränität

Russische Sozialistische Föderative SR (RSFSR)
6.90 Souveränitätserklärung

Lettische SSR Riga
5.90 staatl. Souveränität 3.90

DÄNEMARK

9./10.89 Gründung unabh. Bürgergruppen u. Parteien
s. 10.89 Großdemonstrationen
18.10.89 Sturz E. Honeckers
11.89-3.90 Regierung Modrow
18.3.90 Erste freie Wahlen zur Volkskammer
s. 1.7.90 Wirtschafts- und Währungsunion mit BR Deutschland
3.10.90 Vereinigung

Litauische SSR
3.90 Unabhängigkeitserklärung 2.89

Königsberg (Kaliningrad) Memel zur RSFSR Wilna (Vilnius)
7.90 Souveränitätserklärung Minsk **Weißrussische SSR**

NDL.

BUNDES- 2.12.90 Erste gesamtdeutsche Wahl Berlin (W.) (O.)
REPUBLIK **DDR** 12.89-3.90
Bonn Leipzig Dresden

Danzig (Gdansk) Wechsel **POLEN** Warschau 2.-4.89 Njemen Dnjepr

SOWJETUNION (UdSSR)
3.85 Beginn der Reformpolitik unter M. Gorbatschow
12.88 Beginn einer Verfassungsreform
Wahlen zum Kongreß der Volksdeputierten
Verfassungsreform mit
2.90 Einrichtung des Amtes des Staatspräsidenten

Kiew

DEUTSCH-LAND Rhein

11.89 Demonstrationen für demokratische Reformen
10.12.89 Bildung der Regierung der »nationalen Verständigung«
29.12.89 Wahl von Vaclav Havel zum Staatspräsidenten
10.6.90 Erste freie Wahlen

Prag **TSCHECHO- (ČSFR)** Elbe Breslau (Wroclaw) Neiße

s. 8.88 Gespräche zwischen Regierung u. Solidarnosc
4.6.89 Parlamentswahlen
12.8.89 Allparteienregierung unter erstem nichtkommun. Ministerpräsidenten
12.90 Wahl v. Lech Walesa zum Staatspräsidenten

Ukrainische SSR
7.90 Souveränitätserklärung

Dnjestr

SLOWAKEI Donau Wien Bratislava (Preßburg)

Moldauische SSR
Kischinew 9.90
6.90 Souveränitätserklärung

ÖSTERREICH Budapest

SCHWEIZ Bern

UNGARN
5.88 Rücktritt J. Kádárs
10.89 Selbstauflösung der KP und Verfassungsreform
25.3.90 Erste freie Wahlen

Temesvár 17.12.89

Siebenbürgen **RUMÄNIEN**
17.12.89 Beginn von Bürgerkriegsunruhen
22.12.89 Sturz d. Ceausescu-Regimes
20.5.90 Wahlen mit Sieg der kommunist. »Front zur nationalen Rettung«

Bukarest 12.89

Slowenien 4.90
Kroatien 4.90 Vojvodina

11.90 Bosnien-
JUGOSLAWIEN Belgrad
Herzegowina
Serbien 12.90
seit 1988 zunehmender Nationalitätenkonflikt
1990 weitere Verselbständigung d. Teilrepubliken

Montenegro 12.90 Kosovo s. 2.89

ITALIEN **Adriatisches Meer** Po

Rom

BULGARIEN
Sofia 1.-5.90, 8.90
13.12.89 Sturz T. Schiwkoffs
10.6.90 Erste freie Wahlen
5.89 5.89

Tirana Mazedonien 10.90

ALBANIEN
12.90 Zulassung unabh. Parteien, Ankündigung freier Wahlen

GRIECHENLAND

TÜRKEI

Tyrrhenisches Meer **Ägäis** Schwarzes Meer Donau

Stand: 1.1.1991

0 100 200 km

Legend

Übergang zum Mehrparteiensystem und Durchführung freier Wahlen	...... Abbau von Grenzbefestigungen Mai 1989
Politische und wirtschaftliche Reformen bei Aufrechterhaltung des Führungsanspruchs der Kommunisten	---- Öffnung der Grenze am 9. November 1989
Streben nach nationaler Souveränität	Massenflucht von DDR-Bürgern August bis Oktober 1989
18.3.90 Erste freie Wahlen	Blutige Unruhen
	Gespräche zwischen Regierung und Opposition am „Runden Tisch"

Ostgrenze des Deutschen Reiches v. 31.12.1937 unter Berücksichtigung des Fortbestehens der Viermächteverantwortung für Deutschland als Ganzes vor Inkrafttreten des deutsch-polnischen Grenzvertrages

Das vereinigte Deutschland nach Inkrafttreten des deutsch-polnischen Grenzvertrages

© 91 Cornelsen

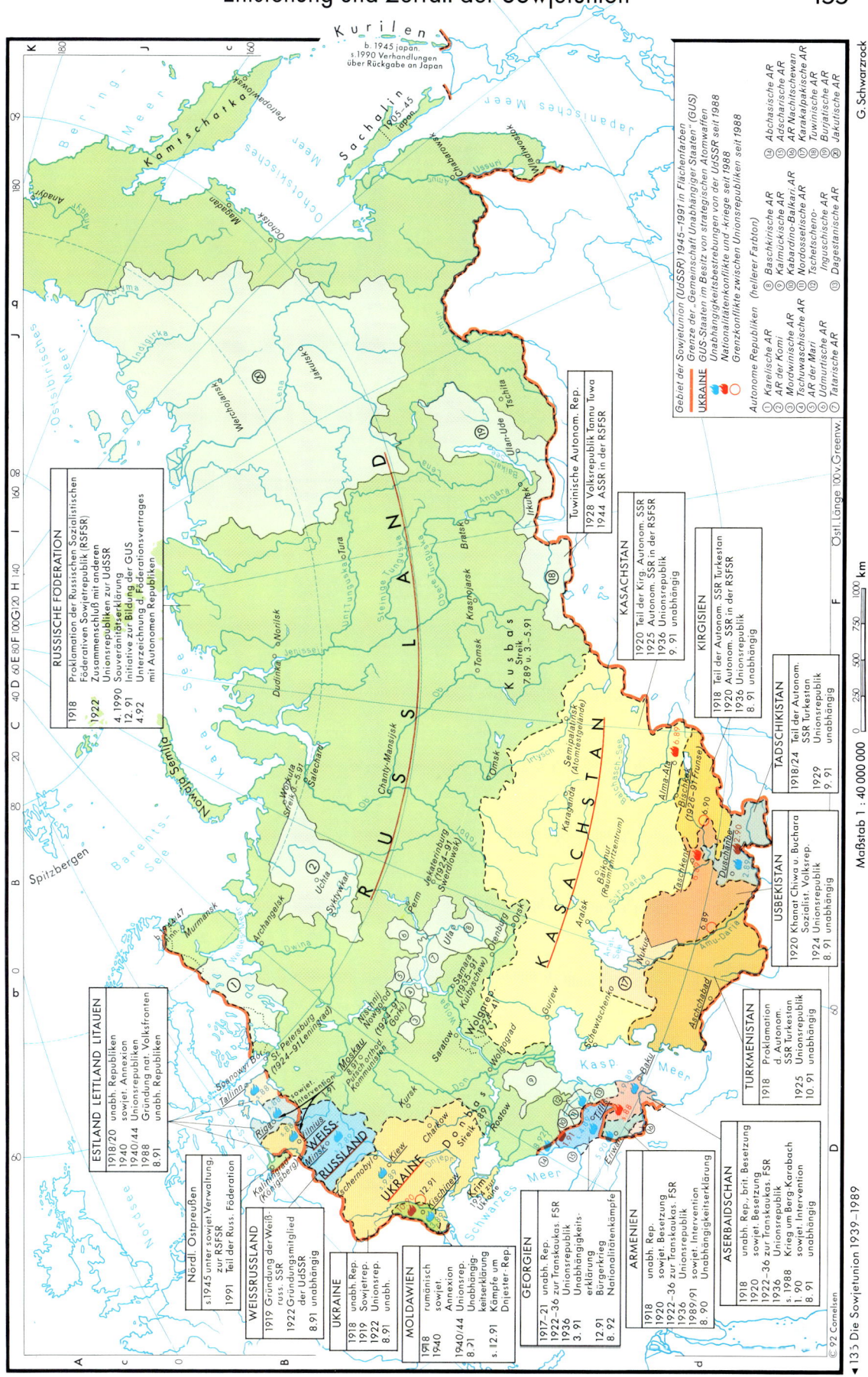

Die europäische Einigung nach dem Ende der Teilung Europas
Der Zerfall des Vielvölkerstaates Jugoslawien

I Wirtschaftliche Zusammenschlüsse nach dem Ende der Teilung Europas

Legende:
- Mitgliedstaaten der EG 1992
- EFTA-Staaten, die Beitritt zur EG beantragt haben
- Kooperationsabkommen mit EG („Europa-Verträge") seit 1991
- Mit EG assoziierte Staaten, beantr. Mitgliedschaft abgelehnt
- Europäische Freihandelszone (EFTA) 1992
- Europäischer Wirtschaftsraum (EWR) seit 1991
- Gemeinschaft Unabhängiger Staaten (GUS) 1992

ISLAND

NORWEGEN · Oslo · Stockholm · Helsinki · St. Petersburg (Leningrad)
SCHWEDEN · FINNLAND
Färöer-In. auton. z. Dän.
Tallinn ESTLAND · Riga LETTLAND · Wilna LITAUEN · Minsk WEISSRUSS-LAND · Moskau
GROSS-BRITANNIEN 1973 EG-Mitglied · IRLAND 1973 EG-Mitglied · Dublin · London
Nordsee · Kopenhagen DÄNEMARK 1973 EG-Mitglied
RUSS-LAND
POLEN · Warschau
Berlin · BUNDES-REPUBLIK DEUTSCH-LAND · Prag TSCHECH. REP. · Kiew UKRAINE
NDL. · BELG. · Brüssel -Maastricht · Bonn · LUX.
FRANKREICH · Paris · Straßburg · SCHWEIZ Beitrittsantrag Jan. Referendum gescheitert · LIECHT. · Genf · ÖSTERREICH · Wien · Budapest UNGARN · SLOWAKEI · MOL-DAWIEN
PORTUGAL 1986 EG-Mitglied · Lissabon · SPANIEN 1986 EG-Mitglied · Madrid
Korsika · ITALIEN · Rom
Balearen · Sardinien
SLOW. · KROATIEN · BOSNIEN-HERZE-GOWINA · Serbien · JUGO-SLAWIEN · Monte-negro · MÄKE-DONIEN · Sofia BULGARIEN · Bukarest RUMÄNIEN
ALBANIEN · GRIECHENLAND 1981 EG-Mitglied · Athen · Kreta
ATLANTISCHER OZEAN
Sizilien · MALTA · Mittelländisches Meer
GEOR-GIEN · Schwarzes Meer · Ankara TÜRKEI · ZYPERN · SYRIEN · LIBANON · ISRAEL · JORDANIEN
MAROKKO · ALGERIEN · TUNESIEN · LIB-YEN · ÄGYPTEN

Stand: 1. 5. 1993

II Der Zerfall des Vielvölkerstaates Jugoslawien

ÖSTERREICH
ITALIEN · SLOWENIEN · Maribor · UNGARN · Klausenburg
Ljubljana · Varaždin · Pécs
Triest · Zagreb · Karlovac · KROATIEN
Rijeka · Osijek · Wojwodina · RUMÄNIEN · Temesvar · Hermannstadt
Slavonski Brod · Vukovar · Novi Sad
Banja Luka · BOSNIEN · Belgrad · Crajova
Zenica · Tuzla · („REST") JUGOSLAWIEN
Zádar · HERZEGOWINA · Sarajevo seit Mai 1992 serb. Bombardement · Goražde
Split · Mostar · Niš
Trebinje · Monte-negro · Priština · BULGARIEN · Sofia
Dubrovnik serb. Bombardement Sommer 1991 · Podorica (Titograd) · Kosovo
Herceg novi
ITALIEN · ALBANIEN · Skopje · MAKEDONIEN
Tirana · Durrës · GRIECHENLAND

Völker:
- Serben
- Montenegriner
- Bosniaken
- Kroaten
- Slowenen
- Makedonier
- Albanier
- Griechen
- Türken
- Bulgaren
- Ungarn
- Deutsche
- Rumänen
- Italiener
- Friauler
- Roma u. Sinti
- Serbische Internierungslager
- Kroatische und Bosnische Lager

© 92 Cornelsen · Östl. Länge 16 v. Greenw.

I:◄123II Wirtschaftl. Zusammen-schlüsse in Europa

Karte I: Maßstab 1 : 30 000 000
Karte II: Maßstab 1 : 7 000 000

W. Leisering / G. Schwarzrock

Die deutschen Länder im 20. Jahrhundert

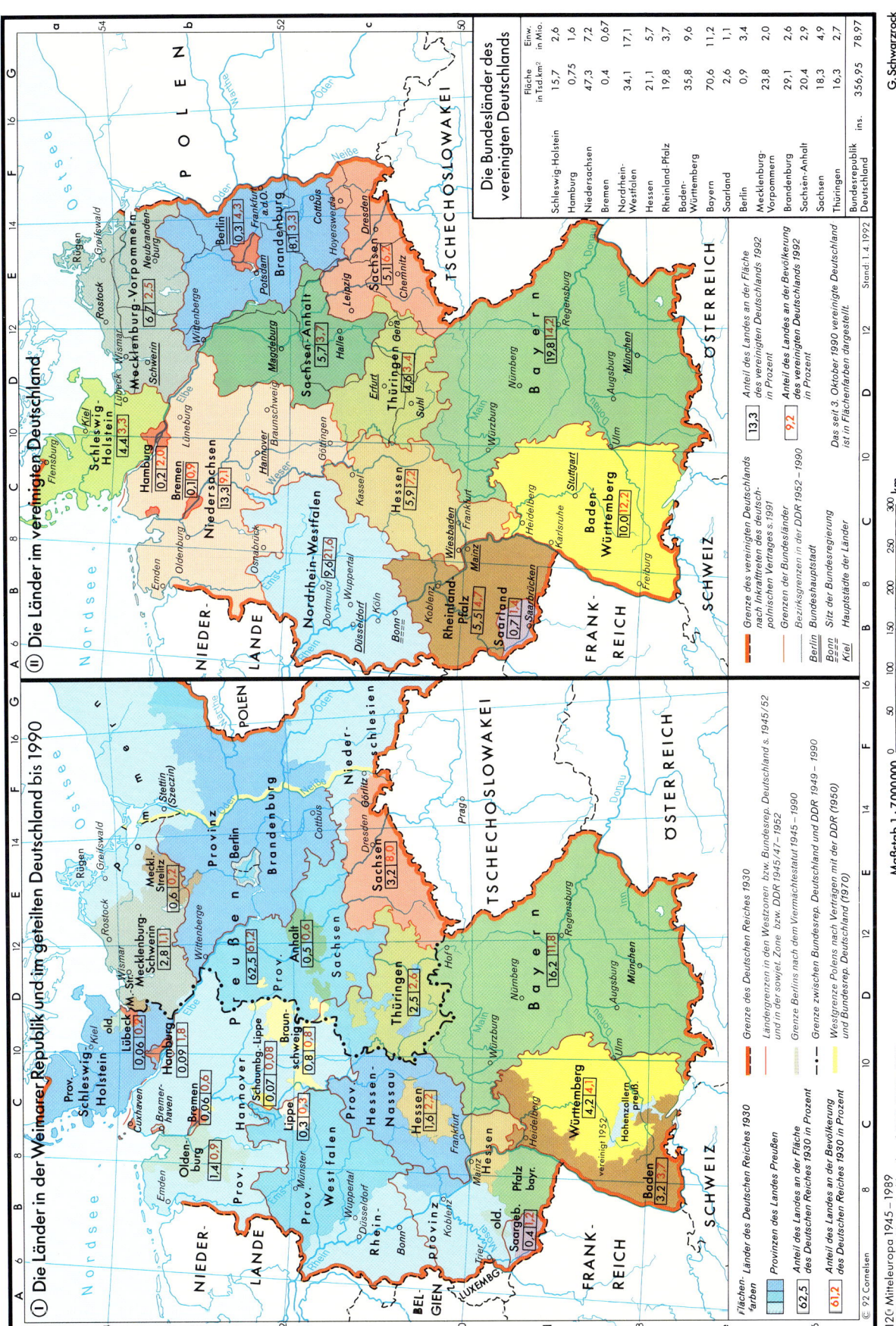

① Die Länder in der Weimarer Republik und im geteilten Deutschland bis 1990

② Die Länder im vereinigten Deutschland

Maßstab 1 : 7 000 000

Die Bundesländer des vereinigten Deutschlands	Fläche in Tsd. km²	Einw. in Mio.
Schleswig-Holstein	15,7	2,6
Hamburg	0,75	1,6
Niedersachsen	47,3	7,2
Bremen	0,4	0,67
Nordrhein-Westfalen	34,1	17,1
Hessen	21,1	5,7
Rheinland-Pfalz	19,8	3,7
Baden-Württemberg	35,8	9,6
Bayern	70,6	11,2
Saarland	2,6	1,1
Berlin	0,9	3,4
Mecklenburg-Vorpommern	23,8	2,0
Brandenburg	29,1	2,6
Sachsen-Anhalt	20,4	2,9
Sachsen	18,3	4,9
Thüringen	16,3	2,7
Bundesrepublik Deutschland ins.	356,95	78,97

Stand: 1. 4. 1992

G. Schwarzrock

© 92 Cornelsen

▼ 12 ① Mitteleuropa 1945 – 1989
12 ② Bundesrepublik Deutschland und DDR 1949 – 1989

I Die Vereinten Nationen und Brennpunkte der Weltpolitik heute

A 160 B 140 C 120 D 100 E 80 F 60 G 40 H 20 I

Grönland

ISLAND

Alaska

K A N A D A

GR. BRIT.

IRLAND London

Vancouver

Montreal Quebec

FRANKR

VEREINIGTE

New York

SPANIEN

San Francisco 1945 Gründung der UNO

Washington

Azoren

PORT

STAATEN

ATLANTISCHER

MAROKKO

Los Angeles

Bermuda-In.

Kanarische In.

Algi

ALGER

PAZIFISCHER

MEXIKO

BAHAMAS

Habana

SAHARA 1991

MEXIKO

MAURE-
TANIEN

Mexiko

KUBA DOM. REP.

KAP VERDE

JAMAIKA

1965-66 ANTIGUA

MALI

BELIZE

ST. KITTS.

SENEGAL

GUATEMALA HONDURAS

ST. LUCIA DOMINICA

GAMBIA

GUINEA

BEI

GHANA

EL SALVADOR NICARAGUA

ST. VINCENT BARBADOS

GUI. BIS.

SIERRA

BEIN

COSTA RICA 1989-90

GRENADA

TRINIDAD U. TOBAGO

LEONE

ELFEN
KÜSTE

PANAMA

VENEZUELA GUYANA

LIBERIA

Lome

KOLUMBIEN

SURINAM

SÃO TOMÉ/PR

Bogotá

Frz. Guayana

ECUADOR

B R A S I L I E N

PERU

Lima

Brasilia

OZEAN

BOLIVIEN

São Paulo

OZEAN

PARAGUAY

Rio de Janeiro

CHILE

URUGUAY

Montevideo

Buenos
Aires

ARGENTINIEN

Falkland-In.

Mitgliedstaaten der Vereinten Nationen

- Gründungsmitglieder 1945
- Aufnahme 1945–1959
- Aufnahme 1960–1974
- Aufnahme 1975–1989
- Aufnahme seit 1990
- Nichtmitglieder
- Überseeprovinzen und abhängige Gebiete

Frankr. Ständige Mitglieder des UN-Sicherheitsrates

Friedensmissionen der Vereinten Nationen seit 1945

- Entsendung von Beobachtern, Schlichtern usw.
- Entsendung von Friedenstruppen

Brennpunkte der Weltpolitik

- Bürger-, Sezessions- und Grenzkriege

Abkürzungen vgl. S. 150/151 Karte I

II Politisch-militärische Zusammenschlüsse nach dem Ende des Ost-West-Konfliktes

Island Norw.

Russ. Föderation

Kanada

Finnld.

Schwed.

PAZIFISCHER

Irland Gr.-
Brit.

Dän.

W.

Ukraine

Kasachstan

Mongolei

N.-
Korea
S.

Japan

Vereinigte

Frankr. S

D. Pol.

Rumi

VR China

Staaten

Port.

Span.

Italien

Bul.

Türkei

Iran

Afgh.

Pakist.

Mexiko

Kuba

Marokko

Zy.
Israel

Irak

Nep.

B.D.

Taiwan

Jam. H. Dom. Rep.

ATLANTISCHER

Algerien Libyen

Ägypt.

Saudi-
Arabien

Oman

Indien

Myanmar

PAZIFISCH

Guatemala Hond.
El Salvador Nic.
Costa Rica

Sahara

Mauretanien

Mali

Niger

Tschad

Sudan

Jemen

Sri Lanka

Thaild.

Vietnam

Philippinen

OZEAN

Pan.

Venez. Guyana

Gui.-Bis.

Guinea

E. K.

Nigeria

Z.
Afr. R.

Äthiopien

Malaysia

Kolumbien

Liberia

Kamerun

Zaire

Somalia

INDISCHER

Indonesien

Papua
Neuguinea

Ecuador

Gabun

Ug.

Kenia

B r a s i l i e n

Tansania

Peru

OZEAN

Angola

Mal.

Sambia

Madagaskar

O

Bolivien

Mos.

OZEAN

A u s t r a l i e n

Paraguay

Namibia Bot.

Chile

Uruguay

Argen-
tinien

Swa.

r. Le.

Neu-
Seeland

Südafrika

- Vereinigte Staaten von Amerika
- NATO-Mitgliedstaaten
- Nordatlant. Kooperationsrat (NACC) s. 1991

- Gemeinschaft Unabhängiger Staaten (GUS)
- Kommunist. Volksrepubliken
- Verband Südostasiatischer Nationen (ASEAN)
- Organisation Amerikan. Staaten (OAS)
- Organisation f. d. Afrikan. Einheit (OAU)
- Arabische Liga
- Internationale Krisengebiete

© 92 Cornelsen B 100 C 60 D 20 100 H 140 I 180

◄150/151 Die Welt im Zeitalter des Ost-West-Konfliktes

Maßstab

Die Krisenregion Naher Osten

Siedlungsgebiet der Kurden
Aufstände nat. Minderheiten
KATAR Mitgliedstaaten des
Golf-Kooperationsrates

Golfkrise u. Golfkrieg
Irak. Invasion 2. Aug. 1990
Alliierte Streitkräfte zur
Befreiung Kuwaits
17. Jan. – 28. Feb. 1991
Wichtige Erdölfelder
Erdölleitungen
Aug. 1000 geschlossene
Erdölleitungen

tkarte 1 : 110 000 000

W. Leisering / G. Schwarzrock

Flüchtlinge 1991/92

Von den Flüchtlingshilfsorganisationen der Vereinten Nationen (UNHCR und UNRWA) waren im Jahr 1991 weltweit etwa 20 Millionen Menschen als Flüchtlinge registriert. Nicht mitgezählt sind dabei Binnenflüchtlinge, die noch einmal nach Schätzungen etwa 10 Millionen Heimatlose im eigenen Land ausmachen. In der folgenden Statistik sind die wichtigsten Aufnahmeländer sowie Angaben zu den wichtigsten Herkunftsländern der Flüchtlinge aufgeführt.

Afrika insgesamt	**5 340 000**
davon:	
Algerien (v. a. aus Sahara u. Mali)	204 000
Äthiopien (v. a. aus Somalia u. Sudan)	534 000
Burundi (v. a. aus Ruanda u. Zaire)	107 000
Dschibuti (v.a. aus Somalia u. Äthiopien)	120 000
Elfenbeinküste (v. a. aus Liberia)	240 000
Guinea (v. a. aus Liberia u. Sierra Leone)	566 000
Kenia (v.a. aus Somalia u. Äthiopien)	107 000
Malawi (v. a. aus Mosambik)	950 000
Sambia (v.a. aus Angola u. Mosambik)	140 000
Simbabwe (aus Mosambik)	198 000
Südafrika (aus Mosambik)	201 000
Sudan (v. a. aus Äthiopien u. Tschad)	717 000
Tansania (v. a. aus Burundi, Mosambik u. Ruanda)	251 000
Uganda (v. a. aus Ruanda u. Sudan)	165 000
Zaire (v. a. aus Angola, Sudan u. Burundi)	482 000

Mittel-, Süd- u. Ostasien insgesamt	**7 800 000**
davon:	
Hongkong (aus Vietnam)	60 000
Indien (v. a. aus Sri Lanka, VR China u. Bangladesh)	403 000
Iran (v. a. aus Afghanistan u. Irak)	3 150 000
Pakistan (aus Afghanistan)	3 594 000
Thailand (v.a. aus Kambodscha, Laos u. Myanma)	513 000

Naher Osten insgesamt	**2 550 000**
davon	
Palästinenser – im Gaza-Streifen	529 000
– in Jordanien	960 000
– im Libanon	314 000
– in Syrien	290 000
– im Westjordanland	430 000

Lateinamerika insgesamt	**1 100 000**
davon:	
Costa Rica (v.a. aus Nicaragua)	280 000
Guatemala (v. a. aus El Salvador)	220 000
Honduras (v. a. aus El Salvador)	240 000
Mexiko (v. a. aus Guatemala u. El Salvador)	360 000

Nordamerika insgesamt	**1 470 000**
davon:	
USA (v. a. aus Vietnam, Kuba u. Haiti)	1 000 000
Kanada (v. a. aus Vietnam u. Osteuropa)	470 000

Europa insgesamt	**1 090 000**
davon:	
Deutschland	256 000
Schweden	251 000
Frankreich	190 000

Flüchtlinge aus dem ehemaligen Jugoslawien (Stand August 1992)

Deutschland	200 000	In den Republiken des ehemaligen Jugoslawiens hielt sich Anfang August 1992 folgende Anzahl von Flüchtlingen auf:
Österreich	50 000	
Ungarn	50 000	
Schweden	44 000	
Schweiz	17 000	Slowenien — 66 000
Italien	7 000	Kroatien — 628 500
Niederlande	6 300	Bosnien-Herzegowina — 593 000
Norwegen	2 300	Serbien — 375 000
Dänemark	1 600	Montenegro — 48 500
Polen	1 500	Makedonien — 31 000
Frankreich	1 100	
Großbritannien	1 100	
Luxemburg	1 000	
Finnland	1 000	

Hinweise zur Benutzung des Registers

Das Register der vorliegenden Neubearbeitung des PUTZGER führt eine Auswahl der im Kartenteil vorhandenen Namen auf. Aufgenommen sind Namen von Städten, Staaten, Dynastien, Völkern, Bündnissen und geographische Bezeichnungen (Landschaften, Berge, Inseln, Flüsse), sofern sie von historischer Bedeutung sind.

Namen, deren historische Bedeutung von langer Dauer ist und die deshalb häufiger im Kartenteil erscheinen, werden in einem chronologisch aufgebauten Artikel behandelt.

Beispiele:

Genf (Genève): Stadt in d. Schweiz 118/119 Gd – um 120 v. Chr. röm., Genava 20/21 Aa – s. d. 5. Jh. n. Chr. Bm. 38/39 I Db – im 5. Jh. Hptst. d. Burgund. Reiches 35 III hI – 534 fränk. 37 I Db – s. 1124 unter bischöfl. Herrschaft 54/55 III Ce – im 14./15. Jh. Bank- u. Messezentrum 68/69 Dd – 1526 Bündnis mit Städten d. Eidgen. geg. Savoyen 70/71 CDe – 1536 Einführg. d. Reformation, Zentrum d. Calvinismus 73 I De – 1559 Gründg. d. protestant. Akademie, später Univ. 73 II Oj – 1798-1814 franz. 72 I Ac, 88/89 Gd – 1864 G.er Konvention schafft d. Grundlage für ein internationales Kriegsrecht; s. 1864 Sitz d. Internationalen Roten Kreuzes 92 De – 1920-46 Sitz d. Völkerbundes 110/111 Gd – s. 1945 Tagungsort zahlreicher internationaler Konferenzen 124/125 I Jc

Irland: Insel u. Staat in NW-Europa 118/119 Dc – s. d. 1. Jtd. v. Chr. Einwanderg. d. Kelten 18 I Bb – in röm. Zeit Hibernia genannt 26/27 I Cb – um 432 n. Chr. Beginn d. Christianisierg., Gründg. v. Klöstern als Ausgangspunkte d. iroschott. Mission 41 I Bb – im 8./9. Jh. nach Eindringen d. Normannen entstehen zahlreiche irokelt. Königreiche 37 II el, 44 Ba – s. d. 12. Jh. Beginn d. engl. Eroberg. 46/47 I Aa – im 16./17. Jh. Unterdrückg. u. Verfolgg. d. Katholiken verschärft d. engl.-irischen Gegensatz 66/67 Dc – 1801 Union mit → Großbritannien 88/89 Dc – wirtschaftl. u. soziale Mißstände führen 1848 z. Aufstand d. Iren u. zur Massenauswanderg. in d. USA 90/91 Dc – 1916 Osteraufstand, 1921 Abtrenng. v. → Nordirland (Ulster); 1921 brit. Dominion, 1922 Freistaat, 1937 Erlangg. d. vollen Souveränität 110/111 Dc – 1949 nach Proklamation d. Rep. Eire Austritt aus d. Commonwealth; in Nordirland andauernde Kämpfe für nationale Unabh. 118/119 Dc

Namen, deren historische Bedeutung in einem Zeitabschnitt der Geschichte liegt oder die wichtige einmalige Ereignisse repräsentieren, werden in einem kürzeren Artikel behandelt:

Beispiele:

Bull Run: Fluß in d. östl. USA – 1861, 1862 ✗, Sieg d. Konföderation über d. Unionstruppen im Sezessionskrieg 127 II Jf

Fotheringhay: Ort in Großbritannien – 1587 Hinrichtg. d. Maria Stuart 66/67 Ec

Für die formale Ordnung und den inhaltlichen Aufbau des Registers gelten folgende Regeln:

1. Die Namen werden in der Reihenfolge des deutschen Alphabets aufgeführt. Die Umlaute ä, ö, ü sind den Buchstaben a, o, u gleichgestellt.

2. Die Schreibweise der Namen im Register und Kartenteil ist identisch. Der im deutschen Sprachgebrauch üblichen Namensform (Exonym, Transliteration) wird in vielen Fällen der heute offizielle amtliche Name in Klammern hinzugefügt.

3. Historische Namen und Namensänderungen werden, soweit sie im Kartenteil enthalten sind, im Artikel zum Exonym abgehandelt. Auf den heute gültigen Namen wird verwiesen.

4. In der Regel wird im Artikel einleitend eine auf die heutige politische Gliederung bezogene Lageangabe genannt. Bei Namen, die in den Bereich der Bundesrepublik Deutschland fallen, wird die Zugehörigkeit zum jeweiligen Bundesland angegeben.
   Die Lageangabe wird um den Zusatz „heutig" erweitert, wenn die in der Karte dargestellten Grenzen nicht mit den heutigen übereinstimmen und im Artikel nur eine einzige Information gegeben wird (Araukaner: indian. Volk im heut. Chile u. Argentinien).

5. Innerhalb eines Artikels wird jede Information mit einem Kartenverweis versehen. Der Kartenverweis erfolgt in der Reihenfolge: Seitenzahl, Kartennummer, Suchbuchstaben (54/55 III Hb). Mit Hilfe der Suchbuchstaben, die in der Karte am oberen und unteren Rand mit Großbuchstaben und an den seitlichen Rändern mit Kleinbuchstaben eingetragen sind, kann der gesuchte Name lokalisiert werden.

6. Verweise auf weiterführende Stichwörter sind durch → gekennzeichnet.

7. Im Artikel verwendete Abkürzungen sind, soweit sie nicht erschließbar sind, im Abkürzungsverzeichnis vor dem Kartenteil erklärt.

A

Aachen: Stadt in NRW 118/119 Gc – röm. Siedlg. Aquae 30/31 Bc – Pfalz Karls d. Gr. 41 III – 812 Vertrag von A.: Anerkenng. d. Kaiserwürde Karls d. Gr. durch d. oström. Kaiser 38/39 I Da – im 12. Jh. Pfalz d. Staufer 46/47 I Da – bis 1531 Krönungsstätte dt. Könige 70/71 Dc – ma. Handelszentrum 68/69 Dc – 1668 Friede beendet Krieg zw. Frankr. u. Spanien 81 Da – 1748 Friede beendet Österr. Erbfolgekrieg 84 Bb – bis 1794 Reichsstadt 82/83 Dc – 1794/1801 franz. 87 I Bc – 1815 preuß. 92 Dc – 1818 erster Kongreß d. Hl. Allianz beschließt Aufnahme v. Frankr. 90/91 Gc – im 2. WK stark zerstört 115 Cb

Aarau: Stadt in d. Schweiz – 1798–1803 Hptst. d. Helvet. Rep. 87 I Ce

Aarhus: (Århus): Hafenstadt in Dänemark 118/119 Hb – 948 gegr. Bm., eine d. ältesten Städte Dänemarks 50/51 Bb

Abadan: Stadt in SW-Iran 139 II fl – s. 1910 Zentrum d. pers. Erdölindustrie u. -ausfuhr 148/149 I Hb – im irak.-iran. Krieg 1980–88 umkämpft 159 III

Abbasiden: ehem. islam. Dynastie in Vorderasien – im 8. Jh. A.-Kalifat mit Zentrum in Bagdad 37 II Mg – 1258 v. Mongolen unterworfen 58 CDd

Abchasien: Autonome Rep. am Schwarzen Meer in Georgien 155 Dc – s. 1810 russ. 88/89 Ne – 1921 autonome Rep. in d. Transkaukasischen SSR 110/111 Ne – nach Zerfall d. UdSSR 1992 Kämpfe um Unabhängigkeit von Georgien 155 Dc

Abdera: ehem. Stadt in NO-Griechenland – 656 v. Chr. griech. Kolonie 7 Eb – Mitgl. d. Att. Seebundes 12 II el

Aberdeen: Hafenstadt in Schottland, Großbritannien 118/119 Eb – 1494 gegr. Univ. 54 II Gd

Abessinien → Äthiopien

Abidjan: Hafen- und Industriestadt in Elfenbeinküste, bis 1984 Hauptst. 145 III Ac

Abo → Turku

Abodriten: westslaw. Volksstamm – im Krieg d. Franken geg. d. Sachsen mit Karl d. Gr. verbündet 38/39 I Ea – im 10./11. Jh. Aufstände geg. dt. Herrschaft u. Christianisierungsversuche 42/43 Hb

Abukir: Ort in N-Ägypten – 1798 Seeschlacht, Vernichtg. d. franz. Flotte durch Engländer 88/89 Lg

Abû Simbel: Felsentempel am Nil in S-Ägypten – im 13. Jh. v. Chr. unter König Ramses II. erbaut 5 Bc

Abûsîr: Ort in N-Ägypten – Pyramiden d. 5. Dynastie 5 Ba

Abydos: Ruinenstätte in N-Ägypten – Grabanlagen v. Königen d. 1. Dynastie 5 Bb

Acapulco: Hafenstadt in Mexiko 131 I Bc

Accra: Hptst. v. Ghana 145 IV Eh – 1958 erste panafrikan. Konferenz z. Förderg. d. Unabh. u. Einheit d. Völker Afrikas 145 III Ac

Achäer: griech. Volksstamm – Träger d. myken. Kultur 4 I Legende

Achaia: Landsch. in Griechenland, Peloponnes – Ausgangspkt. d. achäischen Kolonisation in S-Italien 7 Ec – autonomer Staatenbund 12 I BCbc, 12 II GHfg – 146 v. Chr. röm. Prov. 26/27 I el – 1278–1383 Fsm. d. Anjou-Könige v. Neapel 59 Ec

Acre: Bundesstaat in W-Brasilien – 1899 Freistaat, 1903 Abtretg. d. an Kautschuk reichen A.-Gebietes v. Bolivien an Brasilien 132 I BCc

Actium → Aktion

Adana: Stadt in d. S-Türkei 118/119 Mf – 1919–21 v. Franzosen besetzt 110/111 Mf

Addis Abeba: Hptst. v. Äthiopien 145 IV Gh – 1896 Friede von A.A.: Italien erkennt d. Unabh. Äthiopiens an 144 I GH – 1963 Gründungsort d. Organisation für Afrikan. Einheit (OAU) 145 III Cc

Aden: Hafenstadt in Jemen 148/149 I Hd – im MA bedeut. Umschlagpl. für d. ostasiat. Handel 36 Ge – 1524 port., 1538 osman. 62/63 I Ld – 1839 brit. Kolonie 105 Md – 1967–90 Hauptstadt d. Demokrat. Volksrep. Jemen 148/149 I Hd

Adiabene: ehem. Grenzland zw. Röm. Reich u. Partherreich in Vorderasien – 116 n. Chr. von Römern erobert, Teil d. röm. Prov. Assyria 26/27 I Me

Adrianopel → Edirne

Afghanistan: Staat in S-Asien 124/125 I Md – O-Teil d. heut. Staatsgebietes im 16. u. 17. Jh. zw. Persern u. d. Großmogul Indiens umkämpft 138 I Cb – 1747 unabh. 138 II Jf – im 19. Jh. mehrf. v. Briten besetzt, brit.-russ. Auseinandersetzungen um A., Grenzstreitigkeiten mit Pakistan, 1919 Erlangg. d. vollen Unabh., 1926 Kgr. 139 I Cb – 1973 nach Sturz d. Monarchie Ausrufg. d. Rep., 1979 – 1989 sowjet. Intervention 139 Jf – 1990/91 Verhandlungen zur Beendigung des Bürgerkriegs unter Vermittlung der UN 158/159 I – 1992 Sturz des kommunist. Präsidenten, fortdauernder Bürgerkrieg zwischen Rebellengruppen 159 III

Afyon Karahisar: Stadt in d. W-Türkei – griech. Akroinos, 740 oström. Sieg über Araber 36 Fc – 1921 griech.-türk. Kampfgebiet 110/111 Lf

Agadir: Stadt in SW-Marokko – 1911 Entsendg. d. dt. Kanonenbootes „Panther" nach A. („Panthersprung") löst 2. Marokkokrise aus 144 II Eg

Ägädische Inseln: italien. Inselgr. an d. W-Küste v. Sizilien 100 CDfg – latein. Aegates Insulae, 241 v. Chr. röm. Sieg über Karthager beendet 1. Pun. Krieg 23 Ec

Agde: Stadt in S-Frankr. – griech. Kolonie Agatha 7 Cb – frühchristl. Gemeinde 33 I Cb – s. d. 5. Jh. Bm. 38/39 I Cc

Aghlabiden: ehem. arab. Dynastie in N-Afrika – 800 begründet, 909 Sturz durch Fatimiden 37 II JKg

Agra: Stadt in N-Indien – im 16./17. Jh. Residenz d. Großmoguln 138 I Cb

Agram → Zagreb

Agrigent: Stadt auf Sizilien, Italien – um 600 v. Chr. griech. Kolonie Akragas 7 Dc – 406/405 v. Chr. von Karthagern erobert 13 Ac – in d. Pun. Kriegen erneut umkämpft, latein. Agrigentum 19 Ec – 1086 v. Normannen unterworfen, Girgenti 46 II Bc

Aguntum: ehem. kelt.-röm. Siedlg. in Österr. – frühchristl. Gemeinde 33 I Db

Ägypten: Staat in N-Afrika 124/125 I Kd – Teil d. heut. Staatsgebietes schon in d. Frühgeschichte v. Jägern u. Sammlern besiedelt, Bauernkultur am Nil 3 I Fcd – um 3000 v. Chr. Entwicklg. d. Hieroglyphenschrift, städt. Kultur am Nil, Altes Reich genannt 3 II Ngh – Altes, Mittleres u. Neues Reich 5 – um 1600 v. Chr. Herrschaft d. Hyksos 4 I Fcd – im 13. Jh. v. Chr. Ägypt. Reich unter Ramses II. 4 II MNgh – 525 v. Chr. zum Pers. Reich 6 I Hfg – 332 v. Chr. Eroberg. durch Alexander d. Gr. 14/15 I Bcbc – 301 v. Chr. von Ptolemäern beherrscht 14 eflJ – 30 v. Chr. Eingliederg. in d. Röm. Reich, Aegyptus 26/27 I JKfg – bedeut. „Getreidekammer" d. Röm. Reiches 25 EFcd – 395 n. Chr. oström. 28 EFcd – 639/42 v. Arabern erobert, Misr 36 EFcd – im 9./10. Jh. Herrschaft d. Abbasiden u. Fatimiden 37 II LMfg, 44 EFd – s. 1250 Herrschaft d. Mamelucken 58 EFcd – 1570 v. Osman. Reich 65 EFde – 1805/11 Vizekgr. unter osman. Oberhoheit 88/89 KLgh – 1882 v. Briten besetzt 102/103 KLgh – 1914 brit. Protektorat 144 II Gg – im 1. u. 2. WK Kriegsschaupl. 106 III Fc, 114 EFde – 1922/36 unabh. Kgr., 1936 Räumg. v. brit. Truppen mit Ausnahme d. Suezkanalzone 145 III Cb – 1953 Ausrufg. d. Rep. beendet Monarchie, Aufbau eines arab. Sozialismus unter Staatspräsident Nasser, militär. Unterstützg. durch Sowjetunion, 1958 Vereinigg. mit Syrien zur Verein. Arab. Rep. (VAR), 1961 Austritt Syriens aus d. VAR, s. 1971 Arab. Rep. Ä., 1973 Verlegg. d. israel.-ägypt. Waffenstillstandslinie östl. d. Suezkanals 145 IV Gg – 1979 Unterzeichng. d. israel.-ägypt. Friedensvertrages durch Staatspräsident Sadat u. Ministerpräsident Begin, 1979–89 Ausschluß v. Mitarbeit in Arab. Liga 148/149 I FGc – 1990/91 Beteiligung an alliierter Streitmacht im Golfkrieg gegen Irak 159 III

Ahlen: Stadt in NRW – 1947 A.er Programm: Reformprogramm d. CDU betont Monopolkontrolle, Verstaatlichg. u. Bergbau 120 I BCc

Aigina: griech. Insel südwestl. v. Athen – 456 v. Chr.

als bedeut. Handels- u. Kulturzentrum v. Athen unterworfen 12 II Hg – 431 v. Chr. nach Vertreibg. d. Bevölkerg. Bedeutungsrückgang 13 Fc

Aigospotamoi: Fluß an d. Dardanellen in d. Türkei – 405 v. Chr. Seeschlacht: d. athen. Flotte durch Spartaner entscheidet d. Peloponnes. Krieg 13 Ha

Aigues-Mortes: Stadt in S-Frankr. – 1248 gegr. Kreuzfahrerhafen u. Festg. 48 Cb

Aigun: Ort in NO-China 124 I Nf – 1683 gegr., 1858 russ.-chines. Vertrag zwingt China z. Abtretg. d. Gebiete nördl. d. Amur, Ursache d. späteren russ.-chines. Grenzkonfliktes 134 Gc

Ai-schan: chines. Insel a. d. SO-Küste v. China – 1276 Seeschlacht, Vernichtg. d. chines. Flotte durch Mongolen 58 Ke

Aix-en-Provence: Stadt in S-Frankr. 118/ 119 Ge – 123 v. Chr. gegr. röm. Leg.-Lager Aquae Sextiae 26/27 I Fd – 102 v. Chr. Sieg d. Römer über d. Teutonen 29 II Lg – 1409 gegr. Univ. 54 II He

Aiyubiden: ehem. ägypt.-syr. Dynastie in Vorderasien – 1174–1250 A.-Reich, 1250 Sturz durch d. Mameluken 49 II Kbc

Akaba, El: Hafenstadt in S-Jordanien 149 IV Cd – 1922 v. Briten besetzt 110/111 Mh – 1956 Golf von A. von israel. Truppen besetzt, 1957 internationalisiert, 1965 Grenzvertrag zw. Jordanien u. Saudi-Arabien schafft d. Voraussetzg. z. Ausbau d. Hafens, 1967 Schließg. d. Golfes von A. für israel. Schiffe durch Ägypten löst israel.-arab. Krieg aus 148 I Cd

Akkerman: Stadt am Schwarzen Meer in d. Ukraine – im 5. Jh. v. Chr. als griech. Kolonie Tyras rege Handelsbeziehungen zu Athen 7 Fb – im MA venezian., später genues. Handelsstützpkt. Mauro Castro 49 I Ga – 1484 osman. Eroberg. 65 Fa – 1812 russ. 88/89 Ld – 1826 russ.-türk. Abkommen 101 I Ea

Akko, Akkon: Stadt in Israel 148 III Cb – in hellenist. Zeit Ptolemais 16 Dc – frühchristl. Gemeinde 33 I Cc – 1104–1291 Haupthafen d. Kreuzfahrerstaaten, 1198 Gründungsort d. Dt. Ordens, 1191–1291 Hptst. d. Kgr. Jerusalem 48 Fc, 49 II Kb – genues. Handelsstützpkt. 49 I Hd – 1799 franz. Belagerg. 88/89 Mg

Aktion: Landzunge in NW-Griechenland latein. Actium – 31 v. Chr. Seeschlacht, Sieg d. Römer unter Octavian (Augustus) über ägypt. Flotte unter Marcus Antonius beendet röm. Bürgerkrieg 26/27 I el

Alabama: Bundesstaat in d. südöstl. USA 126 Ne – 1819 als 22. Staat in d. Union aufgenommen 128 I Ec

Alaca: Ort u. Ruinenstätte in d. N-Türkei – Kulturzentrum d. Hethiter 4 I Fb

Alamannen: westgerman. Volksstamm – im 3. Jh. am oberen Main ansässig 34 II Ne – 746 endg. Unterwerfg. d. Hzm. Alamannien durch d. Franken 38/39 I Db

Alamo: ehem. span. Missionsstation bei San Antonio in d. südl. USA – 1836 vernichtende Niederlage d. Texaner im Unabhängigkeitskampf geg. d. Mexikaner 131 I Bab

Ålandinseln: finn. Inselgr. in d. Ostsee 118/119 IJa – bis 1809 schwed. 78/79 IJa – 1809 russ. 90/91 IJa – 1921 entmilitarisiert u. neutralisiert an Finnland 110/111 IJa – s. 1951 autonom 118/119 IJa

Alanen: iran. Steppenvolk, ursprüngl. in Ost- u. Mittelasien 34 I Fb – im 1.-4. Jh. W-Wanderg. 34 I Bc

Alarcos: ehem. Ort in S-Spanien – 1195 Sieg d. maur. Almohaden über d. Kastilier 46/47 I Bd

Alaska: Bundesstaat in d. USA 124/125 I ABb – bis 1867 russ. 105 BCa, 105 UVa – 1867 v. USA gekauft, 1959 als 49. Staat in d. Union aufgenommen 126 FHb

Albanien: Staat in SO-Europa 118/119 IJe – heut. Staatsgebiet im 1. Jtd. v. Chr. von Illyrern besiedelt 4 II Lf – 168 v. Chr. röm. 26/27 I Hd – 395 n. Chr. oström. 28 Ebc – im 9./10. Jh. bulgar. 44 DEc – um 1400 Beginn osman. Eroberg., 1443–68 erfolgloser Aufstand geg. osman. Herrschaft 65 CDb – 1912/13 unabh., 1914 vorübergehend Fsm. 101 II GHb – 1923 Festlegg. d.

Grenze zu Griechenland, 1928 Kgr., 1939 v. Italienern besetzt u. in Pers.-Union mit Italien verbunden 110/111 IJe – 1943 Auflösg. d. Pers.-Union, bis 1945 dt. Besetzg. 115 DEc – 1946 Gründg. d. Volksrep. A. 118/119 IJe – bis 1962 Mitgl. d. COMECON, 1968 Mitgl. d. Warschauer Paktes 123 I EFc – 1990 nach wirt. Zusammenbruch Beginn polit. Reformen, Zulassung unabh. Parteien, 1991 Massenflucht v. Albanern nach Italien, 1992 nach Wahlsieg d. demokrat. Opposition Ende der 45jährigen kommunist. Herrschaft 154

Alberta: Prov. in Kanada 126 Kc

Albi: Stadt in S-Frankr. – im 12. Jh. Zentrum d. religiösen Bewegung d. Katharer, auch Albigenser genannt, 1209–29 Albigenserkriege: Verfolgg. u. Ausrottg. d. „ketzerischen" Albigenser 48 Cb

Albuquerque: Stadt in d. südl. USA – amerikan. Atomforschungszentrum 129 I Cc

Alcalá: frühgeschichtl. Kulturzentrum im heut. S-Portugal 4 I Bc

Alcalá de Henares: Stadt in Mittelspanien – 1509 gegr. Univ. 66/67 Ee

Alcántara: Ort in W-Spanien – s. 1218 Stammsitz d. Ritterordens von A. 45 II Hf

Alcobaça: Ort in Portugal – 1148 gegr. Zisterz.-Abtei 45 II Hf

Aleppo → Haleb

Aleria: Ort auf Korsika, Frankr. – im 6. Jh. v. Chr. als griech Kolonie gegr. 7 Cb

Alesia: ehem. Stadt in Frankr. – 52 v. Chr. von röm. Truppen belagert u. erobert 27 II Qi

Alessandria: Stadt in N-Italien 100 Bc – 1168 vom Lombard. Städtebund gegr. 46/47 I Dc

Aleuten: amerikan. Inselgr. im nördl. Pazif. Ozean 124/125 I RSc – im 17./18. Jh. russ. Besiedlg. 64 STb – 1867 zus. mit Alaska von d. USA gekauft 126 DFc – 1942–43 teilw. v. Japanern besetzt 116 I Fa

Alexandreia: Name zahlreicher hellenist. Städte, meist v. Alexander d. Gr. gegr. 14/15 I

Alexandria: Hafenstadt in N-Ägypten 148/149 I Fb – 331 v. Chr. Gründg. Alexanders d. Gr., griech. Alexandreia 14/15 I Bb – Hptst. d. Ptolemäerreiches 15 III Pe – Zentrum d. Hellenismus 16 Bc – 30 v. Chr. röm. 26/27 I Jf – bedeut. Handelszentrum 25 Ec – frühchristl. Gemeinde u. Patriarchat 33 I Fa – 642 arab. 36 Ec – Handelspl. d. oberitalien. Seestädte 49 I Fd – 1517 osman. 65 Ed – bis 1946 brit. Flottenstützpkt. 148/149 I Fb

Algarve: Prov. in S-Portugal – bis z. Eroberg. durch d. Portugiesen um 1250 arab. 46/47 I Ad – A. jenseits d. Meeres: 1415–1580 port. Besitz in Marokko 66/67 Df

Algeciras: Hafenstadt in S-Spanien – bis z. span. Eroberg. wichtiger arab. Stützpkt., 1344 v. kastil. Heer u. Flotte belagert u. erobert 46/47 I Ad, 59 Bc – 1906 Konferenz beendet 1. Marokkokrise 102/103 Df

Algerien: Staat in N-Afrika 124/125 I dIJ – Küstenplätze d. heut. Staatsgebietes im 12. Jh. v. Chr. unter phönik. Einfluß 4 II KLg – im 4. Jh. v. Chr. zum karthag. Machtbereich 19 CEcd – später Bildg. d. röm. Provinzen Numidia u. Mauretania Caesariensis 24 BCc – im 5. Jh. n. Chr. Einbruch d. Wandalen 34 I CDc – 533 oström. 35 IV STI – im 7. Jh. Beginn arab. Eroberg. 36 Cc – im 11.-13. Jh. unter Herrschaft d. Almoraviden u. Almohaden 48 Cc – im 16. Jh. Kampf eindringender Spanier geg. d. Seeräuberei, 1519–1710 unter osman. Oberhoheit 66/67 FGfg, 78/79 FGfg – s. 1830 v. Franzosen erobert, 1832–47 Widerstand unter Führg. von Abd el-Kader 90/91 FGfg – 1954–62 blutiger Unabhängigkeitskrieg geg. Frankr. 145 III Bb – 1962 unabh. Rep. 145 IV EFgh – 1976 Verfassungsreform z. demokrat. Volksrep., 1991 blutige Zusammenstöße zwischen Sicherheitskräften und erstarkenden islam. Fundamentalisten, 1992 nach Wahlsieg der Fundamentalisten Machtübernahme durch vom Militär kontroll. Staatsrat 148/149 I CDbc

Algier: Hptst. v. Algerien 145 IV Fg – röm. Gründg.

Icosium 26/27 I Ee – 935 arab. Neugründg. 44 Cd – 1510 span. Besetzg., 1529 osman., Seeräuberstützpkt. 66/67 Ff – 1830 franz. Eroberg. 144 I Bb – im 2. WK Hauptquartier d. Alliierten Kommandos im Mittelmeerraum 114 Cd

Alisar: Ruinenstätte in d. O-Türkei – Kulturzentrum d. Hethiter 4 I Fc

Aliso: ehem. röm. Leg.-Lager in heut. NRW, vermutl. an d. Lippe 30/31 Cc

Aljubarrota: Ort in Portugal – 1385 Sieg d. Portugiesen über kastil. Heer sichert Unabh. d. port. Kgr. 59 Bc

Alkmaar: Stadt in d. Niederlanden – Zentrum im niederländ. Freiheitskampf, 1573 erfolgreicher Widerstand geg. span. Belagerg. 76 I Ca

Allenstein (Olsztyn): Stadt in N-Polen 120 II bI – 1348 gegr., 1353 Magdeb. Stadtrecht 50/51 Gd – 1772 preuß. 82/83 Kb – 1920 Volksabstimmg.: A. stimmt für Verbleib bei Deutschld. 112 Kb – 1945 unter poln. Verwaltg. 120 I Ib

Allia: Nebenfluß d. Tiber in Mittelitalien – 387 v. Chr. Sieg d. Kelten über Römer 18 I Dc

Alma: Fluß auf d. Schwarzmeerhalbinsel Krim, Ukraine – 1853 Entscheidungsschlacht d. Krimkrieges 90/91 Le

Alma-Ata: Ort v. Kasachstan 155 Ec – bis 1921 Wjerny 134 Dc – Hptst. d. Kasach. Unionsrep. i. d. UdSSR, Atom- u. Raketenforschungszentrum 136 I Ec – Dez. 1991 Gründung d. GUS 155 Ec

Almansa: Stadt in SO-Spanien – 1707 Schlacht: span.-franz. Sieg über habsburg. Heer im Span. Erbfolgekrieg 77 Cd

Almeria: Hafenstadt in S-Spanien – Neugründg. als Hafenstadt unter span. Herrschaft, bedeut. Handelszentrum u. Seidenherstellg. 46/47 I Ed – 1489 span. 66/67 Ef – 1937 dt. Flottenangriff im Span. Bürgerkrieg 110/111 Ef

Almohaden: ehem. islam. Dynastie in N-Afrika u. S-Spanien – 1147 Sturz d. Almoraviden, bis 1236 Herrschaft S-Spanien, 1269 von d. Mariniden unterworfen 48 Cc, 46/47 I ABd

Almoraviden: ehem. islam. Dynastie in N-Afrika – 1147 von d. Almohaden gestürzt 48 BCc

Alnwick: Ort in Großbritannien – im MA mehrf. v. Schotten belagert, 1174 Sieg d. Engländer über Schotten 46/47 I B

Alsen: dän. Insel in d. Ostsee – 1864 im dt.-dän. Krieg dt. Truppen erobert 92 Ea

Altamira: Höhle in N-Spanien – Fundort altsteinzeitl. Höhlenmalereien 2 II Jf

Altdorf: Stadt in Bayern – 1622/23 Gründg. d.Univ.73 I Qi

Altdorf: Ort in d. Schweiz – Schaupl. d. Tell-Sage 72 I Cc

Altenberg: Ort in NRW – 1133 gegr. Zisterz.-Kloster 45 II dI

Altenburg: Stadt in Thüringen – Stauferburg 46/47 I Ea – 1826 Hptst. d. Hzm. Sachsen-A. 92 Gc

Altenesch: Ort in Niedersachsen – 1234 Niederlage d. Stedinger Bauern im „Ketzerkreuzzug" 48 Ca

Altenkamp: ehem. Ort in NRW – 1123 Gründg. d. ersten Zisterz.-Klosters im Hl. Röm. Reich 45 II dI

Alt-Ladoga: Burgwall in d. Russ. Föderation, östl. v. St. Petersburg – als Aldajjuborg bekannter normann. Handels- u. Verwaltungspl. 37 II Mde

Altmark (Stary Targ): Stadt in N-Polen – 1629 schwed.-poln. Waffenstillstand 74/75 Qd

Altmark: Landsch. in Sachsen-Anhalt – 965–1134 als Nordmark Teil d. Hzm. Sachsen, 1134 als Lehen an Markgraf Albrecht v. Brandenburg, Stammland d. Mark Brandenburg 42/43 Ib – s. d. 14. Jh. z. angrenz. 54/55 III Eb – 1807 z. Kgr. Westfalen 88/89 Hc – 1816 z. Prov. Sachsen 92 Fb

Altomünster: Benedikt.-Kloster in Bayern – um 770 gegr. 50/51 Bf

Altranstädt: Ort in Sachsen-Anhalt – 1706 Friede von A.: Karl XII. von Schweden zwingt August d. Starken v. Sachsen z. Verzicht auf d. poln. Krone 76 II Gg

Altzella: ehem. Zisterz.-Kloster in Sachsen – 1162 gegr., bedeut. Kloster d. Mgft. Meißen 50/51 Ce

Amalfi: Stadt in S-Italien – im 8. Jh. z. Hzm. Bene-

vent, nach Einfall d. Langobarden oström. 38/39 I Ec – bedeut. Handelszentrum 49 I Cb – 1137 unter normann. Herrschaft 46 II Bb – 1233 gegr. Zisterz.-Kloster 45 II Je

Amarna, El: Ruinenstätte in Ägypten – Residenz d. Pharaonen Achet-Aton u. Echnaton 5 Bb

Amberg: Stadt in Bayern 122 Dd – im MA Zentrum d. Eisenförderg. 68/69 Ec

Amboise: Stadt in Mittelfrankr. – 1563 Edikt von A. beendet 1. Hugenottenkrieg 66/67 Fd

Ameixial: Ort in S-Portugal – 1663 Sieg d. Portugiesen über Spanier 77 Bd

Amiens: Industriestadt in N-Frankr. – kelt.-röm. Samarobriva 26/27 I Cb – im 13. Jh. Bau d. got. Kathedrale 46/47 I Cb – 1435–77 zu Burgund 60 Fe – im MA Zentrum d. Tuchherstellg. 68/69 Cc – 1802 Friede zw. Großbritannien u. Frankr. beendet 2. Koalitionskrieg 88/89 Fd

Amman: Hptst. v. Jordanien 148/149 I Gb – als Rabbath Ammon Hptst. d. Ammoniter, in hellenist. Zeit Philadelphia 32 De – 635 v. Arabern erobert 36 Fc – nach Bau d. Hedschas-Bahn Aufschwung z. Handelszentrum 102/103 Mg

Ammon: alttestamentl. Staat im heut. Jordanien 32 Dde

Amöneburg: Stadt in Hessen – 721 Klostergründg. d. Bonifatius 41 I Eb

Amorbach: Stadt in Bayern – um 700 gegr. Benedikt.-Kloster 45 I Db

Amoy: Hafenstadt in SO-China 140 II Mi – 1842 als Vertragshafen für d. Überseehandel geöffnet 139 I Eb – 1938–45 v. Japanern besetzt 116 I Cb, 116 II Jf

Amphipolis: ehem. Stadt in N-Griechenland – 437 v. Chr. Kolonie Athens 12 II He – 422 v. Chr. von Spartanern erobert 13 Fa – 357 v. Chr. makedon. 14/15 I Ba

Ampurias: Ruinenstätte in NO-Spanien – im 6. Jh. v. Chr. als griech. Kolonie Emporion gegr. 7 Cb – in d. Pun. Kriegen röm. Stützpkt., Emporiae 23 Cb – später röm. Kolonie 26/27 I Ed

Amselfeld: Landsch. in Kosovo, Serbien – 1389 entscheidender osman. Sieg über Serben 59 Eb – 1448 osman. Sieg über ungar. Heer 65 Db – 1915 Sieg d. Mittelmächte über Serben 107 I Db

Amsterdam: Hptst. d. Niederlande 118/119 Fc – 1369 Handelshof d. Hanse 57 De – im 16. Jh. Einwanderg. jüd. Flüchtlinge aus Spanien u. Portugal, Aufstieg z. bedeut. Handelszentrum 66/67 Fc – 1602 Gründg. d. Ostind., 1621 d. Westind. Handelskompanie z. Ausdehng. d. niederländ. Kolonialhandels 76 I Ca

Amur-Provinz: südostsibir. Grenzgebiet zw. Rußland u. China – 1689 chines. 64 Qb – 1858 russ. 134 Gc

Anagni: Stadt in Mittelitalien – 1176 Vertrag von A.: Friedrich I. erhält Anerkenng. als röm. Kaiser durch d. Papst 46/47 I Ec

Anatolien: Landsch. d. asiat. Türkei – s. 1360 Zentrum d. Osman. Reiches 65 FGbc – 1920 Zentrum d. nationaltürk. Erhebg. unter Führg. v. Kemal Atatürk 110/111 LMef

Ancón: Ort in Peru – 1883 Friede zw. Peru u. Chile beendet d. „Salpeterkrieg", Abtretg. peruan. Gebiete an Chile 132 I Bd

Ancona: Hafenstadt an d. Adria in Italien 100 Dd – 390 v. Chr. von Syrakusern gegr., griech. Kolonie 18 I Ja – im 3. Jh. v. Chr. röm. 23 Eb – 774 n. Chr. als Schenkg. Karls d. Gr. an d. Papst 38/39 I Ec – 1151–67 byzantin. Besetzg. 46/47 I Ec – im 16. Jh. endg. z. Kirchenstaat 66/67 He – 1797 v. Franzosen besetzt 88/89 He

Ancud: Stadt in Chile 132 I Bd – 1826 als einer d. letzten span. Stützpunkte in Südamerika geräumt 132 II

Åndalsnes: Ort in Norwegen – 1940 bei d. Landg. alliierter Truppen stark zerstört 114

Andalusien: Landsch. in S-Spanien – 15 v. Chr. als röm. Prov. Baetica kultur. Mittelpkt. d. Iber. Halbinsel 26/27 I CDe – 711 n. Chr. arab. 36 Bbc – s. 1212 Eroberungsversuche durch Kastilier 59 Bc – 1492 kastil. Eroberg. d. Kgr. Granada beendet maur. Herrschaft in Spanien 66/67 DEf

Andamanen: ind. Inselgr. im Ind. Ozean 124/125 I Ne – 1858 brit. 105 Od – 1942–45 v. Japanern besetzt 116 I Bc

Andechs: Benedikt.-Kloster u. Burg in Bayern 42/43 He

Andernach: Stadt in Rheinl.-Pfalz 122 Bc – röm. Kastell Antunnacum 30/31 Cc – 876 Sieg d. Ostfranken über d. Westfranken 38/39 I Da – 1167 als Schenkg. Kaiser Friedrichs I. Barbarossa an Ebm. Köln 46/47 I Da – 1957 Vereidigung d. ersten Bundeswehrsoldaten 122 Bc

Andhra: ehem. Reich in S-Asien 29 I Fcd

Andorra: Kleinstaat in d. Pyrenäen, unter gemeinsamer Souveränität d. franz. Staatspräsidenten u. d. span. Bischofs v. Urgel 118/119 Fe – 1278–1589 unter Foix u. Urgel 60 Eh – s. 1589 unter Frankr. u. Urgel 66/67 Fe

Andrussowo: Ort in d. westl. Russ. Föderation – 1667 russ.-poln. Waffenstillstand 78/79 Lc

Angeln: german. Volksstamm, ursprüngl. in Schleswig-Holstein u. südl. Dänemark – im 5. Jh. W-Wanderg. 26/27 I Fa, 34 II MNd

Angelsachsen: Sammelname für german. Volksstämme → Angeln, → Jüten, → Sachsen – im 4./5. Jh. aus d. heut. N-Deutschland in England eingewandert 35 III Hg – im 7./8. Jh. angelsächs. Mission 41 I

Angevinisches Reich: ehem. Herrschaftsgebiet d. Hauses Anjou-Plantagenet – im 12./13. Jh. England u. Teile v. SW-Frankr. umfassend 46/47 I

Anghelu Ruju: frühgeschichtl. Kulturzentrum auf Sardinien, Italien 4 I Cb

Angkor: Ruinenstätte in Kambodscha – im 9. Jh. als Hptst. d. Khmer-Reiches gegr., bedeut. Tempel- u. Palastanlage SO-Asiens, religiöses Zentrum v. Hindus u. Buddhisten 138 I Ec

Angola: Staat in SW-Afrika 124/125 I JKf – Küste d. heut. Staatsgebietes 1484 v. Portugiesen entdeckt, im 16. Jh. Beginn port. Kolonisation 144 I Bd – 1885 Festlegg. d. Grenzen von A. 144 II FGi – nach d. 2. WK verstärkte Einwanderg. v. Europäern, 1951 port. Überseeprov., s. 1961 Kampf für nationale Unabh. 145 III BCd – 1975 unabh. Volksrep., 1975–89 Bürgerkrieg, s. 1976 Regierung v. kuban. Truppen unterstützt 145 IV FGi – Friedensschluß unter Vermittlung der UN 158/159 I

Angora → Ankara

Angostura → Ciudad Bolívar

Angoulême: Stadt in SW-Frankr. – 1203 Stadtrecht 46/47 I Cb – Hptst. d. Gft. A. 60 DEg

Anhalt: ehem. Land d. Dt. Reiches – s. d. 11. Jh. z. Herrschaftsbereich d. Askanier 54/55 III Legende – 1212 Fsm., häufige Teilungen d. anhalt. Besitzes 54/55 III FGbc – 1785 Eintritt in drei Teilfürstentümern in d. Fürstenbund 84 Legende – 1823/28 Zollanschluß an Preußen 96 I EFbc – 1863 Vereinigg. d. anhalt. Gebiete zum Hzm. A. 92 FGbc – 1871 zum Dt. Reich 93 FGbc – 1919 Freistaat 112 FGbc – 1945 z. sowjet. Besatzungszone, 1947–52 u. s. 1990 Teil d. Landes Sachsen-A. 120 I Dc

Ani: Ruinenstätte in NO-Türkei – im 10. Jh. Hptst. v. Armenien, v. Mongolen zerstört 44 Gc

Anjala: Ort in S-Finnland – 1788 Bildg. d. A.-Bundes durch schwed. u. finn. Offiziere z. Beendigg. d. schwed.-russ. Krieges u. Erlangg. d. finn. Unabh. 78/79 Ka

Anjou: Landsch. in W-Frankr. – im MA bedeut. franz. Dynastien, A.-Plantagenet: um 1100 Gft., 1044 Eroberg. d. Gft. Touraine, 1110 d. Gft. Maine 42/43 BCe – s. 1154 Könige v. England, 1205 nach Zusammenbruch d. → Angévin. Reiches an franz. Krone 46/47 I BCac – A. ältere Linie: 1246 begründet, 1246 Erwerb d. Gft. Provence 59 Cb, 1266 Kgr. Sizilien 46/47 I EFd, 1266 Kgr. Neapel 59 Dbc, 1278 Fsm. Achaia 59 Ec, 1308 Kgr. Ungarn 59 DEb, 1370 Kgr. Polen 59 DEa – A. jüngere Linie: 1356 begründet, 1480 an franz. Krone 60 Df

Ankara: Hptst. d. Türkei 118/119 Lf – in d. Antike an d. Pers. Königsstraße, griech. Ankyra 14/15 I Cb

– 25 v. Chr. Hptst. d. röm. Prov. Galatia, Ancyra 26/27 I Ke – im 4. Jh. n. Chr. Entwicklg. z. kirchl. Zentrum 28 Fc – im 7./8. Jh. Einfall d. Araber 36 Fc -1361 als Angora osman. 59 Fc -1402 Sieg d. Mongolen unter Timur Leng über osman. Heer 65 Fc – 1920 türk. Nationalversammlg., 1923 nach Ausrufg. d. Rep. durch Kemal Atatürk Hptst. 110/111 Lf

Anklam: Stadt in Mecklenburg-Vorpommern – im 13. Jh. Lüb. Stadtrecht 50/51 Cd – um 1283 Hansestadt 57 Dc

Annaba: Hafenstadt in NO-Algerien 148/149 I Db – im 12. Jh. v. Chr. phönik. Handelspl. Hippo Regius 7 Cc – 201 v. Chr. Residenz d. Könige v. Numidien 19 Dc – 430 n. Chr. von Wandalen erobert u. geplündert 34 I Cc – im 7. Jh. v. Arabern besetzt 36 Cc – 1034 als Seeräuberstützpkt. v. Genuesen eingenommen, Bona 49 I Bc – 1535 span., 1540 osman. 66/67 Gf – 1832 franz. Eroberg., Bône 102/103 Gf

Annaberg: Stadt in W-Polen – 1921 Sieg d. dt. Freikorps über poln. Aufständische nach dt. Abstimmungssieg in Oberschlesien 112 IJc

Annam: ehem. Kaiserr. in SO-Asien – 1294 v. Mongolen unterworfen 58 Jef – 1666 chines. Vasallenstaat 138 I Ebc – 1884 zu Franz.-Indochina 139 I Ec

Ansbach: Stadt in Bayern – im 8. Jh. gegr. Benedikt.-Kloster 50/51 Bf – s. 1385 Residenzstadt 54/55 III Ed

Ansbach: ehem. fränk. Fsm. d. Hohenzollern in Bayern – durch Teilg. d. Burggft. Nürnberg entstanden 70/71 Fd – 1791 preuß. 84 Cc – 1806 bayr. 87 I Ld

Antalya: Stadt in d. S-Türkei 118/119 Lf – um 150 v. Chr. als Attaleia gegr. 16 Cb – 79 v. Chr. röm., Attalia 26/27 I Ke – im 12. Jh. Festg. d. Kreuzfahrer 48 Fc – venezian. Handelsstützpkt. Adalia 49 I Gc – 1423 osman. 59 Fc – 1919–21 v. Italienern besetzt 110/111 Lf

Antiocheia: Name zahlreicher hellenist. Städte in Vorderasien 16

Antiochia: ehem. Stadt in d. SO-Türkei – um 300 v. Chr. gegr., griech. Antiocheia 14 II Je – Hptst. d. Seleukiden 15 III Qe – frühchristl. Gemeinde 16 Db – 429 n. Chr., Hptst. d. Prov. Syria 26/27 I Le – Patriarchat 33 I Fe – Missionsreise d. Apostels Paulus 33 II, III – 638 n. Chr. arab. 36 Fc – 969 byzantin. 44 Fd – 1098 v. Kreuzfahrern erobert, Hptst. d. Fsm. A. 49 II Ka – 1516 als Antakie osman. 65 Gc

Antiochia: ehem. Fsm. in Syrien – 1098 bis 1268 Kreuzfahrerstaat 49 II Ka

Antium: ehem. Stadt in Mittelitalien – 338 v. Chr. röm. Kolonie 18 II Jg

Antofagasta: Hafenstadt in Chile – 1884 v. Bolivien an Chile abgetreten 132 I Be

Antwerpen: Hafenstadt in Belgien 118/119 Fc – 1291 Stadtrecht 56 Cc – 1315 Niederlassg. d. Hanse 57 Bc – 1430 burgund. 60 Gd – um 1500 bedeut. Bank- u. Handelszentrum Europas, Wolltuchverarbeitg. 68/69 Dc – 1576 Plünderg., 1585 Eroberg. durch d. Spanier 76 I Cb – 1795–1814 franz., neuer wirtschaftl. Aufschwung 88/89 Fc, 97 I Cc – im 1. u. 2. WK Kriegsschaupl. 107 I Ba, 115 Cb

Anual: Ort in N-Marokko – 1921 Niederlage d. Spanier geg. d. aufständ. Rif-Kabylen unter Führg. von Abd el-Krim 110/111 Efg

Aosta: Stadt u. autonome Region in N-Italien 118/119 Gd – 25 v. Chr. röm. Kolonie Augusta Praetoria 20/21 Bb – 1191 zu Savoyen 46/47 I Db – 1860 Savoyen franz., A. verbleibt bei Italien 100 Ac – s. 1948 autonom 118/119 Gd

Apameia: Name zahlreicher hellenist. Städte in Vorderasien 16

Apollinopolis Magna: ehem. Stadt in N-Ägypten – Horustempel 5 Cb

Apollonia: ehem. Stadt in Albanien – 588 v. Chr. griech. Kolonie 7 Db – 229 v. Chr. unter röm. Schutz, 214 v. Chr. Abwehr d. makedon. Angriffs durch Römer 19 Fb

Appenzell: Stadt u. Kanton in d. Schweiz – 1513 zur Eidgen. 72 I Db

Appomattox: Stadt in d. östl. USA – 1865 Kapitulation d. konföderierten Armee beendet d. Sezessionskrieg 127 II Jf

Apulien: Landsch. in SO-Italien – v. Apulern besiedelt 18 II Mgh – im 4. Jh. v. Chr. röm., Apulia 22/23 IEFab – unter Kaiser Augustus mit Kalabrien vereinigt, Apulia et Calabria 26/27 I Hd – im 11. Jh. normann. Eroberg. 46 II CB – 1130 z. Kgr. Sizilien, s. 1194 unter d. Staufern wachsende kulturelle Bedeutg. 46/47 I Fc

Apulum → Karlsburg

Aquae Sextiae → Aix-en-Provence

Äquatorialguinea: Staat in W-Afrika 124/125 I Je – heut. Staatsgebiet bis 1968 span. Überseeprov. Span.-Guinea 145 III Bc – 1968 unabh. Rep. 145 IV Fh

Aquileja (Aquileia): Stadt in NO-Italien – 181 v. Chr. als röm. Kolonie Aquileia gegr. 24 Db – frühchristl. Gemeinde 33 I Db – 452 n. Chr. von Hunnen zerstört 34 II Oe – s. d. 6. Jh. Patriarchat 54/55 III Fef – 1421 zu Venedig 61 Dab – 1751 Auflösg. d. Patriarchats 82/83 Gf

Aquilonia: ehem. Stadt in S-Italien – 293 v. Chr. Sieg d. Römer über Samniten 22/23 I Ea

Aquincum → Budapest

Aquitanien: Landsch. in SW-Frankr. – 52 v. Chr. röm. Prov. Aquitania 26/27 I DEcd – 418 n. Chr. Unterwerfg. durch d. Westgoten 34 I Bb – 507 fränk. 37 I BCbc – im 7. Jh. weitgehend selbst. Hzm., 732 Einfall d. Araber 36 Cb – 769 karoling. Unterkönigtum 38/39 I Cb, 39 II–IV – im 12./13. Jh. als Guyenne Teil d. Angevin. Reiches 46/47 I Cb – 1453 zu Frankr. 60 DEg

Arabien → Saudi-Arabien

Aragón: Landsch. in SO-Spanien – 713 unter arab. Herrschaft 36 Bb – 1035 Kgr. 44 Bc – 1137 Vereinigg. mit Katalonien 46/47 I Cc – 1229 Erwerb d. Balearen, 1282 Sizilien, 1297/1326 Sardinien 59 BDbc – 1479 Vereinigg. mit Kastilien zu Spanien 66/67 EFef

Aralsk: Stadt am Aralsee in Kasachstan – 1945–91 Atom- u. Raketenforschungszentrum d. UdSSR 136 I Ec

Aram: alttestamentl. Name für d. Kerngebiet d. heut. Syriens 32 Eb

Aranjuez: Stadt in Mittelspanien – s. 1575 Sommerresidenz span. Könige 66/67 Ee – 1808 Ausgangspkt. d. Erhebg. geg. d. Franzosen 88/89 Eef

Araukaner: indian. Volk im heut. Chile u. Argentinien 130 I Df

Arboga: Stadt in Schweden – s. d. 15. Jh. Ort zahlreicher schwed. Reichs- u. Kirchentage 57 Eb

Archangelsk: Hafenstadt in d. nordwestl. Russ. Föderation 155 Db – 1584 gegr. 62/63 I La – bis z. Gründg. v. St. Petersburg 1703 wichtigster Meereshafen Rußlands, Zentrum d. russ. Handels mit W-Europa 134 Dc

Arcis-sur-Aube: Stadt in Frankr. – 1814 Niederlage d. franz. Truppen unter Napoleon I. geg. alliierte Armee 88/89 Fd

Arcole: Ort in N-Italien – 1796 franz. Sieg über österr. Heer 87 I Df

Ardahan: Stadt in d. NO-Türkei -1878–1917 russ. 102/103 Ne

Arelate → Arles

Arene Candide: Höhle in NW-Italien – Funde aus vorgeschichtl. Zeit 3 I Cb, 3 II Kf

Arezzo: Stadt in Italien – als Arretium bedeut. etrusk. Stadt 18 II ec – 225 v. Chr. röm. Kolonie 20/21 Fd – im 2. Pun. Krieg röm. Stützpkt. 19 Eb – Zentrum d. Tonwarenherstellg. 25 Db

Argentinien: Staat in S-Amerika 124/125 I FGgh – heut. Staatsgebiet als z. span. Eroberg. Siedlungsgebiet d. Patagonier u. Araukaner 130 I DFfg – im 16 Jh. Beginn span. Kolonisation 62/63 I FGfg – 1810 Aufstand geg. span. Kolonialherrschaft, 1816 unabh., d. in Patagonien siedelnden Indianer bewahren bis um 1880 ihre Selbständigkeit 104 GHf – 1825 Bildg. d. Argentin. Konföderation, 1853 Bundesrep. A., 1865–70 Krieg geg.

Paraguay, s. 1946 Durchführg. wirtschaftl. u. sozialer Reformen unter Staatspräsident Perón, s. 1955 zahlreiche Militärputsche, 1974–83 Militärdiktatur 132 I BCeh

Argentorate → Straßburg

Arginusai-Inseln: türk. Inselgr. an d. W-Küste v. Kleinasien – 406 v. Chr. Seeschlacht, letzter Sieg d. Athener im Peloponnes. Krieg über spartan. Flotte 13 Hb

Argos: Stadt in Griechenland, Peloponnes Zentrum d. Landsch. Argolis, in d. Perserkriegen neutral 12 I Cc – zeitw. Bundesgenosse d. Athener im Kampf geg. d. Spartaner 12 II Hg - 146 v. Chr. röm., Argus 26/27 I el

Arguin: mauretan. Insel im Atlant. Ozean – 1685–1721 brandenburg.-preuß. Kolonie 64 Jc

Arica: Hafenstadt in Chile – 1883–1929 zw. Chile u. Peru umstritten 132 I Bd – 1976 bolivian. Freihafen 133 Bd

Arizona: Bundesstaat in d. südwestl. USA 126 Ke – 1912 als 48. Staat in d. Union aufgenommen 128 I Bc

Arkadien: Landsch. in Griechenland, Peloponnes – Ausgangsgebiet d. achäischen Kolonisation 7 Legende – Mitgl. d. Peloponnes. Bundes 12 II GHg

Arkansas: Bundesstaat in d. südl. USA 126 Me – 1836 als 25. Staat in d. Union aufgenommen 128 I Dc

Arles: Stadt in S-Frankr. – um 50 v. Chr. röm. Neugründg. Arelate 26/27 I Ed – röm. Flottenstützpkt. u. Residenz, Zentrum d. Getreidehandels mit Italien 25 Cb – s. d. 5. Jh. n. Chr. Ebm. 38/39 I Cc – Hptst. d. Kgr. Burgund (Arelat) 44 Cc – 1251 z. Provence 46/47 I Cc – 1481 zu Frankr. 60 Gh

Armagh: Stadt in Nordirland, Großbritannien – 5. Jh. gegr. iroschott. Kloster geistl. Zentrum Irlands 33 I Ba, 41 I Bb – im 9. Jh. v. Normannen erobert 37 II el

Armagnac: Landsch. in SW-Frankr. – bis 1607 Gft. 60 Eh

Armenien: Staat in Vorderasien 155 Dcd – im 6. Jh. v. Chr. unter pers. Oberhoheit 6 II Hlf – 114–117 n. Chr. röm. Provinz, Armenia 24 Gc – 395 zw. Oström. u. pers. Reich d. Sassaniden (Regnum Sassanidarum) geteilt 28 FGbc – im 7. Jh. unter arab. Herrschaft 36 Gc – Kämpfe zw. Arabern u. Byzantinern um A. führen 1081/82 z. Gründg. eines zweiten armen. Reiches in d. heut. S-Türkei, Klein-A. 49 II JKa – im 16. Jh. größtenteils z. Osman. Reich 65 Hc – im 19. Jh. osman.-russ. Auseinandersetzungen um A., Entstehg. einer armen. Nationalbewegg., Verfolgg. d. armen. Bevölkerg. durch Türken, 1915 türk. Massaker an Armeniern 102/103 MNf – 1918 unabh. Rep. 107 II Kef – 1920 z.T. erneut türk., nördl. Teil sowjet. besetzt, 1922–36 zur Transkaukas. SFSR 110/111 Nef – 1936–91 Unionsrep. d. UdSSR 136 I Dc – 1989/90 sowjet. Intervention, 1990 Souveränitätserklärg., 1991 unabh. Rep. 155 Dcd

Arnheim (Arnhem): Industriestadt in d. Niederlanden 120 I Abb – 1441 Mitgl. d. Hanse 57 Cc – Sept. 1944 bei d. brit. Luftlandg. stark zerstört 115 Cb

Arras: Stadt in N-Frankr. – im 5./6. Jh. Bm. 38/39 I Ca – um 900 zu Flandern 42/43 Dc – 1237 Hptst. d. Gft. Artois 60 Fd – 1659 franz. 81 Ba

Arta: Stadt in W-Griechenland – im 7. Jh. v. Chr. griech. Kolonie Ambrakia 7 Ec – im Peloponnes. Krieg mit Sparta verbündet 13 Eb – 1449 osman. 59 Ec – 1822 osman. Sieg über griech. Freischaren 101 I Cc

Artaxata: ehem. Stadt im heut. Armenien – im 2. Jh. gegr. Hptst. v. Armenien, v. Römern zerstört 26/27 I Me

Artemision: Kap an d. N-Spitze d. griech. Insel Euböa – 480 v. Chr. Seeschlacht zw. Griechen u. Persern 12 I Cb

Artois: Landsch. in N-Frankr. – 1237 Gft., 1384 zu Burgund 60 Fd – 1477/93 habsburg. 70/71 Bc – bis 1659 zu d. Span. Niederlanden 74/75 Bc – 1660/78 franz. 81 Ba

Aruak: indian. Volksstamm in S-Amerika 130 I Dbd

Arverner: kelt. Volksstamm – 121 v. Chr. von Römern unterworfen 18 I Cc – 52 v. Chr. Übernahme d. Führg. im Aufstand d. Gallier geg. d. Römer 27 II Pi

Ascension: brit. Insel im südl. Atlant. Ozean 124/125 I fl – 1502 v. Portugiesen entdeckt 62/63 I el – s. 1815 brit. 104 Je

Aschaffenburg: Stadt in Bayern 122 Cd – Ende 12. Jh. Stift A. zu Ebm. Mainz 42/43 Eg – im 16. Jh. 2. Residenz 70/71 Ed – 1803–10 Hptst. d. Fsm. A. 87 I Cd

Aschaffenburg : ehem. Fsm. in Bayern – 1803 Besitz d. Kurerzkanzlers, 1806 d. Fürstprimas 87 I Ccd, 87 II Legende

Aschanti: westafrikan. Volksstamm in Ghana – im 17.–19. Jh. selbst. Reich, 1896 endg. v. Briten unterworfen 144 I ABc

Aschchabad: Hptst. v. Turkmenistan 155 Dd – Industriezentr. d. Turkmen. SSR 136 I Dd

Ascoli: Stadt in Mittelitalien – 268 v. Chr. von Römern erobert, Asculum 18 II Kf – als Bm. zum Hzm. Spoleto 38/39 I Ec – 1502 z. Kirchenstaat 61 Dc

Aserbaidschan: Staat in Vorderasien 155 Dcd – bis 300 v. Chr. zu Medien, Atropatene genannt 14/15 I Db – als Atropatenisches Medien selbst. Satrapie d. Seleukidenreiches 15 III Re – in d. Antike im wesentl. Albania genannt 26/27 I Nd – im 7. Jh. arab. 36 Hc – 1603 osman. 65 Ic – im 19. Jh. zw. Rußland u. Persien geteilt, 1918 unabh. Rep. 107 II Le – im russ. Bürgerkrieg 1918/20 v. brit. Truppen besetzt 135 Dcd – 1922–36 zur Transkaukas. SFSR 110/111 Oe – 1936–91 Unionsrep. d. UdSSR 136 I Dcd – s. 1988 Nationalitätenkämpfe um armen. Enklave Berg-Karabach, 1991 unabh. 155 Dcd

Asia: ehem. röm. Prov. in d. heut. W-Türkei 26/27 I Je

Asiago: Ort in N-Italien – 1916 Einnahme von A. leitet österr.-ungar. Offensive geg. Italien ein 107 I Cb

Asir: Landsch. u. Prov. im südwestl. Saudi-Arabien 148/149 I Hcd – 1914–20 unabh. Emirat 108/109 ILd

Askalon: Ruinenstätte in Israel – um 1200 v. Chr. von Philistern gegr. Stadtstaat 32 Be – frühchristl. Gemeinde 33 I Fc – 1153–1247 im Besitz d. Kreuzfahrer, 1270 v. Mameluken zerstört 49 II Jb

Askanier: dt. Dynastie – bis 1319 Markgrafen v. Brandenburg 54/55 III Legende

Asmara: Stadt in N-Äthiopien – Hptst. v. Eritrea 145 IV Gh

Asow: Stadt an d. Donmündg. in Rußland – griech. Kolonie Tanais 7 Fb – als Tana 1204 venezian., 1261 Handelsstützpkt. 49 I Ha – 1471 osman. 65 Ga – 1739 russ. 78/79 Md

Aspern: Ortsteil v. Wien, Österr. – 1809 erste Niederlage d. Franzosen unter Napoleon I. geg. d. Österreicher 88/89 Id

Aspromonte: Berg in S-Italien – 1862 Niederlage d. italien. Freischärler unter Garibaldi geg. königl. Truppen 100 Ef

Assab: Stadt in N-Äthiopien – 1882 Ausgangspkt. d. italien. Expansion in O-Afrika 144 I Dc

Assam: Bundesstaat in NO-Indien – bis z. 18. Jh. unter burmes. Herrschaft 138 II Kf – 1824 brit. 139 I Db

Assassinen: ehem. islam. polit. Geheimbund – um 1090 gegr., ursprüngl. in Persien ansässig, später Einflußnahme in Syrien u. Palästina, im 13. Jh. Vernichtg. d. Bundes durch d. Mongolen 49 II Ka

Assisi: Stadt in Italien - altumbrische Siedlg., latein. Asisium 20/21 Gd – frühchristl. Gemeinde 33 I Db – im 13. Jh. Gründg. d. Franziskanerordens durch Franz v. Assisi 61 Dc

Assuan: Stadt in S-Ägypten 145 IV Gg – im 6. Jh. v. Chr. von Juden gegr. Siedlg., griech. Syene, bedeut. Granitvorkommen Altägyptens 5 Cb – 1959–70 Errichtung d. A.-Staudammes 148/149 I Gc

Assur: Ruinenstätte in Irak – bis z. 9. Jh. v. Chr. Hptst. v. Assyrien 4 II Og

Assyrien: ehem. Reich in Vorderasien – um 1100 v. Chr. Ausdehng. d. Assyr. Reiches bis z. Mittelmeer, Aufstieg z. Großmacht 4 II Legende – im 7. Jh. v. Chr. nach Eindringen d. Meder u. Babylonier Bedeutungsrückgang 6 II Hlf – 115–117 n. Chr. röm. Prov. Assyria 26/27 I Mef

Asti: Stadt in N-Italien – 1387 als Gft. z. Haus Orléans 61 ABb – ma. Handelszentrum, Weinanbau 68/69 Ed – 1575 zu Savoyen 70/71 Ef

Astrachan: Stadt an d. Wolgamündung in d. Russ. Föderation 137 I Dc – 1485–1556 Hptst. d. Tataren-Chanats A., im 19. Jh. Entwicklg. z. bedeut. Hafen im asiat.-russ. Handel, russ. Flottenstützpkt. 134 Cc

Asturien: Landsch. in NW-Spanien – um 20 v. Chr. Unterwerfg. d. keltiber. Asturer durch d. Römer 26/27 I Cd – von Arabern nicht unterworfen, Ausgangsgebiet d. späteren Reconquista 36 Bb – 722 christl. Kgr. 38/391 Bc – 925 Teil d. Kgr. León 46/471 ABc

Asunción: Hptst. v. Paraguay 132 I De

Athen: Hptst. v. Griechenland 118/119 Jf – im 13. Jh. v. Chr. Siedlg. am Fuß d. Akropolis 10 III – Entwicklg. z. Stadtstaat, altgriech. Athenai 6 I Bc – Beteiligg. am Ion. Aufstand löst Krieg geg. d. Perser aus, 480 v. Chr. Zerstörg. d. Stadt 12 I Cc – 477 v. Chr. nach Gründg. d. Att. Seebundes wirtschaftl. u. polit. Vormachtstellg. im östl. Mittelmeerraum 12 I Hg – im 4. Jh. v. Chr. Zentrum d. antiken Griechenlands 17 I – Machtkämpfe mit Sparta führen z. Peloponnes. Krieg u. z. Niedergang 13 Fc u. – 86 v. Chr. röm., Athenae 26/27 I el – urchristl. Gemeinde 33 I Ec – 395 n. Chr. oström. 28 Ec – 529 Schließg. d. Akademie bedeutet Ende d. Zeitalters d. Antike 35 IV Vl – 1205 Errichtg. d. Hzm. A. durch Kreuzfahrer, 1394–1402 venezian. 49 I Ec – 1458 osman. 65 Dc – 1718 v. Venezianern zerstört 78/79 Jf – s. 1835 Hptst. v. Griechenland 101 I Cc – 1896 Austragungsort d. ersten Olymp. Spiele d. Neuzeit 101 II Hc

Äthiopien: Staat in O-Afrika 124/125 I KLe – heut. Staatsgebiet im 4. Jh. ältestes christl. Kgr. Afrikas, auch Abessinien genannt, im 16. Jh. Abwehr arab.-islam. Eroberungsversuche mit Unterstützg. d. Portugiesen 62/63 I Kd – 1889–96 italien. Protektorat, Ausdehng. d. äthiop. Reiches 144 I CDc – 1936–41 v. Italien annektiert 108/109 I KLd – 1962 Eingliederg. v. Eritrea 145 III CDc – 1974 Militärputsch, 1975 Abschaffg. d. Monarchie, Ausrufg. d. Rep., Kämpfe in d. Prov. Eritrea z. Erlangg. d. Unabh., 1977–78 Krieg geg. Somalia um d. Prov. Ogaden, 1987–91 sozialist. Volksrep., Verschärfung d. Bürger- u. Sezessionskrieges, andauernder Bürgerkrieg rivalisierender Rebellengruppen 145 IV GHh

Athos: Berg u. Halbinsel in N-Griechenland – s. d. 10. Jh. autonome Mönchsrep. 101 I Cb

Atjeh: Prov. auf Sumatra, Indonesien – im 16./17. Jh. selbst. islam. Sultanat 138 I Dc – 1907 nach langen Kämpfen von d. Niederländern eingenommen 139 I Dc

Atlanta: Industriestadt in d. südöstl. USA 129 I Ec – 1864 entscheidender Sieg d. Unionstruppen über d. Konföderation im Sezessionskrieg 127 I fl

Attergau: Landsch. in Österr. - 1525 Zentrum im Bauernkrieg 72 II gl

Attigny: Ort in N-Frankr. – um 800 fränk. Pfalz 38/39 I Cb

Attika: Halbinsel in Mittelgriechenland – Kernland d. Stadtstaates Athen 6 I Bbc, 12 I Cbc

AttischerSeebund: ehem. Vereinigg. griech. Stadtstaaten – 477 v. Chr. unter Führg. Athens als Offensivbündnis geg. d. Perser gegr., um 469 v. Chr. nach d. Sieg d. Seebundes über Perser Beitritt zahlreicher Städte an d. W-Küste Kleinasiens – Aufstände d. Bundesmitglieder gg. athen. Macht- u. Wirtschaftspolitik, 404 v. Chr. nach Ende d. Peloponnes. Krieges Zerfall d. Bundes 12 II

Auckland-Inseln: neuseeländ. Inselgr. im südl. Pazif. Ozean 124/125 I QRh

Auerstedt: Ort in Thüringen – 1806 bedeutender Sieg d. Franzosen unter Napoleon I. über d. Preußen 88/89 Hc

Augsburg: Stadt in Bayern 122 Dd – röm. Leg.-Lager Augusta Vindelicum 30/31 Dd – 955 erfolgreiche Abwehr d. ungar. Angriffs 42/43 Hd – 1276 Reichsstadt 54/55 III Ed – im 15. Jh. Aufstieg z. bedeut. Kunst- u. Gewerbezentrum, Fernhandel 68/69 Ec – 1524 Zentrum im Bauernkrieg 72 II Hf – 1530 u. 1548 Reichstage z. Beilegg. d. Glaubensspaltung, 1555 A.er Religionsfriede: Anerkenng. d. kathol. u. evangel.-luther. Glaubens als gleichberechtigt 70/71 Fd – im 30jährigen Krieg stark zerstört 74/75 Fd – 1805 bayr. 87 I Ld

Augsburg: Bm. in Bayern – vermutl. im 4. Jh. gegr. 41 I Fc – größte Bedeutg. z. Zt. d. Salier 42/43 Hd – bis 1803 reichsunmittelbar, 1803 bayr. 87 I Dde

Augusta Raurica: ehem. Stadt in d. Schweiz – 44 v. Chr. als röm. Kolonie gegr. 26/27 I Fc – als Colonia Augusta Rauricorum Handelszentrum, v. Alamannen zerstört 30/31 Ce

Augusta Treverorum → Trier

Augusta Vindelicum → Augsburg

Aurignac: Höhle in S-Frankr. – altsteinzeitl. Fundort 2 II Kf

Aurillac: Stadt in Mittelfrankr. – im 9. Jh. gegr. Kloster 42/43 Df

Auschwitz (Oświęcim): Stadt in SW-Polen – 1941–45 nat.-soz. KZ 113 Jcd – durch Massenvernichtung von mehr als 4 Mio. Juden zum Symbol d. nat.-soz. Holocaust geworden 120 I Hd

Äußere Mongolei → Mongolei

Aussig (Ustí nad Labem): Industriestadt in d. Tschech. Rep. 122 Ec – im 13. Jh. Magdebg. Stadtrecht 50/51 De – 1426 v. Hussiten erobert 54/55 III Gc

Austerlitz (Slavkov u Brna): Stadt in d. Tschech. Rep. – 1805 entscheidender Sieg d. Franzosen über österr.-russ. Heer 88/89 Id

Australien: Staat u. Erdteil 124/125 I OQfg – im 17. Jh. v. Niederländern entdeckt, Neu-Holland genannt 62/63 I OQef – 1788 Beginn brit. Kolonisation, Ansiedlg. v. Strafgefangenen, erste Kolonie Neu-Südwales, Ausrottung der Ureinwohner, den Aborigines, s. Mitte d. 19. Jh. Erforschg. d. von Jägern u. Sammlern besiedelten Landesinneren durch Europäer 104 PRef – 1901 Zusammenschluß d. Kolonien z. Austral. Bund, brit. Dominion 105 PRef – Eintritt in d. 2. WK auf seiten Großbritanniens 117 I Hlef – 1942–45 große Verluste im Krieg geg. Japan 116 I DEd, 116 II KLh – s. 1945 wachsender Einfluß im südostasiat. Raum 150/151 I OQfg

Autun: Stadt in O-Frankr. – latein. Augustodunum 26/27 I Ec – s. d. 3. Jh. Bm. 38/39 I Cb – 532 Schlacht: fränk. Sieg über Burgunder 37 I Cb

Auvergne: Landsch. in SO-Frankr. – 121 v. Chr. Unterwerfg. d. kelt. Arverner durch d. Römer 18 I Cc – als Gft. im 12. Jh. z. Angevin. Reich 46/47 I Cb – 1360 Hzm. 60

Auxerre: Stadt in Mittelfrankr. – s. d. 4. Jh. Bm. 38/39 I Cb – Hptst. d. Gft. A., 1435 burgund., 1477 franz. 60 Ff

Ava: ehem. Stadt in Myanma – alte Hptst. von Burma 138 II Kf

Aversa: Stadt in S-Italien – 1030-61 normann. Gft. 46 II Bb

Avignon: Stadt in S-Frankr. – s. d. 5. Jh. Bm. 38/39 I Cc – 1303 Gründg. d. Univ. 54 II He – 1309 Residenz d. Exilpäpste 54/55 III Bg – s. 1348 päpstl. Besitz 59 Cb – im MA Einführg. d. Seidenherstellg. aus Italien, Weinanbau 68/69 Dde – 1475 Ebm. 66/67 FGe – 1791 v. Franzosen besetzt, 1797 nach Verzicht d. Papstes zu Frankr. 81 Ce

Avila: Stadt in Mittelspanien – strateg. bedeut. Festg. in d. Kriegen geg. d. Araber, Residenz kastil. Könige 46/47 I Bc – 1482 gegr. Univ. 54 II Ge

Aviz: Ort in Portugal – Stammsitz d. Ritterordens von A., 1166 gegr. 45 II Hf

Avranches: Stadt in NW-Frankr. – nach Landung Juli 1944 entscheidender Sieg d. Alliierten an d. dt. W-Front 115 Bc

Awaren: asiat. Nomadenvolk – im 5./6. Jh. in d. Schwarzmeergebiet eingewandert 35 IV Uk – unterwerfg. zahlreicher slaw. Völker, im 6. Jh. Errichtg. d. A.-Reiches im heut. Ungarn u. O-Österr. 36 DEb – um 790 Vernichtg. durch d. Franken unter Karl d. Gr. 38/39 I FGb

Ayacucho: Stadt in Peru – 1824 entscheidender Sieg d. Freiheitskämpfer unter Simón Bolívar leitet Ende d. span. Kolonialherrschaft in S-Amerika ein 132 I I

Azemmour: Stadt in Marokko – 1513–42 port. 66/67 Dg

Azincourt: Ort in N-Frankr. – 1415 engl. Sieg über franz. Heere im „100jährigen Krieg" 60 Fd

Azoren: port. Inselgr. im Atlant. Ozean 124/125 I Hd – um 1430 v. Portugiesen entdeckt u. besiedelt 62/63 I Hc – im 1. u. 2. WK Stützpkt. d. Alliierten 106 III Dc, 117 I Dc – s. 1951 amerikan. Stützpkt. d. NATO 150/151 I Hd

Azteken: indian. Volk – Träger d. altmexikan. Hochkultur, 1519 nach Eroberg. durch d. Spanier allmähl. Niedergang 130 I

B

Baalbek: Stadt im Libanon – griech. Heliopolis, bedeut. Tempelbauten d. Vorderen Orients 16 Dc – unter Kaiser Augustus röm. Kolonie 26/27 I Lf

Babylon: Ruinenstätte im Irak – um 1800 v. Chr. als Hptst. v. Babylonien bedeut. altoriental. Kulturzentrum, Standort d. Marduk-Tempels („Turm v. Babel"), 539 v. Chr. pers. Eroberg. 6 II fl – 323 v. Chr. Tod Alexanders d. Gr. 14/15 I Db

Babylon Fossatum → Kairo

Babylonien: Landsch. im S-Irak – um 3000 v. Chr. Bildg. erster Stadtstaaten, künstl. Bewässerg. im Gebiet zw. Euphrat u. Tigris u. d. Keilschrift d. Sumerer bilden d. Grundlage einer d. ältesten Hochkulturen d. Welt 1 III Fc – Kämpfe z. Stadtstaaten um d. Vorherrschaft führen z. Zerfall d. Staatswesens, im 18. Jh. v. Chr. Gründg. eines babylon. Großreiches unter Hammurabi; im 16. Jh. v. Chr. Eroberg. durch d. Kassiten, ständige Auseinandersetzungen mit d. nach Vormachtstellg. strebenden Assyrern 4 I – 626 v. Chr. erfolgreicher Aufstand geg. assyr. Oberhoheit führt z. Gründg. d. Neubabylon. Reiches, 539 v. Chr. Unterwerfg. durch d. Perser 6 II fl – 331 v. Chr. von Alexander d. Gr. erobert 14/15 I Db – unter seleukid. Herrschern Bedeutungsverlust 14 II

Bachtschisarai: Stadt auf d. Schwarzmeerhalbinsel Krim, Ukraine – 1681 russ.-osman. Friede legt Dnjepr als Grenze fest 65 Fb

Badari: vorgeschichtl. Kulturzentrum in N-Ägypten 3 I Fd

Baden (bei Wien): vorgeschichtl. Kulturzentrum im heut. Österr. 4 I Db

Baden: Stadt in d. Schweiz – röm. Siedlg. Aquae Helveticae 30/31 Ce – 1415 zur Eidgen. 72 I Cb – 1714 dt.-franz. Friede beendet Span. Erbfolgekrieg 77 Eb

Baden: Teil von B.-Württemberg 120 II BCde – 1112 Mgft. 54/55 III CDde – 1535 Teilg. in zwei Markgrafschaften 70/71 DEde – 1771 Vereinigg. d. bad. Gebiete 82/83 DEde – 1803 Kurfsm. 87 I BCde – 1806 Grhzm. 87 11 JKde – 1836 Beitritt zum Dt. Zollverein 96 I CDde – 1871 zum Dt. Reich 93 DEde – 1919 Freistaat 112 DEde – 1945/47 Bildg. v. Württemberg-B. in d. amerikan. Besatzungszone, Württemberg-Hohenzollern u. (S-) Baden in d. franz. Besatzungszone, April 1952 Vereinigg. zu B.-Württemberg 120 I BCde

Baden-Baden: Stadt in Baden-Württemberg 122 Cd – röm. Siedlg. Aquae Aureliae 30/31 Cd – s. 1052 im Besitz d. Markgrafen v. Baden 42/43 Cd – s. d. 14. Jh. bedeut. Badeort 54/55 III Dd

Baden-Württemberg: Land d. Bundesrep. Deutschland 122 BDde – 1952 gegr. 120 II BDde

Bad Oeynhausen: Stadt in NRW – 1945–54 brit. Hauptquartier 120 I Cb

Bagdad: Hptst. d. Irak 148/149 I Hb – 762 Hptst. d.

Abbasiden-Kalifats, Zentrum d. Islam 37 II Ng – 1258 v. Mongolen erobert 58 Dc – 1534/1638 osman. 65 Hd – 1917 v. brit. Truppen besetzt 107 II Kf – 1955 Gründg. d. B.-Paktes, 1959 in d. Zentrale Pakt-Organisation (CENTO) umgewandelt 150/151 I Ld – 1990 nach irak. Invasion in Kuwait Ausländer als Geiseln in B. festgehalten, 1991 im Golfkrieg massive Luftangriffe alliierter Truppen 159 III

Bagdadbahn: Eisenbahnlinie in d. Türkei u. in Irak – 1903 Beginn d. Baus d. wichtigen Landverkehrsverbindg. zw. Europa u. Vorderasien 102/103 Mf

Bahamas: Inselstaat südl. v. Florida im Karib. Meer 124/125 I Fd – 1666/1729 brit. 63 III Cc – 1973 unabh. Mitgl. d. Commonwealth 126 Of

Bahia → Salvador

Bahrain: Inselstaat im Persischen Golf 124/125 I Ld – 1867 brit. Protektorat 1391 Bb – 1971 unabh., Zentrum d. Erdölförderg. 148/149 I cl

Baikonur: Stadt in Kasachstan 155 EC, b. 1991 Raumfahrtzentrum d. UdSSR 136 I Ec

Bailén: Stadt in S-Spanien – 1808 franz. Kapitulation im span. Unabhängigkeitskrieg 88/89 Ef

Baktrien: Landsch. in Zentralasien – im 6. Jh. v. Chr. pers. Satrapie 6 I Kf – 329 v. Chr. Eroberg. durch Alexander d. Gr. 14/15 I Fb – um 300 v. Chr. zum Seleukidenreich 14 II Me – um 230 v. Chr. Entstehg. d. iran.-hellenist. Baktrischen Reiches 15 III Te

Baku: Hptst. v. Aserbaidschan 155 DC – im 16.–18. Jh. zw. Persien u. Rußland umkämpft, 1806 russ. 134 Ccd – Zentrum d. sowjet. Erdölgewinng. 137 I Dc – 1936–91 Hptst. d. Aserbaidschan. SSR 1361 Dc – 1989 Kämpfe um Loslösung v. d. UdSSR 155 Cc

Balch: Ort in Afghanistan – als Baktra Hptst. v. → Baktrien 6 II Kf – Mittelpkt. einer Bewässerungsoase im nördl. Hindukusch, 1221 v. Mongolen zerstört 58 Fd

Balearen: span. Inselgruppe im westl. Mittelmeer 118/119 Fef – bis 201 v. Chr. karthag. 19 Cc – 123 v. Chr. röm., Baleares 26/27 I Ede – in d. Völkerwanderungszeit v. Wandalen u. Ostgoten erobert 34 I Cbc, 35 IV Sl – 754–98 fränk. 38/39 I Ccd – 798 arab. 37 I Jg – 1114–84 unter d. Oberhoheit v. Pisa, 1229/35 z. Kgr. Aragón 46/47 I Ccd – 1276–1343 Kgr. Mallorca 59 Fcd

Ballenstedt: Stadt in Sachsen-Anhalt – Burg B. Stammsitz d. Askanier 42/43 Hc – 1123 gegr. Benedikt.-Kloster 45 I Ea

Baltimore: Hafen- u. Industriestadt in d. östl. USA 129 I Fc

Baltringen: Ort in Baden-Württemberg – 1525 Ausgangspkt. d. schwäb. Bauernaufstandes („Baltringer Haufen") 72 II Jf

Bamako: Hptst. v. Mali 145 IV Eh

Bamberg: Stadt in Bayern 122 Dd – im 13. Jh. Bau d. B.er Doms 54/55 III Ed – 1648 Gründg. d. Akademie, später Univ. 73 II Qi – 1803 bayr. 87 I Dd

Bamberg: Ebm. in Bayern – 1007 gegr. Bm. 50/51 Bf – bis 1803 reichsunmittelbar, 1803 bayr. 82/83 Fcd – 1817 Ebm. 92 Fd

Banat: Landsch. in SO-Europa – im MA als Banschaften südungar. Grenzgebiet 59 DEb – im 15./16. Jh. starker Bevölkerungsrückgang, 1552 osman. 77 Hb – 1718 österr., Beginn neuer Besiedlg. 84 Ec – 1779 mit Ungarn vereinigt 90/91 Jde – 1920 zw. Rumänien, Jugoslawien u. Ungarn geteilt 110/111 Jde

Bandjermasin: Hafenstadt auf Borneo, Indonesien 139 II Lh

Bandung: Stadt auf Java, Indonesien 139 II Lh – 1955 Konferenz unabh. afrikan. u. asiat. Staaten beschließt neutrale u. bündnisfreie Politik z. Entschärfg. d. Ost-West-Gegensatzes 150 II

Bangkok: Hptst. v. Thailand 139 II Lg – s. 1782 Hptst. d. Kgr. Siam 138 II Lg – 1893 franz.-siames. Vertrag, Siam erkennt d. Mekong als Grenze zu Franz.-Indochina an 139 I Ec

Bangladesh: Staat in S-Asien 124/125 I Nd – bis 1971 Ost- → Pakistan, März 1971 Proklamation d. Volksrep. B.D. löst Bürgerkrieg aus, Massenflucht d. ostpakistan. Bevölkerg. nach Indien führt im Dez. 1971 z. militär. Eingreifen Indiens, 1974 Anerkenng. d. Unabh. durch Pakistan, 1975–91 autorit. Regime unter Kontrolle d. Militärs, s. 1991 Übergang z. parlamentar. Demokratie, 1991 Flutkatastrophe 139 II Kf

Bangor: Hafenstadt in Nordirland, Großbritannien – im 6. Jh. gegr. Kloster, Ausgangspkt. d. iroschott. Mission 41 I Bb

Bangui: Hptst. d. Zentralafrikan. Rep. 145 IV Fh

Bannockburn: Ort in Schottland, Großbritannien – 1314 Schlacht: Sieg über Engländer sichert Unabh. Schottlands 46/47 I B

Bapaume: Stadt in N-Frankr. – 1871 preuß. Sieg über franz. Heer 93 Bc

Bar: Stadt in d. Ukraine – 1768 Konföderation von B.: Bündnis d. poln. Adels geg. russ. Vorherrschaft, 1772 gescheitert 85 I Dc

Bar: Landsch. in O-Frankr. – 1354 Hzm. 54/55 III Bd – 1431 zu Lothringen, 1474–77 zu Burgund 60 Ge – 1766 zu Frankr. 81 Cb

Barbados: Inselstaat im Karib. Meer 124/125 I Ge – 1627 brit. 63 III Dd – 1966 unabh. Mitgl. d. Commonwealth 131 I Fc

Barbaresken: ehem. arab.-berber. Staaten in N-Afrika – s. d. 16. Jh. unter osman. Oberhoheit, Seeräuberstützpunkte 66/67 DGg

Barcelona: Hafen- u. Industriestadt in NO-Spanien 118/119 Fe – röm. Stadt Barcino 26/27 I Ed – frühchristl. Gemeinde 33 I Gb – 415 v. Westgoten, 713 v. Arabern erobert 34 I Cb, 36 Cb – 801 Erhebg. zur Hptst. d. Span. Mark durch d. Franken 38/39 I Cc – 859 v. Normannen zerstört 37 II Jf – im 10. Jh. als Gft. unter d. Oberhoheit v. Navarra 44 Cc – 1137 Vereinigg. mit Aragón, bedeut. Wirtschafts- u. Handelszentrum Kataloniens 46/47 I Cc – 1450 gegr. Univ. 54 II He – 1803–13 v. Franzosen besetzt 88/89 Fe – 1932 Hptst. d. autonomen Prov. Kataloniens, 1937–39 im Span. Bürgerkrieg Sitz d. Volksfrontregierg. 110/111 Fe

Bardowick: Ort in Niedersachsen – um 800 fränk. Handelspl. 38/39 I Ea

Bäreninsel: norweg. Insel im Nordpolarmeer 124/125 I JKb

Bari: Hafenstadt in S-Italien 118/119 Ie – als Barium Hptst. v. Apulien 22/23 I Fa 841–71 im Besitz d. Sarazenen 37 I Kf – 876 byzantin. 44 Dc – 1071 v. Normannen erobert, 1156 zerstört 46 II Cb

Barmen: Ortsteil v. Wuppertal, NRW – 1934 Synode d. Bekennenden Kirche 113 Dc

Bar-sur-Aube: Stadt in O-Frankr. – im 12./13. Jh. Messestadt 57 Bd – 1814 Sieg d. alliierten Armee über Franzosen 88/89 Fd

Bärwalde (Mieszkowice): Stadt in N-Polen – 1631 Vertrag zw. Schweden u. Frankr. über militär. Unterstütz. im 30jährigen Krieg 74/75 Hb

Basan: Landsch. in Vorderasien – latein. Batanaea, s. der Landnahme zw. Israeliten u. Aramäern umstritten 32 Dbc

Baschkirische Rep.: autonome Rep. in d. Russ. Föderation 155 Dc – 1919 ASSR in d. RSFSR 136 I Dc

Basel: Stadt in d. Schweiz 120 II Be – röm. Stadt Basilia 26/27 I Fc – im 14. Jh. Reichsstadt 54/55 III Ce – 1460 gegr. Univ. 54 II He – 1501 zur Eidgen. 72 I Bb – 1795 Friede zw. Preußen u. Frankr.: Preußen beendet Teilnahme am 1. Koalitionskrieg, linkes Rheinufer bleibt franz. 86 I Db

Basel: Bm. in d. Schweiz – im 4. Jh. als → Augusta Raurica gegr., im 7. Jh. Verlegg. nach B. 38/39 I Db – 1576 z.T. zur Eidgen., W-Teil bis 1792 reichsunmittelbar 72 I ABb

Baskenprovinzen: Region am Golf v. Biskaya in N-Spanien 118/119 Ee – vom Volk d. Basken besiedelt, von d. Römern Vascones genannt 19 Bb – im Kampf geg. Römer u. Westgoten Bewahrg. ihrer Eigenständigkeit 35 III Hh – Ende d. 6. Jh. unter westgot. Druck teilw. Abwanderung in d. Gascogne 38/39 I Bc – bask. Siedlungsgebiet Zentrum d. Widerstandes geg. arab. Eroberg., Kerngebiet v. → Navarra 44 Bc – 1936–39 autonom

110/111 Ee – 1979 autonom Provinz, andauernde Anschläge d. Seperationsbewegung d. ETA 118/119 Ee

Basra: Hafenstadt in S-Irak 148/149 I Hb – 638 als arab. Heerlager gegr., wichtiges Kultur- u. Handelszentrum, 656 Schlacht bei B. leitet islam. Bürgerkrieg ein 36 Gc – 1529 osman. 138 I Bb – bedeutenster irak. Erdölexporthafen u. Militärstützpkt. 148/149 I Hb – 1980–88 im irak.-iran. Krieg umkämpft, 1991 Zentrum d. Aufstände d. schiit. Minderheit nach Golfkrieg 159 III

Bastille: ehem. Burg in Paris, Frankr. – s. d. 16. Jh. Staatsgefängnis, 14. Juli 1789 Sturm auf d. B. löst Franz. Revolution aus 86 II

Basutoland → Lesotho

Bataan: Halbinsel an d. W-Küste v. Luzon, Philippinen – 1942–45 v. Japanern besetzt 116 I Cc, 116 II Jg

Batavia → Djakarta

Batavische Republik → Niederlande

Batoche: Ort in S-Kanada – 1885 Aufstand geg. brit. Kolonialherrschaft unter Führg. v. Louis Riel 126 Lc

Baton Rouge: Stadt in südl. USA – Zentrum d. amerikan. Erdölindustrie, eine d. größten Erdölraffinerien d. Welt 129 I Dc

Batumi (Batum): Stadt am Schwarzen Meer, Georgien – s. d. 17. Jh. osman., 1878 russ., Batum 134 Cc – 1918 v. Türken besetzt, 1921 von d. sowjet. Armee eingenommen 135 Dc – Hptst. d. Autonom. Rep. Adscharien 118/119 Ne

Bauske: Ort in Lettland – 1236 Sieg d. Litauer u. Semgaller über d. Schwertbrüderorden führt 1237 zu dessen Anschluß an d. Dt. Orden 52 I Fc

Bautzen: Stadt in Sachsen 122 Fc – 1002 erstmals erwähnt, slaw. Burg 42/43 Jc – vermutl. 1213 Magdebg. Stadtrecht 50/51 De – 1813 franz. Sieg über alliiertes Heer 88/89 Hc – b. 1989 Gefängnis f. polit. Gefangene in d. DDR 122 Fc

Bayern: Land d. Bundesrep. Deutschld. 122 CEce – im 4. Jh. v. Chr. vom kelt. Volksstamm d. Vindeliker besiedelt 18 I Dc – im 5./6. Jh. n. Chr. Einwanderg. d. german. Bajuwaren 341 Dab – 788 Eingliederg. in d. Frankenr. 38/39 I Eb – 938 otton. Hzm., 1070 welf., 1180 wittelsbach. 42/43 HJce, 54 I Cb – 1255 Entstehg. v. Teilherzogtümern durch Landesteilungen 54/55 III EFde – Zentrum d. Gegenreformation 73 II QRi – 1623 Kurfsm. 74/75 FGde – 1777 nach Aussterben d. bayr. Linie d. Wittelsbacher v. Pfalz 82/83 FGde – 1805 nach Anlehng. an Frankr. Kgr., 1806 Beitritt z. Rheinbund 87 II LMde – 1815 zum Dt. Bund 92 FGce – 1818 erste Verfassg. 94 I EFce – 1828–33 Bayer.-Württemberg. Zollverein, 1833 Beitritt zum Dt. Zollverein 96 I EFce – 1871 zum Dt. Reich 93 FGce – 1919 Freistaat 112 FGce – 1945 z. amerikan. Besatzungszone 120 I CEce – s. 1949 Land d. Bundesrep. Deutschld. 120 II CEce

Bayonne: Hafenstadt in SW-Frankr. – 1808 Napoleon I. zwingt Karl IV. von Spanien u. dessen Sohn z. Abdankg. 88/89 Ee

Bayreuth: Stadt in Bayern 122 Dd – 1231 als Stadt erwähnt, süddt. Stadtrecht 50/51 Bf – 1248 durch Vererbg. z. Burggft. Nürnberg 54/55 III Ed

Bayreuth: ehem. fränk. Fsm. d. Hohenzollern in Bayern – 1768 zu Ansbach 82/83 FGcd – 1791 preuß. 84 Cbc – 1810 bayr. 88/89 Hd

Beachy Head: Kap an d. S-Küste v. Großbritannien – 1690 Seeschlacht, franz. Sieg über engl. Flotte 77 CDa

Beaucaire: Stadt in S-Frankr. – s. 1217 Messestadt 46/47 I Cc

Beauvais: Stadt in N-Frankr. – s. d. 4. Jh. Bm. 42/43 Dd – im 13./14. Jh. Bau d. got. Kathedrale 60 Fe

Beerscheba: Stadt in Israel 149 IV Cc – alttestamentl. Lagerpl., Beersaba 32 Bf – 1948 israel. Neugründg. 148 II Cc

Behistun: Felsmassiv in W-Iran – Fundort altpers. Inschriften 6 II I

Beirut: Hptst. d. Libanon 148/149 I Gb – phönik. Hafenstadt Berytos 7 Fc – 14 v. Chr. röm. Kolonie Berytus 26/27 I Lf – im 7. Jh. n. Chr. arab. 36 Fc

– 1110–1291 im Besitz d. Kreuzfahrer 49 II Kb – 1516 unter osman. Oberhoheit 65 Gd – s. d. 16. Jh. unter Herrschaft d. Drusen 66/67 Mg – 1920 z. franz. Mandatsgebiet Syrien 148 II Cb – 1975–90 Zentrum d. Bürgerkrieges, 1982 israel. Besetzung 159 III

Belau: Inselstaat unter Treuhandverwaltg. d. USA im W-Pazifik 143 – 1898 als Palau-In. dt. Kolonie 105 Qd – 1918 z. japan. Mandatsgebiet d. Völkerbundes 108/109 I Pd – 1947 US-Treuhandgebiet, 1981 Unabh. proklamiert 143

Belém: Hafenstadt in N-Brasilien 132 I Ec – auch Pará genannt, 1616 v. Portugiesen gegr. 64 He

Belfast: Hptst. v. Nordirland (Ulster), Großbritannien, s. 1969 Zentrum d. blutigen Auseinandersetzg. zwischen Katholiken u. Protestanten 118/119 Dc

Belfort: Stadt in O-Frankr. – 1870/71 als bedeut. Festg. im Dt.-Franz. Krieg belagert 93 De

Belgien: Staat in W-Europa 118/119 FGcd – heut. Staatsgebiet im 5. Jh. v. Chr. vom kelt.-german. Volk d. Belgen besiedelt 18 I Cb – im 5. Jh. n. Chr. zur röm. Prov. Belgica 26/27 I EFbc – im 5. Jh. n. Chr. zum Frankenr. 38/39 I CDa – im 15. Jh. zu Burgund 60 FGd – 1555 Teil d. Span. → Niederlande 66/67 Fgc – im 17. Jh. Teil d. Span. Niederlanden 77 DEa – 1794 franz. 88/89 Fgc – fläm.-wallon. Sprachenkonflikt 99 ABcd u. Legende – 1830 Revolution, 1831 Unslösg. vom Kgr. d. Verein. Niederlande, Entstehg. d. unabh. Kgr. B., 1839 endg. Grenzfestlegg. 92 BCcd – im 1. WK trotz Neutralität v. dt. Truppen besetzt 107 I Ba – 1920 nach Vertrag v. Versailles Gewinn d. deutschsprachigen Gebiete v. Eupen u. Malmedy, 1923 Beteiligg. an d. Besetzg. d. Ruhrgebietes 112 BDcd – im 2. WK erneut von dt. Truppen besetzt 114 Cb

Belgisch-Kongo → Zaire

Belgrad (Beograd): Hptst. v. Serbien 156 II Nf – röm. Leg.-Lager Singidunum 26/27 I dl – während d. Völkerwanderg. mehrf. zerstört 34 II Pe – im MA als Festg. v. Bulgaren, Byzanz u. Ungarn umkämpft 44 Ec – im 11./12. Jh. Kreuzfahrerstützpkt. 48 Eb – 1433 ungar. 59 Eb – 1521 osman. 65 Db – 1717–39 österr. 66/67 Je – s. d. 19. Jh. polit. u. kulturelles Zentrum v. › Serbien 88/89 Je – bis 1867 osman. 1011 Cb – im 1. u. 2. WK Kriegsschaupl. 107 I Db, 114 Ec – 1945–91 Hptst. d. Bundesstaates Jugoslawien 118/119 Je

Belize: Staat in Mittelamerika 124/125 I Ee – s. 1786 als Brit.-Honduras brit. 104 Fd – 1964 autonom, 1973 Umbenenng. in B., 1981 unabh. Mitgl. d. Commonwealth 131 I Cc

Belo Horizonte: Stadt in O-Brasilien 132 I Ed – Zentrum d. brasilian. Schwerindustrie 133 Ed

Belutschistan: Prov. in Pakistan – 1793 fakt. unabh. 138 II Jf – 1876 brit. 139 I Cb – 1947 zu Pakistan 139 II Jf

Benediktbeuern: Ort in Bayern – um 740 gegr. Benedikt.-Kloster 50/51 Bg

Benevent (Benevento): Stadt in S-Italien 100 Ee – samnit. Stadt Maluentum 18 I Lg – 268 v. Chr. röm., Beneventum 22/23 I Ec – s. d. 6. Jh. n. Chr. Zentrum d. Hzm. 38/39 I Ec – 969 Ebm., s.1051 päpstl. 46 II Bb – bis 1860 z. Kirchenstaat 100 Ee

Benevent: ehem. Hzm. in S-Italien – im 6. Jh. v. Langobarden gegr., 787 unter fränk. Oberhoheit 38/39 I EFcd – 1047 normann. Fsm., 1051 z. Kirchenstaat 46 II BCb 1806–15 franz. Fsm. 88/89 He – bis 1860 z. Kirchenstaat 100 Ee

Bengalen: Landsch. in Indien u. Bangladesh – 1765 brit. 64 Oc – 1947 zw. Ind. Union u. Pakistan geteilt, 1971 Ost – B. als → Bangladesh unabh. 139 II Kf

Benghasi: Hafenstadt in Libyen 148/149 I Fb – als Berenice Hptst. d. Cyrenaica 26/27 I fl – s. d. 16. Jh. osman. 65 Dd – 1911 v. Italienern besetzt 102/103 Jg – im 2. WK stark zerstört 114 Ed, 115 Ed

Benin: Staat in W-Afrika 124/125 I Je – heut. Staatsgebiet s. 1892/94 als Dahomey franz., 1960 unabh. Rep. 145 III Bc – 1975 sozialist. Volksrep. B., s. 1990 Übergang z. parlamentar. Rep., 1991 freie Wahlen 145 IV Fh

Bentheim: ehem. Gft. im heutigen Niedersachsen 82/83 Db

Berchtesgaden: Ort in Bayern – im 12. Jh. gegr. Propstei 54/55 III Fe – 1805 österr., 1810 bayr. 87 II Me – 1938 Begegng. zw. Hitler u. Chamberlain 113 Ge

Beresina: Nebenfluß d. Dnjepr in Weißrußland – 1812 verlustreiche Niederlage d. franz. Heeres unter Napoleon I. im Rußlandfeldzug 88/89 Kc

Berg: ehem. Hzm. in NRW – im 11.–13. Jh. Gft. 54/55 III Cc – 1380 Hzm. 70/71 Dc – 1614/66 zu Pfalz-Neuburg 74/75 Dc – 1777 bayr. 82/83 Dc – 1806–15 franz. Grhzm. 88/89 Gc

Bergama: Stadt in d. W-Türkei – im 4. Jh. v. Chr. als Pergamon gegr., im 3./2. Jh. v. Chr. selbst. Kgr. 15 III Pde – Zentrum d. hellenist. Kultur, Pergamon-Altar gilt als eines d. „sieben Weltwundern", urchristl. Gemeinde 16 Bb – 133 v. Chr. röm., Pergamum 26/27 I Je – im 12. Jh. Kreuzfahrerstützpkt. 48 Ec – 1336 osman. 65 Ce

Bergen: Stadt in Hessen – röm. Kastell 30/31 Cc – 1759 Sieg d. Franzosen über Preußen im 7jährigen Krieg 82/83 Ec

Bergen: Hafenstadt in SW-Norwegen 118/119 Ga – 1343–1558 Kontor d. Hanse, 1450 Union von B. bestätigt dän.-norweg. Pers.Union 57 Ca

Bergen-Belsen: Ort in Niedersachsen – nat.-soz. Vernichtungslager, 1943–45 Ermordg. von mehr als 50 000 Menschen 113 EFb

Bergen op Zoom: Stadt in d. Niederlanden – im 16. Jh. Messestadt 68/69 Dc

Bergerac: Stadt in SW-Frankr. – 1577 nach d. Frieden von B. Zufluchtsort d. verfolgten Hugenotten 66/67 Fe

Berlichingen: Burg im heut. Baden-Württemberg 70/71 Ed

Berlin: Hptst. d. Bundesrep. Deutschld. 157 II Eb – im 13. Jh. (vermutl. 1237) gegr. 56 Gb – 1307 Vereinigg. von B. u. Cölln, Magdebg. Stadtrecht 50/51 Cd – 1359 Mitgl. d. Hanse 57 Dc – s. Ende d. 15. Jh. dauernde Residenz d. brandenbg. Hohenzollern 70/71 Gb – im 15./16. Jh. Entwicklg. z. wirtschaftl. u. kulturellen Zentrum 68/69 Fb – 1806 B.er Dekret: Napoleon I. verkündet Kontinentalsperre geg. England 88/89 Hc – 1810 gegr. Univ., 1848 Zentrum d. Revolution in Preußen 92 Gb – s. Mitte d. 19. Jh. Aufstieg z. Industriezentrum 97 I Gb, 97 II Gb – 1867 Hptst. d. Norddt. Bundes, 1871 d. Dt. Reiches 93 Gb – 1878 B.er Kongreß: Versuch d. europ. Großmächte u. Türkei z. Lösg. d. Balkankonfliktes 102/103 Hc – 1884/85 Kongokonferenz von B.: Regelg. d. kolonialen Aufteilg. Afrikas 105 Kb – 1918 Zentrum d. Novemberrevolution 107 II Hd – Jan. 1919 Spartakusaufstand, März 1920 Kapp-Putsch, 1920 Entstehg. von Groß-B.; 1926 B.er Vertrag: dt.-sowjet. Interessenausgleich 112 Gb – 1942 Wannseekonferenz: Beschluß über planmäßige Vernichtg. d. Juden 113 Gb – im 2. WK stark zerstört, im April/Mai 1945 Kämpfe um B. 115 Db – s. Juni 1945 Viermächtestatus, Teilg. in vier Sektoren, 1948/49 Blockade, 1949 Teilg. in B.-West u. B.-Ost 120 I Eb, 121 I – Juni 1953 Volksaufstand in B.-Ost, 1961 Mauerbau, 1971 Unterzeichnung d. Viermächteabkommens, Nov. 1989 Öffnung d. B.er Mauer leitet Ende des Kalten Krieges ein 120 II Eb, 122 Eb – 1990 Hptst. d. vereinigten Deutschld., 1991 Beschluß zur Verlagerg. d. Regierungssitzes v. Bonn n. B. 157 Eb

Bermuda-Inseln: brit. Inselgr. im nördl. Atlant. Ozean 124/125 I Fd – 1515 span. 62/63 I Fc – s. 1612 brit. 63 III Ca

Bern: Hptst. d. Schweiz 118/119 Gd – 1191 gegr. 56 De – 1218 Reichsstadt 46/47 I Db – 1353 zur Eidgen. 72 I Bc – 1528 Reform. nach Zwingli 73 I De – 1798–1813 v. franz. Truppen besetzt 88/89 Gd – s. 1848 Hptst., 1874 Gründungsort d. Weltpostvereins 93 De

Beröa: ehem. Stadt in N-Griechenland – frühchristl.

Gemeinde 33 I Eb – um 50/56 n. Chr. Reisen d. Apostels Paulus 33 II, III

Besançon: Stadt in O-Frankr. 122 Be – kelt.-röm. Vesontio 26/27 I Fc – s. d. 8. Jh. Ebm. 38/39 I Db – 1307 Reichsstadt 54/55 III Bde – 1485 gegr. Univ. 54 II He – Hptst. d. Franche-Comté (Freigft. Burgund), 1678 franz. 81 Dc

Bessarabien: Landsch. am Schwarzen Meer zw. Dnjestr. u. Pruth – im 14. Jh. z. Fsm. Moldau 59 Eb – 1812 russ. 88/89 Kd – 1856–78 südl. Teil erneut moldau. 101 I Da – 1918/1920 zu Rumänien 110/111 Kd – 1940/44 z. Moldau. SSR 118/119 Kd – nach Zerfall der UdSSR zu Moldawien u. Ukraine 155 Cc

Bethel: bibl. Ort im heut. W-Jordanland 32 Ce

Bethlehem: Stadt in W-Jordanland – Geburtsort Jesu Christi 32 Ce

Betschuanaland → Botswana

Beuthen (Bytom): Stadt in SW-Polen 118/119 Ic – im 11. Jh. Burg 42/43 Jc – 1254 Magdebg. Stadtrecht 50/51 Fe – 1281 Residenz d. schles. Teilhzm. B. 54/55 III cI – 1526/31 brandenburg. 70/71 Jc – 1618 österr. 74/75 Jc – 1742 preuß. 84 Db

Bhutan: Staat in S-Asien 124/125 I Nd

Biafra: Teil v. Nigeria – 1967 Ausrufg. d. unabh. Rep. führt z. Bürgerkrieg, 1970 Kapitulation von B. beendet Sezession 145 IV Fh

Bialystok: Stadt in NO-Polen 120 II Jb – im 14. Jh. gegr. 57 Fc – 1795 preuß. 84 Eb – 1807 russ. 88/89 Jc – 1919 poln. 85 II He – 1941–44 von dt. Truppen besetzt 114 Eb

Bibracte: ehem. kelt. Stadt in W-Frankr. – 58 v. Chr. Sieg der Römer unter Caesar über Helvetier 27 II Qi

Bicocca: Stadtteil v. Mailand, Italien – 1522 Sieg d. kaiserl. Truppen über Franzosen u. Eidgenossen 70/71 Ef

Bidassoa: Grenzfluß zw. Frankr. u. Spanien – 1659 Pyrenäenfriede zw. Frankr. u. Spanien: franz. Gebietsgewinne u. Sicherg. d. Vormachtstellg. 77 Cc, 81 Legende

Bielefeld: Industriestadt in NRW 122 Cb

Bikini-Atoll: Atoll d. Marshall-Inseln – nach d. 2. WK amerikan. Atombombenversuche 124/125 I Re

Bilbao: Hafen- u. Industriestadt in N-Spanien 118/119 Ee – 1936–39 im Span. Bürgerkrieg Zentrum d. bask. - republikan. Widerstandes 110/111 Ee

Birka: Ruinenstätte in S-Schweden – im 9./10. Jh. bedeut. Handelspl. d. Normannen 37 II Ke

Birkenfeld: Stadt in Rheinld.-Pfalz – 1817 oldenburg. 92 Dd – 1937 preuß. 112 Dd

Birmingham: Industriestadt in Großbritannien 118/119 Ec

Birten: Ort in NRW – röm. Leg.-Lager Vetera 30/31 Bc – 939 Sieg König Ottos I. über seinen Bruder Heinrich in d. Auseinandersetzungen um d. Thronfolge 42/43 Fc

Biserta: Hafenstadt in Tunesien 118/119 Gf – phönik. Kolonie Hippo Diarrhytos 7 Cc – 430 v. Wandalen erobert 34 I Cc – s. d. 7. Jh. arab. 44 Cd – 1535–74 span. 66/67 Gf – 1881 franz., Bizerte 102/103 Gf – bis 1963 franz. Flottenstützpkt. 118/119 Gf

Bismarck-Archipel: Inselgr. im südl. Pazif. Ozean, zu Papua-Neuguinea gehörig 143 – 1884–1914 dt. Kolonie 105 Re – 1919 austral. Mandatsgebiet 108/109 I Qe

Bithynien: Landsch. in d. NW-Türkei – im 3./2. Jh. v. Chr. Kgr. 15 III Qd – 74 v. Chr. röm. Prov. Bithynia 26/27 I Kd

Björkö: finn. Insel d. Ostsee – 1905 Vertrag von B.: erfolgloser Versuch eines dt.-russ. Bündnisses 102/103 Ka

Blenheim: Schloß in Großbritannien – 1705 nach d. Schlacht bei → Blindheim erbaut 77 Ca

Blindheim: Ort in Bayern – in d. engl. Literatur Bezeichng. für d. Schlacht 1704 bei Höchstädt 77 Fb

Blois: Stadt in Frankr. – s. d. 10. Jh. Hauptort d. Gft. B. 42/43 Ce – im 13. Jh. Bau d. Schlosses 46/47 I Bc – 1498 franz. 60 Ef

Blumenau: Ortsteil v. Preßburg (Bratislava), Slowak. Rep. – 1866 letztes Gefecht im Dt. Österr. Krieg 92 Id

Blumenau: Stadt in SO-Brasilien 132 Ee – 1851 v. Deutschen gegr., Zentrum d. brasilian. Textilindustrie 133 Ee

Bobbio: Ort in N-Italien – 612 gegr. Kloster 41 I Ed

Böblingen: Stadt in Baden-Württemberg – 1525 Schlacht im dt. Bauernkrieg 72 II Gf

Boghasköi: Ort u. Ruinenstätte in d. Türkei – um 1570 v. Chr. als Hattusa Hptst. d. Hethiter 4 I Fbc, 4 II Nfg

Bogotá: Hptst. v. Kolumbien 133 Bd – 1539 v. Spaniern an d. Stelle einer Chibchasiedlg. gegr. 130 I – s. 1718 Hptst. d. Vizegr. Neu-Granada 64 Gd – bis 1819 Santa Fé de Bogotá 132 I Bb – 1948 Gründungsort d. Organisation Amerikan. Staaten (OAS) 150/151 I Fe

Böhmen: Landsch. in d. Tschech. Rep. – im 4. Jh. v. Chr. vom kelt. Volksstamm der Boier (18 I Dc) im 1. Jh. v. Chr. von german. Markomannen (26/27 I GHc), im 6. Jh. n. Chr. von Slawen (36 Dab), im 10. Jh. v. westslaw. Tschechen (371 EFb) besiedelt – im 10. Jh. dt. Stammeshzm. 42/43 IJcd – im 11. Jh. Vereinigg. mit Mähren, 1158 Kgr. 46/47 I EFab – 1310 luxemburg. 54 I CDab – 1419–36 Hussitenkriege 59 Dab – im 15. u. 16. Jh. religiöse Reformbestrebungen d. Böhm. Brüder 73 I – 1526 habsburg. 70/71 GHcd – im 19. Jh. nationaler Gegensatz zw. Tschechen u. Deutschen 92 GHcd – 1918 z. Tschechoslowakei 112 GHcd – 1939–45 dt. Besetzg., „Protektorat B. u. Mähren" 113 GHcd

Bolgar: Ort in Russ. Föderation – im 10. Jh. Hptst. d. Wolgabulgaren 36 Ga – 1236 v. Mongolen erobert 58 Db

Bolivien: Staat in S-Amerika 124/125 I Ffg – W-Teil d. heut. Staatsgebietes im 15./16. Jh. z. Inkareich 130 I Dde – im 16. Jh. Beginn span. Eroberg. 62/63 I Fe – Teil d. Vizekgr. Peru 64 Ge – 1825 unabh., nach d. Freiheitskämpfer Simón Bolívar benannt 104 GHef – 1836–39 Konföderation mit Peru, 1879–84 im „Salpeterkrieg" geg. Chile Verlust d. Zugangs z. Meer, 1903 B. muß Acre-Gebiet an Brasilien abtreten, 1932–35 im „Chacokrieg" geg. Paraguay weitere Gebietsverluste, 1964–80 Militärregime 132 I CDde

Bologna: Industriestadt in N-Italien 118/119 He – etrusk. Felsina 20/21 Fc – röm. Kolonie Bononia 26/27 I Gd – frühchristl. Gemeinde 33 I Db – 1088 Gründg. d. ältesten Univ. Europas 54 II el – 1167 Mitgl. d. Lombard. Städtebundes 46/47 I Ec – 1278 z. Kirchenstaat 54/55 III Ef – bedeut. Handels- u. Wirtschaftszentrum N-Italiens 68/69 Ed – 1530 Ort d. Kaiserkröng. durch d. Papst 66/67 He – im 2. WK stark zerstört 115 Dc

Bombay: Hafenstadt in W-Indien 139 II Jg – 1534 port., 1661 engl. 64 Nd, 138 I Cc

Bona, Bône → Annaba

Bonin-Inseln: japan. Inselgr. im Pazif. Ozean – 1945/51–68 unter amerikanischer Verwaltg. 124/125 I Qd

Bonn: Stadt in NRW 157 II Bc – röm. Leg.-Lager Bonna 30/31 Cc – s. d. 13. Jh. Residenz d. Erzbischöfe v. Köln 54/55 III Cc – 1818 gegr. Univ. 92 Dc – 1946 zu NRW 120 I Bc – 1949–90 Hptst. d. Bundesrep. Deutschld., s. 1949 Sitz d. Bundesregierg. 120 II Bc

Bophuthatswana: Homeland d. Rep. Südafrika – 1977 v. Südafrika in d. Unabh. entlassen, Unabh. international nicht anerkannt 147 III Ba

Bordeaux: Hafenstadt in SW-Frankr. 118/119 Ee – 56 v. Chr. röm., Burdigala 26/27 I Dd – im 4. Jh. n. Chr. Bm. 41 I Cd – 507 fränk. 35 III Hh – im 9. Jh. Eroberg. durch d. Normannen 37 II fl – 911 Hptst. d. Hzm. Gascogne, Ebm. 42/43 Bf – 1154 engl. 46/47 I Bd – 1441 Gründg. d. Univ. 54 II Ge – bis 1451 engl. Stützpkt. 59 Bb – 1451 franz. 60 Dg – Zentrum d. Weinanbaus 68/69 Bd – im 18./19. Jh. wachsende Bedeutg. d. Hafens im Handel mit d. franz. Kolonien 90/91 Ee – 1871, 1914 vorübergehend Sitz d. franz. Regierg. 102/103 Ee

Borga: Stadt in S-Finnland – 1809 Landtag von B.: finn. Treueid gegenüber Rußland sichert d. Eigenständigkeit d. Grfsm. Finnland 88/89 Ka

Bormio: Stadt in N-Italien – 1512–1797 zur Eidgen., dt. Worms 72 I Ec

Borneo → Indonesien, Malaysia

Bornholm: dän. Insel in d. Ostsee 118/119 Hb – 1658–60 schwed. 76 II GHf – 1945–46 v. sowjet. Truppen besetzt 120 I Fa

Bornhöved: Ort in Schleswig-Holstein – 1227 Sieg norddt. Fürsten über dän. Heer beendet Vormachtstellg. Dänemarks im Ostseeraum 46/47 I Ea

Bornu: ehem. Reich westl. vom Tschadsee in Zentralafrika 144 I Bc

Borodino: Ort südwestl. v. Moskau, Russ. Föderation – 1812 Sieg d. Franzosen über russ. Armee 88/89 Mb

Bosnien und Herzegowina: Staat in SO-Europa – s. d. 7. Jh. v. slaw. Völkern besiedelt 36 Db – s. d. 10. Jh. Bosnien kroat. 44 Dc – im 12./13. Jh. unter ungar. Oberhoheit 46/47 I Fc – s. d. 14. Jh. Kgr. Bosnien 59 Db – 1463/82 B. u. H. osman. 65 Cb – 1878 v. Österr.-Ungarn besetzt, 1908 annektiert 101 I Bb, 101 II Gb – n. d. 1. WK Teil d. Kgr. Jugoslawiens, im 2. WK z. kroat. Ustascha-Staat, Zentrum d. Partisanenkrieges, 1945–91 Teilrep. d. Volksrep. Jugoslawien, 1991 unabh. 154 – s. Frühjahr 1992 blutiger Nationalitätenkrieg d. Serben geg. Muslime u. Kroaten in B.-H. 156 II LMfg

Bosporanisches Reich: ehem. Reich nordöstl. vom Schwarzen Meer in d. Russ. Föderation u. Georgien – um 480 v. Chr. von Griechen gegr. 14 II JKg – 47 v. Chr. röm., Regnum Bospori 24 Fb 26/27 I KLc

Boston: Stadt in d. östl. USA 129 I Fb – 1630 gegr. 64 Gb – Zentrum im nordamerikan. Unabhängigkeitskrieg 127 I Db – im 19. Jh. Entwicklg. z. wichtigen Handels-, Industrie- u. Finanzzentrum 128 I Fb

Bosworth: Ort in Großbritannien – Schlacht 1485 beendet engl. Bürgerkrieg („Rosenkriege") 60 Dc

Botswana: Staat in S-Afrika 124/125 I Kfg – heut. Staatsgebiet s. 1885 brit. Protektorat Betschuanaland 144 II Gij – 1966 unabh. Mitgl. d. Commonwealth 145 IV Gij

Bougainville: Insel d. Salomonen, zu Papua-Neuguinea gehörig 143 – 1884–1914/19 dt. Kolonie 105 Re

Bougie: Hafenstadt in Algerien – in röm. Zeit Saldae 26/27 I EFe – pisan. Handelsstützpkt. 49 I Bc – 1510–55 span. Bugia 66/67 Gf – 1833 franz. 90/91 Gf

Bouillon: ehem. Hzm. in Belgien – 1096–99 1. Kreuzzug unter Gottfried von B. 48 Legende – bis 1483 z. Bm. Lüttich 54/55 III Bd – 1678 unter franz. Schutz 81 Cb

Boulogne: Hafenstadt in N-Frankr. – röm. Stadt Gesociacum 26/27 I Eb – 1544–50 engl. 81 Aa

Bourbon → Réunion

Bourbon: franz. Dynastie – s. d. 10. Jh. Gft. 42/43 De – 1327 Hzm., 1527 an franz. Krone 60 Ff – 1589–1792, 1815–48 Könige v. → Frankr. 66/67 EFde – span. Linie: s. 1700/13 Könige v. → Spanien 77 BCcd – sizil. Linie: s. 1735 Könige v. → Neapel u. → Sizilien 77 FGcd – Linie Parma: s. 1748 Herzöge v. Parma 77 EFc

Bourges: Stadt in Mittelfrankr. – 52 v. Chr. Eroberg. durch d. Römer, Avaricum 27 II Pi – s. d. 6. Jh. n. Chr. fränk., Ebm. 38/39 I cb – im 12. Jh. Bau d. got. Kathedrale 46/47 I Cb – 1464 gegr. Univ. 54 II He

Bouvines: Ort in N-Frankr. – 1214 franz. Sieg über engl. Heer beschleunigt Zerfall d. → Angevin. Reiches 46/47 I Ca

Boyacá: Stadt in N-Kolumbien – 1819 Sieg d. Freiheitskämpfer unter Simón Bolívar über Spanier 132 II

Boyne: Fluß in Irland – 1690 Sieg Wilhelms III. über Jakob II. sichert d. protestant. Thronfolge in England u. engl. Herrschaft über Irland 78/79 Dc

Bozen (Bolzano): Stadt in N-Italien 100 Cb – latein. Bauzanum 26/27 I Gc – s. d. MA Zentrum d. dt.-italien. Handels 68/69 Ed – im 11. Jh. z. Gft. Tirol 46/47 I Eb – 1919 mit Südtirol zu Italien 100 Cb

Brabant: Landsch. in Belgien u. d. Niederlanden – im 10./11. Jh. Teil d. Hzm. Niederlothringen 42/43 Ec – im 12. Jh. Hzm. B. 46/47 I CDa – 1355–1404 luxemburg. 54 I ABa – 1406/30 burgund., 1477 habsburg. 60 Gd – 1648 Nord-B. als Teil d. „Generalitätslande" zu d. Niederlanden, Süd-B. verbleibt d. span. Niederlanden 76 I Cb

Braga: Stadt in Portugal – röm. Gründg. Bracara 26/27 I Cd – im 5. Jh. Hptst. d. Sweben 34 II Me – bis Mitte d. 12. Jh. Residenz d. port. Könige 46/47 I Ac

Brandenburg: Stadt in Brandenburg 122 Eb – im 10. Jh. slaw. Burg, 948 Bm. 42/43 Ib – Hptst. d. Mark B. 46/47 I Ea – Hansestadt 57 Dc – 1544/98 Auflösg. d. Bm. 73 II Rg

Brandenburg: Land d. Bundesrep. Deutschland 157 EFbc – im 6./7. Jh. Einwanderg. slaw. Völker 36 Da – s. d. 12. Jh. Mgft. unter d. Askaniern, auch Mark B. genannt 46/47 I Ea – 1324 wittelsbach. 54 I Ca – 1356 Kurfsm. 1373 luxemburg. 1415 an d. Hohenzollern 54/55 III EGb – 1539 Einführg. d. Reformation 73 I FHb – 1618 Erwerb d. Hzm. Preußen u. weiterer Gebiete, 1701 Kgr. › Preußen 84 Legende – 1815 preuß. Prov. 92 GHbc – 1871 zum Dt. Reich 93 GHbc – 1945 Gebiete östl. d. Oder-Neiße-Linie unter poln. Verwaltg., westl. Teil 1945/47–52 Land d. DDR 120 I GHbc – 1990 Bundesland im vereinigten Deutschld. 157 EFbc

Brasilia: Hptst. v. Brasilien 133 Ed – 1960 gegr., Verlegg. d. Regierungssitzes v. Rio de Janeiro nach B. 132 I Ed

Brasilien: Staat in S-Amerika 124/125 I FHeg – heut. Staatsgebiet um 1500 v. Spaniern u. Portugiesen entdeckt, s. Vertrag v. Tordesillas z. port. Kolonialreich 62/63 I FGef – 1530 port. Kolonie, Sklavenhaltg., 1760 Vizekgr. 64 He – 1822 unabh. Kaiserr., 1889 Sturz d. Monarchie, s. 1891 Rep. d. Verein. Staaten von B., 1924 Niederwerfg. v. Aufständen d. Bundesstaaten São Paulo u. Rio Grande do Sul, wirtschaftl. u. sozialer Gegensatz zw. Nord- u. Süd-B. löst 1930 Revolution aus, 1964–88 Militärdiktatur132 I BFbf

Braunau: Stadt in Österr. – bis 1779 zus. mit d. Innviertel zu Bayern 82/83 Gd

Braunsberg (Braniewo): Stadt in N-Polen – 1284 Lüb. Stadtrecht 50/51 Fc – Zentrum d. Ermlandes 52 I Cd – Hansestadt 57 Cd

Braunschweig: Stadt in Niedersachsen 157 II Db – im 11. Jh. erstmals erwähnt 56 Fb – bedeut. Hansestadt 57 Dc – im 12. Jh. Residenz d. Welfen 54/55 III Eb – ma. Handelspl. 68/69 Eb – bis 1671 weitgehend unabh. 74/75 Fb – Ende d. 19. Jh. Industrialisierg. 97 II Fb

Braunschweig: ehem. Hzm. in Niedersachsen – s. d. 13. Jh. häufige Teilungen d. welf. Besitzes 54/55 III DEbc – Legende – Mitgl. d. dt. Fürstenbundes 84 BCb – 1815 Beitritt zum Dt. Bund 92 EFbc – 1841/44 zum Dt. Zollverein 96 I DEbc – 1867 z. Norddt. Bund, 1871 zum Dt. Reich 93 EFbc – 1918 Freistaat 112 EFbc – 1946 Eingliederg. in d. Land Niedersachsen 122 Db

Brazzaville: Hptst. d. Volksrep. Kongo 145 IV Fi – 1944 Konferenz von B.: Frankr. räumt seinen Kolonien größere polit. Rechte ein, 1960 Konferenz d. frankophonen Staaten in Afrika (B.-Gruppe) beschließt wirtschaftl. u. polit. Zusammenarbeit 146 I Ef

Breda: Stadt in d. Niederlanden – 1667 Friede von B. beendet 2. engl.-niederländ. Krieg, England erhält im Austausch Neu-Amsterdam (New York) 74/75 Cc

Bregenz: Stadt in Österr. 120 I Ce – röm. Stadt Brigantium 30/31 De – s. 1919 Hptst. v. Voralberg 112 Ee

Breisach: Stadt in Baden-Württemberg – im 4. Jh. röm. Kastell Mons Brisiacus 30/31 Cd – Zentrum d. Weinanbaus 68/69 Dcd u. – 1648–97 franz., Ausbau als Festg. 81 Db

Breisgau: Landsch. in Baden-Württemberg – s. d. 14. Jh. habsburg. 54 II Bb – 1469–74 an Burgund verpfändet 60 Hlef – 1803–05 habsburg. Hzm. 87 I BCde – 1805/10 bad. 87 II JKe

Breitenfeld: Ort in Sachsen – 1631 Sieg d. schwed. Heeres unter König Gustav Adolf II. über d. Kathol. Liga 76 II Gg

Bremen: Stadt u. Land in d. Bundesrep. Deutschld. 157 II Cb – im 9. Jh. Entwicklg. z. Marktsiedlg., 965 Marktrecht 44 Cb – 1358 Hansestadt 57 Cc – wirtschaftl. Aufschwung durch d. Handel mit N-Europa u. d. Niederlanden 68/69 Eb – 1522 Einführg. d. Reformation, später Hinwendg. z. Calvinismus 73 I Eb, 73 II Pg – 1646 Reichsstadt 74/75 Eb – 1806 Freie Hansestadt 87 II Kb – 1810–13 franz. 88/89 Gc – 1815 zum Dt. Bund 92 Eb – 1867 z. Norddt. Bund, 1871 zum Dt. Reich 93 Eb – 1888 Beitritt zum Dt. Zollverein 96 I Db – 1945–46 unter amerikan. Militärverwalt., 1947 z. amerikan. Besatzungszone 120 I Cb – s. 1949 Land d. Bundesrep. Deutschland 122 Cb

Bremen: ehem. Ebm. u. Hzm. in Niedersachsen – 787 gegr. Bm., Zentrum d. angelsächs. Mission in N-Europa 41 I Eb – 848 Ebm. 42/43 Gb – im 11.–13. Jh. Gebietsausdehng. 54/55 III Db – 1648 als weltl. Hzm. schwed. 74/75 Eb – 1719 z. Kurfsm. Hannover 82/83 Eb

Bremerhaven: Hafenstadt im Land Bremen 122 Cb – s. 1827 v. Bremen z. bedeut. Handels- u. Fischereihafen ausgebaut 92 Eb – 1945–46 unter amerikan. Militärverwaltg. 120 I Cb

Brenner: Paß in d. O-Alpen – s. 1919 Grenze zw. Österr. u. Italien 100 Cb

Brescia: Stadt in N-Italien 100 Cc – 218 v. Chr. röm. Stützpkt. Brixia 20/21 Eb – s. d. 15. Jh. venezian. 61 Cb – 1849 Aufstand geg. österr. Herrschaft 100 Cc

Breslau (Wrocław): Stadt in W-Polen im 9./10. Jh. gegr., um 990 poln. 44 Db – um 1000 Bm. 42/43 Kc – 1261 Magdeb. Stadtrecht 50/51 Ee – Hanse- u. Messestadt 57 Ec – 1327/35 als schles. Teilhzm. zum Kgr. Böhmen 54/55 III Hc – 1526 habsburg. 70/71 Ic Zentrum d. Wolltuchverarbeitg. 68/69 Gc – 1742 preuß., Zentrum v. Schlesien 84 Db – 1811 gegr. Univ. 92 Ic – im 19. Jh. Industrialisierg. 97 II cI – im 2. WK stark zerstört 114 Db, 115 Db – 1945 unter poln. Verwaltg. 120 I Gc

Brest: Hafenstadt in NW-Frankr. 118/119 Ed – kelt.-röm. Gesocribate 26/27 I Dc – 1342–97 engl. Stützpkt. 59 Bb – 1491 franz. 60 Be – im 17. Jh. Ausbau z. bedeut. franz. Kriegshafen 77 Cb – im 2. WK größter dt. U-Boot-Stützpkt. am Atlant. Ozean 115 Bc

Brest: Stadt in Weißrußland 118/119 Jc – 1390 Magdeb. Stadtrecht 50/51 Hd – 1386 zu Polen-Litauen 59 Ea – 1795 russ. 85 I Cb – März 1918 Friede von B.-Litowsk zw. Sowjetregierg. u. d. Mittelmächten: Rußland beendet Teilnahme am 1. WK unter Verzicht auf seine westl. Gebiete 107 II dl – bis 1921 B.-Litowsk, 1921–39 poln. 85 II He

Bretagne: Landsch. in W-Frankr. – bis 4. Jh. v. Chr. vom kelt. Volksstamm d. Veneter besiedelt 18 I Bc – 56 v. Chr. Eroberg. durch d. Römer, Teil v. Aremorica 27 II Ohi – im 5. Jh. n. Chr. Einwanderg. d. kelt. Bretonen 34 I Bb – im 8. Jh. Errichtg. d. Breton. Mark als fränk. Grenzmark 38/39 I Bb – 831 unabh. 39 II–IV – s. d. 10. Jh. Hzm. 42/43 ABcd – im 12./13. Jh. z. Angevin. Reich 46/47 I Bb – 1491/1532 franz. 60 BDef

Brétigny: Ort in Frankr. – 1360 Friede zw. Frankr. u. England im „100jährigen Krieg": engl. König verzichtet auf franz. Krone 59 Cb

Bretton Woods: Stadt in d. nordöstl. USA – 1944 Konferenz über Gründg. d. Internationalen Währungsfonds u. d. Weltbank schafft d. Grundlage z. Errichtg. eines Weltwährungssystems nach d. 2. WK 152/153 I Fc

Brieg (Brzeg): Stadt in W-Polen – 1248 Magdeb. Stadtrecht 50/51 Ee – 1311 Hauptort d. Hzm. B. 54/55 III Hc

Brielle: Stadt in d. Niederlanden – Zentrum d. Widerstandes im niederländ. Freiheitskampf 76 I Cb

Brindisi: Hafenstadt in S-Italien – 244 v. Chr. röm. Kolonie Brundisium, Endpkt. d. Via Appia 22/23 I Gb – Kreuzfahrerhafen 48 Db – 1071 v. Normannen erobert 46 II Cb

Brioni: kroat. Insel in d. Adria – bis 1980 Sommerresidenz d. jugoslaw. Staatspräsidenten Tito 118/119 He

Bristol: Industriestadt in Großbritannien 118/119 Ec – im MA Zentrum d. Wolltuchverarbeitg. u. -ausfuhr 68/69 Bc

Britannia Inferior, Britannia Superior → England

Britisch-Guayana → Guyana

Britisch-Honduras → Belize

Britisch-Indien → Indien

Britisch-Nordamerika → Kanada

Britisch-Nordborneo → Sabah

Britisch-Ostafrika › Kenia → Uganda

Britisch-Somaliland → Somalia

Brixen (Bressanone): Stadt in N-Italien – 992 Bm. 42/43 He – 1805–15 bayr. 87 II Le

Brjansk: Stadt in d. Russ. Föderation 118/119 Lc – im 13.–14. Jh. Hptst. eines Teilfsm. 59 Fa – im 2. WK Kriegsschaupl. 114 Fb

Broken Hill: Stadt in Sambia – vorgeschichtl. Fundort 1 I Bd

Bromberg (Bydgoszcz): Stadt in Polen 120 II Gb – 1346 Magdeb. Stadtrecht 50/51 EFd – 1657 Vertrag zw. Brandenburg u. Polen ergänzt Vertrag v. Wehlau u. beendet poln. Lehensverhältnis über d. Hzm. Preußen 74/75 Ib – 1772 preuß. 85 I Bb – 1773/74 Bau d. B.er Kanals 82/83 IJb – 1920 poln. 85 II Ge

Brömsebro: Ort in S-Schweden – 1645 Friede beendet schwed.-dän. Krieg 76 II Hf

Brügge (Brugge): Stadt in Belgien – ma. Stadtgründg. 53 I – im 13. Jh. Entwicklg. vom Marktort z. bedeut. Kontor d. Hanse 57 Bc – 1384 burgund. 60 Fd – im MA Zentrum d. Wolltuchverarbeitg., bedeut. Handelsstadt 68/69 Cc – im 16. Jh. nach Versandg. d. Hafens Bedeutungsrückgang 66/67 Fc

Brunei: Staat auf Borneo 124/125 I Oe – bis z. brit. Eroberg. unabh. islam. Sultanat 138 I Ec, 138 II Lg – 1888 brit. 139 I Ec – 1971 autonom, 1984 unabh. Mitgl. d. Commonwealth 139 II Lg

Brunkeberg: Berg nördl. v. Stockholm, Schweden – 1471 Sieg d. Schweden über d. Dänen 76 II Hf

Brünn (Brno): Stadt in d. Tschech. Rep. 120 II Gd – vorgeschichtl. Fundort 2 II Lf – im 11. Jh. als Burg erwähnt 42/43 Kd – s. d. 12. Jh. Hptst. d. Mgft. Mähren 46/47 I Fb – 1243 süddt. Stadtrecht 50/51 Ef – im MA Wolltuchverarbeitg. 68/69 Gc

Brüssel (Bruxelles): Hptst. v. Belgien 118/119 Fc – s. d. 12. Jh. Handelszentrum 57 Bc – im 14. Jh. Hptst. d. Hzm. Brabant 54/55 III Bc – im 15. Jh. bedeut. Kultur- u. Wirtschaftszentrum 68/69 Dc – 1522 B.er Verträge zw. Kaiser Karl V. u. seinem Bruder Ferdinand über Teilung d. habsb. Besitzes, Hptst. d. Span. Niederlande 66/67 Fc – Zentrum im niederländ. Freiheitskampf 76 I Cb – 1713 österr., Bankzentrum 78/79 Fc – 1794–1814 franz. 88/89 Fc – 1830 B.-Aufstand führt z. Unabh. Belgiens 92 Cc – im 19. Jh. Industrialisierg. 97 I Cc, 97 II Cc – Sitz d. EG 123 II Db

Bubastis: ehem. Stadt in N-Ägypten – Tempelruinen 5 Ba

Buchara: Stadt u. Landschaft in Usbekistan 139 II Jf – 709 v. Arabern, um 1220 v. Mongolen erobert 36 Ic, 58 Fd – 1868 als Usbeken-Chanat russ. Vasall 134 Dcd – 1920–24 Volksrep. B. 135 Ed – 1924 zur Usbek. SSR 136 I

Buchenwald: ehem. nat.-soz. Vernichtungslager in Thüringen – 1937–45 Ermordg. von etwa 56 000 Menschen 113 Fc

Buchlau (Buchlovice): Ort in d. Tschech. Rep. – 1908 Konferenz in Schloß B.: Österr.-Ungarn erlangt russ. Zustimmg. z. Annexion v. Bosnien u. Herzegowina 102/103 Id

Buczacz: Ort in d. Ukraine – 1672 poln.-osman. Friede: Osman. Reich erreicht durch Gebietsgewinne seine größte territoriale Ausdehng. 65 Ea

Budapest: Hptst. v. Ungarn 118/119 Id – röm. Leg.-Lager Aquincum 26/27 I Hc – ma. Stadtgründungen Ofen u. Pest, süddt. Stadtrecht 50/51 Fg – 1241 v. Mongolen zerstört 54/55 III el – 1389 Gründg. d. Univ. in Ofen 54 II el – Ofen s. d. 14. Jh. Residenz d. ungar. Könige 59 Db – Pest bedeut. Handelsstadt 68/69 Gd – 1526/1541 osman. 70/71 Je – 1686 österr. Eroberg. 77 Gb – 1848 Zentrum d. ungar. Unabhängigkeitskampfes 92 Je – 1872 Vereinigg. v. Ofen (Buda) u. Pest 101 I Ba – 1918 Auslösg. d. Revolution durch d. ungar. Arbeiterbeweg. 107 II He – im 2. WK stark zerstört 115 Dc – 1956 Zentrum d. ungar. Volksaufstandes 118/119 Id – Herbst 1989 Demonstrationen geg. d. kommunist. Regime leiten Wandel zu parlamentar. Demokratie ein 154

Budweis (Ceske Budejovice): Industriestadt in d. südl. Tschech. Rep. 120 II Fd – 1265 gegr., süddt. Stadtrecht 50/51 Df – 1827 Eröffn. d. ersten Pferdebahn Europas nach Linz 96 II Si

Buena Vista: Ort in N-Mexiko – 1847 Niederlage d. Mexikaner im amerikan.-mexikan. Krieg 131 I Ab

Buenos Aires: Hptst. v. Argentinien 132 I Df – 1536/80 v. Spaniern gegr. 62/63 I Gf – 1810 Zentrum im Kampf geg. span. Kolonialherrschaft 104 Hf

Buffalo: Industriestadt in d. nordöstl. USA 129 II Mf – bedeut. amerikan. Binnenhafen 129 I Fb

Bukarest (Bucuresti): Hptst. v. Rumänien 118/119 Ke – s. d. 15. Jh. Hptst. d. Walachei, unter osman. Oberhoheit 66/67 Ke – 1812 Friede beendet russ.-türk. Krieg 88/89 Ke – s. 1862 Hptst. v. Rumänien 101 I Db – 1913 Friede beendet 2. Balkankrieg 101 II bl – im 1. WK von dt. Truppen besetzt 107 I Db – 1918 Friede zw. Rumänien u. d. Mittelmächten 107 II el – Dez. 1989 blutiger Bürgerkrieg, Sturz d. kommunist. Diktators Ceausescu 154

Bukowina: Landsch. in Rumänien u. Moldawien – s. d. 14. Jh. z. Fsm. Moldau, unter osman. Oberhoheit 78/79 Kd – 1775 österr. Hzm. 84 Fc – 1849 selbst. österr. Kronland 90/91 Kd – 1918/20 Anschluß an Rumänien 110/111 Kd – 1940 Nord-B. sowjet., Süd-B. rumän. 114 Ec

Bulgarien: Staat in SO-Europa 118/119 JKe – heut. Staatsgebiet im 12. Jh. v. Chr. von Thrakern besiedelt 4 III Me – im 2. Jh. v. Chr. röm. Prov. Thracia u. Moesia 26/27 I dIJ – 395 oström. 28 Eb – im 6./7. Jh. Einwanderg. d. Bulgaren 36 Eb – im 9./10. Jh. Ausdehng. d. Herrschaftsbereiches von d. Adria bis z. Schwarzen Meer, Auseinandersetzungen mit d. Byzant. Reich führen z. Untergang d. ersten bulgar. Reiches 44 DEc – 1204 Beginn d. zweiten bulgar. Reiches, stärkste Macht auf d. Balkan-Halbinsel, 1396 osman. 59 Eb – im 18./19. Jh. Streben nach nationaler Unabh. 90/91 JKe – 1878 nach d. russ.-türk. Krieg tributpflichtiges Fsm., Süd-B. bleibt als autonome Prov. Ostrumelien osman. 101 I CDb – 1885 Angliederg. Ostrumeliens an B., 1908 unabh. Kgr., 1913 nach d. 2. Balkankrieg Gebietsverluste 101 II Hlb – 1915 Eintritt in d. 1. WK auf seiten d. Mittelmächte 107 I Db – 1919 Abtretg. d. Ägäisküste an Griechenland 110/111 JKe – im 2. WK mit Deutschld. verbündet 114 Ec – 1944 v. sowjet. Truppen besetzt 115 Ec – 1946–91 Volksrep. 118/119 JKe – s. Herbst 1989 Übergang zu Mehrparteiensystem 154

Bull Run: Fluß in d. östl. USA – 1861 u. 1862 Schlachten: Sieg d. Konföderation über d. Unionstruppen im Sezessionskrieg 127 II Jf

Bundesrepublik Deutschland → Deutschland

Büraburg: ehem. Befestigungsanlage in Hessen – 741–777 Bm. 41 I Eb

Burgau: ehem. Mgft. in Bayern – 1301 habsburg. 54/55 III Ed – 1805 bayr. 87 II Ld

Burgenland: Bundesland v. Österr. 120 II Ge – im 9. Jh. Teil d. fränk. Grenzmark Pannonien 38/39 I Fb – 907 unter ungar. Herrschaft 44 Dc – 1921 nach Volksabstimmg. größtenteils österr. 112 le – 1945 – 55 z. sowjet. Besatzungszone 120 I Ge

Burgos: Stadt in N-Spanien 118/119 Ee – s. d. 11. Jh. Hptst. d. Kgr. Kastilien 46/47 I Bc – 1936-39 im Span. Bürgerkrieg Sitz d. Regierg. Franco 110/111 Ee

Burgund → Franche-Comté

Burgund: ehem. Hzm. in O-Frankr. – s. d. 10. Jh. z. franz. Kronland 46/47 I Cb – im 14./15. Jh. Ausdehng. d. burgund. Machtbereiches; 1474–77 Burgunderkriege: Sieg d. Eidgen. über B.; 1493 franz. 60 EHcf

Burgund: ehem. Kgr. in SO-Frankr. – im 5 Jh. Einwanderg. d. german. Burgunder 34 I CDab – Reich d. Burgunder 34 II Ne – 534 fränk. 35 IV Sk – im 9. Jh. Teilg. in Hoch-B. u. Nieder-B. (Arelat) 39 IV – um 933/48 Vereinigg. zum Kgr. B., 1033 zum Hl. Röm. Reich 44 Cc

Burjatische Rep.: autonome Rep. in Sibirien, Russ. Föderation 155 Gc – 1923–91 ASSR in d. RSFSR 136 I Gc

Burkina Faso (bis 1984 Obervolta): Staat in W-Afrika 124/125 I el – heut. Staatsgebiet bis z. Eroberg. durch d. Franzosen 1869 Teil d. selbst. Königreiche d. Mosi 144 I Ac – 1904 zu Franz.-Westafrika, 1919 Kolonie 144 II Eh – 1960 unabh. Rep. 145 IV Eh

Burma → Myanmar

Burmastraße: Verkehrsweg zw. Myanmar u. S-China – 1937/38 während d. chines.-japan. Krieges als Versorgungsstrecke erbaut 116 I

Bursa: Stadt in d. NW-Türkei 118/119 Ke – um 184 v. Chr. als Prusa gegr. 16 Ba – 74 v. Chr. röm. 26/27 I Jd – 1326 osman., Brussa 59 Eb

Bursfelde: ehem. Benedikt.-Abtei in Niedersachsen, 1093 gegr. 45 I Da

Burundi: Staat in O-Afrika 124/125 I Kf – heut. Staatsgebiet s. 1899 Teil d. Kolonie Dt.-Ostafrika 144 II Gi – 1920 Teil d. belg. Mandats- u. Treuhandgebietes Ruanda-B. 145 III Cd – 1962 unabh. Kgr., 1966 nach Militärputsch Rep., 1987 erneuter Militärputsch, 145 IV Gi

Bütow (Bytów): Stadt in N-Polen – 1329 als slaw. Burgsiedlg. zum Dt. Orden 52 I Bd – 1346 Magdebg. Stadtrecht 50/51 Ec – 1466 als poln. Lehen zu Pommern 70/71 la – 1657 Brandenburg. 74/75 la

Byblos: ehem. Stadt im Libanon – bedeut. Umschlagpl. im Papyrushandel zw. Ägypten u. Griechenland, daher griech. biblos = Buch; wichtige Schriftenfunde 4 II Ng – phönik. Kolonie 7 – 332 v. Chr. von Alexander d. Gr. erobert 14/15 I Cb

Byzantinisches Reich: ehem. Reich in S-Europa, Vorderasien u. N-Afrika – Erhebg. Konstantinopels z. zweiten Hptst. neben Rom führt z. Spaltg. d. christl. Kirche u. 395 z. Teilg. d. → Röm. Reiches in Ost- u. Weström. Reich 28 – im 5. Jh. erfolgreiche Abwehr v. Germanen- u. Hunnenangriffen 34 I – im 6. Jh. Wiederherstellg. d. Röm. Reiches unter Kaiser Justinian I. 35 IV – um 700 Einfall d. Langobarden, Bulgaren, Slawen, Awaren u. Araber 36 – Errichtg. v. Themen (militär. verwaltete Provinzen), Kämpfe geg. Bulgaren u. Araber 37 II KMfg, 44 – 1054 Trenng. d. röm. u. griech. Kirche leitet d. inneren Zerfall d. Reiches ein 48 EGbc – s. 1071 Eroberg. Kleinasiens durch d. Seldschuken 49 II JKa – 1453 Eroberg. d. letzten byzantin. Festg. Konstantinopel durch d. Osmanen, Niedergang d. byzantin. Kaiserr. 59

Byzanz, Byzantium, Byzanz → Istanbul

C

Cádiz: Hafenstadt in S-Spanien 118/119 Df – um 1100 v. Chr. von Phöniкern gegr., Gadir 4 II Jg – um 500 v. Chr. bedeut. Handelszentrum d. Karthager, 206 v. Chr. röm., Gades 19 Ac – 711 n. Chr. von Arabern unterworfen 36 Ad – 1262 kastil. Eroberg. 46/47 I Ad – 1509 Verleihg. d. Handelsmonopols für d. span. Kolonien 66/67 Df – 1810–12 als Zentrum d. span. Widerstandes geg. d. franz. Herrschaft v. Franzosen belagert, 1812 verfassunggebende Versammlg. d. Cortes (Ständevertretg.) 88/ 89 Df – 1868 Ausgangspkt. d. Revolution, Sturz d. span. Königin Isabella II. 102/103 Df

Caen: Stadt in NW-Frankr. – 1432 gegr. Univ. 54 II Ge – 1944 v. alliiert. Trupp. eingenommen 115 Bc

Caesarea: Ruinenstätte in Israel – bedeut. Stadt d. röm. Palästina 28 Fc – um 60 n. Chr. Reisen d. Apostels Paulus 33 II, III – urchristl. Gemeinde, 66 n. Chr. Aufstand d. Juden geg. röm. Herrschaft 33 I Fc‹ 1101–1265 im Besitz d. Kreuzfahrer 49 II Jb – genues. Handelsstützpkt. 49 I GHd

Caesarea: ehem. Hafenstadt in N-Algerien – als Iol karthag. Handelspl. 19 Cc – 40 n. Chr. Hptst. d. röm. Prov. Mauretania 26/27 I Ee – im 5. Jh. v. Wandalen erobert 34 I Cc

Calais: Hafenstadt in N-Frankr. 118/119 Fc – 1180 Stadtrecht 56 Ac – s. 1347 wichtiger engl. Stützpkt. 59 Ca – 1558 franz. 66/67 Fd – bedeut. Passagierhafen im Verkehr zw. d. europ. Festland u. Großbritannien 118/119 Fc

Calatafimi: Ort auf Sizilien, Italien – 1860 Sieg d. italien. Freiheitskämpfer unter Garibaldi über Truppen Neapels leitet Niedergang d. bourbon. Herrschaft in Italien ein 100 Dg

Calatrava: ehem. Ort in Mittelspanien – s. 1158 Stammsitz d. Ritterordens von C. 45 II Hf

Caledonia → Schottland

Callao: Hafenstadt in Peru 132 I Bd – bedeut. Hafen für d. span. Kolonialhandel, 1826 einer d. letzten span. Stützpunkte in S-Amerika 132 I – Zentrum d. peruan. Fischverarbeitg. 133 Bd

Camaldoli: Ort in Italien – 1012 Gründg. d. Stammklosters d. Eremitenordens d. Kamaldulenser 61 Cc

Cambrai: Stadt in N-Frankr. – s. d. 6. Jh. fränk. Bm. 38/39 I Ca – 1529 Friede von C. zw. König Franz I. von Frankr. u. Kaiser Karl V.: unter Verzicht auf Burgund sichert sich Karl V. Herrschaftsanspruch über Italien 70/71 Bd – Zentrum d. Wolltuchverarbeitg. 68/69 Cd – 1559 Ebm., 1678 franz. 81 Ba – Nov. bis Dez. 1917 „Tankschlacht": erster Großeinsatz moderner Panzerwaffen durch d. Briten 107 II Ge

Cambridge: Stadt in Großbritannien – 1318 Gründg. d. bedeut. Univ. 54 II Hd

Camden: Stadt in d. südöstl. USA – 1780 brit. Sieg im nordamerikan. Unabhängigkeitskrieg 127 I CDc

Camisarden: Anhänger d. Hugenotten in S-Frankr. – Aufstände um 1700 führen z. Cevennenkrieg 77 Dbc

Cammin: (Kamieh Pomorski): Stadt in NM-Polen – 1274 Lüb. Stadtrecht 50/51 Dcd – Hansestadt 57 Dc – 1648 schwed. 76 II GHg – 1679 brandenburg. 74/75 Hb

Cammin: ehemal. Fsm. im heut. NW-Polen – 1176 Verlegg. d. Bm. Wollin nach C. 48 Da – 1648 nach Auflösg. d. Bm. brandenburg. Fsm. 74/75 Hlab

Camp David: Landsitz d. amerikan. Präsidenten in d. östl. USA – 1959 Gespräche zw. Eisenhower u. Chruschtschow z. Entschärfg. d. Ost-West-Gegensatzes, 1978 ägypt.-israel. Verhandlungen über ein Rahmenabkommen für Frieden 124/125 I EFd

Camp-de-Chassey: vorgeschichtl. Fundort im heut. Frankr. 3 II Kf

Campoformio: Ort in N-Italien – 1797 Friede zw. Österr. u. Frankr. beendet 1. Koalitionskrieg: österr. Verzicht auf italien. Gebiete u. Österr.-Niederlande stärkt franz. Vormachtstellg. in Europa 87 I Ee

Canal du Midi: Kanal in S-Frankr. –1666–81 als Verbindg. zw. Atlant. Ozean u. Mittelmeer erbaut, v. wirtschaftl. Bedeutg. für S-Frankr. 77 Dc

Canberra: Hptst. v. Australien 124/125 I Qg – 1913 gegr., s. 1927 Hptst. 108/109 I Qf

Cannae: ehem. Stadt in S-Italien – 216 v. Chr. Schlacht: Vernichtg. d. röm. Heeres durch d. Karthager unter Hannibal 19 Fb

Cannes: Stadt in S-Frankr. – 1815 Rückkehr Napoleons I. aus seiner Verbanng. auf Elba u. Landg. bei C. 88/89 Ge

Canossa: Burgruine in N-Italien – 1077 Bußgang Kaiser Heinrichs IV. nach C. 46 II Bb

Canterbury: Stadt in Großbritannien – 597 Ebm., Sitz d. Primas d. anglikan. Kirche 41 I Db – bedeut. engl. Kulturzentrum, im 11./12. Jh. Bau d. got. Kathedrale 46/47 I Ca

Capua: Stadt in S-Italien 100 Ee – Gründg. d. Etrusker, Hauptort v. Kampanien 18 I Lg – im 2. Pun. Krieg mit Karthago verbündet, 211 v. Chr. röm. Eroberg. 19 Eb – im 1. Jh. v. Chr. Errichtg. v. Gladiatorenschulen, Amphitheater 26/27 I Gd – 456 n. Chr. von Wandalen, 840 v. Sarazenen zerstört 34 I Db, 37 II Kf – s. d. 9. Jh. Fsm., 1058 Eroberg. durch d. Normannen 46 II Bb

Caracas: Hptst. v. Venezuela 132 I Cab

Carcassonne: Stadt in S-Frankr. – s. d. 6. Jh. Bm. 38/39 I Cc – ma. Festungsstadt 46/47 ICc

Carnarvon: Hafenstadt in Großbritannien – röm. Leg.-Lager Segontium 26/27 I Db – 1284 Hptst. d. Fsm. Wales, im 13./14. Jh. Bau d. Burg 46/47 I Ba

Carnuntum: Ruinenstätte in Österr. – 15 n. Chr. röm. Leg.-Lager 26/27 I Hc

Carpi: Stadt in N-Italien – 1701 erste Schlacht im Span. Erbfolgekrieg 77 Fc

Cartagena: Hafenstadt in SO-Spanien 118/ 119 Ef – vermutl. iber. Gründg. Mastia, um 225 v. Chr. karthag. Neugründg. Carthago Nova, 209 v. Chr. von Römern erobert 19 Bc – in d. Völkerwanderungszeit v. Wandalen u. Westgoten erobert 34 I Bc, 34 II Mf – 711 arab. 44 Bd – 1243/69 kastil. Eroberg. 46/47 I Bd

Cartagena: Hafenstadt in N-Kolumbien 132 I Bab

Carthago → Karthago

Carthago Nova → Cartagena

Casablanca: Stadt in W-Marokko 146 I Cb – 1907 v. Franzosen besetzt 102/103 Dg – 1943 Konferenz von C.: Großbritannien u. USA fordern bedingungslose Kapitulation Deutschlands u. seiner Verbündeten 111 Ec – 1961 Konferenz d. C.-Staaten: Eintreten für polit., wirtschaftl. u. militär. Einheit afrikan. Staaten, 1963 C.-Gruppe nach Gründg. d. OAU aufgelöst 148/149 I Cb

Casale: Stadt in N-Italien – im 15. Jh. Hauptort d. Mgft. Montferrat 61 Bb – 1681–95 franz. 81 Ed – 1703 z. Hzm. Savoyen 77

Caspe: Ort in NO-Spanien – 1412 Schiedsspruch d. Cortes (Ständevertretg.) überträgt aragones. Thronfolge auf Ferdinand v. Kastilien, 1479 Vereinigg. v. Aragón u. Kastilien zu Spanien 59 Bb

Castel del Monte: Burg in S-Italien – im 13. Jh. als Jagdschloß Kaiser Friedrichs II. erbaut 46/47 I Cd

Castel Gandolfo: Ort südl. v. Rom, Italien – s. 1929 Sommerresidenz d. Papstes 100 De

Castiglione: Ort in N-Italien – 1796 franz. Sieg über österr. Heer 87 I Df

Castillon: Ort in SW-Frankr. – 1453 franz. Sieg über Engländer beendet „100jährigen Krieg" 60 Dg

Catal Hüyük: Ruinenstätte in d. S-Türkei – vorgeschichtl. Großsiedlg. u. Kulturzentrum 3 I Fc

Catania: Hafenstadt auf Sizilien, Italien 118/119 Hlf – griech. Kolonie Katane 7 Dc – 263 v. Chr. röm. Eroberg., Catana 22/23 I Ea – 1061 v. Normannen erobert 46 II Cc – im 12./13. Jh. v. Staufern zerstört 46/47 I Fd – 1444 gegr. Univ. 54 II fl – 1693 nach Zerstörg. durch Erdbeben neu entstanden 77 FGd

Cateau-Cambrésis: Stadt in N-Frankr. 1559 Friede zw. Spanien u. Frankr.: franz. Verzicht auf Ansprüche in Italien u. Burgund festigt span. Vormachtstellg. in Europa 66/67 Fc

Cattaro (Kotor): Stadt in Monzenegro – s. 1420 venezian. 66/67 Ie – 1797/1814 österr. 101 I Bb

Caudium: ehem. Ort in S-Italien – 321 v. Chr. Niederlage d. röm. Heeres geg. d. Samniten bei d. Caudinischen Pässen 18 II Lg

Cavadonga: Ort in N-Spanien – 722 Sieg d. Spanier über Araber 36 Bb

Cayenne: Hptst. v. Franz.-Guayana 132 I Db – 1604/64 v. Franzosen gegr. 64 Hd

Celle: Stadt in Niedersachsen – 1301 Stadtrecht, 1371 Residenz d. Hzm. Braunschweig-Lüneburg 54/55 III Eb

Cerdagne: ehem. Gft. in S-Frankr. u. N-Spanien – 1659 N-Teil franz., S-Teil span. 81 ABe

Cerignola: Stadt in S-Italien – 1503 Sieg d. Spanier über Franzosen festigt d. span. Herrschaft über d. Kgr. Neapel 66/67 Ie

Cerigo → Kythera

Cerro Gordo: Stadt in SO-Mexiko – 1847 Schlacht im Krieg d. USA geg. Mexiko 131 I Bc

Cetinje: Stadt in Montenegro – bis 1918 Hptst. v. Montenegro 101 I Gb

Ceuta: Hafenstadt in N-Marokko, unter span. Oberhoheit 118/119 Df – im 8. Jh. v. Arabern erobert 36 Bc – s.1415 port. 66/67 Df – s. 1580 span. 78/79 Df – 1810–14 v. Briten besetzt 88/89 Df

Ceylon → Sri Lanka

Chabarowsk: Stadt in fernöstl. Rußland 155 Hc – 1858 als russ. Militärstützpkt. gegr. 134 Gc – 1922 von d. sowjet. Armee eingenommen 135 Hc

Chablais: Landsch. am Genfer See in Frankr. – s. 1034 zu Savoyen, im 16. Jh. zur Eidgen.72 I Ac

Chaironeia: ehem. Stadt in Griechenland – latein. Chaeronea, 338 v. Chr. makedon. Sieg über griech. Stadtstaaten Athen u. Theben 8/9 Dd

Chalkedon: ehem. Stadt am Bosporus in d. NW-Türkei – griech. Kolonie Kalchedon 7 Eb – 500–494 v. Chr. am Ion. Aufstand geg. d. pers. Herrschaft beteiligt 12 I Fa – Mitgl. d. Att. Seebundes 12 II Ke – 74 v Chr. röm., Chalcedon 26/27 I Jd – 451 n Chr. Tagungsort d. 4. ökumen. Konzils 33 I

Chalkis: Stadt auf Euböa, Griechenland – im 8. Jh. v. Chr. Ausgangspkt. d. ion. Kolonisation 7 Ec

Chalons-sur-Marne: Stadt in NO-Frankr. s. d. 3. Jh. Bm. 41 IDc – im 12. Jh. Tagungsort zahlreicher Konzilien 46/47 I Cb – im MA Zentrum d. Wolltuchherstellg., Handelsstadt 68/69 Dc

Chambord: Schloß in Frankr. – 1519–37 erbaut, 1552 Vertrag zw. protestant. dt. Fürsten u. franz. König geg. Kaiser Karl V. 66/67 Fd

Champa: ehem. Reich im heut. Vietnam 29 I Hd

Champagne: Landsch. in NO-Frankr. – im 10. Jh. Gft. 42/43 DEd – s. d. 12. Jh. bedeut. Messestädte in d. C. 57 Legende – 1234 Erwerb d. Kgr. Navarra 46/47 I Bc – 1328 franz. 60 FGe – Zentrum d. Weinanbaus u. -handels (Champagner) 68/69

Changan → Sian

Charkow: Industriestadt in d. Ukraine 155 Cc – um 1655 gegr. 78/79 Mcd – 1919–34 Hptst. d. Ukrain. SSR 110/111 Mcd – im 2. WK von dt. Truppen besetzt 114 Fb

Charolais: Landsch. in O-Frankr. – s. 1361 Gft., 1390 zu Burgund 60 Gf – 1493 habsburg., 1556 span. 70/71 Ce – 1684 franz. 81 Cc

Chartres: Stadt in N-Frankr. – s. d. 4. Jh. Bm. 38/39 I Cb – im 11./12. Jh. bedeut. Philosophenschule, got. Kathedrale 42/43 Cd

Chartreuse: Kloster in SO-Frankr. – 1084 gegr., Stammkloster d. Kartäuserordens 46/47 I Db

Châtelperron: vorgeschichtl. Fundort im heut. Frankr. 2 II Kf

Châtillon: Stadt in Frankr. – 1814 Kongreß d. Verbündeten geg. Frankr.: Napoleon I. lehnt Angebot eines Friedensschlusses ab 88/89 Fd

Chattanooga: Stadt in d. südöstl. USA – 1863 Sieg d. Unionstruppen über d. Armee d. Konföderation 127 II fl

Chaumont: Stadt in Frankr. – 1814 Vertrag von C.: Erneuerg. d. Bündnisses zw. Rußland, Preußen, Österr. u. Großbritannien geg. Napoleon I. 88/89 Gd

Chavín de Huantar: Ruinenstätte in Peru – Funde d. Inkakultur 130 I Cd

Chelmno: ehem. nat.-soz. Vernichtungslager in Polen 113 Jb

Chemnitz: Industriestadt in Sachsen 157 Ec – im 13. Jh. mit Magdebg. Stadtrecht gegr. 50/51 Ce – 1308 z. wettin. Mgft. Meißen 54/55 IIIc – im 30jährigen Krieg stark zerstört 74/75 Gc – im 19. Jh. säch. Zentrum d. industriellen Revolution 97 II – 1952–90 Bezirkshptst. in d. DDR, 1953 in Karl-Marx-Stadt umbenannt 122 Ec

Chequers: Landsitz d. brit. Premierministers nordwestl. v. London, Großbritannien 110/111 Ec

Cherbourg: Hafenstadt in NW-Frankr. – im

„100jährigen Krieg" engl. Stützpkt. 59 Bb – 1450 franz. 60 De – s. d. 17. Jh. bedeut. franz. Kriegshafen 78/79 Ed – im 2. WK stark zerstört 115 Bc

Chersones: Ruinenstätte auf d. Halbinsel Krim, Ukraine – griech. Kolonie Chersonesos 7 Fb – in röm. Zeit Chersonesus 26/27 I Kd – im 6. Jh. oström. 35 III Lh – als Cherson byzant. Themenhpst. 44 Fc – genues. Handelsstützpkt. 49 I Gb – im 14. Jh. v. Mongolen erobert 59 Fb

Chester: Stadt in Großbritannien – röm. Leg.-Lager Deva 26/27 I Db – im MA bedeut. Hafen an d. engl. W.-Küste 68/69 Bb

Chiari: Stadt in N-Italien – 1701 Sieg d. Österreicher über span.-franz. Heer im Span. Erbfolgekrieg 77 Eb

Chiavenna: Stadt in N-Italien – im 14./15. Jh. z. Hzm. Mailand 61 Ba – 1512 als Cleven zu Graubünden 72 I Dc – 1797–1802 z. Cisalpin. Rep. 87 I Ce

Chicago: Industriestadt in d. nördl. USA 126 Nd – 1803 gegr., Mitte d. 19. Jh. Entwicklg. z. bedeut. amerikan. Wirtschaftszentrum 128 I Eb – 1967 Zentrum v. Rassenunruhen 128 I Lf – größter Binnenhafen d. Erde 129 I Eb

Chichén Itzá: Ruinenstätte in Mexiko – be deut. Wallfahrtsort d. Maya, Tempelpyramiden 130 I Cb

Chickamauga: Ort in d. südöstl. USA – 1863 Sieg d. Konföderation über Unionstruppen 127 II fl

Chile: Staat in S-Amerika 124/125 I Ffh N – Teil d. heut. Staatsgebietes im 15. Jh. z. Inkareich, S-Teil vom indian. Volk d. Araukaner besiedelt 130 I Def – im 16. Jh. Beginn span. Eroberg. 62/63 I Fef – zum Vizekgr. Peru 64 Gef –1810–17 Erhebungen geg. span. Kolonialherrschaft, 1818 unabh. Rep. 104 Gf – Mitte d. 19. Jh. Vordringen nach S. u. Unterwerfg. d. Araukaner 105 Ceg – 1879–83 „Salpeterkrieg" geg. Bolivien u. Peru, chilen. Sieg im Streit um d. Salpetervorkommen in d. Atacamawüste 132 I BCdh – s. 1964 Landreform, 1970–73 weitere Reformen unter sozialist. Regierg. Allende, 1973–89 Militärdiktatur unter Pinochet 133 BCdh

China: Staat in O-Asien 124/125 I MPcd – früheste Funde menschl. Lebens im heut. Staatsgebiet um 350 000 v. Chr. bei Choukoutien nachweisbar 1 I Db – um 1500 v. Chr. Beginn staatl. Entwicklg. unter d. Shang-Dynastie, Ausgrabungsfunde bezeugen frühe Hochkultur im heut. Ost-C. (Schan-Kultur) 1 III Hc – um 221 v. Chr. Vereinigg. d. chines. Teilstaaten, um 206 v. Chr. begründet d. Han-Dynastie d. konfuzian. Staatsführg. im kaiserl. C., im 3./4. Jh. n. Chr. Eindringen d. Hunnen 29 I Hc – im 4.–6. Jh. Spaltg. in Teilstaaten, s. d. 6. Jh. gewinnt d. Buddhismus an Einfluß, Einigg. d. im südl. u. nördl. C. herrschenden Dynastien, im 7./8. Jh. Aufstieg z. wirtschaftl. u. polit. Großmacht, Blütezeit d. chines. Kultur, s. d. 10. Jh. verstärkte Gegensätze zw. Nord- u. Süd-C., 1276–1367 unter Herrschaft d. Mongolen 58 JLce – im 16. Jh. dringen Seefahrer, Händler u. christl. Missionare aus Europa nach C. vor 62/63 I Oc – bis 1644 von d. Ming–Dynastie, s. 1644 von d. Mandschu–Dynastie beherrscht 138 I Eb u. Legende – Anfang d. 18. Jh. Vordringen in mongol. u. tibetan. Gebiet, Ende d. 18. Jh. größte territoriale Ausdehng. d. Chines. Reiches 138 II KLef u. Legende – s. 1842 zunehmende Vorherrschaft d. Kolonialmächte, 1850–66 Taiping-Revolution: Versuch d. nationalen Befreiung, 1894–95 chines.-japan. Krieg um d. Einfluß in Korea, 1900–01 „Boxeraufstand", im Kampf geg. d. Kolonialmächte große Gebietsverluste, Aufteilg. in Einflußsphären, 1911 Revolution, 1912 Sturz d. Mandschu-Dynastie u. Ausrufg. d. Rep. 139 I DEab – 1912 Gründg. d. Kuomintang, s.1926 Vorherrschaft d. Kuomintang in ganz C. unter Führg. v. Tschiang Kai-schek, Kämpfe mit d. Kommunisten unter Führg. v. Mao Tse-tung, 1931 Besetzg. d. → Mandschurei durch d. Japaner, 1937–45 im chines.-japan. Krieg Besetzg. weiterer Gebiete durch d. Japaner 140 I – Kampf d. Kommunisten u. Kuomintang um d. Vorherr-

schaft in C. führt 1947 z. Ausbruch d. Bürgerkrieges, 1949 Eroberg. d. gesamten chines. Festlandes durch kommunist. Truppen, Flucht d. Nationalregierg. nach → Taiwan, Okt. 1949 Proklamation d. Volksrep. C. unter Mao Tse-tung, s.1950 Bodenreform u. Wirtschaftsplang. nach sowjet. Vorbild, s.1958 Errichtg. v. Volkskommunen z. Förderg. d. Landwirtschaft u. Industrie, wachsender ideolog. Gegensatz z. Sowjetunion, s. 1964 Aufstieg z. Atommacht, 1966–69 Kulturrevolution führt zu einschneidenden Veränderungen im Partei- u. Staatsapparat 141 I, II – 1971 Aufnahme in d. UN beendet zeitweise d. polit. Isolation C. 158/159 I MPcd – 1976 Tod Mao Tse-tungs löst innere Unruhen u. Machtkämpfe aus, 1978 Friedens- u. Freundschaftsvertrag mit Japan, 1979 Einmarsch chines. Truppen in Vietnam, Kündigg. d. Freundschafts- u. Beistandspaktes mit d. UdSSR – 1989 blutige Niederschlagung der Demokratiebewegg. 140 II

Chincha-Inseln: peruan. Inselgr. an d. W-Küste v. Peru – 1864 v. Spaniern besetzt, 1871 zu Peru 132 I Bd

Chinesische Mauer: Befestigungsanlage in N-China – s. d. 3. Jh. v. Chr. als Grenzbefestigg. z. Abwehr v. Nomadenangriffen errichtet, auch Große Mauer genannt 29 I Legende – 1368–1644 unter d. Ming-Dynastie Erweiterg. d. Mauer vollendet 138 I Eab

Chinon: Stadt u. Schloß in Frankr. – 1429 erstes Zusammentreffen v. Jeanne d'Arc u. Karl VII. von Frankr. 60 Ef

Chioggia: Stadt in N-Italien – im MA Salzabbau 68/69 Fd – 1381 Sieg Venedigs über Genua führt z. Vormachtstellg. Venedigs im Mittelmeerraum u. Levantehandel 54/55 III Ff

Chios: griech. Insel im Ägäischen Meer 118/119 Kf – Ausgangspkt. ion. Kolonisation 7 Ec – im 6. Jh. v. Chr. unter pers. Herrschaft, 500–494 v. Chr. Teilnahme am Ion. Aufstand 12 I DEb – Mitgl. d. Att. Seebundes 12 II flJ – unter röm. Herrschaft weitgehend selbst., Chius 26/27 I Je – 1304 genues. Handelsstützpkt. 49 I Fc – 1566 osman. 65 Ec – 1822 türk. Massaker im griech. Freiheitskampf 101 I Dc – 1913 griech. 101 II cl

Chiwa: Stadt in Usbekistan – im 8. Jh. arab. 36 Ib – im 13. Jh. v. Mongolen unterworfen 58 Fc – 1873 als Usbeken-Chanat russ. Vasall 134 Cdc – 1920–24 Volksrep. 135 Dec

Chorasan: Landsch. in NO-Iran – im 9. – 12. Jh. islam. Reich 36 Hc

Chorillos: Stadt in W-Peru – 1881 entscheidender Sieg d. Chilenen im „Salpeterkrieg" geg. Peru u. Boliven 132 I Bd

Chorin: Ort in Brandenburg – 1260 gegr. Zisterz.-Kloster 45 II Jd

Chotin: Stadt in d. südwestl. Ukraine – 1621 u.1673 Schlachten: erfolgreiche Abwehr osman. Angriffe durch poln. Heer 66 Ea

Choukoutien: Ort bei Peking, China – Fundort d. homo erectus pekinensis („Pekingmensch"), einer d. ältesten Menschenfunde d. Welt 1 I Db

Christburg (Dzierzgon): Stadt in N-Polen – 1249 Friede zw. Dt. Orden u. d. aufständ. Preußen 52 I Ce

Christmas-Insel: Insel im Pazif. Ozean, zu Kiribati gehörig – s. 1956 brit. Kernwaffenversuche 124/125 I Be

Christmas-Insel: austral. Insel im Ind. Ozean 124/125 I Of – 1888 brit. 63 III He – 1958 zu Australien 124/125 I Of

Cierna: Ort in d. östl. Slowak. Rep. – 1968 ergebnislose Konferenz zw. sowjet. u. tschechoslowak. Führg. über Beilegg. d. gegensätzl. Standpunkte z. Reformen d. „Prager Frühlings" 120 II Jd

Cirta → Constantine

Cisalpinische Republik: ehem. Rep. in N-Italien – 1797 unter Napoleon I. errichtet 86 I DEb – 1802 Umwandlg. in d. Italien. Rep. 87 I CDef

Ciudad Bolívar: Stadt in Venezuela 131 II Kh – 1819 Kongreß beschließt Bildg. d. Rep. Großkolumbien

unter Führg. v. Simón Bolívar, bis 1866 Angostura genannt 132 I Cb

Ciudad Rodrigo: Stadt in W-Spanien – 1810 v. Franzosen, 1812 v. Briten eingenommen 88/89 De

Civitate: Stadt in SO-Italien – 1053 normann. Sieg über päpstl. Heer 46 I Cb

Civitavecchia: Hafenstadt in Mittelitalien 100 Cd – als röm. Hafen Centumcellae gegr. 20/21 Fe – s. d. 15. Jh. z. Kirchenstaat, Standort d. päpstl. Flotte 61 Cc

Clairvaux: Zisterz.-Kloster in O-Frankr. – 1115 gegr. 45 II el

Clarendon: Schloßruine in Großbritannien – 1164 Konstitutionen v. C. legen Machtverhältnisse zw. engl. Königtum u. Kirche fest 46/47 I Ba

Clermont-Ferrand: Stadt in Frankr. 118/119 Fd – röm. Stadt Augustonemetum 26/27 I Ec – s. d. 4. Jh. Bm. 38/39 I Cb – 1095 Konzil: Papst Urban II. ruft z. 1. Kreuzzug auf 48 Cb – 1556 Hpst. d. Auvergne 66/67 Ed – 1870 Sitz d. franz. Regierg. 102/103 Fd

Cluny: Ort in O-Frankr. – 910 gegr. Benedikt.-Abtei, im 10./11. Jh. Ausgangspkt. d. cluniazensischen Klosterreform 45 I Cb

Coburg: Stadt in Bayern – im 12. Jh. gegr. 56 Fc – s. 1572 Residenz sächs. Herzöge 70/71 Fc – 1920 nach Volksabstimmg. zu Bayern 112 Fc

Cognac: Stadt in W-Frankr. – 1526 Liga von C.: Bündnis zw. franz. König, Papst, Mailand u. Venedig z. Wiederaufnahme d. Kampfes geg. Kaiser Karl V. 66/67 Ed

Coimbra: Stadt in Portugal – 1308 Gründg. d. ältesten Univ. v. Portugal 54 II Ge

Colombo: Hptst. v. Sri Lanka 139 II JKg – 1950 Konferenz d. Außenminister d. Commonwealth beschließt C.-Plan: finanzielle, techn. u. wirtschaftl. Unterstütz. d. Länder S- u. SO-Asiens 152/153 I MNe

Colonia Claudia Ara Agrippinensium → Köln

Colonia Ulpia Traiana → Xanten

Colorado: Bundesstaat in d. USA 126 Lde – 1876 als 38. Staat in d. Union aufgenommen 128 I Cc

Columbia: Prov. in SW-Kanada 126 Jc

Comacchio: Stadt in N-Italien – 1708–25 v. österr. Truppen besetzt 77 Fc

Compiègne: Stadt in NO-Frankr. – Nov. 1918 dt. Kapitulation 107 II Ge – Juni 1940 franz. Kapitulation 114 Cc

Connecticut: Bundesstaat in d. nordöstl. USA 126 Od – 1776 Gründerstaat d. USA 128 I Fb

Constantine: Stadt in NO-Algerien 146 II Da – als Cirta bedeut. Stadt Numidiens 19 Dc – unter Kaiser Augustus röm. Kolonie 26/27 I Fe – im 4. Jh. als Constantina neu gegr. 28 Cc – frühchristl. Gemeinde 331 Cc – im 5. Jh. v. Wandalen, im 7. Jh. v. Arabern erobert 34 I Cc, 36 Cc

Copán: Ruinenstätte in Honduras – Kulturzentrum d. Maya 130 I Cc

Corbie: Stadt in N-Frankr. – um 661 gegr. Kloster 38/39I Cab

Córdoba: Stadt in S-Spanien 118/119 Ef – 152 v. Chr. von Römern unterworfen, Corduba 26/27 I De – frühchristl. Gemeinde 33 I Bc – im 3. Jh. Chr. westgot., später oström. 35 III Hi, 35 IV RI – 711 arab., bedeut. Zentrum d. Islam auf d. Iber. Halbinsel 36 Bc – 756 Emirat, 929 Kalifat 37 II gl – 1236 kastil. Eroberg. 46/47 I Bd

Cork: Hafenstadt in Irland – bis 1938 brit. Marinestützpkt. 110/111 Dc

Cornwall: Gft. in Großbritannien – 1337 Hzm. 46/47 I ABa

Coronel: Hafenstadt in Chile 132 I Bf – 1914 Seeschlacht, Sieg d. dt. Kreuzergeschwaders über brit. Flottenverband 106 III Cf

Corregidor: Insel d. Philippinen – 1942–45 v. Japanern besetzt 116 I CDc, 116 II JKg

Cortenuova: Ort in N-Italien – 1237 Sieg d. stauf. Kaisers Friedrich II. über Lombard. Städtebund 46/47 I Db

Corvey: ehem. Benedikt.-Abtei in NRW – 815 gegr. Kloster 45 I Da – reichsunmittelbare Abtei 54/55 III Dc – 1803 aufgelöst 87 I Cc

Cosenza: Stadt in S-Italien 100 Ff – latein. Consentia, im 2. Pun. Krieg umkämpft 19 Fc

Costa Rica: Staat in Mittelamerika 124/125 I Ee – heut. Staatsgebiet bis 1821 span., 1822–23 zu Mexiko, 1823–38 zu d. Verein. Staaten v. Zentralamerika, 1839 unabh., 1848 Rep., 1919 militär. Intervention d. USA 131 I Ccd

Cote d' Ivoire: offizieller Name für → Elfenbeinküste

Cotrone: Stadt in S-Italien – um 710 v. Chr. als griech. Kolonie gegr., Kroton 7 Dc – im 2. Pun. Krieg umkämpft, Croton 19 Fc – 982 Sieg d. Sarazenen über dt. Heer 46 I Cc

Cottbus: Stadt in Brandenburg 157 II Fc – 1156 erstmals erwähnt, im 13. Jh. Magdebg. Stadtrecht 50/51 De – s. 1445 brandenburg. 70/71 Hc – 1953–90 Bezirkshpst. in d. DDR 122 Fc

Coutras: Stadt in SW-Frankr. – 1587 letzte Schlacht in d. Hugenottenkriegen: Sieg d. Truppen Heinrichs v. Navarra über d. Kathol. Liga 66/67 Ed

Coventry: Industriestadt in Großbritannien 118/119 Ec – im MA Zentrum d. Wolltuchverarbeitg. 68/69 Bb – 1940 bei dt. Luftangriffen stark zerstört 114 Bb

Craiova: Stadt in S-Rumänien 118/119 Je 1940 rumän.-bulgar. Vertrag: Abtretg. d. S-Dobrudscha durch Rumänien 110/111 Je

Crécy: Ort in N-Frankr. – 1346 engl. Sieg über franz. Ritterheer durch Anwendg. einer neuen militär. Taktik (Bogenschützen, abgesessene Ritter, Kanonen) 59 Ca

Cremona: Stadt in N-Italien – 218 v. Chr. röm. Kolonie 20/21 Eb – s. d. 14. Jh. z. Hzm. Mailand 61 BCb – im MA Zentrum d. Leinenverarbeitungg 68/69 Ed

Crépy: Ort in N-Frankr. – 1544 Friede zw. Kaiser Karl V. u. Franz I. von Frankr.: Frankr. verpflichtet sich z. Teilnahme am Krieg geg. d. Osmanen u. Unterstütz. bei d. Niederwerfg. d. dt. Protestanten 70/71 Bd

Cro-Magnon: Ort in SW-Frankr. – bedeut. Fundort altsteinzeitl. Menschenskelette, Cro-MagnonMensch direkter Vorfahre d. heut. Menschen 1 II Bb

Crossen (Krosno Odrza˙nskie): Stadt in W-Polen – 1005 erstmals erwähnt 42/43 Jb – s. 1482 brandenburg. 70/71 Hb

Cucuteni: vorgeschichtl. Fundort im heut. Rumänien 3 II Mf

Culloden Moor: Moor in Schottland, Großbritannien – 1746 Sieg d. Engländer über Schotten 78/79 Eb

Cumae: ehem. Stadt in S-Italien – um 750 v. Chr. Gründg. d. ältesten griech. Kolonie in Italien, Kyme 7 Db – 474 v. Chr. Seeschlacht, griech. Sieg über Etrusker führt z. Zerfall d. etrusk. Macht, s. d. 4. Jh. v. Chr. röm. 18 II KLh

Curaçao: niederländ. Insel d. Antillen im Karib. Meer 126 Pg – s. 1634 niederländ. 62 II Cd

Curtea de Arges: Stadt in Rumänien – s. d. 14. Jh. als Argesch Residenz d. Fsm. Walachei 59 Eb

Custozza: Ort in N-Italien – 1848 u.1866 österr. Siege über Italiener 100 Cc

Cuzco: Stadt in S-Peru 132 I Bd – im 12. Jh. gegr., Hptst. d. Inkareiches u. Kulturzentrum, eine d. größten Städte d. damaligen Welt 130 I Dd – 1533 kampflos von d. Spaniern eingenommen, 1535 bei einem Indianeraufstand v. Spaniern zerstört 62/63 I Fe

Cyrenaica, Cyrenaika: Landsch. in O-Libyen – nach d. im 7. Jh. v. Chr. von Griechen gegr. Stadt Kyrene benannt 7 Ec – bis 456 v. Chr. Kgr. unter griech. Herrschaft, Kyrenaika 14/15 I Bb – 74 v. Chr. röm. Prov. Cyrene 26/27 I fl – im 7. Jh. n. Chr. von Arabern erobert, Barka 36 Ec – 1517 als Teil v. Tripolis osman. 65 Dd – 1911/12 v. Italienern erobert 102/103 Jg – im 2. WK Kriegsschaupl. 115 Ed – 1943–49 unter brit. Verwaltg., 1949 unabh. Emirat 148/149 I EFc

Cyrene: ehem. Stadt in NO-Libyen – im 7. Jh. v. Chr. als griech. Kolonie gegr., Kyrene 7 Ec – Hptst. d. Cyrenaica 26/27 I fl – urchristl. Gemeinde 33 I Ec

Czernowitz (Tschernowzy): Stadt in d. südwestl. Ukraine 118/119 Kd – s. 1775 Hptst. d. Bukowina 84 Fc – 1918–40 rumän. 110/111 Kd

Dacca, Dakka: Hptst. v. Bangladesh 139 II Kf

Dachau: Stadt in Bayern – nat.-soz. KZ, 1933 z. Inhaftierg. u. Vernichtg. polit. Gegner errichtet 113 Fd

Dacia: ehem. röm. Prov. in Rumänien – 106 n. Chr. gegr., 119 Teilg. in Dacia Superior u. Dacia Inferior 26/27 I cdIJ

Dagestanische AR: autonome Rep. in d. südl. Russischer Föderation 155 Dc – 1921 als ASSR zur RSFSR 110/111 Oe

Dagö: Insel in d. Ostsee, Estland 118/119 Jb – im 13. Jh. zum Dt. Orden 52 I Eb – 1561 schwed. 76 II fl – 1721 russ. 78/79 Jb – 1920 z. Rep. Estland 110/111 Jb – 1940/44–1991 zur Estn.SSR 118/119 Jb

Dahomey → Benin

Dairen → Lüta

Dakar: Hptst. v. Senegal 146 I Bd – 1857 franz. Gründg. 144 II Eh

Dallas: Stadt in d. südl. USA, Texas – 1963 Ermordung d. amerikan. Präs. John F. Kennedy 126 Me

Dalmatien: Landsch. an d. Adriaküste, Kroatien – 9 n. Chr. röm. Prov. Dalmatia 26/27 I Hd – im 6. Jh. oström. 35 IV Tk – 806 v. Franken unterworfen 38/39 I EFc – um 1069 z. Kgr. Kroatien 44 Dc – im 11./12. Jh. unter ungar. Herrschaft, venezian. Stützpunkte an d. Küste 46/i7 I Fc – im 15. Jh. endg. Einnahme d. Küstengebietes durch Venedig 61 EFbc – 1797 österr., 1805 z. Kgr. Italien, 1809–13 zu d. Illyr. Provinzen 88/89 Ie – 1815 erneut österr., 1816 Kgr. D. 90/91 Ie – 1920 größtenteils zu Jugoslawien 110/111 Hle – 1991 zur Rep. Kroatien 154

Damão: Unionsterritorium in W-Indien 1558 – 1961 port. 138 I Cb, 139 II Jf

Damaskus: Hptst. v. Syrien 148/149 I Gb – um 1470 v. Chr. erstmals erwähnt, bedeut. Handelszentrum im Alten Orient, um 1000 v. Chr. Stadtstaat d. Aramäer 32 Eab – im 6. Jh. v. Chr. pers. 6 II Hf – um 332 v. Chr. von Alexander d. Gr. erobert, griech. Damaskos 14/15 I Cb – urchristl. Gemeind 16 Dc – um 64 v. Chr. röm., Damascu 26/27 I Nf – 635 n. Chr. Eroberg. durch d. Araber, 651–750 Hptst. d. Omaijaden-Kalifats, Zentrum d. Islam 36 Fc – im 12. Jh. erfolgreiche Abwehr d. Kreuzfahrer 48 Fc – im 13. Jh. v. Mameluken erobert 59 Fc – 1516 osman. 65 Gd – 1920 Hptst. d. franz. Mandats Syrien 110/111 Mg – 1941/44 Hptst. d. unabh. Syrien 118/119 Mg

Damiette: Stadt in N-Ägypten – 1219–49 im Besitz d. Kreuzfahrer 48 Fc

Dänemark: Staat in N-Europa 124/125 I Jc – heut. Staatsgebiet im 5. Jh. v. german. Dänen u. Jüten besiedelt 34 II NOd – im 9. Jh. erste Staatsbildg. unter König Godfred 38/39 I DEa – im 10. Jh. Ausgangsgebiet d. Normannenzüge 37 II JKe – um 1000 Zentrum d. Wikingerreiches unter Knut d. Gr. 44 CDb – im 11./12. Jh. Versuche d. Ausdehng. an d. südl. Ostseeküste, 1227 Niederlage in d. Schlacht bei Bornhöved verhindert weiteres Vordringen nach Süden 46/47 I DEa – 1361–70 Krieg geg. d. Hanse um d. Vorherrschaft im Ostseeraum, 1397 Bildg. d. Kalmarer Union: Zusammenschluß von D., Schweden-Finnland u. Norwegen 57 CDbc – um 1460 Pers.-Union mit Schleswig-Holstein 54/55 III DEab – im 15. Jh. schwed. Aufstände geg. dän. Oberhoheit, 1523 Auflösg. d. Kalmarer Union 66/67 GHab – 1536 Einführg. d. luther. Reformation 73 I EFa – im 17. Jh. Kriege geg. Schweden 77 II FGfg – 1807–14 mit Frankr. verbündet 88/89 GHbc – 1814 Verlust Norwegens an Schweden 90/91 GHbc – 1864 nach d. Dt.–Dän. Kriegen Abtretg. v. Schleswig an Österr. u. Preußen 92 EFa – Ende d. 19. Jh. Sozialgesetzgebg. 93 EFa – im 1.WK neutral 107 II GHd – 1920 N-Schleswig nach Abstimmg. zu D. 112 EFa – 1940 trotz Neutralität von dt. Truppen besetzt 114 CDb – 1960–72 EFTA-Mitglied, s. 1973 EG-Mitglied 123 II MNf – 1992 Ablehng. d. Maastrichter-EG-Vertrage 156 I DEb

Danewerk: ehem. dän. Grenzbefestig. im heut. Schleswig-Holstein 38/39 I Da

Danzig (Gda´nsk): Hafenstadt in Polen 154 – im 10. Jh. slaw. Burgsiedlg. 42/43 La – 1263 Lüb. Stadtrecht 50/51 Fc – 1309 zum Dt. Orden 52 I Cd – 1361 Hansestadt 57 Ec – um 1400 Zentrum d. Aufstände geg. d. Herrschaft d. Dt. Ordens 59 Da – bedeut. Handelsstadt NO-Europas 68/69 Gb – 1454 freie Stadt unter poln. Oberhoheit 70/71 Ja – 1793 preuß. 84 Db – 1807 Freistaat Rep. D. 88/89 Ic – 1814 erneut preuß., Hptst. d. Prov. Westpreußen 92 Ja – 1920–39 als Freie Stadt Völkerbund unterstellt 112 Ja – 1933–39 nat.-soz. Forderg. d. Anschlusses von D. an d. Dt. Reich verschärft dt.-poln. Spannungen 113 Ja – 1939 dt. Beschießg. poln. Militäranlagen leitet 2. WK ein 114 Db – 1945 stark zerstört 115 Db – Flucht d. dt. Bevölkerg. 121 Db – 1956 u. 1980 Zentrum d. Arbeiteraufstände geg. kommunist. Regime, 1980 Gründg. d. Gewerkschaft „Solidarnosc" 120 II Ha

Dardanellen: türk. Meerenge zw. Marmarameer u. Ägäischem Meer 118/119 Kef – als Asien u. Europa trennende Meerenge bereits in d. Perserkriegen v. strateg. Bedeut., Hellespontos genannt 12 I Ea – Öffng. v. Kolonien sichert d. Griechen d. Handelsverbindg. z. Schwarzen Meer 7 Eb – 1354 osman. Eroberg. 65 Ed – 1841 Meerengenabkommen z. Regelg. d. Durchfahrtsrechte 101 I Dbc – 1915–16 erfolgreiche türk. Abwehr d. alliierten Offensive 107 I Dbc – 1923–36 entmilitarisiert 110/111 Kef

Dar es Salaam: Hafenstadt in Tansania 146 I Gf – 1862 gegr., 1896 Hptst. von Dt.-Ostafrika 144 II Gi

Darfur: ehem. Reich in Sudan – 1874 ägypt. 144 I Cc

Darmstadt: Stadt in Hessen 122 Cd – 1806 Hptst. d. Grhzm.Hessen 92 Ed – 1919 Hptst. d. Freistaates Hessen 112 Ed

Dauphiné: Landsch. in SO-Frankr. – 1349 zu Frankr. 54/55 III BCf

Debrecen: Stadt in Ungarn 118/119 Jd – 1849 Sitz d. ungar. Revolutionsregierg. 90/91 Jd

Decimum: ehem. Ort in Tunesien – 533 oström. Sieg über Wandalen 35 III iIJ, 35 IV Sl

Dekeleia: ehem. Ort auf d. Halbinsel Attika in Griechenland – während d. Peloponnes. Krieges Stützpkt. d. Spartaner 13 Fb

Dekhan: Landsch. in Indien – im 17. Jh. als D.–Sultanate z. Reich d. Großmoguln 138 I CDbc

Delagoa-Bai: Bucht vor Mosambik – 1875 durch Schiedsspruch port. 144 I Ce

Delaware: Bundesstaat in d. östl. USA 126 Oe – 1776 Gründerstaat d. USA 128 I Fc

Delft: Stadt in d. Niederlanden – 1584 Ermordg. Wilhelms v. Oranien 76 I Ca

Delhi: Stadt in N-Indien 139 II Jf – im 14. Jh. v. Mongolen erobert u. zerstört 58 Ge – 1525 Hptst. d. Reiches d. Großmoguln 138 I Cb – 1803 brit., → Neudelhi 139 I Cb

Delos: griech. Insel im Ägäischen Meer – s. d. 7. Jh. v. Chr. religiöser Mittelpkt. d. ion. Griechen, Apollontempel 12 I Dc – 477–54 v. Chr. Sitz d. Att. Seebundes 12 II gl

Delphi: Ruinenstätte in Mittelgriechenland – im 9./8. Jh. v. Chr. bedeut. Kultstätte, polit. Bedeutg. durch d. Orakel von D.8/9 Dd – 279 v. Chr. griech. Abwehr eindringender Kelten 18 I Ed

Demjansk: Stadt in d. W-Rußland – 1942 Einkesselg. dt. Truppen durch sowjet. Truppen 115 Fb

Den Haag ('s – Gravenhage): Stadt in den Niederlanden 118/119 Fc – 1701 Bildg. d. geg. Frankr. gerichteten Haager (Großen) Allianz: Aberkenng. aller franz. Ansprüche auf d. span. Thron 77 Da u. Legende – 1899, 1907 Haager Friedenskonferenzen z. Sicherg. eines weltweiten Friedens, insbesondere über internationale Kriegsführg. u. Rüstg. 102/103 Fc – 1969 EG-Gipfelkonferenz über Ausbau d. Organisation 123 II Mf – Sitz d. niederländ. Regierg. u. königl. Residenz 118/119 Fc

Derna: Stadt in NO-Libyen 118/119 Jg – im 2. WK Kriegsschaupl. 114 Ed

Deshima: japan. Insel westl. v. Nagasaki – 1641 niederländ. Handelsniederlassg. 138 I Fb

Dessau: Stadt in Sachsen-Anhalt 122 Ec – im 12. Jh. als Markort erwähnt 54/55 III Fc – 1525 Bündnis norddt. Fürsten geg. Anhänger Luthers 70/71 Gc – 1626 Schlacht im 30jährigen Krieg 74/75 Gc – im 18. Jh. als Residenzstadt ein kulturelles Zentrum d. dt. Absolutismus 82/83 Gc – 1863 Hptst. d. Hzm., 1918 d. Landes Anhalt 92 Gc, 112 Gc

Detroit: Industriestadt in d. nördl. USA, Michigan 129 II Lf – 1701 franz. Gründg. Fort Pontchartrain, 1760 v. Briten eingenommen 127 I Cb – 1967 Zentrum v. Rassenunruhen 128 II Lf – wichtiger amerikan. Binnenhafen, Zentrum d. Automobilindustrie 129 I Eb

Dettingen: Ort in Bayern – 1743 Sieg d. brit. Armee u. ihrer Verbündeten („Pragmatische Armee") über franz. Heer im österr. Erbfolgekrieg 82/83 Ec

Deutsche Demokratische Republik → Deutschland

Deutscher Orden: geistl. Ritterorden – 1190/98 von dt. Kreuzfahrern in Akkon gegr. 49 II JKb – 1211–25 Versuch einer Staatsbildg. in Siebenbürgen 48 Eb – 1226 Beginn d. Unterwerfg. u. Christianisierg. d. im Ostseeraum ansässigen Prußen 46/47 I FGa – im 13./14. Jh. Ausdehng. d. Ordensgebietes, 1410 Niederlage geg. Polen-Litauen in d. Schlacht bei Tannenberg führt z. Verfall d. Ordensstaates 52 I, 57 EGbc – 1525 Umwandlg. in d. weltl. Hzm. Preußen 70/71 JKab

Deutscher Zollverein: ehem. handelspolit. Zusammenschluß dt. Bundesstaaten – 1834 gegr. mit d. Ziel z. Schaffg. eines einheitl. dt. Wirtschaftsraumes durch d. Abbau v. Zöllen, Vorbereitg. d. polit. Einigg. Deutschlands 96 I

Deutsches Reich → Deutschland

Deutschland: Staat in Mitteleuropa 157 II – im 1. Jh. v. Chr. Eroberg. d. von german. Völkern besiedelten linksrhein. Gebietes durch d. Römer, dann Prov. Germania 30/31 – german. Völkerwanderg. 34/35 – Teil d. Frankenr. 38/39 I – im 9. Jh. Ostfränk. Kgr. 39 II–IV – s. 919 Dt. Reich, auch Hl. Röm. Reich genannt, unter Herrschaft d. Ottonen, s. 1024 Herrschaft d. Salier 42/43 – Investiturstreit: Gegensatz zw. Königtum u. Papsttum, Kreuzzüge 48 – s. 1138 Herrschaft d. Staufer 46/47 I – ma. Stadtentwicklg. 56 – im 13. Jh. Beginn dt. Ostsiedlg. 50/51 – um 1400 Dt. Hanse 57 – wachsende Macht d. Territorialfürsten u. Reichsstädte 54/55 III – s. 1438 dt. Könige u. Kaiser aus d. Hause Habsburg 70/71 – im 15. Jh. Gründg. zahlreicher Universitäten, Zentren d. Humanismus 54 II – s. 1517 Reformation 73 I – Gegenreformation 73 II – 1618–48 im 30jährigen Krieg stark zerstört, 1648 Westfäl. Friede 74/75 – D. im Zeitalter d. Absolutismus 78/79 – Gegensatz zw. d. Großmächten → Preußen u. → Österr. (preuß. – österr. Dualismus) 84 – D. nach d. Franz. Revolution: 1803 Reichsdeputationshauptschluß 87 I – 1806 Gründg. d. Rheinbundes, Auflösg. d. Hl. Röm. Reiches Dt. Nation 87 II – D. im Zeitalter Napoleons I. 88/89 – 1815 Wiener Kongreß: Gründg. d. Dt. Bundes, Streben nach nationaler Einheit, 1848 dt. Revolution 92 – 1834 Gründg. d. Dt. Zollvereins 96 I – Verfassungen bis 1848 94 I – Beginn d. Industrialisierg. 97 I, II – 1867 Gründg. d. Norddt. Bundes unter Führg. Preußens, 1871 nach Dt.-Franz. Krieg Reichsgründg. unter Bismarck 93 – Parteienbildg., Arbeiterbewegg., Sozialgesetzgebg., bis zum 1. WK 95, 97 – Entwicklg. z. bedeut. Industriemacht 102/103 – dt. Kolonien bis 1914 105 – dt. Niederlage im 1. WK 107 I, II – 1918 Novemberrevolution beendet Monarchie, 1919 Versailler Vertrag, Gründg. d. Weimarer Rep. 112 – 1926–33 Mitgl. d. Völkerbundes 109 III Eb – D. unter nat.-soz. Herrschaft, Judenverfolgg. u. -vernichtg. im „Dritten Reich" 113 – 1939 dt. Angriff auf Polen löst 2. WK aus 114 – Mai 1945 dt. Kapitulation 115 – 1945 Aufteilg. in vier Besatzungszonen 120 I – 1949 Gründg. d. Bundesrepublik Deutschland u. d. Deutschen Demokratischen Rep. 120 II – 17. Juni 1953: Erhöhg. d. Ar-

beitsnormen in d. DDR führt z. Arbeiteraufstand u. weitet sich z. Volksaufstand aus, s. 1960 Kollektivierg. d. Landwirtschaft in d. DDR, 1961 nach steigenden Flüchtlingszahlen Schließg. d. innerdt. Grenze, Mauerbau in Berlin 122 – Beitritt d. beiden dt. Staaten zur UNO 123 I, II – Bündnissen 123 I, II – 1972 Grundlagenvertrag zwischen Bundesrep. Deutschld. u. DDR führt zu mehr menschl., wirtschaftl. u. polit. Kontakten 122 – 1989 Fluchtwelle u. friedl. Revolution in d. DDR sowie Öffnung d. innerdt. Grenzen, Sturz d. kommunist. Regimes 154 – 3. Okt.1990 Anschluß d. wiedergegründeten Länder d. ehemal. DDR an d. Bundesrep. Deutschland schließt Wiedervereinigung ab 157 II

Deutsch-Ostafrika → Tansania, Burundi, Ruanda

Deutsch-Südwestafrika → Namibia

Diedenhofen (Thionville): Stadt in O-Frankr. – im 8. Jh. fränk. Königspfalz 38/39 I Db – 1659 franz. 81 Db

Dien Bien Phu: Ort in N-Vietnam – 1954 entscheidende Niederlage d. Franzosen geg. d. Vietminh beendet d. franz. Kolonialherrschaft in Indochina 139 II Lf

Dieppe: Hafenstadt in N-Frankr. – im 14. bis 16. Jh. Handelspl. 68/69 Cc – 1942 gescheiterte alliierte Landg. 115 Cc

Dijon: Stadt in O-Frankr. 118/119 FGd – s. 1016 Hptst. d. Hzm. Burgund 42/43 Ee

Dillingen: Stadt in Bayern – 1554 gegr. Univ., 1565 Jesuitenkolleg, Zentrum d. Gegenreformation 73 II Qi

Dipaia: ehem. Stadt in Griechenland, Peloponnes – 464 v. Chr. Sieg d. Spartaner über aufständ. Arkader 12 I Hg

Dirschau (Tczew): Stadt in N-Polen – 1260 Lüb. Stadtrecht 50/51 Fc – 1308 vom Dt. Orden erobert 52 I Cd

Dithmarschen: Landsch. in Schleswig-Holstein – s. d. 13. Jh. selbst. Bauernrep. 54/55 III Dab – 1559 z. Hzm. Holstein 70/71 Eab

Diu: Unionsterritorium in W-Indien – 1536–1961 port. 138 I Cb, 139 II Jf

Djakarta: Hptst. v. Indonesien 139 II Lh – 1619 niederländ. Handelsstützpkt. Batavia 138 I Ed – Hptst. v. Niederländ.-Indien 138 II Lh

Djajapura: Hptst. v. Westirian 143 – 1942–44 als Hollandia v. Japanern besetzt 116 II Lh – 1963 zu Indonesien 142 II Lh

Djerba: tunes. Insel im Mittelmeer – 1559–60 span. 66/67 Hg

Djibuti: Staat in O-Afrika 124/125 I Le – heut. Staatsgebiet s. 1884 Kolonie Franz.-Somaliland 144 II Hh – 1977 unabh. Rep., 1991 Bürgerkrieg 145 IV Hh

Djidda: Hafenstadt am Roten Meer in Saudi-Arabien – Hafen u. Flugplatz v. großer Bedeutg. für d. Mekka-Pilger 148/149 I Gc

Dnjepropetrowsk: Stadt in d. Ukraine – 1786 als Jekaterinoslaw gegr. 134 Bc – 1917 in D. umbenannt 110/111 LMd – bedeutendes Industriezentrum d. Usbekischen SSR 137 II Mg

Doberan: Ort in Mecklenburg-Vorpommern – 1171 gegr. Zisterz.-Kloster 45 11 Jd

Dobrudscha: Landsch. in Rumänien u. Bulgarien – s. d. 14. Jh. osman. 65 Eab – 1878 N-Teil Rumänien, S-Teil Bulgarien zugesprochen 101 Dab – 1913 S-Teil rumän., 1940 bulgar. 101 II abl, 114 Ec

Dodekanes: griech. Inselgr. im Ägäischen Meer 118/119 Kf – 1912–45 italien. 110/111 Kf

Dodoma: s. 1973 offizielle Hptst. v. Tansania 145 IV Gi

Dodona: Ruinenstätte in W-Griechenland – im 13. Jh. v. Chr. bedeut. Kultstätte, Orakel d. Zeus 6 I Ab

Döffingen: Ort in Baden-Württemberg – 1388 Niederlage d. Schwäb. Städtebundes gegen d. Vormachtstellg. in Württemberg 54/55 III Dd

Doggerbank: Sandbank in d. Nordsee – 1915 Seegefecht zw. dt. u. brit. Kreuzern 107 I Ba

Dokkum: Stadt in d. Niederlanden – 754 Ermordg. d. angelsächs. Missionars Bonifatius, Wallfahrtsort 41 I Eb

Dominica: Inselstaat im Karib. Meer124/125 I Fe – 1978 als Rep. unabh. Mitgl. d. Commonwealth 131 I Ec

Dominikanische Republik: Inselstaat in Mittelamerika 124/125 I Fe – bis 1795 span., Santo Domingo 64 Gd – 1821 unabh., 1822–44 zu Haiti, 1861–65 erneut span., 1865 unabh. Rep., 1916–24 amerikan. Besetzg. 1930–61 diktator. Regime, 1963 Militärputsch, 1965 während d. Bürgerkrieges militär. Intervention d. USA 131 I DEc

Donauwörth: Stadt in Bayern – 1191 stauf. Reichsburg 46/47 I Eb – 1301 Reichsstadt 54/55 III Ed – 1714 bayr. 82/83 Fd

Donbas: bedeut. Steinkohlegebiet in d. Ukraine u. Rußland – im 2. WK wegen seiner großen Bedeutg. als Industriezentrum von dt. Truppen besetzt 114 Fc, 115 FGc – 1989 u. 1991 Streiks geg. wirtschaftl. Niedergang während d. Reformpolitik Gorbatschows 155 CDc

Donezk: Industriestadt in d. Ukraine C118/119 Md – s. 1924 Stalino 110/111 Md – 1943 Einnahme durch sowjet. Armee zwingt d. Deutschen z. Aufgabe d. D.-Beckens 115 Fc – 1961 in D. umbenannt 137 I Cc

Dongo: Ort am Comer See, N-Italien – 1945 Erschießg. d. italien. Staatschefs Benito Mussolini 118/119 Gd

Doorn: Ort in d. Niederlanden – 1918–41 Exil d. dt. Kaisers Wilhelms II.112 Cb

Dordrecht: Hafenstadt in d. Niederlanden – 1572 erste freie Versammlg. d. holländ. Stände 76 I Cb – 1618–19 Synode d. Reformiert. Kirche 74/75 Cc

Dorestad: ehem. Ort in d. Niederlanden – 834 Zerstörg. d. ma. Handelsplatzes durch d. Normannen 37 II Je

Dorier: griech. Volksstamm – vermutl. um 1200 v. Chr. in Griechenland eingewandert 4 II Mfg, 6 I Legende – dor. Kolonisation 7 Legende

Dorpat (Tartu): Stadt in Estland – 1224 als estn. Burgsiedlg. vom Schwertbrüderorden erobert, Bm. 52 I Gb – im 13. Jh. Lüb. Stadtrecht 50/51 Ja – bedeut. Hansestadt im Handel mit Rußland 57 Gb – 1629 schwed., 1632 Gründg. d. Univ. 76 II Jf – 1721 russ. 78/79 Kb – 1920 Friede von D.: Sowjetrußland erkennt Unabh. v. Estland u. Finnland an 110/111 Kb

Dortmund: Industriestadt in NRW 122 Bc – Reichsburg d. Staufer 46/47 I Da – Hansestadt 57 Cc – bis 1803 Reichsstadt 82/83 Dc – 1815 preuß. 92 Dc – im 19. Jh. Bedeut. d. Industrialisierg. 98 II – Zentrum d. Steinkohlenbaus 97 I Dc

Doryläum: ehem. Stadt in d. NW-Türkei – griech. Dorylaion 16 Cb – latein. Dorylaeum 26/27 I Ke – frühchristl. Gemeinde 33 I Fc – 1147 Niederlage d. Kreuzfahrer geg. Seldschuken 48 Fc

Dossenbach: Ort in Baden-Württemberg – 1848 württemberg. Sieg über revolutionäre Truppen 92 De

Dragaschan (Drăgăşani): Stadt in S-Rumänien – 1821 Sieg d. Osmanen über griech. Freiheitskämpfer 101 I Cb

Drenthe: Prov. d. Niederlande – 1536 habsburg. Gft. 70/71 Db – Ende d. 16. Jh. zur Rep. d. Verein. Niederlande 76 I Da

Dresden: Hptst. d. Bundeslandes Sachsen 157 II Ec – 1206–16 gegr., Magdb. Stadtrecht 50/51 Ce – z. Mgft. Meißen 54/55 III Fc – s. 1485 Residenz d. albertin. Wettiner, 1547 Hptst. d. Kurfsm. Sachsen, Kunst- u. Kulturzentrum 70/71 Gc – Zentrum d. Reformation 73 II Rh – Anfang d. 18. Jh. Ausbau z. Barockresidenz unter August II. d. Starken 77 Fa – 1745 Friede Preußens mit Österr. u. Sachsen: Schlesien verbleibt bei Preußen 84 Db – 1813 letzter franz. Sieg unter Napoleon I. auf dt. Boden 88/89 Hc – 1830/49 Bürgeraufstände 92 Gc – 1945 durch brit.-amerikan. Luftangriffe fast völlig zerstört 115 Db – 1952–90 Bezirkshptst. in der DDR 122 Ec

Dreux: Stadt in Frankr. – 1562 Sieg d. Katholiken über Hugenotten 66/67 Fd

Drontheim (Trondheim): Stadt in Norwegen – im

10. Jh. als Nidaros gegr. Wallfahrtsort 37 II Kd –
1658–60 schwed. 76 II Ge – im 2. WK Kriegsschaupl. 114 Da

Drottningholm: Schloß westl. v. Stockholm, Schweden – um 1700 erbaut 78/79 Ib

Drusen: islam. Volksgruppe in Vorderasien – 1921
autonom Gebiet, 1925/26 Aufstände geg. franz.
Mandatsherrschaft 110/111 Mg – 1936 zu Syrien
148 II Db

Dschammu und Kaschmir → Kaschmir

Dschebel al Tarik → Gibraltar

Dublin: Hptst. v. Irland 118/119 Dc – um 835 v. Normannen erobert 37 II – im 10./11. Jh. königl.
Residenz 44 Bb – 1152 Bsp. – s. 1170 Zentrum
engl. Herrschaft in Irland 46/47 I Aa – 1916 Zentrum d. Osteraufstandes d. Iren 107 I Aa – s. 1922
Hptst. d. Rep. Irland 110/111 Dc – 1990 EG-Gipfelkonferenz beschließt weiteren Ausbau der euro-
p. Einigung 156 I Bc

Dubrovnik: Stadt an d. Adria in S-Kroatien 156 II Mg
– um 615 als Ragusa v. slaw. Flüchtlingen gegr.,
Bm. 38/39 I Fe – bis 1204 byzantin., 1205 selbst.
Rep. unter venezian., 1358 unter ungar. Oberhoheit, bedeut. Handelszentrum 46/47 I Fc, 61 Fc –
1526 osman. Vasall 65 Cb – 1718 unabh. Rep.
78/79 Ie – 1808 franz. Besetzg. 88/89 Ie – 1815
österr. 101 I Bb – 1918 zu Jugoslawien 110/111
Ie – bedeutendes Touristenzentrum 118/119 Ie –
1991 bei serb. Angriffen im Nationalitätenkrieg
stark zerstört 156 II Mg

Duisburg: Industriestadt in NRW 122 Bc – im 12.
Jh. Entwicklg. z. Stadt 56 Dc – ma. Handelspl.
68/69 Dc – s. 1905 größter Binnenhafen Europas
110/111 Gc

Dünaburg (Daugavpils): Stadt in Lettland – 1278
vom Dt. Orden gegr., Magdeb. Stadtrecht 52 I
Gd – 1561 poln. 66/67 Kb – 1772 russ. 85 I Da –
1920 z. Rep. Lettland 110/111 Kb

Dunbar: Ort in Schottland, Großbritannien 1650
Sieg d. Engländer unter Cromwell über schott.
Heer 78/79 Eb

Dünkirchen (Dunkerque): Hafenstadt in N-Frankr.
118/119 Fc – 1658–62 engl. 81 Ba – 1940 Einkesselg. d. brit.-franz. Armee durch dt. Panzer-
verbände, daraufhin Rückzug v. ca. 340 000 brit.
u. franz. Soldaten nach Großbritannien 114 Cb –
1947 brit.-franz. Beistandsvertrag 118/119 Fc

Düppel (Dybbøl): Ort in Dänemark – 1848 bis 1850
D.er Schanzen in d. Dt.-Dän. Kriegen umkämpft,
1864 v. preuß. Truppen erobert 92 Ea

Dura-Europos: Ruinenstätte in O-Syrien – im 4. Jh.
v. Chr. seleukid. Neugründg., hellenist. Militärkolonie 16 Ec – frühchristl. Gemeinde 33 I Gc – im
3. Jh. n. Chr. nach Abwanderg. d. Bevölkerg. ver-
ödet 28 Gc

Durango: Ort in N-Spanien – im 19. Jh. Zentrum d.
Karlisten 90/91 Ee

Durazzo (Durrës): Hafenstadt in Albanien 156 II Mh
– 625 v. Chr. als Epidamnos gegr., griech. Kolonie 7 Db – röm. Kolonie Dyrrhachium 26/27 I Hd
– im 4. Jh. n. Chr. oström. 34 II Oe – byzantin.
Themenhptst. Dyrrhachion 44 Dc – 1202/1392
venezian. 49 I Gb – 1501 osman. 65 Cb – 1914
Hptst. d. Fsm. Albanien 101 I Ca – 1991 Stürmg.
d. Hafens v. Flüchtlingen n. Italien 156 II Mh

Durban: Hafen- u. Industriestadt in Südafrika 146 I
Gh – 1899–1902 im Burenkrieg umkämpft 144
II Gj

Durben: Ort in Lettland – 1260 litau. Angriff auf Kurland löst weitere Aufstände im Gebiet d. Dt. Ordens aus 52 I Dc

Durham: Stadt in Großbritannien – s. 1093 Bau d.
normann.-roman. Kathedrale 44 Bb

Düsseldorf: Hptst. von NRW 157 II Bc – 1521 Residenz d. Herzöge v. Berg 70/71 Dc – 1777 zu
bayer. Pfalz 82/83 Dc – bis 1806 bayr. 87 I Dc –
1806–13 Hptst. d. franz. Grhzm. Berg 87 II Jc –
1815 preuß. 92 Dc

E

Ebernburg: Burg in Rheinl.-Pfalz – Burg d. Ritters
Franz v. Sickingen, Zentrum d. Ritteraufstandes
1522/23, Zufluchtsort d. Anhänger d. Reformation 72 I Ff

Echternach: Stadt in Luxemburg – 698 gegr. Benedikt.-Abtei 41 I Ec

Eckernförde: Stadt in Schleswig-Holstein – 1849
Seegefecht, schleswig-holstein. Sieg über dän.
Flotte 92 Ea

Ecuador: Staat in S-Amerika 124/125 I EFef – heut.
Staatsgebiet im 15. Jh. Teil d. Inkareiches 130 I
Ccd – 1531–33 v. Spaniern erobert 62/63 I EFde
– 1739 z. Vizekgr. Neu-Granada 64 FGde – 1822
unabh., zur Verein. Rep. v. Kolumbien, 1830
selbst. Rep., s. 1831 zahlreiche Militärputsche
132 I ABBc

Edessa: Stadt in d. SO-Türkei – urchristl. Gemeinde
16 Db – röm. Handelspl. 25 Fc – 1098–1146 als
Gft. Kreuzfahrerstaat 49 I Ka

Edinburgh: Hptst. v. Schottland, Großbritannien
118/119 Cb – 1583 Gründg. d. Univ., schott. Kulturzentrum 66/67 Eb

Edirne: Stadt in d. europ. Türkei 118/119 Ke – vermutl. thrak. Gründg., im 2. Jh. Neugründg. unter
d. röm. Kaiser Hadrian, Hadrianopolis 26/27 I Jd
– später Adrianopel genannt, frühchristl. Gemeinde 33 I Eb – wegen seiner strateg. Lage bedeut. Schlachtort: 378 Sieg d. Westgoten über
Römer 34 I Oe – 136 osman., 1365–1453 Sult-
ansresidenz 65 Eb – 1829 Friede v. Adrianopel
beendet russ.-türk. Krieg 101 I Db – 1920–22
griech. 110/111 Ke

Edom: alttestamentl. Staat in Vorderasien 32 CDf

Eger (Cheb): Stadt in d. Tschech. Rep. 120 I Ec – im
12. Jh. Stauferburg 46/47 I Ea – 1242 süddt.
Stadtrecht, 1277 Reichsstadt 50/51 Ce – 1322
mit d. Egerland an Böhmen verpfändet 54 I Ca –
1634 Ermordg. d. kaiserl. Feldherrn Wallenstein
74/75 Gc

Eichsfeld: Landsch. in Thüringen u. Niedersachsen
– s. d. 11. Jh. z. Ebm. Mainz 70/71 Fc – 1803
preuß. 87 I Dc – 1815 zw. Preußen u. Hannover
geteilt 92 DEc

Eichstätt: Bm. in Bayern – um 741 angelsächs.
Gründg. 41 I Fc – bis 1802 reichsunmittelbar
82/83 Fd – 1805 bayr. 87 II Ld

Eider: Fluß in Schleswig-Holstein – bis 1866 als
Grenze zw. Schleswig u. Holstein, Gebiet dt.-dän.
Auseinandersetzungen 92 Ea

Eidgenossen, Eidgenossenschaft → Schweiz

Eidsvoll: Ort in S-Norwegen – 1814 National-
sammlg. beschließt norweg. Verfassg. 90/91 Ha

Einbeck: Stadt in Niedersachsen – 1368 Hansestadt
57 Cc – s. d. 14. Jh. Zentrum d. Bierbrauerei u. -
exportes 68/69 Ec

Einsiedeln: Ort in d. Schweiz – 934 gegr. Benedikt.-
Abtei 45 I Db – bedeut. Wallfahrtsort 72 I Cb

Eisenach: Stadt in Thüringen 122 Dc – im 12. Jh.
unterhalb d. Wartburg gegr. 50/51 Be – s. 1572
mehrf. Residenz d. ernestin. Wettiner 70/71 Fc –
1869 E.er Kongreß: Gründg. d. Sozialdemokrat.
Arbeiterpartei unter August Bebel 95 I OPh

Eisenburg (Vasvar): Stadt in Ungarn – 1664 Friede
beendet vorübergehend osman. Angriffe geg.
Österr. 77 Gb

Eisenstadt: Hptst. d. österr. Bundeslandes Burgenland 120 I Ge

Eisleben: Stadt in Sachsen-Anhalt 122 Dc – 1483
Geburtsort, 1546 Sterbeort Martin Luthers 70/71
Fc

El Agheila: Ort in N-Libyen – im 2. WK Kriegsschaupl. 114 Dd

El Alamein: Ort in N-Ägypten – 1942 entscheidender
brit. Sieg über dt.-italien. Armee verhindert deren
weiteres Vordringen in Ägypten u. leitet d. Rückzug d. dt. Armee aus N-Afrika ein 114 Ed, 115 Ed

Elam: ehem. Reich in SW-Iran – urchristl. b. Hptst. →
Susa auch Susiana genannt 14/15 I DEb

Elath: Hafenstadt in Israel 149 IV Cd – bibl. Ort u. altes Handelszentrum 5 Ca – röm. Leg.-Lager Ae-

lana 25 Fd – 1948 israel. Neugründg. 148 II Cd –
bedeut. Einfuhrhafen f. Erdöl 148/149 I Gc

El-Amarna → Amarna

Elba: italien. Insel im Mittelmeer 118/119 He – im
11.–14. Jh. im wechselnden Besitz v. Pisa u. Genua 49 I Cb – 1814–15 Verbannungsort Napoleons I. u. souveränes Fsm., 1815 z. Grhzm. Toskana 90/91 He

Elbing (Elblag): Stadt in N-Polen 120 I Ha – 1237 an
d. Stelle d. wiking. Handelsplatzes Truso als Burg
d. Dt. Ordens u. Kaufmannssiedlg. gegr. 37 II Ke,
52 I Cd – 1246/1347 Lüb. Stadtrecht 50/51 Fc –
im 13./14. Jh. bedeut. Hafen- u. Handelspl. d. Ordensstaates, Hansestadt 57 Ec – s.1457 freie
Stadt unter poln. Oberhoheit 70/71 Ja – Ende d.
15. Jh. wirtschaftl. Aufschwung durch d. Handel
mit England 68/69 Gb – 1703/72 preuß. 68/69 Gb

El Castillo: Berg in N-Spanien – Fundort altsteinzeitl.
Höhlenmalereien 2 II Jf

Elephantine: Ruinenstätte u. Nilinsel in S-Ägypten –
im Alten Reich südlichste Grenzfestg. geg. Nubien, ausgedehnte Tempelanlagen 5 Cb

Eleusis: Stadt in Griechenland – bereits im 3. Jtd. v.
Chr. Siedlg. an d. Akropolis 4 I Ec

Elfenbeinküste (Cote d' Ivoire): Staat in W-Afrika
124/125 I el – heut. Staatsgebiet, 1843 v. Franzosen erobert 144 I Ac – 1960 unabh. Rep.145 III
Ac – 1990 erste freie Wahlen, Übergang zu parlamentar. Demokratie 145 IV Eh

Elis: Landsch. in Griechenland, Peloponnes – 431 v.
Chr. Teilnahme am Peloponnes. Krieg auf seiten
Spartas, später Bruch mit Sparta 13 Ec – 400 v.
Chr. Mitgl. d. Peloponnes. Bundes auf Verlangen
v. Sparta 12 II Eg

Ellice – Inseln → Tuvalu

Ellwangen: Stadt in Baden-Württemberg – um 764
gegr. Benedikt.-Kloster 45 I Be

El Salvador: Staat in Mittelamerika 124/125 I Ee –
heut. Staatsgebiet bis 1821 span., 1822–23 zu
Mexiko, 1823–38 zu d. Verein. Staaten v. Zentralamerika, 1839/41 unabh. Rep. 1969 militär.
Konflikt mit Honduras („Fußballkrieg"), 1979 Militärputsch, Beginn d. Guerillakrieges u. Nat. Befreiungsfront 131 I Cc – 1992 unter UN-Vermittlung ausgehandelter Friedensvertrag beendet
12jährigen Bürgerkrieg 158/159 I Ee

Elsaß: Landsch. in O-Frankr. – s. d. 3. Jh. vom german. Volksstamm d. Alamannen besiedelt 34 II
Ne – 496 z. Frankenr., bis 740 Hzm. 38/39 I Db –
im 11. Jh. zus. mit d. Hzm. Schwaben unterstaat.
Herrschaft 46/47 I Db – s. d. 13. Jh. Zerfall in
zahlreiche geistl. u. weltl. Territorien, zunehmende Bedeutg. d. Reichsstädte 70/71 Dde –
1525 Zentrum d. dt. Bauernkrieges 72 II Ffg –
1648/97 franz., Beginn d. nationalen Gegensatzes
zw. Deutschen u. Franzosen 81 Dbc – 1871 als
Reichsland E.-Lothringen zum Dt. Reich 93 Dde –
1919 zu Frankr. 112 Dde

Elsfleth: Stadt in Niedersachsen – 1624–1820 Sitz
d. oldenburg. Weserzolls 74/75 Eb, 92 Eb

Emden: Hafenstadt in Niedersachsen 157 I Bb – bis
1561 Residenz d. Grafen v. Ostfriesland 70/71 Db
– Ende d. 16. Jh. bedeut. Seehandelshafen 68/69
Db – 1744 preuß. 82/83 Db – 1815–66 z. Kgr.
Hannover 92 Db

Ems, Bad: Stadt in Rheinld.-Pfalz – röm. Kastell
30/31 Cc – 1870 E.er Depesche löst Dt.-Franz.
Krieg aus 93 Dc

Engelberg: Ort in d. Schweiz – um 1120 gegr. Benedikt.-Abtei, s. 1415 Zugewandter Ort d. Eidgen., 1798 weltl. Territorium 72 I Cb

Engels: Stadt in Rußland 118/119 Oc – 1924–41
Hptst. d. Rep. d. Wolgadeutschen 110/111 Oc

England: S-Teil v. Großbritannien – d. von kelt.
Volksstämmen besiedelte Gebiet s. 55 v. Chr. Ziel
röm. Eroberungsversuche, röm. Provinzen Britannia Inferior u. Britannia Superior 18 I BCb,
26/27 I Db – im 5. Jh. n. Chr. Einwanderg. german. → Angelsachsen, Verdrängg. d. Briten an d.
W-Küste 35 III Hg – Entstehg. angelsächs. Teilkönigreiche 38/39 I BCa – im 7. Jh. Beginn angelsächs. Mission auf d. europ. Festland 41 I – im

9./10. Einfälle d. Normannen 37 II eIJ – 1016–42 z. Reich Knuts d. Gr., 1066 Eroberg. d. Kgr. E. durch Herzog Wilhelm von d. Normandie (Wilhelm d. Eroberer) 44 BCb u. Legende – s. 1154 Angevin. Reich, Beginn d. Auseinandersetzungen mit Frankr.; 1215 Magna Charta: Einschränkg. d. königl. Gewalt zugunsten d. engl. Adels, erste Grundlagen für d. Entstehg. d. engl. Parlaments; Ende d. 12. Jh. Ausdehng. d. Herrschaft auf Irland u. Wales 46/47 I BCa u. Legende – Ansprüche d. engl. Königs auf franz. Krone lösen 1337 d. „100jährigen Krieg" mit Frankr. aus; 1381 Bauernaufstand 59 Da 1455–85 „Rosenkriege": Kampf d. engl. Adels aus d. Häusern Lancaster u. York um d. Thronanspruch 60 BEbd u. Legende – 1533/34 kirchl. Trenng. v. Rom, Errichtg. d. anglikan. Kirche, Verfolgg. Andersgläubiger; 1588 Vernichtg. d. span. Armada durch d. Engländer, Aufschwung d. engl. Seemacht 66/67 EFbc – um 1600 Entwicklg. z. Kolonialmacht 62/63 I – 1603 Pers.-Union mit Schottland, 1642–46 Bürgerkrieg: Kampf zw. Königtum u. bürgerl. Parlament, 1649 Hinrichtg. König Karls I., Ausrufg. d. Rep. unter Cromwell, 1660 Wiederherstellg. d. Kgr.; 1707 Eingreifen in d. Span. Erbfolgekrieg, 1707 Umwandlg. d. Pers.-Union mit Schottland in eine Realunion u. Zusammenschluß zum Verein. Kgr. → Großbritannien 77 CDa, 78/79 EFc

Eniwetok-Atoll: Atoll d. Marshallinseln – s. 1947 amerikan. Atombombenversuchsgebiet 150/151 I Qe

Enkhuizen: Hafenstadt in d. Niederlanden – 1572 Zentrum d. Widerstandes im niederländ. Freiheitskampf 76 I Ca

Enna: Stadt auf Sizilien, Italien – 136/135 v. Chr. Ausgangspkt. d. Sklavenaufstände geg. röm. Herrschaft auf Sizilien 26/27 I Ge – 1086 als Castrogiovanni v. Normannen unterworfen 46 II Bc – im 12./13. Jh. Bau d. normann.-stauf. Kastells 46/47 I Ed

Enns: Stadt in Österr. – um 900 Errichtg. d. Ennsburg bei Lorch als Grenzfestg. geg. d. Ungarn 42/43 Ad – 1212 Stadtrecht, z. Hzm. Österr. 46/47I Eb

Epeiros: Landsch. in NW-Griechenland – im 4. Jh. v. Chr. Einigg. d. makedon.-illyr. Volksstämme unter Führg. d. Molosser 14/15 I ABab, 14 II HIde – 148 v. Chr. röm., Epirus 26/27 I HIde – um 300 n. Chr. röm. Provinzen Epirus Vetus u. Epirus Nova 28 DEbc – s. d. 15. Jh. osman. 66/67 Jf – 1913 N-Teil zu Albanien, S-Teil zu Griechenland 101 I Hc

Ephesos: Ruinenstätte in d. W-Türkei – im 6. Jh. v. Chr. Mitgl. d. ion. 6 II Gf – bedeut. Hafen- u. Handelsstadt Kleinasiens, Artemistempel 12 I Ec – Mitgl. d. Att. Seebundes 12 II Jg – Teilnahme am Peloponnes. Krieg auf seiten Spartas 13 Hc – 334 v. Chr. Eroberg. durch Alexander d. Gr. 14/15 I Bb – urchristl. Gemeinde 16 Bb – 133 v. Chr. röm., Ephesus, Hptst. d. Prov. Asia 26/27 I Ar – 431 n. Chr. Tagungsort d. 3. ökumen. Konzils 33 I Ec – um 1000 byzantin. Themenhptst. 44 Ed

Epidauros: Ort u. Ruinenstätte in Griechenland, Peloponnes – bedeut. Kultstätte 10/11 I Db – 1822 Nationalkongreß verkündet Unabh. Griechenlands 101 I Cc

Eresburg: Befestigungsanlage in NRW – vermutl. Standort d. von d. Franken unter Karl d. Gr. 772 eroberten altsächs. Grenzburg 38/39 I Da

Eretria: Ruinenstätte auf Euböa, Griechenland – im 8. Jh. v. Chr. Ausgangspkt. d. ion. Kolonisation 7 Ec

Erfurt: Hptst. v. Thüringen 157 II Dc – 741 v. Bonifatius gegr. Bm. 41 I Fb – fränk. Handelspl. 38/39 I Ea – s. Ende d. 8. Jh. unter Herrschaft d. Ebm. Mainz 54/55 III Ec – 1331 Messestadt, bedeut. Handelszentrum 57 Dc, 68/69 Ec – 1379 gegr. Univ., im 15./16. Jh. Zentrum d. Humanismus 54 II dl, 73 I Fc – 1803 preuß. 87 I Cc – 1807–14 franz. Fsm., 1808 E.er Fürstentag: v. Frankr. angestrebte Bündnisverhandlungen zw. Napoleon I. u. Zar Alexander I. von Rußland bleiben erfolglos

88/89 Hc – 1875 Vereinigungsparteitag des „Allgem. Dt. Arbeitervereins" mit d. „Sozialist. Arbeiterpartei", Gründung d. SPD 97 II Fc – März 1970 erstes Treffen zw. d. Bundeskanzler d. Bundesrep. Deutschld., Brandt, u. d. Ministerpräsidenten d. DDR, Stoph: Verhandlungen über Normalisierg. d. Beziehungen beider dt. Staaten 120 II Dc – 1952–90 Bezirkshptst. d. DDR 122 Dc

Eritrea: Prov. in N–Äthiopien 145 IV GHh – 1889 italien. Kolonie 144 II GHh – 1952/62 zu Äthiopien, s. 1975 Sezessionskrieg 148/149 I Gd

Eriwan: Hptst. v. Armenien 155 Dc – im 16.–18. Jh. unter wechselnder pers. u. russ. Herrschaft 65 Hb – 1828 russ. 134 Cc – 1921–1991 Hptst. d. Armen. SSR 136 I Dcd – 1990 Nationalitätenkämpfe 155 Dc

Erlangen: Industriestadt in Bayern 122 Dd 1743 gegr. Univ. 92 Fd

Erlau (Eger): Stadt in Ungarn – um 1009 Bm. 50/51 Gg – 1596–1687 osman. 65 Da

Ermland: Landschaft in N-Polen – 1243 gegr. Bm. 52 I – 1466 unter poln. Oberhoheit 70/71 JKab – 1772 preuß. 84 DEb

Er-Riad: Hptst. v. Saudi-Arabien 148/149 I Hc

Er-Rif: Gebirge in N-Marokko – 1921–26 erfolgloser Aufstand d. Berberstammes d. Rifkabylen unter Führg. von Abd el-Krim geg. d. Kolonialherrschaft d. Spanier u. Franzosen 110/111 DEfg

Ertebølle: vorgeschichtl. Fundort im heut. Dänemark 3 I Ca

Erzberg: Berg in Österr. – Zentrum d. österr. Eisenerzbergbaus 68/69 Fd

Erzurum: Stadt in d. O-Türkei 118/119 Nf – 1916 v. russ. Truppen erobert 107 II Kf – 1919 erster türk. Nationalkongreß unter Kemal Atatürk 110/111 Nf

Eschnunna: Ruinenhügel in Irak – im 3. Jtd. v. Chr. Stadtstaat d. Sumerer 4 I Gc

Escorial, El: Schloß in Spanien – 1563–84 als klösterl. Residenz unter König Philipp II. erbaut 80 I

Esseg (Osijek): Stadt in O-Kroatien 156 II Mf – im 2. Jh. röm. Kolonie Mursa 28 Db – 1526 osman. 66/67 Id – 1991 nach Unabhängigkeitserklärg. Zentrum d. serb.-kroat. Kämpfe 156 II Mf

Essen: Industriestadt in NRW 122 Bc – um 850 gegr. Kloster, im 10./11. Jh. Entwicklg. z. Reichsabtei u. Marktsiedlg. 42/43 Fc – 1803 preuß. 87 I Bc

Essex: Gft. in Großbritannien – s. d. 5./6. Jh. angelsächs. Kgr. 38/39 I BCa – s. d. 10. Jh. Gft. 46/47 I Ca

Es Suweida: Stadt in S-Syrien 149 IV Db – polit. Zentrum d. Drusen 148 II Db

Este: Stadt in N-Italien – im 11. Jh. erbaute Burg E. namensgebend für d. italien. Dynastie d. Este 42/43 Hf

Estland: Staat in O-Europa 124/125 I Kc – d. von Esten besiedelte Gebiet im 13. Jh. vom Dt. Orden erobert, Niederwerfg. zahlreicher Aufstände d. Esten unter Unterstütz., 1346 Verkauf d. dän. Teils an d. Ordensstaat 52 I EGb – 1561 schwed. 76 II fIJ – 1721 russ. 78/79 IJb – 1918 unabh. Rep. 107 I dl – 1920 Unabh. v. Sowjetrußland anerkannt, 1939 „Hitler-Stalin-Pakt" d. sowjet. Interessengebiet zugeteilt 110/111 JKb – 1940 Einmarsch sowjet. Truppen, als Estn. SSR Eingliederg. in UdSSR, 1941–44 v. dt. Truppen besetzt 114 Da – 1944–91 erneut Unionsrep. d. UdSSR 118/119 JKb – 1988 Bildg. d. nationalen Volksfront z. Erlangg. d. Unabh., Aug. 1991 unabh. Rep.155 Cc

Etaples: Stadt in N-Frankr. – 1492 Vertrag zw. franz. u. engl. König: engl. König verzichtet auf franz. Krone 60 Ed

Etrurien → Toskana

Euböa: griech. Insel im Ägäischen Meer – um 800 v. Chr. zum Stammgebiet d. Ionier, griech. Euboia 6 I BCb – 506 v. Chr. von Athen unterworfen, seither mit Athen verbündet 12 II Hlf – 116 v. Chr. röm., Euboea 26/27 I el – 1209 venezian., Negropote 49 I Ec – 1470 osman. 65 Dc – 1830 griech. 101 I Cc

Eupen: Stadt in Belgien – 1920 vom Dt. Reich an Belgien abgetreten 112 Dc

Eutin: Stadt in Schleswig-Holstein – s. 1156 Residenz d. Bischöfe v. Lübeck 54/55 III Ea – 1257 Lüb. Stadtrecht 50/51 Bc

Evesham: Stadt in Großbritannien – 1265 Schlacht beendet Aufstand d. engl. Barone geg. engl. König 46/47 I Ba

Evian: Ort am Genfer See in Frankr. – 1962 Vertrag von E.: franz.-alger. Waffenstillstandsabkommen beendet d. Unabhängigkeitskampf d. Algerier 118/119 Gd

Evora: Stadt in Portugal – 1637 Aufstand geg. span. Herrschaft leitet Ende d. port.-span. Pers.-Union ein 77 Bd

Exeter: Stadt in Großbritannien – ma. Handelspl. u. Zentrum d. Wolltuchverarbeitg. 68/69 Bc

F

Faesulae: ehem. Stadt in N-Italien – 405 Niederlage d. Westgoten geg. Römer 34 I Db

Faijûm, El: Stadt u. Ruinenstätte in N-Ägypten – frühgeschichtl. Zentrum ägypt. Bauernkulturen 3 I Fd – im 2. Jtd. v. Chr. zahlreiche Pyramiden u. Grabanlagen 5 Ba

Falaise: Stadt in NW-Frankr. – 1944 Schlacht: nach brit.-amerikan. Invasion Einkesselg. dt. Truppen 115 Bc

Falklandinseln: brit. Inselgr. im südl. Atlant. Ozean, v. Argentinien beansprucht 124/125 I Gh – 1529 v. Engländern entdeckt, Davis-Inseln 62/63 I FGg – bis 1820 span., Malwinen genannt, s. 1833 brit. 104 Hg – 1914 Seeschlacht, brit. Sieg über dt. Flotte 106 III CDg – argentin. Anspruch führt 1982 z. Falkland-Krieg zw. Argentinien u. Großbritannien 132 I CDh

Falsterbo: Ort in S-Schweden – Handelsniederlassg. d. Hanse 57 Db – ma. Messestadt, Zentrum d. Heringsfischerei 68/69 Dc

Famagusta: Hafenstadt auf Zypern – 1374–1464 genues. Handelsstützpkt. 49 I Gc

Färöer: dän. Inselgr. im nördl. Atlant. Ozean 124/125 I bl – um 800 v. Normannen erobert 37 II dl – im 2. WK von brit. Truppen besetzt 114 Ba – s. 1948 autonom 124/125 I bl

Faschoda: Ort am Nil in Sudan – 1898 Besetzg. von F. durch d. Franzosen führt z. Konflikt mit Großbritannien um d. Vorherrschaft O-Afrika, Ausweitg. z. internationalen Krise u. Weltkriegsgefahr 106 I Fd, 144 II Gh

Fátima: Ort in Portugal – s. 1917 bedeut. Wallfahrtsort d. Katholiken 110/111 Df

Fedala: Stadt in W-Marokko – 1956 Konferenz: Beschluß über Eingliederg. d. internationalisierten Tanger in d. unabh. gewordene Marokko 118/119 Dg

Fehrbellin: Stadt in Brandenburg – 1675 entscheidender brandenburg. Sieg über schwed. Heer 84 Cb

Feldkirch: Stadt in Österr. – röm. Stadt Clunia 30/31 De – 1375 habsburg. 54/55 III De

Feltre: Stadt in N-Italien – ma. Bm., bedeut. Handelspl. 50/51 Bg – 1404 venezian. 61 Ca

Feodosia: Stadt auf d. Halbinsel Krim, Ukraine – griech. Kolonie Theodosia 7 Fb – 1266 als Kaffa genues. Handelsstützpkt. 49 I Hab – 1475 osman. 65 Gab – 1783 russ. 88/89 Me – im 2. WK Kriegsschaupl. 114 Fc

Fernando Póo: Insel im Atlant. Ozean, zu Äquatorial-Guinea gehörig – 1469 v. Portugiesen entdeckt 62/63 I Dr – 1778 span. 144 I Bc – 1968 zu Äquatorial-Guinea 145 IV Fh

Fernöstliche Republik: ehem. Rep. im asiat. Teil d. Russ. Föderation – 1920–22 unabh. 135 GHc

Ferrara: Stadt in N-Italien 118/119 He – im 12. Jh. Mitgl. d. Lombard. Städtebundes 46/47 I Ec – 1391 Gründg. d. Univ., Zentrum d. Humanismus 54 II el – 1471–1598 Hzm. F. 61 CDb, 66/67 He – bis 1860 z. Kirchenstaat 100 Cc

Ferrières: Schloß östl. v. Paris, Frankr. – 1870 Verhandlg. auf d. Bismarck u. d. franz. Außenminister Favre über Beendigg. d. Dt.-Franz. Krieges 93 Bd

Fes: Stadt in Marokko 118/119 Dg – um 808 arab. Gründg., Zentrum d. Islam 36 Bc – Kulturzentrum u. Residenzstadt 59 Bc – 1911 v. Franzosen besetzt, 1912 Hptst. d. franz. Protektorats Marokko 102/103 Dg

Fessan: Landsch. in S-Libyen – 1842 osman. 144 I Bb – 1943–51 unter franz. Verwaltg. 148/149 I Ec

Fidschi: Inselstaat im südl. Pazif. Ozean 143 – 1643 v. Niederländern entdeckt 62/63 I Re – 1874 brit. Kolonie 63 III el – 1970 unabh., b. 1987 Mitgl. d. Commonwealth 124/125 I Rf

Finnland: Staat in N-Europa 124/125 I Kb – heut. Staatsgebiet im 9. Jh. v. Normannen erobert u. besiedelt 37 II LMd – 1249 z. Kgr. Schweden 52 I EGa – 1581 Grfsm. 76 II delJ – 1809 nach d. schwed.-russ. Krieg z. Russ. Reich 134 Bb – 1917 unabh., 1918 Gegensatz zw. bürgerl. u. kommunist. Gruppen führt z. Bürgerkrieg, 1919 republikan. Verfassg., 1920 sowjet. Anerkenng. d. finn. Unabh. 110/111 JKa – 1920 Aufnahme in d. Völkerbund 109 III Fa – 1932 Aufstand d. finn.-nationalen „Lapuabewegg.", 1939/40 sowjet. Gebietsansprüche führen z. finn.-sowjet. Winterkrieg, Gebietsabtretungen an d. Sowjetunion 114 Ea – im 2. WK auf seiten Deutschlands 115 Ea – 1948/55 finn.-sowjet. Verträge verpflichten F. zu Neutralität 123 I Fa – s. Ende d. Ost-West-Konfliktes zunehmende Integration in europ. Bündnissystem 156 I Fa

Fiume → Rijeka

Flandern: Landsch. in W-Europa – s. d. 9. Jh. Gft. 42/43 CDc – franz. Lehen 46/47 I Ca – 1384 zu Burgund 60 Fd – im MA Zentrum d. Tuchherstellg., bedeut. Wirtschaftsgebiet Europas 68/69 Cc – 1477 habsburg. 70/71 Bc

Flensburg: Stadt in Schleswig-Holstein 157 II Ca – um 1200 gegr., 1284 Stadtrecht 50/51 Ac – im 15./16. Jh. bedeut. Handels- u. Gewerbezentrum 68/69 Eb – bis 1866 dän. 92 Ea – 1866 preuß. 93 Ea – Mai 1945 Sitz d. letzten amtierenden NS-Regierg. unter Karl Dönitz 115 Cb

Florenz (Firenze): Stadt in Italien 118/119 He – röm. Gründg. Florentia 26/27 I Gd – s. d. 4. Jh. Bm. 38/39 I Ec – im 12. Jh. Entwicklg. z. freien Kommune 46/47 I Ec – s. Ende d. 12. Jh. Gft. 54/55 III Eg – 1349 Gründg. d. Univ. 54 II el – 1434 Rep., unter Herrschaft d. Dynastie d. Medici Entfaltg. v. Humanismus u. Renaissancekultur 61 Ce – Zentrum d. Tuch- u. Seidenverarbeitg. 68/69 Ee – 1569 Hptst. d. Grhzm. Toskana 66/67 He – 1737 habsburg. 78/79 He – 1801–08 Hptst. d. napoleon. Kgr. Etrurien 87 I Dg – 1864–70 Hptst. d. Kgr. Italien 100 Cd

Florida: Bundesstaat in d. südöstl. USA 126 Nef – bis 1763 span. 64 Fc – bis 1783 brit. 63 III Cc – 1783 erneut span., 1819 v. Spanien an d. USA verkauft, 1845 als 27. Staat in d. Union aufgenommen 128 I Ecd

Flossenbürg: Ort in Bayern – nat.-soz. KZ 113 Gd

Fokschani (Focsani): Stadt in Rumänien – 1789 österr.-russ. Sieg über osman. Heer; im 18./19. Jh. Zentrum d. Kampfes für d. Vereinigg. d. rumän. Fürstentümer 78/79 Kd

Fonseca-Bai: Bucht an d. W-Küste v. Mittelamerika., zu El Salvadore u. Nicaragua gehörend – s. 1914 amerikan. Flottenstützpkt. z. Sicherg. eines geplanten Kanalbaus durch Nicaragua 131 I Cc

Fontainebleau: Stadt in Frankr. 118/119 Fd – im 16. Jh. Bau d. Renaissanceschlosses 66/67 Fd – 1685 Aufhebg. d. Edikts v. Nantes veranlaßt Hunderttausende v. Hugenotten z. Auswanderg. aus Frankr. 77 Db – 1814 Abdankg. Napoleons I. 88/89 Fd – 1949–69 Hauptquartier d. NATO in Europa 123 I Dc

Fontenoy: Ort in Frankr. – 841 Niederlage Kaiser Lothars I. gegen seine Brüder führt z. Teilg. d. Karolingerreiches 38/39 I Cb

Forchheim: Stadt in Bayern – im 9. Jh. karoling. Pfalz, Ort zahlreicher Reichstage 38/39 I Eb

Formosa → Taiwan

Fort Ross: ehem. russ. Handelsstützpkt. an d. W-Küste. USA 126 Jc

Fort Sumter: ehem. Festg. in d. östl. USA – 1861 Beschießg. d. Forts durch d. Armee d. Konföderation löst Sezessionskrieg aus 127 II Jf

Fort Trocadero: ehem. Festg. in S-Spanien – 1823 v. Franzosen eingenommen 90/91 Df

Fotheringhay: Ort in Großbritannien – 1587 Hinrichtg. Maria Stuarts 66/67 Ec

Franche-Comté, Freigrafschaft Burgund: ehem. Prov. in O-Frankr. – 1033 zus. mit d. Kgr. Burgund zum Hl. Röm. Reich 42/43 EFe – 1384 burgund., 1493 habsburg. 60 GHf – 1678 zu Frankr. 81 CDc

Franeker: Stadt in d. Niederlanden – 1585 Gründg. d. reform. Univ. 73 II Ng

Franken: Landsch. in Bayern u. Baden-Württemberg – unter Chlodwig als Francia Rinensis Teil d. Frankenr. 37 I Da – 843 nach d. Reichsteilg. z. Ostfränk. Kgr. 39 II–IV – im 9./10. Jh. dt. Stammesherzm. 42/ 43 GHcd – im 12./13. Jh. Zentrum d. stauf. Hausgutes 46/47 I DEb – im 13./14. Jh. Zerfall in zahlreiche geistl. u. weltl. Territorien 54/55 III DEcd

Frankenburg: Ort in Österr. – 1626 Unterdrückg. lokaler Bauernunruhen („Würfelspiel") führt z. oberösterr. Bauernaufstand 74/75 Gd

Frankenhausen: Ort in Thüringen – 1525 Niederlage d. Bauern unter Führg. v. Thomas Müntzer beendet d. Bauernkrieg in Thüringen 72 II He

Frankenreich: ehem. Reich in W-Europa – im 3. Jh. Eindringen d. westgerman. Franken in d. linksrhein. Grenzgebiet d. Röm. Reiches 34 I – im 5. Jh. Bildg. fränk. Gaukönigreiche 34II Nde – um 500 Zusammenschluß d. Volksstämme u. Staatsbildg. unter d. Merowinger Chlodwig 35 III HJgh – im 6./7. Jh. weitere Ausdehng. nach O u. SO 37 I – 732 Sieg über d. Araber 36 BDab – unter Karl d. Gr. Aufstieg z. westeurop. Vormacht, Zentralisierg. durch Pfalzgründungen u. Verbindg. mit d. Kirche, Bildg. d. Grenzen durch Errichtg. v. Grenzmarken 38/39 I Legende – im 9. Jh. Teilungen d. Reiches 39 II–IV → Frankr. → Deutschld.

Frankfurt am Main: Stadt in Hessen 157 Cc – im 9. Jh. karoling. Pfalz 38/39 I Da – im 12. Jh. verkehrsgünstige Lage sichert Entwicklg. vom Markttort z. Stadt 56 Ec – 1356 „Goldene Bulle" legt F. als Wahlort d. dt. Könige fest, 1372 Reichsstadt 54/55 III Dc – s. d. 15. Jh. Messestadt 68/69 Ec – 1810–13 Hptst. d. Grhzm. 88/89 Gc – s. 1816 Sitz d. Dt. Bundestages 92 Ec – 1848/49 erste dt. Nationalversammlg. in d. Paulskirche verabschiedet demokrat. Verfassg. 94 I Dc – 1836 erzwungener Beitritt z. Dt. Zollverein 96 I Dc – 1866 v. Preußen annektiert, 1871 Friede von F. beendet Dt.-Franz. Krieg: Frankr. muß Elsaß u. Lothringen abtreten 93 Ec – 1947 Tagungsort d. Wirtschaftsrates d. Bizonen: Beschluß über d. wirtschaftl. Vereinigg. d. amerikan. u. brit. Besatzungszone 120 I Cc – Wirtschafts- u. Bankzentrum d. Bundesrep. Deutschld. 122 Cc

Frankfurt an d. Oder: Stadt in Brandenburg 157 II Fb – 1253 mit Magdebg. Stadtrecht gegr. 50/51 Dd – 1506 Gründg. d. ersten brandenburg. Univ. 54 II dl – 1945 O-Teil unter poln. Verwaltg. (Slubice) 120 I Fb – 1952–90 Bezirkshptst. in d. DDR 122 Fb

Frankreich: Staat in W-Europa 118/119 EGce – heut. Staatsgebiet bereits in vorgeschichtl. Zeit besiedelt 2 I BCab, 2 II JKef – s. d. 7. Jh. v. Chr. kelt. Besiedlg. 18 I BCbc – griech. Kolonisation d. Mittelmeerküste 7 Cb – im 1. Jh. v. Chr. röm. Prov. Gallia 26/27 I DFbd – im 3./4. Jh. n. Chr. Durchzug u. Ansiedlg. german. Völker 34 I BCab – s. d. 5. Jh. Teil d. Frankenr. 37 I BDac – im 9. Jh. nach d. Reichsteilg. Beginn eigenstaatl. Entwicklg. als Westfränk. Kgr. 39 II–IV – im 9./10. Jh. normann., ungar. u. arab. Verwüstungen 37 II eflJ – im 10./11. Jh. Zersplitterg. in Lehensfürstentümer schwächt d. Macht d. Königtums 42/43 AEcf – 1339–1453 „Hundertjähriger Krieg" geg. England 59 BCab – im 15. Jh. Ausbau d. könígl. Gewalt, Beginn d. franz. Einheitsstaates 60 – im 16. Jh. nach Unterdrückg. d. Reformation Ein-

gliederg. d. franz. Protestanten (Hugenotten) in d. kathol. F. 66/67 EGce – im 17. Jh. Aufstieg z. Kolonialmacht 62/63 I u. II – s. d. 17. Jh. Entfaltg. d. Absolutismus unter d. Bourbonen-Dynastie 77 CEac – 1643–1715 Eroberungskriege Ludwigs XIV. führen z. Gebietserweiterg. 81 Legende – 1755–63 franz. Niederlage im Kolonialkrieg geg. Großbritannien führt z. Verlust d. Besitzungen in Kanada 64 Legende – Krise d. Absolutismus löst 1789 d. Franz. Revolution aus, Sturz d. Monarchie, 1792 Errichtg. d. ersten Rep. 86 I u. II – 1804 Bildg. d. Kaiserr. F. unter Napoleon I., bis 1812 Ausdehng. seines Herrschaftsbereiches auf ganz Europa 88/89 – 1815 Niederlagen Napoleons führen 1815 z. Wiederherstellg. d. Monarchie, 1830, 1848 bürgerl. Revolution, 1848–52 Rep., 1852–70 zweites Kaiserr. unter Napoleon III. 90/91 EGce – 1870/71 Dt.-Franz. Krieg: F. muß Elsaß-Lothringen an d. Dt. Reich abtreten 93 ADce – bis z. 1. WK erneuter Aufstieg z. Kolonialmacht 105 Legende – 1914–18 im 1. WK Ost-F. Hauptkriegsschaupl. 107 I ABb, 107 II FGe – 1918 nach d. Sieg über Deutschld. Wiedergewinng. v. Elsaß-Lothringen, 1923 Besetzg. d. Ruhrgebietes 112 CDde – 1940 von dt. Truppen besetzt, Bildg. d. von Deutschld. abh. Vichy-Regierg. 114 BCc – innenpolit. Krisen u. d. Verlust franz. Kolonien bewirken 1958 d. Scheitern d. vierten Rep., 1958 Verfassg.: präsidiale Demokratie unter Charles de Gaulle 118/119 EGce – Aufbau einer nationalen Atommacht, 1960 erste franz. Kernwaffenexplosion 150 III Eb – Mitgl. d. NATO, s. 1966 ohne militär. Integration 123 I CDc

Franz-Josef-Land: russ. Inselgr. im nördl. Eismeer 124/125 I LMa

Französisch-Guayana: franz. Überseedepartement in S-Amerika 132 I Db – s. 1664 franz. 62II Dd

Französisch-Indochina → Kambodscha, Laos, → Vietnam

Französisch-Somaliland → Djibouti

Frauenfeld: Stadt in d. Schweiz – 1712–1815 Tagsatzungsort d. Eidgen. 72 I Cb

Fraxinetum: ehem. Stützpkt. d. Sarazenen im heut. S-Frankr. 37 II Jf

Frederiksborg: Schloß in Dänemark – 1720 Friede beendet Krieg zw. Dänemark u. Schweden 78/79 Hb

Frederikshamn, Hamina: Hafenstadt in S-Finnland – 1809 Friede beendet schwed.-russ. Krieg, Schweden muß Finnland u. d. Aland-Inseln an Rußland abtreten 88/89 Ka

Freetown: Hptst. v. Sierra Leone 145 IV Eh

Freiberg: Stadt in Sachsen 122 Ec – s. Ende d. 12. Jh. Entwicklg. z. Bergbaustadt 50/51 Ce – Zentrum d. sächs. Silberbergwerks. 68/69 Fc – 1762 preuß. Sieg über d. Reichsheer im 7jährigen Krieg – 1765 Gründg. einer Bergbauakademie als erste techn. Hochschule d. Welt 82/83 Gc

Freiburg im Breisgau: Stadt in Baden-Württemberg 157 II Bde – 1120 gegr. 56 Dde – 1368 habsburg. 54/55 III Ce – 1455/56 Gründg. d. Univ. 54 II He – 1679–97 franz. 81 Dc – 1805 bad. 92 Dde – 1945–52 Hptst. v. Baden 120 I Bde

Freiburg: Stadt in d. Schweiz – 1277 habsburg. 54/55 III Ce – 1580 gegr. Jesuitenkolleg, Zentrum d. Gegenreformation 73 II Oj

Freising: Stadt in Bayern – 739 v. Bonifatius gegr. Bm. 41 I Fc – bis 1803 reichsunmittelbares geistl. Fsm. mit Territorialbesitz in Österr. 82/83 Legende – 1803 bayr. 87 I Dd

Freistadt: Stadt in Österr. – 1525 Zentrum d. oberösterr. Bauernkrieges 72 II Jf

Frejus: Stadt in S-Frankr. – 49 v. Chr. röm. Gründg. Forum Iulii, bedeut. röm. Flottenstation 26/27 I Fd – 1799 Landg. Napoleons I. nach seiner Rückkehr aus Ägypten 88/89 Ge

Friaul: Landsch. in N-Italien – im 6. Jh. langobard. Hzm., 776 fränk. Mark 38/39 I Eb – 1077 z. Patriarchat Aquileja 54/55 III Fe – s. 1420 größtenteils zu Venedig 70/71 Ge – 1797 zus. mit Venetien zu Österr. 87 I Eef – 1866 zu Italien 100 Db

Fricktal: Landsch. in d. Schweiz – bis 1797 als Teil

v. Vorderösterr. habsburg. 82/83 DEe – 1803 z. Kanton Aargau 72 I BCb

Friedberg: Stadt in Hessen – im 1. Jh. n. Chr. röm. Kastell 30/31 Cc – 1216 Burg d. Staufer 46/47 I Da – s. d. 14. Jh. Messestadt 57 Cc – 1525 Zentrum im Bauernkrieg 72 II Ge

Friedland: Ort in Niedersachsen – 1945–90 Grenzdurchgangslager f. DDR-Flüchtlinge 122 Cc

Friedland (Pravdinsk): Stadt in N-Polen – 1807 franz. Sieg über Russen beendet 4. Koalitionskrieg 88/89 Jc

Friesland: Landsch. in W-Europa – Siedlungsgebiet d. westgerman. Friesen 34 I Ca – im 8./9. Jh. von d. Franken unterworfen 38/39 I CDa – 863 Teil von F. 1464 Gft. –→.Ostfriesland, westl. Teil 1524 habsburg., 1576 niederländ. Prov. 70/71 CDb, 76 I Ca

Fritzlar: Stadt in Hessen – 724 Klostergründg. d. Bonifatius 41 I Eb – im 8. Jh. Bm. u. karoling. Pfalz 38/39 I Da – 919 Kröng. Heinrichs I. zum dt. König 42/43 Gc

Fruttuaria: ehem. Benedikt.-Abtei in N-Italien, 1003 gegr. 45 I Db

Fulda: Stadt in Hessen 122 Cc – im 12. Jh. gegr. 56 Ec – 1571 gegr. Jesuitenkolleg, Zentrum d. Gegenreformation 73 II Ph

Fulda: Bm. in Hessen u. Thüringen – 744 benediktin. Klostergründg. d. Bonifatius 41 I Eb – s. 1170 reichsunmittelbare Abtei 54/55 III Dc – 1752 Erhebg. z. Bm. 82/83 Ec

Fulton: Stadt in d. USA – 1946 W. Churchill spricht erstmals v. d. Teilung Europas durch einen „Eisernen Vorhang" 124/125 I Jc

Funan: ehem. hinduist. Reich in SO-Asien 29 I Hd

Fünfkirchen (Pécs): Stadt in S-Ungarn –1009 Bm. 50/51 Fg – 1367 gegr. Univ., bedeut. ungar. Kulturzentrum 54 II el – im 14./15. Jh. größte Stadt Ungarns 59 Db – 1543 osman. Eroberg. 70/71 Je

Fürstenwalde: Stadt in Brandenburg 122 Fb – 1373 Vertrag v. F.: Abtretg. d. Mark Brandenburg durch d. Wittelsb. an d. Luxemburger 54/55 III Gb

Fürth: Industriestadt in Bayern 122 Dd – bis 1791/96 z. brandenburg. Mgft. Ansbach 82/83 Fd – 1805 bayr., 1808/18 Erhebg. z. Stadt 92 Fd – 1835 Eröffng. d. ersten dt. Eisenbahnlinie zw. F. u. Nürnberg 96 I Qi

Füssen: Stadt in Bayern im 4. Jh. röm. Siedlg. Foetibus 30/31 De – im 8. Jh. gegr. Benedikt.-Kloster 50/51 Bg – 1745 Friede von F.: Bayern scheidet aus d. Österr. Erbfolgekrieg aus 78/79 Hd – 1803 bayr. 87 I De

Futschou: Hafenstadt in SO-China 140 II Mi – 1842 als Vertragshafen für d. europ. Handel geöffnet 139 I EFb

G

Gabès: Stadt in Tunesien – röm. Kolonie Tacape 26/27 I FGf – im 2. WK Kriegsschaupl. 115 Dd

Gabun: Staat in W-Afrika 124/125 I Ef – heut. Staatsgebiet 1472 v. Portugiesen entdeckt, Stützpkt. d. europ. Sklavenhandels 62/63 I Jde – 1844 Beginn franz. Kolonisation 144 I Bd – 1910 zu Franz.-Äquatorialafrika 144 II Fi – 1960 unabh. Rep.,enge wirtschaftl., kulturelle u. militär. Beziehungen zu Frankr. 145 III Bcd

Gadebusch: Stadt in Mecklenburg-Vorpommern – 1712 schwed. Sieg im Nord. Krieg 76 II Gg

Gaeta: Hafenstadt in Mittelitalien 100 De – 1066 normann. Handelsstützpkt. 46 II Bb – s. d. 14. Jh. z. Kgr. Neapel 61 Dd – 1861 Kapitulation d. Königs v. Neapel schließt nationale Einigg. Italiens ab 100 De

Gafsa: Stadt in Tunesien 146 II Eb – vorgeschichtl. Fundort 3 I Cc – röm. Siedlg. Capsa 26/27 I Ff – bedeut. Phosphatlager 146 II Eb

Galapagosinseln: ecuadorian. Inselgr. im Pazif. Ozean 124/125 I Ee

Galicien: Landsch. in NW-Spanien – im 1. Jh. v. Chr. röm. Prov. Gallaecia 26/27 I Cd – im 5. Jh. n. Chr. Kerngebietd. Kgr. Sweben 34 I Me, 35 III Hh – im 8./9. Jh. Teil d. Kgr. León 46/47 I Ac

Galilaea: Landsch. in Israel – im 1. Jh. n. Chr. Zentrum d. jüd. Aufstandes geg. d. röm. Herrschaft 32 Cbc

Galizien: Landsch. in O-Europa – bis 1772 poln. 78/79 Jd – 1772, 1795 nach d. Teilungen Polens als Kgr. G. u. Lodomerien zu Österr. 85 I BDbc – 1919/20 erneut poln. 110/111 JKcd – 1939/45 Ost-G. zur Ukraine. SSR, 1991 z. Ukraine 85 II Hlef

Gallia: ehem. röm. Prov. in Frankr. u. Belgien – im 4. Jh. v. Chr. von Kelten besiedelt 18 I BCc – 225–191 v. Chr. röm. Unterwerfg. v. Gallia Cisalpina, 121 v. Chr. Errichtg. d. röm. Prov. Gallia Narbonensis, 58–51 v. Chr. röm. Eroberg. unter Caesar, Gliederg. in mehrere Provinzen 27 II

Gallipoli: Hafenstadt in d. europ. Türkei – bis 1354 byzantin., 1354 nach osman. Eroberg. Ausbau als Flottenstützpkt. 65 Eb – 1854/55 im Krimkrieg franz. Stützpkt. 101 I Db

Gallipoli: Halbinsel in d. europ. Türkei – im 8./7. Jh. v. Chr. von Griechen kolonisiert, Chersonesos – im 5. Jh. v. Chr. Mitgl. d. Att. Seebundes 12 I Je – 1915–16 brit. Offensive 107 I Db

Gambia: Staat in W-Afrika 124/125 I el heut. Staatsgebiet s.1843 brit. Kronkolonie 144 I Eh – 1965 unabh. Mitgl. d. Commonwealth, 1970 Rep. 145 IV Eh

Gardariki: ehem. normann. Herrschaftsgebiet in d. Russ. Föderation – im 9. Jh. Ausgangspkt. d. normann. Eroberungen in O-Europa 37 II LMe

Garigliano: Fluß in Mittelitalien 100 De – 882–915 an d. Flußmündg. Stützpkt. d. Sarazenen 37 II Kf – 915 Sieg d. päpstl. Truppen über Sarazenen 46 II Bb – 1503 franz. Niederlage geg. Spanier im Kampf um Neapel 66/67 He

Gascogne: Landsch. in SW-Frankr. – 531 fränk. 37 I BCc – 768 selbst. Hzm. 38/39 I BCc – 1058 zu Aquitanien 42/43 BCf

Gastein, Bad: Stadt in Österr. – 1865 Konvention von G.: Versuch eines Ausgleichs zw. Preußen u. Österr. über Schleswig u. Holstein 92 Ge

Gaugamela: ehem. Ort in Irak – 331 v. Chr. Sieg Alexanders d. Gr. über Perser 14/15 I Db

Gaza: Hafenstadt u. Gebiet in NO-Ägypten 149 IV Cc – im 3. Jtd. v. Chr. unter mesopotam. Einfluß entstanden – später Stadt d. Philister 5 Ca – im 6. Jh. v. Chr. Ausbau z. pers. Grenzfestg. 6 II Hf – 332 v. Chr. Belagerg. u. Eroberg. durch Alexander d. Gr. 14/15 I Db – im 1. Jh. v. Chr. röm. 26/27 I Kf – s. 1516 osman. 78/79 Lg – 1948 zus. mit d. Gazastreifen v. Ägyptern besetzt 148 II Cc – 1957–67 Sicherg. durch UN-Truppen, palästinens. Flüchtlingslager, s. 1967 v. Israel besetzt, s. 1987 Zentrum d. Palästinenseraufstandes geg. israel. Besetzung („Intifada") 148 III Cc

Gdingen (Gdynia): Hafenstadt in N-Polen 120 II Ha – 1920–26 als erster poln. Seehafen ausgebaut 85 II Ge – im 2. WK von dt. Truppen besetzt 114 Db

Gela: Hafenstadt auf Sizilien, Italien – im 7. Jh. v. Chr. als griech. Kolonie gegr., bedeut. Stadt Siziliens 7 Cb – 405 v. Chr. von Karthagern zerstört 13 Bc – 1230 unter Kaiser Friedrich II. neu gegr., Terranova 61 Ef – 1943 Landg. amerikan. Truppen 115 Dd

Geldern: ehem. Hzm. in NRW u. d. Niederlanden – im 11. Jh. Gft., 1139 Erhebg. z. Hzm. 54/55 III BCbc – 1473 burgund. 60 GHcd – 1713 Ober-G. preuß. 84 Bb

Gelnhausen: Stadt in Hessen – im 12. Jh. stauf. Gründg., Pfalz d. Staufer, 1180 Reichstag: Ächtung Heinrichs d. Löwen 46/47 I Da – im 13./14. Jh. bedeut. Reichsstadt 54/55 III Dd

Gembloux: Stadt in Belgien – 945 gegr. Benedikt.-Kloster 45 I Ca – 1578 Niederlage d. N-Provinzen im niederländ. Freiheitskampf geg. d. Spanier 76 I Cb

Generalgouvernement → Polen

Generalitätslande: ehem. Gebiet in d. Niederlanden – 1648 im Westfäl. Frieden v. Spanien an d. Verein. Niederlande abgetreten, unter Verwaltg. d. Generalstaaten 76 I BCb

Genf (Genève): Stadt u. Kanton in d. Schweiz 118/119 Gd – um 120 v. Chr. röm., Genava 20/21 Aa – s. d. 5. Jh. n. Chr. Bm. 38/39 I De – Hptst. d. Burgund. Reiches 35 III hl – 534 fränk. 371 Db – s. 1124 unter bischöfl. Herrschaft 54/55 III Ce – im 14./15. Jh. Bank- u. Messezentrum 68/69 Dd – 1526 Bündnis mit Städten d. Eidgen. geg. Savoyen 70/71 CDe – 1536 Einführg. d. Reformation, Zentrum d. Calvinismus 73 I De – 1559 Gründg. d. protestant. Akademie, später Univ. 73 II Oj – 1798–1814 franz. 72 I Ac, 88/89 Gd – 1864 G.er Konvention schafft d. Grundlage für ein internationales Kriegsrecht; s. 1864 Sitz d. Internationalen Roten Kreuzes 92 De – 1920–46 Sitz d. Völkerbundes 110/111 Gd – s. 1945 Tagungsort zahlreicher internationaler Konferenzen, Sitz mehrerer UN-Organisationen 124/125 I Jc

Gent: Industriestadt in Belgien 118/119 Fc – im 8. Jh. als Kaufmannssiedlg. erwähnt 38/39 I Ca – Zentrum d. flandr. Tuchverarbeitg., bedeut. Handelsstadt 68/69 Cc – s. 1560 Zentrum d. nationalen Widerstandes geg. d. span. Herrschaft; 1576 G.er Pazifikation: Bündnis zw. d. aufständ. N-Provinzen u. kathol. S-Provinzen 76 I Bb – 1814 Friede von G. beendet brit.-amerikan. Krieg 88/89 Fc – 1817 gegr. Univ. 92 Bc – s. 1945 Zentrum d. fläm. Autonomiebestrebungen 118/119 Fc

Genua (Genova): Hafen- u. Industriestadt in NW-Italien 118/119 Ge – im 6. Jh. v. Chr. bedeut. Handelszentrum Liguriens 20/21 Cc – im 3. Jh. v. Chr. unter röm. Einfluß, 205 v. Chr. von Karthagern zerstört 19 Db – frühchristl. Gemeinde 33 I Cb – im 5./6. Jh. Chr. ostgot. 35 III hl – im 8. Jh. fränk. 38/39 I Dc – im 13.–15. Jh. Erweiterg. d. genues. Besitzes im östl. Mittelmeerraum u. am Schwarzen Meer, Kämpfe geg. Pisa um Korsika u. Elba 49 I BCb – 1380 Niederlage d. Rep. G. geg. Venedig im jahrzehntelangen Kampf um d. wirtschaftl. u. polit. Vormachtstellg. in Italien 54/55 III CDfg – im 16. Jh. Verteidigg. d. Unabh. geg. d. Franzosen 59 Cb, 61 ABbc – im 16. Jh. wichtiges Gewerbe-, Handels- u. Bankzentrum Europas 68/69 Ed – 1797–1805 Hptst. d. Ligur. Rep. 86 I Dc – 1815 z. Kgr. Sardinien 100 Bc – 1922 Konferenz z. Lösg. d. Weltwirtschaftsprobleme nach d. 1. WK 110/111 Ge

Georgia: Bundesstaat in d. südöstl. USA 126 Ne – 1776 Gründerstaat d. USA 128 I Xc

Georgien: Staat im Kaukasus 155 CDc – im 12./13. Jh. Kgr., kulturelle Blüte 59 Gb – im 13./14. Jh. Eroberg. durch Mongolen 58 Dcd – um 1510 osman. 65 Hlb – s. 1810 unter russ. Herrschaft, Unterdrückg. d. georg. (grusin.) Nationalismus 88/89 Ne – 1918–21 unabh. Rep. 107 II Ke – 1922–36 als Grusin. SSR Teil d. Transkaukasischen SFSR 110/111 NOe – 1936–1991 Unionsrep. in d. UdSSR 136 Dc – 1990 Unabhängigkeitskämpfe, 1991 unabh. Rep., 1991/92 Bürgerkrieg, s. 1992 Kämpfe geg. Trenng. Abchasiens v. G. 155 CDc

Gergovia: ehem. Ort in Frankr. – 52 v. Chr. Sieg d. Gallier über Römer 27 II Pi

Geroldseck: ehem. Gft. in Baden-Württemberg – 1806–13 als Fsm. von d. Leyen Mitgl. d. Rheinbundes 87 II Jd – 1819 z. Grhzm. Baden 92 Dd

Gerstungen: Ort in Thüringen – 1074 Friede beendet Auseinandersetzungen d. dt. Kaisers Heinrich IV. mit d. sächs. Adel 42/43 Hc

Gettysburg: Stadt in d. östl. USA – 1863 Sieg d. Unionstruppen über d. Konföderation im Sezessionskrieg 12711 Je

Gex: Ort u. Landsch. in O-Frankr. – bis 1601 zur Eidgen. 72 I Ac – s. 1801 franz. 81 Cdc

Ghana: Staat in W-Afrika 124/125 I – im heut. Staatsgebiet s. 1471 Errichtg. port. Handelsstützpunkte, wg. seiner reichen Goldvorkommen Goldküste genannt, Sklavenhandel 62/63 I dl – 1821 brit., bis 1900 Unterwerfg. d. Aschanti 144 I ABc – 1957 unabh. Mitgl. d. Commonwealth, 1960 Rep. 145 III ABc – s. 1981 Militärdiktatur, 1992 Ansätze zum Übergang zur Demokrat. 145 IV EFh

Ghom (Qom): Stadt in N-Iran – hl. Stätte d. Islam 148/149 I bl

Gibraltar: Halbinsel an d. S-Spitze v. Spanien 118/119 Df – vorgeschichtl. Fundort 2 I Bc – 711 Bau d. arab. Festg. Dschebel al Tarik 36 Bc – 1462–1704 span. 59 Bc, 77 Bd – s. 1704/13 bedeut. strateg. Stützpkt. Großbritanniens 78/79 Df – v. Spanien beansprucht, 1966 Sperrg. d. Landzugangs nach G. durch d. span. Regierg., 1967 Volksabstimmg.: Bevölkerg. stimmt für Verbleib bei Großbritannien, s. 1985 Grenze z. Spanien wieder geöffnet 150/151 I dl

Gießen: Stadt in Hessen 122 Cc – 1265 zur Lgft. Hessen, Ausbau z. Festg. 70/71 Ec – 1607 gegr. Univ. 73 II Ph

Gilbertinseln → Kiribati

Gilead: bibl. Landsch. im heut. Jordanien 32 Dcd

Gironde: Depart. in SW-Frankr. – 1793 Aufstand d. Girondisten (föderalist.-republikan. Partei d. liberalen Bürgertums während d. Franz. Revolution) geg. d. jakobin. Revolutionsregierg. 86 I Bc

Gisikon: Ort in d. Schweiz – 1847 Sieg d. liberal-demokrat. Kantone (Tagsatzungsheer) über d. konservativ-kathol. Kantone d. Sonderbundes ermöglicht 1848 d. Schaffg. einer neuen Bundesverfassg. 92 Ee

Giseh, Gîza: Stadt südl. v. Kairo, Ägypten – altägypt. Gräberfeld u. berühmte Pyramiden 5 Ba – 1517 osman. Sieg führt z. Eingliederg. Ägyptens in d. Osman. Reich 65 Fe

Glarus: Stadt u. Kanton in d. Schweiz – 1288–1352/88 habsburg. 54/55 III De – 1450 zur Eidgen. 72 I CDbc

Glasgow: Industriestadt in Schottland, Großbritannien 118/119 Eb – 1451 Gründg. d.Univ.54 II Gd

Glasinac: vorgeschichtl. Fundort im heut. Serbien 4 II Ll

Glatz (Kłodzko): Stadt in SW-Polen 120 II Gc – im 10. Jh. z. böhm. Grenzfestg. ausgebaut 42/43 Kc – Hptst. d. gleichnamigen Gft., 1526 habsburg. 70/71 Ic – 1742 preuß. 84 Db – 1945 unter poln. Verwaltg. 120 I Gc

Gleiwitz (Gliwice): Stadt in S-Polen 120 II Hc – 1276 Magdebg. Stadtrecht 50/51 Fe – Aug. 1939 gestellter dt. Überfall auf d. Rundfunksender von G. bietet Vorwand für d. dt. Angriff auf Polen 113 Jc – 1945 unter poln. Verwaltg. 120 I Hc

Gnesen (Gniezno): Industriestadt in Polen 120 II Gb – im 8./9. Jh. Burgsiedlg., 1000 Gründg. d. bedeut. Ebm. O-Europas unter d. poln. Herzog Boleslaw I. u. d. Kaiser Otto III. 42/43 Kb – im 13. Jh. Magdebg. Stadtrecht 50/51 Ed – bis 1320 poln. Krönungsstadt 54/55 III Hb – 1793 preuß. 85 I Ha – s. 1918/20 poln. 85 II Ge

Gôa: Unionsterritorium in W-Indien 139 II Jg – 1510 v. Portugiesen erobert 138 I Cc – bis 1951 port. Kolonie, s. 1951 Überseeprov., 1961 nach ind. Besetzg. Eingliederg. in d. Rep. Indien 139 II Jg

Godesberg, Bad: Stadtteil v. Bonn, NRW – Sept. 1938 zweite Konferenz zw. Chamberlain u. Hitler z. Lösg. d. Sudetenkrise 112 Dc – 1959 G.er Programm: SPD-Parteitag beschließt programmat. Wende v. einer marxist. Arbeiterpartei z. Volkspartei 120 II Bc

Golan: Landsch. in SW-Syrien 149 V Cb – alttestamentl. Staat 32 Dc – G.-Höhen s. 1967 v. israel. Truppen besetzt,1981 v. Israel annektiert, Gründg. israel. Siedlungen 149 IV Cb

Goldküste → Ghana

Goliathsquelle: Ort in Israel – 1260 Sieg d. Mameluken über Mongolen 58 Cd

Gomel: Stadt in Weißrußland – 118/119 Lc – im 2. WK Kriegsschaupl. 114 Fb

Gordion: ehem. Stadt in d. Türkei – 334 v. Chr. als Hptst. v. Phrygien v. Alexander d. Gr. erobert, Lösg. d. sprichwörtl. „Gordischen Knotens" 14/15 I Cb

Gorée: senegales. Insel im Atlant. Ozean – im 17. Jh. niederländ. u. franz. Flottenstützpkt., 1758–83 brit. 64 IJd

Gorki →. Nischnij-Nowgrod

Gorlice: Stadt in S-Polen – 1915 dt.-österr. Armee durchbricht d. russ. Front u. zwingt d. Russen z. Rückzug 107 I Db

Görlitz: Stadt in Sachsen 157 I Fc – um 1210 gegr., 1303 Magdebg. Stadtrecht 50/51 De – bis z. 16. Jh. wirtschaftl. Blüte durch Tuchhandel 68/69 Fc – 1635 sächs. 74/75 Hc – 1815 preuß. 92 Hc – 1945 O-Teil unter poln. Verwaltg. (Zgorzelec) 120 I Fc – 1950 Dt. Abkommen legt d. Oder-Neiße-Linie als Grenze zw. DDR u. Polen fest 122 Fc

Gortyn: Ruinenstätte auf Kreta, Griechenland – bedeut. minoisches Kulturzentrum 6 I Cd – urchristl. Gemeinde 33 I Ec

Görz (Gorizia): Stadt in NO-Italien 100 Dc – im 12. Jh. Hptst. d. gleichnamigen Gft. 54/55 III Fef – 1500 habsburg. 70/71 Gf 1919 zu Italien 100 Dc

Gorze: ehem. Benedikt.-Abtei in O-Frankr. – 749 gegr. 38/391 Db – s. 933 Zentrum d. Lothring. Klosterreform 45 I Db

Goslar: Stadt in Niedersachsen – 922 als Marktsiedlg. erwähnt 42/43 Hc – im 11. Jh. Errichtg. d. Kaiserpfalz, im 11./12. Jh. Ort zahlreicher Reichsversammlungen 46/47 I Ea – 1290/1340 Erhebg. z. Reichsstadt 54/55 III Ec – Mitgl. d. Hanse 57 Dc – im 14./15. Jh. Zentrum d. Silbergewinng. 68/69 Ec – 1803 preuß. 87 I Dc

Goten: german. Volksstamm, ursprüngl. in S-Skandinavien – um 150 n. Chr. im Gebiet d. Weichselmündg. ansässig, 150–200 Wanderg. z. Schwarzen Meer, Mitte d. 3. Jh. Teilg. in 2 Stammesgruppen d. Ost- u. Westgoten 34 I Legende – s. 439 Reichsbildg. d. Westgoten in SW-Frankr. u. Spanien, 489–553 Reich d. Ostgoten in Italien 34 II NOef, 35 II hiIJ

Gotha: Stadt in Thüringen – 1640 Hptst. d. Hzm. Sachsen-G. 74/75 Fc – 1875 G.er Programm: Gründg. d. Sozialist. Arbeiterpartei Deutschlands, später SPD 95 II Ph

Gotland: schwed. Insel in d. Ostsee 118/119 Ib – im 10. Jh. den schwed. Königen tributpflichtig 44 Db – im 12.–14. Jh. Mittelpkt. d. nord. Handels d. Hanse mit Zentrum in Wisby 57 Eb – 1361 dän., 1396 zum Dt. Orden, 1408 erneut dän. 52 I Cc – 1645 endg. zu Schweden 76 II Hf

Göttingen: Stadt in Niedersachsen – um 1210 gegr., 1267 Hptst. d. Fsm. G. 54/55 III Dc – 1351–1572 Mitgl. d. Hanse 57 Dc – 1737 gegr. Univ. 92 Ec

Gottschee: Stadt u. Landsch. in Kroatien – im 14. Jh. von dt. Bauern besiedelt 50/51 Dh – bis 1941 Bewahrg. ihrer eigenständigen Kultur u. Sprache 99 CDd

Grado: Stadt in NO-Italien – 568–1451 Patriarchat 38/39 I Eb, 61 Db

Gran (Esztergom): Stadt in N-Ungarn – 1001 Ebm. 42/43 Le – im 11. Jh. Stadtrecht, alte u. bedeut. Stadt Ungarns 50/51 Fg – 1543 osman. Eroberg. 70/71 Je

Granada: Stadt in S-Spanien 118/119 Ef – frühchristl. Gemeinde 33 I Bc – 711 arab. 44 Bd – 1238–1492 Hptst. d. maur. Kgr. G., wirtschaftl. u. kulturelles Zentrum d. Araber auf d. Iber. Halbinsel 46/47 I Bd – 1492 span. Eroberg. beendet d. Reconquista 66/67 Ef

Gran Chaco: Landsch. in S-Amerika 1321 Ce – 1932–36 „Chacokrieg" zw. Bolivien u. Paraguay um Erdölvorkommen im nördl. Chacogebiet führt zu Gebietsverlusten Boliviens 108/109 I FGef

Grandson: Ort in d. Schweiz – 1476 Sieg d. Eidgenossen über d. Heer Karls d. Kühnen v. Burgund 60 Hf

Granikos: Fluß in. NW-Türkei – 334 v. Chr. Sieg Alexander d. Gr. über pers. Heer 14/15 IBab

Gran Sasso: Berg in Italien – 1943 Befreig. Mussolinis aus seiner Haft durch dt. Fallschirmjäger 115 Dc

Graubünden: Kanton in d. Schweiz – im 14./15. Jh. Zusammenschluß zahlreicher Orte in G. zur Abwehr d. habsburg. Bedrohg.: 1367 Gotteshausbund, 1395 Oberer Bund, 1436 Zehngerichtebund; 1524 Vereinigg. d. drei Bünde, Zugewandter Ort d. Eidgen. 72 I CEbc

Graudenz (Grudziadz): Industriestadt in N-Polen – 1240 Burg d. Dt. Ordens, 1291 Magdebg. Stadtrecht 50/51 Fd – 1466 poln. 70/71 Jh – 1772 preuß., Ausbau z. Festg. 82/83 Jb

Gravelingen (Gravelines): Stadt in NW-Frankr. – 1558 span. Sieg über franz. Truppen sichert Vormachtstellg. in d. Niederlanden 70/71 Bc

Graz: Industriestadt in Österr. 120 I Fe – s. 1379 Hptst. d. Hzm. Steiermark 54/55 III Ge – 1586 gegr. Univ., Zentrum d. Gegenreformation 73 II Sj

Greifswald: Stadt in Mecklenburg-Vorpommern 157 II Ea – 1250 Lüb. Stadtrecht 50/51 Ec – polit. weitgehend unabh. vom Hzm. Pommern 54/55 III Fa – d. 13. Jh. als Hansestadt bedeut. Handelspl. 57 Dc, 68/69 Fb – 1456 Gründg. d. Univ. 54 II dl – 1648 schwed. 74/75 Ga – 1815 preuß. 92 Ga – 1990 Kernkraftwerk d. DDR teilweise abgeschaltet 122 Ea

Grenada: Inselstaat im Karib. Meer 124/125 I Fe – 1650 franz., 1763 brit. 64 Nebenkarte – 1974 unabh. Mitgl. d. Commonwealth, 1984 durch Intervention v. US-Truppen Sturz d. sozialist. Regimes 131 I Ec

Grenoble: Stadt in SO-Frankr. 118/119 Gd – s. d. 4. Bm., 534 fränk. 38/39 I Db – 877 burgund. 42/43 Ef – 1242 Stadtrecht 46/47 I Db – 1339 gegr. Univ. 54 II He – 1349 franz. 60 Gg

Grenzmark Posen-Westpreußen: ehem. preuß. Prov. – 1922 errichtet, 1938 aufgelöst 112 Hlb

Griechenland: Staat in SO-Europa 118/119 IKef – im heut. Staatsgebiet – 3000 v. Chr. Entwicklg. d. minoischen Kultur auf Kreta – um 2000 v. Chr. Einwanderg. indogerman. Völker, Ausbreitg. d. myken. Kultur; um 1300 v. Chr. Beginn d. Besiedlg. durch Dorer; um 900 v. Chr. nach Abschluß d. Wanderungsbewegg.Stammesbildung 6 I – im 8. Jh. v. Chr. Entstehg. griech. Stadtstaaten (Polis) 8/9, 10/11 I – um 750 v. Chr. Beginn d. Kolonisation im Mittelmeerraum, schärfste Spartas z. führenden griech. Macht, im 7./6. Jh. v. Chr. Entwicklg. demokrat. Herrschaftsformen in Athen; um 550 v. Chr. Gründg. d. Peloponnes. Bundes z. Sicherg. d. Herrschaft Spartas 7 Ec – 500–478 v. Chr. Krieg geg. d. Perser 12 I Legende – 478/477 v. Chr. Gründg. d. Att. Seebundes unter Führg. Athens verschärft d. Gegensatz z. Landmacht Sparta 12 I Legende – 431–404 v. Chr. Peloponnes. Krieg führt z. Verlust d. Vormachtstellg. Athens u. Spartas 13 Legende – 359 v. Chr. Beginn d. Eroberg. durch d. Makedonier unter Philipp II., Schaffg. eines Weltreiches unter Alexander d. Gr. 14/15 I Legende – Verschmelzg. griech. u. oriental. Kulturelemente (Hellenismus) 16 Legende – 148/146 v. Chr. röm. 26/27 I del – 395 n. Chr. zum Oström. Reich 28 Ebc – s. d. 13. Jh. venezian. Besitzungen in G. 49 I Ec – im 14. Jh. Beginn d. osman. Eroberg. 65 Dbc – 1821–29 griech. Freiheitskampf, 1830 unabh., 1832 Kgr. 101 I Cbc – 1912/13 nach d. Balkankriegen große Gebietsgewinne 101 II Hbc – 1915 alliierte Offensive, 1917 Kriegseintritt auf seiten d. Alliierten 107 I Dbc, 107 I efl – 1923 nach d. griech.-türk. Krieg endg. Grenzfestlegg., 1924–35 Rep., 1936 nach Staatsstreich diktator. Regime 110/111 IKef – 1941–44 von dt. Truppen besetzt 114 Ecd – 1945–49 Bürgerkrieg, 1967–74 Militärdiktatur, 118/119 IKef – 1952 Mitgl. d. NATO, 1974–80 ohne militär. Integration 123 I Fcd – 1981 EG-Mitglied 123 II Ogh

Grimaldihöhlen: vorgeschichtl. Fundort an d. franz.-italien. Grenze – Funde altsteinzeitl. Skelette u. Kulturen 2 II Kf

Grimnitz: Ort in Brandenburg – 1529 Vertrag von G. sichert Brandenburg d. Erbrecht über Pommern zu 70/71 Gb

Grodno: Stadt im westl. Weißrußland 118/119 Jc – 1391 Magdebg. Stadtrecht 50/51 Hd – Ende d. 13. Jh. litau. 59 Ea – 1569 poln. 66/67 Jc – bis 1793 Tagungsort zahlreicher poln. Reichstage, 1795 russ. 85 I Cb – 1920/21 – 39 erneut poln. 85 II He

Groningen: Stadt in d. Niederlanden 122 Bb – im 11. Jh. erstmals erwähnt 42/43 Fb – s. Ende d. 12. Jh. Stadt 56 Db – Hansestadt 57 Cc – 1614 gegr. Univ. 73 II Og – s.1594 Hptst. d. Prov. G. 76 I Da

Grönland: Insel im nördl. Atlant. Ozean 124/125 I

GHb – um 900 v. Wikingern entdeckt u. besiedelt 62/63 I FHa – 1261 unter norweg. Oberhoheit, bis z. 15. Jh. Niedergang d. wiking. Kolonien, im 16./17. Jh. Landg. v. Seefahrern, 1721 dän. Kolonie 64 Gla – 1931–33 Konflikt zw. Dänemark u. Norwegen um G. 108/109 I FHa – s.1941 Stützpkt. d. USA 150/151 I GHb – bis 1953 dän. Kolonie, s.1979 autonom 124/125 I GHb

Großbeeren: Ort in Brandenburg – 1813 preuß. Sieg über franz. Truppen in d. Befreiungskriegen 88/89 Hc

Großbritannien: Staat in NW-Europa 118/119 DFbc – heut. Staatsgebiet 1707 aus d. Union v. England u. Schottland entstanden 78/79 DFbc – 1713 nach d. Frieden v. Utrecht Beginn d. Aufstiegs z. Weltmacht, 1714 Übernahme d. Thrones durch d. Kurfürsten v. Hannover, um 1750 einsetzende industrielle Revolution bewirkt tiefgreifende wirtschaftl. u. soziale Umwälzungen im Lande 77 BDa – 1763 Pariser Frieden sichert weitere Ausdehng. d. brit. Kolonialmacht in N-Amerika u. Indien 64 Legende – 1776/83 Verlust d. nordamerikan. Kolonien führt z. Verlagerg. d. brit. Kolonialpolitik nach Asien 104 NOcd – s. 1792 Hauptgegner v. Frankr. in d. Koalitionskriegen; 1801 Eingliederg. Irlands 88/89 DFbc – Mitte d. 19. Jh. Hochindustrialisierung. 90/91 DFbc – Ausbau d. brit. Kolonialreiches u. Aufstieg neuer Kolonialmächte verschärft d. Gegensatz zu anderen imperialist. Mächten 105 Legende – im 1. WK auf seiten d. Alliierten 106 III Eb – nach 1918 Verlust d. Weltmachtstellg. an d. USA, 1921/37 erlangt Irland d. Unabh., Nordirland bleibt brit. 110/111 DFbc – 1939–45 führende Macht d. Anti-Hitler-Koalition 117 I Eb – nach 1945 Auflösg. d. brit. Kolonialreiches u. Umwandlg. in d. Commonwealth of Nations 124/125 I Legende

Großfriedrichsburg: ehem. brandenburg. Handelsniederlassg. im heut. Ghana 64 JKd

Großwardein (Oradea): Industriestadt in NW-Rumänien – im 11. Jh. Stadt mit süddt. Recht u. Bm. 50/51 Gg – 1664–99 osman. 65 Da – bis 1919 ungar. 85 II Ha

Guadalcanar: Insel d. Salomonen – 1942 alliierter Sieg über Japaner bringt Wende im Pazifikkrieg 116 II LMh

Guadalete: Fluß in S-Spanien – 711 Sieg d. Araber führt z. Untergang d. Westgotenreiches, Beginn d. Eroberg. Spaniens durch d. Araber 36 Bc

Guadalupe Hidalgo: Stadtteil v. Mexiko (Stadt) – 1848 Friede beendet amerikan.-mexikan. Krieg, große mexikan. Gebietsabtretungen an d. USA 131 I Bbc

Guadeloupe: franz. Insel d. Kl. Antillen im Karib. Meer 124/125 I FGe – 1635 franz. 62 II Cd – im 17./18. Jh. zw. Frankr. u. Großbritannien umstritten, 1816 endg. franz. 104 GHd – s. 1946 Überseedepartement 131 I Ec

Guam: Insel d. Marianen im Pazif. Ozean 124/125 I Qe – 1898 v. Spanien an d. USA abgetreten, bedeut. Flottenstützpkt. 105 Rd – 1941–44 v. Japanern besetzt 116 I Ec, 116 II Lg – 1964–75 wichtige amerikan. Militärbasis im Vietnamkrieg 150/151 I Qe

Guanahani: Insel d. Bahamas im Karib. Meer – Okt. 1492 als vermutl. erster Ort d. „Neuen Welt" v. Kolumbus entdeckt 62/63 I Fc

Guantánamo: Stadt auf Kuba – s.1903 Bai von G. amerikan. Marinestützpkt., s. 1959 v. Kuba zurückgefordert 131 I Db

Guastalla: Ort u. ehem. Hzm. in N-Italien 100 Cc – 1805 franz. 87 II Lf – bis 1847 z. Hzm. Parma, bis 1860 z. Hzm. Modena 100 Cc

Guatemala: Staat in Mittelamerika 124/125 I Ee – heut. Staatsgebiet bis z. Eroberg. durch d. Spanier v. Mayas besiedelt 130 I BCbc – bis 1821 span., 1823–38 zu d. Verein. Staaten v. Zentralamerika, 1839 unabh. Rep., s. 1954 zahlreiche Militärputsche, s. 1992 Gespräche zw. Regierg. u. Opposition um Beendigg. d. Bürgerkrieges 131 I BCc

Guayaquil: Hafenstadt in Ecuador 132 I ABc – Industriezentrum u. bedeut. Umschlaghafen Ecuadors 133 ABc

Guernica: Stadt in N-Spanien – April 1937 im Span. Bürgerkrieg durch Luftangriff d. dt. Legion Condor zerstört 110/111 Ee

Guernsey → Kanalinseln

Guinea: Staat in W-Afrika 124/125 I el – im heut. Staatsgebiet 1884 Beginn franz. Kolonisation, Franz.-Guinea 144 I Ac – 1904 zu Franz.-Westafrika 144 II Hh8 unabh. Rep. 145 III Ac – s. 1984 Militärregime, s. 1992 Übergang z. Demokratie b. 1995 vorgesehen 145 IV Eh

Guinea-Bissau: Staat in W-Afrika 124/125 I el – heut. Staatsgebiet s. 1879 Kolonie Port.-Guinea 144 I Ac – 1974 unabh. Rep. 145 IV Eh

Guinegate: Ort in N-Frankr. – 1479 Sieg d. habsburg. Truppen unter Maximilian v. Österr. über franz. Heer sichert d. Habsburgern d. Herrschaft über d. Niederlande u. Flandern 60 Fd

Gumelnitza: vorgeschichtl. Fundort im heut. S-Rumänien 3 II Mf

Gurk: Ort in Kärnten – um 1043 gegr. Kloster, Wallfahrtsort 42/43 Je – 1072 Bm. 54/55 III Ge

Güstrow: Stadt in Mecklenburg-Vorpommern – 1228 Stadtrecht 50/51 Cd – bis 1695 Residenz d. Herzöge v. Mecklenburg-G. 74/75 Gb

Guyana: Staat in S-Amerika 124/125 I Ge – Küste d. heut. Staatsgebietes 1498 v. Kolumbus entdeckt, im 17. Jh. niederländ. 62/63 I Gd – 1796 v. Briten besetzt, Brit.-Guayana 63 III CDd – 1966 unabh. Mitgl. d. Commonwealth, 1970 Rep. 132 I CDb Surinam → Franz. – Guayana

Guyenne → Aquitanien

Gwadar: Ort in S-Pakistan 148/149 I Jc – bis 1958 zu Oman 139 II Jf

H

Haarlem: Stadt in d. Niederlanden – 1245 Stadtrecht, s. d. 13. Jh. Residenz d. Grafen v. Holland 70/71 Cb – ma. Zentrum d. Tuchherstellg. 68/69 Db – Zentr. im niederländ. Freiheitskampf 76 I Ca

Habana: Hptst. v. Kuba 124/125 I Ed –1903–12 amerikan. Stützpkt. 131 I Cc

Habsburg: Burgruine in d. Schweiz – um 1020 erbaut, Stammburg d. → Habsburger 42/43 Ge, 54/55 III Ge

Habsburger: europ. Herrschergeschlecht – um 950 begründet, im 11. Jh. Besitz im Elsaß u. rechtsrhein. Gebiete, 1273 Wahl d. ersten H. zum dt. König, 1282/83 nach Erwerb d. Hzm. Österr. u. Steiermark Ausdehng. d. habsburg. Hausmacht 54 II – bis z. 15. Jh. Verlust d. althabsburg. Besitzes in d. Schweiz im Kampf geg. d. Eidgenossen 59 – s. 1438/1745 Kaiser d. Hl. Röm. Reiches 70/71 Legende, 82/83 – 1477 Erwerb d. Burgund 60 – im 16. Jh. Gewinn v. Böhmen, Ungarn u. Spanien, Höhepkt. d. habsburg. Macht; 1556 Teilg. d. Dynastie in eine ö. span. Linie 66/67 – 1804–1918 Kaiser v. → Österr. 87 I DGde, 112 Flde →Deutschld., →Spanien

Hadeln: Landsch. in Niedersachsen – im 10./11. Jh. z. Hzm. Sachsen 42/43 Gb – 1731 z. Kurfsm. Hannover 82/83 Eb

Hadramaut: Landsch. in Jemen – 1888/95 brit. Protektorat 144 II Hh

Hadrianswall: ehem. röm. Grenzbefestig. in Großbritannien – 122–136 unter Kaiser Hadrian z. Schutz d. röm. Prov. Britannia erbaut, latein. Vallum Hadriani 26/27 I Dab

Hadrumetum: Ruinenstätte in Tunesien – im 9. Jh. v. Chr. als phönik. Kolonie gegr. 7 Dc – Teilnahme am 3. Pun. Krieg 19 Ec – 146 v. Chr. röm. Kolonie 26/27 I Ge – s. d. 7. Jh. n. Chr. arab., Susa genannt 59 Dc

Hafrsfjord: Fjord in SW-Norwegen – 872 Schlacht führt z. polit. Einigg. Norwegens unter König Harald I. 37 II Je

Hagenau (Haguenau): Stadt in O-Frankr. – im 12. Jh. stauf. Kaiserpfalz 46/47 I Db – 1260 Reichsstadt 54/55 III Cd – 1648 franz. 81 Db

Hagia Triada: Ruinenstätte auf Kreta, Griechenland – im 2. Jtsd. v. Chr. minoische Siedlg. u. Palastanlage, um 1400 v. Chr. zerstört 6 I Cd

Haiderabad: ehem. Fsm. in Indien – 1853 brit. Vasall 138 II JKg – 1947–49 unabh. 139 II JKg

Haifa: Hafen- u. Industriestadt in Israel 148/149 IV Cb

Hainan: chines. Insel an d. S-Küste v. China 140 II LMj

Haiphong: Hafenstadt in N-Vietnam 139 II Lf

Haithabu: ehem. Ort in Schleswig-Holstein – vermutl. im 8. Jh. v. fries. Kaufleuten als Umschlagpl. im Handel zw. Skandinavien u. Mitteleuropa gegr. 38/39 I Da – im 9./10. Jh. bedeut. Handelsstadt N-Europas 40 II – 1066 zerstört 42/43 Ga

Haiti: Inselstaat in Mittelamerika 124/125 I Fe – 1492 v. Kolumbus entdeckt, erste span. Niederlassg. in Amerika 62/63 I Fd – 1697 W-Teil d. Insel v. Spanien an Frankr. abgetreten 62 II Ccd, 64 Nebenkarte – 1804–06 Kaiserr., 1822 mit d. O-Teil d. Insel vereinigt 104 Gcd – 1844 Abtrenng. d. Dominikan. Rep. 105 Gd – 1915–34 militär. Intervention d. USA, 1957–90 diktator. Regime, 1987–90 Bürgerkrieg, 1990–91 demokrat. Regierg. unter Aristide, 1991 erneut Militärregime 131 I Dc

Halabdscha: Ort in NW-Irak – 1988 Giftgasangriffe d. irak. Armee geg. kurd. Zivilbevölkerung 159 III

Halberstadt: Stadt in Sachsen-Anhalt 122 Dc – um 827 Bm. 38/39 I Ea – 1387 Hansestadt 57 Dc – 1648 nach Auflösg. d. Bm. als weltl. Fsm. zu Brandenburg 74/75 Fc

Haleb: Stadt in NW-Syrien 148/149 I Gb – in griech. Zeit Chalybon 14/15 I Cb – später Beroia 16 Db – 638 arab. 36 Fc – venezian. Handelsstützpkt., Aleppo 49 I Hc – 1516–1918 osman. 65 Gc, 107 II Jf

Halidon Hill: Berg in Schottland, Großbritannien – 1333 engl. Sieg über schott. Heer 46/47 I B

Halikarnassos: ehem. Stadt in d. W-Türkei – s. d. 11. Jh. v. Chr. von Dorern besiedelt 6 I Dc – im 5. Jh. v. Chr. Mitgl. d. Att. Seebundes 12 II Jg – 334 v. Chr. von Alexander d. Gr. belagert u. zerstört 14/15 I Bb – Grabmal d. Königs Mausolos gilt als eines d. „sieben Weltwunder" 16 Bb – im 1. Jh.v. Ch;. röm., Halicarnassus 26/27 I Je

Halitsch: Stadt in d. Ukraine – ma. Stadt mit Magdebg. Recht 50/51 If – 1349 poln. 59 Eb – 1772 österr. 85 I Cc – 1919–1939 poln. 85 I Hf

Halle: Industriestadt in Sachsen-Anhalt 157 II Dc – 806 karoling. Kastell 38/39 I Ea – 968 z. Ebm. Magdeburg 42/43 Hc – um 1150 Magdebg. Stadtrecht 50/51 Be – Hansestadt 57 Dc – ma. Zentrum d. Salzgewinng. u. -handels 68/69 EFc – im 14./15. Jh. Kämpfe geg. patriz. Stadtregiment 54/55 III EFc – 1680 brandenburg. 74/75 Fc – 1694 Gründg. d. Univ., Kulturzentrum 92 Fc – im 19. Jh. Entwicklg. z. Industriestadt 97 I FGc – 1945/47–52 Hptst. v. Sachsen-Anhalt 120 I DEc – 1952–90 Bezirkshptst. in d. DDR 122 DEc

Hallein: Stadt in Österr. – bis z. 16. Jh. Zentrum d. Salzbergbaus 70/71 Ge

Hallstatt: Ort in Österr. – nach d. frühgeschichtl. Fundort benannte Kultur, zu d. Gruppe d. Urnenfelderkulturen gehörig 4 II Legende

Hallue: Nebenfluß d. Somme in N-Frankr. – 1870 Sieg d. Deutschen über Franzosen 93 Bcd

Halys: Fluß in d. Türkei – im Altertum O-Grenze v. Lydien 6 II Hf

Ham: Ort in N-Frankr. –1840–46 Haft Napoleons III. 90/91 Fd

Hamadan: Stadt in N-Iran – als Ekbatana Hptst. v. Medien, 550 v. Chr. pers. 6 II fl – als pers. Residenz 330 v. Chr. von Alexander d. Gr. erobert 14/15 I Db – griech. Epiphaneia 16 Fbc – latein. Ecbatana 28 Gc – 644 n. Chr. von Arabern unterworfen 36 Gc

Hambach: Burgruine in Rheinld.-Pfalz –1832 H.er Fest: erste Massenkundgebg. dt. Demokraten für einen republikan. dt. Einheitsstaat 94 II Dd

Hamburg: Stadt u. Bundesland in d. Bundesrep.

Deutschld. 157 II CDb – um 825 als Grenzkastell gegr. 38/39 I DEa – 831 Bm., 834–47 Ebm., Zentrum d. christl. Mission in N-Europa 42/43 GHb – s. 1188 Anlage d. Neustadt als Kaufmannssiedlg. u. Hafenstadt 46/47 I DEa – im 13. Jh. wirtschaftl. Aufschwung, Hansestadt 57 CDc – bedeut. Umschlagpl. im Handel zw. O- u. W-Europa, Bierherstellg. u. -ausfuhr 68/69 Eb – 1510 Reichsstadt, 1558 Gründg. d. ersten dt. Börse 70/71 EFb – um 1616 Bau d. Befestigungsanlagen 74/75 EFb – 1806 v. franz. besetzt, 1810–14 zu Frankr., wirtschaftl. Krise durch d. Kontinentalsperre 88/89 GHc – 1815–66 als Freie Hansestadt Mitgl. d. Dt. Bundes 92 EFb – 1867 z. Norddt. Bund, 1871 zum Dt. Reich 93 EFb – 1888 Beitritt zum Dt. Zollverein 96 I Db – 1919 Gründg. d. Univ., 1937 Großhamburg-Gesetz: Eingemeindg. v. Altona u. Harburg, Verlust v. Cuxhaven 112 EFb – im 2. WK stark zerstört 115 Db – 1946 z. brit. Besatzungszone 120 I Db – s. 1949 Land d. Bundesrep. Deutschld. 120 II Db

Hampton Court: Schloß südwestl. v. London, Großbritannien – im 16. Jh. erbaut 77 Ca

Hanau: Stadt in Hessen – röm. Kastell 30/31 Cc – 1303 Stadtrecht 54/55 III Dc – 1813 bayr.-österr. Niederlage geg. franz. Truppen 88/89 Gc

Hangtschou: Hafenstadt in O-China 140 II MNh – im 13. Jh. v. Marco Polo besucht, Quinsay genannt, eine d. reichsten Städte Chinas 62/63 I OPc – 1895 als Vertragshafen für d. Überseehandel geöffnet 139 I EFb

Hanko, Hangö: Hafenstadt in S-Finnland 118/119 Jab – 1940–44 sowjet. Stützpkt. 114 Eab

Hankou → Wuhan

Hannover: Hptst. v. Niedersachsen 157 II Cb – 1241 Stadtrecht 54/55 III Db – 1368 Hansestadt 57 Cc – ma. Handelszentrum 68/69 Db – s. 1692 Hptst. d. Kurfsm., 1837 d. Kgr. H. 82/83 Eb, 92 Eb – im 19. Jh. Aufstieg z. Industriezentrum 97 II Eb

Hannover: ehem. Land d. Dt. Reiches – aus d. Hzm. Braunschweig-Lüneburg hervorgegangen, 1692 Erhebg. z. Kurfsm. 82/83 EFbc – 1714 Pers.-Union mit Großbritannien 78/79 GHc – 1785 Mitgl. d. Fürstenbundes 84 BCb – 1805–06 preuß. Besetzg. 87 II KLb – 1807–13 z. Kgr. Westfalen 88/89 GHc – 1814 selbst. Kgr., territoriale Ausdehng. 92 DFbc – 1833 liberale Verfassg. 94 I CEbc – 1837 Auflösg. d. Pers.Union mit Großbritannien 90/91 GHc – 1866 preuß. Prov., 1871 zum Dt. Reich 93 DFbc – 1946 Eingliederg. in d. Land Niedersachsen 120 I CDb

Hanoi: Hptst. v. Vietnam 139 II Lf – bis 1975 Hptst. v. N–Vietnam 140 II Li

Hanse: ehem. handelspolit. Zusammenschluß dt. Städte – s. d. 12. Jh. Gründg. zahlreicher Handelsniederlassungen, im 15. Jh. Höhepkt. d. hans. Handels, im 16./17. Jh. Schließg. v. Kontoren, 1669 letzter Hansetag in Lübeck 57

Harappa: Ruinenstätte in Pakistan – Zentrum d. → Induskultur 1 II Gc

Harderwijk: Stadt in d. Niederlanden – 1648 Gründg. d. reform. Univ. 73 II Ng

Harran: ehem. Stadt in d. SO-Türkei – alte Kultstätte u. assyr. Residenz 6 II Hf – latein. Carrhae, 53 v. Chr Sieg d. Parther über Römer 26/27 I Le – 1104 byzantin. Niederlage geg. Seldschuken 49 II Ka

Harzburg, Bad: Stadt in Niedersachsen – 1065 Errichtg. d. Burg 1073 während d. Sachsenaufstandes zerstört 42/43 Hc – 1931 „Harzburger Front": Zusammenschluß d. Rechtsopposition geg. d. Regierg. d. Weimarer Rep. 112 Fc

Hassi Messaud: Ort in Algerien – s. 1956 Zentrum d. alger. Erdölförderg. 146 II Db

Hastenbeck: Ortsteil v. Hameln, Niedersachsen – 1757 franz. Sieg über hannoveran.-braunschweig. Heer im 7jährigen Krieg 82/83 Eb

Hastings: Stadt in Großbritannien – 1066 Sieg d. Normannen unter Wilhelm d. Eroberer über angelsächs. Heer, Beginn d. normann. Herrschaft in England 44 BCb

Hatay: Prov. in d. S-Türkei – 1938–39 autonome Rep. 110/111 Mf

Hattin: Ort in Israel – 1187 Niederlage d. Kreuzfahrer geg. arab.-islam. Heer, Kreuzfahrer verlieren d. Kgr. Jerusalem 49 II Kb

Hattusa: → Boghasköi

Havelberg: Stadt in Brandenburg – 948 Bm., 983 Zerstörg. d. Burg im Slawenaufstand 42/43 Ib – um 1200 Magdeb. Stadtrecht 50/51 Cd – Hansestadt 57 Dc

Hawaii: Inselgr. im Pazif. Ozean u. Bundesstaat d. USA 143 – bis 1898 unabh., 1898 zu d. USA 105 DEc – im 2. WK Kriegsschaupl. → Pearl Harbor 116 I GHbc, 116 II NOfg – 1959 als 50. Staat in d. Union aufgenommen 126 FGfg

Hebriden: brit. Inselgr. im Atlant. Ozean 118/119 Db – im 8./9. Jh. normann. Kgr. 37 II el – 1266 zu Schottland, auch Süderinseln genannt 44 Bb

Hebron: Stadt in W-Jordanland 149 IV Cc – bibl. Ort mit alttestamentl. Gräbern 32 Ce

Hedschas: Teilkgr. v. Saudi-Arabien – 1917–25 unabh. Kgr., 1925 Eroberg. durch d. Wahabitenherrscher Ibn Saud, 1927 mit Nedschd vereinigt, 1932 Saudi-Arabien eingegliedert 108/1091 KLc

Hedschasbahn: Eisenbahnlinie im Nahen Osten u. Saudi-Arabien – 1901/08 z. militär. Sicherg. u. verkehrsmäßigen Erschließg. d. Osman. Reiches erbaut, im 1. WK teilw. zerstört 102/103 Mgh

Hegau: Landsch. in Baden-Württemberg 1524 Zentrum im Bauernkrieg 72 II Dg

Heidelberg: Stadt in Baden-Württemberg 157 II Cd – röm. Kastell 30/31 Cd – 1196 erstmals erwähnt 46/47 I Db – 1386 gegr. Univ., Zentrum d. Humanismus 54 II He – 1556 Einführg. d. Reformation, später Hinwendg. z. Calvinismus 73 I Ed, 73 II Pi – im 16. Jh. Ausbau d. Schlosses 70/71 Ed – 1689,1693 v. franz. Truppen zerstört 81 Eb – bis 1720 Residenz d. Pfalzgrafen 82/83 Ed – 1803 bad. 92 Ed – 1952 Hauptquartier d. amerikan. Streitkräfte in Europa 120 II Cd

Heilbronn: Stadt in Baden-Württemberg 122 Cd – im 8. Jh. fränk. Königsgut 38/39 I Db – 1215 Stadtrecht 46/47 I Db – s. d. 14. Jh. Reichsstadt 54/55 III Dd – 1802/03 württemberg. 87 I Cd

Heiligenkreuz: Ort in Österr. – 1135 Gründg. d. ältesten österr. Zisterz.-Klosters 45 II Je

Heiligerlee: Ort in d. Niederlanden – 1568 erster niederländ. Sieg über Spanier im niederländ. Freiheitskampf 76 I Da

Heilsberg (Lidzbark Warminski): Stadt in N-Polen – 1308 Magdebg. Stadtrecht 50/51 Gc – 1350–1772 Residenz d. Bm. Ermland 521 Dd, 82/83 Ka

Heinrichau (Henryków): Stadt in SW-Polen – 1222 gegr. Zisterz.-Kloster 50/51 Ee

Heisterbach: ehem. Zisterz.-Abtei im heut. NRW 45 II dl

Helgoland: schleswig-holstein. Insel in d. Nordsee 122 Ba – 1402 z. Hzm. Schleswig 54/55 III Ca – 1714 dän. 82/83 Da – 1807/14 brit. 88/89 Gc – 1849 dt.-dän. Seegefecht 92 Da – 1890 H.-Sansibar-Vertrag zw. Dt. Reich u. Großbritannien: Deutschld. erhält im Austausch geg. Sansibar H. 93 Da – 1914 dt. Niederlage im dt.-brit. Seegefecht 107 I Ba – 1945–52 brit. Besetzg., Luftwaffenübungsgebiet 120 I Ba

Helmstedt: Stadt in Niedersachsen – 1576 gegr. Univ. 73 II Qg – 1945–90 wichtiger Transitgrenzübergang zw. Bundesrep. Deutschld. u. DDR 122 Leg.

Helsinki, Helsingfors: Hptst. v. Finnland 118/119 JKa – 1550 schwed. Gründg. 66/67 JKa – bis 1809 schwed., 1809 russ., s. 1812 Hptst. d. Grsfm. Finnland 88/89 JKa – 1975 Gipfeltreffen v. 35 Staaten beschließen Gründung d. „Konferenz für Sicherheit u. Zusammenarbeit in Europa" (KSZE) 150/151 I Kb

Helvetische Republik → Schweiz

Hemmingstedt: Ort in Schleswig-Holstein – 1500 erfolgreiche Abwehr d. dän. Angriffs sichert d. Unabh. d. Bauernrep. Dithmarschen 70/71 Ea

Hendaye: Grenzort in SW-Frankr. – 1940 Treffen zw. Hitler u. Franco: gescheiterter Versuch, Spanien z. Kriegseintritt zu bewegen 110/111 Ee

Hennegau: Prov. in Belgien – im 9. Jh. als Gft. zu Lothringen 42/43 DEc – 1433 zu Burgund 60 FGd – 1477 habsburg. 70/71 BCc – 1659 teilw. zu Frankr. 81 Ba

Herat: Stadt in NW-Afghanistan – um 330 v. Chr. Gründg. Alexanders d. Gr., griech. Alexandreia 14/15 I Fb – im 7. Jh. n. Chr. von Arabern unterworfen 36 Ic – im 13. Jh. Eroberg. durch d. Mongolen 58 Fd

Herculaneum: Ruinenstätte in S-Italien – 79 n. Chr. durch Vesuvausbruch zerstört 22/23 I Db

Hericourt: Ort in O-Frankr. – 1474 Sieg d. Eidgen. über burgund. Heer 60 Hf

Hermannstadt (Sibiu): Stadt in Rumänien – im 12. Jh. dt. Besiedlg., süddt. Stadtrecht 50/51 Ih – s. d. 14. Jh. polit., wirtschaftl. u. kulturelles Zentrum v. Siebenbürgen 59 Eb – 1422 erfolgreiche Abwehr d. osman. Angriffs 65 Da

Herrenchiemsee: Schloß in Bayern – um 1873 unter König Ludwig II. erbaut 93 Ge – 1948 Verfassungskonferenz d. Ministerpräsidenten d. dt. Länder beschließt Gründg. d. Parlamentar. Rates 120 I Ee

Herrenhausen: Stadtteil v. Hannover, Niedersachsen – 1725 Konferenz auf Schloß H.: Vertrag zw. Großbritannien, Frankr. u. Preußen geg. Spanien u. Österr. z. Aufrechterhaltg. d. europ. Gleichgewichts

Herrnhut: Ort in Sachsen – s. 1772 Zentrum d. luther. H.er Brüdergemeine 82/83 Hc

Hersfeld, Bad: Stadt in Hessen – 769 gegr. Benedikt.-Kloster 45 I Da – s. 775 reichsunmittelbare Abtei 38/39 I Da – 1648 als weltl. Fsm. zu Hessen-Kassel 74/75 Ec

Herzegowina › Bosnien u. Herzegowina

Hessen: Land d. Bundesrep. Deutschld. 157 II Ccd – im 8./9. Jh. fränk. Gau 38/39 I Da – 1292 Lgft. 54/55 III Dc – 1567 Teilg. d. hess. Besitzes in d. Hauptlinien H.-Darmstadt u. H.-Kassel 74/75 Ec – 1803 Erhebg. d. Lgft. H.-Kassel z. Kurfsm., Kurhessen genannt 87 I Cc – 1806 H.-Darmstadt als Grhzm. Mitgl. d. Rheinbundes 87 II Kcd – 1815–66 H.-Darmstadt u. H.-Kassel Mitgl. d. Dt. Bundes 92 Ecd – 1866 H.-Kassel z. neu gegr. preuß. Prov. H.-Nassau, 1871 zum Dt. Reich 93 DEcd – 1918 Umwandlg. d. Grhzm. H. in d. Land H. 112 DEcd – 1945 z. amerikan. Besatzungszone 120 I Ccd – s. 1949 Land d. Bundesrep. Deutschld. 120 II Ccd

Hethiter: ehem. indogerman. Volk in Kleinasien – im 2. Jtd. v. Chr. in d. Gebiet d. heut. Türkei eingewandert, Bildg. v. Stadtstaaten 4 I Fbc – im 16.–13. Jh. v. Chr. Reichsbildg.: größte Machtentfaltg., Hptst. → Hattusa; s. d. 12. Jh. v. Chr. nach Einwanderg. d. Seevölker Bedeutungsrückgang 4 II MNg

Hildesheim: Stadt in Niedersachsen – im 8. Jh. Kaufmannssiedlg. 38/39 I DEa – im 11. Jh. Stadtrecht 56 EFb – 1367 Hansestadt 57 CDc – 1803 preuß. 87 I CDb

Hildesheim: Bm. in Niedersachsen – 815 gegr. 38/39 I DEa – bis 1803 reichsunmittelbar 82/83 EFbc – 1803 preuß. 87 I CDb – 1815–66 zu Kgr. Hannover 95 Db

Himera: ehem. Stadt auf Sizilien, Italien – im 7. Jh. v. Chr. als griech. Kolonie gegr. 7 Dc – 480 v. Chr. griech. Sieg über Karthager, 409 v. Chr. von Karthagern zerstört 13 Ac

Hippo Regius → Annaba

Hiroshima: Industrie- u. Hafenstadt in Japan 139 II Mf – Aug. 1945 erster Atombombenabwurf durch d. USA 116 II Kf

Hirsau: Ort in Baden-Württemberg – um 830 gegr. Benedikt.-Kloster, im 11. Jh. Neugründg., s. d. 11. Jh. Ausgangspkt. d. Reformbewegg. d. Benedikt.-Ordens (H.er Reform) in Deutschland 45 I Db

Hispalis → Sevilla

Hochburgund → Burgund, Kgr.

Höchst: Stadtteil v. Frankfurt, Hessen – im 1. Jh. v. Chr. röm. Kastell 30/31 Cc – 1622 Sieg d. Kathol. Liga unter Tilly im 30jährigen Krieg 74/75 Fc

Höchstädt: Stadt in Bayern – 1704 engl.-österr. Sieg

über bayr.-franz. Heer im Span. Erbfolgekrieg; in d. engl. Literatur als Schlacht bei Blindheim bezeichnet 77 Fb

Hof: Stadt in Bayern 122 Dc – 1945–90 wichtiger Transitgrenzübergang zw. Bundesrep. Deutschld. u. DDR 122 Legende

Hohenaltheim: Ort in Bayern – 916 Synode: König Heinrich I. erhält kirchl. Unterstützg. geg. d. erstarkenden Stammesherzöge 42/43 Hd

Hohenfriedeberg (Dobromierz): Stadt in W-Polen – 1745 preuß. Sieg über österr.-sächs. Truppen 82/83 Ic

Hohenlohe: ehem. Fsm. in Baden-Württemberg – 1525 Zentrum d. Bauernkrieges 72 II GHf

Hohenmölsen: Ort in Sachsen – 1080 Sieg d. aufständ. dt. Fürsten über Heinrich IV. 42/43 Ic

Hohenstaufen: Burgruine in Baden-Württemberg – im 11. Jh. erbaute Stammburg d. → Staufer 46/47 I DEb

Hohenzollern: dt. Herrschergeschlecht – ursprüngl. im Gebiet d. oberen Donau u. am Neckar ansässig, 1214 Teilg. in eine schwäb. u. fränk. Linie, schwäb. Linie: bis 1575 territoriale Ausdehng. d. Gft. H. 70/71 Ede – 1623 Fsm. 74/75 Ed – fränk. Linie: 1191 Burggrafen v. Nürnberg 54/55 III Ecd – s. 1415 Kurfürsten v. Brandenburg 70/71 Legende – s. 1701 Könige in, s. 1772 König v. Preußen 84 Legende – 1871–1918 dt. Kaiser 93 Ede

Holland: ehem. Gft. in d. Niederlanden – s. d. 9. Jh. Gft. 42/43 Eb – im 13. Jh. territoriale Ausdehng., 1345 wittelsbach. 54 II Aa – 1433 burgund., 1477 habsburg. 60 Gc – Zentrum im niederländ. Freiheitskampf, 1579 Prov. d. Verein. Niederl. 76 I Cab

Hollandia → Djajapura

Holmgard → Nowgorod

Holstein: S-Teil v. Schleswig-Holstein – s. d. 9. Jh. z. Hzm. Sachsen 42/43 GHa – 1111 Gft. 46/47 I DEa – 1386 mit d. dän. Hzm. Schleswig zu → Schleswig-H. vereinigt 54/55 III DEab – 1474 Erhebg. z. Hzm. H. 70/71 EFab

Homburg: Ort in Thüringen – 1075 Heer Heinrichs IV. schlägt Aufstand d. Sachsen nieder 42/43 Hc

Homs: Industriestadt in W-Syrien 118/119 Mg – im 1. Jh. v. Chr. röm., Emesa 26/27 I Lf – frühchristl. Gemeinde 33 I Fc – 636 n. Chr. Zentrum d. Islam. 36 Fc – 1516 osman. 66/67 Mg – bedeut. Erdölraffinerie Syriens 149 IV Da

Honduras: Staat in Mittelamerika 124/125 I Ee – heut. Staatsgebiet bis 1821 span., 1822–23 zu Mexiko, 1823–38 zu d. Verein. Staaten v. Zentralamerika, 1838 unabh. Rep.; polit. u. soziale Krisen führen Anfang d. 20. Jh. zur Intervention d. USA, 1969 militär. Konflikt mit El Salvador ("Fußballkrieg") 131 I Cc – bedeut. Exportland d. Bananen u. Kaffee, s. 1981 präsidiale Rep.131 I gl

Hongkong: Gebiet an d. S-Küste v. China 140 II Mi – 1840 v. Briten besetzt, s. 1842 brit. Kolonie, bedeut. Handelshafen SO-Asiens 139 I Eb – 1941–45 japan. Besetzg. 116 ICb, 116 II Jf – heute brit. Kronkolonie m. beschränkter Selbstverwaltg., Rückgabe an China f. 1997 b. Sicherung d. inneren Autonomie vereinbart 139 II Lf

Honolulu: Hptst. d. amerikan. Bundesstaates Hawaii 143 Gf

Horodlo: Ort in O-Polen – 1413 Bestätigg. d. 1386 geschlossenen poln.-litau. Union 66/67 Jc

Ho-Tschi-Minh-Stadt: Stadt in S-Vietnam 13911 Lg – als Saigon altes kambodschan. Handelszentrum, 1887, Hptst. v. Franz.-Indochina 139 I Ec – 1945 v. japan. Truppen eingenommen 116 II Jy – 1954–76 Hptst. v. S-Vietnam, 1976 in Ho-Tschi-Minh-Stadt umbenannt 139 II Lg

Hoya: ehem. Gft. in Niedersachsen – s. d. 13. Jh. Gft. 54/55 III Db – 1582 z. welf. Hzm. Braunschweig-Lüneburg 70/71 Eb

Hsi-Hsia: ehem. Reich in O-Asien – im 13. Jh. Eroberg. d. Tangutenreiches durch d. Mongolen 58 IJc

Hubertusburg: Schloß in Sachsen – 1763 Friede zw. Preußen u. Österr. beendet 7jährigen Krieg, Schlesien verbleibt bei Preußen 84 Cb, 82/83 Gc

---

Hudson-Bay-Company: ehem. engl. Handelsgesellschaft – 1670 gegr., s. 1713 Ausdehng. d. Besitzes bis an d. Pazif. Ozean, 1869 Verkauf d. Besitzrechte an Kanada 64 FGb, 104 DGab

Hué: Stadt in Vietnam 139 II Lg – s. d. 17. Jh. Zentrum u. kaiserl. Residenz v. Annam 138 I Ec – 1883 Vertrag von H. löst franz.-chines. Krieg um Annam aus 139 I Ec 1968 im Vietnamkrieg stark zerstört 139 II Lg

Hultschin (Hlucin): Stadt in d. nördl. Tschech. Rep. – als Hauptort d. Hultschiner Ländchens bis 1920 z. preuß. Schlesien, 1920 z. Tschechoslowakei 112 IJcd

Humaitá: Ort in S-Paraguay – 1865–68 Gebiet um H. Kriegsschaupl., verlustreiche Niederlage d. Paraguayer geg. d. Übermacht d. vereinigten Heeres v. Brasilien, Argentinien u. Uruguay 132 I De

Hunkiar Skelessi: Ort am Bosporus in d. W-Türkei – 1833 Vertrag zw. Rußland u. Osman. Reich stärkt russ. Stellg. am Bosporus 90/91 Ke, 101 I Db

Hunnen: asiat. Nomadenvolk, ursprüngl. in d. Mongolei – s. 209 v. Chr. Gründg. eines hunn. Großreiches, ohne Namen Hsiungu; nach kriegerischen Auseinandersetzungen mit Chinesen d. Han-Dynastie wandern Teile d. H. nach Westen 29 I GHb – 375 n. Chr. Unterwerfg. d. Ostgoten nördl. d. Schwarzen Meeres, Beginn d. german. Völkerwanderg., Reichsbildg. unter König Attila, Eroberungszüge im West-u. Oström. Reich, 451 in d. Schlacht auf d. Katalaun. Feldern v. Römern u. Westgoten besiegt, Zerfall d. Reiches 34 I Fb, 34 II Pe

Hyksos: ehem. aus Asien stammende ägypt. Dynastie – um 1650–1550 v. Chr. Herrschaft über Ägypten 4 I Legende

Hythe: Stadt in Großbritannien – 1920 Konferenz d. alliierten Siegermächte über dt. Reparationszahlungen nach d. 1. WK 110/111 Fc

---

I

Ialysos: Ruinenstätte auf Rhodos, Griechenland – um 1400 v. Chr. myken. Festg. 6 I

Iberer: span. Volk – vermutl. in d. Jungsteinzeit aus Afrika nach Spanien eingewandert, s. d. 1. Jtd. v. Chr. Vermischg. mit Kelten (Keltiberer) 18 I BCcd

Idaho: Bundesstaat in d. nordwestl. USA 126 Kb – 1890 als 43. Staat in d. Union aufgen. 128 I Bb

Idstedt: Ort in Schleswig-Holstein – 1850 Niederlage d. aufständ. Schleswig-Holsteiner geg. dän. Truppen 92 Ea

Ifni: ehem. span. Überseeprov. in S-Marokko – 1969 zu Marokko 145 III Ab

Iglau (Jihlava): Stadt in d. Tschech. Rep. – im 13. Jh. als dt. Bergbaustadt gegr. 50/51 Df – im MA bedeut. Silberfunde Europas, Zentrum d. Wolltuchverarbeitg. 68/69 Fc – 1436 Iglauer Vergleich zw. Kaiser Sigismund I. u. d. böhm. Ständen beendet Hussitenkrieg 54/55 III Gd – bis 1945 dt. Sprachinsel 99 Dd

Ilbesheim: Ort in Rheinld.-Pfalz – 1704 Friede zw. Kaiser Leopold I. u. d. Kurfürsten v. Bayern im Span. Erbfolgekrieg 77 Eb

Ile de France → Mauritius

Ili-Gebiet: russ.-chines. Grenzgebiet – 1871–81 v. Russen besetzt 134 Ec

Ilion, Ilium → Troja

Ilipa: ehem. Ort in S-Spanien –206 v. Chr. röm. Sieg über karthag. Heer im 2. Pun. Krieg 19 Ac

Illinois: Bundesstaat in d. USA 126 MNde – 1818 als 21. Staat in d. Union aufgenommen 128 I DEb

Illyrien: ehem. Siedlungsgebiet d. Illyrer auf d. Balkan-Halbinsel – s. d. 2. Jtd. v. Chr. Siedlg. illyr. Volksstämme an d. östl. Adriaküste, im 8. Jh. v. Chr. teilw. nach S-Italien eingewandert 4 II Lf – s. d. 3. Jh. v. Chr. unter röm. Einfluß 19 Fb – im 1. Jh. v. Chr. röm. Prov. Illyricum 26/27 I Hcd – 1809–14 als Illyr. Provinzen zu Frankr. 88/ 89 Hlde – 1816–49 österr. Kgr. 90/91 Hld

Ilmensee: See in Rußland 118/119 Lb – im 2. WK Kriegsschaupl. 115

Indiana: Bundesstaat in d. USA 126 Nde – 1816 als 19. Staat in d. Union aufgenommen 128 I Cc

Indien, Indische Union: Staat in S-Asien 124/ 125 I MNde – im heut. Staatsgebiet bereits um 3000 v. Chr. Hochkultur am Indus, um 1500 v. Chr. Einwanderg. arischer Nomadenvölker 1 III Gcd – im 4. Jh. v. Chr. Entstehg. eines Großreiches unter d. Dynastie d. Maurya 14 II MNef – 326/325 v.Chr. Eroberg. NW-Indiens durch Alexander d. Gr. 14/15 I FGbc – Spaltg. in indogriech. Teilkönigreiche 15 III TUef – bis z. Übernahme d. Herrschaft durch d. Gupta-Dynastie Entfaltg. d. buddhist. Reiche Magadha, Andhra u. Kuschan 29 I FGcd – s. d. 8. Jh. n. Chr. islamisierg. durch arab. Eroberer 36 IJcd – s. 13. Jh. Einfall d. Mongolen 58 FHdf – 1498 Entdeckg. d. Seeweges nach I. leitet Beginn d. europ. Einflusses ein; 1526 Gründg. d. Mogulreiches in N-Indien, unter Kaiser Akbar Ausdehng. d. Reiches nach S 62/63 I MNcd – im 16./17. Jh. Gründg. port., niederländ., franz. u. engl. Handelsniederlassungen 62 II Gcd, 63 III Gcd – s. Ende d. 17. Jh. N-Indien größtenteils unter Herrschaft d. Marathen 138 II JKf – s. 1818 überwiegend unter brit. Einfluß, 1857/58 nach d. Sepoy-Aufstand direkt an d. brit. Krone unterstellt, Brit.-Indien; 1885 Gründg. d. Ind. Nationalkongresses z. Erlangg. d. Unabh., nach d. 1. WK verstärkter Unabhängigkeitskampf unter Mahatma Gandhi 139 I CDbc – Gegensätze zw. Hindus u. Moslems führen 1947 z. Teilg. d. Landes in d. Ind. Union u. → Pakistan; Aug. 1947 unabh. Mitgl. d. Commonwealth, 1947 u. 1965 Krieg geg. Pakistan um → Kaschmir, 1950 Rep., 1962 ind.-chines. Grenzkonflikt, 1971 militär. Eingreifen in O-Pakistan führt z. Unabh. v. Bangladesh, s. Mitte d. 80er Jahre zunehmende Konflikte mit d. nach Unabh. strebenden Sikhs, 1991/92 Aufstände in Kaschmir 142 I DEbc

Indonesien: Inselstaat in SO-Asien 124/125 I OPef – s. 1602/1798 niederländ. Kolonie, Niederländ.-Indien 62 II GHde – 1942 japan. Besetzg. beendet niederländ. Kolonialherrschaft 116 I BEcd – 1945/49 unabh. 139 II LMgh – 1963 Anschluß v. Westirian an I., 1976 Annexion v. O-Timor 142 II

Indus: Strom in Pakistan u. Indien 139 II Jf – im 4. Jtd. v. Chr. Entstehg. d. I.-Kultur mit Zentrum Harappa, einer d. ältesten Hochkulturen d. Welt 1 III Gc – im 4. Jh. v. Chr. bildet d. Indus O-Grenze d. Alexanderreiches, griech. Indos 14/15 I FGbc

Ingelheim: Stadt in Rheinld.-Pfalz – im 8./9. Jh. Kaiserpfalz Karls d. Gr. 38/39 I Fd

Ingolstadt: Stadt in Bayern 122 Dd – 1472 Gründg. d. Univ., Zentrum d. Humanismus, später d. Gegenreformation 54 II el, 73 II Qi

Inkareich: ehem. indian. Reich in S-Amerika – Träger d. Hochkultur, Anfang d. 16. Jh. größte territoriale Ausdehng., 1532 Eroberg. durch d. Spanier beendet d. Vorherrschaft d. Inka 130 I

Inkerman: Ort auf d. Halbinsel Krim, Ukraine – 1854 russ. Niederlage im Krimkrieg 90/91 Le

Innere Mongolei: autonome Region in N. d. VR China, 1947 gegr. 140 II LMg

Innichen (San Candido): Ort in N-Italien – 769 gegr. Benedikt.-Kloster 50/51 Cg

Innsbruck: Stadt in Österr. 120 II De – um 1187 erstmals erwähnt, 1239 Stadtrecht 56 Fe – 1363 habsburg., Hptst. v. Tirol 54/55 III Ee – 1669 gegr. Univ. 70/71 Fe – 1805–14 bayr. 87 II Le – 1809 Zentrum im Tiroler Freiheitskampf unter Führg. v. Andreas Hofer 88/89 Hd

Innviertel: Landsch. in Österr. – bis 1779 bayr., 1779 nach d. Bayer. Erbfolgekrieg zu Österr. 82/83 Gd

Inönü: Stadt in d. NW-Türkei – 1921 nach d. Sieg d. Türken Vertreibg. d. Griechen aus Kleinasien 110/111 Lf

Iona: brit. Insel im Atlant. Ozean – 563 gegr. Kloster, Zentrum d. iroschott. Mission 41 I Ba

Ionier: griech. Volksstamm – im 2. Jtd. v. Chr. in Griechenland eingew., um 1200 v. Chr. Siedlg. auf d. Inseln d. Agäis u. an d. W-Küste Kleinasiens 6 I – s. d. 7. Jh. v. Chr. ion. Kolonisation 7

Ionische Inseln: griech. Inselgr. an d. W-Küste v. Griechenland – s. d. 15. Jh. unter venezian. Oberhoheit 78/79 IJf – 1798–1807 russ. Protektorat, 1807 v. Franzosen, 1809 v. Briten besetzt 88/89 IJf – 1815 Rep. unter brit. Schutz, 1864 griech. 101 I BCc

Iowa: Bundesstaat in d. USA 126 Md – 1846 als 29. Staat in d. Union aufgenommen 128 I Db

Irak: Staat in Vorderasien 124/125 I Ld – im 4./3. Jtd. v. Chr. Entsteh. erster Königtümer in heut. Staatsgebiet 3 II Og – um 1800 v. Chr. zum Reich → Babylonien 4 I Gc – später zu → Assyrien 4 II – im 7. Jh. n. Chr. Unterwerfg. durch d. Araber, Zentrum d. Islam 36 Gc – 1258 Eroberg. durch d. Mongolen beendet d. Herrschaft d. islam.-arab. Abbasiden 58 CDd – 1534/1638 z. Osman. Reich 65 Hlcd – 1920 brit. Mandat, 1921 Kgr., 1926 Erwerb d. → Mossulgebietes, 1930/32 unabh. 110/111 MNfg – 1958 Militärputsch beendet Monarchie, Ausrufg. d. Rep., 1959 Räumg. d. brit. Militärstützpunkte, Aufstände d. Kurden in Nord-I. führen z. innenpolit. Unruhen, 1963/68 erneut Militärputsch, entschiedener Gegner d. Staates Israel, 1972–90 irak.-sowjet. Freundschaftsvertrag 148/149 I Hb – 1980–88 Krieg geg. Iran um Zugang z. Pers. Golf, verstärkte Aufrüstung durch westl. u. sowjet. Militärhilfe, s. 1988 erneute Kämpfe geg. aufständ. Kurden in Nord-I. mit Giftgaseinsatz, Aug. 1990 Invasion u. Annexion Kuwaits, internation. Isolierg. durch UN-Beschlüsse, 1991 Golfkrieg alliierter Streitkräfte unter Oberkommando d. USA geg. I. zur Befreiung Kuwaits, März 1991 erfolglose Aufstände d. Kurden u. Schiiten gegen Hussein-Regime 159 III

Iran: Staat in Vorderasien 124/125 I Ld – heut. Staatsgebiet im 6. Jh. v. Chr. Teil d. Pers. Reiches, Aufstieg z. Weltreich unter Kyros II. u. Dareios 6 II fglJ – 500–478 v. Chr. Niederlage im Krieg geg. d. Griechen verhindert weiteres Vordringen d. Perser nach W 12 I – 331 v. Chr. Beginn d. Eroberg. durch Alexander d. Gr. 14/15 I DEbc – um 200 v. Chr. unter Herrschaft d. Parther-Dynastie d. Arsakiden 15 III RSef – im 3. Jh. n. Chr. Gründg. d. Sassanidenreiches, latein. Regnum Sassanidarum, Aufstieg z. Großreich im Vorderen Orient, Kriege geg. d. Römer 28 Gc – um 640 n. Chr. arab. Eroberg. u. Islamisierg. 36 Hc – 1256 Einfall d. Mongolen, Errichtg. d. Choresm-Reiche 58 EFde – s. 1502 Entsteh. d. neuen pers. Reiches unter d. Safawiden 138 I BCb – 1747 Abtrenng. Afghanistans, 1794 unter d. Kadscharen-Dynastie Gebietsverluste an Rußland 138 I flJ – im 19. Jh. russ.-brit. Interessenkonflikt um I., 1907 Teilg. in eine russ., brit. u. neutrale Zone 139 I BCb – im 1. WK trotz Neutralität v. brit., russ. u. osman. Truppen besetzt 106 III Fc – s. 1925 Herrschaft d. Pachlawi-Dynastie s. 1934 amtl. Name I.110/111 NOf – 1941 alliierte Besetzg. 117 I Fc – 1950/51 brit.-iran. Erdölkonflikt löst Bürgerkrieg aus, Unterdrückg. demokrat. Reformbewegungen, verstärkte Industrialisierg. durch Ausbau d. Erdölwirtschaft, Unzufriedenheit über innenpolit. Reformen u. Unterdrückg. durch d. Schah-Regime führen 1978 z. Ausbruch d. Bürgerkrieges unter Führg. islam. Geistlicher, Sturz d. Schah-Regimes beendet Monarchie, 1979 Ausrufg. d. Islam. Rep. I. unter Khomeini 148/149 I Hlbc – zunehmende Unterdrückg. oppositioneller u. nichtfundamental. Kräfte, 1980–88 irak.-iran. Krieg 159 III

Irbid: Stadt in N-Jordanien 149 IV Cb

Irkutsk: Stadt in Sibirien, Russ. Föderation 137 I Gc – 1652 gegr., bedeut. Umschlagpl. im russ. Handel mit d. Mongolei u. China 134 Fc – 1920 von d. sowjet. Armee eingenommen 135 Gc

Irland: Staat in NW-Europa 118/119 Dc – s. d. 1. Jtd. v. Chr. Einwanderg. d. Kelten 18 I Bb – in röm. Zeit Hibernia genannt 26/27 I Cb – um 432 n. Chr. Beginn d. Christianisierg., Gründg. v. Klöstern als Ausgangspunkte d. iroschott. Mission 41 I Rh – im 8./9. Jh. nach Findringen d. Normannen entstehen erste irokelt. Königreiche

37 II el, 44 Ba – s. d. 12. Jh. Beginn d. engl. Eroberg. 46/47 I Aa – im 16./17. Jh. Unterdrückg. u. Verfolgg. d. Katholiken verschärft d. engl.-irischen Gegensatz 66/67 Dc – 1801 Union mit → Großbritannien 88/89 Dc – wirtschaftl. u. soziale Mißstände führen 1848 z. Aufstand d. Iren u. zur Massenauswanderg. in d. USA 90/91 Dc – 1916 Osteraufstand, 1921 Abtrenng. v. → Nordirland (Ulster) – 1921 brit. Dominion, 1922 Freistaat, 1937 Erlangg. d. vollen Souveränität 110/111 Dc – 1949 nach Proklamation d. Rep. Eire Austritt aus d. Commonwealth; in Nordirland andauernde Kämpfe für nationale Unabh. u. Vereinigg. mit Rep. I. 118/119 Dc

Ischl, Bad : Stadt in Österr. – 1854–1914 Sommerresidenz Kaiser Franz Josephs I. 92 Ge, 93 Ge

Isfahan: Stadt in Iran 148/149 I bI – im 6. Jh. v. Chr. pers., Aspadana 6 II Jf – 330 v. Chr. von Alexander d. Gr. erobert, Gabai 14/15 I Eb – 643 n. Chr. von Arabern unterworfen, bedeut. islam. Handels- u. Kulturzentrum 36 Hc – im 13./14. Jh. Bedeutungsrückgang 58 Ed – im 16.–18. Jh. Residenz d. pers. Safawiden 138 I Bb

Isjum: Stadt in d. Russ. Föderation – vorgeschichtl. Fundort 4 I Fb

Iskenderun: Hafenstadt in d. S-Türkei 118/119 Mf – 333 v. Chr. als Alexandreia v. Alexander d. Gr. gegr. 16 Db – s. 1516 osman. Alexandrette 88/89 Mf – 1920 z. franz. Mandat Syrien, 1938–39 Hptst. d. autonomen Rep. Hatay, s. 1939 türk. 110/111 Mf

Islamabad: Hptst. v. Pakistan 148/149 I Kb

Island: Inselstaat im nördl. Atlant. Ozean 124/125 I Hlb – s. d. 9. Jh. v. Normannen erobert 37 II GHd – 1262 unter norweg. Oberhoheit, 1380 zus. mit Norwegen zu Dänemark 64 IJa – 1918 unabh. Kgr., Pers.-Union mit Dänemark 108/109 I Hla – 1940 v. brit., 1941 v. amerikan. u. kanad. Truppen besetzt u. als militär. Stützpkt. ausgebaut 114 Aa – 1944 Ausrufg. d. Rep. 124/125 I Hlb – Mitgl. d. NATO ohne eig. Militär 123 I Bb

Isonzo: Fluß in Slowenien u. Italien 100 Dbc – 1915–16 I.-Offensive: erfolgloser Versuch d. Italiener d. österr.-ungar. Front zu durchbrechen 107 I Cb

Israel: Staat in Vorderasien 148/149 I Gb – heut. Staatsgebiet bis 1948 z. brit. Mandat → Palästina, Mai 1948 Proklamation d. Staates I., Beginn d. Kampfes arab. Staaten geg. d. Existenz d. Staates I.,148 II Cbc – 1948–49, 1956, 1967, 1973 israel.-arab. Kriege, israel. Besetz. d. Gazastreifens, Westjordanland u. Golanhöhen, Errichtg. von UN-Stützpunkten z. Sicherg. d. Friedens im Nahen Osten 148 III Cbc – s. 1974/75 Truppenentflechtungs-Abkommen mit Ägypten u. Syrien durch Vermittlg. d. USA, 1979 Unterzeichng. d. israel.-ägypt. Friedensvertrages durch Staatspräsident Sadat u. Ministerpräsident Begin, Vertrag legt schrittweisen Rückzug israel. Truppen aus d. besetzten Gebieten fest, 1982–85 Invasion in Libanon, Errichtg. einer israel. Sicherheitszone im S-Libanon 149 IV Cbc – s. 1987 Aufstand d. Palästinenser (,,Intifada") in d. besetzten Gebieten, b. 1992 verstärkter Bau v. israel. Siedlungen 149 V – im Golfkrieg Beschuß durch irak. Raketen, s. 1991 Beteiligg. an neuen Nahost-Friedensverhandlungen 159 III

Issos: ehem. Stadt in d. S-Türkei – 333 v. Chr. entscheidender Sieg Alexanders d. Gr. über pers. Heer 14/15 I Bc

Istanbul: Hafenstadt am Bosporus in d. NW-Türkei 118/119 Ke – um 660 v. Chr. als griech. Kolonie Byzantion gegr. 7 Eb 196 n. Chr. von Römern erobert u. zerstört, latein. Byzantium 26/27 I Jd – bedeut. Handelszentrum 25 Eb – 330 Erhebg. z. Hptst. d. Röm. Reiches unter Kaiser Konstantin I., Constantinopolis genannt, s. 395 Hptst. d. → Oström. (Byzantin.) Reiches 28 Eb – als Zentrum d. Christentums Tagungsort zahlreicher ökumen. Konzilien 33 I Eb – strateg. bedeut. Lage d. Stadt führt häufig zu Angriffen u. Belagerungen 36 Eb, 37 II Lf – 1204 Eroberg. durch Kreuzfah-

rer, bis 1261 Hpt. d. Latein. Kaiser. 48 Eb – 1453 osman. Eroberg., Hptst. d. Osman. Reiches 65 Eb – 1918–23 v. alliierten Truppen besetzt, 1923 Verlegg. d. Hptst. nach Ankara, 1930 Umbenenng. in I. 110/111 Ke

Istrien: slowen. u. kroat. Halbinsel in d. Adria 100 DEc – um 150 v. Chr. röm., Histria 20/21 Hlbc – später röm. Prov. Venetia et Histria 26/27 I Gc – 539 n. Chr. oström., 788 fränk. 38/39 I Ebc – 976 als Mark z. Hzm. Kärnten 42/43 I Jf – s. Ende d. 13. Jh. größtenteils venezian. 61 DEb – 1797 als Mgft. zu Österr. 87 I DEb – 1805 z. Kgr. Italien 87 II MNf – 1809 Teil d. Illyr. Provinzen 88/89 Hde – 1815 erneut österr., 1919/20 zu Italien 100 DEc – 1945/47 mit Ausnahme v. Triest zu Jugoslawien 118/ 119 Hde – nach Zerfall d. jugoslaw. Vielvölkerstaates zu Slowenien u. Kroatien 154

Italien: Staat in S-Europa 118/119 Gldf – heut. Staatsgebiet seit d. 1. Jtd. v. Chr. von italischen Völkern besiedelt 20/21 Bb,22/23 – im 8. Jh. v. Chr. Gründg. griech. Kolonien in S-Italien 7 Dbc – im 5. Jh. v. Chr. Aufstieg → Roms (Röm. Reich) beendet d. Vorherrschaft d. Etrusker 18 II – in d. Völkerwanderungszeit v. Germanen beherrscht 34/35 I–III – s. 568 n. Chr. Eroberg. durch d. Langobarden mit Ausnahme d. byzantin. Besitzungen 36 CDbc – 774 größtenteils z. Frankenreich 38/39 I DFbd – 951 Übernahme d. Königsgewalt durch dt. König Otto I. 44 CDcd – im 9./10. Jh. Angriffe d. Sarazenen, im 11. Jh. Eroberg. S-Italiens durch d. Normannen 46 II – während d. Kreuzzüge übernehmen d. oberitalien. Seestädte Genua, Pisa u. Venedig d. wirtschaftl. Führg. im Mittelmeerraum 49 I – d. unter d. Staufern durchgeführte Neuordng. d. Reichsverwaltg. wird z. Grundlage d. späteren Stadtstaaten u. Fürstentümer 46/47 I DFbd, 54/55 III DFeg – im 14./15. Jh. als Zentrum d. Humanismus u. Renaissance wird I. kultureller Mittelpkt. u. wirtschaftl. Führungsmacht Europas 61 – s. d. 16. Jh. Machtkämpfe zw. Frankr. u. d. Habsburgern um d. Vorherrschaft in I. 66/67 Gldf – 1805 Bildg. eines franz. Kgr. unter Napoleon I. 88/89 Gldf – 1815 weitgehende Wiederherstellg. d. alten staatl. u. gesellschaftl. Verhältnisse durch d. Wiener Kongreß 90/91 Gldf – s.1848 Kampf um nationale Einigg. unter Führg. Sardiniens, 1861 Kgr. I.,1870 Einigg. von I. im wesentl. abgeschlossen 100 – im 1. WK zunächst neutral, 1915 Kriegseintritt auf seiten d. Alliierten 107 I BCbc – 1919/20 Gebietsgewinne, s. 1922 faschist. Regime unter Mussolini 110/111 Gldf – 1935 Besetzg. Äthiopiens 117 I Ebc – 1936 Bündnis mit d. nat.-soz. Deutschld., 1937 Austritt aus d. Völkerbund 109 III Ebc – 1939 Besetzg. Albaniens, 1940 Eintritt in d. 2. WK 114 CDef – Juli 1943 Sturz Mussolinis, Sept. 1943 Kapitulation 115 CDcd – 1946 Rep. 118/119 Gldf – Gründungsmitgl. d. EG 123 II MNgh

Italienisch-Somaliland → Somalia

Ittingen: Ort in d. Schweiz – 1524 Zentrum d. Bauernaufstandes 72 II Gg

Ituzaingó: Ort in S–Brasilien – 1827 Sieg d. Argentinier über Brasilianer 132 II

Itzehoe: Stadt in Schleswig-Holstein – 810 Errichtg. d. fränk. Burg Esesfeld 38/39 I Da – 1238 Stadtrecht 56 Eb

Ivrea: Stadt in NW-Italien – um 100 v. Chr. als röm. Kolonie Eporedia gegr. 20/21 Bb – s. d. 9. Jh. Hauptort d. karoling. Mgft. I., Bm. 38/39 I Db – 1313 zu Savoyen 54/55 III Cf

Ivry: Industriestadt in N-Frankr. – 1590 Niederlage d. Kathol. Liga geg. Truppen Heinrichs v. Navarra in d. Hugenottenkriegen 66/67 Fd

Iwojima: japan. Insel d. Vulkaninseln im Pazif. Ozean 124/125 I Qd – Feb./März 1945 entscheidender amerikan. Sieg über japan. Truppen 116 II Lf

Izmir: Stadt in d. W-Türkei 118/119 Kf – um 1000 v. Chr. von Griechen gegr., Smyrna, urchristl. Gemeinde 16 Bb – um 600 v. Chr. röm. Hafen W-Kleinasiens 26/27 I Je – 1201–1300 genues. Handelsniederlassg. 49 I Fc – 1425 osman.

59 Ec – 1919–22 im griech.-türk. Krieg v. Griechen besetzt 110/111 Kf

Izmit: Stadt in d. NW-Türkei – 264 v. Chr. griech. Gründg. Nikomedeia, Hptst. v. Bithynien 16 BCa – 74 v. Chr. röm., Nicomedia 26/27 I JKd – frühchristl. Gemeinde 33 I Fb – im 3. Jh. n. Chr. röm. Residenz 28 Fb – 1337 osman., Nikomedia 65 Eb

Iznik: Stadt in d. NW-Türkei – im 4. Jh. v. Chr. griech. Gründg. Nikaia 16 Ba – 74 v. Chr. röm. Nicaea 26/27 I Jd – 325 n. Chr. erstes ökumen. Konzil von Nicaea legt einheitl. christl. Glaubensbekenntnis fest, frühchristl. Gemeinde 33 I EFb – 1097 im Besitz d. Kreuzfahrer, 1204–61 byzantin. Residenz 48 Eb – 1331 osman. Eroberg. 65 EFb

J

Jabrud: Ort in SW-Syrien – vorgeschichtl. Fundort 2 II Ng

Jackowica: vorgeschichtl. Fundort in d. heut.Ukraine 4 I Ga

Jägerndorf (Krnov): Stadt in d. Tschech. Rep. – 1377 Hptst. d. schles. Fsm. J. 54/55 III Hc 1523 brandenburg. 70/71 Ic – 1621 österr. 74/75 Ic

Jakutische AR: autonome Rep. d. Russ. Föderation in Sibirien 155 GIbc – 1922–91 ASSR in d. RSFSR 136 I GIbc

Jakutsk: Stadt in Sibirien, Russ. Föderation 155 Hb – 1632 gegr. 134 Gb – 1922 Hptst. d. Jakut. ASSR 136 I Hb

Jalta: Stadt auf d. Halbinsel Krim, Ukraine – Febr. 1945 Konferenz d. alliierten Regierungschefs Roosevelt, Churchill u. Stalin: Vereinbarungen z. polit. Neugestaltg. Europas nach d. 2. WK u. Entmilitarisierg., Entnazifizierg. u. Aufteilg. Deutschlands 117 I Fb

Jalu: Grenzfluß zw. N-Korea u. China 140 II Ng – 1904 russ.-japan. Kampfgebiet 140 I Fb

Jamaika: Inselstaat im Karib. Meer 124/125 I EFe – 1509 span. 64 Nebenkarte – 1655 v. Engländern erobert, Sklavenhandel 64 FGd – 1866 brit. Kronkolonie 105 FGd – 1962 unabh. Mitgl. d. Commonwealth 131 I Dc

Jan Mayen: norweg. Insel im nördl. Atlant. Ozean 124/125 I bl – 1607 entdeckt 62/63 I al – s.1929 norweg. 108/109 I al

Japan: Inselstaat in O-Asien 124/125 I PQcd – im 4. Jh. erste Reichsbildg. unter d. Jamato-Dynastie, enge wirtschaftl. u. kulturelle Anlehng. an China, im 7. Jh. Schaffg. eines zentralist. Beamtenstaates nach chines. Vorbild, im 9. Jh. Aufstieg d. Adels z. führenden Macht in J., im 13. Jh. Abwehr mongol. Eroberungsversuche 58 MNcd – 1542 Landg. d. Portugiesen, Beginn d. Handelsbeziehungen mit Europa, Zipangu genannt 62/63 I PQbc – im 17. Jh. weitgehende Beschränkg. d. Außenhandels u. feudalist. Herrschaftssystem im Innern führen z. polit. u. wirtschaftl. Isolation 138 I Fab – 1854 USA erzwingen Öffng. japan. Häfen für d. überseeischen Handelsverkehr, Durchführg. polit., wirtschaftl. u. sozialer Reformen nach westl. Vorbild, Ende d. 19. Jh. Aufstieg z. imperialist. Großmacht im ostasiat. Raum, 1894–95 Krieg geg. China um Korea, 1904–05 Krieg geg. Rußland um d. Mandschurei, 1910 Annexion Koreas 139 I Fab – im 1. WK auf seiten d. Alliierten 106 III Hlc – 1932 Gründg. d. japan. Protektorats Mandschukuo 140 I FGbc – 1933 Austritt aus d. Völkerbund 109 III Hlc – 1937 Beginn d. Krieges geg. China, 1940 Dreimächtepakt mit Deutschld. u. Italien, 1941 nach Kriegserklärg. an d. USA u. Großbritannien Eintritt in d. 2. WK 117 I Hlbc – bis 1942 beherrschende Vormacht in SO-Asien 116 I DEab – Aug. 1945 nach Abwurf amerikan. Atombomben auf J. Kapitulation 116 II KLef – 1945–51 unter amerikan. Militärverwaltg., Aufstieg z. bedeut. Industriemacht, 1978 Friedens- u. Freundschaftsvertrag mit China 139 I Mef – Verhandlg. m. d. Russ. Föderation um Rückgabe d. Kurilen-In. 155 Ic

Jassy (Iasi): Stadt in NO-Rumänien 118/119 Kd –

1565 Hptst. d. Fsm. Moldau 66/67 Kd – 1792 Friede von J. beendet 2. russ.-türk. Krieg, Rußland erhält Küstengebiet zw. Bug u. Dnjestr 78/79 Kd – 1860 Gründg. d. ältesten rumän. Univ., bedeut. Kulturzentrum 101 I Da

Jaunde: Hptst. v. Kamerun 145 IV Fh

Java → Indonesien

Jaworów: Ort in SO-Polen – 1675 poln.-franz. Bündnisvertrag geg. Spanien, Niederlande u. Brandenburg 77 Hb

Jedisan: Landsch. am Schwarzen Meer, Ukraine – 1526–1792 osman. 65 EFa, 78/79 KLd

Jehol: ehem. Prov. in N-China – 1933–45 als Teil d. Kaiserr. Mandschukuo v. Japanern besetzt 140 I EFb

Jekaterinburg: Stadt im Ural, Russ. Föderation 155 Dc – 1722 gegr. 134 Dc – 1918 Erschießung d. Zarenfamilie 135 Ec – 1924–91 in Swerdlowsk umbenannt 136 I Dc

Jekaterinoslaw → Dnjepropetrowsk

Jellinge: Ort in Dänemark – Fundort v. Steinen mit german. Runeninschriften aus d. 10. Jh. 44 Cb

Jemappes: Ort in Belgien – 1792 Sieg d. franz. Revolutionstruppen im 1. Koalitionskrieg, Beginn d. Eroberg. v. Österr.–Niederlande durch d. Franzosen 82/83 Bc, 86 I Ca

Jemen: s. 1990 aus Vereinigg. v. „Arab. Rep. Jemen" u. „Demokrat. VR Jemen" hervorgegangener Staat auf d. Arab. Halbinsel 124/125 I Le – heut. Staatsgebiet s. 630 arab. 36 Ge – Gebiet d. ehem. „Arab. Rep. J.": 1538 z. Osman. Reich 62/63 I Ld – 1918 unabh. Kgr. 108/109 I Ld – 1962 Rep., bis 1970 Bürgerkrieg mit Intervention v. Agypten u. Saudi-Arabien 148/149 I Hd – Gebiet d. ehemal. „Demokrat. VR J.": s. 1839 brit. Kolonie u. Protektorat Aden 105 Md – 1967 unabh., 1970 Demokrat. Volksrep. 148/149 I Hld – nach Vereinigg. 1990 parlam. Rep., neue Verfassg. in Vorbereitg., Grenzkonflikte m. Saudi-Arabien 158/159 I Le

Jemgum: Ort in Niedersachsen – 1568 Niederlage d. Niederländer im Freiheitskampf geg. span. Herrschaft 76 I Da

Jena: Stadt in Thüringen 122 Dc – 1557 Gründg. d. Univ. 73 II Clh – 1806 entscheidender Sieg d. Franzosen unter Napoleon I. über preuß. Truppen 88/89 Hc – 1815 Gründg. d. Dt. Burschenschaften, Zentrum d. national-liberalen u. demokrat. Bewegg. 92 Fc – s. Mitte d. 19. Jh. verstärkte Industrialisierg. 97 II Fc

Jenisseisk: Stadt in Sibirien, Russ. Föderation – 1619 gegr., bedeut. Stützpkt. bei d. Erschließg. O-Sibiriens 134 Ec

Jenan: Stadt in China 140 II Lh – 1935 Endpkt. d. „Langen Marsches" d. chines. Kommunisten, 1936–47 Zentrum d. Kommunisten unter Mao Tse-tung 140 I Dc

Jerez de la Frontera: Stadt in S-Spanien – 711 Sieg d. Araber über d. Untergang d. Westgotenreiches, Beginn d. Eroberg. Spaniens durch d. Araber 36 Bc

Jericho: Stadt in W-Jordanland – bereits im 7. Jtd. v. Chr. städt. Kultur, eine d. ältesten städt. Siedlungen d. Welt 3 II Ng – im 1. Jh. v. Chr. Residenz Herodes d. Gr. 32 Ce – frühchristl. Gemeinde 33 I Fc

Jerusalem: zw. Israel u. Jordanien geteilte Stadt, W-Teil Hptst. v. Israel 148/149 I Gb – um 1000 v. Chr. unter König David Hptst. u. Judäa 32 Ce – 537 v. Chr. pers. 6 II Hf – 63 v. Chr. von Römern erobert, Hierosolyma genannt, 66 n. Chr. jüd. Aufstand geg. röm. Herrschaft, 70 Zerstörg. d. Tempels, 135 röm. Militärkolonie Aelia Capitolina 26/27 I Lf – urchristl. Gemeinde 33 I Fc – 637 arab. Eroberg. 36 Fc – 1099–1187,1229–44 im Besitz christl. Kreuzfahrer, Patriarchat 48 Fc, 49 II Kb – 1516 osman. 65 Gd – 1917 v. brit. Truppen besetzt 107 II Jf – 1920–48 Hptst. d. brit. Mandats → Palästina, 1948 geteilte Stadt 148 Cc – 1967 O-Jerusalem v. Israel annektiert 149 IV Cc

Jerusalem: ehem. Kgr. in Vorderasien – 1099 v. Kreuzfahrern gegr., 1187 v. Sarazenen erobert, 1229–44 erneut christl. Kgr. 49 II JKb

Jever: Stadt in Niedersachsen – s. 1370 Hauptort d. Herrschaft J. 70/71 DEb – 1575 zu Oldenburg, 1667 zu Anhalt-Zerbst 74/75 DEb – 1793–1807 russ. 87 I Bb

Joachimsthal (Jáchymov): Stadt in d. Tschech. Rep. – im 16. Jh. Zentrum d. böhm. Silberbergbaus 68/69 Fc

Joinville: Ort in O-Frankr. – 1584 Bildg. d. Hl. Liga von J.: Bündnis d. Katholiken mit d. span. König Philipp II. geg. d. franz. Hugenotten unter Führg. Heinrichs v. Navarra 70/71 Cd

Jokohama: Hafen- u. Industriestadt in Japan 141 I Gc

Jordanien: Staat in Vorderasien 148/149 I Gb – heut. Staatsgebiet s. d. 6. Jh. zu Syrien 36 Fc – 1516 z. Osman. Reich 65 Gd – 1920 brit. Mandat Transjordanien, 1923 autonomes Emirat, 1946 unabh. 148 II CDbd – 1948/49 Teilnahme am Krieg geg. Israel auf seiten d. arab. Staaten, Besetzg. von O-Palästina; bis 1950 Kgr. Transjordanien, 1958 Intervention brit. Truppen, Juni 1967 3. israel.-arab. Krieg Westjordanland. von israel. Truppen besetzt, soziale, wirtschaftl. u. polit. Probleme d. palästinens. Flüchtlinge in J. führen 1970/71 z. Bürgerkrieg u. Vertreibg. d. Palästinenser aus J. 148 III CDbd – 1974 jordan. Verzicht auf Westjordanld. zugunsten eines zu schaffenden unabh. palästinens. Staates 149 IV CDbd, 149 V BCbc – 1991 im Golfkrieg durch proirak. Parteinahme internat. isoliert 159 III

Jordansmühl (Jordanów Slaski): vorgeschichtl. Fundort in W-Polen 4 I Ga

Juda: alttestamentl. israelit. Volk in Vorderasien 32 BCe

Judaea → Palästina

Jugoslawien: Staat in SO-Europa, nach Zerfall des aus 5 Teilrep. bestehenden Bundesstaates J. 1991 erklärten sich 1992 die Teilrep. Serbien u. Montenegro z. Nachfolgestaat J. 156 II MOfg – 1918 zusammen mit d. s. 1991 unabh. Rep. Slowenien, Kroatien u. Bosnien-Herzegowina aus d. Vereinigg. v. → Serbien, → Montenegro, → Kroatien u. → Slowenien entstanden, Dez. 1918 Proklamation d. Kgr. d. Serben, Kroaten u. Slowenen – polit. Führungsanspruch d. Serben verschärft d. Gegensatz z. d. Kroaten, 1929 Errichtg. einer Königsdiktatur, Umbenenng. in J. 110/111 HJde – 1941 von dt. u. italien. Truppen besetzt 114 DEc – 1941 Aufteilg. d. jugoslaw. Staates in v. nat.-soz. Deutschld. abh. Kroatien u. unabh. Serbien u. Montenegro, Beginn d. Widerstandes national- u. kommunist. Partisanenverbände geg. d. Besatzungsmächte, 1943 Bildg. einer provisor. Regierg. unter Tito 115 DEc 1945 Gründg. d. Föderativen Volksrep. J., Aufbau eines von d. Sowjetunion unabh. Sozialismus führt s. 1948 z. jugoslaw.-sowjet. Interessenkonflikt u. engen Anschluß von J. an d. blockfreien Staaten, 1963 Umbenenng. in Sozialist. Föderative Rep. J. 118/119 HJde – s. 1980 nach d. Tod Titos Verschärf. der Nationalitätengegensätze im Vielvölkerstaat, 1989/90 durch Wandel in O-Europa Unabhängigkeitsforderg. d. Teilrep. 154 – 1991 blutiger Nationalitätenkrieg in Slowenien u. Kroatien, s. 1992 in Bosnien-Herzegowina 156 II MOfg

Juichin: Stadt in SO-China – 1934 Ausgangspkt. d. „Langen Marsches" d. chines. Kommunisten unter Mao Tse-tung 140 I Ed

Jülich: ehem. Hzm. in NRW – s. d. 11. Jh. Gft., 1348 Erwerb d. Gft. Berg, 1356 Hzm. 54/55 III Cc – 1521 mit Kleve u. Mark vereinigt 70/71 Dc – 1614/66 im J.-Klevischen Erbfolgestreit zu Pfalz-Neuburg 74/75 Dc – 1777 z. Kurfsm. Bayern 82/83 Dc – 1815 z. preuß. Rheinprovinz 92 Dc

Junin: Stadt in S-Peru – 1824 entscheidender Sieg d. Freiheitskämpfer unter Simón Bolívar über Spanier 132 II

K

Kaaden (Kadaň): Stadt in d. Tschech. Rep. – 1534 Friede von K.: Wiedereinsetzg. d. württemberg. Herzogs beendet österr. Herrschaft in Württemberg 70/71 Gc

Kabul: Hptst. v. Afghanistan 139 II Jf – 329 v. Chr. von Alexander d. Gr. erobert, Kabura 14/15 I Fb – 664 n. Chr. von Arabern unterworfen 36 Ic – 1221 v. Mongolen zerstört 58 Fd – 1979 sowjet. Intervention z. Unterstützung d. kommunist. Regierung, im Bürgerkrieg mehrfach bombardiert, 1992 heftige Kämpfe zwischen rivalisierenden Mudschaheddin-Gruppen 159 III

Kadesch: ehem. Stadt in W-Syrien – 1285 v. Chr. Schlacht zw. Ägypten u. Hethitern 4 II Ng

Kaffa → Feodosia

Kaffa: ehem. Reich im heut. Äthiopien 104 LMd

Kahlenberg: Berg bei Wien, Öster. – 1683 österr.-poln. Sieg beendet zweite türk. Belagerg. Wiens 65 Ca

Kaifeng: Stadt in O-China – 960–1126 Residenz d. Sung-Dynastie, 1126–1233 d. Chin-Dynastie, 1233 v. Mongolen erobert 58 Kd – 1938 v. Japanern besetzt 140 I Ec

Kairo: Hptst. v. Ägypten 145 IV Gg – röm. Leg.-Lager Babylon Fossatum 26/27 I Kf 641 Neugründg. als arab. Heerlager Fustat, bedeut. Zentrum d. Islam 36 Fd – 973 Hptst. d. Fatimiden-Kalifats, 1250 d. Reichs d. Mameluken 44 Fd, 59 Fc – 1517 nach d. osman. Eroberg. Bedeutungsrückgang 65 Fd – 1798–1801 v. Franzosen, 1882 v. Briten besetzt 88/89 Lgh, 102/103 Lh – 1943 Konferenz von K.: USA, Großbritannien u. China beschließen gemeinsame Kriegsziele geg. Japan 115 Fd – 1945 Gründungsort d. Arab. Liga 148/1491 Fb

Kairuan: Stadt in Tunesien 148/149 I Eb – 671 als arab. Heerlager gegr., älteste arab. Stadtgründg. N-Afrikas 36 Dc – hl. Stätte d. Islam 148/149 I Eb

Kaiserswerth: Stadtteil v. Düsseldorf, NRW – um 700 gegr. Benedikt.-Kloster 38/39 I Da – 1062 Entführg. Heinrichs IV. durch d. Erzbischof v. Köln; im 12. Jh. Ausbau z. stauf. Pfalz 46/47 I Da

Kaiser-Wilhelms-Land: ehem. dt. Kolonie in heut. Papua-Neuguinea 105 Re

Kalabrien: Region in S-Italien – ursprüngl. bezeichnet d. Name Calabria d. SO-Spitze Italiens, im 7. Jh. Übertragg. d. Namensauf d. SW-Spitze Bruttium 22/23 I GHbc, 38/39 I Fd – um 1000 byzantin. Thema 44 Dd – im 9./10. Jh. Einfall d. Sarazenen, 1060 Eroberg. außerh. v. den Normannen 46 II Cc – 1130 z. Kgr. → Sizilien 46/47 I Fd

Kalifornien: Bundesstaat in d. westl. USA 126 JKde – kaliforn. Küste um 1535 v. Spaniern entdeckt 62/63 I CDc – bis 1821 span., 1821–48 zu Mexiko, 1848 v. Mexiko an d. USA abgetreten, 1850 als 31. Staat in d. Union aufgenommen 128 I ABc

Kalinin: Stadt an d. Wolga in d. Russ. Föderation, 1992 in Twer umbenannt – 118/119 Mb – Mitte d. 13. Jh. als Twer Hptst. d. gleichnamigen Fsm., 1485 z. Grfsm. Moskau 59 Fa – 1931 in K. umbenannt 110/111 Mb – im 2. WK Kriegsschaupl. 114 Fd

Kalisch (Kalisz): Stadt in Polen – 1343 Friede beendet Krieg zw. Polen u. Dt. Orden, Polen gibt Ansprüche auf Pommerellen auf 54/55 III cl – 1706 schwed. Niederlage geg. sächs.-russ. Heer 77 Ga – 1813 russ.-preuß. Bündnis geg. Frankr., Beginn d. Befreiungskriege 88/89 Ic

Kalka: Fluß in d. Ukraine – 1223 vernichtende Niederlage russ. Fürsten geg. Mongolen 58 Kb

Kalkutta: Industrie- u. Hafenstadt in NO-Indien 139 II Kf – 1690 als engl. Handelsniederlassg. gegr. 64 Oc – 1857 gegr. Univ., bis 1911 Hptst. v. Brit.-Indien 139 I Db – jahrhundertelang bestehender religiöser Gegensatz zw. Hindus u. Muslimen führt 1946 u. Aufstand in K. 142 II Eb

Kalmar: Hafenstadt in S-Schweden – im 14. Jh. dt. Stadtsiedlg., bedeut. Handelszentrum 50/51 Eb, 57 Eb – 1397–1523 K.er Union: Vereinigg. v. Dänemark, Schweden-Finnland u. Norwegen 52 I Ib

Kalmückische AR: autonome Rep. in d. südl. Russ.

Föderation 155 Dc – 1958 als ASSR d. UdSSR gegr. 136 I Dc

Kalocsa: Stadt in Ungarn – 1135 gegr. Ebm. 50/51 Fg

Kamba: ehem. Ort in Hessen – 1024 Wahl d. ersten Saliers zum dt. König 42/43 Gd

Kambaluk → Peking

Kambodscha: Staat in SO-Asien 124/125 I Oe – heut. Staatsgebiet im 1. Jh. n. Chr. Teil d. Reiches Funan 29 I Hd – im 6. Jh. Eroberg. durch d. Dynastie d. Khmer, bis z. Unterwerfg. durch d. Mongolen 1294 größte territoriale Ausdehng. mit polit. u. kulturellem Zentrum in Angkor 58 Jf – 1863 franz. Protektorat, 1887 zu Franz.-Indochina 139 I Ec – 1941–45 thailänd.-japan. Besetzg. 116 I Cc, 116 II Jg – 1949/ 1954 unabh., 1970 nach Sturz d. Staatspräsidenten Rep., 1975 nach Bürgerkriegen Machtübernahme durch kommunist. Rote Khmer, 1979 Sturz d. Regimes Pol Pot nach Einmarsch vietnames. Truppen, Ausrufg. d. Volksrep. K., 139 II Lg – 1990 UN-Friedensplan f. K., 1991 Waffenstillstandsabkommen zw. Bürgerkriegsparteien u. Bildg. einer Übergangsregierg., Stationierung v. UN-Friedenstruppen 158/159 I Oe

Kameiros: Ruinenstätte auf Rhodos, Griechenland – 500–494 v. Chr. Teilnahme am Ion. Aufstand 12 I Ec

Kamerun: Staat in Zentralafrika 124/125 I Je – Küste d. heut. Staatsgebietes im 19. Jh. vom Volksstamm d. Duala besiedelt 144 I Bc – 1884 dt. Kolonie, 1911 Gebietserweiterg. durch Gewinn franz. Kolonialbesitzes 144 II Fh – 1919/22 brit.-franz. Mandat d. Völkerbundes 108/109 I Jd – 1960 franz. Teil unabh., 1961 brit. Teil nach Volksabstimmg. mit Nigeria u. K. geteilt, 1972 Verein. Rep. K. 145 IV Fh

Kampala: Hptst. v. Uganda 145 IV Gh

Kampanien: Landsch. in SW-Italien – d. von Campanern besiedelte Gebiet s. Mitte d. 4. Jh. v. Chr. unter röm. Einfluß 18 II KLgh – unter Kaiser Augustus mit Latium vereinigt, Latium et Campania 26/27 I Gd

Kamtschatka: Halbinsel in d. östl. Russ. Föderation 155 IJc – 1697 v. Sibirienforschern entdeckt u. für Rußland in Besitz genommen 134 Hlc

Kanada: Staat in N-Amerika 124/125 I CGac – Teil d. heut. Staatsgebietes 1534/35 v. Franzosen entdeckt 62/63 I CFab – um 1608 Beginn franz. Kolonisation, 1763 nach d. Krieg zw. Großbritannien u. Frankr. brit. 62 II BCab, 63 III BCab – 1791 Errichtg. d. Provinzen Ober- u. Unter-K., die wenig besiedelten Gebiete außerh. dieser Provinzen unter Verwaltg. d. brit. Hudson-Bay-Company 104 DHab – 1818 Abkommen mit d. USA über d. südl. Grenzverlauf, 1840 Vereinigg. d. Provinzen, bis 1867 Brit.-Nordamerika genannt, s. 1867 Dominion 126 IQad – Teilnahme am 1. WK auf seiten Großbritanniens 117 I Hlef – 1931 unabh. Mitgl. d. Commonwealth 108/109 I CGab

Kanal-Inseln: brit. Inselgr. an d. NW-Küste v. Frankr. 118/119 Ed – s. 1204 engl. 46/47 I Bb – im 2. WK von dt. Truppen besetzt 114 Bc

Kanarische Inseln: span. Inselgr. an d. NW-Küste v. Afrika 124/125 I Hld – 1479 v. Portugal an Spanien abgetreten, bedeut. Stützpkt. auf d. Seeweg nach Amerika 62/63 I Hlc

Kandahar: Stadt in Afghanistan 148/149 I Jb – 329 v. Chr. von Alexander d. Gr. neu gegr., Alexandreia 14/15 I Fb

Kandern: Stadt in Baden-Württemberg – 1848 Sieg d. bad. u. württemberg. Truppen über sich zurückziehende Revolutionstruppen 92 De

Kanem: ehem. Reich nördl. vom Tschadsee in Zentralafrika 144 I Bc

Kansas: Bundesstaat in d. USA 126 LMe – 1861 als 34. Staat in d. Union aufgenommen 128 I Dc

Kanton: Industriestadt in S-China 139 II Lf – 1277 als bedeut. Handelszentrum v. Mongolen erobert 58 Ke – 1517–23 port. Handelsniederlassg., Tschinkalan 62/63 I Oc – s. d. 17. Jh. Zentrum d. chines.-europ. Überseehandels, 1842 als Vertragshafen für Ausländer geöffnet, 1911 Ausgangspkt. d. bürgerl. Revolution 139 I Eb –

1921–26 Sitz d. Kuomintang-Regierg. 140 1 Ed – 1938–45 v. Japanern besetzt 116 II Jf – 1949 von d. kommunist. Armee eingenommen 140 II Mi

Kap der Guten Hoffnung: S-Spitze v. Afrika – 1487/88 erstmals v. Portugiesen umsegelt 62/63 I Jf

Kapernaum: bibl. Ort in Israel – im Neuen Testament Wirkungsstätte Jesu Christi 32 Dc

Kap Hoorn: S-Spitze v. S-Amerika – 1616 v. Niederländern entdeckt 62/63 I Fg

Kapkolonie → Südafrika

Kapolna: Stadt in Ungarn – 1849 österr. Sieg über ungar. Revolutionstruppen 92 Ke

Kap Matapan: Kap an d. S-Spitze d. Peloponnes, Griechenland – 1941 Seeschlacht, Niederlage d. italien. Flotte geg. Briten 114 Ed

Kappadokien: Landsch. in d. Türkei – im 14. Jh. v. Chr. hethit. Großreich 4 I Fbc – s. d. 6. Jh. v. Chr. pers. Satrapie 6 I Hf – um 322 v. Chr. zum Reich Alexanders d. Gr. 14/15 I Fd – im 3. Jh. v. Chr. seleukid. 14 II Jde – 19 n. Chr. röm. Prov. Cappadocia 26/27 I KLe – um 1000 byzantin. Thema 44 Fd

Kap Passaro: S-Spitze v. Sizilien, Italien – 1718 Seeschlacht, gescheiterter Versuch d. span. Bourbonen z. Eroberg. italien. Gebiete 77 Gd

Kappel: Ort in d. Schweiz – 1531 in d. Schlacht zw. kathol. u. reformiert. Heer fällt d. Reformator Zwingli 70/71 Ee

Kapstadt: Stadt in Südafrika 146 I Ei – 1652 als niederländ. Stützpkt. gegr. 62 II Ef – s. 1806 Hptst. d. brit. Kapkolonie 114 II Fh – 1911 Sitz d. Parlaments d. Rep. Südafrika 145 IV Fj

Kap Trafalgar: Kap an d. S-Küste v. Spanien – 1805 Seeschlacht, brit. Sieg über franz.-span. Flotte sichert brit. Seeherrschaft 88/ 89 Df

Kap Verde: Inselstaat an d. W-Küste v. Afrika 124/125 I He – s. 1455 port. 62/63 I Hd – 1975 unabh. 150/151 I He

Karafuto → Sachalin

Karaganda: Stadt in Kasachstan 155 Ec – Zentrum d. Kohleförderg., Eisen- u. Stahlindustrie in d. UdSSR 137 I Ec

Kara-Kalpakische AR: autonome Rep. in Usbekistan 155 Dc – 1932 als ASSR in d. UdSSR gegr. 136 I Dc

Kara Kitai: ehem. Reich in Zentralasien – 1218 v. Mongolen unterworfen 58 Jc

Karakorum: Ruinenstätte in d. Mongolei – im 13. Jh. Hptst. d. Mongolenreiches 58 Jc

Karatschi: Hafenstadt in S-Pakistan 139 II Jf – 1843 brit. Eroberg. 139 I Cb

Kardis: Ort in Estland – 1661 Friede von K.: Rückgabe d. von moskau. Truppen eroberten livländ. Gebiete an Schweden 76 II Jf

Karelien: Landsch. in Finnland u. d. nordwestl. Russ. Föderation 118/119 KLa – 1323 zw. Schweden u. Fsm. Nowgorod geteilt 57 GHa – W-Teil bis 1721 schwed., s. 1721 russ. 78/79 KLa – 1917–20 Autonomiebestrebungen d. Karelier, 1923 Errichtg. d. Karel. ASSR im O-Teil, W-Teil 1940 sowjet., 1941 erobern d. Finnen West-K. zurück 114 EFa – 1947 endg. Verzicht Finnlands auf d. westl. Teil 118/119 KLa

Karelische AR: autonome Rep. in d. nordwestl. Russ. Föderation 155 Cb – 1923 als ASSR in d. UdSSR gegr., 1940–56 Karelo-Finn. SSR 118/119 LMa

Karien: Landsch. in d. SW-Türkei – 334 v. Chr. als pers. Satrapie v. Alexander d. Gr. erobert 12 I EFc, 14/15 I Bb – s. d. 3. Jh. n. Chr. röm. Prov. Caria 28 Ec

Karikal: Hafenstadt in SO-Indien 139 II JKg – s. 1738 franz. Stützpkt. 138 II JKg – 1954 nach Volksabstimmg. d. Ind. Union eingegliedert 139 II JKg

Karkemisch: ehem. Stadt am Euphrat in N-Syrien – im 2. Jtd. v. Chr. bedeut. altoriental. Handelspl., Kulturzentrum d. Churriter 4 I Fc – 717 v. Chr. von Assyrern erobert 4 II Ng

Karl-Marx-Stadt → Chemnitz

Karlowitz (Sremski Karlovci): Ort in Serbien – 1699 Friede beendet Krieg zw. Österr. u. Osman. Reich u. begrenzt d. osman. Herrschaft auf SO-Europa

84 DEc

Karlsbad (Karlovy Vary): Stadt in d. Tschech. Rep.120 II Ec – 1819 K.er Beschlüsse d. Dt. Bundes z. Unterdrückg. nationaler u. liberaler Bewegungen 92 Gc – April 1938 K.er Programm: Forderg. Hitlers nach Autonomie für d. sudetendt. Gebiete führt im Okt. 1938 z. Einmarsch dt. Truppen in d.Sudetenland 113 Gd

Karlsburg (Alba Iulia): Stadt in Rumänien – röm. Gründg. Apulum 26/27 I cl – als Weißenburg Stadt mit süddt. Recht u. Bm. 50/51 Hg – im 16./17. Jh. Residenz d. Fürsten v. Siebenbürgen 66/67 Jd – 1918 Nationalkongreß verkündet Anschluß Siebenbürgens an Rumänien 110/111 Jd

Karlshorst: Stadtteil d. Bezirks Treptow in Berlin – Mai 1945 Wiederholg. d. dt. Kapitulation, 1945 Sitz d. Militärverwaltg. d. sowjet. Besatzungszone 121 II

Karlskrona: Hafenstadt in S-Schweden – s. 1680 bedeut. schwed. Kriegshafen 76 II Hf

Karlsruhe: Stadt in Baden-Württemberg 122 Cd – s. 1715 planmäßig um Schloß K. angelegt 80 III – s. 1715/71 bad. Residenzstadt 82/83 Ed – 1806 Hptst. d. Grhzm. Baden 92 Ed – Sitz oberster Bundesgerichte 120 II Cd

Karlstein (Karlstejn): Burg südwestl. v. Prag (Praha), Tschech. Rep. – 1348–57 unter Kaiser Karl IV. erbaut, Aufbewahrungsort d. Reichskleinodien 54/55 III Gcd

Karmel: Berg in Israel – vorgeschichtl. Höhlenfundort mit altsteinzeitl. Kulturresten u. Skeletten v. Menschen d. Neandertaltypus 2 I Fc, 2 II Ng – alttestamentl. Wirkungsstätte d. Propheten Elia 32 BCc

Karnak → Theben

Kärnten: Bundesland v. Österr. 120 II EFe – im 8. Jh. als Karantanien unter bayr. Oberhoheit, fränk. Grenzmark 38/39 I EFb – 976 selbst. Hzm., Bestrebungen d. zu K. gehörenden Marken nach Selbständigkeit 42/43 IJe – 1335 habsburg. 54 I Cb – 1920 Volksabstimmg.: K. verbleibt bei Österr., Gebietsabtretungen an Italien u. Jugoslawien 112 GHe – 1945–55 z. brit. Besatzungszone 120 I EFe

Karolinen: Inselgr. im Pazif. Ozean, zum s. 1990 unabh. Mikronesien gehörend 143 – im 16. Jh. v. Portugiesen entdeckt 62/63 I QRd – 1686 span. 64 Rd – 1899 dt. Kolonie105 Rd – 1919–45 japan. Mandat 108/109 I QRd, 116 I Ec – 1947 zum Treuhandgebiet d. USA, 1978 autonomes Commonwealth d. USA 150/151 I Qe

Karpato-Ukraine: Landsch. in d. südwestl. Ukraine 118/119 Jd – 1938 autonomes Gebiet innerhalb d. Tschechoslowakei, 1939 ungar. 110/111 Legende – 1945 z. Ukrain. SSR 118/119 Jd

Kars: Stadt in d. NO-Türkei 118/119 Ne – 1878 russ. 134 Cc – 1915 Zentrum d. türk. Völkermordes an d. Armeniern, 1918 z. unabh. Armen. Rep., 1920 türk. 110/111 Ne

Karthago: Ruinenstätte in N-Tunesien – im 9. Jh. v. Chr. von Phöniken gegr. 411 K4 – im 6./5. Jh. v. Chr. Aufstieg z. bedeut. phönik. Handels- u. Kriegshafen, Ausdehng. d. karthag. Machtbereiches im westl. Mittelmeerraum, Kämpfe mit d. Griechen um d. Vorherrschaft 7 CDc – karthag. Niederlage in d. Pun. Kriegen geg. Rom führen z. Verlust d. Vormachtstellg., 146 v. Chr. im 3. Pun. Krieg v. Römern zerstört, latein. Carthago 19 Ec – unter Caesar Beginn d. röm. Neugründg. 26/27 I Ge – bedeut. Wirtschafts- u. Handelszentrum im Röm. Reich 25 Dc – frühchristl. Gemeinde, Zentrum d. Christentums in N-Afrika 33 I Dc – 439 n. Chr. Eroberg. durch d. Wandalen 34 I Dc – 533 oström. 35 IV Tl – 698 v. Arabern erobert u. zerstört 36 CDc

Kasachstan: Staat in Zentralasien 155 DFc – heut. Staatsgebiet im 13. u. 14. Jh. z. Khanat d. Goldenen Horde 58 FGc – im 17 Jh. v. Turkvolk d. Kasachen besiedelt 138 I – 1920 Teil d. Kirg. ASSR in d. RSFSR, 1925 ASSR, 1936–91 als Kasach. SSR Unionsrep. in d. UdSSR 136 I DFc – 1991 unabh. Rep. in d. GUS 155 DFc

Kasan: Hptst. d. Tatar. AR in d. Russ. Föderation 137 I Dc – 1552 als Hptst. d. Chanats K. von Russen erobert 66/67 Ob

Kaschau (Kosice): Industriestadt in d. östl. Slowak. Rep. 118/119 Jd – im 13. Jh. mit süddt. Stadtrecht gegr. 50/51 Gf – im MA Silber u. Kupferförderg., bedeut. Handelszentrum 68/69 Hc – im 17. Jh. Ausbau z. Festg. geg. d. Osman. Reich 74/75 Kd – 1848 österr. Sieg über Ungarn 92 Kd – 1938–45 ungar. 113 Kd – April 1945 Verkündig. d. K.er Programms: Regierungsprogramm d. neu gegr. Tschechoslowakei 120 II dl

Kaschgar: Stadt in Zentralasien, VR China 140 II hl – im 13. Jh. v. Mongolen unterworfen 58 Gd – s. 1759 chines., Zentrum einer ausgedehnten Bewässerungsoase, bedeut. Handelspl. 138 II Jf

Kaschmir: Region in Zentralasien, v. Indien u. Pakistan beansprucht 124/125 I Md – bis 1947 Fsm. Dschammu u. Kaschmir unter brit. Oberhoheit, 1947 Anschluß an Indien löst ind.-pakistan. Krieg aus, 1949 nach Vermittlg. d. UN Waffenstillstand: S-Teil unter ind., N-Teil unter pakistan. Verwaltg.; 1965 erneut ind.-pakistan. Krieg, 1966 Waffenstillstand durch Vermittlg. d. UdSSR, s. 1990 erneute Verschärfg. d. Konfliktes139 II Jf

Kaskaskia: ehem Fort am Mississippi in d. USA – 1779 im Unabhängigkeitskrieg v. amerikan. Truppen besetzt 127 I Cc

Kassel: Stadt in Hessen 157 II Cc – im 12. Jh. Entwicklg. vom Marktort z. Stadt 56 Ec – s. 1277 Residenz d. Lgft. Hessen 54/55 III Dc – im 18. Jh. Errichtg. zahlreicher Barockbauten 82/83 Ec – 1807 Hptst. d. Kgr. Westfalen 88/89 Gc – 1813 Hptst. d. Kurfsm. Hessen, 1866 d. preuß. Prov. Hessen-Nassau 92 Gc, 93 Ec – 1970 Verhandlungen in K. zw. d. Bundeskanzler d. Bundesrep. Deutschld., Brandt, u. d. Ministerpräsidenten d. DDR, Stoph, über d. Beziehungen beider dt. Staaten 120 II Cc

Kastilien: ehem. Reich in Spanien – s. d. 8. Jh. Gft., 1035 Kgr. 44 Bc – 1037/1230 Vereinigg. mit León, führendes Reich d. Reconquista, Aufstieg z. polit. u. kulturellen Vormacht auf d. Iber. Halbinsel 46/47 II ABcd – 1385 gescheiterter Versuch z. Eroberg. Portugals 59 Bbc – 1479 Vereinigg. mit Aragón zu → Spanien 66/67 DFef

Katalaunische Felder: Landsch. in Frankr. – 451 Niederlage d. Hunnen geg. Römer u. Westgoten leitet Rückzug d. Hunnen ein 34 I Cb

Katalonien: Region in NO-Spanien 118/119 Fe – d. von Iberern besiedelte Gebiet im Chr. zur röm. Prov. Hispania Tarraconensis 18 I Cc, 26/27 I Ed – 415 v. Wandalen, 711 v. Arabern erobert 34 I Cb, 36 Cb – um 800 als Teil d. Span. Mark z. Frankenreich 38/39 I Cc – im 10./11. Jh. Gft. Barcelona 44 Cc – 1137 mit Aragon vereinigt, Beginn d. Widerstandes d. katalan. Stände 46/47 I Cc – 1714 nach d. Span. Erbfolgekrieg Verlust d. Sonderrechte 77 Dc – 1808 v. Franzosen besetzt, 1812 zu Frankr., Zentrum d. nationalspan. Aufstandsbewegg. 88/89 Fe – 1932–39 autonom 110/111 Fe – 1979 erneut autonom 118/119 Fe

Katanga → Shaba

Katar: Staat auf d. Arab. Halbinsel 124/125 I Ld – heut. Staatsgebiet bis 1912 osman., 1916 brit. Protektorat 144 II Hg – 1971 unabh., Zentrum d. Erdölförderg. 148/149 I cl

Katmandu: Hptst. v. Nepal 139 II Kf

Katsch: Sumpfgebiet in W-Indien – Rann v. Katsch bis 1965 zw. Indien u. Pakistan umstritten 139 II Jf

Kattowitz (Katowice): Industriestadt in S-Polen 118/119 Ic – s. 19. Jh. Zentrum d. oberschles. Steinkohlenbergbaus 97 I Jc – 1922 poln. 85 II Ge

Katyn: Ort in d. Russ. Föderation – 1943 Massengräber poln. Offiziere entdeckt, Ermordg. d. Polen durch sowjet. Armee 114 Fb

Kaunas: Stadt in Litauen 118/119 Jc – 1383 zum Dt. Orden, Kauen 52 I Ed – 1404 poln.-litau., Kowno 59 Ea – 1408 Magdeb. Stadtrecht 50/51 Hc – Niederlassg. d. Hanse 57 Fc – 1795 russ. 85 I Cab – 1915 dt. Besetzg. 107 I Da – 1918/20–1940 provisor. Hptst. v. Litauen 110/111 Jbc – 1941

von dt. Truppen besetzt 114 Eb – 1944 von d. sowjet. Armee eingenommen 115 Eb – 1944–1991 z. Litauischen SSR 118/119 Jc

Kayseri: Stadt in d. Türkei 118/119 Mf – im 3. Jh. v. Chr. als Mazaka Hptst. v. Kappadokien 15 III Qe – später in Caesarea umbenannt 26/27 I Le – urchristl. Gemeinde 33 I Fc – s. d. 11. Jh Residenz d. Seldschuken-Sultane 49 II Ka

Keflavik: Hafenstadt auf Island – s. 1951 NATO-Stützpkt. 150/15 II Hb

Kehl: Stadt in Baden-Württemberg 120 I BCd – um 1680 als Handelspl. für Straßburg ausgebaut, 1697 Reichsfestg. 81 Db – 1774 Erhebg. z. Stadt 82/83 Dd – 1804 v. Franzosen besetzt, 1808–14 zu Frankr. 88/89 Gd

Kells: Stadt in Irland – 550 gegr. Kloster, Zentrum d. irischen Mönchtums, Kunst- u. Kulturzentrum 44 Bb

Kelten: indogerman. Volk, ursprüngl. in Mittel- u. W-Europa – im 5. Jh. v. Chr. Ausbreitg. d. Keltentums u. Ausdehng. d. Siedlungsraumes, um 400 v. Chr. Vordringen nach N-Italien, um 300 v. Chr. auf d. Balkan-Halbinsel u. nach Kleinasien 18 I u. II – 52 v. Chr. röm. Eroberg.→ Galliens als Zentrum kelt. Macht 27 II Legende

Kempten: Stadt in Bayern 122 De – kelt.-röm. Cambodunum 30/31 De – 1289/1361 Reichsstadt 54/55 II Ee – 1803 bayr. 87 I De

Kempten: ehem. Fürstabtei in Bayern – 752 gegr. Benedikt.-Kloster 38/39 I Eb – 1062 reichsunmittelbar 42/43 He – bis 1803 Fürstabtei 82/83 Fe – 1803 bayr. 87 I De

Kenia: Staat in O-Afrika 124/125 I Kef – heut. Staatsgebiet 1885 v. Briten besetzt, 1895 Errichtg. d. Protektorats Brit.-Ostafrika 144 II GHhi – 1920 brit. Kronkolonie, 1952–56 Aufstände d. Mau-Mau geg. d. Vormachtstellg. d. weißen Minderheit 145 III CDcd – 1963 unabh. Mitgl. d. Commonwealth, 1964 Rep., 1991/92 Ankündigg. d. Übergangs z. Mehrparteiensystem 145 IV GHhi

Kentucky: Bundesstaat in d. USA 126 Ne – 1792 als 15. Staat in d. Union aufgenommen 128 I Ec

Kephallenia, Kephalonia: griech. Insel im Ion. Meer – 455 v. Chr. Anschluß an Athen 12 II Gf – 189 v. Chr. röm., Cephallenia 19 Gc – im 9. Jh. byzantin. Thema 44 Ed – s. Ende d. 12. Jh. Gft. 59 Ec – 1479 osman., 1500 venezian. 66/67 IJf –1815 zur Rep. → Ion. Inseln, 1864 griech. 101 I Cc

Kerbela: Stadt in Irak 148/149 I Hb – s. 680 hl. Stätte d. Islam 36 Gc – 1991 Zerstörungen im Golfkrieg 159 III

Kerman: Stadt in Iran – Zentrum d. iran. Kupferbergbaus 148/149 I bl

Kertsch: Stadt auf d. Halbinsel Krim, Ukraine 118/119 Md – im 6. Jh. v. Chr. als griech. Kolonie gegr., Pantikapaion 7 Fb – im 5. Jh. v. Chr. Hptst. d. Bosporan. Reiches 14 II Jd – 1261 genues. Handelsstützpkt., Bosporo 49 I Ha – 1475 osman. Festg. 66/67 Md – 1774 russ. 78/79 Md – im 2. WK Kriegsschaupl. 115 Fc

Kesselsdorf: Ort in Sachsen – 1745 preuß. Sieg über sächs. Heer beendet 2. Schles. Krieg 82/83 Gc

Khartum: Hptst. v. Sudan 145 IV Gh – 1885 Eroberg. durch d. Mahdisten, 1898 brit. Rückeroberg. 144 II Gh

Kiautschou: ehem. dt. Kolonie in O-China – 1898–1914 Pachtgebiet u. Flottenstützpkt.105 PQc

Kiel: Hptst. v. Schleswig-Holstein 122 Da – 1242 Lüb. Stadtrecht 50/51 Bc – Hansestadt 57 Dc – im 15. Jh. bedeut. Geldumschlagpl., Messestadt 68/69 Eb – 1665 gegr. Univ. 74/75 Fa – 1814 K.er Friede: Dänemark verliert Norwegen an Schweden 88/89 Hc – 1848 Ausgangspkt. für d. Erhebg. Schleswig-Holsteins geg. Dänemark 92 Fa – 1866 preuß., Ausbau als Kriegshafen 93 Fa – 1918 Matrosenaufstand leitet Novemberrevolution ein 107 I BCa

Kiew: Hptst. d. Ukraine 155 Cc – um 860 vermutl. v. Warägern gegr., Känugard 37 II LMe – s. 882 Hptst. d. Kiewer Reiches, im 10. Jh. Entwicklg. z.

polit., kirchl. u. kulturellen Zentrum, 1051 Gründg. d. ältesten russ. Klosters 44 Fb – 1240 Eroberg. u. Zerstörg. d. bedeut. Handelsstadt durch Mongolen 58 Cbc – 1362 zu Litauen 59 Fa – s. 1667/86 russ. 78/79 Lc – 1918–20 während d. russ. Bürgerkrieges umkämpft 135 Cc – 1934 Hptst. d. Ukrain. SSR 136 I Cc – 1941–43 von dt. Truppen besetzt 114 EFb – 1989 Demonstrationen f. Unabh. d. Ukraine 155 Cc

Kiewer Reich: ehem. Reich in O-Europa – im 9. Jh. erste Staatsbildg. ostslaw. Volksstämme 37 II LMe – im 10./11. Jh. größte territoriale Ausdehng., im 13. Jh. Verfall d. Reiches 44 EGac

Kiik-Koba: vorgeschichtl. Fundort auf d. Halbinsel Krim, Ukraine 1 II Bb

Kilikien: Landsch. in d. SO-Türkei – im 6. Jh. v. Chr. pers. 6 II Hf – 333 v. Chr. zum Reich Alexanders d. Gr. 14/15 I Cb – 102 v. Chr. röm. Prov. Cilicia, Seeräuberzentrum 26/27 I KLe – im 10. Jh. byzantin. Thema 44 Fd – 1198–1375 Kerngebiet d. Kgr. Klein-Armenien 49 II JKa – 1474 osman. 65 FGc – 1920-21 v. Franzosen besetzt 110/111 LMf

Kimberley: Stadt in Südafrika – 1870 nach Entdeckg. reicher Diamantenvorkommen gegr., 1899 Beginn d. Burenkrieges geg. d. Briten 144 II Gj

Kinshasa: Hptst. v. Zaire 145 IV Gh – 1960 als Léopoldville Hptst. d. unabh. Rep. Kongo, bis 1966 Léopoldville 145 III Bd – 1991 blutige Unruhen 145 V Gh

Kioto: Industriestadt in Japan – s. 794 kaiserl. Residenz, kulturelles u. religiöses Zentrum Japans 58 Md – bis 1868 Hptst. v. Japan 138 II Mf

Kirchenstaat: ehem. päpstl. Herrschaftsgebiet in Mittelitalien – s. d. 4. Jh. erwirbt d. röm. Kirche zahlreiche Grundbesitz in Italien, Patrimonium Petri genannt; 754 Pippinsche Schenkg.: Bündnis zw. Papst u. fränk. König, Vereinigg. v. weltl. u. geistl. Herrschaft 38/39 I Ec – im 10. Jh. Versuche d. Machtausdehng., Kämpfe mit d. röm. Adel 46 II Mb – im 11./12. Jh. verstärkter Gegensatz zw. Kaiser- u. Papsttum (Investiturstreit); um 1200 Höhepkt. d. päpstl. Macht unter Innozenz III. 46/47 I Ec – im 14. Jh. Verfall, Residenz d. Päpste in Avignon 59 Db – um 1500 Ausbau zu einem zentralist. Staat unter Papst Julius II. 66/67 He – 1809 zu Frankr. 88/89 He – 1815 Wiederherstellg. als Staat 90/91 He – 1860 auf d. Gebiet d. einstigen Patrimonium Petri begrenzt, 1870 zu Italien 100 CDcd – 1929 souveräner Staat d. Vatikanstadt in 110/111 He

Kirgisien: Staat in Zentralasien 155 Ec – heut. Staatsgebiet 1207 unter mongol. Herrschaft 58 FGc – im 17. Jh. z. Kalmücken-Reich 138 I Ca – 1865 russ. 134 Dc – 1920 ASSR in d. RSFSR, 1936 Unionsrep. d. UdSSR 136 I Ec – 1991 unabh. Rep. in der GUS 155 Ec

Kiribati: Inselstaat im Pazif. Ozean 124/125 I Ref – 1892/1915 als Gilbertinseln brit. Kolonie 63 III dl – 1941–43 v. Japanern besetzt 116 I Fcd, 116 II Mgh – 1979 als Rep. K. unabh. Mitgl. d. Commonwealth 143

Kirkenes: Ort in N-Norwegen – im 2. WK als Umschlagpl. für norweg. Erze von dt. Truppen besetzt 114 Fa

Kirk Kilisse: Stadt in d. europ. Türkei – 1912 bulgar. Sieg über türk. Truppen im 1. Balkankrieg 101 II bl

Kirkuk: Stadt in N-Irak – Zentrum d. irak. Erdölförderg. 148/149 I Hb – 1991 Aufstand d. Kurden geg. Hussein-Regime blutig niedergeschlagen 159 III

Kiruna: Stadt in N-Schweden – Zentrum d. schwed. Erzbergbaus 114 Ea

Kisangani: Stadt in N-Zaire 145 IV Gh – 1898 als Stanleyville gegr., wichtiger Umschlagpl. für d. Kongoschiffahrt 145 III Cc

Kisch: Ruinenhügel in S-Irak – um 2500 v. Chr. Stadtstaat d. Sumerer 3 I Og, 4 I Gc

Kischinew: Hptst. v. Moldawien 155 Cc– 1812 russ. 90/91 Kd – 1918/20 rumän. 110/111 Kd – 1940/44 Hptst. v. Moldau. SSR 136 I Cc – 1989–91 Demonstrationen f. Loslösung v.

UdSSR 155 Cc

Kivik: Stadt in S-Schweden – vorgeschichtl. Grabfunde 4 II Le

Kjachta: Stadt in Sibirien, Burjat. AR in d. Russ. Föderation – 1727 nach russ.-chines. Grenzvertrag Zentrum d. Handels mit China 134 Fc

Klagenfurt: Stadt in Österr. 120 I Fe – s. 1518 Hptst. v. Kärnten 70/71 He

Klausenburg (Cluj): Stadt in Rumänien 118/119 Jd – röm. Kolonie Napoca 26/27 I cl – 1316 süddt. Stadtrecht 50/51 Hg – 1541 osman. 66/67 Jd – 1790–1848 u. 1861–67 Hptst. v. Siebenbürgen 84 Ec, 101 I Ca

Kleve: ehem. Hptst. in NRW – im 13./14. Jh. Ausdehng. d. Gft. auf links- u. rechtsrhein. Gebiete 54/55 III Cc – 1417 Erhebg. z. Hzm., 1521 mit Jülich, Berg, Mark u. Ravensberg verbunden 70/71 Dc – 1614/1666 brandenburg. 84 Bb – 1795/1805–1814 franz. 87 I Bc

Klissow (Kliszów): Ort in S-Polen – 1702 schwed. Sieg über poln. Heer im 2. Nord. Krieg 76 II gl

Knäred: Ort in S-Schweden – 1613 Friede beendet dän.-schwed. Krieg 76 II Gf

Knidos: Ruinenstätte in d. W-Türkei – griech. Kolonie 7 Ec – 394 v. Chr. Seeschlacht, entscheidender dän. Sieg über d. Flotte Spartas 13 Hc

Knossos: Ruinenstätte auf Kreta, Griechenland – bedeut. jungsteinzeitl. Siedlg. im Mittelmeerraum 1 III Fc, 4 I Ec – um 1800 v. Chr. Zentrum d. kret.-minoischen Kultur 6 I Cd – unter Kaiser Augustus röm. Kolonie, Cnossus 26/27 I Je – urchristl. Gemeinde 33 I Ec

Knovic: frühgeschichtl. Fundort in d. heut. Tschech. Rep. 4 II Le

Koban: frühgeschichtl. Fundort im Kaukasus 4 II Of

Koblenz: Stadt in Rheinld.-Pfalz 122 Bc – röm. Kastell Confluentes 30/31 Cc – 1018 durch Schenkg. z. Ebm. Trier 54/55 III Cc – s. Ende d. 15. Jh. ständige reichsfreie erzbischöfl. Residenz 70/71 Dc – 1798–1814 Hptst. d. franz. Departements Rhinet-Moselle 86 I Da – 1815 preuß., Hptst. d. Rheinprov. 92 Dc – 1946–50 Hptst. v. Rheinld.-Pfalz 120 I Bc

Kodiak-Insel: amerikan. Insel im Pazif. Ozean, südl. v. Alaska – 1785 erste russ. Niederlassg. in N-Amerika 126 GHc

Kohlenwald: ehem. S-Grenze d. salischen Franken im heut. Belgien u. NW-Frankr. 37 I Ca

Kokand: Stadt in Usbekistan – bis 1876 Hptst. d. Chanats K. 134 Dc

Kokosinseln: austral. Inselgr. im Ind. Ozean 124/125 I Nf – 1857 brit. 63 III Ge – 1914 Seegefecht, austral. Sieg über d. dt. Kreuzer „Emden" 106 III Ge – 1951/55 zu Australien 143

Kolberg: Stadt in NW-Polen – im 9. Jh. slaw. Burgsiedlg., um 1000 Bm. 42/43 Ja – 1255 Lüb. Stadtrecht 50/51 Dc – im 14. Jh. Hansestadt 57 Ec – Zentrum d. Fischfangs u. -verarbeitg. 68/69 Fb – 1648 brandenburg. 74/75 Ha – 1807 starker preuß. Widerstand geg. franz. Belagerg. 92 Ha

Kolchis: Landsch. östl. vom Schwarzen Meer in Georgien – d. 4. Jh. v. Chr. Teilreich v. → Georgien 14/15 I Da – bis 395 n. Chr. unter röm. Oberhoheit, Colchis 28 Gb

Kolin (Kolín): Stadt in d. Tschech. Rep. – 1757 österr. Sieg zwingt Preußen z. Räumg. v. Böhmen 82/83 Hc

Köln: Stadt in NRW 122 Bc – vorgeschichtl. Fundort Köln-Lindenthal 3 II Ke – röm. Leg.-Lager, 50 n. Chr. röm. Kolonie Colonia Claudia Ara Agrippinensium Zentrum röm. Herrschaft in Germanien 30/31 Dc – frühchristl. Gemeinde 33 I Ca – um 456 fränk. 35 II gl – 881 v. Normannen zerstört 37 II Je – 953 Besitzergreifg. durch d. Erzbischof von K. löst Bürgeraufstände aus 42/43 Fc – im 10. Jh. Aufstieg z. bedeut. europ. Handels- u. Handwerkszentrum, enge Handelsbeziehungen zu England 44 Cb – s. 1248 Bau d. K. er Doms; 1288 vom Ebm. K. unabh. 46/47 I Da – Hansestadt, 1367 K. er Konföderation: Zusammenschluß d. Hansestädte geg. Dänemark 57 Cc – 1388 gegr.

Univ., Kulturzentrum 54 II Hd – 1371/96 Zünfte beseitigen patriz. Stadtherrschaft, 1475 Erhebg. z. Reichsstadt 54/55 III Cc – im 16. Jh. Zentrum d. Gegenreformation, 1541 gegr. Jesuitenkolleg 73 II Oh – im 16./17. Jh. Bedeutungsrückgang als Wirtschafts- u. Handelszentrum 68/69 Dc – 1794 v. Franzosen besetzt, 1803 Gründg. d. ersten dt. Handelskammer 88/89 Gc – 1815 preuß. Festg. 92 Dc – Mitte d. 19. Jh. erneuter wirtschaftl. Aufschwung 97 II Dc – im 2. WK stark zerstört 114 Cb

Köln: Ebm. in NRW – im 4. Jh. als Bm. gegr. 41 I Eb – 795 Ebm. 38/39 I Da – bis 1803 reichsunmittelbar 82/83 Dc

Kolumbien: Staat in S-Amerika 124/125 I Fe – heut. Staatsgebiet um 1500 entdeckt u. z. span. Neu-Granada 62/63 I Fd – 1810–19 Unabhängigkeitskampf unter Führg. v. Simón Bolívar, 1819 unabh., 1819–30 Vereinigg. mit Venezuela, Panamá u. Ecuador zur Verein. Rep. von K. 104 Gde – 1830–32 nach Loslösg. v. Venezuela u. Ecuador Verkündigg. d. Rep. Neu-Granada, 1861 Gründg. d. Verein. Staaten von K., 1886 Rep. K., 1903 Loslösg. Panamas führt z. Ende d. großkolumbian. Staates 132 I BCbc – 1957 Militärputsch, s. 1958 wechselnde Regierg. unter liberalen u. konservativen Präsidenten, 1991 wird d. in d. 80er Jahren geführte Guerillakrieg linksgerichteter Gruppen geg. Regierg. eingestellt, Zentrum des Drogenhandels 133 BCbc

Komi: autonome Rep. im Norden d. Russ. Föderation 155 Db – 1936 als ASSR in d. RSFSR gegr. 136 I Db

Komoren: Inselstaat an d. O-Küste v. Afrika 124/125 I Lf – 1841/86 franz. 144 II Hi – 1975 mit Ausnahme d. Insel Mayotte unabh. 145 IV Hi

Komorn (Komárno): Stadt in d. Slowen. Rep. – 1849 österr. Sieg über ungar. Revolutionstruppen 92 Ja

Kongo → Zaire

Kongo: Staat in Zentralafrika 124/125 I Jef – Teil d. heut. Staatsgebietes s. 1880 franz. Protektorat, 1910 zu Franz.-Äquatorialafrika, 1911 Gebietsabtretungen an Kamerun 144 II Fhi – 1958 autonom, 1960 unabh. Rep. (K.-Brazzaville) 145 III Bcd – 1969 Volksrep. K., s. 1991 unter Führg. d. Militärs Übergang zu Demokratie 145 IV Fhi

Kongreß – Polen → Polen

Königgrätz (Hradec Králové): Stadt in d. Tschech. Rep. – 1866 entscheidender preuß. Sieg über österr.-sächs. Armee 92 Hc

Königsberg (Kaliningrad): Stadt im ehem. Ostpreußen, Teil d. Russischen Föderation 155 Cc – 1255 Errichtg. d. Burg durch d. Dt. Orden, 1286 Stadtrecht 50/51 Gc – Hansestadt 57 Fc – s. 1457 Sitz d. Hochmeisters d. Dt. Ordens 52 I Dd – Wirtschafts- u. Kulturzentrum d. Ordensstaates 68/69 Hb – s.1525 Residenz d. Herzöge v. Preußen 70/71 Ka – 1544 Gründg. d. Univ., Zentrum d. Humanismus, später d. Aufklärg. 73 I Ka – 1701 Kröng. Friedrichs III. zum preuß. König 84 Eb – bis nach d. 1. WK bedeut. Handels- u. Industriestadt Ostpreußens 112 Ka – 1944 stark zerstört, April 1945 v. sowjet. Truppen besetzt 115 Eb – 1945 unter sowjet. Verwaltg. 120I al, 120II al – 1991 z. Russ. Föderation 155 Cc

Königshofen: Stadt in Baden-Württemberg – 1525 Niederlage d. aufständ. Bauern der d. Schwäb. Bund im dt. Bauernkrieg 72 II Gf

Königslutter: Stadt in Niedersachsen – 1135 gegr. Benedikt.-Kloster 45 I Ea

Königstein: Stadt in Sachsen – 16.–18. Jh. bedeut. sächs. Festg. 82/83 Hc

Königs Wusterhausen: Stadt in Brandenburg – 1726 österr.-preuß. Bündnisvertrag 82/83 Gb

Konstantinopel → Istanbul

Konstanz: Stadt in Baden-Württemberg 122 Ce – um 300 röm. Kastell Constantia 30/31 De – um 900 Marktrecht, 1237 Reichsstadt 54/55 III De – ma. Handelszentrum 68/69 Ed – 1414–18 Konzil z. Überwindg. d. Kirchenspaltg. 1415 Verbrenng. d. böhm. Reformators Johannes Hus als Ketzer –

bis 1430 zahlreiche Aufstände d. Zünfte geg. patriz. Stadtregiment; 1548 österr. 70/71 Ee – 1805 bad. 87 II Ke

Konstanz: ehem. Bm. in Baden-Württemberg – im 6. Jh. gegr. 41 I Ec – bis 1803 reichsunmittelbar 82/83 Ee – 1803 bad. 87 II Ke

Konstanza (Constanta): Hafenstadt in Rumänien 118/119 Ke – im 7. Jh. v. Chr. griech. Kolonie Tomis 7 Eb – bedeut. röm. Handelspl., Tomi 25 Eb – frühchristl. Gemeinde 33 I Eb – bis 1878 osman., s. 1878 rumän. 101 II bl

Konya: Stadt in d. Türkei 118/119 Lf – urchristl. Gemeinde Ikonion 16 Cb – im 11.–14. Jh. Hptst. d. Seldschuken-Sultanats v. Iconium 49 II Ja – 1386/1466 osman. 65 Fc

Kopenhagen (København): Hptst. v. Dänemark 118/119 GHb – im 12. Jh. erstmals erwähnt, 1254 Stadtrecht 50/51 Cc – 1370 bedeut. Kontor d. Hanse geg. Dänemark Niederlassg. d. Hanse 57 Db – 1478 gegr. Univ. 54 II dl – im 16. Jh. Aufstieg z. bedeut. Handelszentrum N-Europas 68/69 Fb – 1801 u. 1807 durch brit. Bombardements stark zerstört 88/89 Hb – im 19. Jh. Industriezentrum 90/91 Hb – 1940 von dt. Truppen besetzt 114 Db

Korallenmeer: Teil d. Pazif. Ozeans nordöstl. v. Australien – 1942 Seeschlacht zw. amerikan. u. japan. Flugzeugträgern 116 I Ed

Korea: geteilter Staat in O-Asien 124/125 I Pcd – heut. Staatsgebiet 918 Gründg. d. Kgr. Koryo nach chines. Vorbild, 1231 v. Mongolen unterworfen 58 Ld – s. 1392 unter Herrschaft d. Yi-Dynastie, wirtschaftl. u. kulturelle Blüte, Umwandlg. d. buddhist. in den konfuzian. Staatsführg., 1627 chines. Vasallenstaat 138 I Fab – 1895 unabh., 1905/10 japan., 1919 blutiger Aufstand geg. japan. Unterdrückg. 139 I Fab – 1945 nach d. Niederlage Japans im 2. WK Teilg. in eine sowjet. u. amerikan. Besatzungszone; Juli 1948 Gründg. d. Rep. K. in S-Korea, Sept. 1948 Proklamation d. Volksrep. K. in N-Korea; 1950–53 Koreakrieg: UN-Truppen unter amerikan. Oberbefehl unterstützen S-Korea, chines.-sowjet. Unterstützg. N-Koreas; Juli 1953 Waffenstillstand: 38. Breitenrad als de-facto-Staatsgrenze festgelegt, s. 1990 erste bilaterale Gespräche, 1991 Aufnahme beider Staaten in die UNO 139 I Mef

Korfu: griech. Insel u. Stadt im Ion. Meer 118/119 If – um 733 v. Chr. als griech. Kolonie gegr., Korkyra 7 DEc – Kämpfe mit Korinth um Kolonien lösen 431 v. Chr. d. Peloponnes. Krieg aus 13 DEb – 229 v. Chr. unter röm. Schutz, Corcyra 19 Fc – 1386 Anschluß an Venedig z. Abwehr d. osman. Herrschaft 59 Dc – 1798–1807 russ. Protektorat, 1807–14 franz. 88/89 If – 1815 zur Rep. d. Ion. Inseln, 1864 griech. 101 I Bc – 1916/17 Sitz d. serb. Regierg., 1917 Pakt von K.: Beschluß über Gründg. eines jugoslav. Bundesstaates 107 I Cd

Korinth: Stadt in Griechenland, Peloponnes – im 10. Jh. v. Chr. von Dorern gegr., Korinthos 6 I Bc – im 8. Jh. v. Chr. nach Gründg. zahlreicher Kolonien Aufstieg z. bedeut. griech. Handelsstadt u. Stadtstaat (Polis) neben Athen 7 Ec – 500–478 v. Chr. in d. Perserkriegen wichtige Flottenmacht 12 I Cc – Mitgl. d. Peloponnes. Bundes 12 II Hg – 146 v. Chr. von Römern erobert u. zerstört, 44 v. Chr. röm. Neugründg., Corinthus, Hptst. d. Prov. Achaia 26/27 I el – röm. Handelszentrum 25 Ec – 50/51 n. Chr. Gründg. d. urchristl. Gemeinde durch Apostel Paulus 33 II u. III – 395 v. Westgoten erobert 34 I Ec – im 8. Jh. byzantin. Themenhptst. 44 Ed – 1458 osman. 65 Dc – 1830 griech., 1858 durch Erdbeben zerstört u. neu errichtet; 1881–93 Bau d. Kanals von K. 101 II Hc

Korsika: franz. Insel im Mittelmeer 118/119 Ge – im 6. Jh. v. Chr. griech. Kolonisation an d. O-Küste, altgriech. Kyrnos 7 Cb – 238 v. Chr. röm., Corsica 19 Db – 455 n. Chr. von Wandalen erobert 34 I Cb – im 6. Jh. oström. 35 IV Sk – im 8. Jh. fränk. 38/39 I Dc – 850 Einfall d. Sarazenen 37 II Jf – 1077 zu Pisa, um 1300 zu Genua 49 I Bb – 1768 Abtretg. an Frankr. 86/87 Ge – 1942 v. italien. u.

dt. Truppen besetzt, 1943 Räumg. d. Insel 114 Cc

Kortrijk: Stadt in Belgien – 1302 Sieg d. flandr. Zünfte über franz. Ritterheer sichert Unabh. Flanderns 81 Ba

Kos: griech. Insel im Ägäischen Meer – s. d. 4. Jh. v. Chr. Asklepiosheiligtum u. Ärzteschule d. Hippokrates 16 Bb

Köslin (Koszalin): Stadt in N-Polen – 1266 Lüb. Stadtrecht 50/51 Ec – Hansestadt 57 Ec – 1556 Residenz d. Fürstbischöfe v. Cammin 74/75 la

Kowno → Kaunas

Krain: Landsch. in Slowenien – 973 otton. Mark 42/43 Jf – 1335 habsburg., 1394 Hzm. 54 I CDb – bis 1918 österr. Kronland 102/103 Hld

Krakau (Kraków): Stadt in S-Polen 120 II Hlc – 965 erstmals als Handelspl. erwähnt, um 1000 Bm. 42/43 Lc – 1241 v. Mongolen zerstört, 1257 Neugründg. mit Magdeb. Stadtrecht 50/51 Fe – s. 1320 poln. Haupt- u. Krönungsstadt 59 Da – 1364 Gründg. d. Univ., bedeut. Kunst- u. Kulturzentrum O-Europas 54 II dl – im 14. Jh. Hanse- u. Messestadt 57 Ec – ma. Wirtschafts- u. Handelszentrum 68/69 GHc – 1507–36 Bau d. Renaissanceschlosses; 1525 Friede zu K.: Umwandlg. d. dt. Ordensstaates in d. weltl. Hzm. Preußen 66/67 Ic – 1611 Verlegg. d. Hptst. nach Warschau 74/75 Jc – 1794 nach d. 2. Teilg. Polens Zentrum d. poln. Unabhängigkeitskampfes, 1795 österr. 85 I Bb – 1809 z. Grhzm. Warschau 88/89 Ic – 1815 Freie Stadt u. Rep., 1846 nach d. Aufstand v. Österreichern eingenommen 92 Jc – 1918 poln. 112 Jc – 1939–45 unter dt. Besetzg. Hptst. d. Generalgouvernements Polen 113 Jc

Krapina: Ort in Kroatien – vorgeschichtl. Fundort 2 I

Krefeld: Industriestadt in NRW 122 Bc – 1758 dt. Sieg über franz. Armee im 7jährigen Krieg 82/83 Dc

Kreisau (Krzyzowa): Stadt in W-Polen – 1942 Gründg. d. K.er Kreises als Widerstandsgruppe geg. d. nat.-soz. Herrschaftssystem 113 Ic

Krems: Stadt in Österr. – im 12. Jh. süddt. Stadtrecht 50/51 Df – 1485 ungar. Belagerg. 54/55 III Gd

Kremsier (Kromeriz): Stadt in d. Tschech. Rep. – 1848–49 Tagungsort d. österr. Reichstages 92 ld

Kremsmünster: Ort in Österr. – 777 gegr. Benedikt.-Kloster 45 I Be, 50/51 Df

Kreta: griech. Insel im Mittelmeer 118/119 JKf – erste Besiedlg. bereits im 3. Jtd. v. Chr. nachweisbar 31 Ha – um 2500–1400 v. Chr. Zentrum minoischer Kultur, Handel mit Ägypten, um 1200 v. Chr. Einwanderg. d. Dorer 6 I BDd, 11 IV – 64 v. Chr. röm. Prov. Creta 26/27 I elJ – 395 n. Chr. oström. 35 Ed – 823–961 v. Sarazenen besetzt 37 II Lg, 44 Ed – 1204 zu Venedig 49 I EFc – 1669 osman. Eroberg. 65 DEc – türk. Kirid, 1822–40 an Ägypten abgetreten 101 I CDc – 1898 nach d. Aufstand geg. osman. Herrschaft autonom, 1908/13 zu Griechenland, neugriech. Kriti 101 II Hlc – 1941 dt. Luftlandg., bis 1944/45 von dt. Truppen besetzt 114 Ed, 115 Ed

Krim: Halbinsel am Schwarzen Meer, Ukraine 118/119 LMde – im 6. Jh. v. Chr. Gründg. griech. Kolonie 7 Fb – Vereinigg. d. Kolonien z. → Bosporan. Reich, latein. Chersonesus Taurica 26/27 I KLcd – im 3. Jh. n. Chr. von Krimgoten erobert 34 II Qe – im 13. Jh. Gründg. genues. Handelsstützpunkte 49 I GHab – im 13. Jh. Einfall d. tatar. Mongolen ("Goldene Horde") 58 Cc – um 1440 Entstehg. d. Chanats d. Krimtataren, s. 1475 osman. Vasall 65 FHab – 1853–56 Krimkrieg 102/103 LMde – 1921 Gründg. d. Autonom. SSR Krim in d. RSFSR, 110/111 LMde – 1954–91 z. Ukrain. SSR 118/119 LMde – s. 1991 Bestrebungen z. Loslösung v. Ukraine 155 Cc

Kristiania → Oslo

Kriwoj Rog: Industriestadt in d. Ukraine 137 I Cc – im 2. WK wegen seiner reichen Eisenerzvorkommen von dt. Truppen besetzt, 1944 von d. sowjet. Armee eingenommen 115 Fc

Kroatien: Staat in Ostmitteleuropa – im 7. Jh. Ein-

wanderg. südslaw. Kroaten 38/39 I Fc – 924 unabh. Kgr. 44 Dc – 1091/1102 Pers.-Union mit Ungarn 46/47 I Fbc – 1527 österr. 66/67 Hlde – im 16./17. Jh. teilw. osman., Teil d. Militärgrenze geg. d. Osman. Reich 84 Dcd – 1848/49 nach Kampf für nationale Unabh. Bildg. d. österr. Kronlandes K.-Slawonien, 1868 zu Ungarn 101 I Ba – 1918 zu Jugoslawien, serbokroat. Gegensatz 110/111 Ide – 1941 Proklamation eines selbst. Staates, von dt. u. italien. Truppen besetzt, 1945 Teilrep. d. Bundesstaates Jugoslawien 115 Dc – s. 1988 mit Wandel in O-Europa verstärkte Unabhängigkeitsbestrebungen, 1991 unabh., Beginn d. Nationalitätenkrieges geg. Serbien 156 I D

Kronstadt: Hafen- u. Festungsstadt in d. Ostseebucht v. St. Petersburg 118/119 Ka – 1703 gegr., im 18./19. Jh. Ausbau z. russ. Flottenstützpkt. 78/79 Ka – 1917 Ausgangspkt. d. Oktoberrevolution, 1921 Matrosenaufstand geg. bolschewist. Herrschaft 110/111 Ka

Kronstadt (Brasov): Stadt in Rumänien 121 I – vom Dt. Orden gegr. 48 Eb – süddt. Stadtrecht 50/51 Ih – 1688 v. österr. Truppen besetzt 84 Cc – im 19. Jh. Zentrum d. Arbeiterbewegg., 1918/20 rumän. 110/111

Kroton → Cotrone

Ksar-el-Kebir: Stadt in Marokko – 1578 Niederlage d. Portugiesen im Kampf um ihre Vormachtstellg. in N-Afrika, span. Alcasarquivir 66/67 Dfg

Ktesiphon: Ruinenstätte in Irak – s. d. 2. Jh. v. Chr. Residenz d. Partherkönige, 3. Jh. n. Chr. d. Sassaniden 29 I Ec, 28 Gc – 638 v. Arabern erobert 36 Gc

Kuba: Inselstaat in Mittelamerika 124/125 I EFd – s. d. 6. Jh. vom indian. Volk d. Aruak besiedelt 130 I Cb – 1492 v. Kolumbus entdeckt, 1511 span. Kolonie 62/63 I EFc – Einfuhr v. Sklaven aus Afrika z. Bewirtschaftg. d. Zuckerrohr- u. Tabakplantagen; 1868–78 Aufstand d. kreol. Bevölkerg. geg. span. Kolonialherrschaft, 1898 Abtretg. d. span. Kolonie an d. USA, 1902 Rep. unter amerikan. Kontrolle, 1934 voll unabh., wirtschaftl. u. polit. Abhängigkeit d. USA führt 1956–59 z. Guerillakrieg unter Führg. v. Fidel Castro, 1961 gescheiterter Versuch v. Exilkubanern z. Übernahme d. Regierg. ("Schweinebucht-Invasion"); verstärkte militär. u. wirtschaftl. Anlehng. an d. Ostblock, 1962 Ausschluß aus d. OAS, 1962/63 Kubakrise: Errichtg. sowjet. Raketenbasen auf K. löst Konflikt mit d. USA aus 131 I CDb – 1972 Beitritt zum COMECON 152/153 I EF – 1975 Aufhebg. d. auf d. OAS erlassenen polit. u. wirtschaftl. Sanktionen, nach Zusammenbruch d. kommunist. Staatenwelt zunehmende wirtschaftl. u. polit. Isolierg. 150/151 I EFd

Kuban: Fluß im Kaukasus, Russ. Föderation – im russ. Bürgerkrieg Zentrum d. Widerstandes d. K.-Kosaken geg. bolschewist. Herrschaft 135 Dc – im 2. WK Kriegsschaupl. 115 Fc

Kulm: Ort in Tschech. Rep. – 1813 Sieg d. alliierten Armee über franz. Heer 88/89 Hc

Kulm (Chelmno): Stadt in Polen – 1231 vom Dt. Orden gegr., 1243 Bm. 52 I Ce – im 14. Jh. Hansestadt 57 Ec – 1466 poln. 70/71 Jb – 1772 preuß. 85 I Bb – 1940–44 nat.-soz. Vernichtungslager 113 Jb

Kültepe: Ruinenhügel in d. Türkei – Fundort altoriental. Kulturen 4 I Fc, 4 II Ng

Kumanovo: Stadt in Makedonien – 1912 serb. Sieg über türk. Armee im 1. Balkankrieg 101 II Hb

Kurdistan: Siedlungsgebiet d. Kurden in d. O-Türkei, W-Iran, N-Irak u. N-Syrien 159 III – s. 19. Jh. Kämpfe d. Kurden um eigenen Staat in Vorderasien, Errichtg. d. nach d. 1. WK v. Siegermächten 1920 beschlossenen unabh. Kurdistan scheitert 1923 am Widerstand d. Türkei 110/111 MNf – 1946 Proklamation. einer unabh. Kurdenrep. im W-Iran m. Hptst. Mahabad, 1947 v. iran. Truppen zerschlagen, s. 1943 zahlreiche Aufstände d. Kurden in N-Irak z. Erlangg. d. nationalen Status 148/149 I Hb – s. 1987 erneute Kämpfe in N-Irak, v. irak. Truppen durch Bombardement u. Giftgaseinsatz bekämpft – 1991 nach Golfkrieg gescheiterter Aufstand geg. Hussein-Regime, fortgesetzte Kämpfe in d. Türkei 159 III

Kuria-Muria-Inseln: Inselgr. südl. d. Arab. Halbinsel, zu Oman gehörig 148/149 I dI – 1854 brit. 139 I Bc – 1967 zu Oman 139 II gI

Kurilen: zw. Japan u. Russ. Föderation strittige Inselgr. im nördl. Pazif. Ozean 124/125 I Qc – im 18. Jh. russ., 1875 japan. 134 Hc – s. 1945/51 sowjet. 150/151 I Qc – s. 1989 Verhandlg. über Rückgabe an Japan 155 Ic

Kurland: Landsch. in Lettland – 1224 vom Schwertbrüderorden, 1237 vom Dt. Orden erobert, 1237 Bm. 52 I DEc – 1561 Umwandlg. in ein weltl. Hzm. unter poln. Oberhoheit 66/67 Jb – 1795 russ. Generalgouvernement 85 I Ca – 1918/20 z. Rep. Lettland 110/111 Jb – im 2. WK von dt. Truppen besetzt 115 Hde

Kursk: Stadt in d. Russ. Föderation 118/119 Mc – im 2. WK Kriegsschaupl. 115 Fb

Kuschan: ehem. Reich in S-Asien – bedeut. Kulturzentrum 29 I Fc

Küstenland: ehem. österr. Kronland in Italien, Kroatien u. Slowenien –1849 gegr., 1919/20 zu Italien 100 DEbc –1945/47 größtenteils zu Jugoslawien 118/119 Hde

Küstenrepublik: ehem. Rep. im fernöstl. Teil d. Russ. Föderation – 1860 als Küstenprov. zum Russ. Reich 134 Gc – im russ. Bürgerkrieg Zentrum d. „Weißen", 1920 teilw. v. Japanern besetzt, 1922 zur UdSSR 135 Hc

Küstrin (Kostrzyn): Stadt in W-Polen 122 Fb – 1232 mit Magdeb. Stadtrecht gegr. 50/51 Dd – 1252 brandenburg. 54/55 III Gb – 1536–71 Hpt. d. Neumark, Ausbau als Festg. 70/71 Hd – 1945 unter poln. Verwaltg. 120 I Fb

Kütahya: Stadt in d. W-Türkei –1833 Vertrag von K.: Türkei überläßt d. Statthalter Ägyptens d. Verwaltg. v. Syrien, Kilikien u. Kreta 90/91 KLf

Kut el-Amara: Stadt in SO-Irak – 1916 türk. Sieg über alliierte Armee 107 II Kf

Kuttenberg (Kutná Hora): Stadt in d. Tschech. Rep. – im 14./15. Jh. Zentrum d. böhm. Silberbergbaus 68/69 Fc

Kuwait: Staat auf d. Arab. Halbinsel 124/125 I Ld – heut. Staatsgebiet 1899 brit. Protektorat 144 II Hg – 1961 unabh., Zentrum d. Erdölförderg. 148/149 I Hc – Aug. 1990 v. Irak besetzt u. als Provinz annektiert, 1991 Golfkrieg: durch alliierte Streitkräfte unter Oberkommando d. USA wird K. befreit 159 III

Kwangsi-Tschuang: autonome Region in S-China 140 II LMi

Kyffhausen: Burgruine in Thüringen – im 11. Jh. erbaut, 1178 in d. Besitz Kaiser Heinrichs V. geg. d. Sachsen zerstört 46/47 I Ea

Kythera: griech. Insel südl. d. Peloponnes im Mittelmeer – 1363–1797 venezian., Cerigo genannt 49 I Ec – 1815 zur Rep. d. Ion. Inseln, 1864 griech. 101 I Cc

Kyzikos: ehem. Hafenstadt in d. NW-Türkei – 756 v. Chr. als griech. Kolonie gegr. 7 Eb – nach d. Perserkriegen Mitgl. d. Att. Seebundes 12 I Ea, 12 II Je

L

Labiau (Polessk): Ort b. Kaliningrad, Russ. Föderation – 1656 Vertrag zw. Schweden u. Brandenburg: Schweden erkennt Unabh. d. Hzm. Preußen u. Fsm. Ermland an 74/75 Ka

Labrador: Halbinsel in O-Kanada 126 OPc – um 1000 Küste v. L. von Normannen entdeckt, Helluland genannt, um 1500 Landg. europ. Seefahrer 62/63 I FGb – strittiger O-Teil 1927 zu Neufundland 105 GHb, 108/109 I FGb – 1949 O-Teil zus. mit Neufundland zu Kanada 126 OPc

La Coruña: Hafenstadt in NW Spanien 118/119 De – röm. Handelszentr. Brigantium 25 Bb – 1588 Standort d. span. Armada vor d. Schlacht geg. Engl. 66/67 De – 1809 brit.-franz. Seegef. 88/89 De

Lade: türk. Insel an d. W-Küste v. Kleinasien – 494 v. Chr. Seeschlacht, Sieg d. Perser über Griechen im Ion. Aufstand 12 I Ec

Lae: Hafenstadt in Papua-Neuguinea –1941 v. Japanern besetzt, 1943 v. amerikan. Truppen zurückerobert 116 I Ed, 116 II Lh

Lagasch: Ruinenstätte in S-Irak – im 3. Jtd. v. Chr. Kulturzentrum d. Sumerer 4 I Gc

Lagosta: kroat. Insel in d. Adria 100 Fd – 1919/20–1945/47 zu Italien 110/111 Ia

La Gravette: vorgeschichtl. Fundort im heut. S-Frankr. 2 II Kf

La Hogue: Bucht in NW-Frankr. –1692 Seeschlacht, engl.-niederländ. Sieg über franz. Flotte verhindert franz. Landg. in England 77 Cb

Laibach → Ljubljana

Lakkadiven: ind. Inselgr. im Ind. Ozean 124/ 125 I Me –1792 brit. 139 I Cc –1947 z. Ind. Union 139 II Jg

Lakonien: Landsch. in Griechenland, Peloponnes – um 1100 v. Chr. Einwanderg. d. Dorer, Zentrum → Sparta 6 I Bc

La Madeleine: altsteinzeitl. Fundort im heut. S-Frankr. 2 II Kf

Lambaese, Lambaesis: Ruinenstätte in N-Algerien – 128 n. Chr. als röm. Leg.-Lager z. militär. Unterwerfg. d. Prov. Africa Proconsularis gegr. 26/27 I Fe –198 Hptst. d. Prov. Numidia 28 Cc – frühchristl. Gemeinde 33 I Cc

Lamia: Stadt in Mittelgriechenland – 323/322 v. Chr. Lamischer Krieg: Aufstand d. Griech. geg. makedon. Herrschaft 8/9 Dd,14 II eI

Lampsakos: ehem. Stadt in d. NW-Türkei – als griech. Kolonie im Ion. Aufstand v. Persern unterworfen 7 Eb, 12 I Ea – bis 411 v. Chr. Mitgl. d. Att. Seebundes 12 I Je – 405 v. Chr. im Peloponnes. Krieg v. Sparta erobert 13 Ha

Landau: Stadt in Rheinld.-Pfalz – 1291/1511 Reichsstadt 70/71 Ed –1648/79 franz., Ausbau z. Festg. 81 Eb – im Span. Erbfolgekrieg mehrf. belagert 77 Eb –1816 bayr., 1816–66 Bundesfestg. 92 Ed

Landeshut (Kamienna Gora): Stadt in W-Polen – 1760 preuß. Niederlage geg. österr. Heer im 7jährigen Krieg 82/83 Hlc

Landsberg: Stadt in Bayern 120 I Dd – 1576 gegr. Jesuitenkolleg 73 I Qi –1924 Haft Adolf Hitlers nach d. Novemberputsch 113 Fd

Landshut: Stadt in Bayern – 1204 gegr., 1279 Stadtrecht 56 Gd – s. 1255 bayr. Residenzstadt 54/55 III Gd – 1629 gegr. Jesuitenkolleg 73 I Ri

Landstuhl: Stadt in Rheinld.-Pfalz – 1523 Tod Franz v. Sickingens bei Belagerg. seiner Burg 70/71 Dd

Langenbielau (Bielawa): Stadt in W-Polen – 1844 Zentrum d. schles. Weberaufstandes 94 I Hc

Langensalza: Stadt in Thüringen – 1866 Sieg preuß. über hannoversche Truppen 92 Fc

Langobarden: german. Volksstamm – um 5 n. Chr. an d. unteren Elbe ansässig 29 II LMf, 30/31 DEb – um 400 Wanderg. in d. Gebiet d. mittleren Donau 34 I Db – 568 Beginn d. Reichsbildg. u. Eroberungszüge in Mittel- u. S-Italien, Auseinandersetzungen mit d. Oström. Reich, 774 Unterwerfg. durch d. Franken unter Karl d. Gr. beendet Herrschaft d. L. in Italien 36 Db, 38/39 I Dc – südl. langobard. Herzogtümer bis z. 11. Jh. selbst. 46 II

Languedoc: Landsch. in S-Frankr. –125 nach Verzicht Aragóns an franz. Krone 46/47 I Cc

Laon: Stadt in NO-Frankr. – s. d. 5. Jh. Bm. 38/39 I Cb – im 12. Jh. Bau d. got. Kathedrale 46/47 I Cb – 1814 Sieg d. alliierten Armee unter Blücher über franz. Heer 88/89 Fd

Laos: Staat in SO-Asien 124/125 I Ode – heut. Staatsgebiet im 16./17. Jh. z. Reich Annam 138 I Ebc – im 18. Jh. v. Siam unterworfen 138 II Lfg – 1893 als Protektorat zu Franz.-Indochina 139 I Ebc – s. 1946 Kampf für nationale Unabh. (Indochinakrieg), 1949 autonom, 1954 unabh. Kgr., 1959 L.-Konflikt: innenpolit. Auseinandersetzungen zw. d. kommunist. Pathet-Lao-Beweg. u. neutralist. Regierg. 1971 v. vietnames. Truppen besetzt, 1975 Machtübernahme durch d. Pathet

Lao, Abschaffg. d. Monarchie 139 II Lg –1991 neue Verfassg., 1992 Beitritt z. ASEAN 158 II

La Paz: Hptst. v. Bolivien 132 I Cd

Larache: Stadt in N-Marokko –1610–89 span. 78/79 Df

Larisa, Larissa: Stadt in Mittelgriechenland – bedeut. Handelsstadt v. Thessalien 8/9 Dc – um 370 v. Chr. Tod d. Hippokrates 14/15 I Bb

La Rochelle: Hafenstadt in W-Frankr. –1152 unter engl. Herrschaft 46/47 I Bb – s. 1372 franz. 60 Df – im MA Zentrum d. Salzgewinng. u. -verschiffg. 68/69 Bd –1570–1628 Hauptstützpkt. d Hugenotten 66/67 Ed, 77 Cb – im 2. WK dt. U-Boot-Stützpkt. 115 Bc

La Rothière: Ort in Frankr. –1814 Sieg d. alliierten Armee über franz. Truppen 88/89 Fd

Lascaux: Höhle in S-Frankr. – Fundort altsteinzeitl. Höhlenmalereien 2 II Kf

La Spezia: Hafenstadt in N-Italien 100 Bc – im 2. WK dt. U-Boot-Stützpkt. 115 Cc

Laschio: Stadt in Myanma (Burma) – Ausgangspkt. d. Burmastraße 116 I Bb, 116 II fI

Latakia: Hafenstadt in W-Syrien 118/119 Mf – griech. Gründg. Laodikeia 16 Db – im 1. Jh. v. Chr. röm., Laodicea 26/27 I Le – wichtiger Handelshafen 25 Fc

Latakia: Prov. in W-Syrien – bis 1930 als Alawiten-Staat autonom 110/111 Dbc – 1936 zu Syrien 148 II CDa

Lateinisches Kaiserreich: ehem. Reich in Griechenland u. d. Türkei –1204 nach d. Eroberg. Konstantinopels durch Kreuzfahrer gegr., Errichtg. v. Lehensstaaten in S- u. O- Griechenland, 1261 nach d. byzantin. Rückeroberg. Konstantinopels Niedergang d. Reiches 48, 49 I

Latium: Landsch. in Mittelitalien – ursprüngl. vom Volk d. Latiner besiedelt 18 II JKg – als röm. Prov. unter Kaiser Augustus mit Kampanien vereinigt, Latium et Campania 26/27 I Gd

La Trappe: Kloster südwestl. v. Paris, Frankr. – 1664 Gründg. d. kathol. Mönchsordens d. Trappisten 77 Db

Lauenburg (Lebork): Stadt in N-Polen –1341 vom Dt. Orden gegr., Magdebg. Stadtrecht 50/51 Ec, 52 I Bd –1460 Land L. als poln. Lehen zu Pommern, 1657 brandenburg. 70/71 Ia, 84 Db

Lauenburg: Stadt u. ehem. Hzm. in Schleswig-Holstein – 1296 durch Teilg. d. askan. Besitzes entstanden, Hzm. Sachsen-L. 54/55 III Eb – 1689 z. Hzm. Lüneburg 74/75 Fb –1705 z. Kurfsm. Hannover 82/83 Fb –1815 zu Dänemark, 1865 Pers.-Union mit Preußen 92 Fb –1876 z. preuß. Prov. Schleswig-Holstein 93 Fb

Lauffen: Stadt in Baden-Württemberg –1534 württemberg. Sieg beendet österr. Herrschaft in Württemberg 70/71 Ed

Lausanne: Stadt in d. Schweiz – röm. Stadt Lousonna 26/27 I Fc – s. d. 6. Jh. Bm. 38/39 I Db – 1434 Reichsstadt 54/55 III Ce –1923 Friede von L. beendet griech.-türk. Krieg; 1932 Konferenz z. abschließenden Regelg. d. dt. Reparationszahlungen nach d. 1. WK 110/111 Gd

Lausitz: Landschaft im südöstl. Brandenburg in W-Polen – s. d. 10. Jh. Mark L. 42/43 IJc – im 14. Jh. zu Böhmen 54 II Ca –1526 Mgft. Ober- u. Nieder-L. habsburg. 70/71 GHbc –1635 z. Kurfsm. Sachsen 74/75 GHbc –1815 größtenteils zu Preußen 92 GHc

Lebus: Stadt in Brandenburg – im 9. Jh. slaw. Burganlage 42/43 Jb –1124/25 Bm., 1226 Magdebg. Stadtrecht 50/51 Db –1287 brandenburg. 54/55 III Gb –1571 Auflösg. d. Bm. 73 II Sg

Lechfeld: Landsch. in Bayern – 955 vermutl. Schlachtort, entscheidender Sieg d. Heeres Ottos I. über die Ungarn verhindert weiteres Vordringen d. Ungarn nach W-Europa 37 II JKf

Le Creusot: Stadt in Frankr. – s. Mitte d. 19. Jh. Zentrum d. franz. Waffenfabrikation u. Metallindustrie 97 I Ce

Leeds: Industriestadt in Großbritannien 118/ 119 Ec

Lognago: Stadt in N Italien –1815–66 österr. Festg. 100 Cc

Legnano: Stadt in N-Italien – 1176 Sieg d. Lombard. Städtebundes über stauf. Ritterheer unter Kaiser Friedrich I. Barbarossa 46/47 I Db

Lehnin: Ort in Brandenburg – 1180 gegr. Zisterz.-Kloster 45 II Jd, 50/51 Dc

Leiden: Stadt in d. Niederlanden – 1575 Gründg. d. ältesten niederländ. Univ., Kulturzentrum 73II Ng – Zentrum d. Widerstandes im niederländ. Freiheitskampf 76 I Ca

Leipheim: Stadt in Bayern – 1525 Niederlage d. verbündeten Bauern geg. d. Schwäb. Bund 72 II Hf

Leipzig: Stadt in Sachsen 157 II Ec – im 10. Jh. Errichtg. d. Burg an d. Stelle einer slaw. Siedlg. 42/43 Ic – um 1170 Magdeb. Stadtrecht 50/51 Ce – s. d. 12. Jh. Entwicklg. vom Marktort z. bedeut. Handelsstadt 54/55 III Fc – 1409 Gründg. d. Univ. 54 II dl – 1485 nach Teilg. d. wettin. Besitzes an d. albertin. Linie 70/71 Gc – 1497 Verleihg. d. Reichsmesseprivilegs festigt d. Stellg. als bedeut. europ. Handels- u. Wirtschaftszentrum 57 Dc, 68/69 Fc – 1813 „Völkerschlacht" von L.: entscheidender Sieg d. alliierten Armeen über franz. Truppen in d. Befreiungskriegen 88/89 Hc – s. Mitte d. 19. Jh. Beginn d. Industrialisierg. 97 I Gc – Zentrum d. dt. Arbeiterbewegg., 1863 Gründungsort d. Allgemeinen Dt. Arbeitervereins unter Ferdinand Lasalle 97II Gc I – 1952–90 Bezirkshptst. u. bedeutentste Messestadt d. DDR 122 Ec – Herbst 1989 Montags-Demonstrationen leiten Sturz d. SED-Regimes ein 154

Le Mans: Stadt in NW-Frankr. 118/ 119 Fd – kelt. Suindinum 26/27 I DEc – s. d. 4. Jh. Bm. 38/39 I Cb – Hptst. d. Gft. Maine 42/43 Cd – im 11./12. Jh. Bau d. roman. Kathedrale 41 I Cb

Lemberg (Lwow): Stadt in d. Ukraine 137 I Cc – um 1250 gegr., 1340/49 poln. 59 Eb – 1356 Magdeb. Stadtrecht 50/51 If – ma. Zentrum im Handel im O-Europa 68/69 Ic – 1772 Hptst. v. österr. Galizien u. Lodomerien 85 I Cc – im 1. WK Kriegsschaupl. 107 I Dab – 1919 nach heftigen Kämpfen mit d. Ukrainern v. Polen erobert 85 II Hf – 1939 v. sowjet. Truppen besetzt 114 Ec – 1941–44 während d. dt. Besetzg. Vernichtg. u. Verschleppg. d. jüd. Bevölkerg., 1944 von d. Roten Armee eingenommen, Vertreibg. d. poln. Bevölkerg. 115 Ec

Lemgo: Stadt in NRW – 1245 Stadtrecht, Hansestadt 57 Cc

Lemnos: griech. Insel im Ägäischen Meer – 512–479 v. Chr. pers., Teilnahme am Ion. Aufstand 12 I Db – 477 v. Chr. Mitgl. d. Att. Seebundes 12 II fl – im Peloponnes. Krieg Bundesgenosse Athens 13 Gb – im 15. Jh. genues. u. venezian. Handelsstützpkt. 49 I Fc – 1479 osman. 65 DEc – 1913 griech. 101 II Hlc

Lengyel: vorgeschichtl. Fundort im heut. Ungarn 3 II Lf

Leninakan: Stadt in Armenien, heut. Name Kumairi, türk. Gümrü – 1920 Friede beendet Unabh. v. Armenien 110/111 Ne

Leningrad → St. Petersburg

Lens: Stadt in N-Frankr. – 1648 franz. Sieg über span. Heer 74/75 Bc

Lentia → Linz

Lenzen: Stadt in Brandenburg – im 10. Jh. otton. Burg, 929 sächs. Sieg über aufständ. Slawen 42/43 Hb

Leoben: Stadt in Österr. – 1797 Waffenstillstandsabkommen zw. Frankr. u. Österr. nach d. 1. Koalitionskrieg 87 I Fe

León: Stadt in NW-Spanien – im 1. Jh. n. Chr. röm. Leg.-Lager Legio VII Gemina 26/27 I Cd – frühchristl. Gemeinde 33 I Bb – s. 925 Hptst. d. Kgr. L., 988 v. Arabern erobert u. teilw. zerstört 44 Bc

León: ehem. Reich in NW-Spanien – 910 durch Teilg. d. Kgr. → Asturien entstanden, 925 selbst. Kgr. 36 Bb, 44 Bc – 1037/1230 zu → Kastilien 46/47 I Ac

Léopoldville → Kinshasa

Lepanto → Naupaktos

Leptis Magna: Ruinenstätte in N-Libyen – im 7. Jh. v. Chr. als phönik. Kolonie gegr. 7 Dc – bis z. 2. Pun. Krieg unter karthag. Herrschaft 19 Ed – 25 v. Chr. röm. 26/27 I Gf – im 3. Jh. n. Chr. Ausbau z. bedeut. Handelshafen d. Röm. Reiches 25 Dc – frühchristl. Gemeinde 33 I Dc – s. d. 4. Jh. Hptst. d. Prov. Tripolitana 28 Dc – 456 v. Wandalen erobert 34 I Dc – 533 oström. Rückeroberg. 35 IV Tl

Lérida: Stadt in NO-Spanien – röm. Kolonie Ilerda 26/27 I Ed – 1300 Gründg. d. Univ. 54 I He – 1647 span. Sieg über franz. Heer 77 Dc

Lérins: franz. Inselgr. an d. S-Küste v. Frankr. – 410 gegr. Kloster 33 I Cb, 45 I Dc

Lesbos: griech. Insel im Ägäischen Meer 118/119 Kf – 11./10. Jh. v. Chr. Siedlungsgebiet d. Äoler 6 I CDb – Ausgangspkt. d. äol. Kolonisation 7 Ec – 500–494 v. Chr. Teilnahme am Ion. Aufstand 12 I DEb – Mitgl. d. Att. Seebundes 12II flJ – im 4. Jh. v. Chr. makedon. 14/15 I Bb – 79 v. Chr. röm., Lesbus 26/27 I Je – 1355–1462 im Besitz Genuas 49 I Fc – 1462 osman., Mytilene 65 Ec – 1913 griech. 101 II cl

Lesotho: Staat in S-Afrika 124/125 I Kg – heut. Staatsgebiet 1868 brit. Protektorat Basutoland, Kämpfe mit d. Buren 144 I Kj – 1966 als Kgr. unabh. Mitgl. d. Commonwealth, 1986 Militärputsch, 1990 Ausweisg. d. Königs durch Militär 145 IV Gj

Leticia: Stadt in S-Kolumbien – 1935 Beilegg. d. Konfliktes zw. Kolumbien u. Peru um L.: Kolumbien erhält Zugang z. Amazonas 132 I Bc

Lettermacaward, genannt Leitir: sagenumwobene kelt. Siedlung im heut. NW-Irland 101

Lettland: Staat in NO-Europa 155 Cc – Siedlungsgebiet slaw.-balt. Volksstämme, im 13. Jh. vom Dt. Orden erobert (→ Kurland u. → Livland) 44 Eb, 52 I DGcd – 1918 unabh. Rep. 107 II dl – 1920 Unabh. v. Sowjetrußland anerkannt 110/111 JKb – 1940 v. sowjet. Truppen besetzt 114 Eb – 1940/44–1991 als Lett.SSR Unionsrep. d. UdSSR, 1941–44 von dt. Truppen besetzt 118/119 JKb – s. 1988 Volksfront z. Wiederlangg. d. Unabh.154 – 1991 erneut unabh. Rep. 155Cc

Leubus (Lubiaz): Ort in W-Polen – 1175 gegr. Zisterz.-Kloster 45 II Jd, 50/51 Ee

Leukas: griech. Insel im Ion. Meer – Heiligtum d. Apollon 6 I Ab, 12 I Bb – im MA Santa Maura genannt 65 Dc

Leuktra: Landsch. u. vermutl. Ort in Mittelgriechenland – 371 v. Chr. Sieg über d. Spartaner führt z. vorübergehenden Vormachtstellg. Thebens in Griechenland 8/9 Ed

Leúthen (Lutynia): Stadt in W-Polen – 1757 preuß. Sieg über österr. Heer im 7jährigen Krieg 82/83 Ic

Lewes: Stadt in Großbritannien – 1264 erfolgreicher Aufstand d. engl. Adels geg. König Heinrich III. 46/47 I BCa

Lexington: Stadt in d. östl. USA – 1775 erstes Gefecht im amerikan. Unabhängigkeitskrieg 127 I Db

Lhasa: Stadt in Tibet, VR China 140 II Ki – altes religiöses u. polit. Zentrum v. Tibet 138 I Db – bis 1959 Sitz d. Dalai-Lama, s. 1965 Hptst. d. autonomen Region Tibet 139 II Kf

Libanon: Staat in Vorderasien 148/149 I Gb – heut. Staatsgebiet bis 1920 zu → Syrien, 1920–41 franz. Mandat 110/111 Mg – 1941 v. brit. u. franz. Truppen besetzt 114 Fd – 1941/43 unabh. Rep., 1944 Aufhebg. d. Mandats, 1946 Abzug d. franz. Truppen, s. 1948/49 Errichtg. palästinens. Flüchtlingslager 148 II CDab, 149 V Ba – Gegensatz zw. Christen u. arab.-nationalen Muslimen führt 1958 z. Bürgerkrieg u. zur Intervention von US-Truppen 148 III CDab – 1969–1982 Anschläge u. 1975–91 meist vom Bürgerkrieg, Anschläge palästinens. Organisationen auf Israel führen zu israel. Vergeltungsmaßnahmen, 1982–85 israel. Truppeneinmarsch, Errichtg. einer israel. Sicherheitszone im S-L., 1987 Einmarsch syr. Truppen, Regierg. fakt. unter syr. Kontrolle, 1991 Beendigg. d. Bürgerkrieges zw. Christen u. Muslime, Verteidigungspakt m. Syrien 145 IV CDab

Libau (Liepaja): Hafenstadt in Lettland – 118/119 Jb – s. Ende d. 19. Jh. russ. Kriegshafen 102/103 Jb

– im 1. WK Kriegsschaupl. 107 I Da – 1918/19 provisor. Hptst. d. Rep. Lettland 110/111 Jb

Liberia: Staat in W-Afrika 124/125 I el – im heut. Staatsgebiet s. 1822 Ansiedlg. freigelassener Sklaven aus d. USA, 1847 unabh. Rep., erster unabh. Staat Afrikas 144 I Ac – 1989–91 Bürgerkrieg, 1992 Stationierung westafrikan. Friedenstruppen 145 IV Eh

Libyen: Staat in N-Afrika 124/125 I JKd – N-Teil d. heut. Staatsgebietes 395 zw. d. Ost- u. Weström. Reich geteilt 28 DEcd – im 7. Jh. Eroberg. durch d. Araber 36 DEcd – im 16. Jh. z. Osman. Reich 65 BDde – 1911/12 italien. Besetzg. beendet osman. Herrschaft, heftiger Widerstand unter Führg. d. Senussi-Dynastie geg. d. Besatzungsmacht 144 II FGg – im 2. WK Kriegsschauplatz 114 DEde – 1943 unter alliierte Verwaltg. 115 DEde – 1947 Verzicht Italiens auf L., 1951 unabh. Kgr. 145 III BCb – 1969 Sturz d. Monarchie, Errichtg. d. Islam. Volksrep. unter Gaddhafi, 1986 US-Bombardement als Vergeltg. f. Terroranschläge, 1992 UN-Wirtschaftssanktionen zur Erzwingg. d. Auslieferg. vermutl. Terroristen 145 IV FGg

Lidice: Ort westl. v. Prag, Tschech. Rep. – 1942 Massaker d. SS vernichtet d. gesamte Bevölkerg., Vergeltg. für d. Attentat auf d. SS-Führer Heydrich 113 Hc

Liechtenstein: unabh. Fsm. in Mitteleuropa 118/119 GHd – 1719 Erhebg. z. reichsunmittelbaren Fsm. 82/83 Ee – 1806–13 Mitgl. d. Rheinbundes 87 II Ke – 1815–66 zum Dt. Bund 92 Ee

Liegnitz (Legnica): Stadt in W-Polen – im 12. Jh. Marktort 46/47 I Fa – 1252 Magdeb. Stadtrecht 50/51 Ee – bis 1675 Residenz d. Fürsten von L., 1675 österr. 74/75 Hlc – 1742 preuß., 1760 preuß. Sieg über österr. Heer im 7jährigen Krieg 84 Db – 1945 unter poln. Verwaltg. 120 I Gc

Ligny: Ort in Belgien – 1815 franz. Sieg über preuß. Trupppen 88/89 FGc

Ligurien: Landsch. in NW-Italien – unter Kaiser Augustus röm. Kolonie Liguria 26/27 I Fd

Ligurische Republik: ehem. Rep. in NW-Italien – 1797 Umwandlg. d. Adelsrep. Genua in d. Ligur. Rep. 86 I Dc – 1805 d. franz. Kaiserr. eingegliedert 88/89 Ge

Lilienfeld: Ort in Österr. – 1202 gegr. Zisterz.-Kloster 50/51 Dfg

Lille: Industriestadt in N-Frankr. 118/119 Fc – 1127 Stadtrecht 46/47 I Ca – s. d. 12. Jh. Zentrum d. flandr. Wolltuchverarbeit. 68/69 Cc – bis 1668 zu Flandern, s. 1668/1713 bedeut. franz. Festg. 81 Ba

Lillehammer: Stadt in Norwegen – im 2. WK von dt. Truppen besetzt 114 Da

Lima: Hptst. v. Peru 132 Bd – 1535 v. Spaniern gegr., Aufstieg z. polit. u. kulturellen Zentrum d. span. Kolonialreiches, 1551 Gründg. d. ältesten Univ. S-Amerikas 62/63 I Fe – 1881–83 im „Salpeterkrieg" von d. chilen. Armee besetzt 132 I Bd

Limburg: Prov. in d. Niederlanden u. Prov. in Belgien – 1101 Hzm., 1355–1404 luxemburg. Hausbesitz 54 I Ba – 1406/30 zu Burgund 60 GHd – 1839 nach d. endg. Festlegg. d. niederländ.-belg. Grenze W-Teil zu Belgien, O-Teil zu d. Niederlanden, niederländ. Prov. L. 1839–66 als Hzm. Mitgl. d. Dt. Bundes 92 CDc

Limes: ehem. Grenzbefestigg. d. Röm. Reiches – s. d. 1. Jh. n. Chr. Errichtg. des L. zw. Rhein u. Donau, im 3. Jh. Schutzwall geg. german. Angriffe, Bau v. L.-Kastellen als zusätzl. Sicherg. 26/27 I Legende, 30/ 31

Limoges: Stadt in Frankr. 118/119 Fd – s. d. 3. Jh. Bm. 38/39 I Cb – ma. Handwerks- u. Handelszentr. 68/69 Cd – Residenz d. Vizegrafen von L. 60 Eg

Lindau: Stadt in Bayern 122 Ce – im 11. Jh. gegr. 42/43 de – bis 1803 Reichsstadt 82/83 Ee – 1805 bayr. 87 II Ke – 1945–55 von d. zur amerikan. Besatzungszone gehörenden Bayern abgetrennt u. d. franz. Besatzungszone eingegliedert 120 I Ce, 120 II Ce

Lindisfarne: Kloster in Großbritannien – 635 gegr., Zentrum d. iroschott. Mission 37II el, 41 I Ca

Lingayen-Bucht: Bucht vor d. philippin. Insel Luzon – 1941 v. Japanern besetzt, 1945 v. amerikan. Truppen zurückerobert 116 II J9

Linköping: Stadt in Schweden – im 12. Jh. dt. Stadtgründg., Bm. 50/51 Da, 57 Eb

Linz: Stadt in Österr. 118/119 Hd – röm. Leg.-Lager Lentia 26/27 I Gc – im 10. Jh. fränk. Handelspl. 38/39 I Eb – um 1236 Stadt 56 Hd – ma. Messestadt 68/69 Fc – 1832 Eröffng. d. Pferdeeisenbahn nach Budweis begünstigt industriellen Aufschwung 96 II Si – Hptst. v. Oberösterr. 120 I Fd

Liparische Inseln: italien. Inselgr. im Mittelmeer nördl. v. Sizilien 100 Ef

Lippe: ehem. Fsm. in NRW – im 12. Jh. Gft. 54/55 III Dbc – 1720 Erhebg. z. Fsm. 82/83 Hc – 1815–66 Mitgl. d. Dt. Bundes 92 Ebc – 1871 zum Dt. Reich 93 Ebc – 1919 Freistaat 112 Ebc – 1946 Eingliederg. in d. Land NRW 120 I Cb

Lippspringe: Stadt in NRW – 782 Reichstag: Karl d. Gr. führt fränk. Grafschaftsverfassg. in Sachsen ein 38/39 I Da

Lisaine: Fluß in O-Frankr. – 1871 franz. Niederlage im Dt.-Franz. Krieg 93 De

Lissa: kroat. Insel in d. Adria – 1866 Seeschlacht, österr. Sieg über italien. Flotte trotz d. erstmaligen Einsatzes v. Panzerschiffen durch d. Italiener 100 Fd

Lissabon (Lisboa): Hptst. v. Portugal 118/119 Df – röm. Kolonie Olisipo 26/27 I Ce – im 6. Jh. v. Westgoten erobert 35 III Hi – 716 Eroberg. d. Festg. durch d. Araber 36 Bc – 844 Angriffe d. Normannen 37 II gI – 1147 v. Kreuzfahrern unterstützte Rückeroberg. beendet arab. Herrschaft, s. 1260 port. Hptst. 46/47 I Ad, 48 Bc – 1290 Gründg. d. Univ. 54 I Gf – 1393 Ebm. 59 Bc – im Zeitalter d. Entdeckungen eine d. reichsten Handelsstädte Europas, als Hafenstadt Ausgangspkt. zahlreicher Entdeckungsfahrten 62/63 I cI – 1755 durch Erdbeben stark zerstört 78/79 Df 1807–08 v. Franzosen besetzt 88/89 Df

Litauen: Staat in NO-Europa 155 Cc – im 11./12. Jh. v. balt. Litauern besiedelt 44 Eb – im 13. Jh. Vereinigg. d. Volksstämme, ständige Kämpfe mit d. Dt. Orden führen 1386 zur Pers.-Union zw. d. Grfsm. L. u. Polen 52 I FGd, 57 FHbc – 1569 Vereinigg. mit Polen 70/71 Lac – 1772/95 nach d. Teilungen Polens zu Rußland, Entstehg. einer litau. Nationalbewegg. geg. d. russ. Herrschaft 85 I CDab – 1918 unabh. Rep. 107 II dl – 1920 Unabh. v. Sowjetrußland anerkannt; 1923 Annexion d. Memelgebietes, März 1939 Rückgabe d. Gebietes an d. Dt. Reich 110/111 JKbc – 1940 v. sowjet. Truppen besetzt 114 Eb – 1940/44–1991 als Litau. SSR Unionsrep. in d. UdSSR, 1941–44 von dt. Truppen besetzt 118/119 JKbc – 1988 Bildg. d. national. Volksfront z. Wiedererlangg. d. Unabh., 1991 unabh. Rep. 155 Cc

Littoria: Stadt in Mittelitalien – 1932 nach Urbarmachg. d. Pontin. Sümpfe gegr. 110/111 Hd

Liverpool: Hafen- u. Industriestadt in Großbritannien 118/119 Ec – im 18. Jh. Zentrum d. Sklavenhandels u. -verschiffg. 88/89 Ec – s. d. 19. Jh. einer d. wichtigsten Häfen d. Erde 90/91 Ec

Livland: Landschaft in Estland u. Lettland – d. vom Volksstamm d. Liven besiedelte Gebiet im 13. Jh. vom Dt. Orden unterworfen u. christianisiert 44 Eb, 52 I FGc – 1561 poln. 66/67 JKb – 1629 N-Teil schwed., südöstl. Teil verbleibt als Hzm. L. bei Polen; 1710/21 russ. 76 I fIJ, 78/79 JKb – 1918 zw. Estland u. Lettland geteilt 107 II dl

Livorno: Hafenstadt in Mittelitalien 118/119 He – 1421 zu Florenz, Ausbau d. Hafens unter d. Dynastie d. Medici 61 Cc

Ljubljana: Hptst. v. Slowenien 156 II Ke – 129 v. Chr. als illyr. Siedlg. Emona v. Römern erobert u. zum Leg.-Lager ausgebaut 26/27 I Gc – 1144 erstmals unter d. dt. Namen Laibach erwähnt 42/43 Je – 1320 süddt. Stadtrecht 50/51 Dg – im 16./17. Jh. Zentrum d. Reformation in Slowenien 73 II Sj – 1809–13 Hptst. d. Illyr. Provinzen 88/89 Hd – 1821 Kongreß d. europ. Großmächte beschließt Eingreifen geg. nationale Freiheitsbewegungen in Italien 90/91 Hd – s. 1848 Zentrum d. slowen. Nationalbewegg., polit., wirtschaftl. u. kultureller Mittelpkt. Sloweniens 101I Aa – 1991 Luftangriffe d. jugoslaw. Bundesarmee nach Erklärg. d. Unabh. Sloweniens 156 II Cc

Lobositz (Lovosice): Stadt in d. Tschech. Rep. – 1756 preuß. Sieg über österr. Heer im 7jährigen Krieg 82/83 Hc

Locarno: Stadt in d. Schweiz – 1925 L.-Verträge z. Sicherg. d. europ. Friedens, Grundlage für d. Eintritt Deutschlands in d. Völkerbund 110/111 Bb

Loccum: Ort in Niedersachsen – 1163 Gründg. d. Zisterz.-Klosters, bedeut. erhaltene Klosteranlage 45 II dl

Locri: Stadt in S-Italien – im 7. Jh. v. Chr. als griech. Kolonie gegr., Lokroi 7 Dc – d. Überlieferg. nach d. erste europ. Stadt mit einer Gesetzgebg., im 2. Pun. Krieg auf seiten Karthagos, 205 v. Chr. röm. 19 Fc

Lodi: Stadt in N-Italien – 1454 Friede von L. zw. Hzm. Mailand u. Rep. Venedig stellt polit. Gleichgewicht in Italien her 61 Bb – 1796 franz. Sieg unter Napoleon I. über Österreicher 86 I Db

Lodz (Łódź): Stadt in Polen 120 II Hc – s. 1815 Zentrum d. poln. Textilindustrie, Aufstieg z. größten Industriestadt Polens 97 I Jc, 97 II Jc – 1905 Arbeiteraufstand 102/103 Ic – im 1. WK 1916 dt. Truppen besetzt 107 I Ca – 1939–45 erneut dt. Besetzg., Ermordg. d. jüd. Bevölkerg. 113 Jc

Lombardei: Landsch. in N-Italien 100 BCbc – s. d. 6. Jh. Kernland d. Reiches d. Langobarden, 774 z. Frankenr. 36 CDb, 38/39 I DEb – 951 unter dt. Herrschaft 44 CDc – im 12./13. Jh. Bildg. v. Städtebünden im Kampf geg. stauf. Machtpolitik 46/47 I DEb – im 13./14. Jh. übernimmt Mailand d. Führg. im Lombardenbund, 1454 Beilegg. d. Konfliktes mit Venedig im Kampf um d. Vormachtstellg. 61 BCab – 1815 mit Venetien z. Lombardo-Venetian. Kgr. vereinigt u. Österr. angegliedert 90/91 GHd – 1859 zu Italien 100 BCbc

Lomé: Hptst. v. Togo 145 IV Fh – Lomé I–IV: Assoziierungsabkommen zw. EG u. AKP (Afrika, Karibik, Pazifik)-Staaten in d. Jahren 1975, 1979, 1984 u. 1989 zur Förderung d. Handels m. d. Dritten Welt 152/153 I Je

London: Hptst. v. Großbritannien u. Nordirland 118/119 EFc – im 1. Jh. n. Chr. kelt.-röm. Siedlg. Londinium im 2. Jh. Hptst. d. Prov. Britannia superior 26/27 I DEb – bedeut. röm. Handelspl. 25 Ba – s. 314 Bm. 38/39 I BCa – im 9./10. Jh. Einfall d. Normannen 37 II eIJ – s. d. 12. Jh. Krönungs- u. Residenzstadt 46/47 I Ba – im 15./16. Jh. Kontor d. Hanse (Stalhof) 57 ABc – wichtigster ma. Umschlagpl. für engl. Wolltucherzeugnisse 68/69 BCc – im 17. Jh. größte Stadt Europas, Aufstieg z. bedeut. Handels- u. Finanzzentrum d. Welt 62/63 I bI – s. Anfang d. 19. Jh. Zentrum d. industriellen Revolution 90/91 EFc – 1921 L.er Konferenz beschließt Höhe d. dt. Reparationsschulden nach d. 1. WK 110/111 EFc – 1945 L.er Abkommen d. vier Siegermächte regelt d. Verurteilg. v. Kriegsverbrechen im 2. WK; 1948 L.er Empfehlungen befürworten eine gemeinsame staatl. Ordng. für d. westl. Besatzungszonen in Deutschld.; 1953 L.er Schuldenabkommen z. Regelg. d. dt. Auslandsschulden nach d. 2.WK 124/125 I cI

Lorch: Stadt in Baden-Württemberg – röm. Kastell 30/31 Dd – 1102 Gründg. d. Benedikt.-Klosters durch d. Staufer 42/43 Gd

Lorch: Ort in Österr. – im 1. Jh. n. Chr. röm. Kastell Lauriacum 26/27 I Gc – frühchristl. Gemeinde 33 I Db

Lorient: Hafenstadt in W-Frankr. – im 2. WK als dt. U-Boot-Stützpkt. heftig umkämpft 115 Bc

Lorsch: Stadt in Hessen – um 764 gegr. Benedikt.-Kloster 45 I Db – s. d. 9. Jh. Reichsabtei, bedeut. geistiges Zentrum d. frühen MA 42/43 Gd

Los Alamos: Kernwaffenforschungszentrum in d. südl. USA 150/151 I Dd

Los Angeles: Hafen- u. Industriestadt in d. westl. USA 129 I Bc – 1965 Zentrum v. Rassenunruhen, 1992 erneute soziale Unruhen 128 II gI

Los Millares: Ruinenstätte in S-Spanien – frühgeschichtl. Fundort 4 I Be

Lossow: frühgeschichtl. Fundort im heut. Brandenburg 4 II Le

Lothringen: Landsch. in NO-Frankr. – 843 durch Teilg. d. Karolingerreiches als Kgr. Lotharingien entstanden 39 II – 870 zw. d. Ost- u. Westfränk. Reich geteilt 39 III – 880 endg. unter ostfränk. Herrschaft 39 IV – 959 Aufteilg. in Hzm. Nieder- L. u. Hzm. Ober-L. 42/43 Hd – im 17. Jh. Zerfall in zahlreiche geistl. u. weltl. Territorien 54/55 III Cd – 1735/66 als Hzm. zu Frankr. 78/79 Gd – 1871 NO-Teil zus. mit d. Elsaß dt. Reichsland 93 Dd – 1919 zu Frankr. 112 Dd

Lousiana: Bundesstaat in d. südl. USA 126 Me – 1682–1783 franz. Kolonie 62 II BCc – 1762/63 v. Frankr. an Großbritannien u. Spanien abgetreten 64 Fbc – 1800 span. W-Teil erneut franz., 1803 an d. USA verkauft 127 I Bc – 1812 als 18. Staat in d. Union aufgenommen 128 I Dc

Lourenço Marques → Maputo

Löwen (Leuven): Stadt in Belgien – 891 ostfränk. Sieg über Normannen 37 II Je – 1425 gegr. Univ. 54 II Hd – im MA Zentrum d. flandr. Wolltuchverarbeitg., bedeut. Handelspl. 68/69 Dc

Loyang: Stadt in O-China – Residenz d. Han-Dynastie u. altes chines. Kulturzentrum 29 I Hc

Luanda: Hptst. v. Angola 145 IV Fi – 1576 gegr. 64 Ke – 1991 Unterzeichn. d. Friedensabkomm. z. Beendigg. d. 16jährigen Bürgerkriegs 158/159 I Jf

Luang Prabang: Stadt in Laos – ehem. Residenzstadt u. religiöses Zentr. d. Buddhisten 139 II Lfg

Luba: ehem. Reich im heut. Zaire 144 I Cd

Lübeck: Stadt in Schleswig-Holstein 122 Db – 1138 Zerstörg. d. wend. Burg- u. Hafensiedlg. Alt-L. 42/43 Hb – 1143/59 Neugründg. als Kaufmannssiedlg., Zentrum dt. Ostsiedlg. 50/51 Bd – 1181 Stadtrecht 56 Fb – 1226 Reichsstadt; 1380,1384 Handwerkeraufstände 54/55 III Eb – im 14. Jh. bedeut. Handelsstadt N-Europas, Zentrum d. Hanse 57 Dc, 68/69 Eb – 1531 Einführg. d. Reformation 73 I Fb – im 16. Jh. wirtschaftl. u. polit. Bedeutungsrückgang 70/71 Fb – 1629 L.er Friede führt z. Ausscheiden Dänemarks aus d. 30jährigen Krieg 74/75 Fb – 1806 v. Franzosen besetzt, 1810–13 zu Frankr. 88/89 Hc – 1815 als Freie Hansestadt d. Dt. Bundes 92 Fb – 1866 z. Norddt. Bund, 1871 zum Dt. Reich 93 Fb – 1888 zum Dt. Zollverein 96 I Cb – 1937 z. preuß. Prov. Schleswig-Holstein 112 Fb

Lübeck: ehem. Bm. in Schleswig-Holstein – 1160 gegr., 1186 reichsunmittelbar 54/55 III Eab – s. 1555 einziges protestant. Bm. im Hl. Röm. Reich 70/71 Fa – 1803 als weltl. Fsm. zu Oldenburg 82/83 Fab

Lublin: Stadt in O-Polen 118/119 Jc – im 12. Jh. poln. Burg, 1317 Magdeb. Stadtrecht 50/51 He – im 15./16. Jh. Handels- u. Kulturzentrum, Messestadt 57 Fc, 68/69 Hc – 1569 Union von L.: Vereinigg. d. in Pers.-Union verbundenen Länder Polen u. Litauen durch Bildg. einer Realunion 66/67 Jc – 1795 österr. 85 I Cb – 1815 russ. 90/91 Jc – 1915–18 Sitz d. österr. Generalgouvernements Polen 107 I Da – 1918 poln. 85 II He – 1944 Sitz d. poln. Komitees d. Nationalen Befreig., 1945 provisor. Regierg. Polens 115 Eb

Lucca: Stadt in Italien 100 Cd – 177 v. Chr. röm. Kolonie Luca 20/21 Ed – im 10./11. Jh. Hptst. d. Mgft. Tuscien 46 II Bb – 1119 selbst. Rep. 54/55 III Efg – Zentrum d. Seidenherstellg. 68/69 Ee – 1805 napoleon. Fsm. 87 II KLg – 1815 bourbon. Hzm., 1847 z. Grhzm. Toskana 100 Cd

Lucera: Stadt in SO-Italien – 314 v. Chr. röm. Kolonie Luceria 18 II Mg – im 13. Jh. Ausbau z. stauf. Festg., Errichtg. d. Kastells 46/47 I Fc

Lüderitzbucht: Bucht an d. W-Küste v. Namibia – 1884 Ausgangspkt. dt. Kolonisierg. Südwestafrikas 144 I Be

Ludwigshafen: Industriestadt in Rheinld.-Pfalz 122 Cd – 1843/53 als bayr. Rheinhafen gegr. 93 Ed

Lugano: Stadt in d. Schweiz – 1512 als Gemeine Herrschaft zur Eidgen. 72 I Cc

Lugdunum → Lyon

Lügenfeld: ehem. Ort in O-Frankr. – 833 Aufstand d. Söhne Ludwigs d. Frommen führt z. vorübergehenden Absetzg. d. Kaisers 38/39 I Db

Lügumkloster (Løgumkloster): Ort in Dänemark – 1173 gegr. Zisterz.-Kloster 45 II dl

Lüle-Burgas: Stadt in d. europ. Türkei – 1912 bulgar. Sieg über türk. Armee im 1. Balkankrieg 101 II bl

Lund: Stadt in S-Schweden 118/119 Hb – im 11. Jh. dän. Gründg. 44 Db – 1104 Ebm., geistl. Zentrum Skandinaviens 50/51 Cc – 1658 schwed. 76 II Gf

Lunda: ehem. Reich im heut. Zaire u. Angola 144 I BCd

Lüneburg: Stadt in Niedersachsen 122 Db – 956 als Burgsiedlg. u. Saline erwähnt 42/43 Hb – vermutl. im 12. Jh. Stadtrecht 56 Fb – bis 1369 welf. Residenz 54/55 III Eb – im 14.–16. Jh. bedeut. Hansestadt, wirtschaftl. Blüte durch Salzgewinng. u. -handel 57 Dc, 68/69 Eb

Lunéville: Stadt in O-Frankr. – bis 1766 Residenzstadt im Hzm. Lothringen 81 Db – 1801 Friede zw. Frankr. u. Österr.: Frankr. erhält d. linke Rheinufer u. Anerkenng. seiner Tochterrepubliken 86 I Db, 87 I Bd

Lung-Schan: vorgeschichtl. Fundort im heut. NO-China 1 III Hc

Lusaka: Hptst. v. Sambia 145 IV Gi

Lusitania → Portugal

Lüta: Hafenstadt in NO-China 139 II Mf – 1898 als Doppelstadt Port Arthur u. Dairen an Rußland verpachtet, 1904–05 v. Japanern belagert, 1905–45 japan. 139 I Fb – Port Arthur 1945–55 sowjet. Flottenstützpkt. 140 II Nh

Lutetia → Paris

Lutter am Barenberge: Ort in Niedersachsen – 1626 entscheidender Sieg d. kaiserl. Truppen unter Tilly über dän. Heer 74/75 EFc

Lüttich (Liège): Stadt in Belgien 118/ 119 Gc – s. d. 13. Jh. zahlreiche Erhebungen geg. bischöfl. Herrschaft 54/55 III Bc – im MA Zentrum d. Steinkohlenförderg., Handelspl. 68/69 Dc – im 2. WK Kriegsschaupl. 114 Cb – bedeut. europ. Binnenhafen 122 Ac

Lüttich: Bm. in Belgien – 720 v. Maastricht nach L. verlegt 38/39 I Da – 1455/67 burgund. Protektorat 60 Gd – bis 1801 reichsunmittelbares Fsm. 82/83 Cc

Lützelburg → Luxemburg

Lützen: Stadt in Sachsen-Anhalt – 1632 schwed. Sieg über d. kaiserl. Truppen unter Wallenstein, Tod Gustav Adolfs v. Schweden 74/75 Gc

Luxemburg: Hptst. d. Grhzm. Luxemburg 118/119 Gd – um 963 Errichtg. d. Lützelburg, Stammsitz d. Grafen von L. 42/43 Fd – 1244 Stadtrecht 46/47 I Db – 1815–66 dt. Bundesfestg. 92 Dd

Luxemburg: Staat in W-Europa 118/119 Gcd – im 10. Jh. nach d. Lützelburg benannte Gft. 42/43 Fd – im 14. Jh. Erweiterg. d. luxemburg. Hausbesitzes, 1354 Erhebg. z. Hzm. 54 II Bab – 1441/51 zu Burgund, 1477 habsburg. 60 GHde – 1555 zu d. Span. Niederlanden 66/67 Gcd – 1659 S-Teil zu Frankr. 74/75 Dd – 1815 als Grhzm. Mitgl. d. Dt. Bundes, 1839 wallon. W-Teil zu Belgien 92 CDcd – 1842 Eintritt in d. Dt. Zollverein 96 I BCcd – 1867 nach gescheitertem franz. Versuch z. Angliederg. von L. neutral, 1890 Auflösg. d. Pers.-Union mit d. Niederlanden 93 Cdcd – im 1. u. 2. WK v. dt. Truppen besetzt 107 I Bb, 114 Cc

Luxeuil: Stadt in O-Frankr. – 590 gegr. Kloster 33 I Cb – Zentrum d. iroschott. Mission im Frankenr. 41 I Ec – unter Karl d. Gr. als Benedikt.-Abtei neu errichtet 38/ 39 I Db

Luxor: Stadt in Ägypt. – Tempel d. alt. Theben 5 Cb

Luzern: Stadt in d. Schweiz – im 12. Jh. Erhebg. z. Stadt 56 Ee – 1332 Mitgl. d. Eidgen. 54/55 III De – im 15. Jh. Erwerb d. späteren Kantongebietes 72 I Cb – 1574 gegr. Jesuitenkolleg 73 II Pj

Lydien: Landsch. in d. W-Türkei – 546 v. Chr. pers. Satrapie 6 I Gf – 334 v. Chr. zum Reich Alexanders d. Gr. 14/15 I Bb – 133 v. Chr. als Lydia z. röm. Prov. Asia 26/27 I Je

Lykien: Landsch. in d. S-Türkei – um 540 v. Chr. pers. 6 II GHf – Mitgl. d. Att. Seebundes 12 II Kg – 334 v. Chr. zum Reich Alexanders d. Gr. 14/15 I BCb – 43 n. Chr. röm. Prov. Lycia et Pamphylia 26/27 I Ke

Lynn: Stadt in Großbritannien – s. d. 13. Jh. Niederlassg. d. Hanse 57 Bc – im MA Zentrum d. engl. Wolltuchverarbeitg. 68/69 Cb

Lyon: Industriestadt in SO-Frankr. 118/119 Fd – 43 v. Chr. röm. Kolonie Lugdunum, Hptst. v. Gallien 26/27 I EFc – religiöses, kulturelles u. wirtschaftl. Zentrum d. gall. Provinzen 25 Cb – s. d. 2. Jh. n. Chr. Ebm. 38/39 I Cb – 532 fränk. 35 IV Sk – 879 zu Niederburgund 42/43 Ef – 1245 Konzil von L.: Absetzg. Kaiser Friedrichs II. durch Papst Innozenz IV.; 1307/12 franz. 54/55 III Bf – s. d. 15. Jh. bedeut. europ. Handels- u. Messestadt, Zentr. d. Seidenverarbeitg. 68/69 Dd – 1793 Aufstand d. Girondisten 86 I Cd – 1831 Arbeiteraufstand 97 I Cf

Lystra: ehem. Stadt in d. Türkei – Wirkungsstätte d. Apostels Paulus 33 II

M

Maastricht: Stadt in d. Niederlanden – röm. Gründg. 30/31 Bc – s. 1648 Ausbau z. stärksten niederländ. Festg. 76 I Cb – 1991 M.er Verträge: EG-Gipfelkonferenz beschließt Ausbau d. EG z. Europ. Wirtschafts- u. Währungsunion sowie Europ. Polit. Union 156 I Db

Macao: Stadt u. port. Überseeprov. an d. S-Küste v. China 124/125 I Od – 1557 an Portugal abgetreten 62/63 I Oc – s. 1976 autonom 140 II Nd

Maciejowice: Ort in Polen – 1794 entscheidender russ. Sieg über poln. Freiheitskämpfer 85 I Cb

Maclodio: Ort in N-Italien – 1427 Sieg d. Venezianer über d. Hzm. Mailand im Kampf um d. Vorherrschaft in Italien 61 Cb

Mâcon: Stadt in O-Frankr. – s. d. 5. Jh. Bm. 42/43 Ee – 1435 als Gft. zum Hzm. Burgund 60 Gf

Madagaskar: Inselstaat im Ind. Ozean an d. SO-Küste Afrikas 124/125 I Lfg – 1506 v. Portugiesen entdeckt, Sankt Laurentius genannt; im 16./17. Jh. Errichtg. port. u. franz. Niederlassungen 62/63 I Lef, 62 II Fef – 1885 franz. Protektorat, 1896 nach erfolglosen Kämpfen d. Madagassen geg. franz. Kolonialmacht z. Kolonie erklärt 105 Mef – zahlreiche Aufstände für nationale Unabh., 1957 beschränkte Autonomie, 1960 unabh. Rep. 145 III Ghij – seit ca. 1975 sozialist. Rep., s. 1991 Übergang z. parlamentar. Demokratie 145 IV Hij

Madeira: port. Inselgr. im Atlant. Ozean 124/125 I Hld – 1419 entdeckt 62/63 I Hlc

Madjaren → Ungarn

Madras: Hafenstadt in SO-Indien 139 II Kg – s. 1639 Ausgangspkt. d. Kolonialisierg. Indiens durch Großbritannien 63 III Gd – bedeut. ind. Handels- u. Kulturzentrum 139 I Dc

Madrid: Hptst. v. Spanien 118/119 Ee – im 9.–10. Jh. maur. Festg., 1083 christl. Rückeroberg. 46/47 I Bc – 1561 Erhebg. z. Hptst. u. königl. Residenz unter Philipp II. 66/67 Ee – 1808 Volksaufstand löst span. Freiheitskampf geg. franz. Herrschaft aus 88/89 Ee – 1936–39 Zentrum d. republikan. Kampfes geg. d. Franco-Truppen, 1939 Kapitulat. beendet span. Bürgerkrieg 110/111 Ee

Magada: ehem. Reich in NO-Indien – im 5. Jh. v. Chr. Wirkungsbereich v. Buddha

Magalhãesstraße: Meeresstraße zw. d. Atlant. u. Pazif. Ozean – 1520 vom port. Seefahrer Magalhães bei d. ersten Weltumseglg. entdeckt 62/63 I Fg

Magdeburg: Hptst. v. Sachsen-Anhalt 157 II Db – 805 erstmals als bedeut. fränk. Handelspl. erwähnt 38/39 I Ea – 1188 Magdebg. Stadtrecht, v. vielen ostmitteleurop. Städten übernommen 50/51 Bd – wichtiges Mitgl. d. Hanse 57 Dc – 1524 Einführg. d. Reformation verschärft Konflikt mit d. erzbischöfl. Stadtherrn, Zentrum d. Protestantismus 70/71 Fb – 1631 im 30jährigen Krieg stark zerstört, 1680 brandenburg. 74/75 Fb – 1815 Hptst. d. preuß. Prov. Sachsen 92 Fb – s.

Mitte d. 19. Jh. Industriezentrum 97 II Fb – 1952–90 Bezirkshptst. u. größter Binnenhafen d. DDR 120 II Db

Magdeburg: ehem. Ebm. in Sachsen-Anhalt – 968 unter Kaiser Otto I. gegr. 42/43 Hb – kirchl. Zentrum im Osten d. Dt. Reiches, Zentrum dt. Ostsiedlg. 50/51 Bd – 1680 als Hzm. zu Brandenburg 74/75 Fb

Magenta: Stadt in N-Italien – 1859 österr. Niederlage geg. franz.-sardin. Heer, Abzug d. österr. Truppen aus d. Lombardei 100 Bc

Magnesia: Ruinenstätte in d. W-Türkei griech. Gründg., 546 v. Chr. pers., 500–494 v. Chr. am Ion. Aufstand beteiligt 12 I Ec – frühchristl. Gemeinde 16 Bb

Mahé: Ort in SW-Indien – 1721–1954 franz. 138 II Jg, 139 II Jg

Mähren: Landsch. in d. Tschech. Rep. – bis z. Einwanderg. german. Völker im 1. Jh. v. Chr. von Kelten besiedelt 18 I Dbc, 34 I Dab – im 6. Jh. n. Chr. Vordringen slaw. Volksstämme, im 9. Jh. Bildg. d. Großmähr. Reiches 38/39 I Fb – im 10. Jh. zw. Ungarn u. Polen umkämpft, 1029 zu → Böhmen 37 II Kf, 42/43 Kd – 1182 Erhebg. z. Mgft., Beginn dt. Besiedlg. 46/47 I Fb – 1526 habsburg. 70/71 Id – 1905 Mähr. Ausgleich: Versuch z. Lösg. d. Nationalitätenkonfliktes zw. Tschechen u. Deutschen 102/103 Id – 1918 zw. Tschechoslowakei 112 IJd – 1939–45 z. „Protektorat Böhmen u. M." 113 Hld

Mährisch-Ostrau (Ostrava): Stadt in d. Tschech. Rep. 120 II GHd – reiche Steinkohlevorkommen bilden Grundlage d. tschech. Schwerindustrie 97 II dIJ

Maikop: Stadt in d. Russ. Föderation – Fundort vorgeschichtl. Hügelgräber 4 I Gb – im 2. WK wegen seiner Erdölvorkommen von dt. Truppen besetzt 114 FGc

Mailand (Milano): Industriestadt in N-Italien 118/119 Gd – im 4. Jh. v. Chr. kelt. Gründg., 222 v. Chr. röm. Eroberg., Mediolanum 20/21 Db – bedeut. röm. Handelszentrum 25 Cb – s. Ende d. 3. Jh. n. Chr. Residenzstadt 26/27 I Fc – 313 Edikt von M.: christl. Glaubensausübung als gleichberechtigt anerkannt 33 I Cb – s. d. 4. Jh. Ebm. 41 I Ec – 774 fränk. 38/39 I Db – im 11. Jh. Entwicklg. z. Stadtstaat 42/43 Gf – im 12. Jh. übernimmt M. Führg. im Lombard. Städtebund, 1162 im Kampf geg. d. stauf. Machtpolitik zerstört 46/47 I Db – im 14. Jh. Ausdehng. d. Herrschaftsbereiches unter d. Dynastie d. Visconti, 1395 Hzm 54/55 III Df – im 15. Jh. Machtkämpfe mit Venedig u. Florenz; Zentrum d. Renaissance 61 Bcab – 1500–12 u. 1515–21 franz., 1535 unter span. Herrschaft 70/71 EFef – im 18. Jh. bedeut. Wirtschaftszentrum, eine d. größten Städte Europas 68/69 Ed – 1714 österr. 77 Eb – 1797–1802 Hptst. d. Cisalpin. Rep., 1802–05 Hptst. d. Italien. Rep. 87 I Cf – 1805–15 Hptst. d. napoleon. Kgr. Italien 87 II Kf – 1815 erneut österr. 90/91 Cd – bis 1861 Zentrum im Kampf um d. italien. Einigg. 100 Bc

Maine: Bundesstaat in d. nordöstl. USA 126 Pd – 1820 als 23. Staat in d. Union aufgenomrnen 128 I FGb

Mainz: Hptst. v. Rheinld.-Pfalz 157 II Ccd – 13 v. Chr. als röm. Leg.-Lager gegr., Mogontiacum 26/27 I Fc – Ausgangspkt. d. Germanenfeldzüge unter Drusus 30/31 Ccd – s. d. 6. Jh. n. Chr. unter d. Herrschaft bischöfl. Stadtherren 38/39 I Dab – im 12. Jh. Tagungsort zahlreicher Reichstage u. Synoden, Bau d. Doms 46/47 I Db – 1254 Gründg. d. Rhein. Städtebundes – Geburtsort d. Johannes Gutenberg, d. Erfinder d. Buchdrucks 54/55 III Dd – 1461–63 Mainzer Stiftsfehde 70/71 Ecd – 1476 gegr. Univ., später Jesuitenkolleg 54 II Hde, 73 II Phi – 1792 Zentrum d. republikan. Bewegg. in Deutschld., 1792/93 als bedeut. militär. Festg. v. Franzosen belagert, 1801 franz. 86 I Da – 1815–66 Bundesfestg. 92 Ed – 1918–30 franz. Besetzg. 112 Ecd

Mainz: Bm. in Rheinld.-Pfalz u. Hessen – s. d. 6. Jh.

fränk. Bm., 747 unter Bonifatius als Ebm. z. kirchl. Zentrum Deutschlands ausgebaut 41 I Ebc – s. 965 stellen d. Erzbischöfe von M. d. Erzkanzler d. Hl. Röm. Reiches 42/43 Gcd – im 12.–14. Jh. Ausdehng. d. Besitzes 54/55 III Dcd – 1803 Auflösg. d. Ebm. 87 I Cd

Maipú: Fluß in Chile – 1818 chilen. Sieg sichert Unabh. Chiles 132 II

Maisur: Bundesstaat in S-Indien – 1799 als Fsm. brit. Vasall 138 II Jg

Majdanek: Ort in Polen – 1943–45 nat.- soz. KZ 113 Lc

Makedonien: Staat u. Landsch. in SO-Europa 118/119 Je – im 7. Jh. v. Chr. Bildg. d. Kgr. M. 8/9 CEac – im 5. Jh. v. Chr. verstärkte Förderg. griech. Kultur, Verwicklg. in d. Kämpfe d. griech. Stadtstaaten 13 EFa – im 4. Jh. v. Chr. Ausdehng. d. makedon. Herrschaftsbereiches unter Philipp II., Schaffg. eines Weltreiches unter Alexander d. Gr. 14/15 I Ba – Kriege geg. Rom führen z. Untergang d. makedon. Reiches 19 Gb – 148 v. Chr. röm. Prov. Macedonia 26/27 I dI – 395 v. Chr. oström. 28 Eb – im 8. Jh. byzantin. Thema 44 Ec – 1371 osman. 65 Db – s. Ende d. 19. Jh. v. Bulgaren, Serben u. Griechen beansprucht (Makedon. Frage); 1913 nach d. 2. Balkankrieg zw. Bulgarien, Serbien u. Griechenland geteilt 101 II Hb – 1918 serb. Teil von M. zu Jugoslawien 110/111 Je – 1945–91 nördl. Teil Teilrep. Jugoslawiens, südl. Teil Region in N-Griechenland 118/119 Je – 1991 nach Zerfall d. jugoslaw. Bundesstaates unabh. Rep. 156 II NOh

Málaga: Hafenstadt in S-Spanien 118/119 Ef – phönik. Gründg. Malaka 7 Bc – 205 v. Chr. röm., Malaca 26/27 I De – wichtiger Hafenpl. im Handel mit N-Afrika 25 Bc – 711 n. Chr. von Arabern erobert, im 11. Jh. maur. Residenz 44 Bd

Malakka: Stadt in Malaysia – 1511 port. Handelsniederlassg. 62/63 I Od – 1641 niederländ., Ansiedlg. chines. Kaufleute 1381 Ec – 1795/1824 brit. 138 II Lg – 1963 zu Malaysia 139 II Lg

Malatya: Stadt in d. O-Türkei – griech. Melitene 14/15 I Cb – im 1. Jh. n. Chr. röm. Leg.-Lager 16 Db, 26/27 I Le – frühchristl. Gemeinde 33 I Fc

Malawi: Staat in SO-Afrika 124/125 I Kf – heut. Staatsgebiet s. 1891 brit. Protektorat Njassaland, Sklavenhandel 144 II Gi – 1953–63 Zentralafrikan. Föderation mit S- u. N- Rhodesien 145 III Cd – 1964 als M. unabh. Mitgl. d. Commonwealth, 1966 Rep. 145 IV Gi

Malaysia: Staat in SO-Asien 124/125 I Oe – 1511 Eroberg. d. Halbinsel Malakka durch d. Portugiesen 62/63 I Od – 1641 v. Niederländern in Besitz genommen 138 I Ec – 1795 v. Briten besetzt 138 II Lg – s.1873 Errichtg. brit. Protektorate auf Malakka u. Borneo 139 I Ec – im 2. WK von Japanern besetzt 116 I Ccd – 1948 Bildg. d. Malay. Föderation löst Bürgerkrieg aus, 1957 unabh. Mitgl. d. Commonwealth, 1963 Bundesstaat M. mit indones. u. philippin. Gebietsansprüche führen z. Konflikt mit M., 1965 Austritt Singapurs aus d. Föderation 139 II Lg

Malediven: Inselstaat im Ind. Ozean 124/125 I Md – 1786 brit. 139 I Cc – 1965 unabh., 1968 Rep. 139 II Jg

Mali: Staat in W-Afrika 124/125 I deIJ – heut. Staatsgebiet um 13.–15. Jh. islam. Reich – um 1880 Beginn franz. Eroberg. 144 I ABc – 1904 zu Franz.-Westafrika 144 II EFh – 1960 unabh. Rep. 145 III ABbc – 1968 Militärregime, 1991 erneuter Militärputsch 145 IV EFgh

Mallorca → Balearen

Malmedy: Stadt in Belgien – 648 gegr. Benedikt.-Abtei 45 I Da – bis 1794 reichsunmittelbar 82/83 Cc – 1920 vom Dt. Reich an Belgien abgetreten 112 Dc

Malmö: Hafenstadt in S-Schweden 118/119 Hb – im 12 Jh. dt. Stadtgründg. 50/51 Cc – Niederlassg. d. Hanse 57 Db – 1544 Friede zw. Dänemark u Schweden, dän. Anerkenng. d. Königswürde v. Gustav Wasa 66/67 Hb – 1848 dän.-preuß. Waffenstillstand im Dt.-Dän. Krieg 92 Ga

Malplaquet: Ort in N-Frankr. – 1709 Niederlage d. Franzosen geg. d. vereinigte Heer d. Österreicher, Preußen u. Briten im Span. Erbfolgekrieg 77 Da

Malta: Inselstaat im Mittelmeer 118/119 Hf – im 8. Jh. v. Chr. phönik. Kolonie Melita 7 Dc – 218 v. Chr. röm. 26/27 I Ge – 870 v. Arabern, 1090 v. Normannen erobert u. Sizilien angegliedert 37 II Kg, 59 Dc – s. 1530 Lehen d. Johanniterordens, auch Malteserorden genannt; Ziel osman. Eroberungsversuche 65 Bc – 1798 franz. Besetzg. beendet Herrschaft d. Ordens; 1800 brit. 88/89 Hf – 1814 brit. Kronkolonie, Ausbau z. wichtigen Flottenstützpkt. 90/91 Hf – im 2. WK Kriegsschaupl. 115 Dd – 1947 autonom, 1964 unabh. Mitgl. d. Commonwealth, 1974 Rep. 118/119 Hf – 1989 auf Gipfeltreffen erklären d. amerikan. Präsident Bush u. sowjet. Präsident Gorbatschow d. Kalten Krieg für beendet 150/151 I Jd

Malwinen → Falklandinseln

Mameluken, Mamluken-Reich: ehem. Reich in Agypten u. Vorderasien – s. 1250 Herrschaft über Ägypten, 1260 Sieg über d. Mongolen verhindert deren weiteres Vordringen 58 Cde – Ausdehng. d. Machtbereiches auf Syrien u. Palästina, Aufstieg z führenden Reich im Vorderen Orient 59 EFc – s. 1279 Verdrängg. d. Kreuzfahrer aus Syrien u. Palästina 49 II Kc – 1517 unter osman. Oberhoheit 65 FGde

Man: autonome brit. Insel in d. Irischen See – 59 n. Chr. röm., Monapia 26/27 I Db – im 8./9. Jh. v. Normannen erobert 37 II el – im 12 Jh. Kgr., 1266 zu Schottland 46/47 II Ba – s. d. 14. Jh. engl. Lehen 59 Ba

Managua: Hptst. v. Nicaragua 131 I Cc

Manchester: Industriestadt in Großbritannien 118/119 Ec – s. Ende d. 18. Jh. Zentrum d. engl. Baumwoll- u. Textilindustrie 88/89 Ec – 1819 „Massaker v. Peterloo" bei Arbeiterdemonstration für soziale u. Parlamentsreformen 90/91 Ec

Mandschukuo → Mandschurei

Mandschurei: NO-Teil v. China – Stammgebiet d. mongol. Mandschu, d. 1644 begründete Mandschu-Dynastie beherrscht d. gesamte Chines. Reich 138 I – 1905 N-Teil russ., S-Teil japan. Einflußsphäre 139 I Fa – 1931 japan. Besetzg., 1934 Bildg. d. von japan. abh. Kaiserr. Mandschukuo 140 I Fb – 1945–46 v. sowjet. Truppen besetzt, 1946–48 Kampf zw. nationalchines. u. kommunist. Truppen, 1949 Eingliederg. in d. VR China, 1955 Errichtg. d. Provinzen Heilungkiang, Kirin u. Liaoning 140 II MNfg

Manila: Hptst. d. Philippinen 139 II Mg – 1571 span. Gründg. 138 I Fc – 1898 zu d. USA 139 I Fc – 1942 v. japan. Truppen besetzt, 1945 v. amerikan. Truppen zurückerobert, während d. Kampfhandlungen stark zerstört 116 I Dc, 116 II Kg – 1946 Regierungssitz, s. 1976 philippin. Hptst., 1986 Zentrum d. Unruhen geg. d. diktator. Marcos-Regime 142 II Kf

Manitoba: Prov. in Kanada 126 Mc

Mannheim: Industriestadt in Baden-Württemberg 122 Cd – 1607 Stadtrecht 74/75 Ed – 1720 planmäßiger Ausbau z. Residenz d. Kurfürsten von d. Pfalz, Bau d. Barockschlosses 82/83 Cd – 1803 bad. 87 I Cd – 1848/49 Zentrum d. Revolution 92 Ed – im 19. Jh. verstärkte Industrialisierg., bedeut. Binnenhafen 97 II Ed

Mansfeld: ehem. Gft. in Sachsen-Anhalt – 1780 zw. Preußen u. Sachsen geteilt 84 Cb – Zentrum d. Kupferbergbaus 97 I Fc

Mansura: Stadt in N-Ägypten 118/119 Lg – 1250 arab. Sieg über Kreuzfahrerheer 48 Fc

Mantineia: ehem. Stadt in Griechenland, Peloponnes – 418 v. Chr. im Peloponnes. Krieg v. Sparta erobert 13 Fc – 362 v. Chr. Sieg d. Thebaner unter Spartaner u. Athener; 223 v. Chr. nach makedon. Zerstörg. als Antigoneia neu gegr. 10/11 I Cb

Mantua (Mantova): Stadt in N-Italien 100 Cc – vermutl. etrusk. Gründg., später röm. 20/21 Eb – 1167 Mitgl. d. Lombard. Städtebundes 46/47 I Eb – 1433 Mgft. 61 Cb – 1530 Hzm. 70/71 Ff – 1628–31 Mantuan. Erbfolgekrieg 74/75 Ff – 1708

österr. 84 Cc – 1796–97 franz. Belagerg. 87 I Df – 1810 Erschießg. d. Tiroler Freiheitskämpfers Andreas Hofer 88/89 Hde – 1815–66 erneut österr. 100 Cc

Mantzikert: Ort in d. O-Türkei – 1071 entscheidende byzantin. Niederlage geg. Seldschuken führt z. Sinken d. byzantin. Einflusses in Kleinasien 44 Gd

Maputo: Hptst. v. Mosambik 145 IV Gj – als port. Stützpkt. Lourenço Marques gegr. 144 I Ce – 1975 in M. umbenannt 147 I Gh

Marathen: Volk in Indien – im 18. Jh. Übernahme d. Vorherrschaft in Indien 138 I

Marathon: Ort in Griechenland – 490 v. Chr. entscheidender Sieg d. Griechen über Perser 12 I Cb

Marburg: Stadt in Hessen 122 Cc – um 1200 gegr. 56 Ec – s. d. 13. Jh. Residenzstadt 54/55 III Dc – 1527 Gründg. d. luther. Univ., später geg. d. Willen d. Bürgerschaft reform. 73 I Ec, 73 II Ph – 1529 M.er Religionsgespräche zw. Luther u. Zwingli z. Überwindg. d. theolog. Differenzen beider protestant. Glaubensrichtungen 70/71 Ec

Marchfeld: Landsch. in Österr. – 1260 böhm. Sieg über ungar. Heer; 1278 habsburg. Sieg über böhm. Heer sichert machtpolit. Aufstieg d. Habsburger 46/47 I Fb

Marengo: Vorort v. Alessandria, N-Italien 100 Bc – 1800 franz. Sieg unter Napoleon I. über Österreich er im 2. Koalitionskrieg 86 I Dc

Mari: Ruinenstätte in O-Syrien – um 2500 v. Chr. gegr., als bedeut. Residenz 1694 v. Chr. von Babyloniern zerstört, Fundort altbabylon. Palastanlagen u. Tonschrifttafeln 4 I Gc

Mari, AR der: autonome Rep. in d. Russ. Föderation 155 Dc – 1936 als ASSR in d. RSFSR gegr. 136 I Dc

Maria Laach: Benedikt.-Kloster in Rheinld.-Pfalz – 1093 gegr. 45 I Da

Marianen: amerikan. Inselgr. im Pazif. Ozean 124/125 I Qe – 1565 span. 64 Rcd – 1899 mit Ausnahme v. Guam v. Spanien an d. Dt. Reich verkauft 105 Sd – 1920–45 japan. Mandat 108/109 I Qd – im 1. u. 2. WK Kriegsschaupl. 106 III dI, 116 II Lg – 1947 zum US-Treuhandgebiet Pazif. Inseln, 1986 N-M. autonomes Commonwealth d. USA 150/151 I Qe

Marienburg (Malbork): Stadt in N-Polen – 1272 vom Dt. Orden errichtete Burg, 1276 Magdebg. Stadtrecht 50/51 Fc – 1309–1466 Schloß M. Sitz d. Hochmeisters d. Ordensstaates 52 I Cde, 52 II – 1466 poln. 70/71 Jab – 1772 preuß. 851 Bb

Marienwerder (Kwidzyn): Stadt in N-Polen – 1233 erbaute Burg d. Dt. Ordens, 1236 Magdebg. Stadtrecht 50/51 Fd, 52 I Ce – 1772 Sitz d. Regierg. Westpreußens 82/83 Jb

Marignano (Melegnano): Stadt in N-Italien – 1515 franz. Heer besiegt habsburg.-eidgenöss. Truppen u. besetzt d. Hzm. Mailand 70/71 Ef

Mark: ehem. Gft. in NRW – im 13. Jh. Gft., 1392 mit Kleve vereinigt 54/55 III Cd – 1614/66 brandenburg. 74/75 Dc

Marne: Nebenfluß d. Seine in Frankr. – Sept. 1914 dt. Niederlage geg. franz.-brit. Armee in d. Anfangsphase d. 1. WK, Übergang vom Bewegungszum Stellungskrieg 107 I Bb

Marokko: Staat in NW-Afrika 124/125 I dI – an d. Küste d. heut. Staatsgebietes um 1100 v. Chr. phönik., später karthag. Kolonien 7 Bc, 19 ABcd – um 40 n. Chr. röm. Prov. Mauretania Tingitana, d. ansässigen Berberstämme bewahren ihre Selbständigkeit 26/27 I CDef – im 7./8. Jh. Teil d. arab. Reiches Maghrib, Beginn d. Islamisierg. 36 BCc – s. d. 8. Jh. unter d. Herrschaft v. Berberdynastien 37 II gI, 59 Bc – im 15. Jh. Gründg. port. u. span. Stützpunkte 66/67 DEfg – 1906,1911 M.-Krisen: dt.-franz. Interessenkonflikt um kolonialen Einfluß in M. 106 I Cc – 1912 Teilg. in ein franz. u. span. Protektorat 144 II Eg – 1921–26 Aufstand d. Rifkabylen unter Abd el-Krim geg. span. Kolonialherrschaft 110/111 DEfg – im 2. WK von alliierten Truppen besetzt 117 I Ec – s. 1947 nationaler Unabhängigkeitskampf, 1956 unabh., 1957 Kgr. 145 III Ab – 1963 marokkan.

Ansprüche auf Gebiete in d. Sahara führen z. Grenzkonflikt mit Algerien; 1969 span. Enklave Ifni zu M., 1976 Besetzg. d. nördl. Teils, 1979 d. südl. Teils v. ehem. Span.-Sahara 145 IV Ea – 1984 wegen Sahara-Konflikt Austritt aus OAU 150/151 I dI

Marquesas-Inseln: Inselgr. im südl. Pazif. Ozean, zu Franz.-Polynesien gehörig 143

Marrakesch: Stadt in Marokko 147 I Cb – Residenz marokkan. Sultane 146 II Ab

Marsala: Hafenstadt auf Sizilien, Italien 100 Dg – 398 v. Chr. an d. Stelle d. zerstörten Motye v. Karthagern gegr., griech. Lilybaion 7 Dc – 241 v. Chr. röm. Eroberg., Ausbau z. bedeut. Handels- u. Kriegshafen, latein. Lilybaeum 19 Ec – Mai 1860 Landg. Garibaldis u. seiner Truppen z. Befreig. Siziliens von d. bourbon. Herrschaft 100 Dg

Marseille: Hafenstadt in S-Frankr. 118/119 Ge – um 600 v. Chr. als griech. Kolonie Massalia gegr. 7 Cb – im 4./3. Jh. v. Chr. bedeut. Handels- u. Kulturzentrum, Massilia; im 2. Pun. Krieg mit Rom verbündet 19 Db – 49 v. Chr. röm. 27 II Qj – frühchristl. Gemeinde 33 I Gh – s. d. 4. Jh. n. Chr. Bm. 41 I Ed – 536 fränk. 37 I Dc – 1481 franz. 60 Gh – 1793 Aufstand d. Girondisten 86 I Dc – s. 1830 erneuter wirtschaftl. Aufschwung durch d. Handel zw. Frankr. u. N-Afrika 90/91 Ge – im 2. WK Kriegsschaupl. 114 Cc

Marshall-Inseln: Inselstaat im Pazif. Ozean 124/125 I Re – 1885 dt. Kolonie, 1920–45 japan. Mandat 108/109 I Rd – 1947 zum US-Treuhandgebiet Pazif. Inseln 150/151 I Re – 1990 unabh. Rep. 143

Marston Moor: Ort in Großbritannien – 1644 Sieg d. Anhäng. Cromwells über Truppen Karls I. 78/79 Ec

Martinique: franz. Insel im Karib. Meer 124/ 125 I FGe – s. 1635 franz. 64 Nebenkarte – 1946 franz. Überseedepartement 124/125 I FGe

Martinsberg (Pannonhalma): Benedikt.-Kloster in Ungarn – 996 gegr., Ausgangspkt. d. Christianisierg. Ungarns 50/51 Eg

Maryland: Bundesstaat in d. östl. USA 126 Oe – 1776 Gründerstaat d. USA 128 I Fc

Masada: Ruinenstätte in Israel – um 30 v. Chr. unter Herodes d. Gr. als Festungs- u. Palastanlage ausgebaut; 70–73 n. Chr. als letzter jüd. Stützpkt. v. Römern belagert u. erobert 32 Cf

Masowien: Landsch. in Polen – 1138 selbst. Hzm. 46/47 I FGa – 1351 poln. Lehen 59 Ea – 1526 endg. zu Polen 70/71 Kb

Massa: Stadt in N-Italien – 1815–29 bourbon. Hzm. 100 Cc

Massachusetts: Bundesstaat in d. östl. USA 126 Od – 1776 Gründerstaat d. USA 128 I Fb

Massalia, Massilia → Marseille

Massaua: Hafenstadt in N-Äthiopien – 1520 port. 62/63 I Kd – 1557 osman. 64 Ld – 1866 ägypt. 144 I Cc

Masuren: Seenlandsch. in Polen – 1914 u.1915 dt. Sieg an d. Masur. Seen u. in d. Winterschlacht geg. russ. Armee 107 I CDa

Matebele: Bantuvolk in SO-Afrika – im 19. Jh. gegr. Reich 144 I Cd

Mathildische Güter: ehem. Besitz d. Markgräfin v. Tuszien – 1079 als Lehen an d. röm. Kirche 46 II Legende

Mato Grosso: Bundesstaat in Brasilien 132 I Dd

Matsu: Inselgr. an d. SO-Küste v. China, zu Taiwan gehörig 140 II Ni

Mauer: Ort bei Heidelberg, Baden-Württemberg – Fundort d. „homo heidelbergensis" 2 I Cb

Maulbronn: Stadt in Baden-Württemberg – 1147 gegr. Zisterz.-Kloster 45 II el

Maupertuis: Ebene in Mittelfrankr. – 1356 engl. Sieg über franz. Heer im „100jährigen Krieg" 59 Cb

Mauretania: ehem. röm. Prov. in NW-Afrika – 42 n. Chr. in d. röm. Provinzen Mauretania Caesariensis u. Mauretania Tingitana geteilt 26/27 I DEef

Mauretanien: Staat in W-Afrika 124/125 I deI – heut. Staatsgebiet s. 1904 franz. Protektorat, 1920 als Kolonie Franz.-Westafrika eingegliedert 144 II Egh – 1960 unabh. Rep. 145 III Abc – 1976–79 Besetzg. d. südl. Teils v. ehem. Span.-Sahara, s. 1991 Übergang zu islam. Demokratie 145 IV Egh

Mauritius: Inselstaat im Ind. Ozean, östl. v. Madagaskar 124/125 I LMg – um 1505 v. Portugiesen entdeckt, Maskarenen genannt 62/63 I LMg – 1598 v. Niederländern erobert, 1715 als Ile de France franz. 64 MNef – 1810 brit. 104 MNef – 1968 unabh. Mitgl. d. Commonwealth 124/125 I LMg

Mauritsstaad → Recife

Mauro Castro → Akkerman

Mautern: Stadt in Österr. – im 9. Jh. fränk. Handelspl. 38/39 I Fb

Mauthausen: Ort in Österr. – 1938–45 nat.-soz. KZ 113 Hd

Maxen: Ort in Sachsen – 1759 preuß. Niederlage geg. österr. Truppen im 7jährigen Krieg 82/83 Gc

Maya: indian. Volksstämme in Mittelamerika – Träger d. M.-Hochkultur, um 300–900 höchstentwickelte d. mittelamerikan. Kulturen: frühe Anwendg. u. Entwicklg. v. Astronomie u. Mathematik, ausgedehnte Tempel- u. Palastanlagen bezeugen Blüte v. Architektur, Kunst u. Kultur, im 16. Jh. Unterwerfg. d. M. durch d. Spanier 130 I

Mayapan: Ruinenstätte in Mexiko – um 1200 Gründg. d. Liga von M., bedeut. Stadtstaat d. Maya 130 I Cb

Mayerling: Ort in Österr. – 1889 Tod d. Kronprinzen Rudolf v. Österr. auf Schloß M. 93 Id

Mazagan: Stadt in W-Marokko – 1514–1769 port. 66/67 Dg, 78/79 Dg

Mecheln (Mechelen): Stadt in Belgien – im 14./15. Jh. Handelszentrum 68/69 Dc – 1559 Ebm. 73 II Nh – im 16. Jh. Zentrum im niederländ. Freiheitskampf 76 II Cb

Mecklenburg: ehem. Land d. Dt. Reiches u. Teil d. Bundeslandes Mecklenburg-Vorpommern 157 II DEab – d. 13. Jh. Teilg. d. mecklenburg. Besitzes, 1348 Erhebg. z. Hzm. 54/55 III EFb – 1621 erneute Teilg. in d. Herzogtümer M.-Schwerin u. M.-Güstrow 74/75 FGb – 1701 letzte Landesteilg.: M.-Schwerin u. M.-Strelitz 82/83 FGb – 1815 als Großherzogtümer zum Dt. Bund 92 FGb – 1867 Anschluß an d. Dt. Zollverein 96 I EFb – 1871 zum Dt. Reich 93 FGb – 1934 Vereinigg. z. Land M. 113 FGb – 1945–52 Land d. DDR 120 I DEb – 1990 Vereinigung mit Vorpommern zum Bundesland M.-Vorpommern 157 II DEab

Medien: Landsch. in Iran – 550 v. Chr. pers. Satrapie 6 II fIJ – 330 v. Chr. Eroberg. durch Alexander d. Gr. 14/15 I DEb – Abtrenng. d. nördl. Teils als Atropatenisches Medien (→ Aserbaidschan) 14 II KLe

Medina: Stadt im westl. Saudi-Arabien 148/ 149 I Gc – 622–32 Aufenthaltsort v. Mohammed nach seiner Flucht aus Mekka, 632–56 Sitz d. ersten Kalifen, Zentrum d. Islam u. bedeut. Wallfahrtsort 36 Fd

Mediolanum → Mailand

Meerssen: Ort in d. Niederlanden – 870 Vertrag zw. Ludwig d. Deutschen u. Karl II. d. Kahlen über d. Teilg. v. Lotharingien (→ Lothringen) 39 Ed

Megara: Stadt in Griechenland – im 8. – 6. Jh. v. Chr. Ausgangspkt. griech. Kolonisation, bedeut. Seemacht 7 Ec, 13 Fbc

Megiddo: Ruinenstätte in Israel – s. d. 4. Jtd. v. Chr. besiedelt 4 I Fc – 1479 v. Chr. von Ägypten erobert u. zerstört, 733 v. Chr. assyr. 4 II Ng – bedeut. alttestamentl. Ort 32 Cc – 1918 Sieg d. Briten über d. Türken 107 II Jf

Meißen: Stadt in Sachsen – 929 Errichtg. d. Burg, 968 Gründg. d. Bm., im 13. Jh. Magdeb. Stadtrecht 50/51 Ce – 1581 Auflösg. d. Bm. 73 II Rh – 1710 Gründg. d. ersten Porzellanmanufaktur Europas 82/83 Gc

Meißen: ehem. Mgft. in Sachsen – 965 als Mark M. errichtet 42/43 Ic – 1089/1123 wettin. 54/55 III Fc – 1423 mit d. Kurfsm. Sachsen vereinigt 70/71 Hd

Mekka: Stadt im westl. Saudi-Arabien 148/149 I Gc – Geburtsort v. Mohammed, heiligste Stadt d. Islam u. bedeut. Wallfahrtsort 36 Fd

Melbourne: Hafen- u. Industriestadt in Australien 124/125 IQg –1835 gegr.,1901–27 Hptst. v. Australien 105 Rf, 108/109 I Qf

Melfi: Stadt in S-Italien – 1040 nach normann. Eroberg. Hptst. v. Apulien 46 II Cb – im 12./13. Jh. stauf. Residenz, 1231 Erlaß d. Konstitutionen von M. durch Kaiser Friedrich II., ältestes staatl. Gesetzbuch Europas im MA 46/47 I Fc

Melilla: Hafenstadt in N-Marokko, unter span. Oberhoheit 118/119 Ef – phönik. Gründg. Rusaddir, später karthag. Stützpkt. 19 Bc – s.1497 span. 66/67 Ef

Melk: Stadt in Österr. – 1089 gegr. Benedikt.-Kloster 45 I Fb, 50/51 Df – 1525 Zentrum im Bauernkrieg 72 II Jf

Meloria: italien. Insel im Mittelmeer – 1284 Seeschlacht, Sieg Genuas über Flotte v. Pisa 46/47 I Ec

Melos: griech. Insel im Ägäischen Meer – 416 v. Chr. trotz Neutralität im Peloponnes. Krieg v. Athen unterworfen 13 Gc

Memel (Klaipeda): Stadt in Litauen 118/119 Jb – 1252 vom Dt. Orden gegr. 52 I Dd – im 16. Jh. wichtiger Handelspl. 68/69 Kb – bis 1919 preuß. 112 Ka – 1923–39 Hptst. d. Memelgebietes 110/111 Jb

Memelgebiet, Memelland: Teil v. Litauen – 1919 nach d. Versailler Vertrag vom Dt. Reich an d. Alliierten abgetreten, 1920–23 unter alliierter Verwaltg., 1923 v. Litauen annektiert, 1924 Anerkenng. d. Autonomiestatus durch Litauen 112 Ka – 1939 erneut zum Dt. Reich 113 – 1944 d. Litau. SSR eingegliedert 118/119 Jb

Memleben: Ort in Sachsen-Anhalt – 973 Tod Kaiser Ottos d. Gr. 42/43 Hc

Memmingen: Stadt in Bayern – 1286 Stadtrecht 54/55 III Ede – 1525 Bauern beschließen Programm d. dt. Bauernkrieges („Zwölf Artikel") 72 II Hg – bis 1803 Reichsstadt 82/83 Fde – 1803 bayr. 87 I De

Memphis: ehem. Stadt in N-Ägypten – im 3. Jtd. v. Chr. Residenz d. Könige d. Alten Reiches 3 II Nh, 4 I Fd – geistig-kulturelles u. wirtschaftl. Zentrum Unterägyptens, alte Kultstätte 5 Ba – 525 v. Chr. pers. Eroberg. 6 II Hg

Memphis:Stadt am Mississippi in d. südl. USA 129 I DEc – franz. Gründg. Fort Prudhomme 127 I Cc – im Sezessionskrieg v. Unionstruppen erobert 127 II Hlf – 1968 Ermordg. d. Bürgerrechtlers Martin Luther King 128 II Lg

Mentana: Ort bei Rom, Italien – 1867 Niederlage d. italien. Freischärler unter Führg. v. Garibaldi geg. franz. Truppen 100 Dde

Meran (Merano): Stadt in N-Italien – 1317 Stadtrecht 50/51 Bg – bis 1420 Residenz d. Grafen v. Tirol 70/71 Fe – im 19. Jh. Entwicklg. z. bedeut. Kurort, 1919/20 zus. mit Südtirol zu Italien 100 Cb

Mercia: ehem. angelsächs. Kgr. in Großbritannien – 828 v. Wessex unterworfen 38/39 I Ba

Mergentheim, Bad: Stadt in Baden-Württemberg – 1340 Stadtrecht 54/55 III Dd – 1525 Sitz d. Dt. Ordens 70/71 Ed – Ordensburg d. Dt. Ordens im Bauernkrieg 72 II Gf – 1809 württemberg. 87 II Kd

Mérida: Stadt in SW-Spanien – 25 v. Chr. röm. Kolonie Augusta Emerita 26/27 I Ce – frühchristl. Gemeinde, bedeut. kirchl. Zentrum 33 I Bc

Merimde: vorgeschichtl. Fundort in N-Ägypten 3 I Fc

Meroë: Ruinenstätte im Sudan – um 300 v. Chr. Residenz nubischer Könige 5 Cd

Merseburg: Stadt in Sachsen-Anhalt 122 Dc – im 9. Jh. als Burg erwähnt, 968 Bm. 42/43 Hlc – im 11./12. Jh. als stauf. Königspfalz Tagungsort zahlreicher Hof- u. Reichstage 46/47 I Ea – im 13. Jh. Magdebg. Stadtrecht 50/51 BCe

Mers-el-Kebir: Stadt in N-Algerien 118/119 Ef – 1732–92 span. 78/79 Ef – 1962–68 franz. Militärstützpkt. 118/119 Ef

Mersin: Hafenstadt in d. S-Türkei 118/119 Lf – vorgeschichtl. Fundort 3 I Fc, 4 I Fc

Merw: Stadt in Turkmenistan – im 4. Jh. v. Chr. Gründg. Alexanders d. Gr., griech. Alexandreia, eine d. ältesten Städte Mittelasiens 14/15 I Fb – im 2. Jh. v. Chr. zum Partherreich u. d. Oasenstadt z. bedeut. Handelszentrum 29 I Fc – im

7. Jh. n. Chr. arab. Eroberg. 36 Ic – bis z. Zerstörg. durch d. Mongolen 1221 Hptst. d. Seldschukenreiches 58 Fd – 1884 russ. 134 Dd

Meschhed: Stadt in NO-Iran 139 II flJ – hl. Stätte d. Islam 148/149 I bl

Mesopotamien: Landsch. im Irak u. NO-Syrien – bereits um 5700 v. Chr. besiedelt 3 I – im 4. Jtd. v. Chr. Entwicklg. städt. Hochkulturen 3 II Og – s. d. 3 Jtd. v. Chr. einwandernde Bevölkerungsgruppen verhindern Bildg. einer polit. u. kulturellen Einheit in mesopotam. Siedlungsgebiet, Entsteh. d. altoriental. Reiche → Babylonien u. › Assyrien 4 I Gc – im 4. Jh. v. Chr. Eroberg. durch Alexander d. Gr. 14/15 I CDb – 312 v. Chr. Satrapie d. Seleukidenreiches 14 II JKe – 165 n. Chr. röm. 26/27 I Mef – im 7. Jh. v. Arabern unterworfen 36 Gc – 1534 z. Osman. Reich 65 Hc

Messenien: Landsch. in Griechenland, Peloponnes – um 1250 v. Chr. dor. Siedlungsgebiet, im 8. Jh. v. Chr. von Sparta erobert u. zum unfreien Helotenland gemacht 6 I Ac – 369 v. Chr. Befreig. durch Theben, Gründg. d. neuen Hptst. Messene 10/11 I BCb

Messina: Hafenstadt auf Sizilien, Italien 118/119 If – im 8. Jh. v. Chr. als griech. Kolonie Zankle gegr. 7 Dc – im 5. Jh. v. Chr. nach Einwanderg. griech. Flüchtlinge Messana genannt 13 Bb – 264 v. Chr. Hilferufe italischer Söldner an Rom u. Karthago lösen 1. Pun. Krieg aus 19 Fc – röm. Flottenstützpkt. u. Handelshafen 25 Dc – im 9./10. Jh. arab. 44 Dc – 1061 normann. Eroberg., kulturelles u. wirtschaftl. Zentrum 46 II Cc – s. d. 15. Jh. span. 61 Ee – 1908 durch Erdbeben stark zerstört 100 Ef

Metaurus: Fluß in Mittelitalien – 207 v. Chr. Sieg d. Römer über Karthager im 2. Pun. Krieg 19 Eb

Methone: Stadt in Griechenland, Peloponnes – 431 v. Chr. athen. Eroberungsversuch im Peloponnes. Krieg 13 Ec – 1206–1500 als Modon wichtiger venezian. Stützpkt. 49 I Ec

Metz: Stadt in O-Frankr. 122 Bd – kelt. Gründg. Divodurum, später röm. 26/ 27 I Fc – s. d. 5. Jh. n. Chr. merowing. Residenz 37 I Db – bis z. 12. Jh. unter bischöfl. Herrschaft 46/47 I Db – im 13. Jh. Aufstieg z. Reichsstadt, 1356 Verkündigg. d. zweiten Teiles d. „Goldenen Bulle" 54/ 55 III Cd – ma. Handelspl. 68/69 Dc – 1552 franz. Besetzg. 70/71 Db – 1648 franz., Ausbau d. Festg. 81 Db – 1870 im Dt.-Franz. Krieg von dt. Truppen belagert u. eingenommen 93 Dd – bis 1918 als Hptst. v. Lothringen z. Dt. Reich 112 Dd

Metz: Bm. in O-Frankr. – im 4. Jh. frühchristl. Gemeinde, im 6. Jh. bedeut. fränk. Bm. 41 I Ec – bis 1552 reichsunmittelbar, 1552/1648 franz. 70/71 Dd, 74/75 Dd

Mexiko: Hptst. d. Rep. Mexiko 131 I Bc – 1521 an d. Stelle d. zerstörten → Tenochtitlán neu gegr., Hptst. d. Vizekgr. Neu-Spanien, 1551 Gründg. d. Univ., polit. u. kulturelles Zentrum d. span. Kolonialreiches in Amerika, eine d. größten Städte d. damaligen Welt 62/63 I Ecd

Mexiko: Staat in Mittelamerika 124/125 I DEde – heut. Staatsgebiet im 3. Jh. v. Chr. Eroberg. durch d. Spanier im 16. Jh. z. Machtbereich d. Maya u. Azteken 130 I ACab – im 16. Jh. als Vizekgr. Neu-Spanien Zentrum d. span. Kolonialherrschaft in Amerika, reichste Silber- u. Goldvorkommen d. Welt 62/63 I DEcd – 1810–21 Freiheitskampf, 1822 unabh. Kaiserr., 1824 Sturz d. Monarchie, 1836 Loslösg. v. Texas führt z. Krieg mit d. USA u. zu weiteren Gebietsverlusten 104 DFbd – 1858–61 durch soziale Unruhen ausgelöster Bürgerkrieg, 1861 europ. Intervention unter Führg. v. Frankr., 1864–67 Kaiserr. unter Maximilian v. Österr., 1867 nach Abzug d. franz. Truppen Ausrufg. d. Rep., andauernde wirtschaftl. Reformen u. soziale Mißstände führen 1910–17 z. Revolution 131 I ABBc – größter Silberproduzent d. Welt 131 II GHfg

Mezin: vorgeschichtl. Fundort in d. heut. Ukraine 2 I Ne

Michigan: Bundesstaat in d. nördl. USA 126 Nd –

1837 als 26. Staat in d. Union aufgenommen 128 I Eb

Midway-Inseln: amerikan. Inselgr. im Pazif. Ozean – 1942 See- u. Luftschlacht, entscheidender amerikan. Sieg über Japaner führt z. Wende im Pazifikkrieg 116 I Gb

Milavece: frühgeschichtl. Fundort in d. heut. Tschech. Rep. 4 II Lf

Milazzo: Hafenstadt auf Sizilien, Italien 100 Ef – 716 v. Chr. als griech. Kolonie Mylai gegr., 426 v. Chr. athen. Eroberungsversuch im Peloponnes. Krieg 13 Bb – 260 v. Chr. Seeschlacht, erster Seesieg d. Römer über Karthager, latein. Mylae 19 Fc – 1860 Sieg d. italien.-Koalition Freiheitskämpfer über bourbon. Truppen 100 Ef

Milet: Ruinenstätte in d. W-Türkei – um 1600 v. Chr. kret.-minoische, später myken. Siedlg., griech. Miletos 6 I Dc – im 8.–6. Jh. v. Chr. größte u. bedeut. Stadt im westl. Kleinasien, Ausgangspkt. griech. Kolonisation, Handels- u. Kulturzentrum 7 Ec – 500–494 v. Chr. im Ion. Aufstand Zerstörg. durch d. Perser u. Versklavg. d. Bevölkerg. 12 I Ec – Mitgl. d. Att. Seebundes 12 I Jg – in röm. Zeit erneute Blüte, latein. Miletus 26/27 I Je – frühchristl. Gemeinde 33 III

Miltenberg: Stadt in Bayern – im 2./3. Jh. röm. Kastell 30/31 Db – 1525 Vertrag von M. zwingt d. Odenwalder Adel z. Eintritt in d. Bauernbund 72 II Gf

Minden: Stadt in NRW – 798 als fränk. Siedlg. erwähnt, um 800 Bm. 38/39 I Da – im 13. Jh. Stadtrecht 46/47 I Da – Hansestadt 57 Cc – 1648 brandenburg. 74/75 Db – 1759 franz. Niederlage geg. preuß. Heer im 7jährigen Krieg 82/83 Eb – bis 1873 preuß. Festg. 92 Eb

Minnesota: Bundesstaat in d. nördl. USA 126 Md – 1858 als 32. Staat in d. Union aufgenommen 128 I Db

Minsk: Hptst. v. Weißrußland 155 Cc – im 14. Jh. zu Litauen 59 Ea – 1793 russ. 78/79 Kc – 1898 erster Parteitag d. Sozialdemokrat. Arbeiterpartei Rußlands 134 Ec – 1919/20 poln. Besetzg. 110/111 Kc – 1941–44 von dt. Truppen besetzt, stark zerstört 114 Eb – 1919–1991 Hptst. d. Weißruss. SSR 136 I Cc – 1991 Präsidenten v. Rußland, Ukraine u. Weißrußland beschließen nach Zerfall d. UdSSR Gründg. einer „Gemeinschaft Slawischer Staaten" 155 Cc

Misenum: ehem. Stadt bei Neapel, S-Italien – 31 v. Chr. zum Hauptstützpkt. d. röm. Flotte ausgebaut 26/27 Gd

Mississippi: Bundesstaat in d. südöstl. USA 126 MNe – 1817 als 20. Staat in d. Union aufgenommen 128 I DEc

Missolunghi: Stadt in Mittelgriechenland – 1821–29 Zentrum im griech. Freiheitskampf 101 I Cc

Missouri: Bundesstaat in d. USA 126 Me – 1821 als 24. Staat in d. Union aufgenommen 128 I Dc

Mistra: Ruinenstätte in Griechenland, Peloponnes – 1348–1460 Zentrum d. byzantin. Machtbereiches in Griechenland 59 Ec

Mitau (Jelgava): Stadt in Lettland – 1265 errichtete Burg d. Dt. Ordens 52 I Ec – 1562–1795 Residenz d. kurländ. Herzöge 66/67 Jb – 1795 russ. 87 I Ca

Moab: alttestamentl. Staat im heut. Jordanien 32 Df

Modena: Stadt in N-Italien 118/119 He – 183 v. Chr. Kolonie Mutina 20/21 Ec – im 12. Jh. Mitgl. d. Lombard. Städtebundes 46/47 I Ec – 1452 Erzhebg. z. Hzm. 61 Cb – 1814–60 österr. 100 Cc

Moesia: ehem. röm. Prov. in Serbien, Bulgarien u. Rumänien – im 1. Jh. n. Chr. Teilg. in d. Provinzen Moesia Inferior u. Moesia Superior 26/27 I dIJ

Mogadischu: Hptst. v. Somalia 145 IV Hh 1503 port., 1698 arab. 64 Nd – 1977 Befreig. eines von Terroristen entführten Flugzeuges, 1991/92 Zentrum d. Bürgerkriegs in Somalia 145 IV Hh

Mogilew, Mohilew: Stadt in Weißrußland 118/119 Lc – s. 1772 russ. 85 I Eb – 1941–44 von dt. Truppen besetzt 115 Fb

Mogontiacum → Mainz

Mogulreich: ehem. Reich in Indien – 1526 unter d.

islam. Dynastie d. Moguln (Großmogul) gegr., im 16./17. Jh. größte territoriale Ausdehng. 138 I – im 18. Jh. nach Machtkämpfen mit d. Marathen Zerfall d. Reiches 138 II Jf

Mohács: Stadt in S-Ungarn – 1526 entscheidender osman. Sieg über ungar. Heer sichert osman. Vorherrschaft in Ungarn 70/71 Jef – 1687 Niederlage d. osman. Heeres geg. kaiserl. Truppen 84 Dc

Moldau: Landsch. in NO-Rumänien – um 1360 selbst. Fsm., 1387 unter poln. Lehenshoheit, territoriale Ausdehng. bis z. Schwarzen Meer 59 Eb – 1504/12 osman. Vasall 66/67. Kd – 1775 Abtretg. d. › Bukowina an Österr. 78/79 Kd – 1806–12 russ. Besetzg., 1812 Verlust v. → Bessarabien an Rußland 88/89 Kd – 1858/61 Vereinigg. mit d. Walachei z. Fsm. Rumänien 101 I Da

Moldawien: Staat in SO-Europa 155 Cc – 1918–40 zu Rumänien 110/111 Kd – 1940 mit 1924 gegr. Moldau. ASSR zur Unionsrep. Moldau. SSR in d. UdSSR zusammengefaßt 136 I Cc – 1991 unabh. Rep. in d. GUS, 1991/92 Kämpfe um Dnjester-Rep. 155 Cc

Molesmes: ehem. Kloster in Mittelfrankr. – 1075 gegr. Mutterkloster d. Zisterz.-Ordens 45 II el

Molukken: indones. Inselgr. im Pazif. Ozean 139 II Mh – 1512 als Zentrum d. Gewürzhandels v. Portugiesen in Besitz genommen, 1605/21 niederländ. 138 I Fd – 1945 zu Indonesien, April bis Okt. 1950 Rep. d. Südmolukken unabh. 141 II KLh

Mombasa: Stadt in Kenia 146 I Gf – 1498 v. Portugiesen entdeckt 62/63 I Ke – 1529 port., 1698 arab. 64 Le

Mömpelgard (Montbéliard): Stadt in O-Frankr. – bis 1793 als Gft. zu Württemberg 82/83 De – 1793/96 zu Frankr. 81 Dc

Monaco: Stadtstaat u. Fsm. in S-Europa 118/119 Ge – im 5. Jh. v. Chr. als griech. Kolonie Monoecus gegr., latein. Portus Herculis Monoeci 20/21 Bd – s. 1454 unter Herrschaft d. genues. Adelsfamilie Grimaldi 61 Ac – 1793–1814 v. Frankr. annektiert 81 De – 1815–60 unter sardin. Schutzherrschaft 100 Ad – enge wirtschaftl. u. polit. Bindungen an Frankr. 118/119 Ge

Monastir (Bitolj): Stadt in Makedonien – bis 1913 osman., Zentrum d. Islam 101 II Hb

Moncontour: Stadt in W-Frankr. – 1569 Sieg d. franz. Katholiken über Hugenotten 66/67 EFd

Mondovi: Stadt in NW-Italien – 1796 franz. Sieg über österr. Truppen 86 I Dc

Mondsee: Ort in Österr. – vorgeschichtl. Fundort 4 I Db – 748 gegr. Benedikt.-Kloster 50/51 Cg

Mongolei: Staat in Zentralasien 124/125 I NOc – heut. Staatsgebiet im 3. Jh. v. Chr. zum Reich d. Hunnen 29 I GHb – 1206 Vereinigg. d. nomad. Steppenvölker unter Dschingis Khan zu einem mongol. Großreich, Ende d. 13. Jh. Zerfall in Teilreiche 58 – 1697 z. Chines. Reich 138 I KLe – 1911 Loslösg. d. Äußeren Mongolei v. China, 1912 autonom 139 I DEa – 1921 unabh., 1924–1992 Volksrep., enge Bindungen z. Sowjetunion 139 II KLe

Monreale: Stadt auf Sizilien, Italien – 1174 Gründg. d. Benedikt.-Klosters, s. 1183 Ebm. 46 II Bc

Monrovia: Hptst. v. Liberia 145 IV Eh

Mons: Stadt in Belgien – s. d. 9. Jh. Residenz d. Grafen v. Hennegau 54/55 III Ac – im 16. Jh. Zentrum im niederländ. Freiheitskampf 76 II Bb

Montana: Bundesstaat in d. nördl. USA 126 KLd – 1889 als 41. Staat in d. Union aufgenommen 128 I BCb

Montauban: Stadt in S-Frankr. – 1570–1629 Hauptstützpkt. d. Hugenotten 66/67 Fe, 77 Dc

Monte Albán: Ruinenstätte in S-Mexiko – im 3.–5. Jh. bedeut. Kulturzentrum d. Zapoteken, um 1300 v. Mixteken erobert 130 I Bb

Montebello: Ort in N-Italien 100 Bc – 1175 Waffenstillstand zw. Kaiser Friedrich I. u. d. Lombard. Städtebund 46/47 I Db

Monte-Bello-Inseln: austral. Inselgr. an d. NW-Küste v. Australien – 1952 brit. Atomwaffenversuche 150/151 I Of

Monte Caseros: Ort in NO-Argentinien – 1852 Schlacht im argentin. Bürgerkrieg führt z. Abtrenng. d. Prov. Buenos Aires 132 I Def

Monte Cassino: Benedikt.-Kloster in Mittelitalien – um 529 durch Benedikt v. Nursia gegr., Mutterkloster d. abendländ. Mönchtums 33 I Db – im 6. Jh. v. Langobarden, im 9. Jh. v. Sarazenen zerstört 35 III Tk, 46 II Bb – im 11./12. Jh. geistigkulturelles Zentrum, 1230 Vertreibg. d. Mönche führt z. Bedeutungsrückgang 46/47 I Ec – 1944 zw. dt. u. alliierten Truppen umkämpft u. zerstört 115 Dc

Montenegro: Teilrep. in SO-Europa, nach Zerfall d. jugoslaw. Bundesstaates mit Serbien zum „neuen" Jugoslawien verbunden 156 II Mg – 1479/1528 als Fsm. osman. Vasall, Küstengebiet unter venezian. Oberhoheit 65 CDb – s. 1697 unter erzbischöfl. Herrschaft weitgehend selbst. 78/79 Ie – 1852 weltl. Fsm., 1878 nach d. Berliner Kongreß unabh. 101 I Bb – 1910 Kgr., 1912/13 Teilnahme an d. Balkankriegen auf seiten Serbiens 101 II Gb – im 1. WK auf seiten der Alliierten 107 I Cb – 1918 zu Jugoslawien 110/111 Ie – 1941–45 italien. Protektorat 115 DEc – 1945–91 Teilrep. d. Föderativen VR Jugoslawien 118/119 Ie

Monterrey: Stadt in Mexiko 131 II GHf – 1846 im mexikan. Krieg v. amerikan. Truppen eingenommen 131 I Ab

Montevideo: Hptst. v. Uruguay 152/153 I Gg – 1939 dt.-brit. Seegefecht 132 I Df

Montferrat: Landsch. in NW-Italien – im 11. Jh. Mark M. 46/47 I Dbc – 1631 größtenteils zu Savoyen 74/75 DEf

Montoire: Ort in Frankr. – 1940 Begegnung zw. Hitler u. d. franz. Staatschef Pétain: erfolglose Bemühungen Hitlers um eine dt.-franz. militär. Zusammenarbeit 110/111 Fd

Montpellier: Stadt in S-Frankr. – 1289 gegr. Univ. 54 II He – s. 1349 franz. 60 Fh – ma. Handelspl., Zentrum d. Weinanbaus u. Wolltuchverarbeitg. 68/69 Ce – 1577–1622 Stützpkt. d. Hugenotten 81 Be

Montreal: Stadt in SO-Kanada 126 Od – 1642 v. Franzosen gegr., 1775/76 im nordamerikan. Unabhängigkeitskrieg umkämpft 127 I Db – bedeut. Wirtschaftszentrum u. Binnenhafen Kanadas 1291 Fb

Montreux: Stadt in d. Schweiz – 1936 Konferenz z. Meerengenfrage: Türkei erhält volle Souveränität u. Befestigungsrecht über d. Dardanellen u. Bosporus unter Anerkenng. d. Durchfahrtsrechte anderer Staaten 110/111 Gd

Montserrat: Benedikt.-Kloster in NO-Spanien – 880 gegr., Wallfahrtsort d. Katalanen 66/67 Fe

Monza: Stadt in N-Italien 100 Bc – s. d. 6. Jh. Krönungsstätte langobard. Könige 42/43 Gf

Mook: Ort in d. Niederlanden – 1574 span. Sieg über niederländ. Heer auf d. Mooker Heide 76 I Dk

Mordwinische AR: autonome Rep. in d. Russ. Föderation 155 Dc – 1934–91 ASSR in d. RSFSR 136 I Dc

Morea → Peloponnes

Morgarten: Berghang in d. Schweiz – 1315 Niederlage d. habsburg. Ritterheeres geg. Eidgenossen 54/55 III De

Mosambik: Staat in SO-Afrika 124/125 I Kfg – heut. Staatsgebiet s. 1450 zum Reich d. Monomotapa, s. 1505 Eroberg. d. unter arab. Einfluß stehenden Küstenplätze durch d. Portugiesen, Gründg. v. Handelsstützpunkten, Sklavenhandel 62/63 I Kef – 1951 port. Überseeprov. Moçambique 145 III Cde – s. 1964 nationaler Befreiungskampf, 1973 autonom, 1975 unabh. Volksrep., 1976–92 Bürgerkrieg 145 IV Gij

Mosi: ehem. Reiche im heut. Burkina Faso 144 I Ac

Moskau: Hptst. d. Russischen Föderation 155 Cc – 1147 erstmals erwähnt, 1237 v. Mongolen zerstört 58 Cb – s. 1352 Sitz d. russ.-orthodoxen Metropoliten, im 14. Jh. als Hptst. d. Grfsm. M. Aufstieg z. polit. kulturellen u. religiösen Zentrum, Ausgangspkt. d. russ. Einigungsbestrebun-

gen 59 Fa – 1589 Patriarchat, im 16. Jh. wirtschaftl. Aufschwung 66/67 Mb – 1712 Verlegg. d. Hptst. nach St. Petersburg, 1755 Gründg. d. ersten russ. Univ. 78/79 Mb – 1812 während d. Einmarsches franz. Truppen unter Napoleon I. durch Brand stark zerstört 88/89 Mb – s. d. 19. Jh. Industriezentrum 137 I Cc – 1917 Zentrum d. Oktoberrevolution 135 Cc – 1923 Hptst. d. Sowjetunion u. d. RSFSR, 1939 Hitler u. Stalin schließen dt.-sowjet. Nichtangriffspakt. 110/111 Mb – 1940 Friede beendet sowjet.-finn. Winterkrieg, 1941 gescheiterter Angriff dt. Truppen auf M. führt z. Wende im Rußlandfeldzug, 1943 M.er Konferenz: Außenminister d. USA, Großbritanniens u. UdSSR beschließen Fortsetzg. d. Krieges bis z. bedingungslosen Kapitulation d. Achsenmächte 114 Fb, 115 Fb – Aug. 1991 gescheiterter Putsch orthodoxer Kommunisten führt zum Zerfall d. UdSSR 155 Cc

Moskitoküste: Landsch. in Nicaragua – 1687–1850/60 brit. 64 Fd, 104 Fd

Mossul: Stadt in N-Irak – im 7. Jh. v. Arabern erobert 36 Gc – im 16. Jh. osman. 65 Hc – im 1. WK Kriegsschaupl. 107 II Kf – s. 1922 M.-Gebiet wegen seiner reichen Erdölvorkommen zw. Türkei u. Irak umstritten, 1926 d. Irak eingegliedert 110/111 Mf

Mostar: Stadt in Bosnien-Herzegowina Lg – Hptst. d. Herzegowina, 1878 nach d. österr.-ungar. Besetzg. Zentrum d. serb. Widerstandes 101 I Bb, 101 II Gb

Mudanya: Stadt in d. NW-Türkei – 1922 Waffenstillstand beendet griech.-türk. Krieg 110/111 Ke

Mudros: Stadt auf Lemnos, Griechenland – 1918 türk. Kapitulation 107 II fl

Mühlberg: Stadt in Sachsen – 1547 Sieg d. kaiserl. Truppen unter Karl V. über sächs. Heer führt z. Auflösg. d. Schmalkald. Bundes 70/71 Fd

Mühldorf: Stadt in Bayern – 1322 Sieg Ludwigs v. Bayern über habsburg. Gegenkönig, letzte große Ritterschlacht auf dt. Boden 54/55 III Fd

Mühlhausen: Stadt in Thüringen – s. d. 10. Jh. Königspfalz 42/43 Hc, 46/47 I Ea – 1180 Stadtrecht u. Reichsstadt; um 1224 Entstehg. d. M.er Rechts, ältestes Rechtsbuch in dt. Sprache 50/51 Be, 54/55 III Ec – im 15. Jh. als Mittelpkt. d. thüring. Wolltuchhandels Mitgl. d. Hanse 57 Dc, 68/69 Ec – 1524/25 Zentrum im Bauernkrieg unter Führg. v. Thomas Müntzer 72 II He – 1803 preuß. 87 I Dc

Mukden → Schenjang

Mülhausen (Mulhouse): Stadt in O-Frankr. 122 Be – 1354 als Reichsstadt Mitgl. d. elsäss. Zehnstädtebundes 54/55 III Ce – 1515 Zugewandter Ort d. Eidgen. 72 I Bb – s. 1798 franz. 81 Dc

München: Hptst. v. Bayern 157 II Dd – 1158 gegr. 56 Fd – s. 1255 Residenzstadt, 1294/1340 Stadtrecht, 1397–1403 Handwerkeraufstände führen z. Schaffg. einer neuen stadt. Verfassg. 54/55 III Ed – bis z. 16. Jh. wachsende Bedeutg. als Handelspl. 68/69 Ec – 1609 Gründg. d. Kathol. Liga, Zentrum d. Gegenreformation 73 II Qi – 1632 v. schwed. Truppen eingenommen 76 II Gh – im 17./18. Jh. Ausbau z. Barockresidenz 74/75 Fd – 1826 Gründg. d. Univ., höchste Blüte v. Kunst, Kultur u. Wissenschaft; 1848 Zentrum d. demokrat. Revolution 92 Fd – s. Mitte d. 19. Jh. Industriezentrum 97 II Hg – 1919 nach d. Novemberrevolution Ausrufg. d. Räterep. Bayern, 1923 Putschversuch Hitlers, 1925 Neugründg. d. NSDAP, Zentrum d. Nationalsozialismus 112 Fd – 1938 M.er Viermächteabkommen zwingt z. Tschechoslowakei z. Abtretg. d. Sudetenlandes an d. Dt. Reich 113 Fd – im 2. WK stark zerstört 115 Dc

Münchengrätz (Mnichovo Hradiste): Stadt in d. Tschech. Rep. – 1866 preuß. Sieg über österr.-sächs. Armee 92 Hc

Munda: Stadt in S-Spanien – 45 v. Chr. Sieg Caesars im röm. Bürgerkrieg 26/27 I Ce

Münster: Stadt in NRW 122 Bbc – im 10. Jh. Marktsiedl., um 1214 Stadtrecht 56 Dbc – bedeut.

Hansestadt, Handel mit England u. Rußland 57 Cc – ma. Zentrum d. Leinenherstellg. 68/69 Dbc – 1534–35 unter Herrschaft d. Täufer 73 I Dc – 1648 Friede von M. beendet d. 30jährigen Krieg 74/75 Dc – 1780 Gründg. d. Univ. 82/83 Dbc – 1803 preuß. 87 I Bc – 1816 Hptst. d. Prov. Westfalen 92 Dbc

Münster: Bm. in NRW u. Niedersachsen – 805 z. Missionierg. d. Sachsen gegr. 38/39 I Da – bis 1803 reichsunmittelbar 82/83 DEbc

Münsterberg (Ziebiçe): Stadt in W-Polen – 1250 Magdeb. Stadtrecht 50/51 Ee – s. 1301 Residenz d. schles. Hzm. M. 54/55 III Hc – 1570 habsburg. Fsm. 70/71 Ic

Murcia: Stadt in SO-Spanien – 825 v. Arabern gegr., Hptst. eines selbst. maur. Kgr. 38/39 I Bd – 1243 kastil. Eroberg. 46/47 I Bd

Muret: Stadt in SW-Frankr. – 1213 Sieg d. Kreuzfahrer über Albigenser 46/47 I Cc

Murmansk: Hafenstadt an d. Barenssee, Russ. Föderation 155 Cb – 1915 während d. Baues d. Murmanbahn gegr. 135 Cb – sowjet. Flottenstützpkt. 150/151 I Kb

Mururoa: Atoll d. Tuamotu-Inseln im südl. Pazif. Ozean, zu Franz.-Polynesien gehörig 143 – s. 1966 franz. Atomwaffenversuche 124/125 I Cg

Mürzsteg: Ort in Österr. – 1903 österr.-russ. Abkommen z. Ausgleich d. Interessen auf d. Balkan 101 II Ga

Myanmar (b. 1988 Burma): Staat in SO-Asien 124/125 I Nde – heut. Staatsgebiet im 13. Jh. v. Mongolen erobert, Zerfall d. burman. Kgr. 58 Ie – 1769 unter chines. Oberhoheit 138 II Kfg – 1852 Unter-B., 1886 Ober-B. brit., 1886 zu Brit.-Indien 139 I Dbc – 1937 brit. Kolonie 108/109 I Ncd – 1942–45 v. Japanern besetzt 116 I Bbc, 116 II fgl – 1947 unabh., 1948 Proklamation d. Union von B., 1960 Grenzvertrag mit China, 1974 Rep. mit sozialist. Militärregime 139 II Kfg – 1988 polit. Unruhen geg. Militärregime 142 Fbc

Mykale: Gebirge in d. W-Türkei – 479 v. Chr. Sieg d. griech. Flotte über Perser 12 I Ec

Mykenai, Mykene: Ruinenstätte in Griechenland, Peloponnes – um 1200 v. Chr. Zerstörg. d. von Achäern errichteten Burg, d. griech. Sage nach Residenz v. König Agamemnon 4 II Mg – Zentrum d. myken. Kultur, um 1100 v. Chr. zum dor. Siedlungsgebiet 6 I Bc

N

Nabatäer: ehem. Volk in NW-Arabien – im 2. Jh. v. Chr. selbst. Kgr. 15 III Qef – 106 n. Chr. von Römern erobert, N-Teil d. Reiches d. röm. Prov. Arabia eingegliedert 26/27 I Lfg

Nachitschewan: autonome Rep., zu Aserbaidschan gehörend 155 Dd – 1924 als ASSR d. Aserbaidschan. SSR in d. Transkaukas. SFSR gegr. 136 I Dd

Näfels: Ort in d. Schweiz – 1388 Sieg d. Eidgenossen über habsburg. Ritterheer 54/55 III De

Nagasaki: Hafenstadt in Japan 139 II Mf – 1855 als Vertragshafen geöffnet 139 I Fb – Aug. 1945 Atombombenabwurf durch d. USA 116 II Kf

Nairobi: Hptst. v. Kenia 145 IV Gi – 1899 gegr.144 II Gi

Nakada: Ort in Ägypten – auch Negade genannt 3 I Fd – Fundort altägypt. Gräberfelder d. N.-Kultur 5 Cb

Namibia: Staat in SW-Afrika 124/125 I – JKfg – 1884 Kolonie Dt.-Südwestafrika, 1903–06 Vernichtg. d. aufständ. Hereros u. Hottentotten 144 II Fij – 1920 als Völkerbundsmandat unter südafrikan. Verwaltg., 1945 Südafrika verweigert Abschluß eines Treuhandabkommens mit d. UN u. überträgt Apartheidpolitik auf Südwestafrika, s. 1956 nationale Befreiungsbewegg. 145 III Bde – 1966 UN entzieht Südafrika d. Mandat, 1975–77 Konferenz z. Vorbereitg. d. Unabh., 1989 Beendigung d. Unabhängigkeitskriegs d. SWAPO nach Vermittlg. durch UN, 1990 unabh. Rep.145 IV Fij

Namur: Stadt in Belgien – s. d. 10. Jh. Hauptort d. Gft. N. 54/55 III Bc – 1751–81 niederländ. Barrierefestg. 82/83 Cc

Nancy: Stadt in O-Frankr. 118/119 Gd – s. d. 14. Jh. Residenz d. Herzöge v. Lothringen; 1477 eidgenöss.-lothring. Sieg über burgund. Heer 60 He – s. 1766 franz., 1768 gegr. Univ. 82/83 Dd

Nanhai: Stadt in S-China – altes chines. Zentrum d. Seiden- u. Porzellanherstellg., bedeut. Handelspl. 29 I Hc

Nanking: Industriestadt in O-China 139 II Lf – 1368–1421 Hptst. d. Chines. Reiches 58 Kd – 1842 Vertrag von N. zwingt China z. Öffng. v. fünf Häfen f. d. europ. Handel u. zur Abtretg. Hongkongs an Großbritannien, 1853 während d. Taiping-Aufstandes stark zerstört, 1899 als Vertragshafen geöffnet 139 I Eb – 1927–37 Sitz d. Nationalregierg. 140 I Ec – 1937–45 japan. Besetzg. 116 I Cb, 116 II Jf – 1949 v. chines. Kommunisten erobert 140 II Mh

Nantes: Industriestadt in W-Frankr. 118/119 Ed – röm. Handelshafen Portus Namnetum 25 Bb – s. d. 4. Jh. Bm. 38/39 I Bb – s. d. 13. Jh. Residenz d. Herzöge d. Bretagne 59 Bb – 1460 Gründg. d. Univ. 54 II Ge – 1491 franz. 60 Df – 1598 Edikt von N.: König Heinrich IV. gewährt d. Hugenotten Glaubensfreiheit 66/67 Ed – im 15. Jh. Entwicklg. z. bedeut. Handelszentrum, Umschlagpl. im Sklavenhandel mit Amerika 68/69 Bd

Napata: Ruinenstätte in N-Sudan – im 15. Jh. v. Chr. südl. Grenzort d. Neuen Reiches 5 Bd

Nantschang: Stadt in SO-China 140 II Mi – 1927 kommunist. Aufstand geg. d. Kuomintang 140 I Ed

Narbonne: Stadt in S-Frankr. – 118/117 v. Chr. röm. Kolonie Narbo, Hauptort d. Prov. Gallia Narbonensis 26/27 I Ed – wichtiger röm. Handelshafen 25 Cb – s. d. 3. Jh. n. Chr. Ebm. 41 I Dd – 413 v. Westgoten, 720 v. Arabern erobert 34 I Cb, 36 Cb – 759 fränk. 38/39 I Cc – 1507 franz. 60 Fh – Zentrum d. Weinhandels u. Wolltuchverarbeitg. 68/69 Cd

Narvik: Hafenstadt in N-Norwegen – 1940–45 wegen seiner großen Bedeutg. als Ausfuhrhafen für schwed. Erze von dt. Truppen besetzt 114 Da

Narwa: Stadt in d. nordwestl. Russ. Föderation – um 1250 mit Lüb. Stadtrecht gegr. 50/51 Ka – 1346 zum Dt. Orden 52 I GHb – bedeut. Handelszentrum, Niederlassg. d. Hanse 57 Gb – 1581 schwed., 1700 russ. Niederlage geg. schwed. Heer 76 II Jf – 1704 russ. 78/79 Kb

Naseby: Ort in Großbritannien – 1645 Sieg d. Anhänger Cromwells über Truppen Karls I. 78/79 Ec

Nashville: Stadt in d. südöstl. USA 129 I Ec – 1864 Niederlage d. Konföderation geg. Truppen d. Nordstaaten im Sezessionskrieg 127 II fl

Nassau: Hptst. d. Bahamas 126 Of

Nassau: ehem. Hzm. in Hessen – um 1125 erbaute Burg N. namensgebend f. Gft. 46/47 I Da, 54/55 III Dc – 1650/1737 Fsm. 74/75 Ec – 1806 als Hzm. Mitgl. d. Rheinbundes 87 II JKc – 1815 zum Dt. Bund 92 DEc – 1866 z. preuß. Prov. Hessen-N. 93 DEc

Natal: Prov. in Südafrika – 1497 v. Portugiesen entdeckt 62/63 I Kf – s. 1836/38 v. Buren kolonisiert, 1839 unabh. Rep., 1843 brit. 144 I Ce – 1910 z. Südafrikan. Union 144 II Gj

Naukratis: Ruinenstätte in N-Ägypten – um 650 v. Chr. als Stapelpl. gegr., einziger griech. Handelspl. in Ägypten 5 Ba, 7 Fc

Naumburg: Stadt in Sachsen-Anhalt – um 1030 Bm., im 11. Jh. Magdebg. Stadtrecht 50/51 Be – im 12./13. Jh. Bau d. Doms 54/55 III Ec – ma. Handels- u. Messestadt 68/69 Ec

Naupaktos: Hafenstadt in Mittelgriechenland – im 5. Jh. v. Chr. bedeut. Stützpkt. Athens 12 I Gf, 13 Eb – 1407 venezian. Handelsstützpkt., Lepanto 49 I Ec – 1499 osman. Eroberg., 1571 Seeschlacht, osman. Niederlage geg. d. vom Papst unterstützte span.-venezian. Flotte leitet Niedergang d. osman. Vorherrschaft im Mittelmeerraum ein 65 Dc

Nauplia: Stadt in Griechenland, Peloponnes – 1388 venezian. Handelsstützpkt. 49 I Ec – 1540 osman. 65 Dc – s. 1822 griech., bis 1834 Hptst. v. Griechenland 101 I Cc

Nauru: Inselstaat im Pazif. Ozean 143 Rf – 1920 brit.-austral.-neuseeländ. Mandat d. Völkerbundes 108/109 I Rf – 1942–45 japan. Besetzg. 116 II Mh – 1947 UN-Treuhandgebiet, 1968 unabh. Mitgl. d. Commonwealth 124/125 I Rf

Navarino: Ort in Griechenland, Peloponnes – 1827 Seeschlacht, Vernichtg. d. türk.-ägypt. Flotte durch verbündete Seestreitkräfte v. England, Frankr. u. Rußland 101 I Cc

Navarra: Landsch. in S-Frankr. u. N-Spanien – im 9. Jh. als Teil d. Span. Mark z. Frankenr. 38/39 I Bc – 925 Kgr. 44 Bc – 1234 unter franz. Herrschaft 46/47 I Bc – 1328 selbst. Kgr. 59 Bb – 1512 Ober-N. span., 1589 Nieder-N. franz. 66/67 Ee

Navas de Tolosa: Ort in S-Spanien – 1212 Sieg d. christl. Heeres v. Kastilien, Aragón u. Navarra über Araber 46/47 I Bd, 48 Bc

Naxos: griech. Insel im Ägäischen Meer – 490 v. Chr. von Persern erobert u. verwüstet 12 I Dc – bis 470 v. Chr. Mitgl. d. Att. Seebundes 12 II gl – 1207 venezian. Hzm. 49 I Fc – 1579 osman. 65 Ec – 1829 griech. 101 I Dc

Nazareth: Stadt in Israel – nach d. Neuen Testament Heimat Jesu Christi, hl. Stätte d. Christentums 32 Cc

Neandertal: Ort in NRW – erster Fundort menschl. Skelette d. Neandertaltypus (homo sapiens neanderthalensis) 4 I Ca

Neapel (Napoli): Hafenstadt in S-Italien 118/119 He – um 680 v. Chr. griech. Kolonie, 470 v. Chr. Gründg. d. Neapolis (Neustadt) 7 Db – 326 v. Chr. Bündnis mit Rom, Zentrum griech. Kultur in Italien 18 II Lh – s. d. 4. Jh. n. Chr. Bm. 38/39 I Ec – 536 oström. 35 IV Tk – im 10. Jh. byzantin. Thema 44 Dc – 1139 v. Normannen unterworfen 46 II Bb – 1224 gegr. Univ. 54 II el – 1266 Hptst. d. Kgr. N. 59 Db

Neapel: ehem. Kgr. in S-Italien – im 11. Jh. aus d. normann. Fürstentümern in S-Italien u. › Sizilien entstanden, im 12. Jh. Schaffg. eines modernen Staatswesens unter Roger II. 46 II BCbc – 1194–1266 unter stauf. Herrschaft, Errichtg. ei. nes zentralist. regierten Beamtenstaates unter Kaiser Friedrich II. 46/47 I EFcd – 1282 „Sizilian. Vesper" führt z. Trenng. von N. u. Sizilien 59 Dbc – 1442 zu Aragón 61 DFcf – 1504 zus. mit Sizilien d. span. Krone unterstellt 66/67 Hef – 1714 österr., Zentrum d. Aufklärg., 1735 unter Herrschaft span. Bourbonen, polit. u. soziale Reformen 78/79 Hlef – 1806–15 napoleon. Kgr. unter Joachim Murat 88/89 Hlef – 1815/16 Teil d. Kgr. beider Sizilien, Wiederherstellg. d. alten polit. u. gesellschaftl. Verhältnisse 90/91 Hlef – s. 1820 Aufstände geg. d. absolutist. Regime d. Bourbonen, 1860 zu Italien 100 DFdg

Nebraska: Bundesstaat in d. USA 126 LMd – 1867 als 37. Staat in d. Union aufgenommen 128 I CDb

Nedschd: Teilgeb. v. Saudi-Arabien – Kerngebiet v. › Saudi – Arabien, 1915 unabh. Kgr., 1927 Kgr. Hedschas u. N., 1932 als Saudi-Arabien proklamiert 108/109 I KLc

Neerwinden: Ort in Belgien – 1793 franz. Niederlage geg. österr. Heer 86 I CDa

Negev: Wüste in Israel 149 IV Cc – s. 1948 v. israel. Siedlern durch Anlegg. v. Bewässerungssystemen teilw. für d. Landwirtschaft nutzbar gemacht 148 II Bc

Negroponte → Euböa

Nemea: Ort in Griechenland, Peloponnes – im 4. Jh. v. Chr. Heiligtum mit Zeustempel 10/11 I Cb

Nepal: Staat in S-Asien 124/125 I Nd – heut. Staatsgebiet 1769 als Kgr. gegr., 1792 China tributpflichtig 138 II Kf – 1923 unabh. 108/109 I Nc – 1990 „konstitutionellen Hindu-Monarchie" 139 Kf

Nepomuk: Stadt in d. Tschech. Rep. – 1144 gegr. Zisterz.-Kloster 50/51 Cf

Nertschinsk: Stadt in Sibirien, Russ. Föderation – 1654 gegr., 1689 russ.-chines. Grenzabkommen:

erster Vertrag eines europ. Staates mit China, Rußland verzichtet auf d. Amurgebiet 134 Fc

Nettuno: Stadt in Mittelitalien – 1944 alliierte Landg. 115 Dc

Neu-Amsterdam → New York

Neubrandenburg: Stadt in Mecklenburg-Vorpommern 157 II Eb – 1248 mit Magdebg. Stadtrecht gegr. 50/ 51 Cd – 1952–90 Bezirkshptst. in d. DDR 122 Eb

Neubraunschweig: Prov. in SO-Kanada 126 Pd

Neuburg: Stadt in Bayern – im 4. Jh. röm. Kastell 30/31 Bd – s. 1505 Residenz d. Fsm. Pfalz-Neuburg 74/75 Fd

Neudelhi: Stadtteil v. Delhi, Indien – s. 1947 Hptst. d. Ind. Union 139 II Jf

Neue Hebriden → Vanuatu

Neuenburg (Neuchâtel): Stadt in d. Schweiz – 1011 erbaute Burg 42/43 Fe – 1214 Stadtrecht 54/55 III Ce

Neuenburg: Kanton u. ehem. Fsm. in d. Schweiz – 1598 Zugewandter Ort d. Eidgen. 70/71 De – 1707 Fsm. in Pers.-Union mit Preußen 72 I ABc – 1806–14 napoleon. Fsm. 88/89 Gd – bis 1848/57 erneut unter preuß. Oberhoheit 92 De

Neuengamme: Vorort v. Hamburg – nat.-soz. KZ 113 Fb

Neufundland: Prov. u. Insel in SO-Kanada 126 PQcd – um 1000 Landg. normann. Seefahrer, 1497 neu entdeckt u. von England beansprucht 62/63 I Gb – 1635 franz., Beginn d. engl.-franz. Auseinandersetzungen 62 II Db – 1713 brit. 63 III Db – 1855 Dominion 105 Hb – 1949 nach Volksabstimmg. Anschluß an Kanada 124/125 I Gc

Neugalicien: ehem. span. Kolonie im heut. N-Mexiko 62/63 I Dc

Neugranada: ehem. span. Vizekgr. in Mittel- u. S-Amerika – 1718/39 gegr. 64 Gd

Neuguinea → Papua-Neuguinea, ⌕→Westirian

Neu-Holland › Australien

Neuilly-sur-Seine: Vorort v. Paris, Frankr. – 1919 Friede von N.: bulgar. Gebietsabtretungen an Griechenland u. Jugoslawien 110/111 Fd

Neukaledonien: franz. Überseeterritorium im südl. Pazif. Ozean 124/125 I Rg – s. 1853 franz. 62 II fl

Neumark: Lanschaft in NW-Polen – s. d. 13. Jh. zu Brandenburg 54/ 55 III Gb – 1402–55 zum Dt. Orden 52 I ABe

Neuniederlande: ehem. niederländ. Kolonie in d. heut. USA 62/63 I Fb

Neuschottland: Prov. in SO-Kanada 126 Pd

Neuschwanstein: Schloß in Bayern – 1869–89 für König Ludwig II. erbaut 93 Fe

Neuschweden: ehem. schwed. Kolonie in d. heut. USA 64 Gc

Neuseeland: Inselstaat im südl. Pazif. Ozean 124/125 I Rgh – 1642 entdeckt 62/63 I Rfg – um 1814 Beginn brit. Besiedlg., 1840 nach Verzicht d. einheim. Maori auf ihre Oberhoheit brit. Kolonie 63 III fl – bis 1870 Aufstände geg. brit. Kolonialherrschaft, 1907 Dominion 105 RSfg – 1931 unabh. Mitgl. d. Commonwealth 108/109 I Rfg

Neuspanien: ehem. span. Vizekgr. in N- u. Mittelamerika – 1535 gegr. 62/63 I DEc

Neuss: Stadt in NRW – röm. Leg.-Lager Novaesium 30/31 Bc – Hansestadt 57 Cc – 1474–75 vergebl. v. burgund. Truppen belagert 60 Hd

Neusüdwales: Bundesstaat v. Australien – 1788 als brit. Strafkolonie gegr. 104 Rf

Nevada: Bundesstaat in d. westl. USA 126 Ke – 1864 als 36. Staat in d. Union aufgenommen 128 I Bc

Nevers: Stadt in Mittelfrankr. – 52 v. Chr. als kelt. Siedlg. Noviodunum bei d. Eroberg. Galliens durch d. Römer zerstört 27 I Pi – s. d. 6. Jh. n. Chr. Bm. 38/39 I Cb – im 9. Jh. Hptst. d. Gft. N. 42/43 De – 1194 Stadtrecht 46/47 I Cb – 1384 zu Burgund 60 Ff

Newcastle: Hafenstadt in Großbritannien 118/119 Ebc – s. d. 13. Jh. Zentrum d. engl. Steinkohlebergbaus 68/69 Bb

New Jersey: Bundesstaat in d. östl. USA 126 Od – 1776 Gründerstaat d. USA 128 I Fc

New Hamshire: Bundesstaat in d. nordöstl. USA 126 Od – 1776 Gründerstaat d. USA 128 I Fb

New Lanark: Ort in Schottland, Großbritannien – um 1800 Errichtg. d. ersten Siedlg. für Fabrikarbeiter durch Robert Owen z. Verbesserg. ihrer wirtschaftl. u. sozialen Lage 90/91 Ebc

New Mexiko: Bundesstaat in d. südl. USA 126 Le – 1912 als 47. Staat in d. Union aufgenommen 128 I Cc

New Orleans: Stadt in d. südl. USA 126 MNf – 1718 franz. Gründg. 62 II Cc – 1763 span., bedeut. Wirtschafts- u. Handelszentrum im Gebiet d. Mississippidelta 127 I Bcd – 1803 zu d. USA, 1862 im Sezessionskrieg v. Truppen d. Union erobert 127 II Hfg – bedeut. amerikan. Erdölexporthafen 129 I Dcd

New York: Stadt in d. östl. USA 126 Od – 1626 niederländ. Gründg. Neu-Amsterdam 62/63 I Fbc – 1664 v. Engländern erobert u. in N. Y. umbenannt 63 III Cb – 1776 im amerikan. Unabhängigkeitskrieg v. brit. Truppen besetzt, 1789–90 Sitz d. Unionsregierg. 127 I Db – im 19. Jh. Aufstieg z. führenden Handelszentrum d. USA 129 I Fb – 1929 New Yorker Börsenkrach löst Weltwirtschaftskrise aus 108/109 I Fb – nach d. 2. WK bedeut. Bank- u. Finanzzentrum d. Welt, s. 1945 Sitz d. UN u. häufig Ort internat. Konferenzen 124/125 I Fc

New York: Bundesstaat in d. östl. USA 126 Od – 1776 Gründerstaat d. USA 128 I Fb

Niaux: Ort in S-Frankr. – Fundort altsteinzeitl. Höhlenmalereien 2 II Kf

Nicaragua: Staat in Mittelamerika 124/125 I Ee – heut. Staatsgebiet bis 1821 span., 1823–38 zu d. Verein. Staaten v. Zentralamerika, 1839 unabh. Rep., innenpolit. Krisen führen 1912 u. 1927 z. Intervention von US-Truppen, s. 1937 diktator. Regime, 1979 Sturz d. Diktatur, 1982–90 Guerrilakrieg geg. linksgerichtete Junta d. Sandinisten, 1990 nach Wahlen Regierungswechsel 131 I Cc

Nidwalden: Halbkanton in d. Schweiz – 1291 Urkanton d. Eidgen. 72 I Cc

Niederaltaich: Ort in Bayern – 741 gegr. Benedikt.-Kloster 50/51 Cf

Niederlande: Staat in W-Europa 118/119 FGc – heut. Staatsgebiet vor d. Völkerwanderg. v. german. Volksstämmen besiedelt 29 II Lf – im 8. Jh. z. Frankenr. 38/39 I CDa – im 9. Jh. z. Ostfränk. Reich 39 IV – 925 z. Hl. Röm. Reich 44 Cb – bis z. 13. Jh. Zerfall in zahlreiche geistl. u. weltl. Territorien 54/55 III ACbc – im 15. Jh. größtenteils zu Burgund, 1477 habsburg. 60 FHcd – bis 1543 Ausdehng. d. habsburg. Machtbereiches 70/71 BDbc – 1556 an d. span. Linie d. Habsburger 66/67 Fgc – 1559 Beginn d. niederländ. Freiheitskampfes, 1576 → Genter Pazifikation, 1579 bilden d. protestant. N-Provinzen d. → Utrechter Union, d. kathol. S-Provinzen verbleiben bei d. Span. Niederlanden (→ Belgien), 1581 N-Provinzen erklären ihre Unabh. v. Spanien als Rep. d. Verein. N. unter Führg. Wilhelms v. Oranien 76 I – 1648 Unabh. im Westfäl. Frieden anerkannt 74/75 CDbc – im 17. Jh. Erwerb v. Kolonialbesitz u. Aufstieg z. bedeut. europ. See- u. Handelsmacht 62 II Legende – 1689–1702 Pers.-Union mit England 78/79 FGc – führende Macht im Kampf geg. d. franz. Eroberungspolitik unter Ludwig XIV. 77 DEa – 1795 franz. Eroberg., Errichtg. d. Batav. Rep. 86 I CDa – 1806–10 napoleon. Kgr. Holland 87 II bcIJ – 1815–31 mit d. südl. N. zum Kgr. d. Verein. N. zusammengeschlossen 90/91 FGc – 1831 Trenng. v. Belgien 92 BDbc – im 1. WK neutral 107 I Ba – im 2. WK von dt. Truppen besetzt, Verschleppg. u. Vernichtg. d. niederländ. Juden 114 Cb, 115 Cb

Niederländische Antillen: niederländ. Überseeterritorien im Karib. Meer – s. 1954 als Union d. N. A. autonomer Teil d. Kgr. d. Niederlande 132 I Ca

Niederländisch-Guayana → Surinam

Niederländisch-Indien → Indonesien

Niederösterreich: Bundesland v. Österr. 120 II FGd – 1156 Hzm., 1264 erstmals als Hzm. Österr. un-

ter d. Enns erwähnt, 1282 habsburg. 54/55 III GHd – 1453 Erzhzm. 70/71 Hid – 1920 österr. Bundesland 112 Hld – 1938–45 dt. Reichsgau Niederdonau 113 Hlde – 1945–55 z. sowjet. Besatzungszone 120 I Fde

Niedersachsen: Land d. Bundesrep. Deutschld. 120 II BDb – 1946 als Zusammenschluß mehrerer ehemal. Länder u. preuß. Provinzen gegr. 157 I BDb

Niederschlesien → Schlesien

Nienburg an d. Saale: Stadt in Sachsen-Anhalt – 975 gegr. Benedikt.-Kloster 45 I Ea

Nienburg an d. Weser: Stadt in Niedersachsen – 1757 u. 1803 Eroberg. d. Festg. durch d. Franzosen 82/83 Eb

Nieuport: Stadt in Belgien – 1600 niederländ. Sieg über span. Heer 74/75 Bc

Niger: Staat in W-Afrika 124/125 I Je – heut. Staatsgebiet 1890 unter franz. Einfluß, 1910 zu Franz.-Westafrika 144 II Fgh – 1960 unabh. Rep. 145 III Bbc – 1991 nach mehreren Militärregimen Übergang zu Mehrparteiensystem angekündigt 145 IV Fgh

Nigeria: Staat in W-Afrika 124/125 I Je – heut. Staatsgebiet aus zahlreichen alten afrikan. Reichen im Gebiet d. Niger entstanden, Zentrum d. Sklavenhandels, um 1861 Beginn brit. Kolonisation an d. Küste von N. 144 I Bc – 1884/1900 brit. Kolonie 144 II Fgh – s. 1920 nationale Bewegungen, 1960 unabh. Mitgl. d. Commonwealth 145 III Bc – 1963 Rep., 1967 Abspaltg. d. O-Region als unabh. Rep. › Biafra führt z. Bürgerkrieg, 1970 Rückeroberg. v. Biafra beendet d. verlustreichen Bürgerkrieg, s. 1983 Militärregime, Übergang z. Demokratie angekündigt 145 IV Fgh

Nihavend: Stadt in NW-Iran – 642 Sieg d. Araber über Perser leitet Islamisierg. Persiens ein 36 Gc

Nikobaren: ind. Inselgr. im Ind. Ozean 124/ 125 I Ne – 1756 dän. 138 II Kg – 1869 brit. 139 I Dc – 1947 z. Ind. Union 139 II Kg

Nikolsburg (Mikulov): Stadt in d. südöstl. Tschech. Rep. – 1866 preuß.-österr. Waffenstillstandsabkommen 92 Id

Nikopolis: Ruinenstätte in W-Griechenland – 30 v. Chr. gegr. Hptst. d. röm. Prov. Epirus, latein. Nicopolis 26/27 I el – im 10. Jh. byzantin. Thema 44 Dd

Nikopolis ehem. Stadt in Bulgarien – 1396 Niederlage d. mit d. Kreuzfahrern verbündeten ungar. Heeres geg. osman. Truppen 59 Eb, 65 DEb

Nikosia: Hptst. v. Zypern 148/149 I Gb – 1570 osman. Eroberg. 65 Fc – 1974 nach d. türk. Invasion zw. Griechen u. Türken geteilte Stadt 118/119 Lfg

Nîmes: Stadt in S-Frankr. – kelt. Siedlg. Nemausus, 16. v. Chr. röm. Kolonie 26/27 I Ed – s. d. 4. Jh. n. Chr. Bisch. 38/39 I Cc – Zentrum d. Weinhandels 68/69 De

Nimwegen (Nijmegen): Stadt in d. Niederlanden 122 Ac – röm. Leg.-Lager Noviomagus 26/27 I Fb – im 8. Jh. karoling. Pfalz 38/39 I Da – Handels- u. Hansestadt 57 Cc, 68/69 Dc – 1678/79 Friedensschlüsse von N. beenden niederländ.-franz. Krieg u. stärken Vormachtstellg. v. Frankr. unter Ludwig XIV. 81 Legende

Nin: Ort in Kroatien – im 11. Jh. Hptst. v. Kroatien u. kirchl. Zentrum 46/47 I Fc

Ninghsia-Hui: autonome Region in N-China, 1958 gegr. 140 II Lgh

Ningpo: Hafenstadt in O-China – 1842 als Vertragshafen geöffnet 139 I Fb

Ninive: Ruinenstätte in N-Irak – bereits im 5. Jtd. v. Chr. von Bauern besiedelt, im 3. Jtd. v. Chr. städt. Hochkultur 3 I Gc, 3 II Og – 704 v. Chr. Hptst. d. Assyr. Reiches 4 I Og – 612 v. Chr. durch Meder u. Babylonier zerstört 6 II fl

Nippur: Ruinenstätte in S-Irak – im 3./2. Jtd. v. Chr. Kulturzentrum d. Sumerer, bedeut. Handelspl. Babyloniens, Fundort altbabylon. Keilschrifttafeln 4 I Gc

Nisch (Nis): Stadt in Serbien 118/119 Je – röm. Handelspl. Naissus 25 Eb – 441 v. Hunnen zerstört 34 I Eb – im 10. Jh. bulgar. 44 Ec – 1386 osman. 65 Db – 1878 zu Serbien 101 I Cb

Nischnij-Nowgorod: Stadt in Rußland 155 Dc – 1221 als Grenzfestg. Nischnij-Nowgorod gegr., s. 1817 Messezentrum 134 Cc – 1932 in Gorki umbenannt 110/111 Nb – 1980–86 Verbannungsort d. Regimekritikers A. Sacharow 137 I Dc – 1991 wieder in N.-N. umbenannt 155 Dc

Nisib: Stadt in d. S-Türkei – 1839 ägypt. Sieg über osman. Heer 90/91 Mf

Nisibis: ehem. Ort in d. SO-Türkei – im 6. Jh. v. Chr. pers. 6 I fl – im 4. Jh. v. Chr. Eroberg. durch Alexander d. Gr. 14/15 I Db – 162 n. Chr. röm., Hptst. d. Prov. Mesopotamia 26/27 I Me

Nivelles: Stadt in Belgien – um 646 gegr. Benedikt.-Kloster, später Zisterz.-Kloster 45 11 dl

Nizza (Nice): Stadt in S-Frankr. 118/119 Ge – griech. Kolonie Nikaia 7 Cb – s. 314 Bm. 38/39 I Dc – 1388 als Gft. zu Savoyen 54/55 III Cfg – im 16. Jh. zw. Frankr. u. Savoyen umkämpft, 1792–1815 franz. 81 Dde – 1860 nach Volksabstimmg. endg. zu Frankr. 100 Acd

Njassaland → Malawi

Noirmoutier: franz. Insel im Atlant. Ozean – im 7. Jh. Zentrum d. iroschott. Mission 41 I Cc – im 9. Jh. Ziel normann. Angriffe 37 II fl – ma. Salzhandelspl. 68/69 Bd

Nola: Stadt in S-Italien 100 Ee – im 5. Jh. v. Chr. etrusk. Siedlg., 313 v. Chr. röm. Eroberg. 18 II Lh – 215 v. Chr. Niederlage d. Karthager geg. Römer im 2. Pun. Krieg 19 Eb

Nordgau → Oberpfalz

Nordhausen: Stadt in d. DDR – im 12. Jh. Stauferburg 46/47 I Ea – 1220 Reichsstadt, Ort zahlreicher Reichs- u. Kirchentage 54/55 III Ec – 1803 preuß. 87 I Dc

Nord-Korea → Korea

Nördlingen: Stadt in Bayern – 898 erstmals erwähnt 42/43 Hd – 1215 Reichsstadt 54/ 55 III Ed – s. 1219 bedeut. Messestadt 57 Dd – im 15./16. Jh. Zentrum d. Wollverarbeitg. 68/69 Ec – 1635 Sieg d. kaiserl. über schwed. Truppen 74/75 Fd – 1803 bayr. 87 I Dd

Nordmark → Altmark

Nordossetische AR: autonome Rep. im Kaukasus, zur Russ. Föderation gehörend 155 Dc – 1936–91 ASSR in d. RSFSR 136 I Dc

Nordrhein-Westfalen: Land d. Bundesrep. Deutschland 120 II BDb – 1946 aus mehreren preuß. Provinzen gegr. 157 I BDbc

Nordrhodesien → Sambia

Noreia: Ort in Österr. – 113 v. Chr. vermutl. Schlachtort, Sieg d. Kimbern u. Teutonen über Römer 29 II Md

Norfolk: Hafenstadt in d. östl. USA 129 I Fc – 1862 Seegefecht im Sezessionskrieg 127 II Jf – Hauptquartier d. amerikan. Atlantikflotte u. Kommandostelle d. NATO 129 I Fc

Norfolk: austral. Insel im südl. Pazif. Ozean 124/125 I Rg – 1788 brit. Strafkolonie 104 Sf – 1913 zu Australien 105 Sf

Noricum: ehem. röm. Prov. in Österr. – um 10 v. Chr. Unterwerfg. d. kelt. Kgr. N. durch d. Römer, 45 n. Chr. röm. Prov. 26/27 I Gc – im 3. Jh. Teilg. in Noricum Ripense u. Noricum Mediterraneum 28 Db – im 4./5. Jh. Einfall german. Volksstämme 34 II Oe

Normandie: Landsch. in NW-Frankr. – s. d. 9. Jh. Durchzugs- u. Siedlungsgebiet d. Normannen 37 II fIJ – 911 als Hzm. franz. Lehen, 1066 Kröng. d. Herzogs d. N. zum König v. England führt z. engl.-franz. Gegensatz 44 BCbc – 1204/59 franz. 46/47 I BCb – 1417–50 erneut in engl. Besitz 60 DEe – Juni 1944 alliierte Landg. 115 Bc

Normannen: german. Volk – im 9./10. Jh. dringen N. aus Skandinavien u. Dänemark an d. Küsten Europas vor 37 II – Eroberungs- u. Beutezüge führen z. Bildg. normann. Herrschaftsbereiche in England, Rußland u. S-Italien 44 – um 1000 Vordringen nach Grönland u. N-Amerika 62/63 I Gab

Northampton: Ort in Großbritannien – 1460 Sieg d. „Weißen Rose" über d. königl. Heer führt z. Absetzg. Heinrichs VI., Richard v. York erhebt Anspruch d. engl. Thron 60 Dc

North Carolina: Bundesstaat in d. östl. USA 126 NO
e – 1776 Gründerstaat d. USA 128 I EFc

North Dakota: Bundesstaat in d. nördl. USA 126
LMd – 1889 als 39. Staat in d. Union aufgenommen 128 I CDb

Northumbria: ehem. angelsächs. Kgr. in Großbritannien im 6. Jh. gegr., im 9. Jh. unter Oberhoheit v. Wessex 38/39 I Ba

Norwegen: Staat in N-Europa 124/125 I LMd – heut.
Staatsgebiet im 8./9. Jh. Ausgangsgebiet normann. Eroberungszüge 37 II JKde – um 1000
Vereinigg. d. Teilkönigreiche zum Kgr. N., Beginn
d. Christianisierg. 44 CDab – 1380 Union mit Dä-
nemark, 1397 durch d. → Kalmarer Union auch
mit Schweden u. Finnland zusammengeschlos-
sen; wirtschaftl. Abhängigkeit von d. Hanse 57
CDab – s. 1450 unter Herrschaft dän. Könige 59
CDa – im 17. Jh. Gebietsverluste an Schweden 76
II FGef – Jan. 1814 Union mit Schweden, Mai
1814 liberale Verfassg. 90/91 GHab – Kampf d.
Stortings (norweg. Parlament) für innere Selbst-
ändigkeit, 1905 nach Volksabstimmg. unabh.
Kgr. 102/103 GHab – im 1. WK neutral 107 II
GHcd – 1940–45 von dt. Truppen besetzt 114
CEab, 115 CDab – 1972 n. Volksabstimmg. Bei-
tritt z. EG abgelehnt 123 II MNef

Novara: Stadt in N-Italien 100 Bc – 1513 Schlacht
im Kampf um d. Hzm. Mailand, Niederlage d.
Franzosen geg. eidgenöss. Heer 70/71 Ef – 1849
österr. Sieg über italien. Freiheitskämpfer 100 Bc

Novi: Stadt in N-Italien – 1799 österr.-russ. Sieg
über franz. Heer im 2. Koalitionskrieg 86 I Dc

Noviomagus → Nimwegen

Noviomagus → Speyer

Novosvobodnaja: frühgeschichtl. Fundort im Kaukasus 4 I Gb

Nowaja Semlja: russ. Inselgr. im Nördl. Eismeer
155 DEb – im 16. Jh. entdeckt 62/63 I LMa – 1949
sowjet. Kernwaffenversuchsgelände 137 I Db

Nowgorod: Stadt in d. nordwestl. Russ. Föderation
– im 9. Jh. als Holmgard Residenz d. Waräger
(Normannen), eine d. ältesten Städte Rußlands
37 II Me – im 11./12. Jh. bedeut. Handelsstadt u.
kultureller Mittelpkt. d. Kiewer Reiches 44 Fb – im
13./14. Jh. selbst. Stadtrep. 59 EFa – als Kontor
d. Hanse ausgedehnte Handelsbeziehungen mit
d. Ostseestädten u. Zentrum d. russ. Handels mit
W-Europa 57 Hb – 1478 vom Grfsm. Moskau unterworfen, 1494 Schließg. d. Hansekontors 66/67
KMb

Nowipasar: Stadt in Serbien – 1879–1908 Sand-
schak N. von österr.-ungar. Truppen besetzt, bis
1913 osman. 101 I BCb, 101 II GHb

Noworossijsk: Hafenstadt am Schwarzen Meer in d.
Russ. Föderation 118/119 Me – 1838 als militär.
Stützpkt. gegr. 134 Bc – im 2. WK Kriegsschaupl.
115 Fc

Nubien: Landsch. in Ägypten u. Sudan – s. d. 16. Jh.
v. Chr. unter ägypt. Herrschaftsbereich 5 BCcd

Numantia: ehem. Stadt in N-Spanien – 133 v. Chr.
als Zentrum d. Widerstandes d. Keltiberer v. Römern erobert u. zerstört 26/27 I Dd

Numidia: ehem. röm. Prov. in NO-Algerien im 3. Jh.
v. Chr. Einigg. d. Berberstämme in Numider 19
BDcd – 46 v. Chr. röm. Prov. 26/27 I Fef

Nupe: ehem. afrikan. Reich in heut. Nigeria 144 I Bc

Nürnberg: Stadt in Bayern 157 II Dd – um 1050
Burgsiedlg. 42/43 Hd – im 12. Jh. Entwicklg. z.
Stadt, Stauferburg 46/47 I Eb – im 13. Jh. Aufstieg z. Reichsstadt, ständige Auseinandersetzungen d. patriz. Stadtregimentes mit d. Burggrafen von N., Tagungsort zahlreicher Reichstage:
1356 Verkündigg. d., „Goldenen Bulle"; s. 1424
Aufbewahrungsort d. Reichskleinodien 54/55 III
Ed – um 1500 bedeut. Handels- u. Gewerbezentrum, Messestadt 57 Dd, 68/69 Ec – 1532 N.er
Religionsfriede 73 I Fd – Zentrum v. Wissenschaft, Kunst, Humanismus u. Renaissancekultur
73 II Qi – im 16. Jh. territorial größte d. Reichsstadt 70/71 Fd – 1632 v. schwed. Truppen besetzt
76 I Gh – 1796 W-Teil preuß. 87 I Dd – 1806
bayr. 87 II Ld – 1835 Eröffn. d. ersten dt. Eisen-

bahnlinie von N. nach Fürth 96 II Qi – im 19. Jh.
Industrialisierg. 97 I Fd – 1933–38 Ort d. Reichs-
parteitage d. NSDAP, 1935 Verabschiedg. d. N.er
„Rassengesetze" z. Verfolgg. d. Juden 112 Fd –
im 2. WK stark zerstört 115 Dc – 1945–49 N.er
Prozesse geg. nat.-soz. Kriegsverbrecher
118/119 Hd

Nymphenburg: Stadtteil v. München, Bayern – um
1663–1745 Bau d. Schlosses 82/83 Fd

Nystad: Hafenstadt in S-Finnland – 1721 Friede von
N. zw. Rußland u. Schweden beendet 2. Nord.
Krieg, Rußland gewinnt Gebiete u. steigt z. europ.
Großmacht auf 76 II el, 78/79 Ja

O

Oberlothringen → Lothringen

Oberösterreich: Bundesland v. Österr. 120 II EFd –
1264 erstmals als Hzm. Österr. ob d. Enns erwähnt, zus. mit → Niederösterr. unter habsburg.
Herrschaft 54/55 III FGe – 1525 Zentrum im
Bauernkrieg 72 II flJ – bis 1918 selbst. Kronland,
1920 österr. Bundesland 112 GHde – 1938–45 dt.
Reichsgau Oberdonau 113 GHde – 1945–55 z.
amerikan. u. sowjet. Besatzungszone 120 I EFd

Oberpfalz: Landsch. in Bayern im 8. Jh. als Nordgau fränk. Grenzmark 38/39 I Eb – im 10. Jh. unter bayr. Herrschaft 42/43 Hld – 1255/68 wittelsbach. Hausbesitz 54 I Cb – 1353–73 N-Teil zu
Böhmen 54/55 III EFd – 1628 zu Bayern 74/75
FGd

Obersalzberg: Ort bei Berchtesgaden, Bayern –
1933–45 häufiger Aufenthaltsort v. Adolf Hitler;
1938 erstes Treffen zw. Hitler u. Chamberlain z.
Lösg. d. Sudentenkrise 113 Ge

Oberschlesien → Schlesien

Obervolta → Burkina Faso

Obwalden: Halbkanton in d. Schweiz – 1291 Urkanton d. Eidgen. 72 I Cc

Ochotsk: Ort im östl. Sibirien, Russ. Föderation 155
Ic – 1649 als ältester russ. Stützpkt. am Pazif.
Ozean gegr. 134 Hc

Ochrida: Stadt in S-Jugoslawien – 861 bulgar., 980
Patriarchat 44 Ec – bis 1913 osman. 101 I Cb

Ochsenfurt: Ort in Bayern – 725 gegr. Kloster 38/39
I Eb

Ödenburg (Sopron): Stadt in NW-Ungarn – im 9. Jh.
erstmals als Ö. erwähnt 42/43 Ke – im 13./14. Jh.
wichtiges Handelszentrum 54/55 III He – 1921
nach Volksabstimmg. Verbleib bei Ungarn 112 Ie

Odense: Hafenstadt in Dänemark – 987 als dt.
Siedlg. gegr., 1020 Bm. 50/51 Bc

Odessa: Hafenstadt am Schwarzen Meer in d.
Ukraine 137 II Mg – s. 1796 Ausbau d. russ.
Festg. z. Handels- u. Kriegshafen, im 19. Jh.
wichtigster Umschlagpl. im russ. Getreideexport,
1905 Zentrum d. russ. Revolution 134 Bc, 135 Cc
– 1941–44 von dt. u. rumän. Truppen besetzt 114
Fc, 115 Fc

Ofen → Budapest

Offa's Wall: ehem. Grenzwall in Großbritannien –
im 8. Jh. z. Schutz d. angelsächs. Königreiche geg.
Wales errichtet 38/39 I Ba

Ofnet-Höhle: vorgeschichtl. Fundort in Bayern –
Funde menschl. Skelettreste 3 I Db

Ogaden: Landsch. in SO-Äthiopien 148/149 I He –
s. 1960 v. Somalia beansprucht, 1977–78 Krieg
zw. Äthiopien u. Somalia um O. 145 IV Hh

Ohio: Bundesstaat in d. östl. USA 126 Nde – 1803
als 17. Staat in d. Union aufgenommen 128 I Dc

Ohod: Berg nördl. v. Medina in Saudi-Arabien – 625
Niederlage d. Propheten Mohammed bei d. Versuch, seine Heimatstadt Mekka zu erobern 36 FGd

Okinawa: Insel d. Riu-Kiu-Inseln im Pazif.
Ozean 139 II Mf – 1945 von d. amerikan. Armee
erobert, Ausbau zu einem d. wichtigsten Militärstützpunkte im Pazifik 116 II fl – 1972 an Japan
zurückgegeben 140 II Ni

Oklahoma: Bundesstaat in d. USA 126 Me – 1907
als 46. Staat in d. Union aufgenommen 128 I Dc

Olbia: Ruinenstätte am Schwarzen Meer in d.

Ukraine – im 7. Jh. v. Chr. von griech. Siedlern
gegr. 7 Fb – als Hafen bedeut. Umschlagpl. im
Handel mit Griechenland, Export v. Getreide u.
Sklaven 25 Fb

Oldenburg: Stadt in Schleswig-Holstein –
948–1160 Bm., 1235 Lüb. Stadtrecht 42/ 43 Ha,
50/51 Bc

Oldenburg: Stadt in Niedersachsen 157 II Cb – im
11. Jh. gegr. bei d. – 1345 Stadtrecht,
Hauptort d. Gft. O. 54/55 III Db – s. 1774 Residenz d. Herzöge von O. 82/83 Eb – 1919–46
Hptst. d. Landes O. 112 Eb

Oldenburg: ehem. dt. Reiches 155 I BCb – um
1100 Gft. 54/55 III Db – 1667–1777 unter
dän. Herrschaft 74/75 Eb – 1777 Erhebg. z. Hzm.
82/83 DEb – 1815 Grzhm. 92 DEb – 1919 Freistaat, 1937 Erwerb v. Wilhelmshaven 112 DEb –
1946 zu Niedersachsen 122 BCb

Oldesloe, Bad: Stadt in Schleswig-Holstein – vorgeschichtl. Fundort 3 I Da

Oldoway: vorgeschichtl. Fundort im heut. Tansania
1 I Be

Oliva (Oliwa): Stadt in N-Polen – 1178 gegr. Zisterz.-Kloster 45 II Jd – 1660 Friede beendet
schwed.–poln. Krieg, poln. König entsagt allen
Ansprüchen auf d. schwed. Krone 74/75 Ja

Ollantaytambo: Ruinenstätte in S-Peru – im 15. Jh.
errichtete Bergfestg. d. Inka 130 I Dd

Olmütz (Olomouc): Stadt in d. Tschech. Rep. – 1063
Bm., im 13. Jh. Magdeb. Stadtrecht 50/51 Ef –
1569 gegr. Univ. 73 II Ti – im 18. Jh. Tagungsort
d. mähr. Stände, Ausbau z. Festg. 82/83 Id – 1850
Vertrag von O. zw. Preußen u. Österr. zwingt
Preußen vorübergehend z. Aufgabe seiner Politik,
einen dt. Gesamtstaat ohne Österr. zu schaffen
92 Id

Olsa-Gebiet: Gebiet in d. nordöstl. Tschech. Rep.
118/119 Id – nach d. 1. WK von Polen beansprucht, 1920 zw.Tschechoslowakei u. Polen geteilt 112 Jd – 1938 poln. 113 Jd – 1945 W-Teil erneut tschechoslowak. 118/119 Id

Olten: Stadt in d. Schweiz – im 3. Jh. röm. Kastell
30/31 Ce – 1876 Synode d. Altkatholiken löst
Konflikt zw. Staat u. kathol. Kirche aus 95 I Ce

Olympia: Ruinenstätte in Griechenland, Peloponnes
– im 11. Jh. v. Chr. Heiligtum d. Zeus, s. 776 v.
Chr. Schaupl. d. Olymp. Spiele – 393 v. Chr. Ver-
bot dieses Kultes als heidnische Götterver-
ehrg.10/11 I Bb, 10 II

Olympos: Berg in N-Griechenland – in d. griech.
Sage Sitz d. Götter 12 I Ca

Omaijaden: ehem. arab. Dynastie – 661–750 Herrscher in Damaskus, Ausdehng. d. islam. Machtbereiches, 750 von d. Abbasiden gestürzt 36 Fe,
37 II Mg – 756 Flucht nach Spanien u. Errichtg.
Emirats v. → Córdoba, 929–1031 Kalifat 44 Bd

Oman: Staat auf d. Arab. Halbinsel 124/125 I LMde
– heut. Staatsgebiet um 630 unter arab.-islam.
Einfluß, s. 8. Jh. unter einheim. Dynastien weitgehend unabh. 36 Hd – im 16. Jh. Gründg. d.
port. Handelsniederlassg. Maskat 62/63 I Lc – im
17. Jh. arab. Rückeroberg. 64 Mcd – s.1892 unter brit. Einfluß 139 I Bbc – 1951 voll unabh.,
s.1970 Sultanat von O. genannt 148/149 I cdl

Omsk: Stadt in Sibirien, Russ. Föderation 155 Ec –
1716 als Festg. gegr. 134 Dc – 1894 nach Bau d.
Transsib. Eisenbahn steigt O. zum bedeut. Handelszentrum W-Sibiriens auf 135 Ec

Ontario: Prov. in Kanada 126 MNc

Oppeln (Opole): Stadt in W-Polen – im 10. Jh. slaw.
Siedlg. 42/43 Kc – um 1254 Magdeb. Stadtrecht
50/51 EFe – bis 1532 Residenz d. Herzöge von O.
70/71 IJc – 1742 preuß. 82/83 IJc

Oradur: Ort in Frankr. – Juni 1944 wegen Partisa-
nentätigkeit von SS-Truppen zerstört u. Bevölkerg. größtenteils ermordet 115 Cc

Oran: Hafenstadt in N-Algerien 148/149 I Cb – röm.
Kolonie Portus Magnus 26/27 I De – bis z. span.
Eroberg. bedeut. Handelszentrum, 1509–1708,
1731–92 span. 66/67 Ef – 1830 v. Franzosen erobert 102/103 Ef – 1942 alliierte Landg. 115 Bd

Orange: Stadt in S-Frankr. – kelt. Gründg. Arausio,

105 v. Chr. Sieg d. Kimbern über Römer 29 II Lg – unter Kaiser Augustus röm. Kolonie 26/27 I EFd – s. d. 3. Jh. n. Chr. Bm. 38/39 I CDc – Hauptort d. Fsm. Oranien 54/55 III Bf – 1365 gegr. Univ. 54 II He

Oranien: ehem. Fsm. in S-Frankr. – 1530 als Orange z. Gft. → Nassau 70/71 Nebenkarte, 66/67 FGe – 1713 zu Frankr. 78/79 Fe

Oranienburg: Stadt in Brandenburg – 1933–35 nat.-soz. KZ 113 Gb

Oranje-Freistaat: Prov. in Südafrika – s. 1835 v. Buren besiedelt, 1854 unabh. Rep. 144 I Ce – 1902 brit. Kolonie, 1910 z. Südafrikan. Union 144 II Gj

Orchomenos: ehem. Stadt in Griechenland – frühgeschichtl. Siedlg. 4 I Ec – Zentrum myken. Kultur 6 I Bb

Ordschonikidse → Wladikawkas

Oregon: Bundesstaat in d. nordwestl. USA 126 JKd – 1818–46 zw. Großbritannien u. d. USA umstritten 104 DEb – 1859 als 33. Staat in d. Union aufgenommen 128 I Ab

Orel: Industriestadt in d. westl. Russ. Föderation 118/119 Mc – 1919 im russ. Bürgerkrieg umkämpft 135 Cc – im 2. WK Kriegsschaupl. 114 Fb, 115 Fb

Oresek → Schlüsselburg

Orkney-Inseln: brit. Inselgr. im Atlant. Ozean 118/119 DEb – im 8./9. Jh. v. norweg. Normannen erobert 37 II eIJ – 1468 an Schottland abgetreten 66/67 Bb

Orléans: Stadt in Frankr. – kelt. Gründ. Cenabum, 52 v. Chr. Ausgangspkt. d. Aufstandes d. Kelten geg. d. Römer 27 I Phi – im 3. Jh. n. Chr. in Aureliani umbenannt 26/27 I Ec – s. d. 4. Jh. Bm., im 5. Jh. fränk. 38/39 I Cb – 1309 Gründg. d. Univ. 54 II He – s. 1344 Hauptort d. Hzm. O., im „100jährigen Krieg" umkämpft, 1429 Jeanne d'Arc u. ihre franz. Verbündeten erzwingen d. Aufhebg. d. engl. Belagerg. 60 EFef – ma. Handelspl. 68/69 Cd – im 16. Jh. Zentrum d. Hugenotten 66/67 Fd

Ormuz: ehem. Stadt in S-Iran – 1515–1622 wichtiger port. Handelsstützpkt. 138 I Bb

Ortenau: Landsch. in Baden-Württemberg – 1525 Zentrum d. bad. Bauernaufstandes 72 II FGf

Ortenburg: Ort in Bayern – im 12. Jh. erbaute Burg, Sitz d. Grafen von O. 54/55 III Fd

Orval: Zisterz.-Kloster in Belgien – im 11. Jh. gegr. 45 II del

Ösel: estn. Insel in d. Ostsee 118/119 Jb – 1227 vom Dt. Orden erobert, 1228 Errichtg. d. Bm. 52 I DEb – 1559 an Dänemark verkauft 66/67 Jb – 1645 schwed. 76 II fI – 1721 russ. 78/79 Jb – 1920 z. Rep. Estland 110/111 Jb – im 2. WK von dt. Truppen besetzt 115 Eb

Oslo: Hptst. v. Norwegen 118/119 Hbc – um 1048 gegr. 44 Dab – 1286–1350 norweg. Residenzstadt, im 15. Jh. Niederlassg. d. Hanse 57 Dab – 1624 durch einen Brand völlig zerstört, unter d. dän. König Christian IV. als Kristiania neu gegr. 76 II Gef – s. 1814 Hptst., 1854 Bau d. ersten norweg. Eisenbahn nach Eidsvoll 90/91 Hb – 1924 in O. umbenannt 110/111 Hab – im 2. WK von dt. Truppen besetzt 114 Dab

Osma: Ort in S-Spanien – 933 span. Sieg über Araber 44 Bc

Osmanisches Reich: ehem. Reich in SO-Europa, Vorderasien u. N-Afrika – im 11. Jh. Eindringen türk. Nomadenvölker nach Kleinasien, s. 1071 dehnen d. → Seldschuken ihre Herrschaft in Kleinasien aus u. verdrängen d. byzantin. Einfluß; d. erste Kreuzzug leitet Beginn d. Auseinandersetzungen zw. Christen u. islam. Türken ein 49 II JKa – im 14. Jh. Ausdehng. d. osman. Herrschaftsbereiches auf d. Balkan-Halbinsel 59 EFbc – 1453 Eroberg. d. letzten byzantin. Festg. Konstantinopel (Istanbul) ermöglicht weiteres Vordringen in SO-Europa, im 16. Jh. Eroberg. arab. Gebiete, Aufstieg z. Weltmacht, s. 1571 Verlust d. Vorherrschaft im Mittelmeerraum 65 – im 17./18. Jh. Kriege geg. Österr. u. Rußland schwächen d. osman. Machtposition u. zwingen d. Osman.

Reich zu Gebietsabtretungen 78/79 Legende – s. 1804 nationale Erhebungen auf d. Balkan-Halbinsel, bis 1878/1913 weitgehend Verlust d. europ. u. arab. Gebiete; 1908/09 Revolution d. „Jungtürken" 101 I u. II Legende, 102/103 KNeh – 1914 Eintritt in d. 1. WK auf seiten d. Mittelmächte 107 I DEbc – 1919 nationale Erhebg. unter Führg. v. Mustafa Kemal Pascha (Atatürk), 1920 Vertrag v. Sèvres bedeutet Ende d. Osman. Reiches, 1923 Gründg. d. Rep → Türkei 110/111 KNef

Osnabrück: Stadt in Niedersachsen 157 II Cb – im 12. Jh. Entwicklg. vom Marktort z. Stadt 46/47 I Da – im 13. Jh. Hansestadt 57 Cc – Zentrum d. Leinenhandels 68/69 DEb – seinen Münster Ort d. Verhandlungen z. Westfäl. Frieden, 1648 Friede von O. beendet d. 30jährigen Krieg 74/75 Eb

Osnabrück: Bm. in Niedersachsen u. Schleswig-Holstein – um 800 z. Christianisierg. d. Sachsen gegr. 38/39 I Da – 1543 nach Einführg. d. Reformation territoriale Verluste 70/71 DEb, 73 I DEb – 1803 zu Hannover 82/83 DEb

Ossiach: Ort in Kärnten – um 1028 Gründg. d. ältesten Benedikt.-Klosters v. Kärnten 45 I Eb

Ostanglia: ehem. angelsächs. Kgr. in Großbritannien – im 5. Jh. frühestes Siedlungsgebiet d. → Angelsachsen 34 I BCa – im 7. Jh. Kgr. 38/39 I Ca

Ostende (Oostende): Hafenstadt in Belgien – 1722–31 Ostendische Handelskompanie ermöglicht Österr. d. Teilnahme am außereurop. Kolonialhandel 78/79 Fc

Osterinsel: chilen. Insel im südl. Pazif. Ozean 124/125 I Dg

Österreich: Staat in Mitteleuropa 118/119 Hld – heut. Staatsgebiet im 1. Jh. n. Chr. zur röm. Provinz. Noricum 26/27 I GHc – im 5./6. Jh. Eindringen v. Langobarden u. Bajuwaren in d. Donau- u. Alpengebiet 34 I Db, 35 III Jh – im 6. Jh. unter bayr. Herrschaft, 788 Unterwerfg. durch d. Franken 38/39 I EFb – im 10. Jh. territoriale Zersplitterg., Entstehg. d. Mark Ö. 42/43 JKd – 1156 Hzm. Ö. 46/47 I EFb – s. 1282 unter Herrschaft d. → Habsburger 54/55 III FHde – 1453 Erzhzm., im 16. Jh. Aufstieg d. Habsburger z. führenden Dynastie Europas, erfolgreiche Abwehr v. Türkenangriffen 70/71 Legende – polit. u. religiöse Auseinandersetzungen mit d. protestant. adligen Ständen lösen 1618 d. 30jährigen Krieg aus, im 17. Jh. Aufstieg z. europ. Großmacht 74/75 Legende – 1701–13 im Span. Erbfolgekrieg Kampf geg. d. franz. Eroberungspolitik 77 FGb – 1740–48 österr. Erbfolgekrieg, 1740–63 preuß.-österr. Kriege, 1772/95 Gewinn poln. Gebiete 84 Legende – 1804 Kaiserr., Teilnahme an d. Koalitionskriegen geg. Frankr. 88/89 IJd – 1815 Übernahme d. Führg. im Dt. Bund, Unterdrückg. d. Autonomiebestrebungen d. österr. Kronländer u. Forderg. nach nationaler u. demokrat. Freiheit im Innern von Ö. führen 1848/49 z. Revolution 92 Legende – 1866 Gegensatz zw. Preußen u. Ö. führt z. Krieg u. zur Auflösg. d. Dt. Bundes, s. 1867 Doppelmonarchie Ö.-Ungarn 93 Legende – Ende d. 19. Jh. verstärkter Kampf d. österr. Kronländer für nationale Unabh., österr.-russ. Konflikt in d. Balkanpolitik 101 I GHa, 102/103 Legende – 1914 österr.-ungar. Kriegserklärg. an Serbien löst 1. WK aus, im 1. WK mit d. Dt. Reich verbündet 107 I Cb – Okt. 1918 Auflösg. d. Vielvölkerstaates u. Abdankg. d. Kaisers beendet österr.-ungar. Doppelmonarchie 107 II He – 1918–19 Rep. Deutsch-Österr. 112 Flde – 1934 bei Putschversuch d. NSDAP Ermordg. d. Österr. Bundeskanzlers Dollfuß, 1938 von dt. Truppen besetzt, Anschluß an d. Dt. Reich u. Errichtg. v. Reichsgauen 113 Legende – 1945 Alliierte errichten Besatzungszonen 120 I – 1955 Staatsvertrag: Ö. erhält z. Unabh. u. verpflichtet sich z. dauernder Neutralität 120 II CGde – 1989 Öffnung d. österr.-ungar. Grenze beschleunigt Wandel in Osteuropa 154 – s. Ende d. Ost-West-Konfliktes u. europ. Bündnissysteme, 1989 EG-Beitritt beantragt 156 I Jc

Österreichisch-Schlesien: Landschaft in MO-Europa – 1742 durch Teilg. v. → Schlesien entstan-

den, südl. Teil Schlesiens verbleibt als Ö.-S. bei Österr. 84 Dbc – 1849 österr. Kronland 92 IJcd – 1919 größtenteils z. Tschechoslowakei 112 IJcd

Ostfränkisches Reich → Frankenr.

Ostfriesland: Landsch. in Niedersachsen – bis 1464 Teil v. → Friesland, 1464 Erhebg. z. Gft. 70/71 Db – im 16. Jh. Kämpfe zw. luther. Landesherren u. kalvinist. Ständen 73 I Db – 1654 Fsm., 1744 zu Preußen 82/83 Db

Ostgalizien → Galizien

Ostia (Ostia-Antica): Stadtteil v. Rom, Italien – im 4. Jh. v. Chr. als Hafen Roms gegr., älteste röm. Bürgerkolonie 18 II Jg – bedeut. Handelshafen u. Militärstützpkt. d. Röm. Reiches 25 Db, 26/27 I Gd

Ostmark: ehem. Mark in Österr. – im 9. Jh. als fränk. Grenzmark errichtet 38/39 I EFb – s. d. 10. Jh. Ostarrichi genannt 44 Dc – Kernland d. Mark Österr. 42/43 JKde

Ostpreußen: ehem. preuß. Prov. – s. 1772 Bezeichng. für d. ehem. Hzm. → Preußen einschl. d. Bm. Ermland 82/83 KLa 1824/29 – 78 mit Westpreußen z. Prov. Preußen vereinigt 92 KJab – 1920 nach Volksabstimmg. im südl. O. Verbleib beim Dt. Reich 112 JLab – 1945 durch d. Potsdamer Abkommen S-Teil unter poln., N-Teil unter sowjet. Verwaltg. gestellt; Zwangsumsiedlg. d. dt. Bevölkerg. 120 I HJab

Ostrach: Ort in Baden-Württemberg – 1799 österr. Sieg über franz. Heer 86 I Db

Ostrolenka (Ostroleka): Stadt in NO-Polen – 1831 russ. Sieg über poln. Aufständische 92 Kb

Oströmisches Reich → Byzantin. Reich

Ost-Turkestan → Sinkiang-Uigur

Otranto: Hafenstadt in S-Italien 100 Ge – als griech. Kolonie gegr., latein. Hydruntum 22/23 I Hb – s. d. 6. Jh. byzantin. Handelszentrum 38/39 I Fc – 1080 v. Normannen in Besitz genommen 46 II Cb – 1480 bei d. osman. Eroberg. zerfört 61 Gd

Ottawa: Hptst. v. Kanada 126 Od – um 1800 Holzfällersiedlg., s. 1858/67 Hptst. 128

Öttingen: ehem. Fsm. in Bayern – 1525 Zentrum im Bauernkrieg 72 II Hf

Ottobeuren: Ort in Bayern – 764 gegr. Benedikt.-Kloster45 I Eb

Ouchy: Vorort v. Lausanne, Schweiz – 1912 Friede beendet ital.-türk. Krieg 102/103 Gd

Oudenaarde: Stadt in Belgien – 1708 engl.-österr. Sieg über franz. Heer im Span. Erbfolgekrieg 77 Da

Ourique: Ort in S-Portugal – 1139 nach d. port. Sieg über d. Mauren nimmt Alfons I. von Portugal d. Königstitel an 46/47 I Ad

Översee: Ort in Schleswig-Holstein – 1864 dän. Niederlage geg. Österreichen im Dt.-Dän. Krieg 92 Ea

Oviedo: Stadt in NW-Spanien 118/119 De – im 8.–10. Jh. Hptst. d. Kgr. Asturien 37 II fI – Zentrum christl. Widerstandes geg. d. Araber 46/47 I Ac – 1936–37 im span. Bürgerkrieg stark zerstört 110/111 De

Oxford: Stadt in Großbritannien 118/119 Ec – im 13. Jh. Gründg. d. Univ., Zentrum d. Wissenschaft 54 II Gd – 1833–45 O. Bewegg. strebt Erneuerg. d. anglikan. Kirche an 90/91 Ec

P

Pachacamac: Ruinenstätte in Peru – Tempelstadt d. Inkas 130 I Cd

Paderborn: Stadt in NRW 122 Cc – 777 Tagungsort d. ersten karoling. Reichstages auf sächs. Boden 38/39 I Da – im 13. Jh. Stadtrecht 46/47 I Da – Ende d. 13. Jh. Hansestadt 57 Cc – 1614 gegr. Jesuiten-Univ. 73 II Ph

Paderborn: Bm. in NRW u. Niedersachsen – 806 Bm. 38/39 I Da – bis 1803 reichsunmittelbar 82/83 Ec – 1803 preuß. 87 I Cc – 1930 Erhebg. z. Ebm. 112 Ec

Padua (Padova): Stadt in NO-Italien 118/119 Hd – 49 v. Chr. röm., Patavium 26/27 I Gc – 1164 als selbst. Stadtrep. Mitgl. d. Veroneser Städtebundes 46/47 I Eb – 1222 Gründg. d. Univ. 54 II el – 1405 unter venezian. Herrschaft, Zentrum v. Humanismus u. Renaissance 61 Cb – im MA Wolltuchverarbeitg. 68/69 Ed – 1797 österr. 87 I Df – 1866 zu Italien 100 Cc

Paestum: Ruinenstätte in S-Italien – im 7. Jh. v. Chr. als griech. Kolonie Poseidonia gegr., Tempelanlage mit Heiligtum 7 Db – 273 v. Chr. röm. Kolonie 18 II Lh – im 2. Pun. Krieg mit Rom verbündet, Posidonia 19 Eb

Pakistan: Staat in Asien 124/125 I Md – heut. Staatsgebiet bis 1947 Teil v. Brit.-Indien, Aug. 1947 unabh. Mitgl. d. Commonwealth, Gegensätze zw. d. beiden Landesteilen Ost- u. West-P. führen zu innenpolit. Krisen, 1947 Krieg mit Indien um → Kaschmir, 1956 Proklamation d. Rep. P., 1965 erneut pakistan.-ind. Krieg um Kaschmir, 1971 Loslösg. v. Ost-P. als unabh. Staat → Bangladesh, 1972–89 Austritt von P. aus d. Commonwealth, s. 1985 islam.-föderative Rep. 139 II Jf

Palästina: Landsch. in Vorderasien – früheste Funde menschl. Besiedlg. in d. Höhlen d. Berg Karmel nachweisbar 2 I Fc, 2 II Ng – städt. Hochkultur in → Jericho 3 II Ng – um 1250 v. Chr. Eindringen v. Seevölkern (Philistern) u. Israeliten, um 1000 v. Chr. Bildg. eines israelit. Großreiches unter d. Königen David u. Salomo 4 II Ng – 539 v. Chr. zum Pers. Reich 6 II Hf – 332 v. Chr. zum Reich Alexanders d. Gr. 14/15 I Cb – 63 v. Chr. röm. Eroberg., 6. n. Chr. röm. Prov. Judaea, 66–73 u. 132–35 Aufstände d. jüd. Bevölkerg. geg. röm. Herrschaft 26/27 I KLf 32 – 634 Beginn d. arab.-islam. Unterwerfg. 36 Fc – im 11. Jh. Gründg. christl. Kreuzfahrerstaaten, 1291 Eroberg. d. Kgr. Jerusalem durch d. Mameluken beendet Herrschaft d. Kreuzfahrer in P. 49 II JKb, 59 Fc – 1517 osman. 66/67 LMg – s. Ende d. 19. Jh. verstärkte Einwanderg. v. Juden aus O-Europa, Entstehg. d. Bewegg. d. Zionismus, 1917/18 v. Briten erobert 107 II Jf – 1920–48 brit. Mandat 148 II BCc – jüd. Masseneinwanderg. verschärft Gegensatz zu d. arab. Palästinensern, Mai 1948 nach Abzug d. brit. Truppen Gründg. d. Staates → Israel, Ost-P. als Westjordanland → Jordanien angegliedert 148 III Cbc – wachsende soziale u. polit. Probleme d. Palästinenserflüchtlinge, Forderg. d. Palästinenser nach einem eigenen Staat, polit. Vertretg. durch PLO, s. 1987 Aufstand in v. Israel besetzten Gebieten Gaza u. Westjordanland (Intifada), s. 1991 arab.-israel. Friedensgespräche über Status d. besetzten Gebiete 149 V

Palauinseln → Belau

Palembang: Hafenstadt auf Sumatra, Indonesien 139 II Lh

Palenque: Ruinenstätte in S-Mexiko – Tempel- u. Palastanlage d. Maya 130 I Bb

Palermo: Hafenstadt auf Sizilien, Italien 118/119 Hf – im 7. Jh. v. Chr. phönik. Gründg. Panormos 7 Dc – 254 v. Chr. als bedeut. karthag. Flottenstützpkt. v. Römern erobert, Panormus 19 Ec – 20 v. Chr. röm. Kolonie 26/27 I Ge – 831 n. Chr. Eroberg. durch Sarazenen, Zentrum islam. Kultur, Hptst. v. Sizilien 37 II Kg – 1072 normann. Residenz 46 II Bc – 1194 unter stauf. Herrschaft, unter Kaiser Friedrich II. kulturelle Blüte, 1282 zu Aragón 46/47 I Ed – 1820 u. 1848/49 Aufstände geg. bourbon. Herrschaft 100 Df

Palestrina: Stadt in Mittelitalien – röm. Stadt Praeneste 20/21 Gf – 1849 Sieg d. italien. Freischärler über d. Truppen Neapels 100 De

Palikao: vorgeschichtl. Fundort im heut. N-Algerien 2 I Cc

Palma: Hafenstadt auf Mallorca, Spanien 118/119 Ff – 123 v. Chr. röm. Gründg. 26/27 II Ee – 1483 Gründg. d. Univ. 54 II Hf – Hptst. d. Balearen 118/119 Ff

Palmanova: Stadt in NO-Italien – Anfang d. 19. Jh. Ausbau d. venezian. Grenzfestg. unter Napoleon I. 87 I Ef

Palmyra: Stadt in Syrien – Lage an Karawanenwegen begünstigt Aufstieg z. bedeut. Handelspl. im Alten Orient, als Tadmor Zentrum einer Oase 6 II

Hf – um 17 n. Chr. röm., im 3. Jh. Leg.-Lager 26/27 I Lf – wichtiger Umschlagpl. im Handel mit Arabien 25 Fc

Palos: Ort in S-Spanien – 1492 Ausgangspkt. d. ersten Entdeckungsreise v. Kolumbus 66/67 Df

Pamir: Gebirge in Zentralasien – bis z. endg. Grenzfestlegg. zw. Afghanistan u. Rußland brit.-russ. Auseinandersetzungen um P., 1895 nach Beilegg. d. Interessenkonfliktes größtenteils zu Rußland 134 DJ

Pamphylien: Landsch. in d. S-Türkei – im 7. Jh. v. Chr. griech. Kolonisation 7 EFc – 334 v. Chr. von Alexander d. Gr. erobert 14/15 I Cb – 102 v. Chr. röm., später röm. Prov. Lycia et Pamphylia 26/27 I JKe

Pamplona: Stadt in N-Spanien – 75/74 v. Chr. röm. Gründg. Pompaelo 26/27 I Dd 925 – 1512/89 Hptst. d. Kgr. Navarra 44 Bc, 66/67 Ec – im 19. Jh. Zentrum d. Karlisten 90/91 Ee

Panamá: Hptst. d. Rep. Panamá 131 I Dd – 1519 gegr., Umschlagpl. für peruan. Gold, 1671 v. Briten zerstört, später neu gegr. 62/63 I EFd

Panamá: Staat in Mittelamerika 124/125 I Ee – Teil d. heut. Staatsgebietes um 1502 entdeckt u. für Spanien in Besitz genommen 62/63 I EFd – bis 1821 span. Kolonie, 1821 zur Verein. Rep. v. Kolumbien 104 FGd – 1903 Loslösg. v. Kolumbien mit Unterstützg. d. USA, unabh. Rep. unter amerikan. Einfluß, Abtretg. d. P.-Kanalzone an d. USA, 1906–14 Bau d. P.-Kanals; soziale u. wirtschaftl. Krisen führen zu Aufständen in P. u. 1917/18 z. Intervention von US-Truppen, 1936 USA erkennen Unabh. von P. an 126 Nebenkarte – s. Ende 1950 fordert P. volle Souveränität über d. Kanalzone, 1968 Militärdiktatur, 1977 amerikan.-panames. Vertrag legt stufenweise Übergabe d. Kanals u. d. Kanalzone an P. fest, 1989 US-Invasion zum Sturz d. Diktators Noriega 131 I CDd

Panamá-Kanalzone → Panamá

Pankow: Stadtteil im NO v. Berlin – 1949–90 Sitz diplomat. Vertretungen u. zahlreicher Behörden d. DDR 121 II

Panmunjon: Stadt in N-Korea – 1953 Waffenstillstand beendet d. Koreakrieg 140 II Nh

Pannonia: ehem. röm. Prov. in Österr., Ungarn, Kroatien u. Serbien – 9 n. Chr. von Römern unterworfen, 103 Teilg. in d. Provinzen Pannonia Superior u. Pannonia Inferior 26/27 I Hc

Pantelleria: italien. Insel im Mittelmeer 118/119 Hf – 217 v. Chr. im 2. Pun. Krieg v. Römern erobert, Cossyra 19 Ec – bis 1860 z. Kgr. Sizilien 100 CDg

Paphos: Ort auf Zypern – im 13. Jh. v. Chr. von Phönikern besiedelt, im 7. Jh. v. Chr. griech. Kolonie, bedeut. Heiligtum 7 Fc – als Neu-P. urchristl. Gemeinde (Zypern), Paphus 26/27 I Kf

Papua-Neuguinea: Inselstaat im Pazif. Ozean 124/125 I Qf – 1884 Errichtg. d. brit. Protektorates Papua u. d. dt. Kolonie Kaiser-Wilhelm-Land im O-Teil d. Insel Neuguinea, 1906 Papua-Territorium zu Australien 105 Re – 1919 erhält Australien d. Völkerbundmandat über d. ehem. dt. Kolonie 108/109 I Qe – 1949 Vereinigg. v. Papua u. Neuguinea, 1973 autonom, 1975 als P.-N. unabh. Mitgl. d. Commonwealth – 150/151 I Qf

Paracelinseln: Inselgr. südl. v. China, v. Vietnam u. China beansprucht – 1974 v. Truppen d. VR China besetzt 142 II Jf

Paraguay: Staat in S-Amerika 124/125 I FGg – heut. Staatsgebiet s. 1537 v. Spaniern erobert, 1542 z. Vizekgr. Peru, 1609–1768 Errichtg. v. Missionssiedlungen durch Jesuiten 64 Hf – 1811 unabh. Rep. 104 Hf – 1865–70 vernichtende Niederlage im Krieg geg. Argentinien, Brasilien u. Uruguay führt zu Gebietsverlusten u. starkem Bevölkerungsrückgang, 1932–35 Eroberg. d. größten Teils d. strittigen Gebietes im „Chacokrieg" geg. Bolivien, 1954 Militärdiktatur 132 I CDe

Paris: Hptst. v. Frankr. 118/119 Fd – als Lutetia Hauprort d. kelt. Volksstammes d. Parisii, 52 v. Chr. röm. Eroberg. 27 II Ph – auch Lutetia Parisiorum genannt, röm. Herrschaftszentrum in Gal-

lien 26/27 I Ec – s. d. 3. Jh. n. Chr. Bm. 38/39 I Cb – 508 Hptst. d. Frankenr. 37 II Jf – im 10./11. Jh. Entwicklg. zur Hptst. d. Kgr. Frankr. 44 Cc – im 12. Jh. Gründg. d. Univ., eine d. ältesten Europas 54 II He – 1420–36 v. Engländern besetzt, um 1470 Errichtg. d. ersten Festg. 55 II Fe – 1572 „Bartholomäusnacht": Ermordg. v. Hugenotten durch Katholiken 73 I Bd – im 16. Jh. wirtschaftl. Aufschwung, Handelszentrum 68/69 Cc – 1622 Ebm. 73 II Mi – im Zeitalter Ludwigs XIV. Aufstieg z. geistig-kulturellen Mittelpkt. d. Absolutismus 77 Db – 1763 Friede von P. beendet 7jährigen Krieg u. sichert Großbritanniens Vormachtstellg. als Kolonialmacht 64 Kb – Zentrum d. Franz. Revolution 86 II – 1814 u. 1815 P.er Friedensschlüsse beenden d. Koalitionskriege 88/89 Fd – im 19. Jh. Entwicklg. z. bedeut. Industriezentrum 97 I Bd – 1830 Zentrum d. Julirevolution, 1848 d. Februarrevolution, 1856 Friede beendet d. Krimkrieg, 1870/71 im Dt.-Franz. Krieg von dt. Truppen belagert, Jan. 1871 franz. Kapitulation, bis Mai 1871 sozialist. Aufstand d. P.er Kommune, durch bürgerl. republikan. Truppen niedergeschlagen 90/91 Fd, 97 II Bd – 1919 P.er Vorortverträge beenden d. 1. WK 110/111 Fd – 1940–44 von dt. Truppen besetzt 114 Cc, 115 Cc – 1954 Konferenzen d. westeurop. Staaten u. USA über d. Einbeziehg. d. Bundesrep. Deutschld. in d. westl. Bündnissystem 150/151 I Jc – 1990 KSZE-Gipfelkonferenz beschließt „Charta für ein neues Europa" 156 I Dc

Parma: Stadt in N-Italien 118/119 He – 183 v. Chr. röm. Kolonie 20/21 Ec – s. d. 4. Jh. n. Chr. Bm., 774 fränk. 38/39 I Ec – 1167 Mitgl. d. Lombard. Städtebundes, Zentrum d. Auseinandersetzungen zw. Kaiser u. Papst, 1248 Belagerg. durch d. Staufer 46/47 I Ec – 1512 z. Kirchenstaat 1545–1860 Hptst. d. Hzm. P. 70/71 Ff, 100 Cc

Parma: Bm. in N-Italien – bis 1512 z. Kirchenstaat, 1545 Erhebg. z. Hzm. 70/71 EFf – 1731/48 unter Herrschaft span. Bourbonen 78/79 GHe – 1802/05 zu Frankr. 87 I CDf – 1815–47 Hzm. v. Marie Luise v. Österr., Frau Napoleons I., 1847 wieder bourbon., 1860 zu Italien 100 BCc

Paros: griech. Insel im Ägäischen Meer – um 1000 v. Chr. ion. Siedlungsgebiet 6 I Cc – um 680 v. Chr. griech. Kolonisation, wirtschaftl. Blüte durch Abbau v. Marmor 7 Ec – 478–431 v. Chr. Mitgl. d. Att. Seebundes 12 II gl

Partherreich, Parthien: ehem. Reich in Vorderasien – im 6. Jh. v. Chr. Satrapie im 4. u. 4. Jh. v. Chr. zum Reich Alexanders d. Gr. 14/15 I Eb – um 250 v. Chr. Entstehg. eines Großreiches unter d. Arsakiden-Dynastie 15 II Se, 29 I EFc – Ausdehng. d. parth. Herrschaftsbereiches führt s. d. 1. Jh. v. Chr. zu Kämpfen mit d. Römern, latein. Regnum Parthorum 26/27 I Nef – im 3. Jh. n. Chr. Unterwerfg. durch d. Sassaniden 28 Gc

Pasargadai: Ruinenstätte in Iran – s. d. 6. Jh. v. Chr. pers. Residenz 6 II Jf

Passarowitz (Pozarevac): Stadt in Serbien – 1718 Friede zw. Österr., Venedig u. Osman. Reich, osman. Gebietsabtretungen an Österr. schwächen d. Vormachtstellg. d. Osman. Reiches in SO-Europa 84 Ed

Passau: Stadt in Bayern 122 Ed – im 2. Jh. röm. Kastell Castra Batava 30/31 Ed – 1298 u. 1367 Aufstände d. Bürgerschaft geg. bischöfl. Herrschaft 54/55 III Fd – 1552 P.er Vertrag als Vorbereitg. z. → Augsburger Religionsfrieden 73 I Gd – Zentrum d. Gegenreformation 73 II Ri – 1803 bayr. 87 I Ef

Passau: Bm. in Bayern – 739 durch Bonifatius gegr. 41 I Fc – bis z. 13. Jh. territoriale Ausdehng. 54/55 III Fd – 1805 bayr. 87 II Md

Patagonien: Landsch. in S-Amerika – 1520 v. Portugiesen entdeckt 62/63 I Ff – Zentrum d. Widerstandes d. indian. Bevölkerg. geg. koloniale Unterwerfg. 104 Gg – bis 1881/1902 zw. Argentinien u. Chile umstritten 105 Gg

Pataliputra: ehem. Stadt in NO-Indien – im 4. Jh. v. Chr. Hptst. d. ind. Großreiches Magadha 29 I Gc

Patay: Ort in Frankr. – 1429 Sieg d. franz. Heeres unter Führg. v. Jeanne d'Arc zwingt d. Engländer z. Aufhebg. d. Belagerg. v. Orléans 60 EFe

Patmos: griech. Insel im Ägäischen Meer – im 1. Jh. n. Chr. vermutl. Aufenthaltsort d. Evangelisten Johannes 16 Bb

Patras: Hafenstadt in Griechenland – 420 v. Chr. im Peloponnes. Krieg v. Athen erobert, Patrai 13 Eb – 14. v. Chr. röm. Kolonie Patrae 26/27 I el – Aufstieg z. bedeut. Hafen Griechenlands 25 Ec – frühchristl. Gemeinde 33 I Ec – 1821 Zentrum im griech. Freiheitskampf 101 I Cc

Patrimonium Petri → Kirchenstaat

Pau: Stadt in W-Frankr. 118/119 Ee – s. 1460 Hptst. d. Gft. Béarn 60 Dh

Paulinzella: Ort in Thüringen – 1106 gegr. Benedikt.-Kloster45 I Ea

Pavia: Stadt in N-Italien – röm. Gründg. Ticinum 20/21 Dd – 490 ostgot. Residenz 35 III hl – 572 Hptst. d. Langobardenreiches 36 Cb – 774 fränk., Bm. 38/39 I Db – 1361 Gründg. d. Univ., später Zentrum d. Naturwissenschaften 54 II He – ma. Handelspl. 68/69 Ed – 1525 Niederlage d. Franzosen geg. d. Truppen Kaiser Karls V. 66/67 Gd

Payerne: Stadt in d. Schweiz – im 10. Jh. gegr. Benedikt.-Kloster 45 I Db

Pearl Harbor: Flottenstützpkt. auf Hawaii, USA 143 – Dez.1941 Angriff japan. Luft- u. Seestreitkräfte auf P.H. vernichtet d. amerikan. Pazifikflotte, Eintritt d. USA in d. 2. WK 116 I GHb

Peenemünde: Ort auf Usedom, Mecklenburg-Vorpommern – im 2. WK Raketenforschungszentrum 115 Db

Pegu: Stadt in Myanmar – bis z. 16. Jh. Mittelpkt. eines gleichnamigen Reiches, buddhist. Wallfahrtsort u. Kulturzentrum 138 I Dc

Peipussee: See in d. nordwestl. Russ. Föderation 118/119 Kb – 1242 Niederlage d. dt. Ordensheeres beim Vorstoß auf Nowgorod 5 2 I Gb – im 2. WK Kriegsschaupl. 115 Eb

Peking (Beijing): Hptst. v. China 140 II Mg – um 1215 v. Mongolen erobert 58 Kd – 1271–95 Aufenthaltsort v. Marco Polo, Kambaluk genannt 62/63 I Obc – bis 1368 Residenz d. Mongolen, bis 1644 d. Ming-Dynastie, s. 1644 d. Mandschu-Dynastie 138 I Eb – 1900–01 Zentrum d. „Boxeraufstandes", Besetzg. durch Truppen d. Kolonialmächte 139 I Eb – 1928 von d. Kuomintang eingenommen, amtl. Name Peiping 140 I Ebc – 1937–45 japan. Besetzg. 116 II Jf – 1949 zu chines. Kommunisten erobert, s. 1949 Hptst. d. Volksrep. China, 1989 Niederschlagg. d. Demokratiebewegung 139 II Lf

Pella: Ort in N-Griechenland – s. d. 5. Jh. v. Chr. Hptst. v. Makedonien, Geburtsort Alexanders d. Gr. 14/15 I Ba – im 1. Jh. v. Chr. röm. Kolonie 26/27 I dl

Peloponnes: Halbinsel in S-Griechenland – griech. Peloponnesos im 6. Jh. v. Chr. Bildg. d. Peloponnes. Bundes unter Führg. v. Sparta 12 II – 431–404 v. Chr. Peloponnes. Krieg: Auseinandersetzungen zw. Peloponnes. Bund u. → Att. Seebund unter Führg. Athens um d. Vorherrschaft in Griechenland, nach Ende d. Krieges wirtschaftl. u. kultureller Niedergang d. griech. Stadtstaaten 13 EFbc – im 4. Jh. v. Chr. zum makedon. Herrschaftsbereich 14/15 I Bb – 27 v. Chr. zur röm. Prov. Achaia 26/27 I el – um 1000 byzantin. Thema 44 Ed – s. d. 15. Jh. als Morea osman., an d. Küstenplätzen venezian. Stützpunkte 65 Dc – 1699–1715 venezian. 78/79 Jf – bis 1821 Zentrum d. Widerstandes geg. osman. Herrschaft 101 I Cc

Pelusion, Pelusium: ehem. Ort in N-Ägypten – bedeut. Hafenpl. u. Grenzfestg. Altägyptens 5 Ca – 525 v. Chr. entscheidender Sieg d. Perser über Ägypter 6 I Hf

Penang: Teilstaat v. Malaysia – 1786 brit. 138 II KLg

Peñón de Vélez: Inselgr. an d. N-Küste v. Marokko, unter span. Oberhoheit 118/119

Pennsylvania: Bundesstaat in d. östl. USA 126 Od – 1776 Gründerstaat d. USA 128 I Fb

Perekop: Landenge zw. d. Halbinsel Krim u. d. Festland, Ukraine – im 2. WK Kriegsschaupl. 114 Fc

Perejaslawl: Stadt in d. Ukraine – 1654 Vertrag von P.: ukrain. Kosaken leisten d. russ. Zaren ihren Treueid 78/79 Lc

Pergamon, Pergamum → Bergama

Perge: Ruinenstätte in d. S-Türkei – 469 v. Chr. Sieg d. Griechen über Perser 12 II Lg – bedeut. Kulturzentrum, eine d. ältesten urchristl. Gemeinden Kleinasiens 16 Cb, 33 I Fc

Périgord: Landsch. in SW-Frankr. – bis z. 11. Jh. als Gft. aquitan. Lehen 42/43 Cf – 1589 zu Frankr. 60 Eg

Périgueux: Stadt in SW-Frankr. – s. d. 4. Jh. Bm. 38/39 I Cb – Hauptort d. Gft. Périgord 42/43 Cf

Pernambuco → Recife

Pernau (Pjarnu): Stadt in Estland – 1241 vom Dt. Orden mit Lüb. Stadtrecht gegr. 50/51 Ia, 52 I Fb – Hansestadt 57 Fb

Péronne: Stadt in N-Frankr. – 1468 Vertrag mit Burgund zwingt d. franz. König z. Verzicht auf Flandern 60 Fd

Perpignan: Stadt in S-Frankr. – Hauptort d. Gft. Roussillon 46/47 I Cc – 1349 gegr. Univ. 54 II He – s. d. 15. Jh. Zentr. d. Wollverarbeitg., Weinanbau u. -handel 68/69 Ce – 1659 franz. 81 Be

Persepolis: Ruinenstätte in S-Iran – um 518 v. Chr. als Residenz pers. Könige errichtet, Hptst. d. Pers. Reiches 6 II Jfg – 330 v. Chr. von Alexander d. Gr. erobert u. zerstört 14/15 I Ebc

Persien → Iran

Peru: Staat in S-Amerika 124/125 I Ff – Teil d. heut. Staatsgebietes bis z. 16. Jh. Zentrum d. Inkareiches, Mittelpkt. indian. Kultur u. Kunst 130 I CDde – 1527 Beginn d. Eroberg. durch d. Spanier unter Francisco Pizarro, Niederwerfg. zahlreicher Aufstände d. Indianer führen z. teilw. Ausrottg. d. indian. Bevölkerg., Aufstieg d. Vizekgr. P. zur reichsten span. Kolonie durch Plünderg. d. Inka-Heiligtümer u. Ausbeutg. d. Silbervorkommen, auch Neukastilien genannt 62/63 I EFe – 1821 unabh. Rep. 104 Ge – 1836–39 Konföderation mit Bolivien, 1879–83 „Salpeterkrieg" geg. Chile, 1968 linksgerichteter Militärputsch, Verstaatlichg. d. Erdölindustrie u. Durchführung v. Agrarreformen, 1973 Verstaatlichg. d. Bergbauindustrie 132 I Bcd – 1980 Guerrillakampf d. „Leuchtenden Pfades", 1992 Staatsstreich d. Präsidenten mit Unterstützung d. Militärs 133 Bcd

Perugia: Stadt in Mittelitalien 100 Dd – etrusk. Siedlg. Perusia 18 II Je – im 2. Pun. Krieg mit Rom verbündet u. umkämpft 19 Eb – 41/40 v. Chr. von Römern zerstört 26/27 I Gd – 1308 gegr. Univ., Zentrum d. Humanismus 54 II el

Pest → Budapest

Petersberg: Berg in NRW – 1949 P.er Abkommen sichert d. Bundesrep. Deutschld. wirtschaftl. Erleichterungen u. Eigenstaatlichkeit nach d. 2. WK 120 II Bc

Peterswaldau (Pieszyce): Ort in W-Polen – 1844 Zentrum d. schles. Weberaufstandes 94 I Hc

Peterwardein (Petrovaradin): Ort Serbien – im 17./18. Jh. bedeut. österr. Grenzfestg. geg. d. Osman. Reich, 1716 österr. Sieg über osman. Heer 84 DEc

Petra: Ruinenstätte in S-Jordanien – s. d. 3. Jh. v. Chr. Hauptort d. Nabatäerreiches 14/15 I Cb – 106 n. Chr. röm. 26/27 I Lf – bedeut. Umschlagpl. im Handel mit S-Arabien 25 Fc

Petrikau (Piotrków Trybunalski): Stadt in Polen – 1496 P.er Statut: König gewährt d. poln. Adel Sonderrechte 66/67 Ic

Petrograd → St. Petersburg

Petrópolis: Stadt in SO-Brasilien 150/151 I Gg – 1845 dt. Gründg., 1903 Vertrag zw. Bolivien u. Brasilien siegt Grenzstreitigkeiten bei, d. an Kautschuk reiche Gebiet v. Acre fällt an Brasilien 132 I Ee – 1947 Abschluß d. Rio-Paktes: Verteidigungsbündnis d. nord- u. südamerikan. Staaten 150/151 Ee

Petrosawodsk: Hptst. d. Karel. AR in d. Russ. Föderation 118/119 La

Petsamo (Petschenga): Ort in d. nordwestl. Russ. Föderation – 1920–44/47 zu Finnland 136 I Cb

Pfalz: Teil v. Rheinld.-Pfalz – 1214 wittelsbach. Gft. 54 I Bb – 1329 Trenng. v. Bayern, 1356 Erhebg. z. Kurfsm., Kurpfalz genannt 54/55 III CDd – 1569 Fsm. P.-Neuburg, 1614 Fsm. P.-Sulzbach, 1628 Oberpfalz zu Bayern, 1688–97 Pfälz. Erbfolgekrieg 74/75 FGd – 1777 Erwerb Bayerns 82/83 DEd – 1801 Verlust d. linksrhein., 1803 d. rechtsrhein. Gebiete 87 I BCd – s. 1816 bilden d. linksrhein. Gebiete d. bayr. Regierungsbezirk P. 92 DEd – 1919–30 v. Franzosen besetzt 112 DEd – 1946 zu Rheinld.-Pfalz 122 Bd

Pfeddersheim: Stadtteil v. Worms, Rheinld.-Pfalz – 1525 entscheidende Niederlage d. Bauern geg. Truppen d. pfälz. Kurfürsten

Pforta: Kloster in Sachsen-Anhalt – 1132 als Zisterz.-Kloster gegr. 45 II Jd

Phaistos: Ruinenstätte auf Kreta, Griechenland – bis um 1400 v. Chr. Zentrum minoischer Kunst, wichtiger Handelspl. 6 I Cd

Pharsalos: Ort in Mittelgriechenland – latein. Pharsalus, 48 v. Chr. entscheidender Sieg Caesars über Pompejus im röm. Bürgerkrieg 26/27 I el

Philadelphia: Industriestadt in d. östl. USA 126 Ode – 1683 v. engl. Siedlern gegr., im 18. Jh. Aufstieg z. bedeut. amerikan. Wirtschafts- u. Kulturzentrum, 1776 Ort d. Unabhängigkeitserklärg. d. 13 Gründerstaaten d. USA, 1790–1800 Sitz d. Unionsregierg. 127 I Dc, 129 I Fbc

Philae: Nilinsel in Ägypten – hl. Stätte Altägyptens, Tempelanlage 5 Cc

Philippi: ehem. Stadt in NO-Griechenland – 356 v. Chr. makedon. Eroberg. 14/15 I Ba – 42 v. Chr. Schlacht: Marcus Antonius u. Octavian (Augustus) besiegen Marcus Brutus u. Gajus Cassius, nach d. Sieg röm. Kolonie 26/27 I dl – 50 n. Chr. Gründg. d. urchristl. Gemeinde durch Apostel Paulus 33 I Eb

Philippinen: Inselstaat im Pazif. Ozean 124/125 I Pe – 1521 entdeckt 62/63 I Pd – 1564 Beginn span. Eroberg. u. Kolonisation 138 I Fc – 1762–64 v. Briten besetzt 138 II Mg – 1896–98 nationaler Befreiungskampf d. Filipinos, 1898 nach d. span.-amerikan. Krieg v. Spanien an d. USA abgetreten 139 I Fc – 1941 v. Japanern besetzt, 1944/45 v. amerikan. Truppen zurückerobert 116 I Dc, 116 II Kg – 1946 unabh. Rep., 1949–54 Aufstände d. kommunist. Hukbalahap (Huk), s. 1968 Aufstände d. Muslimen auf d. südl. Inseln 139 II Mg – 1986 Sturz d. diktator. Marcos-Regimes, präsidiale Rep. 142 I Kfg

Philippsburg: Stadt in Baden-Württemberg 122 Cd – s. 1615 als Festg. ausgebaut 74/75 Ed – 1688–97 v. Franzosen besetzt 81 Eb – bis 1723 Residenz d. Bischöfe v. Speyer 82/83 Ed

Philistaea: alttestamentl. Staat im heut. Israel 32 Be

Phnom Penh: Hptst. v. Kambodscha 139 II Lg – s. 1434 Residenz d. Khmerkönige 138 I Ec – 1975 Zwangsumsiedlg. d. Bevölkerg. unter Pol-Pot-Regime, 1979–89 v. vietnames. Truppen besetzt 139 II Lg

Phokaia: ehem. Stadt in d. W-Türkei – im 8. Jh. v. Chr. als griech. Hafenstadt gegr., Ausgangspkt. ion. Kolonisation, Handelszentrum 7 Ec

Phönikien: Landsch. in Vorderasien – bis um 1200 v. Chr. unter ägypt. Oberhoheit, enge Handelsbeziehungen d. phönik. Stadtstaaten z. ägypt. u. Kreta, Entwicklg. d. phönik. Schrift; um 1000 v. Chr. Eindringen d. Seevölker führt z. Erstarken d. Stadtstaaten u. zu weitgehender Selbständigkeit, Ausdehng. d. phönik. Einflußbereiches im gesamten Mittelmeerraum durch Gründg. v. Kolonien, Ausbreitg. phönik. Kultur u. Kunst, im 9. Jh. v. Chr. Beginn d. Auseinandersetzungen mit d. Assyrern 4 II, 7 I Legende – 538 v. Chr. unter pers. Oberhoheit d. phönik. Stadtstaaten; um 1200 v. Chr. Oberhoheit 6 I Hf – 332 v. Chr. nach Eroberg. durch Alexander d. Gr. Bedeutungsrückgang 14/15 I Cb – 64 v. Chr. röm. Prov. Phoenicia 26/27 I Lf

Phrygien: Landsch. in d. Türkei – um 1200 v. Chr. Einwanderg. d. Phryger, im 8. Jh. v. Chr. Entstehg. eines phryg. Großreiches 4 II Nfg – im 6. Jh. v. Chr. pers. 6 II GHf – 333 v. Chr. zum Reich Alexanders d. Gr. 14/15 I Cb – im 3. Jh. n. Chr. Errichtg. d. röm. Provinzen Phrygia pacatiana u. Phrygia salutaris 28 EFc

Phylakopi: frühgeschichtl. Fundort auf Melos, Griechenland 4 I Ec

Piacenza: Stadt in N-Italien 100 Bc – 218 v. Chr. als röm. Kolonie Placentia gegr., im 2. Pun. Krieg v. Karthagern zerstört 19 Dab – s. d. 4. Jh. n. Chr. Bm. 38/39 I Db – 1167 Mitgl. d. Lombard. Städtebundes 46/47 I Dbc – 1248 gegr. Univ. 54 II He – ma. Handelszentrum 68/69 Ed – 1746 österr. Sieg über franz.-span. Heer 78/79 Gde

Picardie: Landsch. in N-Frankr. – 1435–77 burgund. 60 EFde

Piedras Negras: Ruinenstätte in Guatemala – Kulturzentrum d. Maya 130 I BCb

Piemont: Region in N-Italien – s. d. 11. Jh. Kernland d. savoy. Lande 54/55 III Cf 1802–14 franz. 86 I Db

Pillnitz: Stadtteil v. Dresden, Sachsen – 1791 P.er Abkommen führt z. ersten Bündnis europ. Staaten geg. d. revolutionäre Frankr. 82/ 83 Gc

Pilsen (Plzeň): Stadt in d. Tschech. Rep. 118/119 Hd – im 13. Jh. mit süddt. Stadtrecht gegr., Zentrum d. Bierbrauerei 50/51 Cf – im 30jährigen Krieg zerstört, 1633/34 Hauptquartier d. kaiserl. Feldherrn Wallenstein 74/75 Gd

Pinerolo: Stadt in NW-Italien – 1631–96 als strateg. bedeut. Festg. v. Franzosen besetzt 81 Dd

Piombino: Stadt in Mittelitalien – 1805–14 napoleon. Fsm. 88/89 He

Piräus: Hafenstadt in Griechenland – 493 v. Chr. als Hafen Athens ausgebaut, nach d. Perserkriegen stark befestigt, wichtigster griech. Hafen 12 I Cc

Pisa: Stadt in Italien 100 Cd – etrusk. Siedlg. Pisae, im 2. Pun. Krieg röm. Stützpkt. 19 Eb – s. d. 4. Jh. Bm. 38/39 I Ec – im 11. Jh. Aufstieg z. führenden oberitalien. Seehandelsstadt neben Genua u. Venedig, Eroberg. v. Korsika Sardinien u. d. Balearen 49 I BCb – 1092 Ébm. 46 II Bb – s. 1173 Bau d. Kampanile („schiefer Turm" von P.); 1284 Niederlage geg. Genua leitet polit. u. wirtschaftl. Niedergang ein 46/47 I Ec – 1343 Gründg. d. Univ. 54 II Hle – bis z. 14. Jh. selbst. Rep. 54/55 III Eg – 1406 zu Florenz, 1409 Konzil von P.: erfolgloser Versuch z. Überwindg. d. Kirchenspaltg. 61 Cc – im 2. WK stark zerstört 115 CDc

Pittsburgh: Stadt in d. östl. USA 126 NOd – 1759 als brit. Fort Pitt gegr. 127 I Db – im 19. Jh. Entwicklg. z. bedeut. amerikan. Zentrum d. Kohlebergbaus u. Eisengewinn. 129 I EFb – 1918 P.er Abkommen sichert d. Slowaken Autonomie zu u. bereitet d. Gründg. eines tschech.-slowak. Staates vor 108/109 I EFbc

Pizzo: Ort in S-Italien – 1815 Erschießg. d. Königs v. Neapel Joachim Murat 100 Ff

Pjöngjang: Hptst. v. Nord-Korea 139 II Mf

Plassey: Ort in O-Indien – 1757 entscheidender brit. Sieg über Franzosen sichert brit. Vorherrschaft in Indien 13811 Kf

Plataiai: Ort in Griechenland – 479 v. Chr. Sieg d. Griechen über Perser 12 I Cb

Plauen: Stadt in Sachsen 122 Ec – 1224 Stauferburg 46/47 I Ea – Mittelpkt. d. Vogtlandes 54/55 III Fc – im 19. Jh. Zentrum d. sächs. Textilindustrie 97 I Gc

Pleißener Land: ehem. Gebiet in Sachsen u. Thüringen – 1158 unter Kaiser Friedrich I. Barbarossa als Reichsland vereinigt 46/47 I Ea – 1243/1310 d. wettin. Mgft. Meißen eingegliedert 54/55 III Fc

Pleskau → Pskow

Plewna (Pleven): Stadt in Bulgarien – 1877 im russ.-türk. Krieg v. russ. Truppen belagert u. erobert 101 I Cb

Ploesti (Ploiesti): Stadt in SO-Rumänien 118/119 Kde – im 2. WK als Zentrum d. rumän. Erdölindustrie umkämpft u. stark zerstört 114 Ec, 115 Ec

Plombières: Ort in O-Frankr. – 1858 franz.-sardin. Voreinbarg. über geplanten Angriffskrieg geg Österr. 100 Ab

Plowdiw: Stadt in S-Bulgarien 118/ 119 Je – 341 v. Chr. als Philippopolis gegr. 14/15 I Ba – 46 n. Chr. Hptst. d. röm. Prov. Thracia 26/27 I dl – im MA unter wechselnder byzantin. u. bulgar. Herrschaft, Philippopel 44 Ec – 1361 osman. 59 Eb – 1878–85 Hptst. v. Ostrumelien 101 I Cb, 101 II Hb

Plozk (Plock): Stadt in Polen – 1075 Bm., 1237 Magdeb. Stadtrecht 50/51 Fd – bis 1351 Residenz d. masow. Herzöge 52 I Ce – 1526 poln. 70/71 Jb – 1793–1807 preuß. 85 I Bb

Pöchlarn: Stadt in Österr. – 9. Jh. fränk. Handelspl. 38/39 I Fb

Podolien: Landsch. in d. Ukraine – bis 1569 zw. Polen u. Litauen umstritten, 1569 zu Polen 66/67 Kd – 1672 z. Osman. Reich 65 Ea – 1699 erneut poln., 1793 russ. 85 I Dc

Poitiers: Stadt in W-Frankr. – kelt.-röm. Limonum 26/27 I Ec – 41 v. Chr. Bm. 41 I Dc – 732 Sieg d. Franken über Araber beendet arab. Invasion in W-Europa 36 Cb, 37 I Cb – Hauptort d. Gft. Poitou 42/43 Ce – 1431 gegr. Univ. 54 II He – ma. Handelspl. 68/69 Cd

Poitou: Landsch. in W-Frankr. – im 10. Jh. als Gft. mit Aquitanien vereinigt 42/43 BCe – 1152 als Teil d. Angevin. Reiches unter engl. Herrschaft 46/47 I BCb – 1416 zu Frankr. 60 DEf

Pola (Pula): Hafenstadt in Kroatien – röm. Militärkolonie Pietas Iulia 20/21 Hc – s. d. 6. Jh. oström. 38/39 I Ec – 1148 venezian. 46/47 I Ec – bis 1918 wichtigster österr. Kriegshafen, 1919/20–47 zu Italien 100 Dc

Polen: Staat in Mitteleuropa 118/119 HJcd – im 6./7. Jh. Einwanderg. slaw. Volksstämme in d. heut. Staatsgebiet 36 DEa – im 10. Jh. erste Staatsbildg. unter d. poln. Piasten-Dynastie, im 10./11. Jh. Christianisierg. d. Hzm. P. begünstigt Ausdehng. d. Herrschaftsbereiches 44 DEbc – 1025–33, 1076–81 Kgr., kriegerische Auseinandersetzungen mit d. Hl. Röm. Reich 42/43 KMbc – s. 1138 Zerfall in Teilfürstentümer, 1181 Verlust d. Hzm. Pommern 46/47 I FGab – 1320 Vereinigg. d. poln. Fürstentümer zum Kgr. P., 1327/35 Böhmen erhält d. schles. Herzogtümer als Lehen, kultureller u. wirtschaftl. Aufschwung, 1386 Pers.-Union mit Litauen, wachsender Einfluß d. Adels unter d. Jagiellonen-Dynastie; 1410 nach d. entscheidenden Sieg über d. Dt. Orden Aufstieg z. führenden Macht in O-Europa 54/55 III Hbc, 59 DEab – 1525 Hzm. Preußen unter poln. Lehenshoheit, 1569 Umwandlg. d. poln.-litau. Pers.-Union in eine Realunion, s. 1572 innere Machtzersplitterg. durch Bildg. einer Adelsrep., Abwehr russ. Angriffe 66/67 IJcd – 1587–1668 unter Herrschaft d. schwed. Wasas 76 II Hlg – im 17. Jh. weitere Kriege geg. Schweden u. Rußland Gebietsverluste, 1697–1763 Pers.-Union mit Sachsen, P. wird zunehmend z. Objekt d. Interessenkonfliktes d. europ. Großmächte 78/79 ILbd – 1772, 1793, 1795 Aufteilg. von P. zw. Preußen, Österr. u. Rußland 85 I – 1807 Errichtg. d. Grhzm. Warschau durch Napoleon I. 88/89 IJc – 1815 Bildg. d. Kgr. P., Kongreß-P. genannt, in Pers.-Union mit Rußland verbunden 90/91 IJc – 1830/31 erfolgloser Aufstand in Kongreß-P. geg. russ. Herrschaft führt z. Verlust d. inneren Autonomie u. zur Eingliederg. in d. russ. Kaiserr.; 1846,1848 Niederwerfg. v. Aufständen in d. von Preußen u. Österr. annektierten poln. Gebieten 92 ILac – 1916 Proklamation d. selbst. Kgr. P. durch d. Mittelmächte 107 I Da – Nov. 1918 unabh. Rep. 107 II Hld – nach d. 1. WK Gebietsgewinne, 1919/20 poln.-sowjet. Krieg, 1926 nach Staatsstreich diktator. Regime unter Pilsudski, 1934 dt.-poln. Nichtangriffspakt, 1935 Ende d. autoritären Herrschaft Pilsudskis 110/111 IKcd – Aug. 1939 dt.-sowjet. Nichtangriffspakt mit Geheimvertrag über Aufteilg. von P. in Interessengebiete, Sept. 1939 dt. Angriff auf P. löst 2. WK aus, Eingliederg. von Ost-P. in d. Ukrain. u. Weißruss. SSR, Zwangsumsiedlg. d. poln. Bevölkerg. 85 II, 114 DFh – teilw. Eingliederg. von P. in d. Dt. Reich, restl. poln. Gebiet als Generalgouverne-

ment unter dt. Verwaltg. gestellt, Bildg. einer nationalpoln. Exilregierg. in London, Widerstandsbewegg. d. poln. Juden geg. nat.-soz. Herrschaft mit Zentrum in Warschau, Ermordg. u. Verschleppg. d. poln. Bevölkerg. 113 IMad – Juli 1944 Übernahme d. Regierg. durch Poln. Komitee d. Nationalen Befreig. 115 DEb – Aug. 1945 Gebiete östl. d. Oder-Neiße unter poln. Verwaltg. gestellt als Entschädig. für Gebietsverluste im O, Zwangsumsiedlg. u. Vertreibg. d. dt. Bevölkerg., 1947/52 Volksrep. P., 1956 u. 1970 Arbeiteraufstände erzwingen Regierungswechsel 118/119 HJcd – 1970 Bundesrep. Deutschld. erkennt in d. Warschauer Verträgen d. Oder-Neiße-Linie als poln. W-Grenze an, 1980 Streiks u. Gründg. d. Gewerkschaft „Solidarität", 1981–83 Kriegsrecht 120 II FJad – 1988 demokrat. Opposition erzwingt Reformen, Beginn d. revolutionären Umbruchs in O-Europa 154 – 1990 dt.-poln. Vertrag z. endgült. Anerkenng. d. bestehenden Grenzen 157 II FGb

Poliochni: frühgeschichtl. Fundort auf Lemnos, Griechenland 4 I Ebc

Pollenza: Stadt in NW-Italien – latein. Pollentia 20/21 Bc – 402 Sieg d. Römer über d. Westgoten 34 I Cb

Polozk: Stadt in Weißrußland – im 14. Jh. zu Litauen, Niederlassg. d. Hanse 57 Gb – 1563–79 russ. 66/67 Kb – bis 1772 poln. 78/79 Kb – 1772 russ. 85 I Da

Poltawa: Stadt in d. Ukraine 118/119 Ld – 1709 vernichtende Niederlage d. Schweden durch russ. Heer 78/79 Ld

Pommerellen: Landsch. in N-Polen – bis 1294 selbst. Hzm. 46/47 I Fa – 1309–1466 im Besitz d. Dt. Ordens 52 I BCde – bis 1772 als königl. Preußen zu Polen, s. 1772 Kernland d. preuß. Prov. Westpreußen 82/83 IJab

Pommern: ehem. Hzm. u. preuß. Prov. – s. d. 7. Jh. Siedlungsgebiet d. westslaw. Pomoranen 38/39 I Fa – im 12 Jh. Beginn d. Christianisierg. u. dt. Besiedlg.; Polen, Dänemark u. Brandenburg beanspruchen Oberhoheit über Pom. P. 46/47 I EFa – 1295–1478 Hzm. P. geteilt 54/55 III FHab – 1532 erneute Teilg. 70/71 Glab – 1534/35 Einführg. d. Reformation 73 I Glab – 1648 Vorpommern zu Schweden, Hinterpommern zu Brandenburg 74/75 Glab – 1720 erhält Preußen d. östl. Teil v. Vorpommern 82/83 Glab – 1815 Vereinigg. d. pommerschen Gebiete z. preuß. Prov. 92 Glab – 1945 O-Teil unter poln. Verwaltg., Zwangsumsiedlg. u. dt. Bevölkerg., W-Teil d. Land Mecklenburg eingegliedert 120 I FGab – 1990 W-Teil z. Bundesland Mecklenburg-Vorpommern 157 II EFab

Pompeii: Ruinenstätte in S-Italien – im 5. Jh. v. Chr. etrusk. Siedlg. 18 II Lh – 79 n. Chr. beim Ausbruch d. Vesuvs zerstört 22/23 I Db

Pondichéry: Stadt in SO-Indien 139 II JKg – 1674 franz. 62 II Gd – 1954 z. Ind. Union 139 II JKg

Pontecorvo: Ort in Mittelitalien 100 De – s. 1512–1860 päpstl. Exklave 66/67 He – 1806–10 napoleon. Fsm., 1810–14 zu Frankr. 88/89 He

Ponthion: ehem. Ort in Frankr. – im 8. Jh. karoling. Pfalz, 754 Bündnis zw. d. fränk. Konig u. Papst geg. d. Langobarden 38/39

Pontos Pontus: ehem. Reich am Schwarzen Meer in d. NO-Türkei – 301 v. Chr. gegr. 14 II JKe – 63 v. Chr. röm., Errichtg. d. Prov. Bithynia et Pontus im westl. Teil von P. 26/27 I KLd

Ponza: italien. Inselgr. im Mittelmeer 100 De – latein. Pontiae Insulae 22/23 I BCb

Porkkala: Ort u. Halbinsel in S-Finnland 1944–55 als Marinestützpkt. an d. Sowjetunion verpachtet 118/119 JKab

Port Arthur → Lüta

Porto: Stadt in N-Portugal 118/119 De – im 1. Jh. v. Chr. röm., Portus Cale 26/27 I cd – 716–997 arab., Portucale 44 Bc – im 11.–13. Jh. Hptst. v. Portugal 46/47 I Ac

Port of Spain: Hptst. v. Trinidad u. Tobago 131 I Ec

Port Royal: ehem. Zisterz.-Kloster in Frankr. – im

17. Jh. religiöses Zentrum d. Jansenisten, 1710 zerstört 77 Db

Portsmouth: Hafenstadt in Großbritannien 118/119 Ec – s. 1496 größter engl. Kriegshafen 78/79 Ec

Portsmouth: Hafenstadt in d. östl. USA 126 Od – 1905 Friede von P. beendet russ.-japan. Krieg 105 Gb

Portugal: Staat in SW-Europa 118/119 Def – heut. Staatsgebiet im 1. Jh. v. Chr. röm. Prov. Lusitania 26/27 I Cde – im 5. Jh. n. Chr. übernehmen d. german. Sweben u. Westgoten d. Herrschaft 35 III Hhi – 711 arab.-islam. Eroberg. 36 Bbc – im 11. Jh. Beginn d. christl. Rückeroberg. (Reconquista), 1139/43 selbst. Kgr. 46/47 I Acd – im 13. Jh. Ende d. maur. Herrschaft, Grenzfestlegg. mit Kastilien 59 Bbc – 1415 mit Eroberg. d. nordafrikan. Handels- u. Piratenstützpunktes Ceuta Beginn d. Aufstiegs z. europ. Seemacht, Entdeckungsfahrten port. Seefahrer entlang d. afrikan. Küste bis nach Indien, Gründg. v. Handelsniederlassungen, Abgrenzg. d. kolonialen Interessensphären in S-Amerika m. Span, um 1500 port. Entdeckg. Brasiliens 62/63 I Legende, 64 Legende – 1580 Pers.-Union mit Spanien 66/67 Def – im 17. Jh. Verlust port. Kolonien, 1640 Loslösg. v. Spanien, im Span. Erbfolgekrieg auf seiten Großbritanniens 77 Bcd – 1807 v. Franzosen besetzt, 1808–11 Vertreibg. d. Franzosen mit brit. Unterstütz. 88/89 Def – innenpolit. Krisen u. wirtschaftl. Verfall führen 1892 z. Staatsbankrott, 1910 Ausrufg. d. Rep. beendet Monarchie 102/103 Def – 1916 Eintritt in d. 1. WK 107 I Ab – s. 1932 diktator. Regime unter Salazar 110/111 Def – April 1974 Sturz d. Diktatur, Entlassg. d. port. Überseegebiete in d. Unabh., 1976 parlamentar. Demokratie 118/119 Def – 1986 Beitritt z. EG 123 II Lgh

Portugiesisch-Guinea → Guinea-Bissau

Portus Namnetum → Nantes

Posen (Posnan): Stadt in Polen 118/ 119 Ic – 968 Bm. 42/43 Kb – 1253 Magdebg. Stadtrecht 50/51 Ed – im 15./16. Jh. Handelszentrum u. Messestadt 68/69 Gb – 1572 gegr. Jesuitenkolleg 73 II Tg – 1793 preuß. 78/79 Ic – 1806 Friede zw. Sachsen u. Frankr. beendet preuß.-sächs. Allianz, 1807 z. Grhzm. Warschau 88/89 Ic – 1815 z. Festg. ausgebaut, 1848 Zentrum d. poln. Nationalbewegg. 92 Ib – 1918/20 poln. 85 II Ge – im 2. WK zerstört 114 Db 1956 Arbeiteraufstand 120 II Gb

Posen: ehem. preuß. Prov. – 1815–30 Grhzm. 92 Ib – 1918/20 zu Polen 85 II Ge

Poteidaia: ehem. Stadt in N-Griechenland – im 6. Jh. v. Chr. gegr. 7 Eb – 480 v. Chr. zum Anschluß an Persien gezwungen 12 I Ca – Mitgl. d. Att. Seebundes 12 II He – 432 v. Chr. athen. Belagerg. 13 Fa – 316 v. Chr. makedon. Neugründg., unter Kaiser Augustus röm. Kolonie Cassandrea 26/27 I dI

Potosí: Stadt in Bolivien 132 I Cd – 1545 span. Gründg., reiche Silbervorkommen 64 Gef – im 17. Jh. größte Stadt Amerikas, im 19. Jh. Zinnbergbauzentrum 133 Cd

Potsdam: Hptst. v. Brandenburg 157 II Eb – s. 1661 Bau d. Schlosses, 1685 Edikt von P. gewährt d. aus Frankr. vertriebenen Hugenotten Glaubensfreiheit in Brandenburg u. Preußen 74/75 Gb – s. 1713 Residenz preuß. Könige, Ausbau z. bedeut. Garnisonsstadt unter Friedrich II. 84 Cb, 82/83 Gb – 1838 Eröffng. d. ersten preuß. Eisenbahnlinie zw. Berlin u. P. 96 II Rg – im 2. WK stark zerstört 115 Db – 1945 P.er Konferenz: USA, Sowjetunion u. Großbritannien beschließen Aufteilg. Deutschlands in Besatzungszonen, Bildg. eines alliierten Kontrollrates als oberste Regierungsgewalt u. Entmilitarisier., Entnazifizier., Reparationszahlungen u. dt. Gebietsabtretungen 120 I Eb 1945/47 Hptst. v. neugegr. Land Brandenburg, 1952–90 Bezirkshptst. in d. DDR 120 I Eb

Prag (Praha): Hpst. d. Tschech. Rep. 156 I Eb – im 9. Jh. slaw. Burg- u. Marktort, 973 gegr. Bm.42/43 Jc – 1198 Hptst. d. Kgr. Böhmen 46/47 I Ea – im 12./13. Jh. Entstehg. d. dt. Kaufmanns- u. Handwerkersiedlg. P.-Kleinseite, 1257 dt.

Stadtrecht 50/51 De – im 14. Jh. unter Karl IV. Aufstieg z. polit., wirtschaftl. u. kulturellen Zentrum d. Hl. Röm. Reiches, 1344 Erhebg. z. Ebm. 54/55 III Gc – 1348 Gründg. d. ersten Univ. Mitteleuropas 54 II deI – 1419 erster P.er Fenstersturz löst Hussitenkriege in 59 Da – 1618 zweiter P.er Fenstersturz löst Aufstand d. protestant. böhm. Adels geg. d. Herrschaft d. kathol. Habsburger aus u. führt z. 30jährigen Krieg, 1635 erfolglose Friedensbemühungen in P. zur Beendigg. d. Krieges 74/75 Hc – 1757 preuß. Sieg über österr. Heer im 7jährigen Krieg 84Cb – 1848 Zentrum d. nationaltschech. Revolution 92 Hc – 1866 Friede beendet Krieg zw. Preußen u. Österr. 93 Hc – 1918 Hptst. d. neu gegr. Tschechoslowakei 112 Hc – 1939 von nat.-soz. Deutschld. besetzt 114 Db – Mai 1945 sowjet. unterstützter Aufstand 115 Dc – 1968 „P.er Frühling": kommun. Reformbewegg. durch Einmarsch v. Truppen d. Warschauer Paktes beendet 120 II Fc – 1989 Demonstrationen u. Streiks führen z. Sturz d. kommunist. Regimes 154 – s. 1991 Sitz d. KSZE-Sekretariats, bis Ende 1992 Hptst. d. CSFR 156 Eb

Praga: Stadtteil v. Warschau (Warszawa), Polen – 1794 als Zentrum d. nationalen poln. Aufstandes v. russ. Truppen erobert 82/83 Kb

Predmost: vorgeschichtl. Fundort in d. heut. Tschech. Rep. 2 II Lf

Prémontré: Kloster in N-Frankr. – 1120 als Mittelpkt. d. kathol. Ordens d. Prämonstratenser gegr. 42/43 Dd

Prenzlau: Stadt in Brandenburg – 1806 Franzosen erzwingen d. Kapitulation d. preuß. Truppen 88/89 Hc

Preslaw: Ruinenstätte in O-Bulgarien – 893 Hptst. d. ersten Bulgar. Reiches 44 Ec

Preßburg (Bratislava): Hptst. d. Slowak. Rep. 118/119 Id – 907 dt. Niederlage geg. d. Ungarn 37 II Kf – im 13. Jh. süddt. Stadtrecht 50/51 Ef – 1526 Hptst. d. habsburg. Ungarn u. Krönungsstadt 70/71 Id – 1805 Friede zw. Frankr. u. Österr. beendet 3. Koalitionskrieg, österr. Gebietsabtretungen an Italien 87 II Od, 88/89 Id – 1918 z. Tschechoslowakei 112 Id – 1939–45 Hptst. d. unabh. Slowakei 113 Id

Preston: Stadt in Großbritannien – 1648 schott. Niederlage geg. d. Engländer unter Führg. Cromwells 78/79 Ec

Pretoria: Hptst. d. Rep. Südafrika 145 IV Gj – 1855 v. Buren gegr. 144 II Gj

Preußen: ehem. Land d. Dt. Reiches – im 10. Jh. Siedlungsgebiet d. balt. Prußen 44 DEb – im 10./11. Jh. Widerstand d. Prußen geg. d. Christianisierungsversuche 48 DEa – 1230 Beginn d. Eroberg. durch d. Dt. Orden, dt. Besiedlg. 46/47 I FGa – 1525 Umwandlg. d. Ordensstaates in ein weltl. Hzm. unter poln. Lehenshoheit 70/71 JKb – 1618 mit d. Kurfsm. Brandenburg vereinigt, 1657/60 Ablösg. d. poln. Lehenshoheit 74/75 JKab – 1701 Kgr. P., Aufbau eines Verwaltungs- u. Militärstaates unter Friedrich Wilhelm I., 1740–63 preuß.-österr. Kriege um d. Vorherrschaft im Dt. Reich, territoriale Ausdehng. u. Aufstieg z. europ. Großmacht 84 Legende – 1772, 1793, 1795 Gebietsgewinne durch d. Teilungen Polens 85 I Legende – bis 1795 Teilnahme an 1. Koalitionskrieg geg. d. revolutionäre Frankr., 1807 nach ausgedehnten Gebietsverlusten; Einleitg. v. Reformen z. Erneuerg. d. preuß. Staatswesens, 1813–15 in d. Befreiungskriegen mit Rußland u. Österr. verbündet 88/89 HJc – 1815 mit Ausnahme v. Ost- u. West-P. Mitgl. d. Dt. Bundes, Gegner d. nationalen u. liberalen Bewegg. 90/91 GJc – 1818 Erlaß d. preuß. Zollgesetze bildet d. Grundlage z. Gründg. d. Dt. Zollvereins, Aufstieg z. Industriestaat 96 I Legende – 1848 Revolution verschärft Gegensatz zw. monarch. Regier. u. liberalem Bürgertum, 1848–50 u. 1864 Krieg geg. Dänemark 92 DLad – 1866 siegreicher Krieg geg. Österr. festigt d. preuß. Vormachtstellg. in Deutschld., 1867 Gründg. d. Norddt. Bundes un-

ter Führg. von P., 1871 Erhebg. d. preuß. Königs zum dt. Kaiser, Ausbau d. preuß. Machtposition im neu gegr. Dt. Reich unter Otto v. Bismarck 93 – 1918 Abdankg. Kaiser Wilhelms II. beendet d. preuß.-dt. Monarchie, 1920 Freistaat 112 DLad – 1945 Aufteilg. d. preuß. Staates, 1947 endg. Auflösg. 120 I BJad

Preußisch Eylau (Bagrationowsk): Stadt im ehem. Ostpreußen, heute zur Russ. Föderation gehörend – 1807 erste nicht siegreiche Schlacht d. Franzosen unter Napoleon I. geg. preuß.-russ. Heer 88/89 IJc

Preveza: Hafenstadt in W-Griechenland – 1538 venezian.-osman. Seeschlacht 65 CDc

Prignitz: Landsch. in Brandenburg – im 13. Jh. zu Brandenburg 54/55 III EFb

Prinz-Eduard-Insel: Insel u. Prov. in SO-Kanada 126 Pd

Prinz-Eduard-Inseln: Inselgr. im südl. Ind. Ozean, zu Südafrika gehörend 124/125 I Kh

Provence: Landsch. in S-Frankr. – 1246 unter Herrschaft d. Hauses Anjou 46/47 I Dc

Provins: Stadt in Frankr. – im 12.–14. Jh. bedeut. Messestadt d. Champagne 57 Bd

Prüm: Stadt in Rheinld.-Pfalz – 721 gegr. Benedikt.-Kloster45 I Da

Pruntrut (Porrentruy): Stadt in d. Schweiz – bis 1792 Residenz d. Bischöfe v. Basel 72 I Bb

Pruth: Grenzfluß zw. Rumänien, Moldawien u. Ukraine – 1711 osman. Sieg über russ. Heer 78/79 Kd

Przemygl: Stadt in SO-Polen 118/119 Jd – im 10. Jh. Grenzort d. Kiewer Reiches 44 Ec – 1353 Magdebg. Stadtrecht 50/51 Hf – um 1870 Ausbau z. Festg. 93 Ld – bis 1918 österr. 102/103 Jcd – im 1. WK Kriegsschaupl. 107 I Dd – 1939–41 geteilt, 1944 poln. 85 II Hf

Pskow: Stadt in d. nordwestl. Russ. Föderation 118/119 Kb – 903 erstmals erwähnt, dt. Pleskau 44 Eb – im 14. Jh. als bedeut. Handelspl. Niederlassg. d. Hanse 57 Gb – 1510 russ. 66/67 Kb

Ptolemäerreich: ehem. Reich in N-Afrika – 323 v. Chr. übernimmt d. Ptolemäer-Dynastie d. Herrschaft in Ägypten, unter Ptolemaios I. Entfaltg. v. Wissenschaft u. Kultur, um 301 v. Chr. größte territoriale Ausdehng. 14 II – im 2. Jh. v. Chr. wachsender röm. Einfluß führt z. Bedeutungsrückgang 15 III PQef – 30 v. Chr. röm. Prov. Aegyptus 26/27 I JKfg

Puebla: Stadt in S-Mexiko 131 II Hg – 1863 nach d. mexikan. Bürgerkrieg v. franz. Truppen besetzt 126 Mg

Puerto Rico: amerikan. Insel in d. Karibik 131 II Kg – 1898 nach d. span.-amerikan. Krieg v. Spanien an d. USA abgetreten, Porto Rico 105 Gd – 1952 autonomes Commonwealth d. USA 131 I Ec

Pultusk: Stadt in NO-Polen – 1703 schwed. Sieg über sächs.-poln. Heer 78/79 Jc – 1806 russ. Niederlage geg. Franzosen 88/89 Jc

Punitz (Poniec): Stadt in Polen – 1704 schwed. Sieg über sächs.-poln. Truppen 77 Ga

Punta del Este: Stadt in Uruguay 132 I Df

Puschkari: vorgeschichtl. Fundort in d. heut. Ukraine 2 II Ne

Puteoli (Pozzuoli): Hafenstadt in S-Italien – im 1. Jh. v. Chr. wichtigster röm. Hafen im Handel mit d. Orient u. Ägypten, nach Ausbau v. Ostia Bedeutungsrückgang 26/27 I Gd

Pydna: ehem. Hafenstadt in Griechenland – 168 v. Chr. makedon. Niederlage geg. Römer, Makedonien kommt unter röm. Herrschaft 19 Gb

Pylos: Ruinenstätte in Griechenland, Peloponnes – im 12. Jh. v. Chr. Zerstörg. d. myken. Burg 6 I Ac – 425 v. Chr. von Athen eingenommen, 409 v. Chr. von Sparta zurückerobert 13 Ec

Q

Quebec: Stadt in SO-Kanada 129 I Fb – 1608 v. Franzosen gegr., polit. u. kulturelles Zentrum d. franz. Kolonialbesitzes in N-Amerika 62 II Cb – 1759 im brit.-franz. Krieg v. brit. Truppen erobert, 1774 Erlaß d. Q.-Akte gewährt d. kathol. Franzosen in Kanada Glaubensschutz, 1775 amerikan. Belager. 127 I Db – 1943 Konferenz von Q.: amerikan.-brit. Verhandlungen über d. Strategie im Kampf geg. d. Achsenmächte 126 Od

Quebec: Prov. in O-Kanada 126 OPc

Quedlinburg: Stadt in Sachsen-Anhalt – im 10. Jh. Königspfalz 42/43 Hc – bis 1803 Reichsstift, 1803 preuß. 87 I Dc

Quemoy: Insel an d. SO-Küste v. China, zu Taiwan gehörig – 1958 Bombardement durch d. Flotte d. VR China führt z. Eingreifen d. USA 140 II Mi

Quentowic: ehem. Ort in N-Frankr. – 844 als bedeut. fränk. Handelspl. v. Normannen geplündert u. zerstört 37 II Je, 38/39 I Ca

Querétaro: Stadt in Mexiko – 1810 Zentrum d. mexikan. Unabhängigkeitsbewegg., 1867 nach Erschießg. Kaiser Maximilians in Q. Errichtg. d. Rep. Mexiko 131 I Ab

Quezón: Stadt auf Luzón, Philippinen – 1948–76 Hptst. d. Philippinen 139 II Mg

Quiberon: Halbinsel in W-Frankr. – 1759 Sieg d. brit. Flotte vereitelt Landg. d. Franzosen in England 86 I Bb

Quierzy: Ort in Frankr. – 754 fränk. König verspricht d. Papst Gebiete in Italien (Pippinische Schenkg.) 38/39 I Cb

Quinsay → Hangtschou

Quito: Hptst. v. Ecuador 132 I Bbc – bis z. Eroberg. durch d. Spanier z. Inkareich 130 I Cd – 1534 span. Neugründg. 62/63 I Fe – 1769 gegr. Univ., Kulturzentrum 64 Gd

Qumran: Ruinenstätte am Toten Meer im Westjordanland – um 70 n. Chr. beim Aufstand d. Juden geg. röm. Herrschaft zerstört; in d. Höhlen bei Q. bedeut. Handschriftenfunde 32 Ce

R

Raab (Györ): Stadt in NW-Ungarn 120 II Ge – im 1. Jh. n. Chr. röm. Siedlg. Arrabona 26/27 I Hc – 1001 ungar. Bm. 50/51 Eg – 1594 osman. 65 Ca – 1598 nach d. österr. Rückeroberg. wichtige Festg. geg. d. Osman. Reich 66/67 Ed

Rabat: Hptst. v. Marokko 145 IV Eg – röm. Siedlg. Sala 26/27 I Cf – im 16./17. Jh. Seeräuberstützpkt. 66/67 Dg – s. 1912 marokkan. Hptst. 102/103 Dg

Rabaul: Stadt auf Neubritannien, Papua-Neuguinea – 1942–45 japan. Flottenstützpkt. 116 I Ed, 116 II Lh

Racconigi: Ort in NW-Italien 100 Ac – 1909 Vertrag zw. Rußland u. Italien verschärft russ.-österr. Gegensatz in d. Balkanpolitik 102/103 Ge

Raclawice: Stadt in S-Polen – 1794 Sieg d. poln. Freiheitskämpfer über russ. Heer 82/83 Kc

Radom: Stadt in Polen 120 II cl – 1505 Reichstag von R. sichert d. poln. Adel seine Grundrechte u. polit. Sonderstellg. 70/71 Kc – 1767 Konföderation d. rußlandfreundl. poln. Adels 78/79 Jc

Radschputana: Teil d. ind. Bundesstaates Radschastan – 1818 Fürstentümer von R. unter brit. Oberhoheit 139 I Cb

Raetia: ehem. röm. Prov. in d. Schweiz, W-Österr. u. N-Italien – 15 v. Chr. von d. Römern unterworfen 26/27 I FGc, 30/31 DEde – im 5. Jh. n. Chr. Durchzugsgebiet d. Ostgoten 34 II NOe

Rafah: Ort in NO-Ägypten 149 IV Cc – 217 v. Chr. Niederlage d. Seleukiden geg. Ptolemäer, als Raphia Grenzort zw. Syrien u. Ägypten 15 III Qe – 1948 im 1. israel.-arab. Krieg umkämpft 148 II Cc – s. 1967 v. israel. Truppen besetzt 148 III Cc

Ragusa → Dubrovnik

Rain: Stadt in Bayern – 1632 schwed. Sieg über d. Kathol. Liga 76 II Gh

Rambouillet: Stadt bei Paris, Frankr. Schloß R. Sommerresidenz d. franz. Staatspräsidenten 118/119 Fd

Ramillies: Ort in Belgien – 1706 brit.-niederländ. Sieg über franz.-bayr. Heer zwingt Franzosen z. Räumg. d. Span. Niederlande 77 Da

Rangun: Hptst. v. Myanmar 139 II Kg – 1852 brit. 139 I Dc – 1942–45 v. Japanern besetzt 116 I Bc, 116 II gl

Rapallo: Ort in N-Italien 100 Bc – 1920 Vertrag zw. Italien u. Jugoslawien, Italien erhält Gebiete an d. Adria; 1922 dt.-sowjet. R.-Vertrag regelt diplomat. u. wirtschaftl. Beziehungen zw. Dt. Reich u. Sowjetunion 110/111 Ga

Rastatt: Stadt in Baden-Württemberg – 1714 Friede von R. beendet Span. Erbfolgekrieg 77 Eb – bis 1771 Residenz d. Markgrafen v. Baden; 1797/99 erfolglose Friedensverhandlungen zw. Frankr. u. dt. Reichsständen nach d. 1. Koalitionskrieg 82/83 Ed – 1841 Bundesfestg., 1849 Niederwerfg. d. bad. Revolution durch preuß. Truppen 92 Ed

Rat für gegenseitige Wirtschaftshilfe, RGW (eng. COMECON): während d. Ost-West-Konfliktes bestehendes wirtschaftspolit. Bündnis kommunist. Staaten – 1949 in Moskau gegr., Gründungsmitglieder: UdSSR, Polen, Tschechoslowakei, Ungarn, Rumänien u. Bulgarien; Ziele: wirtschaftl. Zusammenarbeit d. Mitgliedspartner auf d. Grundlage sowjet. Planwirtschaft, Koordinierg. d. sozialist. Wirtschaftspläne unter Berücksichtig. nationaler Interessen; 1949 Beitritt Albaniens, 1950 d. DDR, 1962 d. Mongol. Volksrep., 1962 Austritt Albaniens, 1972 Aufnahme v. Kuba, 1978 Vietnam, 1991 nach Wandel in O-Europa aufgelöst 123 II Legende, 152/153 I Legende

Ratibor (Racibórz): Stadt in SW-Polen – 1108 erstmals erwähnt 42/43 Lc – 1217 Marktsiedlg., 1235 Magdebg. Stadtrecht 50/51 Fe – 1281 schles. Teilfsm. 54/55 III cl – 1532 habsburg. 70/71 Jc – 1742 preuß. 82/83 Jc

Ratzeburg: Stadt in Schleswig-Holstein – um 1062 Bm., im 13. Jh. Lüb. Stadtrecht 50/51 Bd – 1648 Auflösg. d. Bm., als Fsm. zu Mecklenb. 74/75 Fb

Raurakische Republik: ehem. Rep. in d. Schweiz – 1792 nach d. franz. Besetzg. errichtet, 1793 Frankr. eingegliedert 86 I Db

Ravenna: Stadt in N-Italien – 38 v. Chr. Ausbau z. bedeut. röm. Kriegs- u. Handelshafen 26/27 I Gd, 25 Db – frühchristl. Gemeinde 33 I Db – s. d. 5. Jh. n. Chr. Ebm. 41 I Fd – 404 Hptst. d. Weström. Reiches 34 I Db – 493 ostgot. Sieg über Heer d. Odowakar, Residenz Theoderichs d. Gr. u. Hptst. d. Ostgoten 34 II Oe, 35 III Jh – 540 oström. Herrschaftszentrum 35 IV Tk – 754 päpstl. 38/39 I Ec – 1441–1509 zu Venedig 61 Db

Ravensbrück: Ortsteil v. Fürstenberg, Mecklenburg-Vorpommern – 1939–45 nat.-soz. KZ, besonders für Frauen 113 Gb

Ravensburg: Stadt in Baden-Württemberg – um 1180 stauf. Reichsburg 46/47 I Db – 1276 Reichsstadt 54/55 III De – bis um 1530 bestehende R.er Handelsgesellschaft begünstigt Aufstieg z. Handelszentr. v. Oberschwaben 70/71 Ed

Rawalpindi: Stadt in N-Pakistan – 1959 –60 provisor. Hptst. v. Pakistan 148/149 I Kb

Recife: Hafenstadt in NO-Brasilien 132 I Fc – 1526 port. Gründg. Pernambuco, 1630–54 Hptst. d. niederländ. Kolonie Neu-Holland, Mauritsstaad genannt 62 II De – bedeut. brasilian. Hafenstadt, Zentrum d. Textilindustrie 133 Fc

Recknitz: Fluß in Mecklenburg-Vorpommern – 955 dt. Sieg über d. Slawen 42/43 Ia

Regensburg: Stadt in Bayern 157 II Ed – 179 röm. Leg.-Lager Castra Regina 26/27 I Gc – um 535 Residenz d. bayr. Herzöge 37 I Eb – 788 fränk. Königspfalz u. Handelspl. 38/39 I Eb – im 8. Jh. Gründg. d. Benedikt.-Klosters St. Emmeram 41 I Eb – im 10./11. Jh. Entwicklg. z. bedeut. Handelszentrum 42/43 Id – 1147, 1189 Ausgangspkt. v. Kreuzzügen 48 Db – 1245 Reichsstadt 54/55 III Fd – 1630 R.er Kurfürstentag: Entlassg. d. kaiserl. Feldherrn Wallen-

stein führt z. Wende im 30jährigen Krieg, s. 1663 Sitz d. „Immerwährenden Reichstages" 74/75 Gd – 1803 Reichstag von R.: Reichsdeputationshauptschluß z. staatl. Neuordng. Deutschlands, als Fsm. R. im Besitz d. Kurerzkanzlers 87 I Ed – 1809 v. franz. Truppen eingenommen, 1810 bayr. 88/89 Hd, 92 Gd

Regensburg: Bm. in Bayern – 739 v. Bonifatius neu gegr. 41 I Fc – Ausgangspkt. d. Missionierg. Böhmens 38/39 I Eb – bis 1803 reichsunmittelbar 82/83 Dd – 1803 zum Fsm. R. 87 I Ed

Reggane: Ort in Algerien 148/149 I Dc – 1960/61 erste franz. Atomwaffenversuche in d. Sahara 150/151 I Jd

Reggio: Hafenstadt in S-Italien 118/119 If – um 720 v. Chr. als griech. Kolonie Rhegion gegr. 7 Dc – 270 v. Chr. röm. Eroberg., Rhegium 19 Fc – 1016 normann. Handelszentrum 46 II Cc – im 12. Jh. Kreuzfahrerstützpkt. 48 Cc – 1908 durch Erdbeben stark zerstört 100 Ef

Reichenau: baden-württemberg. Insel im Bodensee – 724 gegr. Benedikt.-Kloster 41 I Ec – bedeut. Kulturzentr. d. Fränk. Reiches 38/39 I Db, 45 I Db

Reichenbach (Dzierzóniów): Stadt in W-Polen – 1790 österr.-preuß. Abkommen zwingt Österr. z. Waffenstillstand mit d. Osman. Reich 82/83 Ic – 1813 Vertrag zw. Preußen, Österr. u. Rußland über gemeinsame Kriegsführg. geg. Frankr. 88/89 Ic

Reichenberg (Liberec): Stadt in d. Tschech. Rep. 122 Fc – s. d. 16. Jh. Zentrum d. böhm. Tuchweberei 74/75 Hc – 1938–45 Hptst. d. Sudetenlandes 113 Hc

Reichenhall, Bad: Stadt in Bayern – Zentrum d. Salzgewinng. 68/69 Fd

Reichstadt (Zákupy): Stadt in d. Tschech. Rep. – 1876 russ.-österr. Verhandlungen, Rußland stimmt einer Besetzg. v. Bosnien-Herzegowina durch d. Österreicher zu 93 Hc

Reims: Stadt in NO-Frankr. 118/119 Fd – kelt. Gründg. Durocortorum 27 II Qh – später Hptst. d. röm. Prov. Belgica secunda, Reims 28 Cb – im 5. Jh. fränk. Residenz, s. 7. Jh. Ebm. 41 I Dc – 1179 franz. Krönungsstadt 46/47 I Cb – s. 1211 Bau d. got. Kathedrale 54/55 III Bd – 1421–29 v. Engländern besetzt, 1429 Kröng. Karls VII. durch Jeanne d'Arc 60 Ge – Zentrum d. Weinhandels u. Leinenverarbeitg. 68/69 Dc – Mai 1945 Unterzeichng. d. bedingungslosen Kapitulat. d. dt. Streitkräfte im amerikan. Hauptquartier in R. 115 Cc

Remstal: Landsch. in Baden-Württemberg – 1525 Zentr. d. württemberg. Bauernaufstandes 72 II Gf

Rendsburg: Stadt in Schleswig-Holstein – 1200–52 dän., 1339 Stadtrecht 54/55 III Da – im 30jährigen Krieg v. schwed. Truppen belagert, s. 1669 Ausbau z. Festg. 74/75 Ea – 1848 Zentrum d. schleswig-holstein. Erhebg. 92 Ea

Rense: Ort in Rheinld.-Pfalz – Kurverein von R.: Bündnis d. Kurfürsten z. Wahrg. ihrer Rechte bei d. Wahl d. dt. Königs, 1356 Bestätig. dieser Rechte in d. „Goldenen Bulle" Kaiser Karls IV. 54/55 III Cc

Resaina: ehem. Stadt im Irak – 242 Sieg d. Römer über Perser 28 FGc

Rescht: Stadt im N-Iran – 1941–46 sowjet. Besetzg. 136 I Dd

Rethel: Ort in NO-Frankr. – 1384–91 burgund. Gft. 60 Ge

Réunion: franz. Insel im Ind. Ozean 124/125 I Lg – s. 1643 franz., Bourbon genannt 62 II FGf – 1848 in R. umbenannt 104 Mf – s. 1946 franz. Überseedepartement 150/151 I Lg

Reuß: ehem. Fsm. in Thüringen – s. d. 14. Jh. durch Teilungen zersplittert, 1547 Verlust d. Vogtlandes um Plauen 70/71 FGc – 1673 Erhebg. z. Gft. 74/75 Fc – 1778/1806 Erhebg. z. Fsm. 82/83 FGc – 1920 d. Land Thüringen eingegliedert 112 FGc

Reutlingen: Stadt in Baden-Württemberg 122 Cd – s. d. 13. Jh. Reichsstadt, 1377 Sieg d. Schwäb. Städtebundes über d. württemberg. Adel 54/55 III Dd – 1803 württemberg. 87 I Cd

Reval → Tallinn

Reykjavik: Hptst. v. Island 124/125 I Hb

Rheinbund: ehem. Zusammenschluß dt. Fürsten unter Führg. v. Frankr. – 1806 auf Betreiben Napoleons I. zur Festigg. d. franz. Vormachtstellg. in Mitteleuropa gegr. 87 II Legende – R.-Mitglieder verpflichten sich z. militär. Unterstützg. d. napoleon. Eroberungskriege unter Zusage v. Gebietserweiterungen, bis 1808 Eintritt weiterer dt. Staaten, entscheidende franz. Niederlage b. bei Leipzig führt 1813 z. Auflösg. d. Bundes 88/89 Legende

Rheinland-Pfalz: Land der Bundesrep. Deutschld. 157 II BCcd – 1946 aus Teilen d. preuß. Rheinprovinz, d. bayer. Pfalz u. anderen ehem. Ländern gegr. 157 I BCcd

Rheinprovinz: ehem. preuß. Prov. im heut. NRW, Rheinld.-Pfalz u. Saarland 92 Dcd, 157 I Bcd

Rheinsberg: Stadt u. Schloß in Brandenburg 122 Eb – 1736–40 Schloß R. Wohnsitz Friedrichs d. Gr. 82/83 Gb

Rhode Island: Bundesstaat in d. nordöstl. USA 126 Od – 1776 Gründerstaat d. USA 128 I Fb

Rhodesien → Simbabwe

Rhodos: griech. Insel im Ägäischen Meer 118/119 Kf – um 1000 v. Chr. Siedlungsgebiet d. Dorer 6 I DEcd – Mittelpkt. d. griech. Handels im östl. Mittelmeerraum, Kulturzentrum 7 Ec – 500–494 v. Chr. Teilnahme am Ion. Aufstand 12 I EFcd – bis 411 v. Chr. mit Athen verbündet 12 II JKgh – 408/407 v. Chr. Gründg. d. Stadt R. 13 HIcd – 334 v. Chr. Eroberg. durch Alexander d. Gr. 14/15 I Bb – 305/304 v. Chr. nach erfolgreicher Abwehr d. Belagerg. durch d. Seleukiden Errichtg. d. „Koloß von R.", eines d. „sieben Weltwunder". Antike 14 II el – im 3./2. Jh. v. Chr. bedeut. Seehandelszentrum d. Röm. Reiches, Rhodus 25 Ec – im 12./13. Jh. Kreuzfahrerstützpkt. 48 Ec – 1309–1522 Sitz d. Johanniterordens 49 I Fc, 66/67 Kf – 1522 osman. 65 Ec – 1912 v. Italienern besetzt 101 II cl – 1945/47 zu Griechenland 118/119 Kf

Riade: ehem. Ort in Thüringen – 933 vermutl. Schlachtort, dt. Sieg über d. Ungarn 37 I Ke

Ribemont: Ort in N-Frankr. – 880 Vertrag zw. d. Königen d. Ost- u. Westfränk. Reiches: W-Teil v. Lotharingien (Lothringen) fällt an d. Ostfränk. Reich 39 IV

Richmond: Stadt in d. östl. USA 126 Oe – 1862 Sieg d. Konföderation über Truppen d. Nordstaaten, bis 1865 Hptst. d. Konföderation d. Südstaaten 127 I Dc

Riddagshausen: Stadtteil v. Braunschweig, Niedersachsen – 1145 gegr. Zisterz.-Kloster 50/51 Bd

Ried: Stadt in Österr. – 1813 österr.-bayr. Bündnis geg. Frankr. leitet d. Auflösg. d. Rheinbundes ein 88/89 Hd

Rieti: Stadt in Mittelitalien 100 Dd – im 3. Jh. v. Chr. röm., Reate 20/21 Ge – 1821 österr. Sieg über italien. Aufständische 90/91 He

Rivaulx: Ort in Großbritannien –1132 gegr. Zisterz.-Kloster 45 II Hd

Riga: Hptst. v. Lettland 155 Cc – 1201 mit Lüb. Stadtrecht gegr., 1255 Erzbm. 50/51 Ib – 1282 Hansestadt, Zentrum d. Handels mit Rußland 57 Fb – 1330–1558 zum Dt. Orden, 1581 poln. 52 I Fc, 66/67 Jb – 1621 schwed. 76 II fl – 1710 russ. Eroberg. 78/79 Jb – 1918 Hptst. d. unabh. Rep. Lettland 110/111 Jb – 1921 Friede v. R. beendet russ.-poln. Krieg 85 II Hd – 1940 Hptst. d. Lett. SSR 118/119 Jb – 1988–91 Demonstrationen f. Unabh. Lettlands v. UdSSR 154

Rijeka: Hafenstadt in Kroatien 156 II Kf – 1719 österr. Freihafen Fiume 84 Cc – 1920 nach Putschversuch italien. Freischärler Freie Stadt, 1924 zu Italien 100 Ec – 1945/47 zu Jugoslawien 118/119 Hd

Rijswijk: Stadt in d. Niederlanden – 1697 Friede von R. beendet Pfälz.-Erbfolgekrieg, Frankr. muß auf d. Reunionen verzichten 81 Legende, 77 Dd

Rima-Szombat (Rimavská Sobota): früh geschichtl. Fundort in d. heut. Slowak. Rep. 4 II Mf

Rimini: Stadt in N-Italien 100 Dc – 268 v. Chr. röm. Kolonie Ariminum 20/21Gc – im 2. Pun. Krieg als bedeut. militär. Stützpkt. umkämpft 19 Eb – wichtiger röm. Handelshafen 25 Db – frühchristl. Gemeinde 33 I Db – 1226 „Goldene Bulle" v. R. sichert d. Dt. Orden d. Recht z. Gründg. eines Staates im Siedlungsgebiet d. Prußen zu 46/47 I Ec – 1845 Aufstand für d. Einigg. Italiens 100 Dc

Rio de Janeiro: Stadt in SO-Brasilien 132 I Ee – 1565 v. Portugiesen gegr. 62/63 I Hf – 1822 Hptst. v. Brasilien, 1942 Friede legt Grenzkonflikt zw. Ecuador u. Peru bei, Peru erhält d. Prov. Oriente 132 I Ee – 1947 Rio-Pakt: Verteidigungsbündnis d. nord- u. südamerikan. Staaten 150/151 I Gg – 1960 Verlegg. d. Hptst. nach Brasilia 133 Ee – 1992 Umweltgipfel d. UN 158/159 I Gg

Rio de Oro: ehem. span. Kolonie in W-Afrika – 1884 Eroberg. durch d. Spanier 144 I Ab – 1912 span. Kolonie 144 II Eg – 1958 zu Span.-Sahara 145 III Ab

Rio Salado: Fluß in S-Spanien – 1340 Abwehr d. letzten arab. Angriffs auf d. Iber. Halbinsel durch kastil.-port. Heer 46/47 I Ad

Ripen (Ribe): Stadt in Dänemark – im MA bedeut. dän. Handelspl. 68/69 Eb – 1460 Vertrag von R. verbindet Schleswig u. Holstein in Pers.-Union mit Dänemark 57 Cb, 54/55 III Da

Ripon: Stadt in Großbritannien – im 7. Jh. gegr. Kloster 41 I Cb

Riu-Kiu-Inseln: japan. Inselgr. im Pazif. Ozean 124/125 I Pd – 1609 chines. 138 II Mf – 1879 japan. 139 I Fb – 1945 v. amerikan. Truppen besetzt 116 II Kf – bis 1972 unter Verwaltg. d. USA 139 II Mf

Rivoli: Stadt in N-Italien – 1797 franz. Sieg über Österreicher im Kampf um Mantua 87 I Df

Rjasan: Stadt in d. westl. Russ. Föderation 118/119 Mc – 1237 v. Mongolen zerstört 58 CDb – im 14. Jh. Zentrum d. Fsm. R. 59 FGa – Alt-R. ursprüngl. südöstl. vom heut. R. gegr., 1521 z. Grfsm. Moskau 66/67 MNc

Rochdale: Stadt in Großbritannien – 1844 Gründg. d. ersten bedeut. Konsumgenossenschaft Europas 90/91 Ec

Rocroi: Ort in N-Frankr. – 1643 Sieg d. Franzosen über Spanier 81 Cb

Roermond: Stadt in d. Niederlanden – 1441 Hansestadt 57 Cc – wichtige Festg. d. Span. Niederlande 76 I CDb – 1713 österr., 1795 franz. 81 CDa

Rom (Roma): Hptst. v. Italien 118/119 He – d. Sage nach 753 v. Chr. gegr., v. Latinern u. Sabinern besiedelt, um 650 v. Chr. unter Herrschaft d. Etrusker, Entwicklg. z. Stadtstaat, Roma; um 500 v. Chr. Beginn d. Ständekämpfe zw. Patriziern u. Plebejern in d. Adelsrep. R. 18 II Jg – 386 v. Chr. von Kelten erobert u. zerstört 18 I Dc – Neuaufbau u. Aufstieg z. Mittelpkt. d. Röm. Reiches 19 Eb – unter Kaiser Augustus Aufteilg. in 14 Bezirke, größte Stadt d. damaligen Welt 26/27 I Gd, 17 II – frühchristl. Gemeinde 33 I Db – 330 n. Chr. Erhebg. Konstantinopels (Istanbul) z. Hptst. d. Röm. Reiches 28 Db – 410 Eroberg. u. Plünderg. durch Westgoten, 455 durch Wandalen 34 I Db – 538 oström. 35 Td – k – 754 Hptst. d. Patrimonium Petri (→ Kirchenstaat) u. Zentrum d. röm.-kathol. Kirche; 800 Kaiserkröng. Karls d. Gr. 38/39 I Ec – im 9. Jh. Zerstörg. durch Sarazenen 37 II Kf – im 10. Jh. Beginn d. Auseinandersetzungen zw. Papsttum u. röm. Adel 46 II Bb – 1303 Gründg. d. Univ. 54 II el – im 14. Jh . Verlegg. d. päpstl . Residenz nach Avignon 59 Db – bis 1452 Krönungsstätte d. Kaiser d. Hl. Röm. Reiches, im 15./16.Jh. Zentrum d. Renaissance in Europa, unter päpstl. Herrschaft Aufschwung z. bedeut. kulturellen Zentrum 61 Dd – 1527 „Sacco di Roma": Plünderg. durch d. Truppen Kaiser Karls V. 66/67 He – 1809–14 franz. 88/89 He – s. 1846 Zentrum d. nationalitalien. Einigungsbestrebungen, 1869–70 erstes Vatikan. Konzil, 1870 nach Volksabstimmg. Hptst. v. Italien 100 De – Okt. 1922 „Marsch auf R." d. italien. Faschisten unter Führg. v. Mussolini, 1929 Lateranverträge: Vatikanstadt in R. zum souveränen Staat erklärt 110/111 He –

1943 von dt. Truppen besetzt, 1944 kampflos v. alliierten Truppen eingenommen 115 Dc – 1957 Röm. Verträge: Gründg. d. EWG 118/119 He

Romagna: Landsch. in N-Italien – bis 1860 z. Kirchenstaat 100 CDc

Römisches Reich: ehem. Reich in Europa, Vorderasien u. N-Afrika – nach erfolgreichen Kämpfen geg. Latiner, Samniten u. Kelten steigt Rom um 300 v. Chr. zur führenden Macht in Italien auf 18 II – 264–241 u. 218–201 v. Chr. Pun. Kriege geg. Karthago um d. Vorherrschaft im westl. Mittelmeerraum 19 – 200–197 v. Chr. erfolgreicher Krieg geg. Makedonier führt z. Ausdehng. d. röm. Herrschaftsbereiches im östl. Mittelmeerraum; 146 v. Chr. röm. Sieg im 3. Pun. Krieg Errichtg. d. ersten röm. Prov. in N-Afrika; 133 v. Chr. Gründg. d. röm. Prov. Asia sichert Roms Aufstieg z. Weltreich; polit., soziale u. wirtschaftl. Mißstände führen 133–30 v. Chr. zu Bürgerkriegen u. Aufständen u. röm. Sklaven, 58–51 v. Chr. Eroberg. Galliens durch Caesar, s. 45 v. Chr. Alleinherrscher d. Röm. Reiches, 27 v. Chr. Beginn d. Neuordng. d. Röm. Reiches unter Kaiser Augustus 26/27 I, 27 II –Kriege geg. german. Volksstämme 29 II, 30/31 – im 1./2. Jh. n. Chr. wirtschaftl. u. kulturelle Blüte 25 – 117 größte territoriale Ausdehng. d. Reiches 24 – unter Kaiser Diocletian Verwaltungsreformen u. Neugliederg. d. röm. Provinzen, Christenverfolgungen; 395 Teilg. in d. → Ostsröm. u. → Weström. Reich 28 – im 5. Jh. Eindringen d. Germanen, 476 Erhebg. Odowakars z. König v. Italien u. Absetzg. d. letzten weström. Kaisers bedeutet d. Ende d. Weström. Reiches 34 II

Roncaglia: Ort in N-Italien – 1158 Reichstag von R.: Versuch Kaiser Friedrichs I. Barbarossa z. Unterwerfg. d. lombard. Städte 46/47 I Dbc

Roncesvalles: Paß in d. Pyrenäen in N-Spanien – 778 fränk. Niederlage bei einem Vorstoß geg. d. Araber, Vernichtg. d. fränk. Heeres durch Basken 38/39 I Bc

Roskilde: Stadt in Dänemark – s. d. 11. Jh. Bm. u. Residenz dän. Könige 44 Db, 50/51 BCc – 1536 Aufhebg. d. Bm. 66/67 Hb – 1658 Friede beendet schwed.-dän. Krieg, Dänemark verliert seinen Besitz in S-Schweden 76 II Gf

Roßbach: Ort in Sachsen-Anhalt – 1757 preuß. Sieg über franz. Heer stärkt d. Ansehen d. preuß. Armee 82/83 Fc

Rostock: Stadt in d. DDR 157 II Ea – im 12. Jh. Kaufmannssiedlg. 56 Ga – 1218 Lüb. Stadtrecht 50/51 Cc – als Zentrum d. Seehandels mit Skandinavien bedeut. Hansestadt 57 Dc – 1314–19 dän., 1323 zu Mecklenburg 54/55 III Fa – 1419 gegr. Univ., im 16./17. Jh. Zentrum d. Luthertums 54 II dl, 73 I Ga – im 19. Jh. Industrialisierg. 97 II Ga – 1952–90 Bezirkshptst. u.Hauptstadt d. DDR 122 Ea – 1992 rechtsradikale Ausschreitg. geg. Asylbewerber 157 II Ea

Rostow: Industriestadt am Don in d. südwestl. Russ. Föderation 155 CDc – im 18./19. Jh. bedeut. russ. Handelszentrum 88/89 Md – im russ. Bürgerkrieg umkämpft 135 CDc – 1941–43 von dt. Truppen besetzt 114 FGc, 115 FGc

Rota: Stadt in S-Spanien – 1953/70 US-Luftwaffenstützpkt. 118/119 Df

Rothenburg ob der Tauber: Stadt in Bayern – s. 1116 als Stauferburg Zentrum stauf. Reichslandpolitik 46/47 I Eb – 1274 Reichsstadt 54/55 III Ed – 1525 Zentrum d. Bauernkrieges 72 II Hf – 1803 bayr. 87 I Dd

Rotterdam: Hafenstadt in d. Niederlanden 118/119 Fc – im 16./17. Jh. Zentrum d. Widerstandes geg. d. span. Herrschaft 76 I Cb – 1866 Ausbau d. Hafens leitet Beginn d. Industrialisierg. ein 97 II Cc – 1940 bei d. Luftangriff stark zerstört 114 Cb – Haupthafen d. Niederlande u. größter Hafen Europas 118/119 Fc

Rottweil: Stadt in Baden-Württemberg – 74 n. Chr. röm. Kastell Arae Flaviae 30/31 Cd – im 14. Jh. Entwicklg. z. Reichsstadt 54/55 III Dd – 1519 Zugewandter Ort d. Eidgen. 72 I Ca – 1803 württemberg. 87 I Cd

Rouen: Stadt in N-Frankr. 118/119 Fd – röm. Stadt Rotomagus 26/27 I Ec – s. d. 3. Jh. Bm. 41 I Dc – 842 v. Normannen erobert 37 II Jf – fränk. Ebm. 38/39 I Cb – s. d. 10. Jh. Hptst. d. Hzm. Normandie 42/43 Cd – bis 1204 unter engl. Herrschaft 46/47 I Cb – 1431 Johanna v. Orléans wegen Ketzerei verbrannt 60 Ee – im 15./16. Jh. bedeut. Handelspl. u. Zentrum d. Wolltuchherstellg. 69/69 Cc – im 17. Jh. wichtiger Hafen im Handel mit d. franz. Kolonien in Afrika 81 Ab

Roussillon: Landsch. in S-Frankr. – 1172 als Gft. zum Kgr. Aragón 46/47 I Cc – 1659 zu Frankr. 81 Be

Ruanda: Staat in O – Afrika 124/125 I Kf – heut. Staatsgebiet s. 1899 Teil d. Kolonie Dt.-Ostafrika 144 II Gi – 1920 Teil d. belg. Mandats- u. Treuhandgebietes R.-Urundi 145 III Cd – 1962 unabh. Rep. R., Abrenng. v. Urundi 145 IV Gi

Rubico (Rubicon): Fluß in Italien – 49 v. Chr. Caesars Übergang über d. R., Beginn d. Endphase d. röm. Bürgerkrieges 20/21 Gc

Rudau (Melnikow): Stadt im ehem. Ostpreußen, heute z. Russ. Föderation gehörend – 1370 Sieg d. dt. Ordensheeres über Litauer sichert d. Vorherrschaft d. Dt. Ordens in Preußen 52 I Dd

Rudolstadt: Stadt in Thüringen – 1710–1918 Hptst. d. Fsm. Schwarzburg-R. 82/83 Fc

Rügen: Insel in d. Ostsee v. d. Küste Mecklenburg-Vorpommerns 157 II Ea – 1168 übernimmt Dänemark d. Insel v. Slawen besiedelte Fsm. R. als Lehen 46/47 I Ea – 1325 zu Pommern 54/55 III Fa – im MA Zentrum d. Heringsfanges 68/69 Fb – 1648 schwed. 74/75 Ga – 1815 preuß. 92 Ga – 1945–52 z. Land Mecklenburg in d. DDR 120 I – 1990 z. Land Mecklenb.-Vorpommern 157 II Ea

Ruhrgebiet: bedeut. Industriegebiet in NRW – 1919/20 Zentrum kommunist. Arbeiteraufstände, 1923–25 Besetzg. durch franz. u. belg. Truppen z. Durchsetzg. d. im Versailler Vertrag festgelegten Reparationsforderungen, Bevölkerg. reagiert mit passivem Widerstand 112 – im 2. WK als Zentrum d. dt. Rüstungsindustrie häufig bombardiert 115 CDbc – 1948/49–52 unter Kontrolle d. Internationalen Ruhrbehörde 120 I

Rumänien: Staat in SO-Europa 118/119 JKde – heut. Staatsgebiet 106 n. Chr. Teil d. röm. Prov. Dacia 26/27 I cdIJ – s. d. 3. Jh Durchzugsgebiet zahlreicher Völker 34 I Eb – im 5. Jh. Einwanderg. d. ostgerman. Gepiden, im 6. Jh. d. Slawen 34 II Pe, 36 Eb – im 10. Jh. ungar. Eroberg. v. Siebenbürgen, im 14. Jh. Entsteh. d. Fürstentümer Moldau u. → Walachei 59 Eb – im 16. Jh. unter osman. Oberhoheit 66/67 JKde – im 18. Jh. Beginn d. Kriege zw. Rußland, Österr. u. d. Osman. Reich um d. Vorherrschaft in d. Fürstentümern 78/79 JKde – 1861 Vereinigg. d. Fürstentümer Moldau u. Walachei zum Fsm. R, 1878 Anerkenng. d. Unabh. durch d. europ. Großmächte 101 I CDab – 1881 Kgr., 1913 Teilnahme am 2. Balkankrieg 101 II Hlab – 1916 Eintritt in d. 1. WK, von Truppen d. Mittelmächte besetzt 107 I Db – nach d. 1. WK Gebietsgewinne 110/111 JKde – 1940 Eintritt in d. dt.-italien.-japan. Dreimächtepakt, s. 1941 am Krieg geg. d. Sowjetunion beteiligt 114 Ec – 1944 nach d. sowjet. Besetzg. Kriegserklärg. an Deutschld. 115 EFc – 1947 Ausrufg. d. Volksrep. R. beendet Monarchie, 1965–89 Sozialist. Rep. unter N. Ceausescu 118/119 JKde – Dez.1989 blutige Revolution, Sturz d. Ceausescu-Regimes 154

Runnymede: Themseinsel bei Windsor, Großbritannien – 1215 Magna Charta: Einschränkg. d. königl. Gewalt zugunsten d. engl. Adels 46/47 I Ba

Russische Föderation (Rußland): Staat in O-Europa u. Asien 155 – 1990 Souveränitätserklärg. d. RSFSR gegenüber d. UdSSR 154 – nach d. gescheitertem Putsch orthodoxer Kommunisten u. Unabhängigkeitserklärg. d. ehema. Unionsrep. Initiative z. Bildg. d. GUS, Übernahme d. Nachfolge d. → Sowjetunion in internat. Politik, 1992 Föderationsvertrag mit autonomen Rep. in d. R. F. 155

Russisches Reich: im 9. Jh. Eindringen d. Normannen, Unterwerfg. d. zw. Dnjepr u. Wolga siedelnden ostslaw. Völker, Gründg. d. → Kiewer Reiches 37 II LMe – um 1000 Beginn d. Christiansierg. durch griech.-kathol. Missionare 44 EGbc – im 12. Jh. Teilfürstentümer, Fsm. Nowgorod übernimmt Führg. als russ. Handelsmacht im Ostseeraum 57 GHb – 1223–40 Eroberg. d. russ. Fürstentümer durch d. Mongolen 58 BDb – im 14. Jh. Kämpfe zw. d. Großfürstentümern Moskau u. Litauen um d. Vormachtstellg., Aufstieg Moskaus als Zentrum d. russ. Einigungsbestrebungen, Beginn d. Befreig. von d. Mongolenherrschaft, im 15. Jh. Vereinigg. d. russ. Fürstentümer 59 EGab – 1547 Krönng. d. ersten Zaren, Mitte d. 16. Jh. Ausdehng. nach O, Vordringen nach Sibirien 66/67 KPbd – 1721 nach d. Sieg über d. Schweden im 2. Nord. Krieg Gebietsgewinne an d. Ostseeküste, Aufsieg z. europ. Großmacht, s. 1721 Kaiserr., 1756–62 im 7jährigen Krieg Gegner Preußens, 1768–74 u. 1787–92 erfolgreiche Kriege geg. d. Osman. Reich 78/79 JPad – 1772, 1793, 1795 Gewinn poln. O-Gebiete nach d. Teilungen Polens 85 I Legende – 1809/12 Eroberg. Finnlands u. Bessarabiens, s. 1812 führender Gegner d. franz. Eroberungspolitik, 1815 Gründg. d. Hl. Allianz auf Betreiben Rußlands, 1830 Niederwerfg. d. poln. Revolution, russ. Vordringen auf d. Balkan-Halbinsel führt 1853–56 z. Krimkrieg 90/91 JPae – s. 1850 Eroberg. Zentralasiens u. Expansion nach d. Fernen Osten, 1877/78 russ.-türk. Krieg verschärft d. österr.-russ. Gegensatz auf d. Balkan, 1905 Niederlage im Krieg geg. Japan löst Revolution aus 134 – im 1. WK auf seiten d. Entente 107 I CEab – März 1917 Februarrevolution, Abdankg. d. Zaren, Nov. 1917 Oktoberrevolution → Sowjetunion 135

Rustschuk (Ruse): Stadt in Bulgarien – 1811 im russ.-türk. Krieg umkämpft 88/89 Ke – bis 1908 Zentrum d. bulgar. Nationalbewegg. 101 II bl

S

Saalburg: röm. Kastell in Hessen – um 90 n. Chr. errichtet 30/31 Cc, 40 I

Saarbrücken: Hptst. d. Saarlandes 157 II Bd – im 3. Jh. röm. Kastell 30/31 Bd – im 18. Jh. Ausbau z. Barockresidenz 82/83 Dd – im 19. Jh. Industrialisierg., Zentrum d. Eisenindustrie 97 II Dd – 1920–35 Hptst. d. vom Völkerbund verwalteten Saargebietes 112 Dd

Saarland: Land d. Bundesrep. Deutschld. 157 II Bd – 1919/20 Saargebiet unter Verwaltg. d. Völkerbundes gestellt, wirtschaftl. v. Frankr. abh. 112 Dd – 1935 nach Volksabstimmg. Eingliederg. in d. Dt. Reich 113 Dd – 1945–46 z. franz. Besatzungszone, 1947 autonom, Wirtschaftsunion mit Frankr. 120 I Bd – 1955 Volksabstimmg., s. 1957 Land d. Bundesrep. Deutschld. 120 II Bd

Saarlouis: Stadt im Saarland – 1680–86 als franz. Festg. gegr. 81 Db – 1815 preuß. 92 Dd

Sabah: Bundesstaat v. Malaysia 139 II Lg – 1881/88 als Brit.-Nordborneo brit. Protektorat 139 I Ec – 1963 zu Malaysia, von d. Philippinen beansprucht 143 II hl

Sachalin: Insel vor d. sibirischen Pazifikküste, z. Russ. Föderation gehörend 155 Ic – 1644 entdeckt 62/63 I Qb – 1875 russ., 1905 S-Teil japan., Karafuto 134 Hc – 1920–25 Nord-S. v. Japanern besetzt 108/109 I Qb – 1945 nach Potsdamer Abkommen Süd-S. zur UdSSR 136 I cl

Sachsen: westgerman. Volksstamm, ursprüngl. in Schleswig-Holstein – im 5. Jh. teilw. in England eingewandert (→ Angelsachsen) 34 I BCa – 772–804 Unterwerfg. durch d. Franken unter Karl d. Gr. 38/39 I DEa – um 900 dt. Stammeshzm., 1073–75 erfolgreicher Aufstand d. sächs. Adels geg. Heinrich IV. 42/43 GHb – im 12. Jh. Ausdehng. d. sächs. Herrschaftsbereiches bis an d. Ostsee, 1180 Zerfall in weltl. u. geistl. Territorien 46/47 I DEa

Sachsen: Land d. Bundesrep. Deutschland 157 II EFc – 1423 Übertragg. d. Namens S. auf d. gesamten wettin. Herrschaftsbereich, 1485 Teilg. d. wettin. Besitzes in d. albertin. u. ernestin. Linie, 1547 Ernestiner verlieren d. Kurwürde u. große Teile d. Kurstaates an d. Albertiner 70/71 FGbd – Legende – s. 1572 Zerfall d. ernestin. Gebietes in d. Sächs. Herzogtümer, 1635 erwirbt d. Kurfsm. S. Nieder- u. Oberlausitz 74/75 FHc – unter Kurfürst August d. Starken Entfaltg. v. Absolutismus u. Kultur, 1697–1763 Pers.-Union mit Polen 78/79 Hc – im 7jährigen Krieg mit Österr. verbündet, 1785 Eintritt in d. dt. Fürstenbund 84 Cb – 1806 nach d. Auflösg. d. Hl. Röm. Reichs Kgr. S. 87 II LNc – 1815 große Gebietsabtretungen an Preußen, Errichtg. d. preuß. Prov. S. 92 GHc – 1833 Mitgl. d. Dt. Zollvereins 96 I FGc – 1866 z. Norddt. Bund, 1871 zum Dt. Reich 93 GHc – 1918 Freistaat 112 GHc – 1945 z. sowjet. Besatzungszone, bis 1952 Land d. DDR 120 I EFc – 1990 Land d. Bundesrep. Deutschland 157 II EFc

Sachsen: ehem. preuß. Prov. – 1815/16 aus preuß. u. ehem. sächs. Gebieten gebildet 92 FGbc – 1871 zum Dt. Reich 93 FGbc – 1945 z. sowjet. Besatzungszone, bis 1952 u. s. 1990 Teil d. Landes S.-Anhalt 120 I DEb

Sachsenhausen: Ort in d. DDR – 1933–45 nat.-soz. KZ 113 Gb

Sächsische Herzogtümer → Thüringen

Sadowa (Sadová): Ort in d. Tschech. Rep. – 1866 Schlacht bei → Königgrätz, in d. außerdeutschen Literatur als Schlacht bei S. bezeichnet 92 Hc

Safi: Hafenstadt in W-Marokko – 1508–42 port. 66/67 Dg

Sagan (Zagah): Stadt in W-Polen – im 13. Jh. Magdebg. Stadtrecht 50/51 De – bis 1472 Hptst. d. schles. Teilhzm. S., 1549 habsburg. 70/71 Hc – 1628 gegr. Jesuitenkolleg 73 II Sh

Sagunto: Stadt in O-Spanien – 219 v. Chr. Belagerg. u. Eroberg. durch Karthager löst 2. Pun. Krieg aus, 214 v. Chr. von Römern zurückerobert, Saguntum 19 Bc – 1811 v. franz. Truppen eingenommen 88/89 Ef

Sahara: Staat in NW-Afrika, v. Marokko besetzt – 1958–76 span. Überseeprov., 1976 Ausrufg. d. Demokrat. Arab. Rep. S., 1976 N-Teil v. Marokko, 1976–79 S-Teil v. Mauretanien besetzt, 1979 ganz S. von Marokko besetzt 145 III Ab, 145 IV Eg – 1991 Waffenstillstandsvereinbarg. unter Vermittlg. d. UN 158/159 I df

Saida: Stadt im Libanon 149 IV Cb – im 2. Jtd. v. Chr. phönik. Handels- u. Kulturzentrum Sidon, Ausgangspkt. phönik. Kolonisation 7 Fc – bis z. Eroberg. durch Alexander d. Gr. 332 v. Chr. pers. 6 II Hf, 14/15 I Cb – urchristl. Gemeinde 33 I Fc – 1110–1291 im Besitz d. Kreuzfahrer 49 II Kb

Saigon → Ho-Tschi-Minh-Stadt

Saint-Acheul: vorgeschichtl. Fundort im heut. Frankr. 1 II Bb

Saint Albans: Stadt in Großbritannien – kelt.-röm. Verulamium 26/27 I DEb – im 8. Jh. Klostergründg. 38/39 I BCa – 1455 erste Schlacht in d. „Rosenkriegen" 60 Dd

Saint Andrews: Stadt in Schottland, Großbritannien – 1410 Gründg. d. ältesten schott. Univ. 54 II Gd

Saint-Cloud: Stadt bei Paris, Frankr. – 1804 Proklamation Napoleons I. zum Kaiser d. Franzosen 88/89 Fd

Saint-Denis: Stadt bei Paris, Frankr. – 623–25 gegr. Abtei, um 1130 einer d. bedeut. franz. Kirchenbauten d. Gotik; Grabmäler fränk., später franz. Könige 38/39 I Cb, 46/47 I Cb

Saint-Germain-en-Laye: Stadt bei Paris, Frankr. – 1570 Edikt sichert d. Hugenotten bedingte Glaubensfreiheit 66/67 Fd – 1679 franz.-brandenburg. Friede zwingt Brandenburg z. Abtretg. Vorpommerns an Schweden 74/75 Bd – 1919 Friede zw. d. Ententemächten u. Österr.: Auflösg. d. österr.-ungar. Monarchie u. österr. Gebietsabtretungen an Italien, Jugoslawien u. d. Tschechoslowakei, Anschluß an d. Dt. Reich untersagt 110/111 Fd

Saint-Jean-de-Losne: Ort in O-Frankr. – 1162 Waldemar I. nimmt v. Friedrich I. Barbarossa Dänemark zu Lehen 46/47 I Db

Saint-Jean-de-Maurienne: Stadt in SO-Frankr. – 1917 brit.-franz.-italien. Vertrag legt d. Brenner als österr.-italien. Grenze fest 107 II Ge

Saint Kitts u. Nevis: Inselstaat im Karib. Meer 124/125 I Fe – 1713 brit., 1983 unabh. Mitgl. d. Commonwealth 131 I Ec

Saint Louis: Stadt in d. USA 129 II Kg – 1764 franz. Gründg. 64 Fc – Mitte d. 19. Jh. Beginn d. Industrialisierg., bedeut. amerikan. Binnenhafen 129 I Dc – im Sezessionskrieg Endpkt. kriegswichtiger Eisenbahnlinien 127 II Hf

Saint Lucia: Inselstaat im Karib. Meer 124/125 I FGe – 1979 unabh. Mitgl. d. Commonwealth 131 I Ec

Saint-Nazaire: Hafenstadt in W-Frankr. – im 2. WK dt. U-Boot-Stützpkt. 115 Bc

Saint-Omer: Stadt in N-Frankr. – ma. Zentrum d. Wolltuchverarbeitg. 68/69 Cc – 1469 burgund.-habsburg. Bündnis geg. d. Eidgen. 60 Fd

Saint-Pierre-et-Miquelon: franz. Inselgr. an d. O-Küste v. Kanada 124/125 I Gc – s. 1635 franz. 62 II Db – 1976–85 Überseedepartement, s. 1985 „collectivité territoriale" 126 Qd

Saint-Privat: Ort in NO-Frankr. – 1870 franz. Niederlage im Dt.-Franz. Krieg 93 CDd

Saint-Quentin: Stadt in N-Frankr. – vor 1080 Stadtrecht, Hauptort d. Gft. Vermandois 42/43 Dd – 1213 an franz. Krone 46/47 I Cb – im 15. Jh. zeitw. burgund. 60 Fe – 1557 span. Sieg über Franzosen 70/71 Bd – 1871 franz. Niederlage im Dt.-Franz. Krieg 93 Bd

Saint Thomas: Insel d. amerikan. Jungferninseln im Karib. Meer 126 Pfg – bis 1917 zu Dänemark 108/109 I Fd

Saint Vincent: Inselstaat im Karib. Meer – 1763 brit. 63 III Cd – 1979 unabh. Mitgl. d. Commonwealth 126 Pg

Sais: ehem. Stadt im Nildelta, N-Ägypten altägypt. Kulturzentrum u. Residenz ägypt. Könige 5 Ba

Sajó: Fluß in d. Slowak. Rep. u. Ungarn – 1241 Sieg d. Mongolen über d. Ungarn 58 Bg

Sajsaihuaman: Berg nördl. v. Cuzco, Peru – bedeut. Festg. d. Inka 130 I Dd

Sakarya: Fluß in d. W-Türkei – 1921 Sieg d. Türken unter Kemal Atatürk über Griechen 110/111 Le

Sakhiet Sidi Youssef: Ort in NW-Tunesien – 1958 wegen tunes. Unterstützg. d. alger. Unabhängigkeitskrieges v. Franzosen bombardiert 118/119 Gf

Sakkâra: Ort in N-Ägypten – altägypt. Grabdenkmäler u. Pyramiden 5 Ba

Saktschegözü: Ort in d. S-Türkei – Ruinen einer Residenz d. Hethiter 3 I Fc

Salamanca: Stadt in Spanien – 217 v. Chr. als Salamantica v. Karthagern erobert, unter d. Römern Ausbau z. Stützpkt. 19 Ab – 1035 kastil. Rückeroberg. d. arab. S. 46/47 I Ac – 1243 Gründg. d. Univ., eine d. bedeut. Europas 54 II Ge – 1808–13 v. franz. Truppen besetzt 88/89 De – 1936–39 im Span. Bürgerkrieg Hauptquartier v. General Franco 110/111 De

Salamis: Ruinenstätte auf Zypern – im 11. Jh. v. Chr. griech. Kolonie 7 Cc – urchristl. Gemeinde 16 Cb – polit., kulturelles u. kirchl. Zentrum d. Insel Cyprus (Zypern) 26/27 I Ke

Salamis: griech. Insel westl. v. Athen, Griechenland – 480 v. Chr. Seeschlacht, entscheidender Sieg d. Griechen über pers. Flotte 12 I Cc

Salé: Stadt in W-Marokko – 1627–41 zus. mit Rabat selbst. Morisken-Rep. 78/79 Dg

Salem: Ort in Baden-Württemberg – 1134 gegr. Zisterz.-Kloster 45 II el

Saleph: Fluß in d. S-Türkei – 1190 Tod Kaiser Friedrichs I. Barbarossa 48 Fc

Salerno: Hafenstadt in S-Italien –194 v. Chr. röm. Kolonie Salernum 22/23 I Db – 1077 normann. Fsm. 46 II Cb – im 11. Jh. gegr. Univ., Zentrum d. Medizinwissenschaften 54 II el – 1943 Landg. alliierter Truppen 115 Dc

Salisbury: Stadt in Großbritannien – um 1220 Bau d. Kathedrale 46/47 I Ba – ma. Handelsplatz 68/69 Bc

Salisbury, heute Harare genannt: Hptst. v. Simbabwe 145 IV Gi

Salla: Ort in N-Finnland – Gebiet um S. 1947 v. Finnland an d. Sowjetunion abgetreten, finn. Neugründg. d. Ortes westl. d. ehem.S. 114 Ea, 136 I Cb

Salò: Ort am Gardasee in N-Italien –1943–45 Sitz d. faschist. Regierg. Mussolini 118/119 Hd

Salomonen: Inselstaat im Pazif. Ozean 143 DEe – 1567 v. Spaniern entdeckt 62/63 QRe – 1886/99 mit Ausnahme v. Bougainville brit. Protektorat 105 Re – im 2. WK zw. japan. u. amerikan. Seestreitkräften heftig umkämpft 116 I EFd, 116 II LMh – 1978 unabh. Mitgl. d. Commonwealth 124/125 I QRf

Salona, Salonae: Ruinenstätte in Kroatien – um 44 v. Chr. röm. Kolonie, Hptst. d. Prov. Dalmatia 26/27 I Hd – wichtiger Hafen an d. Adria 25 Db – 614 n. Chr. durch Awaren zerstört 35 IV Tk

Saloniki: Hafenstadt in N-Griechenland 118/119 Je – 316/315 v. Chr. als Thessalonike gegr. 14 II dl – 146 v. Chr. röm., als Thessalonice Hptst. d. Prov. Macedonia 26/27 I dl – bedeut. röm. Handelszentrum u. Hafen 25 Eb – im 1. Jh. n. Chr. Gründg. d. urchristl. Gemeinde durch Apostel Paulus, Ausgangspkt. d. Christianisierg. d. Balkan-Halbinsel 33 I Eb – 395 oström. 28 Eb – im 9. Jh. byzantin. Thema 44 Ec – 1423–30 venezian. Handelsstützpkt. 49 I Eb – 1430 nach mehrfacher Belagerg. osman., Ermordg. griech. Bevölkerg. u. Ansiedlg. v. aus Spanien eingewanderten Juden 65 Db – 1821 Aufstand geg. osman. Herrschaft 101 I Cb – 1912 im 1. Balkankrieg v. griech. Truppen erobert 101 II Hb – 1915 Landg. alliierter Truppen 107 Id

Salt Lake City: Stadt in d. westl. USA 129 I Bb – 1847 v. Mormonen gegr., Zentrum bei d. Erschließg. d. Wüstengebietes am Großen Salzsee 128 I Bb

Saluzzo: Stadt in NW-Italien – s. d. 12. Jh. Hauptort d. gleichnamigen Gft. 54/55 III Cf – 1548–1601 franz. 81 Dd

Salvador: Stadt in W-Brasilien 132 I Fd – 1549 port Gründg. Bahia, bis 1760 Hptst. v. Brasilien 64 Ie – bedeut. brasilian. Wirtschaftszentrum 133 Fd

Salz: ehem. Ort in Hessen – im 8. Jh. karoling. Pfalz, 803 Waffenstillstand Karls d. Gr. mit West- u. Ostfalen u. Engern 38/39 I Ea

Salzburg: Stadt in Österr. 118/119 Hd – im 1. Jh. n. Chr. röm., Iuvavum 26/27 I Gc – 1077 Errichtg. d. Festg. 54 Dc – 1511 erfolgloser Aufstand geg. bischöfl. Herrschaft 78/79 Hf – im 16. Jh. Entwicklg. z. Handelszentrum 68/69 Fe – s. 1595 Ausbau z. Barockresidenz 66/67 Hd – 1623 gegr. Univ. 73 II Rj – Hptst. d. österr. Bundeslandes S. 120 I Ee

Salzburg: Ebm. in Österr. – um 700 gegr. Kloster, 739 Errichtg. d. Bm. durch Bonifatius, 798 Ebm. 41 I Fe – im 12./13. Jh. territoriale Ausdehng. 54/55 III Fe – bis 1803 reichsunmittelbar, s. 1803 Kerngebiet d. Kurfsm. S. 82/83 Ge, 87 I Ee

Salzburg: Bundesland v. Österr. 120 II Ee – 1803 Auflösg. d. Ebm. S. u. Umwandlg. in ein weltl. Kurfsm., Kursalzburg genannt 82/83 Ge, 87 I Ee – 1805 österr., 1810 bayr. 87 II Me – 1816–50 österr. Hzm. 92 Ge – bis 1918 selbst. Kronland 1920 österr. Bundesland 112 Ge – 1938–45 dt. Reichsgau 113 Ge – 1945–55 z. amerikan. Besatzungszone 120 I Ee

Salzgitter: Stadt in Niedersachsen – Zentrum d. Schwerindustrie 122 Db

Salzwedel: Stadt in Sachsen-Anhalt – 1233 Stadtrecht 50/51 Bd – Hansestadt 57 Dc – ma. Handelspl. 68/69 Eb

Samaria: Ruinenstätte im Westjordanland – im 2. Jh. v. Chr. Zentr. hellenist. Kultur in Palästina, urchristl. Gemeinde 16 Dc – unter König Herodes I. in Sebaste umbenannt, Hauptort d. Prov. S. 32 Cd

Samarkand: Stadt in Usbekistan 137 I Ecd – im 4. Jh. v. Chr. als Marakanda Hptst. d. pers. Prov. Sogdiane, 329 v. Chr. Eroberg. durch Alexander d. Gr. 14/15 I Fb – im 3/4. Jh. n. Chr. als wichtiger Umschlagpl. im Handel mit d. Fernen Osten

Ziel v. Hunnenangriffen 29 I FC – 712 v. Arabern erobert 36 Ic – 1220 v. Mongolen unterworfen, s. 1369 mongol. Residenz, kulturelles u. wirtschaftl. Zentrum 58 Fcd – 1868 russ. 134 Dd

Samarra: Stadt im Irak – vorgeschichtl. Fundort 3 I Gc – 836–91 Kalifenresidenz, Wallfahrtsort d. islam. Schiiten 36 Gc

Sambia: Staat in S-Afrika 124/125 I Kf – W-Teil d. heut. Staatsgebietes im 17. Jh. z. Reich d. Rotse 144 I Cd – 1891/1911 Bildg. d. brit. Protektorates Nordrhodesien, 1923 brit. Kronkolonie 144 II Gi – 1953–63 Zentralafrikan. Föderation mit Südrhodesien u. Njassaland 145 III Cd – 1964 als S. unabh. Mitgl. d. Commonwealth, s. 1991 Mehrparteiensystem 145 IV Gi –

Samoa: Inselstaat im Pazif. Ozean 143 Fe – bis 1962 neuseeländ. Treuhandgebiet West-S., 1962 als West-S. unabh., 1970 Mitgl. d. Commonwealth, s. 1977 S. genannt 124/125 I Sf

Samos: griech. Insel im Ägäischen Meer 118/119 Kf – um 1000 v. Chr. Siedlungsgebiet d. Ionier 6 I Dc – 522 v. Chr. pers. 6 I Gf – 499 v. Chr. Teilnahme an Ion. Aufstand 12 I Ec – 479/439 v. Chr. Mitgl. d. Att. Seebundes 12 II Jg – im Peloponnes. Krieg mit Athen verbündet 13 Hc – 129 v. Chr. röm., Samus 26/27 I Je – im 9. Jh. n. Chr. byzantin. Thema 44 Ed – 1346 genues. Handelsstützpkt. 49 I Fc – 1475 osman. 65 Ec – 1832 als tributpflichtiges Fsm. weitgehend autonom 101 I Dc – 1912/13 griech. 101 II cl

Samothrake: griech. Insel im Ägäischen Meer – im 5. Jh. v. Chr. Mitgl. d. Att. Seebundes, bedeut. Heiligtum 12 II el

Samsun: Stadt in d. N-Türkei – im 7. Jh. v. Chr. als griech. Kolonie Amisos gegr. 7 Fb – im 1. Jh. v. Chr. röm., Amisus 26/27 I Ld – 1261 genues. Handelsniederlassg. 49 I Hb – 1461 osman. 65 Gb

Sana: Hptst. d. Rep. Jemen 148/149 I Hd – altes Zentrum d. Islam 36 Ge

Sandomir (Sandomierz): Stadt in S-Polen – 1570 Synode von S. einigt poln. Protestanten 70/71 Kc

San Francisco: Stadt in d. westl. USA, Kalifornien 126 Ec – 1869 Eröffng. d. ersten Eisenbahnlinie als Verbindg. zw. d. Westen u. Osten d. Verein. Staaten, Aufstieg z. bedeut. amerikan. Wirtschafts- u. Handelszentrum 129 I Ac – 1945 Gründungsort d. UN 158/159 I Cd – 1951 Friede von S. F. zwingt Japan z. Abtretg. seiner s. 1868 erworbenen Gebiete 124/125 I Cd

San Germano: Stadt in Mittelitalien – 1230 Friede von S. G.: Kaiser Friedrich II. leistet d. röm. Kirche d. Treueid 46/47 I Ce

San Ildefonso: Ort in Mittelspanien – auch La Granja genannt, Anfang d. 18. Jh. Bau d. Schlosses 77 Cc – 1777 Vertrag legt d. span.-port. Interessengrenzen d. Kolonialpolitik in S-Amerika fest 64 Legende – 1796 Bündnis zw. Frankr. u. Spanien 78/79 Ee

San José: Hptst. v. Costa Rica 131 I Cd

Sankt Blasien: Stadt in Baden-Württemberg – 948 gegr. Benedikt.-Kloster 45 I Db

Sankt Gallen: Stadt in d. Schweiz – um 612 gegr. iroschott. Kloster 41 I EFc – 747 Umwandlg. in ein Benedikt.-Kloster 41 II, 45 I DEb – unter d. Karolingern Entwicklg. z. bedeut. kirchl.-kulturellen Mittelpkt. 38/39 I Db – im 10. Jh. Marktsiedlg. 42/43 Ge – Zentrum d. Leinenverarbeit. 68/69 Ed – bis 1798 Zugewandter Ort d. Eidgen., 1805 Aufhebg. d. Abtei 72 I Db

Sankt Gotthard (Szentgotthárd): Ort in W-Ungarn – 1664 erfolgreiche ungar. Abwehr d. osman. Angriffs 65 Ca

Sankt Helena: brit. Insel im Atlant. Ozean 124/125 I fl – 1502 v. Portugiesen entdeckt 62/63 I el – 1651 engl. 64 Je – 1815–21 Verbannungsort Napoleons I. 104 Je – s. 1834 brit. Kolonie 144 I Ad

Sankt Jacob: Stadtteil v. Basel, Schweiz – 1444 franz. Sieg über eidgenöss. Heer 60 Hf

Sankt Kanzian (Skocjan): Ort in W-Slowenien – Höhlen aus urgeschichtl. Zeit 4 II Lf

Sankt Petersburg (bis 1991 Leningrad): Stadt in d. Russ. Föderation 155 Cc – 1703 unter Zar Peter

d. Gr. als Festg. gegr., 1712 Hptst. v. Rußland, Aufstieg z. wirtschaftl. u. geistigen Zentrum d. russ. Kaiserr. 78/79 Lab – s. Mitte d. 19. Jh. Industrialisierg., 1905 Arbeiteraufstand geg. soziale u. wirtschaftl. Mißstände 102/103 Lb – 1914 in Petrograd umbenannt 107 II Jd – 1917 Ausgangspkt. d. russ. Revolution 135 Cc – 1918 Verlegg. d. Hptst. nach Moskau, 1924 Umbenenng. in Leningrad 110/111 Lb – 1941–44 von dt. Truppen belagert u. stark zerstört 114 EFb, 115 EFb – 1991 erneute Umbenenng. in S. P. 155 Cc

San Marino: Staat in S-Europa 118/119 He – s. d. 13./14. Jh. unabh. Rep. 61 Dc – s. 1862 Zollunion mit Italien 100 Dd

San Remo: Stadt in NW-Italien 100 Ad – 1920 Konferenz: Aufteilg. d. Nahen Ostens in ein brit. u. franz. Mandatsgebiet 110/111 Ge

San Salvador: Hptst. von El Salvador 131 I Cc – 1824–38 Hptst. d. Verein. Staaten v. Zentralamerika 126 Ng

San Sebastián: Hafenstadt in N-Spanien 118/119 Ee – 1808 als span. Grenzfestg. v. Franzosen besetzt, 1813 mit brit. Unterstützg. zurückerobert 90/91 Ee

Sansibar: tansan. Insel an d. O-Küste v. Afrika 145 IV GHi – 1503 als arab. Handelszentrum v. Portugiesen erobert u. kolonisiert 62/63 I Le – 1652/1753 z. Sultanat Oman, Sklavenhaltg. u. -handel, 1861 unabh. Sultanat S. 144 I CDd – 1890 Helgoland-S.-Vertrag zw. Dt. Reich u. Großbritannien: Großbritannien erhält im Austausch geg. Helgoland S. als Protektorat 144 II GHi – 1963 unabh., 1964 Zusammenschluß v. Tanganjika u. S. zur Verein. Rep. Tansania 145 IV GHi

Sanssouci: Schloß in Potsdam, Brandenburg – 1745–47 erbaut, Sommerresidenz Friedrichs d. Gr. 82/83 Gb

Santa Fé: Stadt in d. südl. USA – 1821–80 Santa Fé Trail wichtiger Handelsweg bei d. Erschließg. d. amerikan. W-Küste 128 I Cc

Santa Fe de Bogotá. → Bogotá

Santander: Hafenstadt in N-Spanien 118/119 Ee – im 14./15. Jh. bedeut. Handelspl. 59 Bb

Santiago de Chile: Hptst. v. Chile 133 Bf – 1541 v. Spaniern gegr. 62/63 IFf, 130 I Df – 1973 Militärputsch geg. gewählten Präsident Allende 132 I Bf

Santiago de Compostela: Stadt in NW-Spanien – s. d. 10. Jh. bedeut. Wallfahrtsort d. span. Katholiken 44 Bc – 1171 Gründg. d. Ritterordens von S., Hptst. v. Galicien 46/47 I Ac

Santiago de Cuba: Stadt auf Kuba 126 Ofg – 1898 Seeschlacht, Vernichtg. d. span. Flotte im amerikan.-span. Krieg 131 I Db

Santo Domingo: Hptst. d. Dominikan. Rep. 131 I Ec – 1496 erste v. Europäern gegr. Siedl. auf d. amerikan. Kontinent, 1538 Gründg. d. ältesten Univ. Amerikas 64 Gd

Santo Domingo → Dominikan. Rep.

Santos: Hafenstadt in SO-Brasilien 132 I Ee – Hauptexporthafen Brasiliens, Weltbörse für Kaffee 133 Ee

San Yuste: Kloster in W-Spanien – 1556–58 Aufenthaltsort Karls V. nach seinem Rücktritt als Kaiser d. Hl. Röm. Reiches 66/67 Def

São Paulo: Stadt in SO-Brasilien 132 I Ee – 1532 v. Jesuiten gegr. 64 Hf – 1822 bei S. P. Proklamation d. Unabh. Brasiliens, wichtigstes brasilian. Industrie- u. Wirtschaftszentrum 133 Ee

São Tomé u. Principe: Inselstaat an d. W-Küste v. Afrika 124/125 I Je – im 15 . Jh. v. Portugiesen entdeckt 62/63 I eIJ – bis 1951 port. Kolonie 145 III Bc – bis 1973 port. Überseeprov., 1975 unabh. Rep. 145 IV Fh

Saporoschje: Stadt am Dnjepr in d. Ukraine – im 2. WK als Kriegsschaupl. stark zerstört 115 Fc

Sarai: ehem. Stadt in Turkmenistan – um 1254 als Hptst. d. Mongolen-Chanats d. „Goldenen Horde" gegr., um 1260 Gründg. v. Neu-S. südl. d. alten S., 1395 v. Mongolen unter Timur Leng zerstört 58 Dc

Sarajevo: Hptst. v. Bosnien-Herzogowina 156 II Mq – bis 1878 osman., Zentrum d. Islam auf d. Balkan-Halbinsel 90/91 le – 1878 österr.-ungar. Besetzg. 101 I Bb – Juni 1914 Ermordg. d. österr.-ungar. Thronfolgers durch serb. Nationalisten löst 1. WK aus 107 I Cb – 1992 v. serb. Truppen eingeschlossen u. bombardiert 156 II Mg

Sarawak: Bundesstaat v. Malaysia 139 II Lg – 1888 brit. Protektorat 139 I Ec – 1946 brit. Kronkolonie, 1963 zu Malaysia 143 I Cc

Sardes: Ruinenstätte in d. W-Türkei – bis z. pers. Eroberg. 547 v. Chr. Hptst. v. Lydien, Fundort zahlreicher Grabhügel lyd. Könige, Handelszentrum u. pers. Residenz 6 II Gf – 499 v. Chr. im Ion. Aufstand v. Griechen zerstört 12 I Fb – 334 v. Chr. Eroberg. durch Alexander d. Gr. 14/15 I Bb – 129 v. Chr. röm. 26/27 I Je

Sardinien: italien. Insel im Mittelmeer 118/119 Gef – im 9. Jh. v. Chr. Einwanderg. d. Phöniker auf d. von Sarden besiedelte Insel, Sardo genannt 4 II Kfg, 7 Cbc – 238 v. Chr. von Karthago an Rom abgetreten, latein. Sardinia 19 Dbc, 23 II – wichtiges Getreideanbaugebiet d. Röm. Reiches 25 Cbc – 456 n. Chr. von Wandalen unterworfen 34 I Def – s. d. 8. Jh. Eroberungsversuche d. Sarazenen 37 II Jfg – 1016 Eroberg. durch Pisa beendet Herrschaft d. Araber, 1175 genues. Handelsstützpkt. 44 Ccd, 49 I Bbc – 1297/1326 zu Aragón 46/47 I Dcd – 1714 nach d. Span. Erbfolgekrieg v. Spanien an Österr. abgetreten 77 Ecd – 1720 im Austausch geg. Sizilien zu Savoyen, Bildg. d. Kgr. S. mit Savoyen u. Piemont 78/79 Gdf, 90/91 Gdf – 1861 zu Italien 100 Legende

Sarkel: ehem. Stadt am Don in d. Russ. Föderation – bis 965 Hptst. d. Chazaren 44 Gc

Sarmizegetusa: Ruinenstätte in Rumänien – 106 n. Chr. Hptst. u. religiöses Zentrum d. röm. Prov. Dacia 26/27 I cl

Saseno. → Sazan

Saskatchewan: Prov. in Kanada 126 Lc

Sathmar (Satu Mare): Stadt in NW-Rumänien – im 13. Jh. dt. Gründg. 56 Le – 1711 Friede beendet Aufstand d. ungar. Adels geg. österr. Herrschaft 78/79 Jd – s. 1712 nach Einwanderg. v. Schwaben (S.er Schwaben) dt. Sprachinsel, bis 1919 zu Ungarn 99 Ef

Saucourt: Ort in N-Frankr. – 881 Sieg d. Franken über Normannenheer 37 II eIJ

Saudi-Arabien: Staat auf d. Arab. Halbinsel 124/125 I KLde – NW-Teil d. heut. Staatsgebietes im 3./2. Jh. v. Chr. Reich d. Nabatäer 14/15 I Cbc – 105 n. Chr. röm. Prov. Arabia 26/27 I KLfg – s. d. 7. Jh. Ausgangsgebiet d. arab. Expansion u. Ausbreitg. d. Islam 36 Legende – im 16. Jh. teilw. von Osmanen erobert 62/63 v. KLc – im 18. Jh. Übernahme d. polit. Führg. durch d. Wahabiten unter d. Ibn-Saud-Dynastie 64 LMc – im 19. Jh. Ausdehng. d. ägypt. Machtbereiches auf d. Arab. Halbinsel schwächt d. wahabit. Herrschaft 104 LMc – bis 1913 Verdrängg. d. Türken 105 LMc – 1927 Gründg. d. Kgr. Hedschas u. Nedschd, 1932 in Kgr. S.-A. umbenannt 108/109 I KLcd – nach d. 2. WK Aufstieg z. bedeut. Erdölexportland 148/149 I Glbd – 1990 nach irak. Invasion in Kuwait Aufmarschgebiet d. alliierten Streitkräfte, Jan.–Febr. 1991 Golfkrieg 159 III BCbc

Saule (Siauliai): Stadt in Lettland – 1236 Sieg d. Litauer über Heer d. livländ. Schwertbrüderordens 52 I Fc

Savannah: Stadt in d. südöstl. USA 129 I Ec – 1778–82 als Zentrum d. amerikan. Unabhängigkeitsbeweg. v. brit. Truppen besetzt 127 I Cc – 1864 im Sezessionskrieg umkämpft 127 II fl

Savona: Hafenstadt in NW-Italien – 1809–12 Ort d. Gefangenschaft v. Papst Pius VII. 88/89 Ge

Savoyen: Landsch. in SO-Frankr. – 933 z. Kgr. Burgund 42/43 EFf – 1033/34 als Gft. zum Hl. Röm. Reich 46/47 I Db – im 13. Jh. Ausdehng. d. savoy. Besitzes 54/55 III BCef – 1416 Erhebg. d. Hzm., Aufstieg z. führenden Adelsgeschlecht in N-Italien 74/75 CDef – 1601 Gebietsabtretungen an Frankr. 74/75 CDef – 1701 nach d. Frankr. verbündet, 1703 Eintritt in d. Allianz geg. Frankr., 1713 Erwerb d. Kgr. Sizilien, 1720 Teil d. Kgr. Sardinien 77 Ebc

Sazan: alban. Insel in d. Adria 118/119 le – 1914 v. Italienern besetzt, Saseno 110/111 le – 1945/47 zu Albanien 118/119 le

Scapa Flow: Bucht zw. d. brit. Orkneyinseln – im 1. u. 2. WK Hauptstützpkt. d. brit. Flotte, 1919 Selbstversenkg. d. dt. Kriegsflotte 114 Bb

Schaffhausen: Stadt in d. Schweiz – s. d. 13. Jh. Reichsstadt, 1330 habsburg. Pfandbesitz 54/55 III De – 1454/1501 zur Eidgen. 72 I Cb – 1832 Aufstand führt z. Einführg. einer neuen Verfassg. im Kanton S. 97 I Ee

Schanghai: Stadt in O-China 139 II Mf – 1842 als Vertragshafen geöffnet, Aufstieg z. wichtigsten Hafen Chinas 139 I Fb – 1921 Gründungsort d. Kommunist. Partei Chinas (KPCh),1932 u. 1937–45 v. Japanern besetzt 140 I Fc – 1949 v. chines. Kommunisten erobert 140 II Nh

Schansi: Prov. in NO-China 140 II Mh

Schantung: Prov. in O-China 140 I Mh – 1915–22 v. Japanern besetzt 140 I Ec

Scharm el Scheich: Ort auf d. ägypt. Halbinsel Sinai 148/149 I Gc – 1957–67 UN-Stützpkt., 1967 ägypt. Besetzg. u. Sperrg. d. Golfes v. Akaba für israel. Schiffe lösen 3. israel.-arab. Krieg aus, Juni 1967 v. israel. Truppen besetzt 148 III Ce – 1979–81 nach ägypt.-israel. Friedensvertrag unter UN-Kontolle gestellt 149 IV Ce

Schaumburg: ehem. Gft. in Niedersachsen – im 12. Jh. erbaute Burg namensgebend für d. Gft. 46/47 I Da, 54/55 III Db – 1640/47 Aufteilg. d. Gft. 74/75 Eb – 1815–66 Fsm. S.-Lippe Mitgl. d. Dt. Bundes 92 Eb – 1871 zum Dt. Reich 93 Eb – 1946 zu Niedersachsen 122 Cb

Schdanow: Hafenstadt am Asowschen Meer in d. Ukraine 118/119 Md – vorgeschichtl. Fundort Marjupol 4 I Fb – 1948–91 in S. umbenannt, jetzt wieder Marjupol 118/119 Md

Schenjang: Stadt in NO-China 139 II Me – s. 1644 als Mukden Residenz d. Mandschu-Kaiser 138 11 Me – 1905 entscheidende Niederlage d. russ. Armee geg. d. Japaner 134 Gc – 1931–45 japan. Besetzg. 140 I Fb – 1948 v. chines. Kommunisten einge-nommen 140 II Ng – bedeut. Wirtschafts- u. Handelszentrum d. Mandschurei 141 I Eb

Schensi: Prov. in O-China 140 I Lh

Schipkapaß: Paß in Bulgarien – 1877 im russ.-türk. Krieg v. russ. Truppen eingenommen 101 I Db

Schiras: Stadt in SW-Iran 148/149 I cl – 1387 v. Mongolen unterworfen 58 Ede – s. d. 18. Jh. pers. Residenz, Wallfahrtsort d. iran. Schiiten 138 II fl

Schladming: Stadt in Österr. – Ausgangspkt. d. Bauernaufstandes in Österr., 1525 Sieg d. Bauern über d. steiermärk. Landesherrn 72 II gl – in d. Reformationszeit österr. Zentrum d. Protestanten 70/71 Ge

Schlesien: ehem. preuß. Prov. u. heut. Gebiet in Polen – im 10. Jh. Unterwerfg. d. slaw. Volksstämme durch poln. Piasten 42/43 JKc – bis 1137 v. Böhmen u. Polen beansprucht, 1138/63 selbst. poln. Hzm. 46/47 I Fa – im 12./13. Jh. Zerfall in zahlreiche Teilherzogtümer, im 13. Jh. Beginn dt. Besiedlg., 1327/35 böhm. Lehen 54/55 III Glcd – 1526 zus. mit Böhmen habsburg. 70/71 HJcd – s. 1740 Kriege zw. Preußen u. Österr. um S., 1742 größtenteils zu Preußen, Gebiete in Süd-S. verbleiben als Österr.-S. bei Österr. 82/83 HJcd, 84 Dbc – 1795 Erwerb v. Neu-S. 85 I Db – im 19. Jh. Industrialisierg. in Ober-S., soziale Gegensätze führen 1844 z. Aufständen d. schles. Weber 92 HJc – 1871 zum Dt. Reich 93 HJc – 1919 Bildg. d. Provinzen Ober- u. Nieder-S., 1921 Ober-S. nach Volksabstimmg. zw. Polen u. Dt. Reich geteilt 112 HJcd – 1945 unter poln. Verwaltg., Flucht u. Zwangsumsiedlg. d. dt. Bevölkerg. 120 I FHc – 1990 dt.-poln. Vertrag erkennt Unverletzlichkeit d. bestehenden Besitzverhältnisse an 157 I FGc

Schleswig: Stadt in Schleswig-Holstein – um 948 Bm., im 11. Jh. Handelspl. beim zerstörten → Haithabu 42/43 Ga – s. 1460 Residenz d. Hzm. S., 1541/1624 Aufhebg. d. Bm. 70/71 Ea, 74/75 Ea

Schleswig: N-Teil v. Schleswig-Holstein – 1025/35 nach dt. Verzicht auf S. Festigg. d. dän. Herrschaft 42/43 Ga – 1386 Vereinigg. mit Holstein zu S.-Holstein, 1460 gemeinsame Pers.-Union mit Dänemark 54/55 III Da

Schleswig-Holstein: Land d. Bundesrep. Deutschld. 157 II CDab – 1386 aus d. Vereinigg. v. → Schleswig u. → Holstein entstanden, 1460 Pers.-Union mit Dänemark 54/55 III DEab – 1544 Landesteilg. in einen königl. u. herzogl. Anteil 70/71 EFab – 1713/21 herzogl. Anteil in Schleswig, 1773 in Holstein unter dän. Herrschaft 82/83 EFab – 1848 erfolgloser Aufstand z. Erlangg. d. nationalen Selbständigkeit, 1848–50 u. 1864 Dt.-Dän. Kriege um S.-H., 1864 Abtretg. von S.-H. an Preußen u. Österr. 92 EFab – 1866/67 preuß. Prov. 93 EFa – 1920 N-Schleswig nach Volksabstimmg. zu Dänemark 112 Ea – s. 1949 Land d. Bundesrep. Deutschld. 122 CDab

Schlettstadt (Sélestat): Stadt in O-Frankr. – im 13. Jh. Reichsstadt 54/55 III Cd – bis 1648 Mitgl. d. elsäss. Zehnstädtebundes, 1676 franz., Ausbau z. Festg. 81 Db

Schlüsselburg: Stadt in d. nordwestl. Russ. Föderation – bis 1611 zw. Russen u. Schweden umkämpfte Festg., Oresek 66/67 Lab – bis 1702 schwed., Nöteborg 76 II Kef – 1702 russ. Eroberg. u. Umbenenng. in S. 78/79 Lab – 1942 sowjet. Vorstoß auf S. verhindert Einnahme v. Leningrad durch d. dt. Armee 115 Fb

Schmalkalden: Stadt in d. Thüringen – 1531 protestant. Fürsten schließen Schmalkald. Bund geg. Kaiser Karl V. u. d. kathol. Stände, 1547 nach d. Niederlage d. Protestanten im Schmalkald. Krieg Auflösg. d. Bundes 73 I Fc, 70/71 Fc

Schneidemühl (Pila): Stadt in NW-Polen – 1922–38 Hptst. d. preuß. Prov. Grenzmark Posen-Westpreußen 112 Ib

Schönbrunn: Schloß in Wien, Österr. – 1744–49 unter Kaiserin Maria Theresia z. Rokokoschloß ausgebaut 82/83 Id – 1809 österr.-franz. Friedensschluß zwingt Österr. zu Gebietsabtretungen 88/89 Id

Schonen: Landsch. in S-Schweden – 1658 v. Dänemark an Schweden abgetreten 76 II Gf

Schottland: N-Teil v. Großbritannien – von d. Römern Caledonia genannt 26/27 I CDa – im 5. Jh. Einwanderg. d. Skoten aus Irland 34 I Ba – im 6. Jh. ir. Kgr., Ausdehng. d. schott. Machtbereiches nach S, Ziel v. Eroberungs- u. Beutezügen d. Wikinger 44 Bb – 1237 Vertrag mit England legt Grenze zu S. fest 46/47 I B – im 16. Jh. Hinwendg. d. Adels z. Calvinismus verschärft Gegensatz z. Königtum 66/67 DEb – 1603 Pers.-Union mit England, 1707 Umwandlg. in eine Realunion u. Zusammenschluß zum Verein. Kgr. → Großbritannien 78/79 DEb

Schumla (Kolarovgrad): Stadt in Bulgarien – 1774 u. 1810 osman. Abwehr russ. Eroberungsversuche 78/79 Ke, 88/89 Ke

Schwaben: ehem. Hzm. in Baden-Württemberg, Bayern, Schweiz u. O-Frankr. – bis z. 9. Jh. Hzm. → Alamannien 38/39 I Db – 917 dt. Stammeshzm. 42/43 FHde – bis 1268 stauf. Hausgut 46/47 I DEb

Schwäbisch Hall: Stadt in Baden-Württemberg – im MA Zentrum d. Salzgewinng. 68/69 Ec

Schwarzburg: ehem. Fsm. in Thüringen – s. d. 11. Jh. Gft. 54/55 III Ec – 1697/1710 Fsm. 82/83 Fc

Schwechat: Stadt in Österr. 120 I Gd – 1848 österr. Sieg über d. Ungarn 92 Id

Schweden: Staat in N-Europa 124/125 I Jbc – heut. Staatsgebiet im 9./10. Jh. Ausgangsgebiet normann. Eroberungszüge 37 I Kde – um 1000 Bildg. d. Kgr. S., Beginn d. Christianisierg. 44 Dab – im 13. Jh. Eroberg. Finnlands, Handel mit d. Hanse, im 14. Jh. Gebietsverluste an Dänemark 57 DEab – 1397 durch d. Kalmarer Union mit Dänemark u. Norwegen vereinigt 59 Da – bis 1520 Aufstände geg. dän. Vorherrschaft in d. Union, 1523 Erlangg. d. Unabh. unter König Gustav I. Wasa 66/67 Hlab – 1527 Einführg. d. Reformation 73 I Ga – im 17. Jh. Aufstieg z. europ. Groß-

macht unter Gustav II. Adolf, Expansion nach O, 1630 Eingreifen in d. 30jährigen Krieg als protestant. Führungsmacht führt z. Erwerb dt. Reichsgebiete, 1658 Gewinn dän. Besitzes in Süd-S. 76 II – 1721 nach d. Niederlage im Nord. Krieg Verlust d. Großmachtstellg. u. Vorherrschaft im Ostseeraum 78/79 Hlab – 1809 Abtretg. Finnlands an Rußland 88/89 Hlab – 1814 Teilnahme am Krieg geg. Frankr., Gewinn Norwegens u. Bildg. d. schwed.-norweg. Union 90/91 Hlab – 1905 Loslösg. Norwegens aus dieser Union 102/103 Hlab – im 1. u. 2. WK neutral 106 III EFab, 117 I EFab – nach d. 2. WK Fortsetzg. d. Neutralitätspolitik 150/151 I Jbc – 1991 Beitritt z. EG beantragt 156 I Eab

Schwedt: Stadt in Brandenburg 122 Fb – 1689–1788 brandenburg. Residenz 74/75 Hb, 82/83 Hb

Schweidnitz (Swidnica): Stadt in W-Polen – im 13. Jh. Magdebg. Stadtrecht 50/51 Ee – 1291–1392 Hauptort d. schles. Teilhzm. S. 54/55 III Hc – im 14.–16. Jh. bedeut. Handelspl. 68/69 Gc – 1742 preuß. Festg. 82/83 Ic

Schweinfurt: Stadt in Bayern 122 Dc – 1254 Reichsstadt 54/55 III Ec – 1542 nach Einführg. d. Reformation Zentrum d. Protestantismus in Franken 73 II Qh – 1802/14 bayr. 87 I Dc

Schweiz, Schweizerische Eidgenossenschaft: Staat in Mitteleuropa 118/119 Gd – heut. Staatsgebiet im 4. Jh. v. Chr. vom kelt. Volksstamm d. Helvetier besiedelt 18 I Cc – 15 v. Chr. Teil d. röm. Prov. Raetia 26/27 I Fc – im 5./6. Jh. n. Chr. Siedlungsgebiet d. Burgunder u. Alamannen 34 I Cb, 35 IV Sk – im 6. Jh. z. Frankenr. 37 I Db – 1033 zum Hl. Röm. Reich 44 Cc – 1291 Zusammenschluß d. drei Urkantone Uri, Schwyz u. Unterwalden geg. d. habsburg. Herrschaftsbestrebungen, 1315 Erweiterg. d. Bündnisses, Entstehg. unabh. Bauern- u. Stadtrepubliken, 1389 Anerkenng. d. Unabh. d. Eidgenossen durch d. Habsburger 54/5 5 III CDe – s. 1415 Verwaltg. d. eroberten Gebiete als Untertanenlande, 1474–77 Siege im Krieg geg. d. Hzm. Burgund stärken d. militär. Ansehen d. Eidgen., 1513 Erweiterg. z. Eidgen. d. Dreizehn Orte 60 Hlf, 72 I – im 16. Jh. konfessionelle Spaltg. d. Kantone durch d. Reformation 73 I DEd – 1648 Unabh. durch d. Wesffäl. Frieden anerkannt 74/75 DEe – 1798 franz. Besetzg., bis 1803 Helvet. Rep. 86 I Db – 1815 Anerkenng. d. dauernden schweizer. Neutralität beim Wiener Kongreß, s. 1830 Verfassungskämpfe in d. Kantonen, 1843 Abspaltg. d. kathol.-konservativen Kantone u. Gründg. d. Sonderbundes, 1848 nach d. Sieg d. liberal-protestant. Kantone über d. kathol. Sonderbund Umwandlg. in einen Bundesstaat 92 DEe – z. Wahrg. d. uneingeschränkten Neutralität lehnt d. S. Beitritte zu polit.-militär. Bündnissen ab 150/151 I Jc

Schwerin: Hptst. v. Mecklenburg-Vorpommern 157 II DEa – im 11. Jh. slaw. Burg 42/43 Hb – 1160 Stadt 56 Fb – s. Ende d. 13. Jh. mecklenburg. Residenz 70/71 Fb – bis 1952 Hptst. d. Landes Mecklenburg 120 I Db – 1952–90 Bezirkshptst. in d. DDR 122 Db – 1991 Hptst. v. Mecklenburg-Vorpommern

Schwerin: ehem. Bm. in Mecklenburg-Vorpommern – um 1160 neu gegr. 50/51 Bd – s. 1180 reichsunmittelbar 54/55 III Eb – 1648 als weltl. Fsm. zu Mecklenburg-S. 74/75 FGb

Schwiebus (Swiebodzin): Gebiet in W-Polen – Kreis S.1686–95 brandenburg. 74/75 Hb – 1742 preuß. 82/83 Hb

Schwyz: Kanton in d. Schweiz – 1291 Urkanton d. Eidgen. 72 I Cbc

Scone: Ort in Schottland, Großbritannien – s. d. 10. Jh. Krönungsstätte schott. Könige 44 Bb

Seattle: Stadt in d. nordwestl. USA 129 I Ab – 1851 gegr., Umschlagpl. im Handel mit Alaska 128 I Ab

Sedan: Stadt in NO-Frankr. – 1870 entscheidende franz. Niederl. im Dt.-Franz. Krieg 93 Cd – 1940 dt. Armee durchbricht bei S. d. Maginotlinie 114 Cc

Seddin: Ort in Brandenburg – Fundort eines bronzezeitl. Grabhügels 4 II Le

Seeland: Prov. in d. Niederlanden – 1345 wittelsbach. Gft. 54 I Aa – 1433 burgund., 1477 habsburg. 60 Fd – 1579 Prov. d. Verein. Niederlande 76 I Bb

Seeräuberküste. → Verein. Arab. Emirate

Segesta: ehem. Stadt auf Sizilien, Italien – im Peloponnes. Krieg mit Athen verbündet, 415 v. Chr. löst S. sizil. Expedition Athens aus, 410 v. Chr. mit Karthago verbündet 13 Ac

Segovia: Stadt in Mittelspanien – s. d. 13. Jh. Residenz d. Könige v. Kastilien 46/47 I Bc

Seldschuken: türk. Volksstamm u. ehem. Dynastie in Vorderasien – 1071 mit d. siegreichen bei → Mantzikert Beginn d. Eroberg. Kleinasiens u. Verdrängg. d. byzantin. Einflusses, im 12. Jh. Gründg. d. S.-Sultanats v. Rum, Kämpfe mit d. Kreuzfahrern 48 Gc, 49 II JKa – im 13. Jh. teilw. v. Mongolen unterworfen 58 BDcd

Seleukeia: ehem. Stadt in d. S-Türkei – 310 v. Chr. griech. Gründg., Hafen v. Antiocheia (Antakya) 16 Db

Seleukeia: ehem. Stadt am Tigris in Irak – um 300 v. Chr. an d. Stelle d. alten Opis gegr., bis 293 v. Chr. Hptst. d. Seleukiden 14 II Ke, 16 Ec – 116 n. Chr. röm., Seleucia 26/27 I Mf

Seleukidenreich: ehem. Reich in Asien – 312 v. Chr. unter Seleukos I. gegr., um 280 v. Chr. größte territoriale Ausdehng. 14 II – im 3./2. Jh. v. Chr. Zerfall in selbst. Gebiete 15 III QRe

Seligenstadt: Stadt in Hessen – im 1. Jh. n. Chr. röm. Kastell 30/31 CDc – 828 gegr. Benedikt.-Abtei, s. 1063 im Besitz d. Ebm. Mainz 42/43 Bc

Semendria (Smederevo): Stadt in Serbien – bis z. osman. Eroberg. 1459 serb. Residenz 65 Db

Seminara: Ort in S-Italien – 1503 franz. Niederlage geg. Spanier 66/67 If

Semipalatinsk: Stadt in Kasachstan 155 EFc – 1718 gegr. 134 Ec – bis 1991 nahe S. sowjet. Atomtestgelände 155 EFc

Sempach: Stadt in d. Schweiz – 1386 entscheidender Sieg d. Eidgenossen über habsburg. Heer 54/55 III De

Senegal: Staat in W-Afrika 124/125 I el – an d. Küste d. heut. Staatsgebietes im 17. Jh. niederländ. u. franz. Handelsniederlassungen 62 II Ed – 1763–83 brit. 64 Jd – um 1857 Beginn franz. Kolonisation 104 I Ac – 1895 zu Franz.-Westafrika 144 II Eh – 1958 autonom, 1960 unabh. Rep. 145 III Ac

Senigallia: Stadt an d. Adria in Italien – 283 v. Chr. röm. Kolonie Sena Gallica 20/21 Hd – im 2. Pun. Krieg röm. Stützpkt. 19 E – s. d. 12. Jh. bedeut. Messestadt 46/47 I Ec

Senlis: Stadt in N-Frankr. – 1493 Vertrag beendet franz.-habsburg. Streit um d. burgund. Erbe 60 Fe

Sens: Stadt in Frankr. – kelt.-röm. Agedincum 27 I Ph – s. d. 3. Jh. Ebm. 41 I Dc

Sentinum: ehem. Stadt in Mittelitalien – 295 v. Chr. Sieg d. Römer über Kelten u. Samniten im Kampf um d. Vorherrschaft in Italien 18 II Je

Septimanien: ehem. Mgft. in S-Frankr. – im 6. Jh. westgot. 35 III hl – im 8. Jh. vorüberg. unter arab. Einfluß 36 Cb – 759 z. Frankenr. 38/39 I Cc

Serbien: Staat in SO-Europa – im 6./7. Jh. Vordringen d. südslaw. Serben auf d. Balkan-Halbinsel 38/39 I Fc – im 9./10. Jh. unter byzantin. u. bulgar. Herrschaft 44 DEc – um 1180 unabh., 1217 Kgr. 46/47 I Fc – 1389/1459 osman. 65 CDb – 1718–39 Nord-S. österr. 84 Ed – s. 1804 nationaler Aufstand z. Erlangg. d. Unabh. 88/89 IJe – 1817 autonomes Fsm., 1878 unabh. 101 I BCb – 1882 Kgr., 1913 nach d. Balkankriegen Gebietsgewinne 101 II GHb – österr.-serb. Konflikt führt 1914 z. Ausbruch d. 1. WK, 1915 v. Truppen d. Mittelmächte besetzt 107 I CDb – 1918 zu Jugoslawien 110/111 Je – 1941 v. dt. Truppen besetzt, Bildg. einer v. nat.-soz. Deutschld. abh. Zivilregierg. 115 DEc – 1945–91 Teilrep. d. jugoslaw. Bundesstaates 118/119 deIJ – s. 1988 Erstarkg. d. serb. Nationalismus m. d. Ziel d. Errichtg. eines serb. dominierten Bundesstaates, 1991 Krieg geg. Kroatien u. Slowenien, s. 1992 geg. Bosnien-Herzegowina, 1992 Zusammenschluß v. S. u. Montenegro zur neuen Bundesrep. Jugoslawien 156 II

Sevilla: Stadt in S-Spanien 118/119 Df – 45 v. Chr. Erhebg. d. iber. Siedlg. Hispalis z. röm. Kolonie 26/27 I Ce – röm. Handelszentrum 25 Bc – 712 n. Chr. arab. 36 Bc – 844 v. Normannen geplündert 37 II gl – bis 1248 maur. Residenz u. Kulturzentrum 48 Bc – 1248 kastil. Eroberg. 46/47 I Ad – 1254 Gründg. d. Univ. 54 II Gf – im 16. Jh. wichtiger Umschlaghafen im europ. Überseehandel 66/67 Df – 1808–12 v. Franzosen besetzt 88/89 Df

Sèvres: Stadt bei Paris, Frankr. – 1920 Friede von S.: territoriale Begrenzg. d. Türkei auf Kleinasien 110/111 Fd

Sewastopol: Hafenstadt auf d. Halbinsel Krim, Ukraine 136 I Cc – 1784 gegr., s. 1804 russ. Flottenstützpkt. 134 Bc – 1854/55 im Krimkrieg v. brit., franz. u. osman. Truppen belagert u. stark zerstört 90/91 Le – 1920 als Stützpkt. d. „Weißen" (Revolutionsgegner) von d. Roten Armee eingenommen 135 Cc – im 2. WK erneut Kriegsschaupl. 114 Fc, 115 Fc

Seychellen: Inselstaat im Ind. Ozean 150/151 I Lf – 1741 franz. 62 II FGe – 1814 brit. 104 MNe – 1903 brit. Kronkolonie 105 MNe – 1976 als unabh. Rep. Mitgl. d. Commonwealth 124/125 I Lf

Shaba: Prov. in S-Zaire 134 IV Gi – 1960 als Katanga zus. mit ehem. Belg.-Kongo unabh., 1960 Loslösg. vom Kongo-Staat führt z. Bürgerkrieg, 1963 nach Intervention v. UN-Truppen Wiedereingliederg. in d. Kongo-Staat 145 III Cd

's-Hertogenbosch: Stadt in d. Niederlanden – im niederländ. Freiheitskampf wichtige Festg. geg. d. span. S-Provinzen 76 I Cb

Shetlandinseln: brit. Inselgr. im Atlant. Ozean 118/119 Ea – um 700 v. Normannen erobert 37 II dI – s. 1472 zu Schottland 66/67 Ea

Shiloh: Ort in d. östl. USA – 1862 Sieg d. Armee d. Nordstaaten im Sezessionskrieg 127 II fl

Shimonoseki: Hafenstadt in Japan – 1895 Friede beendet Krieg zw. Japan u. China, Abtretg. v. Formosa (Taiwan) an Japan, Korea unter japan. Einfluß gestellt 139 I Fb

Siam → Thailand

Sian: Stadt in China 140 II Lh – als Changan altes chines. Kulturzentrum, im 3. Jh. Residenz d. Han-Dynastie 29 I Hc – 1935 Gefangennahme v. Tschiang Kai-schek, chines. Kommunisten erzwingen v. ihm Zustimmg. z. gemeinsamen Vorgehen im Widerstandskampf geg. d. Japaner 140 I Dc

Sibirien: Landschaft in N-Asien u. Teil d. Russ. Föderation – im 16. Jh. Beginn d. russ. Eroberg. von West-S., im 17. Jh. von Ost-S. 64 MTab, 134 Dlb

Side: Ruinenstätte in d. S-Türkei – 334 v. Chr. Eroberg. durch Alexander d. Gr. 14/15 I Cb

Sidon → Saida

Siebenbürgen: Landsch. in Rumänien 118/119 JKd – s. d. 9. Jh. unter ungar. Einfluß 59 Eb – 1526 unabh. Fsm., 1541 unter osman. Oberhoheit 66/67 JKd – 1691/99 österr., 1765 Erhebg. z. Grfsm. 78/79 JKd – 1784/85 Bauernaufstand führt z. Aufhebg. d. Leibeigenschaft 84 EFc – 1867 Union mit Ungarn 101 I CDa – 1918/20 zu Rumänien 110/111 JKd – 1940–47 Nord-S. zu Ungarn 114 Ec

Siegburg: Stadt in NRW – 1064 gegr. Abtei, später in ein Benedikt.-Kloster umgewandelt 45 I Da

Siegen: Stadt in NRW 122 Cc – s. d. MA Zentrum d. Eisenerzbergbaus 68/69 Ec

Siena: Stadt in Italien – 1246 gegr. Univ. 54 II el – bis z. 15. Jh. selbst. Stadtrep. 61 Cc

Sierra Leone: Staat in W-Afrika 124/125 I el – heut. Staatsgebiet im 15. Jh. v. Portugiesen entdeckt, Sklavenhandel 62/63 I el – 1787 Gründg. d. ersten brit. Niederlassg. 144 I Ac – 1896 brit. Protektorat 144 II Eh – 1961 unabh. Mitgl. d. Commonwealth, 1971 Rep., s. 1991 Bürgerkrieg 145 IV Eh

Sigmaringen: Stadt in Baden-Württemberg – im 11. Jh. errichtete Burg 42/43 Gd – bis 1849 Hptst. d. Fsm. Hohenzollern 92 Ed

Sigtuna: Stadt in Schweden – um 1000 gegr., bedeut. Handelspl. 44 Db

Sikh-Reich: ehem. Reich in N-Indien – bis z. brit. Eroberg. 1849 unabh. hinduist.-islam. Kgr. 138 II Jf

Silistria (Silistra): Stadt in N-Bulgarien – 105 n. Chr. röm. Leg.-Lager Durostorum 26/27 I Jd – um 1394 osman. 59 Eb – 1809 v. russ. Truppen erobert 88/89 Ke – 1878 bulgar. 101 I Db – 1913–40 rumän. 101 II bl, 118/119 Ke

Simancas: Ort in N-Spanien – 939 Sieg d. Spanier über d. Araber 44 Bc

Simbabwe: Staat in S-Afrika 124/125 I Kfg – heut. Staatsgebiet s. 1450 selbst. Reich Monomotapa 64 Le – im 19. Jh. Reich d. Matebele 144 I Cd – 1888/89 Beginn d. brit. Eroberg. unter Cecil Rhodes, Errichtg. d. brit. Protektorates Südrhodesien 144 II Gij – 1923 autonom, 1930 Trenng. d. Siedlungsgebiete d. weißen u. schwarzen Bevölkerg., 1953 Bildg. d. Zentralafrikan. Föderation mit Nordrhodesien u. Njassaland 145 III Cde – s. 1961 afrikan. Nationalbewegg. geg. d. Apartheidpolitik, 1964 Nordrhodesien als → Sambia u. Njassaland als → Malawi unabh., 1965 einseitige Unabhängigkeitserklärg. durch d. Regierg. d. weißen Minderheit Rhodesiens, 1970 Ausrufg. d. Rep., 1979 Bildg. einer v. Weißen u. Schwarzen getragenen Regierg., Umbenenng. in S., 1979 erneut brit. Kronkolonie Rhodesien, 1980 unabh. 145 IV Gij

Simferopol: Stadt auf d. Halbinsel Krim, Ukraine 118/119 Le – 1784 als Verwaltungszentrum gegr. 78/79 Le – 1917–21 Regierungssitz d. „Weißen" (Revolutionsgegner) 135 Cc

Simla: Stadt in N-Indien 139 II Jf – 1914 auf Betreiben Großbritanniens geschlossener Vertrag bestätigt d. Autonomie v. Tibet 139 I Cb – 1945–46 Konferenzen z. Bildg. einer v. Moslems u. Hindus gemeinsam getragenen Regierg. für Indien scheitern, 1972 Friedensabkommen zw. Indien u. Pakistan 142 I Db

Sinai: Halbinsel in NO-Ägypten 148/149 I Gbc – bedeut. Kupfervorkommen Altägyptens, um 1500 v. Chr. Entwicklg. d. S.-Schrift 5 Ca – 1956–57 u. 1967–1979/83 v. israel. Truppen besetzt 148 III BCcd, 149 IV BCcd

Singapur: Stadt u. Inselstaat in SO-Asien 124/125 I Oe – 1819/24 brit. Handelsstützpkt. d. Ostind. Kompanie, Einwanderg. v. Chinesen u. Indern fördert d. wirtschaftl. Aufschwung 139 I Ec – 1942–45 v. Japanern besetzt 116 I Cc, 116 II Jg – 1946 brit. Kronkolonie, 1963 z. Föderation Malaysia, 1965 unabh. Mitgl. d. Commonwealth 139 II Lg – wichtigster Umschlagpl. SO-Asiens, Wirtschafts- u. Finanzzentrum 142 II gl

Sinkiang-Uigur: autonome Region in NW-China 140 II Jh – 1757/59 chines. Eroberg. von O-Turkestan beendet d. Mongolenherrschaft 138 II Kef – im 19. Jh. Aufstände muslim. Turkvölker geg. chines. Oberheit, 1884 Errichtg. d. Prov. Sinkiang 139 I Da – s. 1928 unter wachsendem sowjet. Einfluß 140 I BCc – 1949 Einmarsch v. Truppen d. VR China, 1955 autonome Region S.-U., bedeut. Uranlager 140 II Jh

Sinop: Hafenstadt in d. N-Türkei 118/119 Me – im 7. Jh. v. Chr. als griech. Kolonie Sinope gegr. 7 Fb – im 6. Jh. v. Chr. pers. 6 II He – um 45 v. Chr. röm. Kolonie 26/27 I Ld – als Schwarzmeerhafen bedeut. Handelszentrum 25 Fb – bis z. Eroberg. durch d. Seldschuken 1214 venezian. Handelsstützpkt. 49 I Hb – 1461 osman. 65 Gb

Sirmium: ehem. Stadt in Serbien – im 3. Jh. röm. Residenz 28 Db – frühchristl. Gemeinde, im 4. Jh. Tagungsort zahlreicher Synoden 33 I Db – 448 v. Hunnen, 582 v. Awaren zerstört 34 I Oe, 35 IV Tk

Sistowa (Svistov): Stadt in N-Bulgarien – 1791 österr.-osman. Friede zwingt Österr. z. Verzicht auf d. Fürstentümer Moldau u. Walachei 78/79 Ke

Sitka: Hafenstadt in Alaska, USA – 1799 russ. Gründg., bis 1906 Verwaltungszentrum v. Alaska 126 Ic

Sitten (Sion): Stadt in d. Schweiz – s. d. 6. Jh. Bm. 38/39 I Db

Sivas: Stadt in d. Türkei 118/119 Mf – um 1000 als Sebasteia byzantin. Themenhptst. 44 Fd – 1919 nationaltürk. Kongreß leitet d. türk. Freiheitskampf unter Mustafa Kemal Pascha (Atatürk) ein 110/111 Mf

Sîwa: Oase in NW-Ägypten – bedeut. Kultstätte Ammonion, 331 v. Chr. von Alexander d. Gr. besucht 14/15 I Bc

Sizilien: italien. Insel im Mittelmeer 118/119 Hf – im 8. Jh. v. Chr. Gründg. phönik. u. griech. Kolonien, als Sikelia Zentrum griech. Kultur im westl. Mittelmeerraum 7 Dc – im 5. Jh. v. Chr. Kämpfe zw. Griechen u. Karthagern um S., sizil. Widerstand unter Führg. v. Syrakus 13 ABc – 241 v. Chr. im 1. Pun. Krieg v. Römern erobert, Errichtg. d. ersten röm. Prov., latein. Sicilia 19 Ec – bedeut. Getreideanbaugebiet d. Röm. Reiches 25 Dc – 440 n. Chr. von Wandalen, 493 v. Ostgoten erobert 34 Of, 34 II Of – 535 oström. 35 IV Tl – 827 v. Arabern unterworfen 37 II Kg – 1061/91 normann. Eroberg., 1130 mit d. normann. Besitzungen in S-Italien zum Kgr. vereinigt 46 II Bc – 1194 z. stauf. Machtbereich 46/47 I Ed – 1282 „Sizilian. Vesper": Aufstand d. Sizilianer beendet franz. Herrschaft 59 Dc – 1442 erneute Vereinigg. von S. u. Neapel, 1479 span. 61 DEf – 1714 savoy., 1720 österr., s. 1735 v. span. Bourbonen beherrscht 78/79 Hf – 1815/16 Teil d. Kgr. beider S., s. 1820 Aufstände z. Loslösg. v. Neapel 90/91 Hf – 1860 Sturz d. Bourbonen, 1861 zu Italien 100 DEg – 1943 Landg. alliierter Truppen 115 Dd – wirtschaftl. u. sozialer Gegensatz zu N-Italien 118/119 Hf

Skagerrak: Teil d. Nordsee – 1916 dt.-brit. Seeschlacht 107 I Ba

Skalitz (Skalica): Ort in d. Tschech. Rep. – 1866 preuß. Sieg über Österreicher 92 Ic

Skanör: Ort in S-Schweden – im 13. Jh. Niederlassg. d. Hanse 57 Db – ma. Messestadt, Zentrum d. Heringsfischerei 68/69

Skierniewice: Stadt in Polen – 1884 Verlängerg. d. Neutralitätsabkommens zw. Dt. Reich, Österr.-Ungarn u. Rußland 93 Kc

Skopje: Hptst. v. Makedonien 156 II Ngh – im 3. Jh. als Scupi Hptst. d. röm. Prov. Dardania 28 Eb – bis z. 14. Jh. serb. Residenz, 1392–1913 osman., Üsküp 59 Eb, 101 II Hb

Skutari (Shkodër): Stadt in Albanien – 168 v. Chr. röm., im 1. Jh. v. Chr. röm. Kolonie Scodra 26/27 I Hd – 395 n. Chr. oström. 28 Db – 1396 venezian. Handelsstützpkt. 49 I Db – 1479–1913 osman. 65 Cb, 101 II Hb

Slawen: indogerman. Völker, ursprüngl. zw. Weichsel u. Dnjepr – im 6. Jh. erstmals als S. bezeichnet, Vordringen d. Hunnen nach Europa löst Wanderbewegg. d. S. aus 34 I Ea, 36 Ea – im 9./10. Jh. Beginn d. Christianisierg. 38/39 I Legende – Entstehg. slaw. Fürstentümer u. Großreiche, 983 Aufstand geg. dt. Missionierungsversuche 42/43 Legende, 44 DFbc – slaw. Sprachgebiete um 1910 99 Legende

Slawonien: Landsch. in Kroatien – s. d. 10. Jh. z. Kgr. → Kroatien 44 Dc

Sliwnitza (Slivnica): Ort in W-Bulgarien – 1885 Niederlage d. Serben geg. Bulgaren 101 II Hb

Slowakei: ab 1993 Staat in Mitteleuropa, bis Ende 1992 Teilrep. d. Föderat. Rep. d. Tschechen u. Slowaken (CSFR) – bis 1918 als Oberungarn zu Ungarn, 1918/20 z. neu gegr. → Tschechoslowakei, nationaler Gegensatz zw. Tschechen u. Slowaken 110/111 Legende – 1938 autonom, 1939 Errichtg. eines v. nat.-soz. Deutschld. abh. Staates 113 IKd – im 2. WK auf seiten Deutschlands 114 DEc – 1945 nach Einmarsch d. Roten Armee erneute Eingliederg. in d. Tschechoslowakei, 1969 Slowak. SR 120 II GHd – s. 1990 verstärkte Forderg. d. slowak. Nationalisten n. Auflösung d. Föderation, 1992 nach Wahlsieg beschlossen 154

Slowenien: Staat in Mitteleuropa 156 II JKef – 1918 z. d. Vereinigg. ehem. österr. Gebiete entstanden, Teil d. Kgr. d. Serben, Kroaten u. Slowenen, s. 1929 Jugoslawien 110/111 Hld – 1941–45 v. dt.

Truppen besetzt, zw. Ungarn, Deutschld. u. Italien aufgeteilt 115 Dc – 1945–91 Teilrep. d. jugoslaw. Bundesstaates 118/119 Hld – 1990 Proklamat. d. Souveränität 154 – 1991 unabh. Rep. 156 II JKef

Sluis: Stadt in d. Niederlanden – 1340 Seeschlacht, Sieg d. engl. über franz. Flotte 59 Ca

Smolensk: Stadt in d. westl. Russ. Föderation 118/119 Lc – 882 wichtiges Handels- u. Kulturzentrum d. Kiewer Reiches 44 Fb – Niederlassg. d. Hanse 57 Hc – 1404 zu Litauen 59 Fa – 1514 russ. Eroberg., s. 1595 bedeut. Festg. an d. russ. W-Grenze 66/67 Lc – 1812 russ. Niederlage geg. franz Armee 88/89 Lc – im 2. WK von dt. Truppen besetzt 114 Fb

Smyrna → Izmir

Sobibór: Ort in O-Polen –1942–43 nat.-soz. Vernichtungslager 113 Lc

Soest: Stadt in NRW – 836 erstmals erwähnt, um 1100 S.er Stadtrecht, v. zahlreichen westfäl. Städten übernommen 42/43 Gc – als bedeut. Handelspl. Mitgl. d. Hanse 57 Cc, 68/69 Ec – bis 1449 unter Herrschaft d. Erzbischofs v. Köln 59 Ca – 1614/66 brandenburg. 82/83 Ec

Sofia (Sofija): Hptst. v. Bulgarien 118/119 Je – im 1. Jh. n. Chr. röm. Siedlg. Serdica 26/27 I dl – frühchristl. Gemeinde 33 I Eb – 809 n. Chr. bulgar., Triaditza 44 Ec – 1189 v. Kreuzfahrern erobert 48 Eb – 1382 osman. 59 Eb – s. 1878 bulgar. Hptst. 101 I Cb

Sogdiana: Landsch. in Usbekistan – im 6. Jh. v. Chr. pers. Satrapie 6 II Kf – 329–327 v. Chr. Eroberg. durch Alexander d. Gr. 14/15 I Fb – im 8. Jh. n. Chr. von Arabern unterworfen 36 Ib

Soissons: Stadt in N-Frankr. – kelt.-röm. Augusta Suessionum 26/27 I Ec – s. d. 3. Jh. Bm.; 486/87 Schlacht, Sieg d. Franken unter Chlodwig beendet weström. Herrschaft über Gallien 34 II Ne – 751 Absetzg. d. letzten Merowingers u. Wahl d. ersten Karolingers, Pippins I., zum fränk. König 37 I Cb, 38/39 I Cb

Sokotra: Inselgr. im nördl. Ind. Ozean, zu Jemen gehörend 124/125 I Le – 1507 port. 138 I Bc – 1698 arab. 138 II gl – 1796–1967 brit. 139 I Bc, 139 II gl

Soldin (Myślibórz): Stadt in NW-Polen – 1271 Magdebg. Stadtrecht 50/51 Dd – 1309 Vertrag von S.: Dt. Orden gewinnt durch Kauf Gebiete v. Pommerellen 54/55 III Gb

Solferino: Ort in N-Italien – 1859 Schlacht, franz.-sardin. Sieg über Österreicher, ungenügende Versorgg. d. Verwundeten gibt Henri Dunant Anstoß z. Gründg. d. Roten Kreuzes 100 Cc

Sollum: Ort in NW-Ägypten 148/149 I Fb – 1940/42 S. u. Bardia in Libyen als Grenzorte Schaupl. heftiger Kämpfe zw. dt.-italien. u. brit. Trupp. 114 Ed

Solothurn: Stadt in d. Schweiz – röm. Kastell Salodurum 30/31 Ce – 1218 Reichsstadt, 1353 Zugewandter Ort d. Eidgen. 54/55 III Ce

Solutré: vorgeschichtl. Fundort im heutigen Frankr. 2 II Kf

Somalia: Staat in O-Afrika 124/125 I Le – im heut. Staatsgebiet 1884/89 Errichtg. d. Protektorate Brit.- u. Italien.-Somaliland 144 II Hh – 1950 Italien.-Somaliland als UN-Treuhandgebiet unter italien. Verwaltg., 1960 Brit.- u. Italien.-Somaliland unabh. Rep. S. 145 III Dc – 1977–78 Krieg geg. Äthiopien um d. Prov. Ogaden, 1969–91 Einparteindiktatur, nach Sturz d. Diktatur Bürgerkrieg zw. Clans 145 IV Hh

Somme: Fluß in N-Frankr. – 1916 verlustreiche Kämpfe bei d. franz.-brit. Offensive 107 I Bb

Sonderburg (Sønderborg): Stadt in Dänemark – s. 1564 Residenzstadt 70/71 Ea

Sondershausen: Stadt in Thüringen – bis 1918 Residenz d. Fürsten v. Schwarzburg-S. 94 I Ec

Soracte: Berg nördl. v. Rom, Etrusker – Heiligtum d. Etrusker 20/21 Ge – 747 fränk. Klostergründg. 38/39 I Ec

Söul: Hptst. v. S-Korea 139 II Mf

Southampton: Stadt in Großbritannien 118/119 Ec – s. d. MA bedeut. südengl. Hafen- u. Handelsstadt 68/69 Bc

South Carolina: Bundesstaat in d. südöstl. USA 126 NOe – 1776 Gründerstaat d. USA 128 I EFc

South Dakota: Bundesstaat in d. nördl. USA 126 LKd – 1889 als 40. Staat in d. Union aufgenommen 128 I CDb

Sowjetunion (Union der Sozialistischen Sowjetrepubliken, UdSSR): ehem. Staat in O-Europa u. N-Asien, 1991 aufgelöst – bis 1917 → Russ. Reich – März 1917 Februarrevolution, Sturz d. Zaren, Bildg. v. Sowjets (Räte d. Arbeiter u. Soldaten), Nov. 1917 Oktoberrevolution, Machtübernahme durch d. Bolschewisten unter Führg. Lenins, 1918–21 Bürgerkrieg, Sieg d. Bolschewisten über d. „Weißen" (Revolutionsgegner), Dez. 1922 Gründg. d. Union d. Sozialist. Sowjetrepubliken (UdSSR) 135 – s. 1928 unter Führg. Stalins Zwangskollektivierg. d. Landwirtschaft u. verstärkter Ausbau d. Industrie, Verfolgg. u. Hinrichtg. v. Gegnern Stalins, Aug. 1939 dt.-sowjet. Nichtangriffspakt, Sept. 1939 sowjet. Besetzg. O-Polens, 1939/40 finn.-sowjet. Winterkrieg, Juni 1940 Eingliederg. d. balt. Staaten Estland, Lettland u. Litauen als Sowjetrepubliken 110/111 KPae – 1941 dt. Angriff auf d. S., westl. Teile d. S. v. dt. Truppen besetzt 114 EHac – 1942/43 Kriegswende s. d. dt. Niederlage bei Stalingrad 115 EHac, 117 I Flab – 1945 Aufstieg d. S. zur Weltmacht, Durchsetzung sowjet. Machtpolitik gegenüber d. im sowjet. Einflußbereich befindlichen Staaten d. Ostblocks, weltpolit. Ost-West-Gegensatz im Kalten Krieg bestimmt d. Nachkriegsepoche 150/151 – Reformpolitik M. Gorbatschows leitet s. 1985 Wandel ein, Anerkenng. d. Souveränität d. Staaten d. Ostblocks führt s. 1988 zum Umbruch in O-Europa 154 – zunehmende Wirtschaftskrise u. Unabhängigkeitsbestrebungen d. Unionsrep. beschleunigen s. 1989 Zerfall d. S., 1991 nach Putsch orthodoxer Kommunisten Auflösung d. Union u. Bildg. d. GUS 155 (→ Russische Föderation)

Spa: Stadt in Belgien – 1918 dt. Hauptquartier, 1920 ergebnislose Konferenz d. Siegermächte z. Regelg. d. Reparat. nach d. 1. WK 110/111 Sc

Spandau: Stadtteil im NW v. Berlin – 1946 Haftort d. Hauptkriegsverbrecher d. 2. WK 121 II

Spanien: Staat in S-Europa 118/119 DFef – Teil d. heut. Staatsgebietes um 1100 v. Chr. von Phönikern, um 700 v. Chr. von Griechen kolonisiert 4 II Legende, 7 Legende – im 6. Jh. v. Chr. Einwanderg. d. Kelten u. Vermischg. mit d. ansässigen Iberern (Keltiberer) 12 Legende – 201 v. Chr. Sieg d. Römer über Karthager im 2. Pun. Krieg beendet d. karthag. Vorherrschaft auf d. Iber. Halbinsel 19 ACbc – bis 19 v. Chr. gesamte Halbinsel v. Römern erobert, unter Kaiser Augustus Errichtg. d. röm. Prov. Hispania 24 Bbc – Export v. Getreide, Öl, Wein u. Edelmetallen bildet wichtige wirtschaftl. Grundlage d. Röm. Reiches 25 Bbc – 409 n. Chr. Vordringen d. Sweben, Alanen u. Wandalen, s. 416 v. Westgoten verdrängt 34 I BCbc – 475 Reichsbildg. d. Westgoten 34 II MNef, 35 III Hlhi – 711 Beginn arab. Eroberg. 36 Bbc – 756 Errichtg. d. Emirats v. · Córdoba unter d. Omaijaden-Dynastie, wirtschaftl. u. kulturelle Blüte 37 II fglJ – im 11. Jh. Zerfall in Teilfürstentümer, Beginn d. Reconquista (christl. Rückeroberg.) 44 ACcd, 48 Legende – Übernahme d. polit. Führg. durch d. Kgr. Kastilien-León u. Kgr. Aragón, zunehmender Einfluß d. Cortes (Ständevertretg.) 46/47 I ACcd u. Legende – 1479 Vereinigg. v. Kastilien u. Aragón zum Kgr. S., 1492 kastil. Eroberg. d. Kgr. Granada beendet arab. Herrschaft auf d. Iber. Halbinsel, 1492 mit d. Entdeckg. Amerikas durch Kolumbus Aufstieg z. führenden Kolonialmacht, 1516 Übernahme d. span. Thrones durch d. Habsburger, Ausbau z. europ. Großmacht u. Erweiterg. d. Kolonialreiches unter Karl V., Auseinandersetzungen mit Frankr. um d. Vorherrschaft in Europa, Zentrum d. Gegenreformation u. Inquisition, 1580 Vereinigg. mit Portugal u. 1581 Verlust d. N-Provinzen d. Span. → Niederlande, 1588 Vernichtg. d. span.

Armada durch d. Engländer leitet Niedergang als Seemacht ein 62/63 I bclJ, 66/67 DFef – 1640 Loslösg. Portugals, im 17. Jh. innerer polit. u. wirtschaftl. Verfall, 1701–1713/14 Span. Erbfolgekrieg führt z. Aufteilg. d. Erbes d. span. Habsburger 77 Legende – unter d. Bourbonenherrschaft Zentrum d. Absolutismus 78/79 DFef – 1808 v. Franzosen besetzt, bis 1814 Unabhängigkeitskrieg d. Spanier geg. franz. Unterdrückg., 1820–23 Volksaufstand für liberale Verfassg., 1823 Wiederherstellg. d. absoluten Monarchie 88/89 DFef – bis 1825 Verlust d. span. Kolonien in Mittel- u. Südamerika 104 Legende – Thronfolgestreitigkeiten führen 1834–39 z. Bürgerkrieg 90/91 DFef – 1898 span.-amerikan. Krieg um Kuba 105 JKbc –1931 Sturz d. Monarchie u. Ausrufg. d. Rep., soziale u. polit. Unruhen, Juli 1936 Militärputsch unter General Franco löst 1936–39 Span. Bürgerkrieg aus, Beseitigg. demokrat. Rechte durch d. faschist. Regime Franco 110/111 DFef – Mai 1939 Austritt aus d. Völkerbund 109 III Ebc – im 2. WK neutral 117 I Ebc – 1947 nominell Kgr., 1953 span.-amerikan. Militärabkommen 123 I CDcd – 1975 mit d. Tod Francos Ende d. Diktatur, Übergang z. parlamentar. Monarchie 118/118 DFef – 1986 Beitritt z. EG 123 II LMgh

Spanisch-Guinea → Äquatorialguinea

Sparta: Stadt in Griechenland, Peloponnes – um 950 v. Chr. von Dorern gegr., auch Lacedaemon genannt; im 8./7. Jh. v. Chr. Eroberg. Messeniens u. Versklavg. d. unterworfenen Bevölkerg., Aufstieg z. bedeut. griech. Stadtstaat neben Athen 6 I Bc, 10/11 I Cb – im 6. Jh. v. Chr. Bildg. d. Peloponnes. Bundes unter Führg. von S. 12 II Legende – 500–478 v. Chr. stärkste griech. Landmacht im Krieg geg. d. Perser 12 I Cc – Bestrebungen Athens um d. Vorherrschaft in Griechenland führen 431 v. Chr. zum Ausbruch d. Peloponnes. Krieges, Sieg über Athen durch bes. Unterstützg. 13 Fc u. Legende – im 4. Jh. v. Chr. innerer Zerfall u. Verlust Messeniens leitet d. Niedergang von S. ein 14/15 I Bb – 146 v. Chr. röm. 26/27 I el – 395 n. Chr. durch Ostgoten zerstört 34 I Ec

Speyer: Stadt in Rheinld.-Pfalz – um 150 n. Chr. röm. Siedlg. Noviomagus 30/31 Cd – im 11. Jh. Bau d. roman. Domes, Grabstätte dt. Könige u. Kaiser 46/47 I Db – 1294 Reichsstadt 54/55 III Dd – s. 1471 Zentrum d. Buchdrucks, in d. Reformationszeit Ort zahlreicher Reichstage: 1529 Protest evangel. Fürsten u. Reichsstädte geg. Glaubensunterdrückg. 70/71 Ed – 1689 v. Franzosen zerstört 81 Ed

Speyer: Bm. in Rheinld.-Pfalz – 614 neu gegr. 38/39 I Db – bis 1803 reichsunmittelbar 82/83 Ed

Spitzbergen: norweg. Inselgr. im Nordpolarmeer 124/125 I JKab – 1596 v. Niederländern entdeckt, Zentrum d. Walfanges 62/63 I Ka – 1920/25 zu Norwegen, entmilitarisiert 108/109 I Ka

Split: Hafenstadt in Kroatien – als Spalato s. d. 6. Jh. Ebm., im 8. Jh. byzantin. Handelszentrum 38/39 I Fc – im 11. Jh. Kreuzfahrerstützpkt. 48 Db – 1327/1420 venezian. 61 Fc – 1797–1809 u.1815–1918 österr. 101 I Bb

Spoleto: Stadt in Mittelitalien – 241 v. Chr. röm. Kolonie Spoletium 20/21 Ge – s. d. 4. Jh. n. Chr. Bm., 570 Hauptort d. langobard. Hzm. S. 38/39 I Ec

Sri Lanka: Inselstaat im Ind. Ozean 124/125 I MNe – um 300 v. Chr. buddhist. Kgr. Ceylon 29 I Gd – 1518 v. Portugiesen, 1658 v. Niederländern erobert 138 I Dc – 1796/1815 brit. Kolonie, nach Einwanderg. südind. Plantagenarbeiter nationaler u. religiöser Gegensatz zu d. einheim. Singhalesen 138 II Kg – 1948 unabh. Mitgl. d. Commonwealth, 1972 Rep. S. L., s. 1982 Unabhängigkeitskrieg d. Tamilen 139 II Kg

Stablo: Stadt in Belgien – um 650 gegr. Benedikt.-Abtei 45 I Da

Stade: Stadt in Niedersachsen 122 Cb – im 12. Jh. Stadtrecht 46/47 I Da – Hansestadt u. Handelspl. 57 Cc, 68/69 Eb – 1652–1712 Hptst. d. schwed. Hzm. Bremen 74/75 Eb, 76 I Fg – Ausbau z. Festg. 82/83 Eb

Stalingrad → Wolgograd

Stalino → Donezk

Stamford Bridge: Ort in Großbritannien 1066 engl. Sieg über d. Norweger 44 Bb

Stanleyville → Kisangani

Stargard (Stargard Szczeciński): Stadt in NW-Polen – 1253 Magdebg. Stadtrecht 50/51 Dd – 1363 Mitgl. d. Hanse 57 DEc – 1648 brandenburg. 75/75 Hb

Stargard: ehem. Hzm. in Mecklenburg-Vorpommern – 1299/1317 als Land S. zu Mecklenburg, 1348 Erhebg. z. Hzm. 54/55 III Fb

Staufer: dt. Herrschergeschlecht – im 11. Jh. erbaute Burg Hohenstaufen im heut. Baden-Württemberg namensgebend für d. Dynastie, s. 1079 Herzöge v. → Schwaben, Hauptzentrum stauf. Reichslandpolitik, 1138 Wahl d. ersten S. zum dt. König, Höhepkt. d. stauf. Macht unter Kaiser Friedrich I. Barbarossa u. Heinrich VI., kulturelle Blüte durch Förderg. v. Kunst u. Wissenschaft unter Friedrich II., um 1250 Niedergang d. Zentralgewalt d. Kaisertums u. Erstarken d. territorialen Landesherrschaften beendet eine von d. Staufern geprägte Epoche 46/47 I

Stavanger: Hafenstadt in S-Norwegen 118/119 Gb – alter norweg. Handelspl. 44 Cb – im 2. WK Kriegsschaupl. 114 Cb

Stawutschane: Ort in d. Ukraine – 1739 russ. Sieg über osman. Heer 78/79 Kd

Stecknitzkanal: Schiffahrtsverbindg. zw. Elbe u. Ostsee in Schleswig-Holstein, 1390–98 erbaut, älteste künstl. Wasserstraße N-Europas, im MA für d. Handel d. Hansestädte v. großer Bedeutg. 54/55 III Eb

Stedingen: Landsch. in Niedersachsen – Stedinger im 12./13. Jh. als freie Bauern an d. unteren Weser ansässig, 1234 nach d. Schlacht bei Altenesch Verlust ihrer Freiheiten 46/47 I Da, 48 Ca

Steenkerke: Ort in d. Niederlanden – 1692 Sieg d. Franzosen über d. Große Allianz sichert d. NO-Grenze v. Frankr. 74/75 BCc

Steiermark: Bundesland v. Österr. 120 II EFe – 1180 Hzm. 46/47 I EFb – 1282 habsburg. 54 I CDb – s. 1471 Ziel osman. Angriffe, 1515 u. 1525 Bauernaufstände 70/71 He – bis 1918 österr. Kronland, 1919 Abtretg. d. von Slowenen besiedelten Unter-S. an Jugoslawien 112 Hle – 1938–45 dt. Reichsgau 116 Hle – 1945–55 z. brit. Besatzungszone 120 I EFe

Steinamanger (Szombathely): Stadt in Ungarn – röm. Verwaltungszentrum Savaria 26/27 I Hc – im 9. Jh. Neugründg., süddt. Stadtrecht 50/51 Eg

Steinheim: Stadt in Baden-Württemberg – vorgeschichtl. Fundort 2 I Db

Stendal: Stadt in Sachsen-Anhalt 122 Db – um 1160/70 Magdebg. Stadtrecht 50/51 Bd – bis 1320 Residenz d. brandenburg. Askanier 54/55 III Eb – 1359 Hansestadt 57 Dc – ma. Zentrum d. Wolltuchherstellg. 68/69 Eb

Sterkfontein: vorgeschichtl. Fundort in Südafrika – Menschenfunde aus d. Altsteinzeit 1 I Bf

Stettin (Szczecin): Stadt in NW-Polen 157 I Fb – im 11. Jh. slaw. Burg u. Handelssiedlg. 42/43 Jb – Hptst. d. Hzm. Pommern 46/47 I Ea – um 1238 als bedeut. Handelszentrum Mitgl. d. Hanse 57 Dc – 1243 Magdebg. Stadtrecht 50/51 Dd – 1570 Friede von S. beendet dän.-schwed. Krieg 66/67 Hc – 1648 schwed. 74/75 Hb – 1720 preuß. 84 Cb – 1806–13 v. franz. Truppen besetzt 88/89 Hc – bis 1873 wichtige Festg. 92 Hb – im 2. WK stark zerstört 115 Db

Steyr: Stadt in Österr. 120 I Fde – s. d. MA Zentrum d. Eisenverarbeitg. 68/69 Fc – 1800 franz.-österr. Waffenstillstand im 2. Koalitionskrieg 87 I Fd

Stockholm: Hptst. v. Schweden 118/119 Ib – 1252 erstmals erwähnt 50/51 EFa – im 13./14. Jh. wichtiger Umschlagpl. im Handel mit d. Hanse 57 Eb – 1520 dän. Eroberg. 66/67 Ib – s. d. 17. Jh. schwed. Hptst. 76 II Hf – 1719/20 Friedensschlüsse von S. beenden Nord. Krieg, Schweden verliert seine Vormachtstellg. in N-Europa 78/79 Ib – im 19. Jh. Industrialisierg. 90/91 Ib

Stolbowo: Ort in d. nordwestl. Russ. Föderation – 1617 schwed.-russ. Friede: durch Abtretg. von O-Karelien u. Ingermanland an Schweden verliert Rußland d. Zugang z. Ostsee 76 II Kf

Stolp (Słupsk): Stadt in N-Polen – 1310 Lüb. Stadtrecht 50/51 Ec – 1382 Hansestadt 57 Ec – 1648 brandenburg. 74/75 Ia

Stralsund: Hafenstadt in Mecklenburg-Vorpommern 122 Ea – 1234 Lüb. Stadtrecht 50/51 Cc – im 13. Jh. Gründungsmitgl. d. Hanse u. bedeut. Handelszentrum 57 Dc – 1370 Friede von S. sichert d. Hanse d. wirtschaftl. u. handelspolit. Vormachtstellg. in N-Europa 54/55 III Fa – 1628 von d. Truppen Wallensteins belagert 74/75 Ga – 1648 schwed. 76 II Gg – 1815 preuß. 92 Ga

Straßburg (Strasbourg): Stadt in O-Frankr. 118/119 Gd – im 1. Jh. n. Chr. röm. Leg.-Lager Argentorate 26/27 I Fc – im 5. Jh. fränk. 37 I Db – 842 S.er Eide: Bekräftigg. d. Bündnisses zw. Karl d. Kahlen u. Ludwig d. Deutschen gegen Lothar I. 39 I – um 1150 Stadtrecht 56 Dd – 1262 Reichsstadt, Beginn d. wirtschaftl. Aufschwunges 54/55 III Cd – s. d. MA Messestadt 57 Cd – im 15./16. Jh. als Zentrum v. Humanismus u. Buchdruckkunst kultureller Mittelpkt. d. Elsaß, 1524 Einführg. d. Reformation 73 I Dd – 1621 gegr. Univ. 73 II Oi – 1681/97 franz. 81 Db – 1871 Hptst. d. dt. Reichslandes Elsaß-Lothringen 93 Dd –1918 franz. 112 Dd – 1940–44 von dt. Truppen besetzt 114 Cc – s. 1949 Sitz d. Europarates, s. 1958 d. Europ. Parlaments 123 II Mg

Straßburg: Bm. in O-Frankr. – im 4. Jh. gegr. 38/39 I Db – bis 1803 reichsunmittelbar 82/83 Legende

Straubing: Stadt in Bayern – röm. Kastell Sorviodurum 30/31 Ed – 1218 Stadt, 1353 Residenz eines bayr. Teilzms. 54/55 5 III Fd

Stresa: Ort in N-Italien –1935 Konferenz d. Regierungschefs v. Frankr., Großbritannien u. Italien verurteilt d. von Hitler geplante dt. Aufrüstg. 110/111 Gd

Struthof: Ort in O-Frankr. – 1941–44 nat.-soz. KZ beim elsäss. Ort Natzweiler 113 Dd

Stühlingen: Stadt in Baden-Württemberg – 1524 Zentrum im dt. Bauernkrieg 72 II Gg

Stuhlweißenburg (Székesfehérvár): Stadt in Ungarn – im MA ungar. Residenz u. Krönungsstätte 46/47 I Fb – 1543–1688 osman. 70/71 Je, 74/75 Je

Stuhmsdorf (Sztumska Wieś): Stadt im ehemal. Ostpreußen, heute z. Russ. Föderation gehörend – 1635 Waffenstillstand zw. Schweden u. Polen 76 II Hg

Stuttgart: Hptst. v. Baden-Württemberg 157 II Cd – Mitte d. 13. Jh. Erhebg. z. Stadt 54/55 III Dd – s. d. 15. Jh. Hptst. d. Hzm. Württemberg 70/71 Ed – bedeut. dt. Weinanbaugebiet 68/69 Ec – im 18. Jh. Ausbau z. Barockresidenz 78/79 Gd – im 19. Jh. Industrialisierg. u. starker Bevölkerungszuwachs 97 II Ed – 1920 nach d. Kapp-Putsch vorübergehend Sitz d. Reichsregier. 112 Ed

Stutthof (Sztutowo): Stadt in N-Polen – nat.-soz. KZ 113 Ja

Südafrika: Staat in S-Afrika 124/125 I JKg – im heut. Staatsgebiet 1652 Gründg. d. ersten Siedlg. durch Niederländer, Entsteh. d. Kapkolonie; 1795–1803 u. 1806–14 v. Briten besetzt 62 II EFf, 144 BCe – 1814 Abtretg. an Großbritannien löst Widerstand d. Buren aus, 1836–44 „Großer Treck" d. Buren führt z. Bildg. d. Freistaaten Natal, Oranje u. Transvaal, nach Entdeckg. reicher Diamanten- u. Goldvorkommen verstärkter Zustrom brit. Einwanderer, 1899–1902 Burenkrieg: erfolgloser Versuch d. Buren z. Erhaltg. ihrer Unabh., 1910 Bildg. d. brit. Dominions Südafrikan. Union im 1912 nationalafrikan. Bewegg. geg. d. Führg. d. weißen Minderheit, Beginn d. Apartheidpolitik (Rassentrenng.) 144 II FGj u. Legende – 1920 Südafrikan. Union erhält d. Völkerbundsmandat über Südwestafrika (→ Namibia), 1931 unabh. Mitgl. d. Commonwealth 145 III BCe – s. 1960 zunehmende Unterdrückg. d. schwarzen Bevölkerg. führt zu Unruhen, 1961 Austritt aus d. Commonwealth u. Ausrufg. d. Rep. S., 1977 Ver-

schärfg. d. geg. S. erlassenen Waffenembargos durch d. UN, S. gerät in wachsende polit. Isolation 145 IV FGj – s. 1990 Beginn d. Reformpolitik z. Aufhebg. d. Apartheid 158/159 I JKg

Sudan: Staat in O-Afrika 124/125 I Ke – heut. Staatsgebiet s. 1820 v. Ägyptern erobert, Sklavenhandel; 1881–98 Aufstände d. islam. Mahdisten geg. brit.-ägypt. Herrschaft 144 I Cc – 1899 nach Rückzug d. franz. Truppen aus Faschoda unter brit. Oberhoheit, Anglo-Ägypt. S. 144 II Dh – 1956 unabh. Rep. S., 1955 Aufstände in d. S-Provinzen z. Erlangg. d. Autonomie 145 III Cc, 148/149 I FGce – s. Mitte d. 80er Jahre Bürgerkrieg 145 IV Gb

Sudetenland: ehem. dt. Reichsgau in d. Tschech. Rep. – 1938 nach d. Münchner Abkommen errichtet u. d. Dt. Reich eingegliedert 110/111 Legende, 113 Glcd – 1945 z. Tschechoslowakei, Zwangsumsiedlung d. sudetendt. Bevölkerung 118/119 H Icd

Südgeorgien: brit. Insel im südl. Atlant. Ozean 124/125 I Hh – s. 1909 brit. 63 III Dg

Südrhodesien → Simbabwe

Südtirol → Tirol

Südwestafrika → Namibia

Sues: Hafenstadt in N-Ägypten 148/149 I Gbc – 1967 u. 1973 in d. israel.-arab. Kriegen stark zerstört 148 III Bcd

Sueskanal: Schiffahrtskanal in N-Ägypten 149 IV Bc – 1859/69 als Verbindg. zw. Mittelmeer u. Rotem Meer erbaut, s. 1882 unter brit. Kontrolle, 1888 S.-Vertrag sichert Handels- u. Kriegsschiffen aller Staaten freie Durchfahrt zu 144 I Cb – 1956 Abzug d. Briten aus d. S.-Zone, Verstaatlichg. d. S.-Gesellschaft durch Ägypten löst Suezkrise aus, 1957 durch Vermittlg. d. UN beigelegt, 1967 Sperrg. d. Kanals im 3. israel.-arab. Krieg, bis 1973 Besetzg. d. O-Ufers durch israel. Trupp. 148 III Bc – 1975 Wiedereröffng. d. Kanals 149 IV Bc

Suhl: Stadt in Thüringen 157 II Dc – 1952–90 Bezirkshptst. in d. DDR, Zentrum d. Metallindustrie 122 Dc

Sumatra → Indonesien

Sundgau: Landsch. in O-Frankr. – 1324 habsburg. 54/55 III Ce – 1469–74 an Burgund verpfändet 60 Hf – 1648 franz. 74/75 De

Süntel: Gebirge in Niedersachsen – 782 Sieg d. Sachsen über fränk. Heer 38/39 I Da

Sur: Stadt im Libanon 149 IV Cb – im 12. Jh. v. Chr. als Tyros bedeut. Handelszentrum Phönikiens, Ausgangspkt. phönik. Kolonisation 7 Fc – 332 v. Chr. Eroberg. durch Alexander d. Gr. 14/15 I Cb – 64 v. Chr. röm., Tyrus 26/27 I Fc – 1124–91 Kreuzfahrerstützpkt. 49 II JKb

Surinam: Staat in S-Amerika 124/125 I Ge – heut. Staatsgebiet 1667 nach d. engl.-niederländ. Seekrieg niederländ. Kolonie, Niederländ.-Guayana 62 II Dd – 1954 autonom, 1975 unabh. Rep. 132 I Dd

Susa: Ruinenstätte in SW-Iran – im 3. Jtd. v. Chr. bedeut. Kulturzentrum d. Alten Orients 3 I Og, 4 I Gc – im 6. Jh. v. Chr. bedeut. pers. Residenz 6 II f – 331 v. Chr. Eroberg. durch Alexander d. Gr. 14/15 I Db – im 7. Jh. n. Chr. arab. 36 Gc

Susdal:Stadt in d. Russ. Föderation – 1024 erstmals erwähnt, eine d. ältesten Städte Rußlands, bedeut. polit. u. kulturelles Zentrum, im 15. Jh. z. Grfsm. Moskau 66/67 Nb

Sussex: Gft. in Großbritannien – im 8. Jh. angelsächs. Kgr. 38/39 I BCa

Sutri: Ort in Mittelitalien – 383 v. Chr. röm. Kolonie Sutrium 18 II Jf – 1046 Synode von S. leitet Reform d. Papsttums unter Heinrich III. ein 46/47 I Ec

Sutschawa (Suceava): Stadt in N-Rumänien – bis 1563 Hptst. d. Fsm. Moldau 66/67 Kd

Suwatki: Stadt in NO-Polen – 1920 Vertrag von S.: Polen u. Litauen erkennen d. von d. Alliierten vorgeschlagene Grenzziehg. (Curzon-Linie) an 85 II He – 1939–44 Gebiet von S. aufgrund d. Hitler-Stalin-Paktes zum Dt. Reich 113 La

Swakopmund: Stadt in Namibia 146 I Eh – 1892 v.

Deutschen gegr., bis 1914 Haupthafen d. Kolonie Dt.-Südwestafrika 144 II Fj

Swan River: ehem. brit. Kolonie in W-Australien, 1829 gegr. 104 Pf

Swanscombe: vorgeschichtl. Fundort in Großbritannien 2 I Ca

Swasiland: Staat in SO-Afrika 124/125 I Kg – um 1820 Einwanderg. d. Swasi in d. heut. Staatsgebiet, 1907 Errichtg. d. brit. Protektorates 144 II Gj – 1968 als Kgr. unabh. Mitgl. d. Commonwealth 145 IV Gj

Sweben: westgerman. Volk, ursprüngl. zw. Oder u. Elbe ansässig – im 5. Jh. Wanderg. nach NW-Spanien u. Reichsbildg. 34 I Legende, 35 III Hh

Swerdlowsk → Jekaterinburg

Swinemünde (Swinoujscie): Stadt in NW-Polen – 1720 preuß. Festg., 1738–80 Ausbau d. Hafens 82/83 Hb. – Vorhafen v. Stettin (Szczecin) 120 I Fb, 120 IIFb

Sybaris: ehem. Stadt in S-Italien – um 720 v. Chr. als griech. Kolonie gegr., eine d. reichsten u. größten Städte S-Italiens 7 Dc

Sybotainseln: griech. Inselgr. im Ion. Meer – 433 v. Chr. Seeschlacht zw. Korinth u. Korkyra (Korfu) 13 DEb

Sydney: Stadt in SO-Australien 124/125 I Qg – 1788 erste ihre. Siedlg. auf d. austral. Kontinent 104 Rf

Syrakus (Siracusa): Hafenstadt auf Sizilien, Italien 100 Eg – um 733 v. Chr. als griech. Kolonie Syrakusai gegr., Entwicklg. z. führenden griech. Kolonie u. Handelsstaat Siziliens, 480 v. Chr. nach d. Sieg über d. Karthager Aufstieg z. bedeut. Seemacht, Beginn geistig-kultureller Blüte 7 Dc – 414–413 v. Chr. athen. Belagerg., Vertreibg. d. Athener mit Unterstützg. Spartas 13 Bc – 212 v. Chr. im 2. Pun. Krieg v. Römern erobert u. zerstört, latein. Suracusae 19 Fc – 21 v. Chr. röm. Kolonie 26/27 I He – frühchristl. Gemeinde 33 I Dc – 535 v. Chr. byzantin. 35 IV TI – 878 v. Arabern verwüstet 37 II Kg – 1088 unter normann. Herrschaft 46 II Cc – 1943 Waffenstillstand zw. d. Alliierten u. Italien 115 Dd

Syrien: Staat in Vorderasien 124/125 I Kd – heut. Staatsgebiet bis z. Eroberg. durch d. Perser im 6. Jh. v. Chr. unter wechselnder Herrschaft v. Ägyptern, Hethitern, Assyrern u. Babyloniern 6 II Hf – 333 v. Chr. Teil d. Reiches Alexanders d. Gr. 14/15 I Cb – um 300 v. Chr. Machtbereich d. Seleukiden 14 II Je – 64 v. Chr. rom. Prov. Syria 26/27 I Lef – 395 n. Chr. oström. 28 Fc – im 7. Jh. Eroberg. durch d. Araber 36 Fc – im 12./13. Jh. Entstehg. christl. Kreuzfahrerstaaten im Gebiet d. heut. S. 49 I – bis z. 15. Jh. von d. ägypt. Mameluken-Dynastie beherrscht 59 Fc – 1516 z. Osman. Reich 66/67 Mfg – März 1920 Proklamation d. unabh. Kgr. S., Juli 1920 Besetzg. durch d. Franzosen, Abtrenng. v. Palästina u. Errichtg. d. franz. Mandats S., 1941/44 unabh. Rep., 1946 Abzug d. franz. Truppen 148 II CDab – 1958 Zusammenschluß mit Ägypten zur Verein. Arab. Rep. (VAR), 1961 nach Militärputsch syr. Austritt aus d. VAR, 1967 Verlust d. Golanhöhen nach d. 3. israel.-arab. Krieg, 1973 syr.-ägypt. Angriff löst 4. israel.-arab. Krieg aus 148 III CDab – Unterstützg. d. Palästinenser u. Kampf geg. d. Existenz d. Staates Israel, 1987 Einmarsch syr. Truppen im Libanon s. Beendigg. d. Bürgerkriegs im Libanon fakt. syr. Kontrolle 149 IV CDab – 1990/91 Unterstützg. d. alliierten Streitkräfte geg. irak. Invasion in Kuwait, s. 1991 Beteilig. an Nahost-Friedensgesprächen 159 III

Szeged: Stadt in Ungarn 118/119 IJd – im 12. Jh. süddt. Stadtrecht, dt. Szegedin 50/51 Gg – ma. Handelspl. 68/69 Hd – 1542 osman. 66/67 IJd – 1686 habsburg. 84 DEc

Szetschuan: Prov. in China 140 II Lh

Szigetvár: Ort in S-Ungarn – 1566 Eroberg. d. bedeut. ungar. Grenzfestg. durch d. Osmanen 70/71 Ie

Szolnok: Stadt in Ungarn – 1849 ungar. Sieg über Österreicher 92 Ke

T

Tabor (Tábor): Stadt in d. Tschech. Rep. – s. 1420 Zentrum d. Hussiten 74/75 Hd

Täbris: Stadt in NW-Iran 148/149 I Hb – 1265–1304 Hptst. d. mongol. Il-Khane 58 Dd – im 16./17. Jh. zw. Osmanen u. Persern umkämpft 65 Ic

Tacna: Stadt in S-Peru – 1883–1929 zw. Chile u. Peru strittig 132 I Bd

Tadinae: ehem. Ort in Mittelitalien – 551 oström. Sieg über ostgot. Heer 35 IV Tk

Tadschikistan: Staat in Zentral-Asien 155 Dcd – d. s. d. 15. Jh. v. iran. Volksstämmen besiedelte heut. Staatsgebiet gehörte im 18. Jh. z. d. Chanaten Buchara u. Kokand 138 II Jf – um 1870–95 russ. 134 Dcd – 1918/24 z. ASSR Turkestan in Usbek. SSR, 1929 –91 Unionsrep. in d. UdSSR 136 I Ed – 1991 unabh. Rep. 155 Dcd

Taganrog: Stadt am Asowschen Meer, Russ. Föderation 118/119 Md – 1941–43 von dt. Truppen besetzt 115 Fc

Tagliacozzo: Ort in Mittelitalien – 1268 Sieg d. Heeres Karls v. Anjou beendet d. Herrschaft d. Staufer in S-Italien 46/47 I

Tahiti → Gesellschaftsinseln

Taipeh: Hptst. v. Taiwan 140 II Ni

Taiwan: Inselstaat an d. SO-Küste v. China 124/125 I Pd – s. 1590 Stützpkt. für d. Asienhandel d. Portugiesen, v. diesen Formosa genannt, 1624–62 v. Niederländern besetzt, Masseneinwanderg. v. Chinesen, 1683 chines. Prov. 138 I Fb – 1895 v. China an Japan abgetreten 139 I Fb – 1945 erneut zu China, 1949 Rückzugsgebiet d. Kuomintang-Truppen, Ausrufg. d. National-Rep. China unter Tschiang Kai-schek, bis 1971 Alleinvertretungsrecht Chinas durch T. von d. Westmächten anerkannt 139 II Mf – 1971 mit Aufnahme d. VR China in d. UN Ausschluß von T. (Nationalchina) 158/159 I Pd

Talas: Fluß in Kasachstan – 751 Sieg d. Araber über Chinesen leitet Islamisierg. Zentralasiens ein 36 Jb

Talavera: Stadt in Mittelspanien – 1809 brit. Sieg über franz. Truppen 88 I DEef

Tallinn: Hptst. v. Estland 155 Cc – 1219 Errichtg. d. Burg u. Bm. Reval durch d. Dänen, um 1230 Lüb. Stadtrecht 50/51 Ia – 1285 Hansestadt, Zentrum d. westeurop. Handels mit Rußland 57 Fb – 1346 v. Dänemark an d. Dt. Orden verkauft 52 I Fb – 1561 schwed. 66/67 Jb – 1710 russ. Eroberg. 78/79 Jb – 1918 Hptst. d. unabh. Rep. Estland 110/111 Jb – 1941–44 v. dt. Truppen besetzt 114 Eb – 1940/44–91 Hptst. d. Estn. SSR 136 I Cc – s. 1988 Demonstationen f. Unabh. Estlands von UdSSR 154

Tanagra: Ort in Mittelgriechenland – im 4./3. Jh. v. Chr. Blüte d. Tonwarenherstellg. 8/9 Ed – 457 v. Chr. Niederlage d. Athener geg. Spartaner 12 II Hf

Tananarive: Hptst. v. Madagaskar 145 IV Hi

Tanganjika → Tansania

Tanger: Hafenstadt in N-Marokko 146 I Cb – phönik. Gründg. Tingis 7 Bc – 40 n. Chr. röm. Kolonie u. Hptst. d. Prov. Mauretania Tingitana 26/27 I Ce – um 682 n. Chr. arab. Eroberg. 36 Bc – 1471 port., 1580 span. 66/67 Df – 1662–84 engl. 78/79 Df – 1912/23 T.-Zone internationalisiert u. entmilitarisiert 144 II Eg – 1940–45 v. Spaniern besetzt, 1945–56 erneut unter internationaler Verwaltg. 118/119 Df

Tangermünde: Stadt in Sachsen-Anhalt – 1376 unter Karl IV. zur brandenburg. Residenz ausgebaut 54/55 III Eb

Tannenberg (Stębark): Stadt in N-Polen – 1410 vernichtende Niederlage d. Dt. Ordens durch poln.-litau. Heer 52 I De – Aug. 1914 Sieg d. dt. über russ. Armee 107 I Ca

Tannu-Tuwa, Tannu-Uriangchai → Tuwin. AR

Tansania: Staat in O-Afrika 124/125 I Kf – Küste d. heut. Staatsgebietes 1500–1650 port. 62/63 I Ke – s. 1852 unter d. Herrschaft v. → Sansibar 144 I CDd – 1885/90 zu Dt.-Ostafrika, 1905–06 Aufstand geg. dt. Kolonialherrschaft 144 II Gi –1920 als Tanganjika brit. Mandats- u. 1947 Treuhand-

gebiet 145 III Cd – 1961 unabh. Mitgl. d. Commonwealth, 1964 Zusammenschluß v. Tanganjika u. Sansibar zur Verein. Rep. T. 145 IV GHi

Taormina: Stadt auf Sizilien, Italien – 396 v. Chr. gegr., latein. Tauromenium 22/23 I Ee – um 21 v. Chr. röm. Kolonie 26/27 I He – 1079 v. Normannen erobert 46 II Cc

Tara: Ort in Irland – bis z. 6. Jh. irische Krönungsstätte u. Königssitz 38/39 I Aa

Tarent (Taranto): Hafenstadt in S-Italien 110/111 Ie – im 8. Jh. v. Chr. griech. Kolonie Taras 7 Db – im 5./4. Jh. v. Chr. bedeut. Handelszentrum 14/15 I Aa – 272 v. Chr. röm., Tarentum 22/23 I Gb – 1063 normann. Eroberg. 46 II Cb – 1943 Landg. alliierter Truppen 115 Dc

Targowize: Stadt in d. Ukraine – 1792 Konföderation reformfeindl. poln. Adliger mit Rußland geg. d. Verfassg. von 1791 85 I Ec

Tarnogród: Stadt in SO-Polen – 1715 Konföderation poln. Adliger geg. d. absolutist. Herrschaftsbestrebungen König Augusts II. 78/79 Jc

Tarnopol: Stadt in d. westl. Ukraine – bis 1939 poln. 85 II Fl – im 2. WK Kriegsschauplatz 115 Fc

Tarnów: Stadt in S-Polen – 1915 dt.-österr. Armee durchbricht russ. Front u. zwingt d. Russen z. Rückzug 107 I Da

Tarquinii: Ruinenstätte in Mittelitalien – Fundort frühgeschichtl. Gräberfelder, bedeut. Stadtstaat d. Etrusker im 3. Jh. v. Chr. von Römern unterworfen 18 II fl

Tarragona: Hafenstadt in NO-Spanien – als Terraco röm. Stützpkt. im 2. Pun. Krieg 19 Cb – im 1. Jh. v. Chr. röm. Kolonie, Hptst. d. Prov. Hispania Tarraconensis 26/27 I Ed – Handelszentrum 25 Cb – 475 n. Chr. von Westgoten erobert 34 I Cb – 1118 christl. Rückeroberg. 46/47 I Cc

Tarsus: Stadt in d. S-Türkei – frühgeschichtl. Siedlg., griech. Tarsos 4 II Ng – 333 v. Chr. von Alexander d. Gr. erobert 14/15 ICb – urchristl. Gemeinde 33 I Fc – Geburtsort d. Apostels Paulus 33 II, III – s. d. 7. Jh. n. Chr. zw. Arabern u. Byzanz umkämpft 37 II Mg – im 11.–14. Jh. Hptst. v. Klein-Armenien 49 II JKa

Tartessos: ehem. Stadt in S-Spanien – vor 1150 v. Chr. gegr., reiche phönik. Kolonie durch d. Handel mit Metallen, Kulturzentrum 4 II Jg – genaue Lage unbekannt, vermutl. bei Gades (Cadiz) 7 Bc

Taschkent: Hptst. v. Usbekistan 155 Cc – bedeut. Handelszentrum Mittelasiens, 1865 russ. 134 Dc – 1931–91 Hptst. d. Usbek. SSR 136 I Ec

Tasmanien: austral. Insel u. Bundesstaat im südl. Pazif. Ozean 143 Dg – 1642 niederländ. Entdeckg., Vandiemensland genannt 62/63 I Qg – 1803 Ansiedlg. v. brit. Strafgefangenen, Ausrottg. d. Ureinwohner v. T., 1825–1900 brit. Kolonie 63 III Qf

Tatarische AR: autonome Rep. in d. Russ. Föderation 155 Dc – 1920–91 ASSR in d. RSFSR 136 I Dc – den v. d. russ. Regierg. 1992 vorgelegten Föderationsvertrag abgelehnt 155 Dc

Tauberbischofsheim: Stadt in Baden-Württemberg – 1866 preuß. Sieg über württemberg. Heer 92 Ed

Tauroggen (Taurage): Ort in Litauen – 1812 Konvention von T.: im Verlauf d. russ. Feldzug Napoleons I. schließen preuß. Truppen unter General v. Yorck ein Neutralitätsabkommen mit Rußland, Beginn d. Befreiungskriege 88/89 Jb

Taxila: Ruinenstätte in NO-Pakistan – 327 v. Chr. Eroberg. durch Alexander d. Gr., bedeut. kulturelles u. religiöses Zentrum d. Buddhisten 14/15 I Gb – Handelsmittelpkt. d. Reiches Kuschan 29 I Fc

Tecklenburg: Stadt in NRW – im 12. Jh. Gft. 54/55 III Cb – 1707 preuß. 84 Bb

Tegernsee: Stadt in Bayern – 746 Gründg. d. bedeut. Benedikt.-Klosters Bayerns 45 I Eb – im 12. Jh. Reichsabtei 45 I EFb

Teheran: Hptst. v. Iran 148/149 I bl – 1943 Konferenz von T.: Staatschefs von USA, Großbritannien u. Sowjetunion beschließen militär. Zusammenarbeit geg. Deutschld. im 2.WK 117 I Fc

Tel Aviv-Jaffa: Stadt in Israel 149 IV Cb – Jaffa als Hafenstadt Japho um 1500 v. Chr. erwähnt, griech. Ioppe, Grenzstadt d. Philister, urchristl. Gemeinde 16 Cc, 32 Bd – 1099–1268 im Besitz d. Kreuzfahrer 49 II JKb – 1909 Gründg. von Tel Aviv als zionist. Siedlg., 1948–50 Hptst. v. Israel, 1950 Vereinigg. von Tel Aviv u. Jaffa 148 II Cb

Tell-el-Kebir: Ruinenstätte in N-Ägypten – 1882 brit. Sieg über ägypt. Truppen 102/103 Lg

Tell Halaf: Ruinenstätte in Irak – vorgeschichtl. Fundort 3 I Gc

Temesvár (Timisoara): Stadt in W-Rumänien 118/119 Jd – 1552–1716 osman., Zentrum d. Banats 65 Da, 78/79 Jd – 1718–1919 zu Ungarn 84 Ec, 102/103 Jd – 1989 blutige Zusammenstöße zw. Regimekritikern u. rumän. Militär lösen Sturz d. Ceausescu-Regimes aus 154

Tenedos: türk. Insel im Ägäischen Meer – wegen seiner strateg. bedeut. Lage an d. Dardanellen häufig umkämpft 13 GHb, 78/79 Kf

Tennessee: Bundesstaat in d. östl. USA 126 Ne – 1796 als 16. Staat in d. Union aufgenommen 128 I Ec

Tenochtitlan: ehem. Stadt in Mexiko – um 1375 an d. Stelle d. heut. Stadt Mexiko gegr., Hptst. d. Azteken, Anfang d. 16. Jh. größte Stadt S-Amerikas, 1519/21 von d. Spaniern erobert u. zerstört 130 I Bb, 130 II

Teotihuacan: Ruinenstätte in Mexiko – bedeut. Zentrum indian. Kultur in Mittelamerika, ausgedehnte Tempel- u. Palastanlagen 130 I Bb

Tepe Giyan: Ruinenhügel in W-Iran – Fundstätte altorientaal. Kultur 4 I Gc

Tepe Sialk: Ruinenhügel in Iran – Fundstätte altorientaal. Kultur 4 I Hc

Teplitz (Teplice): Stadt in d. Tschech. Rep. – 1813 Vertrag von T.: Österr. schließt sich d. preuß.-russ. Bündnis geg. Frankr. an 88/89 Hc

Terek: Fluß im Kaukasus, Russ. Föderation – im 2. WK weitestes Vordringen dt. Truppen in d. Kaukasusgebirge 115 Gc

Tertry: Ort in N-Frankr. – 687 nach d. Sieg Pippins II. Beginn d. fakt. Herrschaft d. Karolinger 38/39 I Cb

Teruel: Stadt in O-Spanien – 1936–39 im Span. Bürgerkrieg heftig umkämpft 110/111 Ee

Teschen (Cesky Tesin, Cieszyn): zw. Polen u. d. Tschech. Rep. geteilte Stadt – 1281 schles. Teilhzm. 54/55 II dl – 1779 Friede beendet Bayr. Erbfolgekrieg 82/83 Jd – bis 1918 z. österr. Kronland Schlesien 93 Jd – 1920 O-Teil zu Polen, W-Teil z. Tschechoslowakei 85 II Gf

Tetuan: Stadt in N-Marokko – 1912–56 Hptst. d. span. Protektorates Marokko 102/103 Df, 118/119 Df

Teurnia: Ruinenstätte in Österr. – kelt.-röm. Siedlg. 26/27 I Ea

Teusina (Tjawzin): Ort in Estland – 1595 schwed.-russ. Friede bestätigt Schwedens Monopol im Rußlandhandel 76 II Jf

Téviec: Insel an d. W-Küste v. Frankr. – Fundort v. Gräbern u. Steinzeit 3 I Bb

Texas: Bundesstaat in d. südl. USA 126 LMe – 1836–45 unabh. 104 EFc – 1845 als 28. Staat in d. Union aufgenommen 128 I Dc – Zentrum d. amerikan. Erdölförderg. 129 I Dc

Thailand: Staat in SO-Asien 124/125 I NOe – im 13. Jh. Einwanderg. v. Thai-Völkern in d. heut. Staatsgebiet, Entstehg. d. unabh. Kgr. Siam 62/63 I NOd – im 16. Jh. Beginn d. kriegerischen Auseinandersetzungen mit Burma 138 I DEc – Bewahrg. d. Unabh. gegenüber d. europ. Kolonialmächten 138 II KLg – s. 1938 zahlreiche Militärputsche, 1939 Umbenenng. in T., im 2. WK auf seiten Japans, v. japan. Truppen besetzt 116 I BCc, 116 II gIJ – nach d. 2. WK Anlehng. an d. USA, im Korea- u. Vietnamkrieg Stützpkt. d. US-Truppen, 1978 Abzug d. amerikan. Truppen 139 II KLg – 1992 Proteste geg. die Unterdrückung demokrat. Opposition 143 ABd

Thamugadi: Ruinenstätte in N-Algerien – 100 n. Chr. als röm. Kolonie gegr. 26/27 I Fe

Thapsus: ehem. Stadt in Tunesien – 46 v. Chr. Sieg Caesars über Pompejaner 26/27 I Ge

Thasos: griech. Insel im Ägäischen Meer – im 5. Jh. v. Chr. Mitgl. d. Att. Seebundes, 462 v. Chr. Aufstand geg. athen. Vorherrschaft 12 II el

Theben: Stadt in Mittelgriechenland – myken. Herrschafts- u. Kulturzentrum, griech. Thebai 6 I Bb – im 7./6. Jh. v. Chr. bedeut. Stadtstaat, machtpolit. Gegensatz zu Athen, Teilnahme an Kriegen geg. d. Perser auf pers. Seite 12 I Cb – 371 v. Chr. siegreiche Schlacht geg. d. Spartaner beendet deren Vorherrschaft in Griechenland, 338 v. Chr. nach makedon. Eroberg. Ende d. Unabh. von T., 335 v. Chr. Zerstörg. d. Stadt durch Alexander d. Gr., 316 v. Chr. Neugründg. 14/15 I Bb

Theben: ehem. Stadt in Ägypten – um 2040 v. Chr. Residenz d. Pharaonen u. religiöses Zentrum Oberägyptens, um 1550 v. Chr. Hptst. d. Neuen Reiches, Begräbnisstätte ägypt. Könige, Hauptheiligtümer beim heut. Karnak u. Luxor, in röm. Zeit Diospolis Magna genannt 5 Cb

Thera: griech. Stadt u. Insel im Ägäischen Meer – vermutl. um 1500 v. Chr. durch Vulkanausbruch zerstört, v. Dorern neu gegr. 6 I Cc – im 7. Jh. v. Chr. Ausgangspkt. griech. Kolonisation 7 Ec – Mitgl. d. Att. Seebundes 12 II gl

Theresienstadt (Terezin): Stadt in d. nordwestl. Tschech. Rep. – 1941–45 nat.-soz. KZ 113 Hc

Thermopylen: Landenge in Mittelgriechenland – griech. Thermopylai, 480 v. Chr. von Spartanern geg. pers. Heer verteidigt 12 I Cb

Thespiai: ehem. Stadt in Mittelgriechenland – im 5. Jh. v. Chr. an d. Kriegen geg. d. Perser beteiligt, bedeut. Kultstätte 12 I Cb

Thessalien: Landsch. in Griechenland – um 1300 v. Chr. Durchzugsgebiet d. nach Griechenland einwandernden Volksstämme 6 I ABb – im 5. Jh. v. Chr. Anschluß an d. Perser 12 I BCb – 352 v. Chr. makedon. Eroberg. 14/15 I Bb – 146 v. Chr. röm., Thessalia 26/27 I del – 1393 osman. 65 Dc – 1881 zu Griechenland 100 I Cc

Thessalonice, Thessalonike → Saloniki

Thoiry: Ort in O-Frankr. – 1926 Treffen zw. d. Außenministern Stresemann u. Briand leitet dt.-franz. Verständigg. nach d. 1. WK ein 112 Ce

Thorenburg (Turda): Stadt in N-Rumänien – röm. Leg.-Lager Potaissa 26/27 I cl – Zentrum d. siebenbürg. Salzgewinng. 68/69 Hd

Thorn (Torun): Stadt in Polen 120 I Hb – 1231 vom Dt. Orden gegr., Magdeburg. Stadtrecht 50/51 Fd, 52 I Ce – als Handelszentrum Mitgl. d. Hanse 57 Ec, 68/69 Gb – 1411 u. 1466 Friedensschlüsse zw. Dt. Orden u. Polen-Litauen, Ordensstaat erkennt poln. Oberhoheit an, 1454/66 als Freie Stadt zu Polen 59 Da – 1645 T.er Religionsgespräch: erfolgloser Versuch z. Überwindg. d. konfessionellen Gegensatzes zw. poln. Protestanten u. Katholiken, 1655–99 schwed. Besetzg. 74/75 Jb – 1724 „Thorner Blutgericht" nach Auseinandersetzg. zw. überwiegend protestant. Bürgerschaft u. Jesuiten 78/79 Ic – 1793 preuß. 85 I Bb – 1919/20 poln. 85 II Ge

Thrakien: Landsch. auf d. Balkan-Halbinsel – im 8. Jh. v. Chr. vom indogerman. Volk d. Thraker besiedelt 4 II Mf – um 750 v. Chr. Gründg. griech. Kolonien d. Küste d. Schwarzen Meeres 7 Eb – im 5. Jh. v. Chr. Reichsbildg. unter d. Odrysen, Thrake 12 I CEa – im 4. Jh. v. Chr. zum makedon. Herrschaftsbereich 14/15 I Ba – 46 n. Chr. röm. Prov. Thracia 26/27 I dIJ – um 1000 byzantin. Thema 44 Ec – im 14. Jh. Beginn osman. Eroberg. 65 DEb

Thule: Siedlg. auf Grönland – 1910 als Ausgangspkt. dän. T.-Expeditionen gegr., s. d. 2. WK amerikan. Luftwaffenstützpkt. 126 Pa

Thurgau: Kanton in d. Schweiz – 1460 zur Eidgen. 72 I CDb

Thüringen: Land d. Bundesrep. Deutschland 157 I CEc – im 5. Jh. Reichsbildg. d. Thüringer 35 III Jg – 531 z. Frankenr. 37 I Eab – 1130 Lgft. 46/47 I DEa – s. 1247 im Besitz d. Wettiner, durch Erbteilg. zersplittert, d. thüring. Gebietes, Sächs. Herzogtümer 54/55 III Ec, 74/75 Fc – 1920 Vereinigg. z. Land T. 112 Fc – 1945 z. sowjet. Besat-

zungszone, bis 1952 Land d. DDR 120 I Dc – 1990 Bundesland 157 I CEe

Tiahuanaco: Ruinenstätte in Bolivien – bis um 1000 bedeut. Zentrum indian. Kultur im Andenhochland, Wallfahrtsort u. Tempelstadt 130 I De

Tiberias: Stadt in Israel – 135 n. Chr. nach Vertreibg. d. Juden aus Jerusalem geistig religiöses Zentrum d. Juden 32 Dc

Tibesti: Gebirge in Niger, Tschad u. S-Libyen – s. 1966 unter Kontrolle einer v. Libyen unterstützten islam. Befreiungsfront 148/149 I Ec

Tibet: autonome Region in SW-China 139 II Kf – im 13. Jh. v. Mongolen beherrscht, Zentrum d. Lamaismus 58 HId – 1724 unter chines. Oberhoheit, russ.-brit. Interessenkonflikt um T. 138 I Kf – 1912 Loslösg. v. China 139 I Db – 1950 Einmarsch v. Truppen d. VR China, 1959 Aufstand d. Tibeter geg. Angliederg. an China, s. 1965 autonome Region, s. Mitte d. 80er Jahre verstärkte Forderg. n. Unabh. v. China 140 I Jh

Tientsin: Hafenstadt in NO-China 140 II Mh – 1860 als Vertragshafen für d. Überseehandel geöffnet, 1885 Vertrag von T. zwingt China zu Gebietsabtretungen an Frankr., 1900/01 als Zentrum d. „Boxeraufstandes" stark zerstört 139 I Eb

Tiflis (Tbilissi): Hptst. v. Georgien Dc – im 8. Jh. v. Arabern erobert 36 Gb – im MA Hptst. v. Georgien 59 Gb – im 13. Jh. v. Mongolen unterworfen 58 Dc – s. d. 16. Jh. zw. Persern u. Osmanen umkämpft 65 Hlb – 1801 russ. 134 Cc – 1936 –91 Hptst. d. Grusin. SSR 136 I Dc – 1991/92 blutige Kämpfe zw. georg. Nationalisten u. Regierg.-Truppen 155 Dc

Tigranokerta: ehem. Stadt in d. O-Türkei – im 1. Jh. v. Chr. neben Artaxata Hptst. v. Armenien 16 Eb

Tilki Tepe: vorgeschichtl. Fundort in d. heut. O-Türkei 3 I Gc

Tilsit (Sowjetsk): Stadt im ehem. Ostpreußen, heute z. Russ. Föderation gehörend – 1406–09 erbaute Burg d. Dt. Ordens 52 I Dd – 1552 Stadtrecht 70/71 Ka – 1807 Friede von T. beendet 4. Koalitionskrieg, franz.-russ. Abkommen zwingt Preußen zu großen Gebietsabtretungen, Abgrenzg. franz. u. russ. Interessensphären in Europa 88/89 Jbc

Timbuktu: Stadt in Mali – bis z. 16. Jh. bedeut. Handelspl. im transsahar. Handel, Zentrum d. Islam 62/63 I dl

Timor: indones. Insel im Pazif. Ozean 124/125 I Pf – 1520 v. Portugiesen entdeckt 62/63 I Pe – 1610/75 O-Teil port., 1655 W-Teil niederländ. 138 I Fd – 1942–45 Besatzg. z. Teil durch japan. Truppen 116 I Dd, 116 II Kh – Port.-T. 1951-76 Überseeprov., 1976 v. Indonesien annektiert 139 II Mh – 1991 Kämpfe um Unabh. v. Indonesien 143 Ce

Tinchebray: Ort in NW-Frankr. – 1106 engl. Sieg über Franzosen sichert England d. Normandie 46/47 I Bb

Tipperary: Stadt in Irland – 1848 Erhebg. d. Jungirländ. Bewegg. 90/91 Dc

Tiran: Meeresstraße u. saudi-arab. Insel im Roten Meer 149 IV Cde

Tirana: Hptst. v. Albanien 118/119 Ie -1919 Vertrag von T.: Anerkenng. Albaniens als selbst. Staat; 1926 u. 1927 durch italien.-alban. Verträge wird Albanien fakt. italien. Protektorat 110/111 Ie

Tirnovo (Tarnovo) : Stadt in Bulgarien – 1185 Hptst. d. bulgar. Reiches, Patriarchat 44 Ec – 1393 osman. 59 Eb – 1908 Proklamation d. unabh. Kgr. Bulgarien 101 II bl

Tirol: Bundesland v. Österr. 120 II De – 1363 habsburg. Gft. 54/55 III Ee – 1525 Zentrum d. Bauernkrieges 72 II Hg – 1805 Abtretg. an Bayern, 1809 Freiheitskampf d. Tiroler unter Führg. v. Andreas Hofer, 1810–14 zw. Bayern u. Italien geteilt 87 II Le – 1814 österr. Kronland 92 FGe – 1919 Süd-T. zu Italien 100 Cb – 1945–55 z. franz. Besatzungszone 120 I De

Tiryns: Ruinenstätte in Griechenland, Peloponnes – bereits im 3. Jtd. v. Chr. besiedelt 4 I Dx – um 2000 v. Chr. bedeut. myken. Kulturzentrum, um 1200 v. Chr. Zerstörg. d. myken. Burg 6 I Bc

Tivoli: Stadt bei Rom, Italien – 338 v. Chr. als bedeut. Mitgl. d. Latin. Städtebundes v. Römern erobert, Tibur 18 II Jg – im 15. Jh. z. Kirchenstaat 61 Dd

Tlaltelolco: Stadtteil v. Mexiko – im 15. Jh. Teil v. → Tenochtitlán 130 II Legende – 1967 Vertrag von T. über kernwaffenfreie Zone in Lateinamerika 150/151 I Ede

Tlaxcala: Stadt in Mexiko – bis z. span. Eroberg. 1519 Hptst. eines gleichnam. Reiches 130 I Bb

Tlemcen: Stadt in NW-Algerien – bis Mitte d. 16. Jh. Hptst. d. Sultanats T. 66/67 Eg

Tmutarakan: ehem. Hafenstadt am Schwarzen Meer in d. Russ. Föderation – im 10. Jh. wichtiger Handelspl. d. Kiewer Reiches 44 Fc

Tobago → Trinidad u. Tobago

Tobolsk: Stadt in Sibirien, Russ. Föderation 137 I Ec – 1587 als Kosakenstützpkt. gegr., 1824 Hptst. v. Sibirien 134 Dc

Tobruk: Hafenstadt in Libyen 148/149 I Fb – 1941/42 Schaupl. heftiger Kämpfe zw. dt.-italien. u. brit. Truppen 114 Ed, 115 Ed – bis 1970 brit. Stützpkt. 118/119 Jg – Erdölexporthafen Libyens 146 I Fb

Toggenburg: Landsch. in d. Schweiz – 1468 an d. Abtei St. Gallen verkauft, Zugewandter Ort d. Eidgen. 72 I Db

Togo: Staat in W-Afrika 124/125 I Je – heut. Staatsgebiet 1884 dt. Kolonie 144 II Fh – 1914 nach dt. Kapitulation v. brit. u. franz. Truppen besetzt 106 III Ed – 1919 Teilg. in ein brit. u. franz. Völkerbundsmandat, 1957 brit. West-T. nach Volksabstimmg. zu Ghana, 1960 franz. Ost-T. unabh. Rep. 145 III Bc

Tokio: Hptst. v. Japan 139 II MNf – 1457 als Burgsiedlg. Edo gegr., s. 1603 polit. Zentrum Japans 138 I FGb – im 18. Jh. größte Stadt d. Erde, 1868 Umbenenng. in T., Kaiserresidenz u. Hptst. 138 II MNf – Sept. 1945 japan. Kapitulation in d. Bucht von T. 116 II Kf – s. 1949 Entwicklg. z. bedeut. Bank- u. Industriezentrum d. Welt 141 I FGc

Toledo: Stadt in Mittelspanien – 192 v. Chr. röm. Toletum 26/27 I Ee – frühchristl. Gemeinde 33 I Bbc – im 6./7. Jh. Hptst. d. Westgotenreiches 35 III Hhi – 711 arab. Eroberg., kulturelle Blüte 36 Bc – 1085 kastil. Eroberg., 1087 Erhebg. z. Hptst. v. Kastilien, polit. wirtschaftl. u. kirchl. Zentrum d. Iber. Halbinsel 46/47 I Bd – 1561 nach Verlegg. d. Hptst. Bedeutungsrückgang 66/67 Ef – 1936 im Span. Bürgerkrieg als Zentrum d. Franco-Truppen v. republikan. Truppen belagert 110/111 Ef

Tolentino: Stadt in Italien 100 Dd – 1815 Sieg d. Österreicher über dt. Truppen Neapels 88/89 He

Tomsk: Industriestadt in Sibirien, Russ. Föderation 155 Fc – 1604 gegr., bedeut. Handelszentrum Sibiriens, 1888 Gründg. d. ältesten sibir. Univ. 134 Ec

Tondern (Tønder): Stadt in Dänemark – bis 1920 zu Schleswig 112 Ea

Tonga: Inselstaat im Pazif. Ozean 143 Fef – 1616/43 v. Niederländern entdeckt 62/63 I Sef – 1900 brit. Protektorat 63 III el – 1970 als Kgr. unabh. Mitgl. d. Commonwealth 124/125 I Sfg

Tongern (Tongeren): Stadt in Belgien – röm. Siedlg. Aduatuca 30/31 Bc – frühchristl. Gemeinde 33 I Ca

Tönning: Stadt in Schleswig-Holstein – 1713 schwed. Kapitulation im Nord. Krieg 76 II Fg

Tönsberg (Tønsberg): Hafenstadt in S-Norwegen – älteste Stadt Norwegens, um 1400 Niederlassg. d. Hanse 57 Db

Tordesillas: Stadt in W-Spanien – 1494 Vertrag von T.: Abgrenzg. d. weltweiten kolonialen Interessensphären Spaniens u. Portugals durch Festlegg. einer Demarkationslinie 64 Legende, 66/67 Ee

Tordos: vorgeschichtl. Fundort im heut. Rumänien 3 II Mf

Torgau: Stadt in Sachsen 120 I Ec – im 13. Jh. Magdebg. Stadtrecht 50/51 Ce – 1526 erstes Bündnis protestant. Fürsten 70/71 Gc – 25. April 1945 erstes Zusammentreffen amerikan. u. sowjet. Truppen 115 Db

Torres Vedras: Ort in Portugal – 1810/11 v. Briten geg. Franzosen verteidigte Linie vor Lissabon 88/89 Df

Tortosa: Stadt in NO-Spanien – unter Kaiser Augustus röm. Kolonie Dertosa 26/27 I Ed – 812 fränk. 38/39 I Cc – 1148 aragones. 46/47 I Cc – 1810 v. Franzosen eingenommen 88/89 Fe

Tortosa: ehem. Kreuzfahrerstützpkt. im heut. W-Syrien 49 II Kb

Toskana: Landsch. u. Region in Italien – in d. Antike Etrurien genannt, Zusammenschluß d. etrusk. Stadtstaaten z. Zwölfstädtebund 18 II HJef – im 4. Jh. v. Chr. Beginn röm. Eroberg. leitet Niedergang d. etrusk. Städte ein – röm. Prov. Etruria, später Tuscia genannt 20/21 EGcf – im 3. Jh. n. Chr. Vereinigg. mit Umbrien, Tuscia et Umbria 28 Db – im 9. Jh. fränk. Gft. Tuscien 38/39 I Ec – 1079 als → Mathildische Güter Lehen d. röm. Kirche, s. 1115 zw. Kaiser u. Papst umstritten 46 II Bb – 1569 Erhebg. d. Hzm. → Florenz zum Grhzm. T. 66/67 He – 173 7 habsburg. Grhzm. 84 Cd – 1801 bourbon. Kgr. Etrurien, 1808 zu Frankr. 88/89 He – 1814 erneut habsburg. 90/91 He – 1848–49 Rep., 1860/61 zu Italien 100 Cd

Toul: Stadt in O-Frankr. – röm. Stadt Tullum 30/31 Bd – s. d. 4. Jh. Bm. 38/39 I Db – im 13. Jh. Reichsstadt 54/55 III Bd – 1552/1648 franz. 81 Cb

Toulon: Hafenstadt in S-Frankr. 118/119 Ge – s. d. 5. Jh. Bm. 38/39 I Dc – im 17. Jh. Ausbau z. bedeut. franz. Kriegshafen 81 Ce – 1793 während d. Franz. Revolution v. brit. Truppen belagert 86 I Dc – 1942 Selbstversenkg. d. franz. Flotte vor d. Einmarsch dt. Truppen 115 Cc

Toulouse: Stadt in S-Frankr. 118/119 Fe – kelt.-röm. Siedlg. u. Handelspl. Tolosa 26/27 I Ed – 418 Herrschaftszentrum d. Westgoten 34 II Ne – 507 fränk. 37 I Cc – im 10. Jh. Gft. 44 Cc – im 12. Jh. neben Albi Zentrum d. Ketzerbewegg. d. Albigenser 48 Cb – 1229 gegr. Univ. 54 II He – bis z. 13. Jh. als Gft. führende Macht in S-Frankr, 1271 an franz. Krone 46/47 I Cc – 1317 Ebm. 59 Cb – nach d. 2. WK Zentrum d. franz. Luft- u. Raumfahrtindustrie 118/119 Fe

Touraine: Landsch. in Frankr. – 1044 als Gft. zu Anjou 42/43 Ce – 1152–1204 engl. 46/47 I Cb

Tournai: Stadt in Belgien im 5. Jh. Residenz d. Merowinger 37 I Ca – im 15. Jh. Zentrum d. fläm. Wollstoffverarbeitg. 68/69 Cc

Tours: Stadt in Frankr. – kelt.-röm. Caesarodunum 26/27 I Ec – frühchristl. Gemeinde 33 I Cb – s. d. 5. Jh. Bm. u. Kulturzentrum 41 I Dc – 732 Sieg d. Franken über Araber beendet arab. Invasion in W-Europa 36 Cb – Hauptort d. Gft. Touraine 42/43 Ce – Zentrum d. Seidenherstellg. 68/69 Cd

Trabzon: Hafenstadt in NO-Türkei 118/119 Me – im 7. Jh. v. Chr. als griech. Kolonie Trapezus gegr. 7 FGb – 64 n. Chr. röm. 26/27 I Ld – 1204–1461 Hptst. d. gleichnamigen Kaiserr. Trapezunt 59 Fб – 1461 osman. 65 Gb

Traiectum → Utrecht

Transjordanien → Jordanien

Transkaukasische SFSR: ehem. Rep. in d. südwestl. UdSSR – 1922–36 Zusammenschluß d. Armen., Aserbaidschan. u. Grusin. SSR 110/111 NOef

Transkei: Gebiet in d. Rep. Südafrika 145 IV Gj – 1963 im Rahmen d. Apartheitspolitik als autonomes Homeland f. Schwarze eingerichtet, 1976 als erstes Homeland v. Südafrika in d. Unabh. entlassen, Unabh. international nicht anerkannt 147 III Bb

Transleithanien: Bezeichng. für d. ungar. Teil d. ehem. Doppelmonarchie Österr.-Ungarn – 1867 im österr.-ungar. Ausgleich festgelegt, offizielle Bezeichng.: „Länder d. Ungarischen Krone" 93 Legende – bis 1918 inoffiziell als T. bezeichnet 102/103 Legende

Transpadana: in d. Antike Bezeichng. für NW-Italien 20/21 BDb

Transsibirische Eisenbahn: Eisenbahnlinie in d. Russ. Föderation – 1891–1904 als wichtige Verkehrsverbindg. zw. Uralgebirge u. Pazif. Ozean erbaut 105 MOb

Transvaal: Prov. in d. Rep. Südafrika – 1836 Beginn d. Besiedlg. durch Buren, 1856 unabh. Rep., 1877–81 u. 1900–10 v. Großbritannien annektiert 144 I Ce, 144 II Gj

Trasimenischer See: See in Mittelitalien latein. Trasimenus Lacus, 217 v. Chr. Niederlage d. Römer geg. karthag. Heer 19 Eb

Trautenau (Trutnov): Stadt in d. Tschech. Rep. – 1866 preuß. Sieg über Österreicher 92 Hlc

Travendal (Traventhal): Ort in Schleswig-Holstein – 1700 Friede von T. zwingt Dänemark z. Ausscheiden aus d. 2. Nord. Krieg 78/79 GHc

Trebbia: Nebenfluß d. Po in N-Italien – latein. Trebia, 218 v. Chr. karthag. Sieg über Römer im 2. Pun. Krieg 19 Db 1799 österr.-russ. Sieg über franz. Heer im 2. Koalitionskrieg 86 I Dbc

Treblinka: ehem. nat.-soz. Vernichtungslager in Polen – 1942–43 Ermordg. von über 300 000 Juden d. Warschauer Ghettos, Aug. 1943 Aufstand d. Häftlinge 113 Lb

Trenton: Stadt in d. östl. USA – 1776 Niederlage d. Briten geg. nordamerikan. Truppen 127 I Db

Trentschin (Trencin): Stadt in d.Slowak. Rep. – 1335 Vertrag von T.: Anerkenng. d. Lehenshoheit Böhmens über Schlesien durch Polen 54/55 III dl

Treviso: Stadt in N-Italien – latein. Tarvisium 20/21 Gb – im 12. Jh. Mitgl. d. Lombard. Städtebundes 46/47 I Eb – 1318 gegr. Univ. 54 II el – 1389 zu Venedig 54/55 III Ff

Triada: Ruinenstätte auf Kreta, Griechenland – minoisches Kulturzentrurn 6 I Cd

Trialeti: Ruinenstätte in Georgien – Fundort bronzezeitl. Grabstätten 4 II Of

Trianon: Schloß bei Paris, Frankr. – 1920 Friede von T. zw. Ungarn u. d. Alliierten, Ungarn muß große Teile seines Gebietes abtreten 110/111 Fd

Tribur: Ort in Hessen – 1076 Bündnis dt. Fürsten mit d. Papst geg. Kaiser Heinrich IV. 42/43 Gd – Pfalz von T. bis z. 12. Jh. Ort zahlreicher Reichstage u. Synoden 46/47 I Db

Tricamarum: ehem. Ort in Tunesien – 533 Sieg d. oström. Heeres über Wandalen 35 III ilJ

Trient (Trento): Stadt in N-Italien 100 Cb – kelt.-röm. Tridentum 20/21 Fa – s. d. 4. Jh. Bm. 38/39 I Eb – im MA Zentrum d. Silberbergbaus 68/69 Ed – 1545–63 Konzil von T.: innere Erneuerg. d. kathol. Kirche, Beginn d Gegenreformation 73 II Qj – bis 1918 zu Österr. 102/103 Hd

Trier: Stadt in Rheinld.-Pfalz 122 Bd – um 16 v. Chr. röm. Gründg. Augusta Treverorum 30/31 Bd, 40 III – wirtschaftl. Mittelpkt. u. Hauptort d. röm. Prov. Belgica, Zentrum d. Wolltuch- u. Keramikherstellg. 25 Cab – frühchristl. Gemeinde 33 I Cb – im 3./4. Jh. n. Chr. röm. Residenz, Treveri 28 Cb – 470 fränk. Eroberg. 34 II Ne – 882 v. Normannen verwüstet 37 II Jf – im 14. Jh. wachsende Bedeutg. als erzbischöfl. Residenz 40 IV – 1473 gegr. Univ. 54 II He – 1794 v. Franzosen besetzt, 1801 franz. 87 I Bd – 1815 preuß., 1818 Geburtsort v. Karl Marx 92 Dd

Trier: Bm. in Rheinld.-Pfalz im 3. Jh. gegr. um 800 Ebm. 41 I Ec – im 14. Jh. nach Erlangg. d. Kurwürde bedeut. Ebm. neben Mainz u. Köln 54/55 III Ccd – 1803 aufgelöst. d. Kurstaates 87 I Bd

Triest (Trieste): Hafenstadt an d. Adria in NO-Italien 118/119 Hd – röm. Stadt Tergeste 26/27 I Gc – im 10. Jh. unter bischöfl. Herrschaft 42/43 If – im 13. Jh. venezian. 46/47 I Eb – 1382 habsburg. 54/55 III Ff – 1719–1918 als österr. Freihafen Aufschwung z. Handelszentrum 84 Cc, 102/103 Hd – 1919 zu Italien 110/111 Hd – nach d. 2. WK zw. Italien u. Jugoslawien umstritten, 1947–54 Freistaat 118/119 Hd

Trifels: Burgruine in Rheinld.-Pfalz – im 11./12. Jh. Stauferburg, Aufbewahrungsort d. Reichskleinodien, 1193–94 Ort d. Gefangenschaft d. engl. Königs Richard I. Löwenherz 46/47 I Db

Trinidad u. Tobago: Inselstaat im Karib. Meer 124/125 I FGe – 1498 v. Kolumbus entdeckt u. für Spanien in Besitz genommen 64 Nebenkarte – 1802/14 brit. 104 GHd – 1962 unabh. Mitgl. d. Commonwealth, 1976 Rep. 131 I EFc

Trinil: Ort auf Java, Indonesien – Fundort d. Java-Menschen 1 I De

Tripoli: Hafenstadt im Libanon 149 IV Ca – griech. Tripolis 16 Dc – 1109 v. Kreuzfahrern eingenommen 48 Fc – 1202/09–1289 Gft. 49 II Kb –1516 osman. 65 Gd

Tripolis: Hptst. v. Libyen 148/149 I Eb – im 7. Jh. v. Chr. phönik. Kolonie Oia 7 Dc – 146 v. Chr. röm., Oea 24 Dc – Hptst. v. Tripolitanien 35 IV TI –1146 Eroberg. durch Kreuzfahrer 48 Dc – 1510–51 span., Seeräuberstützpkt. 66/67 Hg – 1943 v. brit. Truppen besetzt 115 Dd – 1987 als Vergeltg. f. liby. Unterstützg. f. palästinens. Terroranschläge v. US-Luftwaffe bombardiert 145 IV Hg

Tripolitanien: NW-Teil v. Libyen – im 3. Jh. röm. Prov. Tripolitana 28 Dc – im 5. Jh. Eroberg. durch d. Wandalen 34 II NOf – im 6. Jh. oström. 35 IV TI – im 7. Jh. arab. 36 Dc – 1835 osman. Prov. Tripolis 144 I BCb – 1911/12 italien. 110/111 Hg

Tripolje: vorgeschichtl. Fundort in d. heut. Ukraine 1 III Fb

Tristan da Cunha: brit. Inselgr. im südl. Atlant. Ozean 124/125 I gl

Troja: Ruinenstätte in d. W-Türkei – bereits im 3. Jtd. v. Chr. besiedelt 3 II Mg – um 1900 v. Chr. Gründg. d. myken. T., um 1250 v. Chr. durch Erdbeben zerstört, Schaupl. d. von Homer beschriebenen Trojan. Krieges 4 I Ec, 4 II Mg – im 8. Jh. v. Chr. von Griechen neu besiedelt u. Ilion genannt 6 I Db – im 1. Jh. v. Chr. röm., Ilium 26/27 I Je – urchristl. Gemeinde Troas 33 I Ec

Troppau (Opava): Stadt in d. Tschech. Rep. – 1224 Magdeb. Stadtrecht 50/51 Ef – 1318 als Hzm. zu Schlesien 54/55 III Hc – 1526 habsburg. 70/71 IJd – 1820 Kongreß d. Hl. Allianz beschließt Intervention bei revolutionären Bewegungen in europ. Staaten 90/91 Id

Troyes: Stadt in Frankr. – röm. Stadt Augustobona 26/27 I Ec – im 4. Jh. Bm. 38/39 I Cb – im 12.–14. Jh. Messestadt in Champagne, Handelszentrum 57 Bd – 1420 Vertrag von T. sichert Heinrich V. von England d. franz. Thron 60 FGe – s. d. 16. Jh. Zentrum d. Wolltuchverarbeitg.68/69 CDc

Truk → Karolinen

Truso → Elbing

Tschad: Staat in Zentralafrika 124/125 I JKe – heut. Staatsgebiet s. 1910 zu Franz. Äquatorialafrika 144 II FGh – 1960 unabh. Rep. 145 III BCbc – s. 1965 Niederwerfg. v. Aufständen in d. islam. N-Region 148/149 I EFce – 1981–90 Kämpfe im N-T. mit v. Libyen unterstützen islam. Rebellen 145 IV FGgh

Tschagatai: ehem. Chanat d. Mongolen in Zentralasien 58 Legende

Tschaldiran: Landsch. in NW-Iran – 1514 osman. Sieg in T. führt z. Ausdehng. d. osman. Herrschaftsbereiches auf Aserbaidschan u. Persien 65 Ic

Tschandarnagar: Stadt in NO-Indien – 1673–1952 franz. 138 I Db, 139 II Kf

Tschangtschun: Stadt in NO-China 140 II Ng – 1932–45 Hptst. d. v. Japan abh. Mandschukuo 140 I Fb

Tschataldscha: Stadt in d. europ. Türkei – T.-Linie im 1. Balkankrieg letzte türk. Verteidigungslinie vor Konstantinopel (Istanbul) 101 II bl

Tschechoslowakei: Bundesstaat d. Tschech. u. Slowak. Rep. in Mitteleuropa 118/119 HJcd – heut. Staatsgebiet bis 1918 zu Österr.-Ungarn (→ Böhmen, → Mähren), Okt. 1918 Bildg. d. unabh. Tschechoslowak. Rep., 1919 im Vertrag von St. Germain bestätigt, Okt. 1938 Abtretg. d. Sudetenlandes an d. Dt. Reich leitet d. Auflösg. d. tschechoslowak. Staates ein, Gebietsabtretung an Ungarn u. Polen, März 1939 Ausrufg. d. von Deutschld. abh. → Slowakei, nach dt. Besetzg. Errichtg. d. „Protektorats Böhmen u. Mähren" 110/111 HJcd, 113 GLcd u. Legende – 1945 Wiederherstellg. d. tschechoslowak. Staates, 1948 nach kommunist. Machtübernahme Gründg. d. Volksrep. T. 120 I EJcd – 1968 Reform- u. Demokratisierungsbestrebungen der tschechoslowak.

Regierg. unter Alexander Dubcek („Prager Frühling") durch Einmarsch v. Truppen d. Warschauer Paktes gewaltsam niedergeschlagen, 1968/69 Umwandlg. in eine Föderative Sozialist. Rep. 120 II EJcd – s. 1977 Bürgerrechtsbewegg. f. demokrat. Freiheiten, 1989 nach Wandel in Polen, Ungarn u. d. DDR Massenbewegg. geg. kommunst. Regime, Dez. 1989 Sturz d. Regierg. („sanfte Revolution"), Beginn demokrat. u. wirtschaftl. Reformen, 1990 Gründg. d. „Föderativen Rep. d. Tschechen u. Slowaken" (CSFR) 154 – 1992 nach Wahlsieg d. slowak. Nationalisten Beschluß z. Auflösung d. Bundesstaates Ende 1992 156 I EFbc

Tschenstochau (Czestochowa): Stadt in S-Polen 120 II Hc – 1382 gegr Kloster, bedeut. Wallfahrtsort d. poln. Katholiken 54/55 III cl – 1655 v. Schweden vergebl. belagert 74/75 Jc

Tschernigow: Stadt in d. Ukraine – im 11. Jh. Hptst. d. gleichnamigen Fsm. 44 Fb

Tscheschme: Stadt in d. W-Türkei – 1770 Seeschlacht, Vernichtg. d. osman. durch d. russ. Flotte 78/79 Kf

Tschita: Stadt in S-Sibirien, Russ. Föderation 155 Gc – 1653 gegr. 134 Fc

Tschungking: Stadt in China – 1876 als Vertragshafen geöffnet 139 I Eb – 1937–45 Sitz d. Kuomintang-Regierg. 140 I Db

Tschuwasch. AR: autonome Rep. in d. Russ. Föderation 155 Dc – 1925–91 ASSR in d. RSFSR 136 I Dc

Tsingtau: Hafenstadt in O-China 139 II Mf – 1898 Hptst. d. dt. Pachtgebietes Kiautschou, wichtiger Handelshafen 139 I Fb – 1914–22 u. 1937–45 v. Japanern besetzt140 I Fc – 1946–49 US-Stützpkt. 140 I Nh

Tsushima: japan. Inselgr. zw. Japan u. Korea – 1905 Seeschlacht, entscheidender japan. Sieg über russ. Flotte 134 Gd

Tuamotu-Inseln: Inselgr. im südl. Pazif. Ozean, zu Franz.-Polynesien gehörig 143 GHe

Tübingen: Stadt in Baden-Württemberg 122 Cd – 1477 Gründg. d. Univ., Zentrum d. Humanismus, später d. Reformation 54 II He, 73 I Ed – 1514 Vertrag gewährt d. württemberg. Landständen Mitspracherecht 70/71 Ed – 1945–52 Hptst. v. Württemberg-Hohenzollern 120 I Cd

Tucson: Stadt in d. südwestl. USA 129 I Bc – bis 1853 zu Mexiko, im 19. Jh. Zentrum d. Silberbergbaus 128 I Bc

Tucumán: Stadt in N-Argentinien 133 Ce – 1816 Ort d. Unabhängigkeitserklär. Argentiniens 132 II

Tula: Stadt in d. Russ. Föderation 118/119 Mc – 1503 Grenzfestg. d. Grsfm. Moskau geg. Krimtataren, bedeut. Zentrum d. russ. Metallverarbeitung 66/67 Mc

Tunesien: Staat in N-Afrika 124/125 I Jd – Küste d. heut. Staatsgebietes um 1100 v. Chr. von Phönikern kolonisiert, Zentrum Karthago 7 CDc – 146 v. Chr. Beginn d. röm. Eroberg. 24 CDc – 439 n. Chr. Unterwerfg. durch d. Wandalen 34 I CDc – 533 oström. 35 IV STI – im 7. Jh. Eroberg. durch d. Araber 36 CDc – s. 1228 unter Herrschaft d. Hafsiden-Dynastie 59 CDc – 1574 unter osman. Oberhoheit 66/67 GHfg – 1705 unter d. Husseiniden Zurückdrängg. d. osman. Einflusses 78/79 GHfg – 1881 franz. Protektorat 144 I Bb – nach d. 1. WK Entstehg. d. tunes. Nationalbewegg., im 2. WK Kriegsschaupl. 114 CDd, 115 CDd – 1956 unabh., 1957 Rep. 145 III Bb

Tunis: Hptst. v. Tunesien 145 IV Fg – 1270 Endpkt. d. letzten Kreuzzuges 48 Dc – 1535–74 span., Seeräuberstützpkt. 66/67 Gf

Turin (Torino): Stadt in N-Italien 118/119 Gd – röm. Stadt Augusta Taurinorum 26/27 I Fc – 1405 gegr. Univ. 54 II He – im 15. Jh. Residenz d. Herzöge v. Savoyen 61 Ab – 1706 im Span. Erbfolgekrieg umkämpft, bis 1713 franz. besetzt 77 Eb – 1720 Residenz d. Könige v. Sardinien 78/79 Gd – 1861–64 Hptst. d. Kgr. Italien 100 Ac

Türkei: Staat in SO-Europa u. Vorderasien 124/125 I KI cd – im 2. Jtd. v. Chr. Einwandern d. indogerman. Hethiter in d. heut. Staatsgebiet, Kämpfe

d. hethit. Stadtstaaten um d. Vormachtstellg. in Kleinasien 4 I Legende, 4 II MNf – im 6. Jh. v. Chr. zum Pers. Reich 6 II GHef – griech. Kolonisation an d. Küstenplätzen 7 EFbc – im 4. Jh. v. Chr. zum Reich Alexanders d. Gr. 14/15 I BCab – im 2. Jh. v. Chr. Beginn d. röm. Eroberg. 25 EFbc – 395 n. Chr. Teil d. Oström. Reiches (Byzantin. Reich) 34 I EFbc – im 11. Jh. eindringende türk. Seldschuken beenden d. byzantin. Vorherrschaft in Kleinasien 49 II JKa – 1243 Eroberg. durch d. Mongolen führt z. Auflösg. d. Seldschuken-Reiches 58 BCcd – s. d. 14. Jh. Kerngebiet d. → Osman. Reiches 59 EFbc – 1908/09 Revolution d. „Jungtürken" 102/103 KNef – im 1. WK auf seiten d. Mittelmächte 106 III Fbc – 1919 nationale Erhebg. unter Führg. v. Mustafa Kemal Pascha (Atatürk), 1920 Vertrag v. Sèvres bedeutet d. Ende d. Osman. Reiches, 1923 Ausrufg. d. Rep., Friede v. Lausanne bestätigt d. Unabh. d. neu gegr. T. 110/111 KNef – s. 1943 Aufstände d. Kurden in d. Ost-T. 148/149 I FHab – Eintritt in d. 2. WK 1945 115 EGcd – 1952 Mitgl. d. NATO 123 I FHcd – 1974 türk. Besetzg. d. nördl. Teils v. Zypern führt z. Konflikt mit Griechenland 118/119 KNef – 1980 Machtübernahme durch Militär, Menschenrechtsverletzungen u. Unterdrückg. d. Opposition verhindern angestrebte Integration in Europarat u. EG 156 I FHcd – s. 1991 verstärkte Kämpfe geg. nat. Selbstbestimmg. fordernde Kurden 159 III BCb

Turkestan: Landsch. in Zentralasien – 1873 West-T. größtenteils zu Rußland, 1878 Ost-T. (Sinkiang) zu China 134 DEc

Turkmenistan: Staat in Zentralasien 155 DEcd – 1873 Unterwerfg. d. nomadisierenden Turkstämme durch Russld. 134 Dc – 1918 Proklamation d. Turkestan. ASSR, 1925–91 Unionsrep. d. UdSSR 136 I DEcd – 1991 unabh. Rep. 155 DEcd

Turku, Åbo: Hafenstadt in S-Finnland 118/119 Ja – s. d. 13. Jh. bedeut. finn. Festg. u. Handelszentrum 57 Fa – 1743 Friede beendet Krieg zw. Schweden u. Rußland, schwed. Gebietsabtretungen an Rußland 78/79 Ja

Tuscia, Tuskien → Toskana

Tusculum: Ruinenstätte bei Rom, Italien im 6. Jh. v. Chr. von Etruskern beherrscht 18 II Jg

Tuttlingen: Stadt in Baden-Württemberg – 1643 Niederlage d. Franzosen geg. kaiserl. Truppen 74/75 Ee

Tuvalu: Inselstaat im Pazif. Ozean 143 EFe – 1892 als Ellice-Inseln brit. 63 III el – 1975 brit. Kolonie T., 1978 unabh. Mitgl. d. Commonwealth 124/125 I Rf

Tuwinische AR: autonome Rep. in d. Russ. Föderation 155 Fc – im 18. Jh. als Tannu-Uriangchai unter chines. Herrschaft 138 II Ne – 1921/28–44 unabh. Volksrep. Tannu-Tuwa 139 II Ke – 1944–91 ASSR in d. RSFSR 136 I Fc

Twer → Kalinin

Tyros, Tyrus → Sur

U

Udine: Stadt in NO-Italien 100 Db – 1238–1752 Residenz d. Patriarchen v. Aquileja 54/55 III Fe, 82/83 Ge

Udmurtische AR: autonome Rep. in d. Russ. Föderation 155 Dc – 1934–91 ASSR in d. RSFSR 136 I Dc

Ufa: Hptst. d. Baschkir. AR in d. Russ. Föderation 155 Dc – 1586 russ. 134 Cc – s. 1945 Ausbau z. Zentrum d. chem. Industrie in d. UdSSR 137 I Dc

Uganda: Staat in O-Afrika 124/125 I Kef – im heut. Staatsgebiet bis z. 19. Jh. selbst. Königreiche d. Hima 144 I Gd – 1890/94 Errichtg. d. brit. Protektorates U., zu Brit.-Ostafrika 144 I Gh – 1962 unabh. Mitgl. d. Commonwealth, 1963 Rep., 1971 Militärputsch, Machtübernahme durch d. diktator. Regime Idi Amin Dada, 1979 Sturz Amins mit Unterstützg. tansan. Truppen 145 IV Gh

Ugarit: Ruinenstätte in W-Syrien – im 2. Jtd. v. Chr.

bedeut. Stadtstaat u. Handelszentrum d. Vorderen Orients, Tontafelfunde bezeugen frühe Entwicklg. d. ugarit. Schrift 4 I Fc – um 1200 v. Chr. von eindringenden Seevölkern zerstört 4 II Ng

Ukraine: Staat in O-Europa 155 Cc – s. d. 14. Jh. größtenteils unter poln.-litau. Herrschaft 66/67 Ld – 1648 Aufstand d. Saporoger Kosaken führt z. vorübergehenden Selbständigkeit d. Ukrainer, 1654 Anschluß an Rußland löst poln.-russ. Krieg aus, 1667 zw. Polen u. Rußland geteilt, 1708/09 erfolgloser Aufstand in d. russ. U. 78/79 KLd – 1795 ganz U. zu Rußland im 19. Jh. Unterdrückg. d. eigenständigen nationalen Entwicklg., Förderg. d. ukrain.-nationalen Bewegg. im österr. Galizien 88/89 Ld – 1918 unabh. Rep. 107 11 elJ – Gegner d. bolschewist. Revolution, 1919 nach Eroberg. durch d. Bolschewisten Gründg. d. Ukrain. SSR, 1919/20 im russ. Bürgerkrieg u. poln.-sowjet. Krieg umkämpft, 1922–91 Unionsrep. d. UdSSR 135 Cc – 1939 Eingliederg. d. ehem. poln. West-U., 1945 d. Karpato-U., 1954 d. Krim 118/119 JMcd – 1991 unabh. Rep. 155 Cc

Ulan-Bator: Hptst. d. Mongolei 140 II Lg – s. 1620 als Urga Zentrum d. Lamaismus 139 I Ea – 1912 Hptst. d. Äußeren Mongolei, wichtiger Umschlagpl. im chines.-russ. Handel 139 II Ea – 1924 Umbenenng. in U.-B. 140 I Db

Ulan-Ude: Hptst. d. Burjat. AR in d. Russ. Föderation 155 Gc – 1647 als Werchne-Udinsk gegr. 134 Fc – 1934 Umbenenng. in U.-U. 136 I Gc – Zentrum d. sowjet. Handels mit d. Mongolei u. China 137 I Gg

Ulm: Stadt in Baden-Württemberg 1157 II CDd – 854 als Pfalz erwähnt 38/39 I Db – s. 1377 Bau d. Münsters, s. d. 14. Jh. Reichsstadt, im 14./15. Jh. bedeut. Handelszentrum Schwabens, Leinenweberei 54/55 III DEd, 68/69 Ec – 1803 bayr. 87 I CDd – 1805 Sieg d. Franzosen über Österreicher im 3. Koalitionskrieg 88/89 GHd – 1810 württemberg., 1842/59 Ausbau z. Bundesfestg. 92 EFd

Ulster: N-Teil v. Irland, zu Großbritannien gehörend 118/119 Dc – altes irisches Kgr. 38/39 I Aa – 1920/21 Abtrenng. d. protestant.-nordirischen Grafschaften vom neu gegr. irischen Freistaat als Nordirland, auch U. genannt, Bildg. d. Verein. Kgr. von Großbritannien u. Nordirland, s. Teilg. d. Insel erhebt Rep. Anspruch auf Nordirland, irisch-brit. Gegensatz 110/111 Dc – s. 1969 bürgerkriegsähnl. Kämpfe zw. d. protestant. Mehrheit u. d. kathol. Minderheit d. Nordiren 118/119 Dc

Uman: Stadt in d. Ukraine – 1941–44 von dt. Truppen besetzt 114 Ec

Ungarn: Staat in Mitteleuropa 118/119 IJd – s. 896 Eindringen d. Madjaren in d. heut. Staatsgebiet, 955 Niederlage in d. Schlacht auf d. Lechfeld beendet d. Raub- u. Beutezüge d. ungar. Reiterheere in Mitteleuropa 37 II KLf – um 1000 Kgr. unter d. Arpaden-Dynastie, Beginn d. Christianisierg. 44 DEc – im 12. Jh. Ausdehng. d. Herrschaft bis z. Adria, Einwanderg. dt. Siedler 46/47 I Fbc – 1241 beim Einfall d. Mongolen verwüstet 58 ABc – 1308 unter Herrschaft d. Anjou-Könige, 1387 luxemburg. 59 DEb – 1514 Aufstand d. ungar. Bauern, 1526 entscheidender osman. Sieg in d. Schlacht bei Mohács leitet osman. Herrschaft über Ost-U. ein, Übernahme d. westl. Teils durch d. Habsburger 70/71 IJd – 1687/99 ganz zu Österr., 1703–11 Aufstand unter Führg. v. Rákóczy geg.d. absolutist. Herrschaft d. Österreicher 77 GHb – 1848 Revolution unter Führg. v. Kossuth, 1849 mit russ. Unterstützg. niedergeworfen 92 ILde – s. 1867 Doppelmonarchie Österr.-U. 93 Legende – s. 1890 Industrialisierg., bis z. 1. WK Verschärfg. d. Gegensatzes zw. d. nationalen Minderheiten 102/103 IJd – 1918 Ausrufg. d. Rep., 1919 Räterep., 1920 nach Vertrag v. Trianon große Gebietsverluste 110/111 IJd – 1938 Teile d. Slowakei, 1939 Karpato-Ukraine annektiert 113 ILde – 1941 Eintritt in d. 2. WK auf seiten Deutschlands 114 DEc – 1944 nach sowjet. Besetzg. Kriegserklärg. an Deutschld. 115 DEc – nach d. 2. WK

Flucht u. Zwangsumsiedlg. eines großen Teils d. dt. Bevölkerg., 1946 Rep., 1949 Volksrep., 1956 Volksaufstand durch sowjet. Truppen niedergeschlagen 118/119 IJd – 1988 KP-Chef Kadar wird z. Rücktritt gezwungen, Beginn v. Reformen, 1989 Öffng. d. Grenze zu Österreich löst Fluchtwelle v. DDR-Bürgern aus, s. 1990 Übergang z. parlamentar. Demokratie 154

Upsala: Stadt in Schweden – 1477 Gründg. d. ältesten Univ. N-Europas 54 II dl – bis z. 17. Jh. Krönungsstätte schwed. Könige, Kulturzentrum 76 II Hef

Ur: Ruinenstätte in S-Irak – bereits s. d. 5. Jtd. v. Chr. besiedelt 3 II Og – im 3. Jtd. v. Chr. polit. Zentrum u. Heiligtum d. Sumerer, altoriental. Handelszentrum u. zeitw. Hptst. v. Babylonien, Fundort ausgedehnter Grabanlagen 4 I Gc

Urbino: Stadt in Mittelitalien – röm. Siedlg. Urbinum Metaurense 20/21 Gd – 1443/74 Erhebg. z. Hzm. 61 Dc

Urga → Ulan-Bator

Uri: Kanton in d. Schweiz – 1291 Urkanton d. Eidgen. 72 I Cc

Urmiasee: See in NW-Iran – 1603 Sieg d. Perser über osman. Heer, Persien gewinnt seine westl. Gebiete zurück 65 HIc

Uruguay: Staat in S-Amerika 124/125 I Gg – heut. Staatsgebiet bis 1811/14 span., 1821–25 zu Brasilien, 1828 unabh., innenpolit. Krisen leiten Phase v. Bürgerkriegen ein 104 Hf

Uruk: Ruinenstätte in S-Irak – um 3000 v. Chr. polit. u. kulturelles Zentrum d. Sumerer 3 II Og – Residenz babylon. Könige 4 I Gc – bis z. Seleukidenherrschaft bedeut. Kultstätte, Orchoë 14/15 Ng

Urumtschi: Stadt in NW-China 139 II Ke – s. 1955 Hptst. d. autonomen Region Sinkiang-Uigur 140 II Jg

Usatovo: vorgeschichtl. Fundort in d. heut. Ukraine 4 I Fb

Usbekistan: Staat in Zentralasien 155 DEcd – heut. Staatsgebiet im 14. Jh. unter Chanat d. Goldenen Horde, Stammesbildg. d. Usbeken 58 Fc – im 16. Jh. usbek. Staatsgründg., später Chanat Chiwa u. Buchara 138 I Ca – 1876 unter russ. Oberherrschaft 134 CDcd – 1920 Sozialist. Volksrep. 135 DEcd – 1924–91 Unionsrep. d. UdSSR 136 I DEcd – 1991 unabh. Rep. 155 DEcd

Utah: Staat in d. westl. USA 126 Ke – 1896 als 45. Staat in d. Union aufgenommen 128 I Bc

Utica, Utika: ehem. Stadt in Tunesien – im 11. Jh. v. Chr. als phönik. Kolonie gegr. 7 CDc – im 2. Pun. Krieg mit Karthago verbündet 19 DEc – 46 v. Chr. im röm. Bürgerkrieg umkämpft 26/27 I Ge

Utrecht: Stadt in d. Niederlanden 118/119 Gc – röm. Kastell Traiectum 30/31 Bb – 1579 Bildg. d. U.er Union: Zusammenschluß niederländ. Provinzen geg. d. span. Herrschaft 76 I Ca – 1636 Gründg. d. Univ., Zentrum d. Calvinismus 73 II Ng – 1713/15 Friede v. U. beendet Span. Erbfolgekrieg 77 Ea

Utrecht: Ebm. in d. Niederlanden – um 695 gegr. Bm. 41 I Eb – 1457 burgund. Protektorat 60 Gc – 1528 v. Habsburgern annektiert 70/71 Cb – 1559 bis Ende d. 16. Jh. Ebm. 73 II Ng – 1853 Ebm. neu gegr. 92 Cb

Uxmal: Ruinenstätte in S-Mexiko – Kulturzentrum d. Maya 100 I Cb

Uzgorod: Stadt in d. Ukraine – 1938–39 Hptst. d. autonomen Karpato-Ukraine, 1939–44 zu Ungarn, Ungvár 110/111 Jd

V

Vădastra: vorgeschichtl. Fundort im heut. Rumänien 4 I Eb

Vadstena: Ort in S-Schweden – bis 1595 Stammkloster d. kathol. Birgittenordens 66/67 Hb

Valençay: Ort in Frankr. – 1808–13 Exil d. span. Könige 88/89 Fd

Valence: Stadt in S-Frankr. – 61 v. Chr. röm. Kolo-

nie Valentia 26/27 I Fd – s. d. 4. Jh. n. Chr. Bm. 38/39 I CDc – 1459 gegr. Univ. 54 II He

Valencia: Hafenstadt in O-Spanien 118/119 Ef – 138 v. Chr. röm. Gründg. Valentia, später röm. Kolonie 26/27 I De – 413 n. Chr. von Westgoten, 714 v. Arabern erobert 34 II, Mf 37 II gl – 1238 zu Aragón 46/47 I Bd – 1500 gegr. Univ. 54 II Gf – 1707 Verlust d. Sonderrechte 78/79 Ef – 1812/13 v. Franzosen besetzt 88/89 Ef –1936–37 im Span. Bürgerkrieg Sitz d. Volksfrontregierg. 110/111 Ef

Valenciennes: Stadt in N-Frankr. – 1030 z. Gft. Hennegau 42/43 Dc – ma. Zentrum d. Tuchweberei 68/69 Cc – 1677/78 franz. 81 Ba

Valladolid: Stadt in N-Spanien 118/119 Ee 1346 Gründg. d. Univ. 54 II Ge – im 15. Jh. Residenz kastil. Könige 66/67 Ee

Valletta (il-Belt-Valletta): Hptst. v. Malta 118/119 Hf – 1565 vergebl. osman. Belagerg. 65 Bc

Valmy: Ort in N-Frankr. – 1792 erfolglose Kanonade von V. zwingt d. preuß.-österr. Truppen z. Rückzug, Beginn d. Vormarsches d. franz. Revolutionsarmee z. Rhein 86 I Cb

Valois: franz. Dynastie – 1328–1589 Könige v. Frankr. 59 Cb, 60 Fe

Valona (Vlorë): Hafenstadt in Albanien – im MA als Avlona Stützpkt. d. Kreuzfahrer 48 Db – 1912 Ort d. alban. Unabhängigkeitserklärg. 101 II Gb

Valparaiso: Hafenstadt in Chile 132 I Ab – um 1540 v. Spaniern gegr. 130 I Df – bedeut. Hafen u. Handelszentrum v. Chile 133 Bf

Vancouver: Hafenstadt in W-Kanada 126 Jd – s. Ende d. 19. Jh. wichtiges kanad. Wirtschaftszentrum an d. W-Küste 129 I Ab

Vandiemensland → Tasmanien

Vanuatu: Inselstaat im Pazif. Ozean 143 Ee – 1887/1907–1980 als Neue Hebriden unter gemeinsamer Verwaltung v. Großbritannien u. Frankr. – 1980 unabh. Mitgl. im Commonwealth 143 Ee

Varennes: Ort in N-Frankr. – 1791 Flucht Ludwigs XVI. von Paris scheitert in V. 86 I CDb

Vascones → Basken

Vassy: Ort in NO-Frankr. – 1562 Ausgangspkt. d. Hugenottenkriege 66/67 FGd

Västeras: Hafenstadt in S-Schweden – im 14. Jh. dt. Stadtsiedlg. 57 Eb – 1527 Reichstag zu V.: Einführg. d. luther. Reformat. in Schweden 66/67 Ib

Vatikanstadt: souveräner Stadtstaat in Rom 100 De – Förderg. d. röm.-kathol. Kirche nach Wiederherstellg. d. → Kirchenstaates führt 1929 z. Abschluß d. Lateranverträge zw. Hl. Stuhl u. Italien: V. erhält volle Souveränität 110/111 He

Veji: ehem. Stadt in Mittelitalien – um 500 v. Chr. bedeut. Stadt u. Kulturzentrum d. Etrusker, 396 v. Chr. von Römern unterworfen 18 II Jf

Velia: ehem. Stadt in S-Italien – um 540 v. Chr. als griech. Kolonie Elea gegr. 7 Db – bedeut. Philosophenschule 22/23 I Eb

Velletri: Stadt in Mittelitalien 100 De – 338 v. Chr. von Römern erobert, Velitrae 18 II Jg – 1849 Sieg d. italien. Freiheitskämpfer unter Garibaldi über Truppen Neapels 100 De

Vellinghausen: Ort in NRW – 1761 franz. Niederlage geg. Preußen u. Hannoveraner im 7jährigen Krieg 82/83 DEc

Veltlin: Landsch. in N-Italien – 1512 zu Graubünden, 1620 Erhebg. d. kathol. Veltliner geg. d. Graubündner Landesherren, 1797 z. Cisalpin. Rep. 72 I Dc

Venaissin: ehem. Gft. in S-Frankr. – 1274 päpstl. Besitz, 1348 mit Avignon vereinigt 54/55 III Bfg – bis 1790 z. Kirchenstaat, 1797 nach Verzicht d. Papstes zu Frankr. 81 Cde

Venda: Gebiet in d. Rep. Südafrika – 1973 im Rahmen d. Apartheidpolitik als autonomes Homeland gegründet, 1979 v. Südafrika in d. Unabh. entlassen, Unabh. international nicht anerkannt 147 III BCa

Vendée: Landsch. in W-Frankr. – 1793–96 Zentrum royalist. Erhebung geg. d. franz. Revolutionsregierg. 86 I Bb

Venedig (Venezia): Stadt in NO-Italien 118/119 Hd –

im 5./6. Jh. Besiedlg. d. Laguneninseln durch aus Venetien geflohene Bewohner, Stadtentwicklg. unter ostróm. Oberhoheit 36 Db – 806–12 unter fränk. Oberhoheit 38/39 I Eb – im 10./11. Jh. Aufstieg z. bedeut. Handelszentrum u. Stadtstaat 44 Dc – 1167 Mitgl. d. Lombard. Städtebundes 46/47 I Eb – s. d. 12. Jh. Erweiterg. d. venezian. Besitzes u. Levantehandels im östl. Mittelmeerraum führt zu Machtkämpfen mit d. Rep. Genua 49 I Ca – 1204 Eroberg. Konstantinopels (Istanbul) mit Unterstützg. v. Kreuzfahrern beschleunigt d. Zerfall d. byzantin. Macht in Kleinasien 48 Db – 1380 Niederlage d. Rep. Genua geg. V. beendet d. Kampf um d. polit. u. wirtschaftl. Vormachtstellg., Festigg. d. venezian. Ausdehng. d. venezian. Herrschaft in N-Italien 59 Db – um 1500 Zentrum v. Renaissance u. Humanismus, Bedeutungsrückgang als Handels- u. Wirtschaftsmacht 61 BFac, 68/69 Fd – im 16./17. Jh. Verlust d. venezian. Stützpunkte im östl. Mittelmeerraum an d. Osman. Reich 66/67 Hlde – 1797 österr. 86 I Ef – 1805 z. napoleon. Kgr. Italien 87 II Mf – 1815 erneut österr. 90/91 Hd – 1848–49 unabh. Rep., 1866 zu Italien 100 Dc

Venetien: Landsch. in N-Italien 100 CDbc – vom Volk d. Veneter besiedelt, im 3. Jh. v. Chr. mit Rom verbündet 19 Ea – unter Kaiser Augustus Errichtg. d. Region Venetia et Histria 26/27 I Gc – im 14./15. Jh. zur Rep. Venedig 61 CDab – 1797 zu Österreich 87 I Ee – 1805 z. napoleon. Kgr. Italien 87 II LMf – 1815 Teil d. österr. Lombardo-Venetian. Kgr. 90/91 Hd – 1866 zu Italien 100 CDbc

Venezuela: Staat in S-Amerika 124/125 I Fe – Küste d. heut. Staatsgebietes 1498 v. Kolumbus entdeckt, 1546 span. 62/63 I Fd – im 16.–18. Jh. zum Vizekgr. Neu-Granada 64 Gd – 1811 Unabhängigkeitserklärg., 1819 zur Verein. Rep. von Kolumbien, bis 1821 Freiheitskampf unter Führg. Simón Bolívars 104 Gd – 1830 unabh. Rep., innenpolit. Krisen führen jahrzehntelang zu Bürgerkriegen u. Revolutionen, 1958 Militärputsch beendet diktator. Regime, bis 1968 v. Kuba unterstützter Guerillakrieg 132 I BCab – bedeut. Erdölexportland u. Ölproduzent 133 BCab

Venlo: Stadt i. d. Niederlanden – 1481 Hansestadt 57 Cc – 1795–1814 franz. 81 Da

Veracruz: Hafenstadt in Mexiko 131 II Hg – 1519 erste span. Gründg. in Mexiko, Umschlaghafen für Silber 62/63 I Ed – 1847 amerikan. Besetzg. im Krieg geg. d. Mexikaner, 1914/16 während d. mexikan. Revolution von US-Truppen besetzt 131 I Bc

Vercelli: Stadt in N-Italien – röm. Siedlg. Vercellae 20/21 Cb – 101 v. Chr. Sieg d. Römer über d. german. Kimbern 29 II Lg – s. 1427 z. Hzm. Savoyen 70/71 Ef

Verden: Stadt in Niedersachsen – 782 Hinrichtg. aufständ. Sachsen auf Befehl Karls d. Gr., 849 Bm. 38/39 I Da – 1511–66, 1621 mit d. Ebm. Bremen vereinigt, 1648 als weltl. Fsm. zu Schweden 70/71 Eb, 74/75 Eb – 1712/19 z. Kurfsm. Hannover 82/83 Eb

Verdun: Stadt in NO-Frankr. – kelt.-röm. Virodunum 30/31 Bd – s. d. 4. Jh. Bm. 38/39 I Db – 843 Vertrag von V.: Teilg. d. Frankenr. 39 II – im 13. Jh. Reichsstadt 54/55 III Bd – 1552/1648 franz. 70/71 Cd, 81 Cb – s. 1871 verstärkter Ausbau d. Festg. 93 Cd – 1916 Schlacht um V.: verlustreiche Kämpfe zw. dt. u. franz. Truppen 107 I Bb

Vereinigte Arabische Emirate, V.A.E.: Staatenbund auf d. Arab. Halbinsel 124/125 I Ld – heut. Staatsgebiet z. Anfang d. 19. Jh. Zentrum d. Seeräuberei, Seeräuberküste genannt, 1853 brit. Protektorat 139 I Bb – s. 1968 Verhandlg. mit Großbritann. z. Bildg. einer Föderation Arab. Emirate am Pers. Golf, 1971 unabh. Föderation V.A.E. 148/149 I cl – Zentrum d. Erdölförderg. 153 III Fc

Vereinigte Republik von Kolumbien: ehem. Rep. in S-Amerika – 1819 durch Vereinigg. v. Kolumbien u. Venezuela entstanden, 1821 Anschluß Panamás, 1822 Ecuadors, 1830 aufgelöst 104 FGdé, 132 II Legende

Vereinigte Staaten von Amerika (United States of America, USA): Staat in N-Amerika 124/125 I AFbd – S-Teil d. heut. Staatsgebietes s. d. Entdeckg. Amerikas durch Kolumbus v. Spanien kolonisiert, s. 1607 Entstehg. brit. Kolonien an d. O-Küste 62/63 I CFbc – Gründg. franz. u. niederländ. Stützpunkte verhindert weiteres Vordringen d. Briten in d. Landesinnere 62 II BCbc – 1763 im Pariser Frieden verliert Frankr. seinen Kolonialbesitz in N-Amerika, Aufstieg Großbritanniens z. Vormacht 63 III BCbc – wachsender Widerstand d. brit. Kolonien geg. d. brit. Kolonialpolitik führt 1775 z. Unabhängigkeitskrieg, 1776 Unabhängigkeitserklärg. von 13 Kolonien, 1783 nach Anerkenng. d. Unabh. durch Großbritannien weitere Gebietsgewinne 127 I – 1812–14 Krieg geg. Großbritannien um Kanada, 1846–48 Krieg geg. Mexiko: Gewinn v. Texas, New Mexico u. Kalifornien, Gegensatz zw. d. Nordstaaten (Union) u. sklavenhaltenden Südstaaten (Konföderation) führt 1861 z. Ausbruch d. Sezessionskrieges, 1863 Aufhebg. d. Sklaverei, siegreicher Aufmarsch d. Nordstaaten, 1865 Kapitulation d. Südstaaten, Wiederherstellg. d. nationalen Einheit 127 II – 1867 Kauf Alaskas v. Rußland, 1869 Eröffn. d. ersten Eisenbahnlinie ermöglicht Erschließg. d. Westens, beim Vordringen nach W Vernichtungskriege geg. d. indian. Bevölkerg. u. Abdrängg. in Reservate, starker Bevölkerungszuwachs durch Masseneinwander. aus Europa 128 I – um 1860/70 Beginn d. Industrialisierg., Verschärfg. d. sozialen Gegensätze 129 I – Ende d. 19. Jh. Aufstieg z. imperialist. Großmacht, 1898 im span.-amerikan. Krieg Erwerb v. Kuba, Puerto Rico u. Philippinen, Annexion Hawaiis, 1903 nach Loslösg. Panamás v. Kolumbien Gewinn d. Panamäkanalzone, Eingreifen in d. Politik mittel- u. südamerikan. Staaten durch militär. Interventionen 131 I ADab u. Legende – 1917 Eintritt in d. 1. WK auf seiten d. Alliierten 106 III ABbc – 1941 japan. Angriff auf Pearl Harbor führt z. Kriegseintritt d. USA, 1945 Abwurf amerikan. Atombomben auf Japan beendet 2. WK in SO-Asien 117 II BCbc – nach d. 2. WK weltpolit. Gegensatz z. UdSSR leitet Phase d. „Kalten Krieges" ein, USA übernehmen d. Führg. im westl. Bündnissystem 150 II – Aufstieg z. Atommacht 151 III ABbc – s. 1964 Rassenunruhen 128 II – 1964–73 Vietnamkrieg: militär. Kriegsführg. d. USA löst weltweiten Protest aus u. verstärkt d. wirtschaftl. u. sozialen Probleme im Innern 126, 150/151 I CFcd – 1989/90 nach Zerfall d. UdSSR alleinige Supermacht, 1990/91 führende Macht im Golfkrieg 159 III

Vereinigte Staaten von Zentralamerika: ehem. Staatenbund in Mittelamerika – 1823 gegr., 1839 Zerfall in d. selbst. Staaten Costa Rica, El Salvador, Guatemala, Honduras u. Nicaragua 104 Fd, 131 I Legende

Vergara: Ort in N-Spanien – 1839 Vertrag beendet 1. „Karlistenkrieg", Niederlage d. konservativ-royalist. Karlisten geg. d. Anhänger Königin Isabellas II. 90/91 Ee

Vermandois: ehem. Gft. in N-Frankr. 1435–77 zu Burgund 60 Fe

Vermont: Bundesstaat in d. nordöstl. USA 126 Od – 1791 als 14. Staat in d. Union aufgenommen 128 I Fb

Verneuil: Ort in N-Frankr. – 1424 Sieg d. Franzosen über burgund. Truppen 60 Ee

Verona: Stadt in N-Italien 118/119 Hd – 89 v. Chr. röm. Kolonie 26/27 I Gc – vermutl. s. d. 3. Jh. n. Chr. Bm. 38/39 I EB – 489 Sieg d. Ostgoten über Heer d. Odowakar 34 II Oe – bis 526 Residenz Theoderichs d. Gr. 35 III Jh – dt. Bern, 952 als Mgft. v. zu Bayern 42/43 Hlef – 1164 Gründg. d. Veroneser Städtebundes, 1167 führendes Mitgl. d. Lombard. Städtebundes 46/47 I Eb – Kultur- u. Handelszentrum 54/55 III Ef – 1405 venezian. 61 Cb – 1822 Kongreß von V. beschließt Intervention geg. d. revolutionär. Bewegg. in Spanien 90/91 Hd

Versailles: Stadt bei Paris, Frankr. – 1661–89 unter Ludwig XIV. Bau d. Barockschlosses, bis z. Franz. Revolution Residenz franz. Könige 74/75 Bd, 80 II – 1783 Friede von V. beendet d. nordamerikan. Unabhängigkeitskrieg 82/83 Bd – 1871 Proklamation Wilhelms I. von Preußen zum dt. Kaiser, Gründg. d. Dt. Reiches 93 Bd – 1919 Ort d. Friedensverhandlungen nach d. 1. WK, Unterzeichng. d. Versailler Vertrages: Dt. Reich verliert als für d. Kriegsausbruch verantwortlich erklärter Staat große Teile seines Gebietes einschließl. d. Kolonien, weitgehende Reduzierg. d. dt. Rüstungsindustrie z. Entmilitarisierg. Deutschlands, Reparationsforderungen d. Siegermächte 110/111 Fd

Vérvins: Ort in N-Frankr. – 1598 Friede von V.: Anerkenng. Heinrichs IV. von Frankr. durch Philipp II. von Spanien 66/67 Fd

Vesuv: Vulkan bei Neapel, Italien – latein. Mons Vesuvius, 79 n. Chr. bei Ausbruch d. Vulkans Zerstörg. d. Städte Pompeji, Herculaneum u. Stabiae 22/23 I Db – 552 n. Chr. Sieg d. ostróm. Heeres über d. Ostgoten 35 III Jn

Veszprem: Stadt in Ungarn – dt. Weißbrunn, im 11. Jh. Bm. u. ungar. Residenz, süddt. Stadtrecht 50/51 EFg – 1241 v. Mongolen verwüstet 54/55 III He

Vetera → Birten

Vezelay: Ort in Frankr. – 864 gegr. Benedikt.-Abtei, 1146 Ausgangspkt. d. 2. Kreuzzuges 48 Cb

Viborg: Stadt in Dänemark – 1065 Bm. 50/51 Ab – bis 1340 Ort d. dän. Königswahl 59 Ca

Vicenza: Stadt in N-Italien 100 Cc – röm. Stadt Vicetia 20/21 Fb – im 12. Jh. Mitgl. d. Lombard. Städtebundes 46/47 I Eb – 1204 gegr. Univ. 54 II el – 1404 venezian. 61 Cb

Vichy: Stadt in Frankr. – 1940–44 Sitz d. von Deutschld. abh. franz. Regierg. Pétain in d. bis Nov. 1942 noch nicht von dt. Truppen besetzten Teil v. Frankr. 114 Cc, 115 Cc

Vicksburg: Stadt in d. südl. USA – 1863 Sieg d. Unionstruppen über d. Konföderation führt z. Wende im Sezessionskrieg, endg. Eroberg. d. Mississippi-Gebietes durch d. Nordstaaten spaltet d. Südstaaten 127 II Hf

Vienne: Stadt in SO-Frankr. – 121 v. Chr. Eroberg. d. kelt. Siedlg. Vienna durch d. Römer 26/27 I EFc – in 5. Jh. n. Chr. Ebm. 42/43 Cc – Hptst. d. Burgunder, 879 d. Kgr. Niederburgund 34 II Ne, 42/43 Ef – 1311/12 Konzil von V.: Aufhebg. d. geistl. Ritterordens d. Templer durch d. Papst, 1349 franz. 54/55 III Bf

Vientiane: Hptst. v. Laos 139 II Lg

Vietnam: Staat in SO-Asien 124/125 I Ode – heut. Staatsgebiet im 3. Jh. z. Reich Champa, N-Teil unter chines. Herrschaft 29 I Hcd – s. 10. Jh. Reich Annam, unter chines. Oberhoheit 58 Jef – s. 1858 v. Franzosen erobert, 1887 zu Franz.-Indochina 139 I Ebc – 1940 v. Japanern besetzt, s. 1941 Unabhängigkeitsbewegg. d. kommunist. Vietminh unter Führg. von Ho Tschi Minh 116 I Cbc – 1945 nach Volksaufstand Proklamation d. unabh. Demokrat. Volksrep. V., Rückkehr d. Franzosen nach Indochina, 1946 Bombardierg. v. Haiphong durch d. Franzosen leitet erste Phase d. Vietnamkrieges ein, 1954 nach militär. Niederlage d. Franzosen bei Dien Bien Phu Beendigg. d. Krieges, provisor. Teilg. d. Landes entlang d. 17. Breitengrads, 1955 Ausrufg. d. Rep. in Süd-V., wirtschaftl. u. militär. von d. USA unterstützt, in Nord-V. Entstehg. d. Demokrat. Volksrep. V. mit sowjet. u. chines. Unterstützg., s. 1957 Angriffe kommunist. Vietcong auf Süd-V., 1963 Militärputsch u. Sturz d. südvietnames. Diktators Diem, 1964–75 zweite Phase d. Vietnamkrieges: trotz massiver militär. Unterstützg. durch d. USA muß Süd-V. 1975 kapitulieren, 1976 Wiedervereinigg. d. Landes, Errichtg. d. Sozialist. Rep. V., 1979–89 Invasion in Kambodscha 139 II Lfg – s. 1991 Zerfall der UdSSR führt z. Umorientierg. d. kommunist. Führung 143 Bd

Vijpuri → Wyborg

Világos: Ort in Rumänien – 1849 Kapitulation d. ungar. Revolutionsheeres beendet d. ungar. Revolution 92 Ke

Villach: Stadt in Österr. – im 13. Jh. süddt. Stadtrecht 50/51 Cg – 1492 dt. Sieg über osman. Heer 65 Ba – 1759 vom Bm. Bamberg an Österr. verkauft 82/83 Ge

Villafranca: Ort in N-Italien – 1859 franz.-österr. Waffenstillstand 100 Cc

Villafrati: vorgeschichtl. Fundort auf Sizilien, Italien 4 I Dc

Viña del Mar: Stadt in Chile 132 I Bf – 1969 lateinamerikan. Staaten fordern Neugestaltg. d. interamerikan. Zusammenarbeit u. legen gemeinsame Position gegenüber d. Wirtschaftsmacht USA fest 152/153 I Fg

Vindobona → Wien

Vionville: Ort in NO-Frankr. – 1870 Sieg d. Deutschen im Dt.-Franz. Krieg 97 Cd

Virginia: Bundesstaat in d. östl. USA 126 NOe – 1607 erste brit. Kolonie an d. O-Küste, Zentrum d. Sklavenhaltg. 62/63 I Fbc –1776 Gründerstaat d. USA, führender Staat im nordamerikan. Unabhängigkeitskrieg u. Sezessionskrieg, 1863 Abspaltg. d. sklavenfreien West-V. 127 I Dc, 127 II flJ

Visegrád: Ort in Ungarn – im 13. Jh. errichtete Burg, 1335 Vertrag von V.: böhm. König verzichtet auf poln. Krone u. erhält Anerkenng. d. Lehenshoheit über schles. Fürstentümer 54/55 III el

Viterbo: Stadt in Mittelitalien – 1257–81 Residenz d. Papstes 46/47 I Ec – 1435 z. Kirchenstaat 61 Dc

Vitoria: Stadt in N-Spanien – 1813 Sieg d. Briten über Franzosen 88/89 Ee

Vittorio Veneto: Stadt in N-Italien 100 Dbc 1918 Schlacht, letzte Kampfhandlungen an d. österr.-italien. Front im 1. WK 107 I He

Vivarium: Kloster in S-Italien – um 550 gegr. 33 I Dc

Vogtland: Landsch. in Bayern u. Sachsen – s. d. 14. Jh. häufig geteilt 54/55 III EFc – s. 1575 größtenteils z. Kurfsm. Sachsen 74/75 Gc

Volci: Ruinenstätte in Italien – bis z. 3. Jh. v. Chr. Kunst- u. Kulturzentrum d. Etrusker 18 II fl

Völkerbund: ehem. Bündnis unabh. Staaten – 1919 gegr., 1946 nach Gründg. d. Vereinten Nationen (UN) aufgelöst 109 III

Volsinii: Ruinenstätte in Mittelitalien – bis z. röm. Eroberg. Kultstätte d. Etrusker 18 II Jf

Volterra: Stadt in Mittelitalien – als Stadt d. Etrusker Mitgl. d. Zwölfstädtebundes, latein. Volaterrae 18 II He – 1361 zu Florenz 54/55 III Eg

Vorarlberg: Bundesland v. Österr. 120 II CDe – s. 1363 habsburg. 70/71 EFe –1782 zu Tirol 84 BCc – 1805–14 bayr. 87 II KLe – 1918 österr. Bundesland, 1919 Volksabstimmg. fordert Anschluß an d. Schweiz 92 EFe – 1945–55 z. franz. Besatzungszone 120 I CDe

Vorderösterreich: Bezeichn. ehem. habsburg. Territorien im SW d. Hl. Röm. Reiches – 1648 Verlust d. elsäss. Gebietes an Frankr. 84 BCc – 1805 restl. Gebiet zw. Bayern, Württemberg u. Baden aufgeteilt 82/83 Ge

Vossem: Ort in Belgien – 1673 franz.-brandenburg. Bündnis geg. d. Verein. Niederlande 77 Da

Vouillé: Ort in W-Frankr. – 507 Sieg d. Franken über Westgoten 37 I BCb

Vught: Ort in d. Niederlanden – nat.-soz. KZ 113 Ccd

Vyadhapura: ehem. Stadt in Kambodscha – 2. Jh. Hptst. d. Reiches Funan 29 I Hd

W

Waadt: Kanton in d. Schweiz – 1536 unter d. Herrschaft v. Bern 72 I Ac – 1798 als Kanton Léman z. Helvet. Rep. 86 I Db

Wadai: ehem. Reich östl. vom Tschadsee in Zentralafrika 144 I Bcd

Wagadugu: Hptst. v. Burkina Faso 145 IV Eh

Waghäusel: Ort in Baden-Württemberg – 1849 preuß. Sieg über bad. Revolutionstruppen 92 Ed

Wagram: Ort in Österr. – 1809 entscheidender franz. Sieg über Österreicher 88/89 Id

Wahabiten: Anhänger einer islam. Reformbewegg.

– im 18. Jh. übernehmen W. polit. Führg. auf d. Arab. Halbinsel 104 Mc – W. Herrscher d. Ibn-Saud-Dynastie begründet Kgr. → Saudi-Arabien 108/109 I KLcd

Wahlstatt (Legnickie Pole): Ort in W-Polen – 1241 Niederlage d. dt.-poln. Ritterheeres geg. d. Mongolen 46/47 I Fa

Waiblingen: Stadt in Baden-Württemberg – um 1100 Pfalz d. Staufer 46/47 I Db

Waitzen (Vác): Stadt in Ungarn – 1849 ungar. Sieg über Österreicher 92 Je

Wake: amerikan. Insel im Pazif. Ozean – 1941–45 v. Japanern besetzt 116 I Fc

Wakefield: Stadt in Großbritannien – 1460 Niederlage u. Tod Richards v. York in d. „Rosenkriegen" 60 Dc

Walachei: Landsch. in Rumänien – Anfang d. 14.Jh. selbst. Fsm. 59 Eb – s. d. 14. Jh. unter osman. Oberhoheit 65 DEab – 1718–39 Kleine W. zu Österr. 78/79 JKde –1806–12, 1828–34 russ. Besetzg. 88/89 JKde – 1858/61 Vereinigg. mitd. Moldau z. Fsm. → Rumänien 101 I CDab

Walcheren: ehem. Insel v. d. W-Küste d. Niederlande –1809 vorübergeh. v. Briten besetzt 88/89 Fc

Waldeck: ehem. Fsm. in Hessen – um 1180 Gft. 54/55 III Dc – 1712 Erhebg. z. Fsm. 82/83 Ec – 1867 unter preuß. Verwaltg. 93 Ec – 1919 Freistaat, 1929 zu Preußen 112 Ec

Waldsassen: Stadt in Bayern – um 1133 gegr. Zisterz.-Kloster 45 II Jde – 1525 Zentrum d. Bauernkrieges 72 II Gg

Waldshut: Stadt in Baden-Württemberg – 1524–25 Zentrum d. Bauernkrieges 72 II Gg

Wales: Teil v. Großbritannien – im 6. Jh. v. Chr. Einwanderg. d. Kelten 18 I Bb – 49/78 n. Chr. von Römern erobert 26/27 I Db – im 5. Jh. Bildg. v. kelt. Kleinkönigreichen, um 780 Trennng. v. England durch d. von König Offa v. Mercia errichteten Offa's Wall 38/39 I Ba – im 12. Jh. normann. Eroberungsversuche 44 Ba – 1284 v. Engländern unterworfen 46/47 I Ba – 1400–08 erfolglose Aufstände d. Waliser z. Erlangg. d. Unabh. 59 Ba – 1536 mit d. Kgr. England vereinigt 66/67 Ec

Walfischbai: Hafenstadt u. Bucht in SW-Afrika, unter Verwaltg. v. Namibia u. d. Rep. Südafrika 145 IV Fj – 1878 brit. Kolonie 144 I Be – 1910 z. Südafrikan. Union, 1922 d. Verwaltg. Südwestafrikas unterstellt 144 II Fj

Walkenried: Ort in Niedersachsen – 1127 gegr. Zisterz.-Kloster 50/51 Be

Wallis: Kanton in d. Schweiz – bis z. 14. Jh. teilw. unter d. Herrschaft d. Bischöfe v. Sitten 54/55 III CDe – 1403/75 Ober- u. Unter-W. zur Eidgen. 72 I ABc 1802–10 Rep. 87 I BCef, 87 II JKef – 1810–14 zu Frankr. 88/89 Gd

Wandalen: german. Volk – s. d. 1. Jh. v. Chr. Siedlg. d. wandal. Hasdingen u. Silingen im Gebiet zw. Oder u. Weichsel, um 170 n. Chr. Vordringen d. Hasdingen in d. heut. Ungarn 28 DEab – um 400 Wanderg. nach W, um 409 Eindringen in Spanien führt zu Kämpfen mit d. Westgoten, 439 Beginn d. Eroberg. N-Afrikas u. Reichsbildg., Beutezüge entlang d. Mittelmeerküste 34 I Legende, 34 II NOef – um 530 Niederlage geg. oström. Heer bedeutet d. Ende d. W.-Reiches 35 III hilJ

Warna (Varna): Hafenstadt in Bulgarien 118/119 Ke – im 6 Jh. v. Chr. griech. Kolonie Odessos 7 Eb – 72 v. Chr. röm., Odessus 26/27 I Jd – 1444 ungar.-poln. Niederlage geg. osman. Heer 65 Eb

Warschau (Warszawa): Hptst. v. Polen 118/119 Jc – um 1334 Magdeb. Stadtrecht 50/51 Gd – Residenz d. Herzöge v. Masowien 59 Ea – im 16. Jh. Handelszentrum 68/69 Hb – 1596 Residenz poln. Könige 66/67 Jc – s. 1611 poln. Hptst. 74/75 Kb – 1656 schwed.-brandenburg. Sieg über d. Polen 76 I gl – 1794 als Zentrum d. nationalpoln. Aufstandes v. russ. Truppen eingenommen 82/83 Kb – 1795 nach d. 3. Teilg. Polens zu Preußen 85 I Cb –1807 Hptst. d. durch Napoleon I. errichteten Grhzm. W. 88/89 Jc – 1815 Hptst. d. in Pers.-Union mit Rußland verbundenen Kgr. Polen (Kongreß-Polen), 1830/31 u. 1863/64 Zentrum d.

poln. Revolution, um 1870 Beginn d. Industrialisierg. 92 Kb – 1905 Ausgangspkt. d. Arbeiterbewegg. 93 Kb – 1915–18 von dt. Truppen besetzt 107 I Da – 1918 Hptst. d. neu errichteten poln. Staates 112 Kb – April bis Mai 1943 Aufstand d. Juden im W.er Ghetto, bei Zwangsräumg. d. Ghettos durch d. SS Ermordg. u. Verschleppg. d. jüd. Bevölkerg., Aug. bis Okt. 1944 gescheiterter Aufstand d. poln. Untergrundarmee geg. dt. Besatzungsmacht, Nichteingreifen d. heranrückenden sowjet. Armee zwingt d. Polen z. Kapitulation, W. wird weitgehend zerstört, 1945 sowjet. Besetzg. 113 Kb, 115 Eb – 1955 Gründungsort d. Militärbündnisses d. Ostblocks (Warschauer Pakt) 123 I Fb – 1970 W.er Verträge: Bundesrep. Deutschld. erkennt d. Oder-Neiße-Linie als W-Grenze Polens an 120 II Hb – 1988 Ausgangspkt. d. revolution. Umbruchs in Polen 154

Warschau: ehem. Grhzm. in Polen – 1807 durch Napoleon I. gegr. 88/89 IJc – 1815 durch d. Wiener Kongreß als Kgr. Polen größtenteils zu Rußland, W-Teil zu Preußen 90/91 IJc

Warschauer Pakt: Verteidigungsbündnis kommunist. Staaten – 1955 als Gegengewicht zur NATO in Warschau gegr. 151/152 I Legende – Aug. 1968 Einmarsch von W.-P.-Truppen in d. Tschechoslowakei beendet tschechoslowak. Reformpolitik –1991 aufgelöst 123 I Legende

Wartburg: Burg in Eisenach, Thüringen – 1080 erstmals erwähnt 42/43 Hc – Residenz d. Landgrafen v. Thüringen 46/47 I Ea –1521–22 Zufluchtsort Luthers 73 I Fc – 1817 W.-Fest: Kundgebg. dt. Burschenschaften geg. polit. Unterdrückg. 96 Fc – 1953–59 Restaurierg. d. Burg 52 III

Wasa: schwed. Adelsgeschlecht – 1523–1654 Könige v. Schweden, 1587–1668 stellen d. kathol. W. Könige v. Polen 76 II Legende

Washington: Hptst. d. USA 126 Oe –1790 gegr., s. 1800 Sitz d. amerikan. Bundesregierg., 1814 v. Briten besetzt u. zerstört 127 I Jf – 1921/22 Konferenz von W.: Flottenabkommen u. USA, Großbritannien, Japan, Frankr. u. Italien 108/109 I Fc – 1949 Gründungsort d. Nordatlantikpaktes (NATO), Ort zahlreicher Konferenzen 150/151 I Fcd

Washington: Bundesstaat in d. westl. USA, 126 JKd – 1889 als 42. Staat in d. Union aufgenommen 128 I ABb

Waterford: Stadt in Irland – bis 1170 Herrschaftszentrum d. Wikinger 44 Bb

Waterloo: Ort in Belgien – 1815 entscheidender Sieg d. in d. Befreiungskriegen verbündeten unter Wellington u. Blücher über Napoleon I., Verbanng. Napoleons I. nach St. Helena 88/89 Fc

Wattignies: Ort in N-Frankr. – 1793 franz. Sieg über österr. Heer im 1. Koalitionskrieg 86 I Ca

Wedmore: Ort in Großbritannien – 878 angelsächs.-dän. Friede zwingt d. Dänen z. Rückzug aus Wessex 44 Bb

Wehlau (Znamensk): Stadt im ehem. Ostpreußen, z. Russ. Föderation gehörend – 1336 Magdeb. Stadtrecht 50/51 Gc – 1657 Vertrag von W.: Polen erkennt Souveränität d. Hzm. Preußen an 74/75 Ka, 84 Ea

Weida: Stadt in Thüringen – s. 1209 Stammsitz d. Vögte von W. (→ Reuß), Stauferburg 46/47 I Ea

Weihaiwei: Hafenstadt in O-China – 1898–1930 brit. Pachtgebiet 139 I Fb, 140 I Fc

Weimar: Stadt in Thüringen 122 Dc – vorgeschichtl. Fundort Weimar-Ehringsdorf 2 I Da – 975 Burg W. 42/43 Hc –1547/72 Hptst. d. Hzm. Sachsen-W. 70/71 Fc – im 18./19. Jh. bedeut. dt. Kunst- u. Kulturzentrum 82/83 Fc, 92 Fc – 1919 Tagungsort d. Nationalversammlg. z. Ausarbeitg. einer demokrat. Verfassg. für Deutschld., 1920–48 Hptst. v. Thüringen 112 Fc, 122 Dc

Weingarten: Stadt in Baden-Württemberg – im 10. Jh. gegr. Benedikt.-Kloster, bis 1056 Altdorf genannt 42/43 Ge – 1525 Vertrag zw. d. aufständ. Bauern u. Schwäb. Bund beendet d. Bauernkrieg in Oberschwaben 72 II Gg

Weinsberg: Stadt in Baden-Württemberg – im 10. Jh. errichtete Burg, 1140 v. Truppen Kaiser Konrads III. belagert 46/47 I Db – 1504 württemberg., 1525 Zerstörg. d. Burg im Bauernkrieg 70/71 Ed

Weißenburg → Karlsburg

Weißenburg (Wissembourg): Stadt in O-Frankr. – im 7. Jh. gegr. Benedikt.-Kloster 45 I Db – 973 Reichsabtei 42/43 Fd – 1306 Reichsstadt 54/55 III Cd – 1673/97 franz. 81 DEb

Weißer Berg: Berg westl. v. Prag (Praha), Tschech. Rep. – 1620 Sieg d. Kathol. Liga über protesant. böhm. Heer, Beginn d. 30jährig. Krieges 74/75 Hc

Weißrußland: Staat in O-Europa 155 Cc – s. d. 14. Jh. zu Litauen, im 16. Jh. Kämpfe mit d. Grfsm. Moskau 66/67 KLc – 1772/93 im Zuge d. Poln. Teilungen russ. 85 I DEab – Bewahrg. kultureller Eigenständigkeit 99 EGc – 1919 Proklamation d. Weißruss. Sowjetrep., 1922 Gründungsmitglied d. UdSSR 110/111 KLc – 1939 Erwerb ehem. poln. Gebiete 118/119 KLc – 1991 unabh. Rep. 155 Cc

Welfesholz: Ort in Sachsen-Anhalt – 1115 Sieg d. aufständ. Sachsen über Truppen Kaiser Heinrichs V. 42/43 Hc

Welikije Luki: Stadt in d. westl. Russ. Föderation – bis z. 15. Jh. wichtige Grenzfestg. d. Fsm. Nowgorod 66/67 Lb – im 2. WK heftig umkämpft und zerstört 115 Fb

Wellington: Hptst. v. Neuseeland 124/125 I Rh – 1840 brit. Gründg. 105 Sg

Wenden (Cesis): Stadt in Lettland – 1209 errichtete Burg d. dt. Ordens 52 I Fc – Ende d. 13. Jh. Lüb. Stadtrecht 50/51 Ib – Hansestadt 57 Gb

Werchne-Udinsk → Ulan-Ude

Werelä: Ort in S-Finnland – 1790 Friede beendet russ.-schwed. Krieg 78/79 Ka

Werla: Burgruine in Niedersachsen – im 10. Jh. Kaiserpfalz d. Ottonen 42/43 Hb

Wesel: Stadt in NRW – 1407 Hansestadt 57 Cc – im MA Zentrum d. Wolltuchherstellg. 68/69 Dc – 1614/66 brandenburg., s. 1680 Ausbau z. Festg. 74/75 Dc – 1808–14 franz. 87 II Jc – 1815 preuß. Garnisonsstadt 92 Dc

Wessex: ehem. angelsächs. Kgr. in Großbritannien – im 6. Jh. gegr. 37 I Ba – im 9. Jh. führendes Reich d. Angelsachsen 38/39 I Ba

Wessobrunn: Ort in Bayern – vermutl. um 753 gegr. Benedikt.-Abtei, Zentrum ma. Kunst u. Wissenschaft 50/51 Bg

Westerbork: Ort in d. Niederlanden – nat.-soz. KZ 113 Db

Westfalen: Teil von NRW 157 II BCc – im 8. Jh. Ostfalen u. Westfalen Teil d. Hzm. Sachsen 38/39 I DEa – s. 1180 als Hzm. W. unter Herrschaft d. Erzbischöfe v. Köln 54/55 III Dc – 1803 größtenteils zu Hessen-Darmstadt 87 I BCc – 1807–13 napoleon. Kgr. 88/89 GHc – 1815 preuß. Prov. 92 DEc – 1945 z. brit. Besatzungszone, 1946 z. neu gegr. Bundesland NRW 120 I BCc

Westfränkisches Reich → Frankenr.

Westindien: Bezeichng. f. d. zw. Nord- u. Südamerika im Karib. Meer liegenden Inseln – 1492 v. Kolumbus bei d. Suche nach d. Seewege nach Indien entdeckt 64 Nebenkarte

Westirian: indones. Prov. auf Neuguinea 143 CDe – s. 1828 Niederländ.-Neuguinea 104 Qe – 1949 nach Unabh. Indonesiens weiterhin niederländ., bis 1962 indones.-niederländ. Konflikt um W., 1962–63 unter UN-Verwaltg, 1963 unter indones. Verwaltg., 1969 nach Volksabstimmg. indones. Provinz 143 CDe

Westpreußen: ehem. preuß. Prov. – 1466–1569 als „Königl. Preußen" in Pers.-Union mit Polen verbunden 70/71 IJab – 1772 z. Kgr. → Preußen 82/83 IJab – 1824/1829–78 mit Ostpreußen z. Prov. Preußen vereinigt 92 IJab – 1919/20 größtenteils zu Polen, Abstimmungsgebiet bleibt dt. 85 II Ge, 112 IJab

Weströmisches Reich → Röm. Reich

West Virginia: Bundesstaat in d. östl. USA 126 NOe – 1861 bei Ausbruch d. Sezessionskrieges Abspaltg. d. sklavenfreien W. V. von Virginia, 1863 als 35. Staat in d. Union aufgenommen 127 II fl, 128 I Ec

Wettin: Stadt in Sachsen-Anhalt – im 10. Jh. erbaute Stammburg d. sächs.-thüring. Adelsgeschlechtes d. Wettiner 42/43 Hc

Wetzlar: Stadt in Hessen – s. 1180 Reichsstadt 54/55 III Dc – 1693–1806 Sitz d. Reichskammergerichtes 74/75 Ec, 87 II Kc – 1815 preuß. 92 Ec

Whampoa: Hafenstadt in SO-China – bedeut. Hafen v. Kanton, 1924 Gründg. d. Militärakademie, Aufstellg. einer Revolutionsarmee unter Führg. v. Tschiang Kai-schek, Ausgangspkt. d. Kuomintang-Truppen für d. Marsch nach N 140 I Ed

Whitby: Stadt in Großbritannien – 664 Synode von W.: Überwindg. d. Gegensatzes zw. röm. u. iroschott. Kirche sichert d. religiöse Einheit Englands 41 I Cb

Wiborg (Vyborg): Stadt in d. nordwestl. Russ. Föderation 118/119 Ka – 1293 als schwed. Festg. errichtet 54 I Ha – Handelszentrum 57 Ga – bis 1710 schwed., 1721 russ. 78/79 Ka – 1811–1940 finn. Viipuri 90/91 Ka, 110/111 Ka – s. 1940/47 sowjet. 114 Ea, 118/119 Ka

Widin: Stadt in NW-Bulgarien – im MA wichtige Grenzfestg. geg. Ungarn 44 Ec – 1386–1878 osman. 59 Eb, 101 I Cb

Wieliczka: Stadt in S-Polen – s. d. 11. Jh. Zentrum d. Salzbergbaus, um 1290 Magdebg. Stadtrecht 50/.51 FGf

Wien: Hptst. v. Österr. 118/119 Id – um 100 n. Chr. röm. Leg.-Lager Vindobona 26/27 I Hc – im 9. Jh. karoling. Kaufmannssiedlg. 38/39 I Fb – 1156 Residenz d. Herzöge v. Österr. 46/47 I Fb – im 13. Jh. süddt. Stadtrecht, wirtschaftl. Aufschwung unter habsburg. Herrschaft 50/51 Ef, 54/55 III Hd – 1365 Gründg. d. Univ. 54 II Hd – 1529 erste, 1683 zweite osman. Belagerg. 65 Ca – Zentrum d. Gegenreformation 73 II Ti – im 17./18. Jh. Beginn höchster Entfaltg. v. Kunst u. Kultur, Mittelpkt. musikal. Schaffens in Europa, Entstehg. zahlreicher Barockbauten, 1722 Übern., 1738 Friede von W. beendet Poln. Erbfolgekrieg zw. Österr. u. Frankr. 74/75 Id, 82/83 Id – 1804 Hptst. d. Kaiserr. Österr., 1805 u. 1809 v. Franzosen besetzt 88/89 Id – 1814/15 Tagungsort d. W.er Kongresses: staatl. Neuordng. Europas nach d. Sturz Napoleons I., Versuch z. Schaffg. eines Gleichgewichts d. europ. Mächte durch Wiederherstellg. d. alten polit. u. gesellschaftl. Verhältnisse, Gründg. d. Dt. Bundes 90/91 Id u. Legende – 1848 Zentrum d. österr. Märzrevolution, 1864 Friede beendet Dt.-Dän. Krieg, Verzicht Dänemarks auf Schleswig u. Holstein; 1866 Friede zw. Österr. u. Italien, Österr. muß Venetien an Italien abtreten 92 Id – 1882 Bündnis zw. Österr.-Ungarn, Dt. Reich u. Italien 93 Id – Ende d. 19. Jh. Industrialisierg., Zentrum d. Arbeiterbewegg. 97 II dl – 1918 Hptst. d. Rep. Österr., 1922 Bundesland W. 112 Id – 1934 nat.-soz. Putsch, März 1938 dt. Besetzg. 113 Id – 1938 erster W.er Schiedsspruch zwingt d. Tschechoslowakei z. Gebietsabtretungen an Ungarn, 1940 zweiter W.er Schiedsspruch: Ungarn erhält rumän. Gebiete 110/111 Id, 114 Dc – April 1945 v. sowjet. Truppen besetzt, stark zerstört 115 Dc – 1945–55 Aufteilg. in vier Besatzungssektoren 120 I Gd, 120 II Gd – 1961 Treffen zw. Kennedy u. Chruschtschow: erfolgloser Versuch z. Beilegg. d. durch d. Berlin-Krise verschärften Ost-West-Gegensatzes – 1990 Abschluß d. Verhandlungen über Truppenabbau in Europa im Rahmen d. KSZE 118/119 Id

Wiener Neustadt: Stadt in Österr. – 1192 gegr. 50/51 Eg – im 15. Jh. zeitw. Besatzungsstadt 70/71 Ie – 1752 gegr. Militärakademie 82/83 Ie

Wiesbaden: Hptst. v. Hessen 157 II Cc – im 1. Jh. v. Chr. röm. Leg.-Lager Aquae Mattiacae, bereits bei d. Römern Kur- u. Badeort 30/31 Cc – 1806–66 Hptst. d. Hzm. Nassau 92 Ec – 1921 W.er Abkommen: dt.-franz. Vereinbarungen über dt. Reparationszahlungen nach d. 1. WK 112 Ec

Wiesloch: Stadt in Baden-Württemberg – 1622 Niederlage d. Kathol. Liga unter Tilly im 30jährigen Krieg 74/75 Ed

Wiessee, Bad: Ort in Bayern – 1934 Verhaftg. d. SA-

Stabchefs Ernst Röhm durch Adolf Hitler nach angebl. Putschversuch 113 Fe

Wikinger → Normannen

Wildeshausen: Stadt in Niedersachsen – 851 als Stift erwähnt 42/43 Gb – 1270 z. Ebm. Bremen 54/55 III Gb – 1648 schwed. 74/75 Eb – 1699/1714 z. Kurfsm. Hannover 82/83 Eb

Wilhelmshaven: Hafenstadt in Niedersachsen 122 Cb – 1854/69 als preuß. Kriegshafen entstanden 92 Eb – bis zum 1. WK Aufstieg z. Zentrum d. dt. Rüstungs- u. Werftindustrie 102/103 Gc – 1937 zu Oldenburg 112 Eb – im 2. WK stark zerstört 113 Eb – nach d. 2. WK Ausbau z. Handelshafen 122 Cb

Wilhelmshöhe: Stadtteil v. Kassel, Hessen – 1786–1803 Bau d. Schlosses, bis 1866 Residenz d. hess. Kurfürsten, 1870–71 Haft Napoleons III. 93 Ec

Willendorf: vorgeschichtl. Fundort im heut. Österr. 2 II Lf

Wilna (Vilnius): Hptst. v. Litauen 155 Cc – 1323 Hptst. d. Grfsm. Litauen 52 I Fd – 1387 Magdebg. Stadtrecht 50/51 Ic – Niederlassg. d. Hanse, Wirtschafts- u. Kulturzentrum 57 Gc –1795 russ. 78/79 Kc – 1803 gegr. Univ. 88/89 Jc – 1915–18 von dt. Truppen besetzt 107 I Da, 107 II dl – 1920 Besetzg. d. Litauen zugesprochenen W.-Gebietes durch poln. Truppen, 1922 v. Polen annektiert 85 II Hle – 1939 an Litauen abgetreten, v. sowjet. Truppen besetzt 110/111 JKc – 1940/41–91 Hptst. d. Litau. SSR, 1941–44 erneut von dt. Truppen besetzt 118/119 Kc – s. 1988 Demonstrationen f. Unabh. Litauens v. UdSSR, Jan. 1991 Intervention sowjet. Spezialeinheiten, Aug. 1991 unabh. Rep. 155 Cc

Wimpfen Bad: Stadt in Baden-Württemb. – im 1. Jh. n. Chr. röm. Kastell Vicus Alisinensium 30/31 Dd – um 1200 Pfalz d. Staufer 46/47 I Db – im 14. Jh. bis 1803 Reichsstadt 54/55 III Dd, 82/83 Ed

Winchester: Stadt in Großbritannien – röm. Siedlg. Venta Belgarum 26/27 I Db – im 7. Jh. Bm., Hptst. d. Kgr. Wessex 38/39 I Ba – im 11./12. Jh. Zentrum d. Wolltuchverarbeitg. u. -handels 42/43 Bc, 46/47 I Ba

Windau (Ventspils): Hafenstadt in Lettland 118/119 Jb – 13. Jh. Burg d. Dt. Ordens 52 I Dc – im 14. Jh. Hansestadt 57 Fb – im 17. Jh. bedeut. Hafen v. Kurland 76 II fl

Windhuk: Hptst. v. Namibia 146 I Eh – 1884–1919 Hptst. d. Kolonie Dt.-Südwestafrika 144 11 Fj – 1975–78 Ort d. Verhandlg. z. Vorbereitg. d. Unabh. Namibias („Turnhallen-Konferenz") 145 IV Fj

Windsor: Stadt u. Schloß bei London, Großbritannien – um 1070 Errichtg. d. Schlosses, später mehrf. erweitert, Residenz d. engl. Königshauses 59 Ba – 1899 Abschluß d. W.-Vertrages zw. Großbritannien u. Portugal, Garantieerklärg. über d. port. Kolonialbesitz 102/103 Ec

Winland: ehem. Bezeichng. für einen Teil d. nordamerikan. O-Küste – um 1000 v. Wikingern entdeckt u. besiedelt, genaue Lage umstritten 62/63 I FGb

Wisby: Stadt auf Gotland, Schweden – um 1161 dt. Stadtsiedlg., Umschlagpl. im Ostseehandel 50/51 Fb – bis Ende d. 13. Jh. bedeut. Hansestadt 57 Eb – 1361 v. Dänen erobert u. zerstört 52 I Cc – 1645 schwed. 76 II Hf

Wisconsin: Bundesstaat in d. nördl. USA 126 MNd – 1848 als 30. Staat in d. Union aufgenommen 128 I DEb

Wismar: Hafenstadt in Mecklenburg-Vorpommern 157 II DEb – 1229 Lüb. Stadtrecht 50/51 Bd – Hansestadt 57 Dc – ma. Handelszentrum 68/69 Eb – 1256–1358 mecklenburg. Residenz 54/55 III Eb – 1648–1803 schwed. 74/75 Fb, 76 II Gg – 1949–90 bedeut. Hafenst. in d. DDR 122 Db

Witebsk: Stadt in Weißrußland 118/119 Lb – 1320 litau. 59 Fa – Niederlassg. d. Hanse 57 Hb – 1569 poln. 66/67 Lb – 1772 russ. 85 I Ea – 1941–44 dt. Besetzg. 115 EFb

Wittenberg: Stadt in Sachsen-Anhalt – 1180 erstmals erwähnt 46/47 I Ea – 1293 Magdebg. Stadt-

tanga führt z. Bürgerkrieg u. weitet sich z. internationalen Konflikt aus, 1963 durch Eingreifen von UN-Truppen beendet 145 III BCcd – s. 1965 Militärregime unter Mobuto, 1971 Umbenenng. in Z., 1991/92 Demonstrationen geg. Militärregime 145 IV FGhi

Zakynthos: griech. Insel im Ion. Meer – 455 v. Chr. Bündnis mit Athen 12 II Gg – 217 v. Chr. makedon., latein. Zacynthus 19 Gc – 1479 osman., 1482–1797 venezian., Zante genannt 66/67 Jf, 88/89 Jf – 1815 zur Rep. Ion. Inseln, 1864 griech. 101 I Cc

Zama Regia: ehem. Stadt in Tunesien – 202 v. Chr. entscheidender Sieg d. Römer über Karthager im 2. Pun. Krieg 19 Dc

Zamora: Stadt in W-Spanien – 1143 Vertrag von Z.: Alfons I. von Portugal erhält d. Krone als Lehen d. Papstes 46/47 I Ac

Zande: ehem. Reich in Zentralafrika 144 I Cc

Zara → Zadar

Zaragoza: Stadt in N-Spanien 118/119 Ee – 27 v. Chr. röm. Kolonie Caesaraugusta 26/27 I Dd – frühchristl. Gemeinde 33 I Bb – im 5. Jh. v. Chr. v. Westgoten, 712 v. Arabern erobert 34 II Me, 36 Bb – 1118 nach d. christl. Rückeroberg. Erhebg. z. Hptst. d. Kgr. Aragon 46/47 I Bc – 1318 Ebm., 1474 gegr. Univ. 54 II Ge – 1529 nach Vertrag v. Tordesillas erneut Abgrenzg. d. span.-port. Interessensphären durch Festlegg. einer Demarkationslinie im Vertrag von Z. 62/63 I Pg – 1710 im Span. Erbfolgekrieg umkämpft 77 Cc – 1808/09 Aufstand geg. franz. Herrschaft 88/89 Ee

Zarizyn → Wolgograd

Zarskoje Selo: Stadt in d. nordwestl. Russ. Föderation – bis 1917 Sommerresid. d. Zaren 102/103 Lb

Zeitz: Stadt in Sachsen-Anhalt – 967 als slaw. Burg erwähnt, 968–1028 Bm. 42/43 Ic – im 13. Jh. Magdeburg.Stadtrecht 50/51 Ce

Zela: Ruinenstätte in d. N-Türkei – 47 v. Chr. Sieg Caesars im röm. Bürgerkrieg 26/27 I Ld

Zenta: Stadt in N-Serbien – 1697 österr. Sieg über osman. Heer 78/79 Id

Zentralafrikanische Republik: Staat in Zentralafrika 124/125 I JKe – heut. Staatsgebiet 1910 Teil v. Franz.-Aquatorialafrika 144 II FGh – 1958 autonom, 1960 unabh. Rep., enge wirtschaftl. u. polit. Bindungen an Frankr., 1966 Militärputsch 145 III BCc – 1976 Proklamation d. Zentralafrikan. Kaiserr., Staatspräsident Bokassa krönt sich z. Kaiser, 1979 nach Sturz Bokassas erneut Rep. 145 IV FGh

Zentrale Pakt-Organisation (Central Treaty Organization, CENTO): ehem. Verteidigungsbündnis – 1955 als Bagdad-Pakt in Bagdad gegr., Mitglieder: Türkei, Irak, Großbritannien, Pakistan u. Iran, USA übernehmen als assoziiertes Mitgl. d. Führg. innerh. d. Paktes; Ziel: militär., polit. u. wirtschaftl.

Zusammenarbeit d. Mitgliedstaaten; 1959 nach Austritt d. Irak Umwandlg. in CENTO, 1979 Ausscheiden d. Iran, Pakistans u. d. Türkei führt z. Auseinanderbrechen d. Paktes, April 1979 Beschluß z. Auflösg. d. Organisation 150/151 I Legende

Zerbst: Stadt in Sachsen-Anhalt – 1603–1793 Residenz d. Fürsten v. Anhalt-Z. 82/83 Gbc

Zeven: Stadt in Niedersachsen – 1757 Schlacht, Kloster von Z. Ort einer brit. Kapitulation im 7jährigen Krieg 82/83 Eb

Zimmerwald: Ort in d. Schweiz – 1915 Konferenz kriegsgegnerischer Sozialisten mit d. Ziel d. Gründg. einer III. Internationale 95 II Ni, 107 I Bb

Zinna: Ort in Brandenburg – 1170/71 gegr. Zisterz.-Kloster 50/51 Cd

Zipangu → Japan

Zips: Landsch. in d. Slowak. Rep. – s. 1412 Verpfändg. v. Zipser Städten an Polen 70/71 Kd – 1772 mit Ungarn vereinigt 84 Ec

Zirndorf: Stadt in Bayern – Durchgangslager für ausländ. Flüchtlinge 122 Dd

Zisleithanien: Bezeichng. für d. österr. Teil d. ehem. Doppelmonarchie Österr.-Ungarn – 1867 im österr.-ungar. Ausgleich festgelegt, offizielle Bezeichng.: „die im Reichsrat vertretenen Königreiche u. Länder" 93 Legende – bis 1918 inoffiziell als Z. bezeichnet 102/103 Legende, → Transleithanien

Zistersdorf: Ort in Österr. 118/119 Id – im Gebiet von Z. Erdölförderg. 120 I Gd

Zittau: Stadt in Sachsen – 1255 Magdeb. Stadtrecht 50/51 De – s. d. MA Zentrum d. Wolltuchverarbeitg. 68/69 Fc

Zlota: vorgeschichtl. Fundort im heut. S-Polen 4 I Ea

Znaim (Znojmo): Stadt in d. Tschech. Rep. – im 11./12. Jh. Burg d. Fürsten v. Mähren 42/43 Kd, 46/47 I Fb – 1226 süddt. Stadtrecht 50/51 Ef – 1632 Vertrag zw. Kaiser Ferdinand II. u. Wallenstein: Wiedereinsetzg. Wallensteins als kaiserl. Feldherr 74/75 Id

Zorndorf (Sarbinowo): Ort in W-Polen – 1758 preuß. Sieg über russ. Heer im 7jährigen Krieg 82/83 Hb

Zsitvatorok: Mündg. d. Zsitva, Slowak. Rep. – 1606 Friede beendet türk.-osman. Krieg 74/75 Je

Zug: Stadt in d. Schweiz – um 1200 gegr. 54/55 III De – 1352 zur Eidgen. 72 I Cb

Zülpich: Stadt in NRW – röm. Siedlg. Tolbiacum 30/31 Bc – im 9. Jh. fränk. Königshof 38/39 I Da

Zurawno: Ort in d. Ukraine – 1676 poln.-osman. Waffenstillstand 65 Da

Zürich: Stadt in d. Schweiz 118/119 Gd – 15 v. Chr. röm. Kastell Turicum 30/31 Ce – im 9. Jh. karoling. Pfalz 38/39 I Db – 1336 Aufstand d. Zünfte beendet patriz. Herrschaft, 1351 Anschluß an d. Eidgen. 54/55 III De, 72 I Cb – s. d. MA Handels-

zentrum 68/69 Ed – 1525 nach Einführg. d. Reformation durch Zwingli Ausgangspkt. d. Reformation in d. Schweiz 73 I Ee – 1799 Niederlage d. österr.-russ. Heeres geg. d. Franzosen zwingt Rußland z. Ausscheiden aus d. 2. Koalitionskrieg 86 I Db – 1859 Friede von Z. beendet Krieg Sardiniens u. Frankr. geg. Österr., Kgr. Sardinien erhält d. Lombardei 100 Bb

Zurzach: Stadt in d. Schweiz – röm. Kastell Tenedo 30/31 Ce – s. d. 14. Jh. Messestadt, Wallfahrtsort 68/69 Ed

Zutphen: Stadt in d. Niederlanden – im 14. Jh. Hansestadt 57 Cc – 1572 im niederländ. Freiheitskampf v. span. Truppen eingenommen u. geplündert 76 I Da

Zweibrücken: Stadt in Rheinld.-Pfalz – 1385 als Gft. zur Kurpfalz 54 I Bb – 1410–1778 Residenz d. Fsm. Pfalz-Z., 1793 v. Franzosen besetzt 74/75 Dd, 82/83 Dd

Zwettl: Stadt in Österr. – 1138 gegr. Zisterz.-Kloster 45 II Je – 1525 im Bauernkrieg zerstört 72 II Jf

Zwickau: Stadt in Sachsen 1049 v. om 1135/45 Kaufmannssiedlg. u. Marktort 50/51 Ce – im 15./16. Jh. wirtschaftl. Aufschwung durch Silber-, Kupfer- u. Eisenerzbergbau 68/69 Fc – 1520–21 Wirkungsstätte v. Thomas Müntzer 72 II el, 73 I Gc – Mitte d. 19. Jh. Aufstieg z. Industriezentr. 93 Gc

Zypern: Inselstaat im östl. Mittelmeer 124/125 I Kd – bereits im 6. Jtd. v. Chr. Entstehg. v. Bauernkulturen 3 I Fc – altes Zentrum d. Kupfergewinng., frühe Handelsbeziehungen zu Vorderasien u. Ägypten 3 II Ng – um 1200 v. Chr. Einwanderg. d. Griechen, griech. Kypros, um 800 v. Chr. Beginn phönik. Kolonisation 7 Fc – Mitte d. 6. Jh. v. Chr. pers. 6 II Hf – 332 v. Chr. zum Reich Alexander d. Gr. 14/15 I Cb – 321 v. Chr. unter Herrschaft d. Ptolemäer-Dynastie 14 II Je – 58 v. Chr. röm., Cyprus 24 Fc – 395 n. Chr. oström. 28 Fc – s. d. 7. Jh. arab.-byzantin. Kämpfe um Z. 36 Fc – 965 endg. z. Byzantin. Reich, Errichtg. d. byzantin. Themas Z. 44 Fd – 1192 Kgr. u. Kreuzfahrerstaat 49 II Jab – 1489 venezian. 49 I Gcd – 1571/73 osman. 66/67 Lfg – 1878 unter brit. Verwaltg. 102/103 Lfg – 1914 v. Großbritannien annektiert 107 II Jf – 1925 brit. Kronkolonie 110/ 111 Lfg – Forderg. d. griech. Zyprioten z. Anschluß an Griechenland führt nach d. 2. WK verstärkt zu Auseinandersetzungen mit d. türk. Minderheit, 1960 unabh. Rep. unter Führg. d. griech. orthodoxen Erzbischofs von Z., 1961 Mitgl. d. Commonwealth, 1963 Bürgerkrieg, 1964 Stationierg. von UN-Truppen z. Sicherg. d. Friedens, 1974 v. Griechenland unterstützter Militärputsch, Landg. türk. Truppen führt z. internationalen Konflikt, Flucht d. griech. Zyprioten aus d. von Türken besetzten Gebieten, andauernder Konflikt um Z. zw. Griechenland u. d. Türkei 118/119 Lfq

Putzger Geschichtswandkarten

Staatengeschichte der Alten Welt
Das Weltreich Alexanders des Großen bis 323 v. Chr. – Diadochenreiche um 301 und 200 v. Chr.
Rom und Karthago – Das Römische Reich zur Zeit Caesars
Das Römische Weltreich seit Caesar und Augustus – Die Eroberung Galliens 58 bis 51 v. Chr.
Deutschland in römischer Zeit
Die germanische Völkerwanderung und die Auflösung des Römischen Weltreiches vom 4. bis 6. Jahrhundert
Die Ausbreitung des Islam von 622 bis 750

Vergleichbare Europakarten
Europa im Hochmittelalter (um 1000)
Europa im 16. Jahrhundert (um 1550)
Europa zur Zeit Napoleons I. 1804 bis 1815
Europa vom Wiener Kongreß bis zum Ersten Weltkrieg
Europa seit 1919

Blickfeld Mitteleuropa und Deutschland
Das Frankenreich zur Zeit Karls des Großen – Die Reichsteilungen des Frankenreiches
Mittel- und Westeuropa vom 11. bis 13. Jahrhundert – Italien im 10. und 11. Jahrhundert
Mitteleuropa 1815 bis 1914
Die Weimarer Republik 1918 bis 1933
Mitteleuropa nach dem Zweiten Weltkrieg
Südwestdeutschland um 1789

Neuzeit – Wichtige Einzeldarstellungen
Entdeckungsreisen und Kolonialbesitz
Reformation und katholische Erneuerung in Mitteleuropa
Österreich und Preußen bis 1795
Entwicklung der französischen Ostgrenze 1493 bis 1801
Polen vom 18. bis 20. Jahrhundert
Die Verteilung der Sprachen in Mittel-, Ost- und Südeuropa um 1910
Nordamerika seit 1783
Südamerika im 19. und 20. Jahrhundert
Afrika im 19. und 20. Jahrhundert
Asien vom 16. bis 20. Jahrhundert
Vordringen Rußlands nach Asien bis 1914 – Die Erschließung Sibiriens
Die Sowjetunion der Gegenwart
Die Arabische Welt und der Islam – Der Nahe Osten im 20. Jahrhundert
Die Welt im 19. Jahrhundert
Die Welt im 20. Jahrhundert

Zu diesem Atlas sind ferner lieferbar:
6 Kartenseiten zur Geschichte Baden-Württembergs
6 Kartenseiten zur Geschichte Bayerns

Auslandsausgaben des Atlasses:

F. W. Putzger: **Historischer Atlas zur Welt- und Schweizer Geschichte**
im Einvernehmen mit dem Verein Schweizerischer Geschichtslehrer herausgegeben von der Atlaskommission.
156 Seiten und 8 Kartenseiten zur Schweizer Geschichte.
Diese Ausgabe erscheint im Verlag H. R. Sauerländer & Co., Aarau.

F. W. Putzger: **Historischer Weltatlas zur allgemeinen und österreichischen Geschichte**
Bearbeitet von Prof. Dr. E. Lendl. OStR., Prof. Dr. W. Wagner und Prof. Dr. R. Klein.
Diese Ausgabe liegt in einer Fassung zur österreichischen Geschichte mit 152 Seiten und 20 Sonderkarten
und einer gekürzten Fassung mit 124 Seiten und 18 Karten vor.
Sie erscheinen in den Verlagen Hölder-Pichler-Tempsky, Wien, und Österreichischer Bundesverlag, Wien.

	Welt	Europa	Mitteleuropa	Sowjetunion	Mitt…
Ur- und Früh- geschichte	1 I bis ca. 200 000 v.Chr.	2 bis ca. 10 000 v. Chr.			
	1 II bis ca. 6000 v. Chr.	3 ca. 6000–2700 v.Chr.			
	1 III bis ca. 1500 v. Chr.	4 2500–750 v. Chr.			
Altertum		11 800–500 v. Chr.			
		23 300–200 v. Chr.			
	29 I 200 v. Chr.–500 n.Chr.	24 u. 26/27 I 200 v. Chr.–117 n.Chr.			
		28 um 395	30/31 1. u. 2. Jh. n. Chr.		
Mittelalter		34/35 4.–6. Jh.	37 I 3.–6. Jh.		
		38/39 I 768–814	38/39 I 768–814		
		37 II 8.–10. Jh.	38/39 II–IV 843–880		
		44 um 1000	42/43 10. u. 11. Jh.	44 um 1000	
	62/63 I 1000–1650	46/47 I 11.–13. Jh.	46/47 I 11.–13. Jh.	58 12.–14. Jh.	
		59 um 1400	54/55 III um 1378		
Neuzeit		66/67 um 1550	70/71 um 1547		
		77 um 1714	74/75 um 1648		
	64 1650–1763	78/79 um 1740	82/83 18. Jh.	134 1462–1917	
	104 1763–1830	88/89 1804–1815	87 1803 u. 1806		
		90/91 1815–1870	92 1815–1866		
	105 1914	102/103 1914	93 1866–1914		
	106 III 1914–1918	107 1914–1918		135 1917–1922	
	108/109 I 1919–1939	110/111 1919–1939	112 1918–1933		140 I 1912–1945
	117 I 1939–1945	114 u. 115 1933–1945	113 1933–1945	136 I seit 1939	
	124/125 I seit 1945	118/119 seit 1945	120 seit 1945		140 II seit 1945